大学入学共通テスト

日本史B

の点数が面白いほどとれる本

JN247711

河合塾講師、
東進ハイスクール・東進衛星予備校講師
山中裕典

＊この本には「赤色チェックシート」がついています。

はじめに

▶大学入学共通テストの「日本史B」って、どんな試験？

「共通テストでは、これまでのセンター試験以上に、『思考力・判断力・表現力』が問われる」といわれています。日本史Bの場合は、

①設問の要求に合わせ、さまざまな資料（史料・絵・図表）を読み取る
②読み取った内容を、互いに関連づけながら情報を整理する
③そこから導き出された結論が、的確に表現されている選択肢を選ぶ

というプロセスで解いていくことになります。皆さんのなかには、たくさんの資料が示された、試行調査の問題や予想問題を解いた人もいるでしょう。

ところが、共通テストでは、**抽象的な選択肢の文章から具体的な出来事を思い出してどの時代のことなのかを特定する**、といった、時代感覚を問う出題も予想されます。したがって、日本史の基礎的な知識を、一つひとつバラバラに覚えるのではなく、それらがどのように関連し合っているのかを理解したうえで覚えることが必要です。実は、資料を読み取って情報を整理する問題も、このような「理解をふまえた暗記」をすることによって解けるようになるのです。

そこで、この本は、知識どうしの「つながり」（出来事の原因・結果の関係や、同じ時代に起きた出来事どうしの関係）を考えて納得しながら覚えられるよう、年表や図解をたくさん示し、日本史の流れをていねいに説明することにしました。皆さんは、この本を使って理解を深め、覚えた知識を使いこなせるようになることで、共通テスト対策にも楽に取り組むことができます。

ちなみに、この本で扱う知識は基本レベルに合わせており、特に文化史については、センター試験で過去に出題された歴史用語を確実に習得できるようにしています。また、社会史や経済史については、考え方の説明やイメージの図解によって、社会や経済のしくみや構造を理解できるようにしました。もちろん、政治史や外交史についても、出来事どうしがどのように関係しているのかがわかるように工夫されています。全体として、「基本をカンペキに」することができるようになっています。

▶本書の構成・内容・活用法

どの章を読むときにも、まず最初に総合年表（**原始・古代、中世、近世、近代・現代**）を見て、これから自分が読んでいく章の「世紀の数字（年代の数字）」

と「タテ（前後）・ヨコ（左右）に位置する項目」を確認します。

次に、**各章のはじめの年表**にある見出し（例：1 旧石器文化）と重要語句を、タテ（前後）・ヨコ（左右）の関係に注意しながら目を通していきます。

その次に、本文を読んでいき、**ポイント**のところで立ち止まります。そして、ポイントで示された歴史用語の意味・内容がわかっているかを確認し（あいまいだったら本文に戻ります）、さらにその先の本文を読んでいきましょう。

ある章を読み終わったら、もう一度**各章のはじめの年表**に戻り、章の内容を思い出しながら、年表のタテ・ヨコの「つながり」が理解できているか、確認しましょう。そして、**「チェック問題にトライ！」** で問題を分析し、センター試験の過去問演習（史料・絵・表を読み取る問題や時代感覚を問う問題）をどのように共通テスト対策につなげていくのかを確認しましょう。

最後に（これが重要！）、**教科書**を読みましょう。今読み終えた章の内容に当てはまる部分を教科書のなかから探し、**本文・写真・史料**に目を通します。共通テスト対策では、いきなり教科書を読むのではなく、この本を読んで理解を深め、覚えるべき用語を確認したあとで教科書を読むと、効果的です。

「**大学入学共通テスト試行調査問題の演習**」では、形式や内容の面で重要な問題をピックアップし、くわしい解説をつけました。すでに共通テスト対策を進めている人でも、これからの学習で注意する点を再確認できます。

▶謝辞

私に「人にものを教える」仕事にたずさわるきっかけを作ってくださった、かつて私が河合塾で教わった故・権田雅幸先生と、これまでに私が中学・高等学校や予備校の職場でお世話になった先生方に、感謝の言葉を申し上げます。

これまで私が教えてきた生徒の皆さんの、私を見つめる「まなざし」が、この本を執筆する後押しをしてくれました。本当に、ありがとうございました。

▶受験生の皆さんへ

これからの学習において、また入試本番において、そしてその先の人生において、いろいろな場面で心に浮かべてほしい言葉を贈ります。

冷静に判断
大胆に決断

受験勉強を通して、皆さんの人生が豊かなものになるよう願っています。

山中　裕典

もくじ

はじめに …2
この本の特長と使い方 …6

 原始・古代

総合年表 …8
第1章　日本列島と人間社会 …10
第2章　ヤマト政権の成立と展開 …28
第3章　律令国家の成立 …44
第4章　奈良時代の律令政治 …60
第5章　平安時代の貴族政治 …82
第6章　平安時代の地方社会 …98
第7章　古代文化 …114
大学入学共通テスト試行調査問題の演習：Ⅰ 原始・古代 …134

 中世

総合年表 …142
第8章　武家政権の成立 …144
第9章　鎌倉幕府の展開 …158
第10章　室町幕府の支配 …174
第11章　中世社会の展開 …192
第12章　中世文化 …214
大学入学共通テスト試行調査問題の演習：Ⅱ 中世 …236

Ⅲ 近世

総合年表 ...244
第13章　織豊政権 ...246
第14章　江戸幕府の支配体制 ...258
第15章　近世社会の展開 ...276
第16章　江戸幕府の政治改革 ...296
第17章　幕藩体制の動揺 ...312
第18章　近世文化 ...326
大学入学共通テスト試行調査問題の演習：Ⅲ 近世 ...350

Ⅳ 近代・現代

総合年表 ...358
第19章　欧米列強との接触 ...362
第20章　明治政府の成立 ...380
第21章　立憲政治の展開 ...404
第22章　日清・日露戦争 ...428
第23章　資本主義の形成 ...454
第24章　第一次世界大戦 ...476
第25章　近代文化 ...500
第26章　政党内閣の時代と満州事変 ...520
第27章　日中戦争・太平洋戦争 ...542
第28章　占領下の日本 ...562
第29章　国際社会への復帰 ...582
第30章　現代の日本 ...600
大学入学共通テスト試行調査問題の演習：Ⅳ 近代・現代 ...620

さくいん ...628

この本の特長と使い方

年表の内容を説明しています。(1)(2)…の番号は年表の中の番号と対応しています。あわせて確認しましょう。

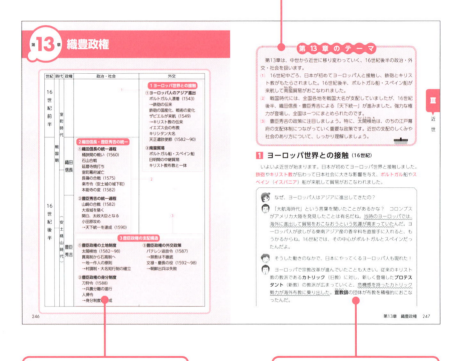

この章で扱う事項をわかりやすく年表にまとめています。まずは全体の流れを見渡して理解しましょう。

共通テストで重要な、「歴史の大きな流れ・動き」を先生と生徒の会話形式で説明しています。

共通テスト「日本史Ｂ」の範囲を網羅し、出題される事項・語句を精選しました。また、それらを予想される出題の傾向に合わせて掲載しました。ですから、本書に掲載されている語句、図表はいずれも共通テストの日本史で重要なものばかりです。しっかり理解して、本番に自信をもって臨みましょう。

図でわかりやすく説明しています。本文とあわせて確認しましょう。

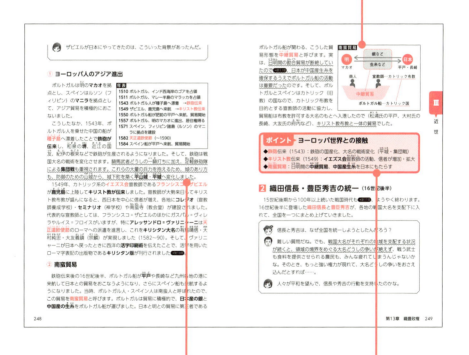

重要な部分は波線に、おさえておきたい語句は赤字や太文字にしています。流れをつかむだけでなく、知識も覚えながら読み進めましょう。

項目ごとにポイントとなる内容をまとめています。

原始・古代 総合年表

世紀	天皇	権力者	政治・外交	社会・経済	文化
			(〜1万3000年前 旧石器時代)	第1章　1旧石器文化	
			(1万3000年前〜 縄文時代)	第1章　2縄文文化	
前4 前3 前2 前1		（藤原姓は省略）		第1章 3弥生文化	
1世紀			第1章 4小国の分立と連合		
2世紀					
3世紀			第2章 1ヤマト政権と東アジア	第2章 2古墳文化	
4世紀					
5世紀					
6世紀	欽明		第3章 1ヤマト政権の動揺と推古天皇の時代	第2章 3ヤマト政権と国内社会	
	崇峻				
7世紀	推古				第7章 1飛鳥文化
	舒明		第3章 2大化改新と白村江の戦い	（4−2） 律令国家の構造	
	皇極				
	孝徳				
	斉明				第7章 2白鳳文化
	（中大兄）				
	天智				
	天武		第3章 3壬申の乱と律令体制の整備		
	持統				

8

世紀	天皇	実力者				
8世紀	文武	不比等	第4章 1律令制度	第4章 2律令国家の構造	第4章 4奈良時代の土地制度	第7章 3天平文化
	元明	不比等				
	元正	長屋王	第4章 3奈良時代の政治			
	聖武	4兄弟				
		橘諸兄				
	孝謙	仲麻呂				
	淳仁	仲麻呂				
	称徳	道鏡				
	光仁	百川				
9世紀	桓武		第5章 1桓武天皇・嵯峨天皇の時代		第6章 1地方支配制度の転換	第7章 4弘仁・貞観文化
	平城					
	嵯峨	冬嗣				
	清和	良房	第5章 2藤原氏の台頭			
	光孝	基経				
	宇多	基経				
10世紀	醍醐	時平	第5章 3醍醐天皇・村上天皇の時代			第6章 3武士の台頭	第7章 5国風文化
	朱雀	忠平				
	村上		第5章 4摂関政治			
11世紀	後一条	道長			第6章 2荘園公領制の成立	
		頼通				

この時代のテーマ

第1章 **日本列島と人間社会**：旧石器・縄文・弥生文化の違いを理解します。

第2章 **ヤマト政権の成立と展開**：東アジアとの関係や、国内支配の拡大に注目します。

第3章 **律令国家の成立**：中国の制度をまねて、天皇中心の中央集権体制が確立しました。

第4章 **奈良時代の律令政治**：律令制度の内容と、天皇家・貴族らの政争を学びます。

第5章 **平安時代の貴族政治**：藤原氏を中心とする政治の展開を追います。

第6章 **平安時代の地方社会**：地方支配の変化と、荘園公領制の成立過程を理解します。

第7章 **古代文化**：仏教中心の文化が大陸から伝来し、日本列島に定着していきました。

日本列島と人間社会

	1 旧石器文化 ⑴	2 縄文文化 ⑵	3 弥生文化
地質学	①旧石器時代の自然 更新世（氷河期）	①縄文時代の自然 完新世（温暖化）	①弥生時代の変化
諸条件	大陸と陸続き 大型動物 針葉樹林	日本列島形成 中小動物 広葉樹林	水稲耕作と金属器が伝来 →九州〜東北へ伝わる
土器	②旧石器文化 土器は使用せず	②縄文文化 縄文土器	②弥生文化 弥生土器
道具	打製石器 尖頭器（槍）	磨製石器も加わる 石鏃（弓矢）骨角器	石包丁
金属器			鉄器・青銅器(銅鐸など)
生活	狩猟が中心 洞穴など 移動生活	狩猟・漁労・採取 竪穴住居 貝塚 定住化 交易(黒曜石)	農耕が中心 竪穴住居 高床倉庫 水稲耕作での共同作業
身分		身分差なし	身分差あり 首長の出現
墓制		共同墓地に屈葬 副葬品は見られず	甕棺墓・支石墓 墳丘墓 特定の墓から副葬品
習俗		アニミズム 土偶 抜歯 屈葬	農耕儀礼
遺跡	群馬県岩宿遺跡	東京都大森貝塚 青森県三内丸山遺跡	静岡県登呂遺跡 佐賀県吉野ヶ里遺跡

世紀	政治・外交	社会・文化	中国大陸
前4世紀			（戦国時代）
前3世紀	⑶		秦
前2世紀	**4 小国の分立と連合**		漢
前1世紀	①『漢書』地理志 倭人が楽浪郡へ遣使		
1世紀	②『後漢書』東夷伝 奴国の遣使→印綬を授かる ☆金印「漢委奴国王」 倭国王の帥升らが生口を献上	弥 生 文 化	後漢
2世紀	倭国の大乱		
3世紀	③「魏志」倭人伝 邪馬台国連合 卑弥呼の遣使→「親魏倭王」称号得る		（三国時代） 魏・蜀・呉
			晋

第 1 章 の テ ー マ

第 1 章は、原始と呼ばれる、日本列島を舞台に歴史の歩みが始まった時代を中心に扱います。

(1) 旧石器文化と縄文文化は、どちらも自然の恵みを獲得することで、人々が生活していた時代です。両者はどこが異なるのか、その違いはなぜ生じるのか、考古学の成果に注目しながら理解していきましょう。

(2) 弥生文化は、自然を作りかえて食料を生産することで、人々が生活していた時代です。農耕が始まることで、人々の社会がどのように変化していったのか、これも考古学の資料を使って理解を深めましょう。

(3) 弥生時代は、同時に「文字史料の解読で判明する歴史」が始まった時代でもあります。中国で作られた史書の内容を解釈しながら、日本列島に権力が生まれ、政治的なまとまりが拡大していった過程を見ていきましょう。

1 旧石器文化（～約 1 万3000年前）

地球の誕生は約46億年前、人類の誕生は約700万年前のことでした。アフリカで誕生した人類は、猿人・原人・旧人・**新人**の順に出現しました。新人が、今の人類の祖先となります。日本列島にも新人段階の人々が住み着いたことが、**化石人骨**の発見からわかっています（沖縄県の港川人など）。そして、アジア大陸南部の系統の縄文人に、アジア北部に住み弥生時代以降に渡来した人々が混血して、現在につながる日本人が形作られていったと考えられます。

では、ユーラシア大陸の東の端に位置する日本列島のなかで、人々はどのような社会を作ったのでしょうか。まず、今から約 1 万3000年前まで展開していた、旧石器文化を見ていきましょう。

① 旧石器時代の自然

旧石器時代の状況をつかむには、当時の自然環境に注目するとよいです。地質学では、氷期と間氷期が交互に出現する**更新世**で、寒冷な気候でした。地球上の水は大陸氷河の形で陸上にたまるので、海水が減って海水面が下がります。日本は大陸と陸続きになり、大陸からは寒冷な気候に適応した**大型動物**が往来しました（南方系の**ナウマンゾウ・オオツノジカ**、北方系の**マンモス**）。

② 旧石器文化

(1) 旧石器時代の人々は、狩猟を中心とする生活を送っていた

　このような自然環境のなかで、人々はどのように食料を得たのでしょうか。大型動物を捕獲する<u>狩猟</u>が中心となり（植物採取も行う）、<u>大型動物を追うために、移動性の高い生活を営みました</u>（<u>洞穴</u>などに居住）。狩猟の際には、先端に**尖頭器**を付けた**槍**を使用しましたが、この尖頭器は、石を打ち欠いて作製した**打製石器**であり、打製石器が主に使用されていた時期を、考古学では**旧石器時代**と呼ぶのです。打製石器には、打製石斧・ナイフ形石器・尖頭器があり、旧石器時代の末期には、木などに小さい石器を埋め込んで用いる**細石器**も登場しました。

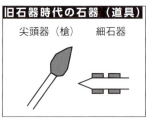

旧石器時代の石器（道具）

尖頭器（槍）　　細石器

(2) 旧石器時代の遺跡は、打製石器が発見された群馬県の岩宿遺跡に注目

　遺跡については、**都道府県名、地図上の位置、時代と内容（発掘された遺物）**の3点セットを把握しましょう。旧石器時代の遺跡として重要なのは、**群馬県**の**岩宿遺跡**です。戦後、相沢忠洋が関東ローム層から打製石器を発見し、日本にも旧石器時代が存在したことを証明しました。そのほか、ナウマンゾウなどの骨と打製石器が発見された長野県の野尻湖遺跡などがあります。

旧石器文化・縄文文化の遺跡

● …旧石器文化の遺跡
▲ …縄文文化の遺跡

亀ヶ岡
三内丸山
姫川流域
野尻湖
和田峠
岩宿
大森
和田峠産の黒曜石の交易
港川

ポイント　旧石器文化

◆旧石器時代：**更新世**…寒冷→海水面が下降→日本は大陸と陸続き

　　　　　　大型動物…**ナウマンゾウ・オオツノジカ・マンモス**

◆旧石器文化：**狩猟**中心、**打製石器**・槍の先端の**尖頭器**、末期の**細石器**

　　　　　　群馬県**岩宿遺跡**…日本の旧石器時代の存在を証明

2 縄文文化（約1万3000年前〜紀元前4世紀ごろ）

　縄文文化は、約1万3000年前から始まって1万年以上も続き、北海道から沖縄にかけて広がった文化です。旧石器文化との違いを理解しましょう。

① 縄文時代の自然

旧石器時代は生活が自然環境に左右された時代だったんだね。

次の**縄文時代**も同じだよ。地質学では更新世から**完新世**に入り、氷期が終わって温暖な気候になった。どんな変化が起きるかな？

寒い時期と逆だから、大陸氷河が溶けて海水が増え、海水面が上がって大陸から切り離される。日本が島国になった！　**日本列島**だ！

ところで、海水面が上がると、海岸線はどうなるかな。

海が陸地にどんどん入り込んで、迫ってくる感じだね。

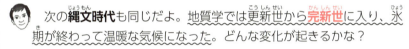

これが**海進**で、当時起きたものを「縄文海進」というんだ。すると、沿岸に入り江が形成されて、魚や貝が生息した。

氷河期だと、海の水が冷たくて魚介類を採るのが難しいけど、暖かくなったら採って食べられるね。温暖化で、生活が変わっていきそうだ。

温暖化によって、大型動物にかわって、ニホンシカやイノシシなどの**中小動物**が増えた。植物もスギやマツなどの針葉樹林にかわって、ブナやナラなどの**広葉樹林**が広がり、その実であるドングリが豊富になったんだ。クルミやクリも、たくさん実ったよ。

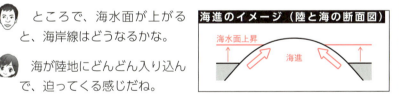

海進のイメージ（陸と海の断面図）

海水面上昇　海進

ドングリは微妙だけれど、クルミやクリならおいしそう！　殻が硬いから、保存もきくし、食生活がバラエティ豊かになりそうだね。

② 縄文文化

　自然環境の変化は、人々の食料獲得を大きく変えるとともに、縄文時代の社会を形作っていきました。

(1)　狩猟に加えて、漁労・採取も盛んにおこなわれた

　食料獲得で注目されるのは、**採取**が盛んになったことです。人々は食用・貯蔵が可能な木の実を集め、石皿やすり石といった**石器**を用いて加工し

> **縄文文化で用いられた道具**
>
> ● 石器：打製石器に**磨製石器**も加わる
> 　石鏃（矢じり）　磨製石斧（斧）　石皿・すり石（木の実をすりつぶす）
> 　石錘（網のおもり）　石匙（動物の皮をはぐ）
>
> ● **縄文土器**：貯蔵・調理（煮炊き）の道具
> 　土器の変化で時期を区分（草創期・早期・前期・中期・後期・晩期）
>
>
> 　草創期　　　早期　　　前期　　　中期　　　後期　　　晩期
>
> ● 骨角器：漁労に用いる（釣り針や銛など）

たり、新たに登場した**土器**で煮炊きや貯蔵をおこないました。

　縄文時代は、打製石器に加えて、表面を磨いて仕上げた**磨製石器**も用いられ、考古学では**新石器時代**とも呼ばれます。また、縄目の文様が表面に付いていることから命名された、厚手で黒褐色の**縄文土器**は、時代によって形が変化していきました。特に、中期に登場した、装飾的な火炎土器に注目しましょう。

　食料獲得では、**漁労**も重要なものとなりました。動物の骨や角で作られた**骨角器**（釣り針や銛など）の使用が盛んとなり、網も用いられました。沿岸部では大量の貝を採って加工し、貝殻が捨てられた場所に**貝塚**が形成されました（貝殻以外のゴミも捨てられました）。現在、海に面していない場所でも貝塚が発見されることがあり、当時は内陸部まで海進が起きたことを物語ります。

　もちろん、旧石器時代に引き続き、**狩猟**もおこなわれました。しかし、動きが速くて捕らえにくい中小動物が増えたことで、狙いを定められる**弓矢**の使用が盛んとなり、矢じりには新たな石器として**石鏃**が用いられました。

(2)　食料獲得が多彩になった縄文時代には、定住化の傾向が進んだ

　当時の世界では、**農耕・牧畜**といった**食料生産**が始まり（約9000年前の西アジアで麦の栽培とヤギ・羊・牛の飼育が開始）、アジア・ヨーロッパ・アフリカへ広がっていきました。そして、栽培や飼育の土地を確保するため、人々は住居を造って定住するようになりました。また、磨製石器も使い始めました。

　一方、日本の縄文文化では、一部に植物栽培が見られるものの、農耕・牧畜は発達せず、本格的な食料生産はおこなわれませんでした。ところが、各地の自然環境に適応した狩猟・漁労・採取がおこなわれ、食料獲得が豊かで多彩なものとなったことで、**定住化の傾向が進んだ**のです。木の実が豊富な森林や、魚介類が採れる沿岸が近くにあれば、そこから離れたくないですよね。

　そして、定住化により、縄文時代には**竪穴住居**が盛んに造られました。

(3)　黒曜石やヒスイなどをめぐる、広い範囲での交易がおこなわれた

　縄文時代は、人々の移動距離が意外と大きい側面もありました。**長野県の和田峠**は、石器の材料となる**黒曜石**の産地ですが、その黒曜石を加工した石器が、各地で発見されています。原料の産地は特定の場所なのに、加工品が広範囲で出土するということは、誰かが運ぶことに関わっていたはずです。つまり、遠隔地どうしで交易がおこなわれていたことを示しています。

　新潟県の姫川流域で産出する**ヒスイ**（宝石の材料）も、広範囲で出土します。

(4)　呪術的な風習が見られ、身分差や貧富差のない社会だった

　縄文時代の社会のあり方について、考古学の遺物をもとに推定していきましょう。この時代には、自然の事物に精霊が宿るという信仰（**アニミズム**）があったと考えられ、呪術（まじない）でその災いを避ける風習が生まれました。女性をかたどった土製の人形の**土偶**や、男性の生殖器を表現したらしい石棒が、そのことを示しています。また、成年の通過儀礼として特定の歯を抜く**抜歯**や、手足を折り曲げて葬る**屈葬**といった風習も存在しました（死者の霊が生者に災いを及ぼさないようにするため、といわれているが諸説あり）。

　社会のあり方は、墓制からも推定できます。当時の人々は共同墓地に葬られ、墓の規模に大きな差はなく、大量の**副葬品**が集中する墓もありませんでした。ここから、集団の統率者はいても、人々の間に**身分差・貧富差はなかった**と考えられます。

(5)　縄文時代の遺跡は、アメリカ人モースが発見した東京都の大森貝塚に注目

　縄文時代の遺跡も、都道府県名、地図上の位置、時代と内容を把握します。

東京都の**大森貝塚**は、明治時代の初めにアメリカ人の**モース**が発見しました（彼が土器に名付けた "cord marked pottery" が「縄文」という言葉の起源）。**青森県**の**三内丸山遺跡**は、縄文前・中期の長期間にわたる遺跡で、掘立柱建造物の跡（巨大な柱の穴）やクリの栽培の跡が発見されました。また、縄文晩期の亀ヶ岡式土器が出土する、青森県の亀ヶ岡遺跡もあります。

ポイント 縄文文化

◆縄文時代：**完新世**…温暖→海水面が上昇→日本列島形成

　　　　　中小動物、**海進**（入り江形成）、**広葉樹林**（木の実が豊か）

◆縄文文化：**狩猟**（**石鏃**付きの**弓矢**）・**漁労**（**骨角器**）・**採取**

　　　　　打製石器に**磨製石器**も加わる

　　　　　縄文土器…煮炊き・貯蔵　**竪穴住居**・**貝塚**…**定住化**の傾向

　　　　　遠隔地交易…**黒曜石**（**長野県和田峠**）

　　　　　信仰・風習…**アニミズム**（**土偶**・石棒）、**抜歯**、**屈葬**

　　　　　墓制…共同墓地、**副葬品なし**→**身分差・貧富差なし**

　　　　　東京都大森貝塚（**モース**が発見）、**青森県三内丸山遺跡**

---

3 弥生文化（紀元前4世紀ごろ～紀元後3世紀中ごろ）

弥生文化は、紀元前4世紀ごろから紀元後3世紀の中ごろまで、約650年間続いた文化です。九州北部から各地に広がっていく一方、北海道と沖縄には伝わらなかったのが、縄文文化とは異なる点です。

① 弥生時代の変化

さまざまな技術を持った人々が日本列島へ渡来したことで、**弥生時代**が始まりました。当時の中国は、戦国時代ののちに秦・漢が強力な統一国家を建てた（紀元前3世紀）、「戦乱から統一へ」の時代でした。このような状況は、すでに中国南部の長江下流域から始まり、中国大陸から朝鮮半島へと広がっていた水稲耕作の技術を、日本列島へ伝える原動力となったのです。こうして、稲作は縄文晩期に**九州北部**へ伝来し（福岡県の**板付遺跡**）、西日本から東日本へ、さらに**東北地方**へも広がりました（青森県の砂沢遺跡）。

しかし、北海道と沖縄には稲作が伝わらず、狩猟・漁労・採取が中心の生活が続きました（北海道では**続縄文文化**、沖縄では**貝塚文化**が展開）。

② 弥生文化

水稲耕作に加え、**金属器**(**青銅器・鉄器**)も伝来すると、日本列島の社会が大きく変化しました。

(1) 大陸から伝来した水稲耕作が発展し、金属器の使用が広がった

弥生時代の水稲耕作は、前期から後期にかけての変化に注目しましょう。**前期**は、低湿地を利用して作られた**湿田**に籾を直接まきましたが(**直播**)、苗を作って植える**田植え**も始まりました。そして、湿田に足が沈まないように**田下駄**を履き、木製の鍬・鋤で耕作し、収穫した稲穂を木臼・竪杵を使って脱穀するなど、**木製農具**が使用されました。また、収穫の際には、朝鮮半島系の磨製石器である**石包丁**で稲穂の先端を刈り取り(穂首刈)、収穫物は**高床倉庫**に貯蔵しました。**後期**になると、用水路などの灌漑施設をととのえた**乾田**も出現し、木製農具に加えて**鉄製農具**(鉄鎌や鉄製刃先の鍬・鋤)も登場しました。乾田は排水と用水をくり返すので、栄養分が補充されて生産性が向上し、鉄製農具は生産効率を上げました。

青銅器と鉄器は、用途の違いに注目しましょう。**青銅器**は、はじめは武器として流入しましたが、重くて鈍い点が鉄器に劣るので、**祭器**に作りかえられて大型化していきました。分布地域に偏りがあり、**平形銅剣**は瀬戸内海沿岸に分布し、**銅矛・銅戈**は九州北部に分布し、**銅鐸**は**近畿**に分布しました。これらの青銅器祭器は、共同体の祭りで用いられる集団の共有物で、祭りのとき以外は土のなかにまとめて埋められ(**島根県**の**荒神谷遺跡**など)、個人の墓の副葬品にはなりません(これに対し中国製の銅鏡は副葬品となる)。

鉄器は、武器・工具・農具などの実用的な道

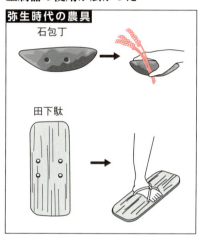

弥生時代の農具

石包丁

田下駄

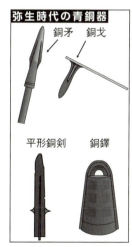

弥生時代の青銅器

銅矛　銅戈

平形銅剣　銅鐸

弥生時代の土器

壺　甕　高杯

具として用いられ、軍事力や生産力を生むものとして使用が拡大しました。

また、発見された場所の地名から命名された、赤褐色の<u>弥生土器</u>は、用途により器の形が異なりました（壺は貯蔵、甕は煮炊き、高杯〈高坏〉は盛付け）。

(2) 弥生時代は、身分差や貧富差が生じ、強力な首長が各地に出現した

弥生時代の社会を、墓制から推定しましょう。共同墓地が中心である点は縄文時代と同じですが、遺体を伸ばして葬る**伸展葬**となりました。また、墓の形に地域差が生じました。九州北部では、巨大な土器を棺として用いる**甕棺墓**や、大型の石を支石で支える**支石墓**が広がりました（支石墓は朝鮮半島との共通性を持つ）。近畿から東日本にかけて、家族墓である**方形周溝墓**が広がりました。また、弥生時代後期になると、西日本では数十メートルの大きさの巨大な**墳丘墓**が出現しました。

縄文時代の墓制との違いは、共同墓地の特定の墓に大量の<u>副葬品</u>が集中したり（中国製の銅鏡など）、墳丘墓が巨大化していったことです。個人の権威を示すために豪華な品物を墓に納めたり、権力の大きさを誇示するために墓が巨大化したと

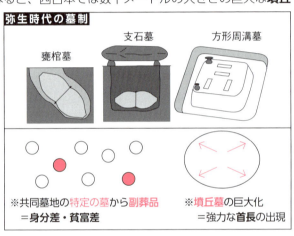

弥生時代の墓制

甕棺墓　　支石墓　　方形周溝墓

※共同墓地の特定の墓から副葬品 ＝身分差・貧富差

※墳丘墓の巨大化 ＝強力な首長の出現

考えられます。このことは、弥生時代になると**身分差・貧富差のある**階級社会が形成され、各地に強力な<u>首長</u>（共同体指導者）が登場したことを物語っています。

なぜ、こういった社会が形成されたのでしょうか。水田や用水路を造成する土木工事や、共同での農作業には、集団の指導者が必要です。また、豊かな実りを得るには、豊作を祈り収穫を感謝する儀式をリードする、宗教的指導者も必要です。水稲耕作の開始によって、特定の人々に権力や権威が集中していき、それが身分差・貧富差の出現や首長の登場につながったと考えられます。

(3) 集落どうしでの争いが激しくなり、地域統合が進んでいった

縄文時代の遺跡からは、対人用武器や、傷つけ合った人骨は発見されておらず、争いの少ない時代だったことが推定されます。ところが、弥生時代の遺跡

からは、矢じりが刺さった人骨や、頭部のない人骨などが発見されています。弥生時代は、激しい争いの時代だったのです。周囲に防御施設（濠・土塁・柵）をめぐらせた**環濠集落**が広がり、弥生時代中期の瀬戸内地方では、山頂や丘陵上に造られて軍事的機能を持ったと考えられる**高地性集落**も登場しました。

　なぜ、このような争いが起きたのでしょうか。たとえば、ある集落が、余剰生産物を蓄積して力を持ち、周囲の集落を吸収していく。逆に、ある集落の余剰生産物が、周囲の集落から狙われる。食料生産が本格化すると、耕地や収穫物（余剰生産物）をめぐり、集落どうしの争いが激しくなったと考えられます。こうして、各地域で「**クニ**」と呼ばれるまとまりができていき、弥生時代中期ごろには**小国分立**という状況が生まれました。

(4) 弥生時代の遺跡は、水田跡の登呂遺跡や、環濠集落の吉野ヶ里遺跡に注目

　弥生時代の遺跡は、遺跡の内容（発掘された遺物）をしっかり区別することが大切です。**静岡県**の**登呂遺跡**や、**奈良県**の**唐古・鍵遺跡**では、水田や水路の跡などが発見されています。**佐賀県**の**吉野ヶ里遺跡**は、大規模な環濠集落や望楼（物見やぐら）の跡、墳丘墓などが発見されています。

　近年注目されているのが、奈良県の纒向遺跡です。大型建造物の跡や、各地から搬入された土器が発見され、出現期の古墳→第2章が周囲に集中していることもあり、ヤマト政権の最初の王都（3〜4世紀）である可能性が指摘されています。

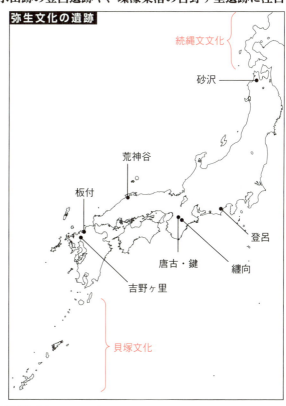

弥生文化の遺跡

ポイント 弥生文化

◆弥生時代：**水稲耕作**が縄文晩期に**九州北部**に伝来、**東北地方**まで拡大
（北海道は**続縄文文化**、沖縄は**貝塚文化**）

◆弥生文化：稲作…前期は**湿田**・**木製農具**・**石包丁**　後期は**乾田**・**鉄製農具**
青銅器…**祭器**となる（**銅鐸**は**近畿**に分布）　**鉄器**…実用器
弥生土器…**壺**・**甕**・**高杯**
墓制…九州北部の**甕棺墓**・**支石墓**（朝鮮半島系）、**方形周溝墓**
副葬品、**墳丘墓**→身分差・貧富差の発生、首長の登場
争乱…**環濠集落**・**高地性集落**（弥生中期の瀬戸内）、**小国分立**
静岡県**登呂遺跡**（水田）、佐賀県**吉野ヶ里遺跡**（環濠集落）

4 小国の分立と連合（紀元前 1 世紀～紀元後 3 世紀）

　ここまでは、過去に人間が作った遺物を発掘して分析する、**考古学**の手法を使ってきましたが、ここからは、過去に人間が書いた文字史料を読んで解釈する、**歴史学**の手法を使います。

　実は、弥生時代中期・後期の日本列島の様子は、中国の歴史書に記録されています。当時の中国では、日本列島に住む人々のことを「倭人」と呼び、倭人がつくった国を「倭国」と呼んでいました（倭国のなかに小国がたくさんあるイメージ）。そこで、これらの史料を読んで、当時の**倭**の状況を把握しましょう。

中国は、倭にすごく関心を持っていたから、記録したのかな？

中国にとって日本列島は遠くはるか彼方、海の向こうだから、日本列島の側からアクションがないと記録しなかった、と考えられるよ。

ということは、倭は中国との外交をやっていたのかな。

実は、当時の東アジアでは、中国中心の国際秩序が作られていた。周辺国の首長は、皇帝に使者を派遣して貢ぎ物を献上する**朝貢**をおこない、皇帝から**冊封**されて「**王**」の称号を与えられたんだ。「王」は、皇帝の臣下となり、地域支配権が承認されたことを示す称号だ。こうした周辺国との君臣関係を、**冊封体制**と呼ぶよ。

そうすると、そういった国際秩序に関わろうとして、日本列島から中国へ使者を派遣したのかな。

そうだね。当時の日本列島には、「王」として認めてもらう必要があった人たちがいたんじゃないかな。

 小国分立（しょうこくぶんりつ）の状況だから、小国の首長は中国の皇帝に支配権を認めてもらうと、他の小国に向けて「エッヘン！」と威張（いば）れるね。

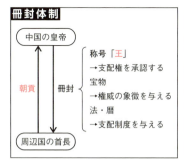

冊封体制

```
中国の皇帝
  ↑   ↓
朝貢  冊封    称号「王」
            →支配権を承認する
              宝物
            →権威の象徴を与える
              法・暦
            →支配制度を与える
周辺国の首長
```

 そうやって、支配の正統性を中国の皇帝に承認されることで、国内の統治を有利にしようとしたと考えられるんだ。それに、さまざまな宝物（ほうもつ）も中国の皇帝から与えられて、権威（けんい）のシンボルになったよ。

 中国と関係を結びながら、政治的なまとまりができていったんだ。

① 『漢書』地理志

紀元前1世紀ごろの状況は、漢（前漢）の歴史をまとめた『漢書』（かんじょ）地理志（ちりし）に記されています。まず、「夫（そ）れ楽浪（らくろう）海中に倭人（わじん）有り、分れて百余国（ひゃくよこく）と為（な）る。」とあります。楽浪郡（らくろうぐん）の海の向こうには倭人がいて、倭は百余りの国々に分かれている、という意味です（楽浪郡は紀元前108年に朝鮮（ちょうせん）半島に置かれた漢の拠点）。

『漢書』地理志 前1世紀
楽浪郡　百余国　倭　漢　献見　倭人

さらに、「歳時（さいじ）を以て来り献見（けんけん）すと云ふ。」とあります。楽浪郡は、倭人が定期的に使者を送ってきている、と報告しているのです。紀元前1世紀ごろの倭は、このような中国への外交的アプローチを開始していました。

② 『後漢書』東夷伝

1〜2世紀ごろの状況は、後漢（ごかん）の歴史をまとめた『後漢書』（ごかんじょ）東夷伝（とういでん）に記されています。内容が三つに分かれています。

(1) 1世紀中ごろの、奴国の遣使

「建武中元二年（けんむちゅうげん）、倭の奴国（なこく）、貢（みつぎ）を奉（ほう）じて朝賀（ちょうが）す。……光武（こうぶ）、賜（たま）ふに印綬（いんじゅ）を以

てす。」は、西暦57年、倭の**奴国**が後漢の都洛陽へ遣使し、**光武帝**から**印綬**を授かった、という意味です（印綬は公式の印とそれを身に着ける組みひも）。**福岡県**の**志賀島**からは「**漢委奴国王**」と刻印された**金印**が発見されていることから、こ

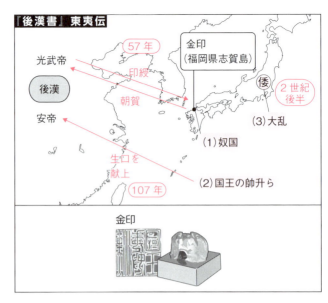

『後漢書』東夷伝

57年
印綬
朝賀

金印
（福岡県志賀島）

倭
2世紀
後半

光武帝

後漢

安帝

(3)大乱

(1)奴国

生口を献上
107年

(2)国王の帥升ら

金印

の場所は奴国の一部であり、金印は後漢の光武帝から授かったものだと考えられます。中国皇帝から「奴国王」の地位を承認されたのです。

(2)　2世紀初めの、生口の献上

「安帝の永初元年、倭の国王帥升等、生口百六十人を献じ、請見を願ふ。」は、西暦107年、倭の国王である**帥升**らが、**生口**（奴隷）160人を後漢の安帝に献上した、という意味です。倭の小国のなかに、身分が成立していたのです。

(3)　2世紀後半の、「倭国大乱」

「桓霊の間、倭国大いに乱れ、更相攻伐して歴年主なし。」は、2世紀後半、**倭は内乱が激しく**、争いが長期化し、まとめる者がいなかった、という意味です。小国が互いに争うなかで、政治統合が進んでいったと考えられます。

③「魏志」倭人伝

3世紀ごろの状況は、**三国時代**（**魏・呉・蜀**）の歴史をまとめた『**三国志**』の「**魏志」倭人伝**に記されています。

(1)　倭国の概要と邪馬台国の位置

「倭人は帯方の東南大海の中に在り……。旧百余国、漢の時朝見する者あり。今使訳通ずる所三十国。」とあります。倭国は**帯方郡**（魏の朝鮮半島での拠点）

の海の向こうにあり、もともと百余りの国々に分かれていて漢に遣使してきたこともあるが、現在国交を結んでいるのは三十の小国である、という意味です。ちなみに、この記述のあと、邪馬台国に至る経路が書かれていますが、その解釈の違いから、その位置に関する**近畿説**と**九州説**が存在します。皆さんは、どちらが妥当だと考えますか？

(2) 倭国の政治制度や社会

「その法を犯すや…」「租賦を収むに…」「国々に市有り…」は、刑罰・租税の制度や、諸国に市が存在したことを示し、「女王国より以北には、特に<u>一大率</u>を置き、諸国を検察せしむ。」からは、<u>諸国を監察する地方官</u>の存在がわかります。また、「<u>下戸、大人</u>と道路に相逢へば…」から、**大人・下戸**という身分の上下差を含んだ制度の存在が判明します。

(3) 邪馬台国連合の成立

「其の国、本亦男子を以て王と為す。住まること七、八十年。倭国乱れ、相攻伐して年を歴たり。乃ち共に一女子を立てて王と為す。名を卑弥呼と曰ふ。」は、「魏志」倭人伝のハイライトです。倭国は従来男性を王に立てて

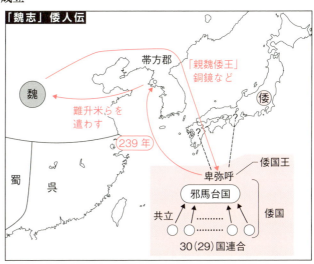

70年から80年を過ごしていたが、国内が乱れて争乱が激しくなったのち、多くの小国が共同で、邪馬台国の女王**卑弥呼**を倭国全体の王として立てた、というのです。倭国は30国（もしくは29国）の小国の連合であり、**邪馬台国**がその<u>盟主</u>となりました。つまり、「倭国、イコール**邪馬台国連合**」であり、卑弥呼は邪馬台国の女王から**倭国王**となったのです。

(4) 卑弥呼による支配のあり方

「<u>鬼道</u>を事とし、能く衆を惑はす。年已に長大なるも、<u>夫壻無し</u>。男弟有り、

佐けて国を治む。」も、注目すべき内容です。卑弥呼は、**鬼道**（呪術）の力で人々を従えており、夫がおらず、弟が政治を補佐していました。卑弥呼は、宗教的権威をもつシャーマン（巫女）的な王であったと推定されます。

(5)　卑弥呼による魏への遣使

「景初二年六月、倭の女王、大夫難升米等を遣し郡に詣り、天子に詣りて朝献せんことを求む。……その十二月、詔書して倭の女王に報じて曰く、……今汝を以て親魏倭王と為し、金印紫綬を仮し、…」とあり、魏への遣使も記録されています。西暦239年、卑弥呼が魏へ遣わした大臣の難升米らは、帯方郡において皇帝に謁見することを求め、都まで至りました。のち、魏の皇帝から詔書が下され、卑弥呼は「**親魏倭王**」の称号を与えられました。このとき、金印や銅鏡100枚なども授かりますが、この金印は発見されていません。

(6)　卑弥呼の死と、その後の倭国

「卑弥呼以て死す。…更に男王を立てしも、国中服せず、更々相誅殺し、当時千余人を殺す。復た卑弥呼の宗女壹与（壱与）の年十三なるを立てて王と為す。国中遂に定まる。」から、その後の倭国の状況がわかります。ライバルである**狗奴国**との争いのなか、卑弥呼は死去しました。ところが、卑弥呼の死後に男性の王が立てられると、諸国は従わずに抗争が発生したので、今度は卑弥呼の

「倭」に関する記事(1)
●『漢書』地理志
前1世紀　倭人、楽浪郡へ遣使
●『後漢書』東夷伝
西暦57年　奴国が後漢へ遣使
→光武帝から印綬を授かる
西暦107年　国王帥升らが生口献上
2世紀後半　倭国大乱
●「魏志」倭人伝
西暦239年　卑弥呼が魏へ遣使
→「親魏倭王」称号を授かる
●晋書
西暦266年　倭王（壱与？）が晋へ遣使

宗女（一族の女性）である**壱与**（もしくは台与）が倭国王として立てられて、争いは終結しました。これまでの倭国王のあり方は、【男王の時代が70〜80年→争乱→諸国が卑弥呼を倭国王に「共立」→卑弥呼の死後に男王を立てる→争乱→卑弥呼一族の女性を立てる】というプロセスになっています。王家が王位を代々受け継いでいくといった世襲王権は、弥生時代には確立していなかったことがわかります。

　そして、西暦266年、魏ののちに成立した**晋**に倭の女王（壱与のことか？）が遣使したという記事を最後に、それから約150年の間、倭は中国の史書から姿を消します。この間、日本列島では**ヤマト政権**が成立し→第2章、**古墳時代**を迎えていました→第2章。

ポイント 小国の分立と連合

※**冊封体制**：周辺国からの**朝貢**、中国皇帝による**冊封**（称号「王」を付与）

◆『**漢書**』**地理志**：**倭**は**百余国**に分立　漢の**楽浪郡**へ遣使

◆『**後漢書**』**東夷伝**：57年…**奴国**が後漢へ遣使、**光武帝**より**印綬**を受ける

　　　　　　　　※**福岡県志賀島**から「**漢委奴国王**」**金印**が発見

　　　　　　　　107年…倭の国王**帥升**らが**生口**160人を献上

　　　　　　　　２世紀後半…**倭国大乱**

◆『**魏志**』**倭人伝**：**邪馬台国**が盟主、約30国の**小国連合**（**近畿説・九州説**）

　　　　　　　　女王**卑弥呼**は**倭国王**として立てられ、**鬼道**により支配

　　　　　　　　239年…**帯方郡**を通じて魏へ遣使→「**親魏倭王**」称号

　　　　　　　　刑罰・租税の制度、諸国に市、身分制度（**大人・下戸**）

　　　　　　　　卑弥呼の死→男王→**壱与**が倭国王に（世襲王権は未確立）

次のページのチェック問題にチャレンジしてみよう！

チェック問題にトライ！

【1】（1998年度　本試験　日本史A）

　旧石器時代から古墳時代にかけての集落に関連して各時代について述べた次の文Ⅰ〜Ⅳと、遺跡名a〜fの組合せとして**誤っているもの**を、下の①〜⑥のうちから一つ選べ。

Ⅰ　この時代には、簡単な住居や洞穴に住みながら、尖頭器などの打製石器をおもな道具として、狩猟・採集を中心とする社会が営まれていた。

Ⅱ　この時代には、土器・磨製石器・弓矢など道具の進歩により定住化も進み、台地上の竪穴住居で構成された集落の周辺には、ごみ捨て場もみられた。

Ⅲ　この時代には、防御的性格をもつ環濠集落や高地性集落が存在することから、農耕による富の蓄積に応じて戦いの時代が展開したことが知られる。

Ⅳ　この時代には、権力を集中した首長は集落の人々とは隔絶した規模の居館や高塚式の墳墓を営むようになった。

a	加曽利貝塚	b	荒神谷遺跡	c	登呂遺跡
d	岩宿遺跡	e	吉野ヶ里遺跡	f	大山(仁徳陵)古墳

①　Ⅰ－d　　　②　Ⅱ－a　　　③　Ⅱ－c

④　Ⅲ－b　　　⑤　Ⅲ－e　　　⑥　Ⅳ－f

解説　　共通テストでは、**時代状況を説明した短文の時期を判断する出題が予想されます**。その導入編として、易しい問題を選びました。

Ⅰ　「洞穴」「尖頭器などの打製石器」「狩猟・採集」は旧石器時代を示します。この時代の遺跡はd（岩宿遺跡）で、①は正しいです。

Ⅱ　「磨製石器・弓矢」「定住化」「竪穴住居」は縄文時代です。a（加曽利貝塚）の「貝塚」は縄文時代なので②は正しいです。しかしc（登呂遺跡）は弥生時代の水田跡が発見された遺跡なので、③は誤りです。

Ⅲ　「環濠集落」「農耕による富の蓄積」は弥生時代です。b（荒神谷遺跡）もe（吉野ヶ里遺跡）も弥生時代の遺跡なので、④と⑤は正しいです。

Ⅳ　「権力を集中した首長」「集落の人々とは隔絶〜高塚式の墳墓」は古墳時代です。この時代の遺跡はf（大山(仁徳陵)古墳）で、⑥は正しいです。

⇒したがって、③（Ⅱ－c）が正解です。

解答　③

【2】 (2015年度　本試験)

　弥生時代に普及した次の農具X・Yと、それについて説明した下のa～dとの組合せとして正しいものを、下の①～④うちから一つ選べ。（ただし、イラストの縮尺は一定ではない。）

X　　　　　　Y

（注）　Xは長さ148.9センチ。
　　　　Yは長さ20.3センチ。

a　開墾に用いる農具　　　b　脱穀に用いる農具
c　田植えに用いる農具　　d　収穫に用いる農具

①　X－a　　　Y－c　　②　X－a　　　Y－d
③　X－b　　　Y－c　　④　X－b　　　Y－d

 　農具の写真を覚えていれば解けますが、**写真・絵図から読み取れる情報と短文とを組み合わせて判断する**解き方をやってみましょう。
X　（注）の「長さ148.9センチ」は、かなり長い棒状の道具であることを示します。これが、aの「開墾（土地を切り開いて水田を造成する）」か、bの「脱穀（稲穂からモミを外してモミガラも除く）」か、どちらに使われそうかを考えれば、bのほうが妥当でしょう。これは竪杵です。
Y　石包丁は基本的知識であり、写真も覚えて欲しいのですが、イラストから左端のエッジの鋭さを読み取り、（注）の数値の小ささにも注目して、c「田植え」の道具かd「収穫」の道具かを考えて解いてみましょう。
⇒したがって、④（X－b　　　Y－d）が正解です。

解答　④

ヤマト政権の成立と展開

世紀	政治・外交	社会・経済	中国	朝鮮半島			
3世紀	(1)	(2)	(三国)				
	1 ヤマト政権と東アジア	**2 古墳文化**	晋（西晋）	高句麗	百済	新羅	加耶
	①**ヤマト政権の成立** 近畿中央部の首長連合	①**前期**（3世紀後半〜4世紀） 前方後円墳の出現 竪穴式石室 銅鏡・玉類などを副葬					
4世紀	②**ヤマト政権の朝鮮半島進出** 加耶諸国を拠点 百済と協力 ③**高句麗好太王碑文** 高句麗と交戦		（五胡十六国） 東晋				
5世紀	④**『宋書』倭国伝** 倭の五王、中国南朝に遣使 倭王武の上表文 ⑤**ヤマト政権の国内支配** ワカタケル大王の支配拡大 稲荷山古墳出土の鉄剣銘	②**中期**（5世紀） 前方後円墳の巨大化 竪穴式石室 馬具などを副葬	（北朝）（南朝）				
6世紀	**3 ヤマト政権と国内社会** ①**氏姓制度** 姓を豪族へ与える 私有地・私有民 ②**大陸文化の伝来** 渡来人が技術を伝える 漢字・仏教 ③**古墳時代の生活と社会** 土師器・須恵器　盟神探湯	③**後期**（6世紀） 群集墳の増加、古墳の縮小 横穴式石室 日常生活用品などを副葬					
7世紀	(3)	④**終末期**（7世紀） 大王に特有の八角墳	隋				

第2章のテーマ

第2章は、原始から古代へと移り変わる3世紀後半から6世紀ごろの、日本列島に権力のまとまりができていった状況を中心に扱います。

(1) 近畿中央部の首長たちが連合してヤマト政権が成立すると、朝鮮半島へ進出し、のちに中国王朝への遣使もおこなわれました。

(2) ヤマト政権の時代は、同時に古墳文化が展開した時代でもあります。古墳の変化と社会状況の変化はどのように関連しているのでしょうか。

(3) ヤマト政権の政治制度は、氏姓制度と呼ばれます。大王中心の豪族連合は、どのように運営されたのでしょうか。渡来人が伝えた大陸文化や、日本列島に古くから根付いた風習も見ていきましょう。

1 ヤマト政権と東アジア（3世紀後半〜5世紀）

弥生時代の次の、3世紀後半から6世紀までの時代は、考古学では**古墳時代**にあたります（古墳自体は7世紀まで造られた）。同じころ、日本列島のなかに政治的なまとまりができて**ヤマト政権**が成立し、しだいに東アジア諸国との関係を深めていきました。

① ヤマト政権の成立

ヤマト政権ができて、天皇を中心にまとまった日本が誕生したんだね。

当時はまだ「日本」「天皇」という呼び名はないし、全国統一も達成されていないよ。3世紀後半、奈良県の大和地方を中心に、近畿の首長たちが**ヤマト政権**という政治連合を作った。そして、地方の首長たちを従えていき、しだいに**大王**を中心とする**豪族**連合としての形ができ上がっていった。このあと、天皇を中心とする律令国家日本になったのは、8世紀の初めだよ →第3章。

400年以上もあとのことなんだ。大王が、のちに**天皇**となるんだね。それにしても、ヤマト政権の始まりは、どうやってわかるのかな。

実は、中国の史書には、ヤマト政権成立から4世紀にかけての日本列島について、はっきりとは書かれていないんだ →第1章。

> そうしたら、考古学を頼りにする必要がありそうだ。お墓を見れば、当時の社会がわかるんだったよね。巨大な**前方後円墳**が現れると、強い権力者が登場してヤマト政権ができたっていうイメージがある。

> 3世紀後半には前方後円墳が出現し、**銅鏡**が大量に副葬された。形や副葬品が共通の古墳が広がり、巨大なものが奈良県に集中することは、近畿中央部に首長たちの政治連合が誕生したことを示すんだ。

> 同じ制服を着ていれば同じ学校の生徒、同じ特徴の古墳を造っていれば同じ政治グループの一員、といった感じなのかな。

② ヤマト政権の朝鮮半島進出

　弥生時代の小国の王や倭国王は、中国との外交関係を築いて先進的な文物を得ようとしましたが、ヤマト政権は4世紀ごろから朝鮮半島に進出し、先進的な文物をみずから入手しようとしました。

(1) 中国は南北朝時代で、朝鮮半島では高句麗・百済・新羅・加耶が出現した

　当時の東アジア情勢を見ましょう。中国は「統一から分裂の時代へ」という状況でした。3世紀末には三国時代が終わって晋が統一を達成しましたが、4世紀初めに遊牧民が内陸から侵入すると、晋は南に移り、4世紀から6世紀にかけては南朝と北朝とが並び立つ**南北朝時代**となりました。

　朝鮮半島では、中国の政治的な混乱を見て、小国の連合体から統一王朝が成立していきました。北部では、すでに成立していた**高句麗**の勢力が強大となり、4世紀初めには楽浪郡を滅ぼしました。南部では、西で馬韓諸国から **百済** が成立し、東で辰韓諸国から **新羅** が成立しました。一方、最南部は小国分立のまま、弁韓諸国が**加耶**（**加羅**）**諸国**となりました。

4〜5世紀の東アジア

(2) ヤマト政権は朝鮮半島へ進出し、鉄資源と先進技術を入手しようとした

　ヤマト政権は、4世紀ごろには**加耶諸国**を拠点とし、**百済**と協力して、朝鮮

半島南部への進出を強めていきました。奈良県石上神宮の七支刀に刻まれた文字から、この時期の百済が倭国へこの七支刀を贈ったことが推定されます。

　ヤマト政権（倭国）が朝鮮半島への進出をはかった理由は、何か。当時、朝鮮半島では先進的な鉄の生産がおこなわれていたため、ヤマト政権（倭国）は**鉄資源**の確保と生産技術の導入をはかったのです。鉄は、農具・工具や武器として用いられ、これらによる生産力の向上や軍事力の増強は、ヤマト政権の国内支配強化につながります。

③ 高句麗好太王碑文

　ところが、4世紀末から5世紀初め、倭国の前に**高句麗**が立ちはだかりました。倭国の兵が海を渡り、高句麗の**好太王**（広開土王）が率いる軍と戦ったことが、高句麗の**好太王碑**の碑文に記されています。それによれば、4世紀末の「辛卯の年（391）」から倭国が渡海して、百済と新羅を「臣民」としたが（実際に倭国が百済・新羅を支配したかどうかは不明）、5世紀初めに倭国は高句麗に敗北した、とあります。軍事行動による朝鮮半島進出は、とても難しかったと考えられます。ちなみに、<u>高句麗の騎馬軍団と戦うことで、大陸の乗馬の風習や騎馬技術が日本列島に伝わりました。</u>

④ 『宋書』倭国伝

　倭国は、再び中国と関係を結ぶことになりました。5世紀における中国との外交については、**宋**の歴史をまとめた**『宋書』倭国伝**に、**倭の五王**（讃・珍・済・興・**武**）が相次いで**中国南朝**へ朝貢したことが記されています。倭王の武が宋へ提出した、**倭王武の上表文**（478）を見ましょう。

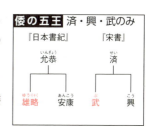

(1)　倭の五王は中国南朝に朝貢し、武は「安東大将軍・倭国王」の称号を求めた
　『宋書』倭国伝には、「興死して弟武立つ。自ら使持節都督倭・百済・新羅・任那・加羅・秦韓・慕韓七国諸軍事<u>安東大将軍倭国王</u>と称す。」とあり、倭王興の後継者である弟の**武**は、朝鮮半島南部に対する軍事指揮権と「**安東大将軍・倭国王**」の称号を宋の皇帝に求めました。

(2)　倭王武の上表文には、国内を服属させ支配を拡大した経緯が書かれている
　「順帝の昇明二年、使を遣して上表して曰く「<u>封国は偏遠にして、藩を外に</u>作す。昔より祖禰躬ら甲冑を擐き、山川を跋渉して寧処に遑あらず。東は<u>毛人</u>

を征すること五十五国、西は衆夷を服すること六十六国、渡りて海北を平ぐること九十五国…』と。」とあり、武は西暦478年に提出した上表文のなかで、毛人（蝦夷を含む東国の人々?）・衆夷（西国の人々?）・

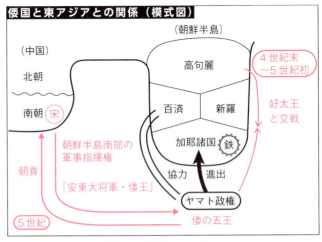

倭国と東アジアとの関係（模式図）

海北（朝鮮半島?）を征服していった経緯を説明しました。

　結局、宋の皇帝は、朝鮮半島南部の軍事指揮権と「安東大将軍・倭王」の称号（官職）を武に与えました。倭王は、中国の皇帝から保証されることで、朝鮮半島への進出を有利に進めようとしたのです。

⑤ ヤマト政権の国内支配

　一方、ヤマト政権の国内支配は、どのような状況だったか。**埼玉県**の**稲荷山古墳**から出土した**鉄剣**には、金石文（石や金属製品の表面に文字を刻んだもの）で銘文が書かれています。それによれば、先祖以来大王に奉仕してきた「ヲワケの臣」が、**ワカタケル大王**の時代、「天下」を治めるのを助けた、と記されています（「辛亥の年（471年）」に鉄剣を作製）。そして、**熊本県**の**江田船山古墳**から出土した鉄刀の銘文にも、「治天下」ワカタケル大王の名が見えます。5世紀後半、ワカタケル大王は関東から九州中部にかけての豪族を服属させ、支配領域を拡大していたことがわかります。

　こうした大王の権力の強大化は、ワカタケル大王の時代の**5世紀**が**古墳時代中期**にあたり、近畿地方の前方後円墳が巨大化した（大王の墓と推定される）ことからもうかがえます。

　ところで、ワカタケル大王とは誰なのでしょうか。史書の『日本書紀』に登

「**倭**」に関する記事②

●高句麗の好太王碑
　西暦391年　倭が百済・新羅を従える
　5世紀初め　倭は高句麗に敗北
●『宋書』倭国伝
　5世紀　倭の五王が中国南朝へ遣使
　西暦478年　倭王武の上表文
　　　　　　→武は安東大将軍・倭王に
　（西暦471年 稲荷山古墳出土鉄剣銘）
　　　　　　　　　（「ワカタケル大王」）

場する「大泊瀬幼武」、つまり〔雄略天皇〕であり、さらに『宋書』倭国伝に登場する倭王武でもあることは、ほぼ確実です。

> ### ポイント ヤマト政権と東アジア
>
> ◆ヤマト政権：3世紀後半、奈良県の大和地方、近畿中央部の首長連合
> →古墳の出現（前方後円墳）
> ◆東アジア：朝鮮半島北部に高句麗、南部に百済と新羅、最南部に加耶
> 4世紀：加耶を拠点、百済と協力…鉄の獲得
> →高句麗と交戦（4世紀末～5世紀初）…高句麗の好太王碑
> 5世紀：中国南朝へ遣使…『宋書』倭国伝にある倭の五王（武など）
> 倭王武の上表文（478）…「安東大将軍・倭国王」を求める
> ◆国内支配：ワカタケル大王＝〔雄略天皇〕＝倭王「武」
> 埼玉県の稲荷山古墳出土の鉄剣銘、熊本県の江田船山古墳出土の鉄刀銘

2 古墳文化（3世紀後半～7世紀）

古墳は3世紀後半に出現し、7世紀の終わりまで造られました。ヤマト政権の成立・発展と深く関連する古墳文化について、見ていきましょう。

古墳には、円墳・方墳・前方後円墳・前方後方墳などさまざまな形状があり、大規模なものは前方後円墳でした（前が方墳、後ろが円墳）。古墳の墳丘の上には埴輪が並べられました（筒状の円筒埴輪や人間・建物などをかたどった形象埴輪〈武人埴輪・家形埴輪〉）。

古墳の大きさは、被葬者が生前に持っていた権力や富の大きさを示すと考えられます。巨大な古墳を人々に造らせることのできる、強大な権力を持った首長が、日本列島の各地に出現していたのです。

では、古墳文化を年代順に追っていき、時期ごとの特徴をつかみましょう。

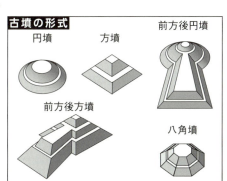

古墳の形式

円墳　方墳　前方後円墳

前方後方墳

八角墳

① 前期（3世紀後半～4世紀）

古墳時代前期、画一的な前方後円墳が西日本を中心に出現し、大規模なもの

が奈良県の大和地方に集中したことは、近畿中央部の首長たちの政治連合である**ヤマト政権**が成立したことを示しています。前期古墳は山麓や丘陵の上に造られ、**竪穴式石室**に棺を納めました。竪穴式石室は再び開けることが想定されておらず、古墳が個人の墓であることを示しています。

　副葬品から、埋葬者の性格が推定できます。前期古墳の副葬品は、大量の**銅鏡**（**三角縁神獣鏡**など）や玉類などの**呪術的な内容**であることから、被葬者は**司祭者的**な性格を持った各地の首長であることがわかります。弥生時代以来の、宗教的権威を持ち神々への祭りを主導するタイプの支配者だったのでしょう。前期古墳の実例としては、出現期で最大の、**奈良県**の**箸墓古墳**が有名です。

② 中期（5世紀）

　古墳時代中期になると、**前方後円墳**は近畿中央部で巨大化し、前方後円墳の分布は全国（東北〜南九州）に拡大しました。ヤマト政権の**大王**の権力が強大化し、ヤマト政権の支配が地方へ拡大していったことがうかがえます。また、群馬県・岡山県・宮崎県などにも巨大な前方後円墳が見られることから、これらの地域の豪族もヤマト政権内で重要な位置を占めたと推定できます。中期古墳は見晴らしのよい平野に造られ、前期古墳と同じく**竪穴式石室**に棺が納められました。

　高句麗から騎馬術が流入した影響で、副葬品には新たに**馬具**が加わり、また甲冑や鉄製武器が増えるなど**軍事的な内容**であることから、被葬者は**武人的**な性格を強めた各地の豪族であることがわかります。強力な軍事力を用いて地域を支配したのでしょう。中期古墳の実例としては、最大の規模の**大阪府**の**大仙陵**（**大山**）**古墳**（伝仁徳陵）や（全長500メートル近く！）、2番目の規模の**大阪府**の**誉田御廟山古墳**（伝応神陵）があります。

③ 後期（6世紀）

　古墳時代後期になると、小規模な古墳が密集した**群集墳**が一気に増加し、副葬品には**日常生活用品**や朝鮮系土器の**須恵器**などが登場しました。当時、鉄製農具

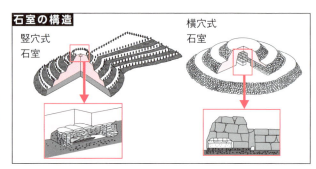

石室の構造
竪穴式石室　　横穴式石室

の使用などで農業生産力を向上させた**有力農民**が各地で台頭しており、ヤマト

政権は、古墳の築造を許可することを通じて、こうした有力農民を支配下に編成していったことが推定できます。一方、近畿地方以外の古墳が縮小していったことから、地方豪族が大王に服属する度合いを強めたこともうかがえます。

　後期古墳は平野や丘陵・山間部に造られ、石室は**横穴式石室**に変化しました。棺を置く玄室や、外部との通路である羨道を備え、**追葬**（のちに墓を開けて追加して葬る）が可能となり、古墳は家族の墓としての性質を持ちました。後期古墳の実例として、奈良県の新沢千塚古墳群と和歌山県の岩橋千塚古墳群（どちらも群集墳）があげられます。

④ **終末期（7世紀）**

　大王を中心とする集権体制が成立していくなかで、ヤマト政権による規制が強まり、7世紀初めには前方後円墳が造られなくなりました。その一方、7世紀には近畿地方に、大王（天皇）に特有の**八角墳**が造られました。これは、大王（天皇）が豪族を超越した存在であることを誇示するものでした。

　古墳文化は、前期から中期・後期にかけての変化をつかみましょう。

古墳文化

時期	前期（4世紀中心）	中期（5世紀）	後期（6世紀）
立地	山麓や丘陵	平野	平野や丘陵・山間部
墳形	前方後円墳	古墳の巨大化・全国化	群集墳、古墳の縮小
内部	竪穴式石室…個人墓	竪穴式石室	横穴式石室…追葬が可能
副葬品	銅鏡（三角縁神獣鏡）・玉類 ＝呪術的内容	馬具・鉄製武器・甲冑 ＝軍事的内容	日常生活用品・須恵器
埋葬者	司祭者的な性格の首長	武人的な性格の豪族	有力農民、豪族
実例	奈良県箸墓古墳	大阪府大仙陵（大山）古墳 大阪府誉田御廟山古墳	奈良県新沢千塚古墳群 和歌山県岩橋千塚古墳群

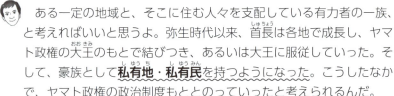

ポイント 古墳文化

◆古墳文化：円墳・方墳・前方後円墳など　**埴輪**（**円筒埴輪・形象埴輪**）

◆前期（3世紀後半〜4世紀）

　前方後円墳の出現→**ヤマト政権**の成立

　竪穴式石室　副葬品は**銅鏡**・玉類→**司祭者的**な性格の首長

◆中期（5世紀）

　前方後円墳の巨大化・全国化→**大王**の権力強化と支配の拡大

　竪穴式石室　副葬品は**馬具**・鉄製武器→**武人的**な性格の**豪族**

◆後期（6世紀）

　群集墳増加、古墳の縮小→**有力農民**台頭、豪族のヤマト政権への服属

　横穴式石室　副葬品は**日常生活用品・須恵器**

◆終末期（7世紀）：**八角墳**…大王墓に特有の形式

3 ヤマト政権と国内社会（6世紀中心）

　大王を中心とする近畿地方の豪族連合に、各地の豪族が服属していくなかで、ヤマト政権は**氏姓制度**と呼ばれる政治制度をととのえていきました。また、ヤマト政権は、渡来人が伝えた先進的な大陸文化を取り入れましたが、一方で日本列島に古くから根付いた風習も存在しました。歴史用語の難しい読み方に気をつけて、学んでいきましょう。

① 氏姓制度

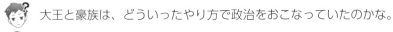

　ところで、ヤマト政権の時代の豪族って、どんな人たちなのかな。

　ある一定の地域と、そこに住む人々を支配している有力者の一族、と考えればいいと思うよ。弥生時代以来、首長は各地で成長し、ヤマト政権の大王のもとで結びつき、あるいは大王に服従していった。そして、豪族として**私有地・私有民**を持つようになった。こうしたなかで、ヤマト政権の政治制度もととのっていったと考えられるんだ。

　大王と豪族は、どういったやり方で政治をおこなっていたのかな。

　豪族は、一族の結びつきである**氏**ごとに、一定の役割を担当した。中央の豪族がモノ作りをおこなったり、地方の豪族が地域支配を任さ

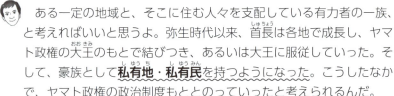

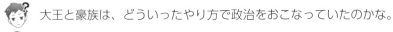

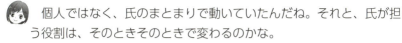

れたり。また、大王の政治を、氏ごとの代表者たちが補佐したんだ。

 個人ではなく、氏のまとまりで動いていたんだね。それと、氏が担う役割は、そのときそのときで変わるのかな。

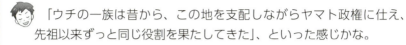 先祖以来の役割を、一族のなかで世襲して受け継いでいくんだよ。

 「ウチの一族は昔から、この地を支配しながらヤマト政権に仕え、先祖以来ずっと同じ役割を果たしてきた」、といった感じかな。

イメージは合っているよ。そして、これを理解しておくと、ヤマト政権と律令国家との違いがわかる →第4章 。とても重要だね。

(1) 氏は血縁中心の集団で、姓は氏全体に与えられる称号だった

氏は、共通の祖先を持つ血縁中心の集団で、氏上と氏人で構成されていました。そして、氏の名称は、「平群」「葛城」「蘇我」が支配地の地名で、「大伴」「物部」「中臣」が職掌（役割）の名称です。

姓は、氏の政権内での地位に対して与えられる称号です（個人に与えるものではありません）。臣は近畿の有力豪族（平群・葛城・蘇我など地名を氏の名とした）に与えられる姓で、連は特定の職掌で朝廷に仕える豪族（大伴・物部・中臣など職掌を氏の名とした）に与えられる姓です。君は地方の有力豪族（筑紫・毛野など）に与えられる姓で、直は一般の地方豪族に与えられる姓です。姓を見れば、その豪族がヤマト政権のなかでどのような地位にいるのかがわかるのです。

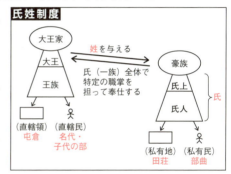

氏姓制度

(2) 豪族は、みずからの経済基盤である私有地・私有民を持った

豪族は、みずからの根拠地を支配する一族のまとまりですから、私有地と私有民を経済基盤として持ちました。そして、大王家も私有地と私有民を経済基盤として持ちました（これはヤマト政権の直轄領と直轄民になります）。

ヤマト政権の直轄領は屯倉で、ヤマト政権の直轄民で物資の生産・納入を担当するのが名代・子代の部です。また、豪族の私有地は田荘で、豪族の私有民は部曲です。

⑶ 大臣・大連が国政を担当し、伴造が実務を支え、国造が地方支配を担った

　支配のしくみでは、臣を姓とする豪族たちのうち最有力者が任命される大臣と、連を姓とする豪族たちのうち最有力者が任命される大連が、大王のもとで国政を担当しました。

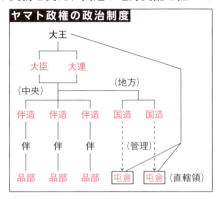

　その下では、ヤマト政権に所属する豪族が伴造として実務を担当し、職務に奉仕する伴や、それを支える技術者集団の品部を率いて、軍事・財政・祭祀・外交・文書作成などを分担しました。品部には、韓鍛冶部（鉄器を作る）・陶作部（須恵器を作る）・錦織部（織物を作る）・鞍作部（馬具を作る）・史部（文書行政を担当）などがあります。

　6世紀以降、各地の地方豪族は国造に任じられて地域支配権を認められる代わりに、近辺に設定された屯倉を管理したり、一族の子女を舎人・釆女として大王のもとに提供するなどして、ヤマト政権に奉仕しました。

② 大陸文化の伝来

　弥生文化は、水稲耕作と金属器製作の技術を持つ朝鮮半島の人々が日本列島へ渡来したことで生まれました →第1章。そして、ヤマト政権の時代（古墳時代）にも、朝鮮半島や中国大陸の人々が日本列島に渡来して技術や文化を伝え、あるいは百済や加耶から技術を学んで、倭国のなかにさまざまな変化が生まれました。

⑴ ヤマト政権は、渡来人を政権内に組織化し、技術や文化を取り込んだ

　中国は政治的に不安定な南北朝時代で、朝鮮半島では高句麗が強大化して百済と争っていました。こうした状況もあって、多くの渡来人が海を渡ってきました。ヤマト政権は、渡来人を伴造・伴に編成したり品部に組織したりして、先進的な技術や文化の摂取をはかりました。

　渡来系氏族の伝承としては、文筆にすぐれた阿知使主（東漢氏の祖先）、同じく文筆にすぐれ、『論語』『千字文』を伝えたとされる王仁（西文氏の祖先）、機織りの技術を持った弓月君（秦氏の祖先）などがあります。

⑵ 渡来人の活躍で、漢字の使用が広がっていった

　弥生時代には、中国へ朝貢する過程で、漢字の受容が始まりました。奴国王

が後漢から印綬を受けたり →第1章、卑弥呼が魏の皇帝から「親魏倭王」と認められる詔書が送られたりしました →第1章。

　そして、ヤマト政権の時代には、史部に組織された渡来人の貢献もあって、漢字の使用が始まりました。ヤマト政権内の記録や外交文書の作成などの際には、漢文が用いられたと考えられます。**倭王武の上表文**は、中国皇帝にあてた手紙で、漢文で書かれています。また、漢字の音を使って日本語を表記する試み（あて字）も始まりました。**稲荷山古墳**出土の鉄剣の銘文では、ワカタケル大王を「獲加多支鹵大王」と表記しました。このほか、和歌山県の隅田八幡神社にある人物画像鏡の銘文にも文字が刻まれています。

⑶　6世紀には、百済から仏教や儒教が伝えられた

　世界宗教の一つである**仏教**は、日本の宗教思想の重要な要素となりました。6世紀前半には、渡来人が仏像を大陸から持ち込んで拝んでいましたが、のちに**百済の聖明王**から〔欽明天皇〕に仏像や経典などが贈られ、仏教は倭国へ公式に伝えられました（538年もしくは552年　**仏教公伝**）。

　中国の道徳律である**儒教**は、日本の政治思想の根幹を形成し、律令国家や江戸幕府などで重視されました。6世紀の初め、**百済の五経博士**（儒教を教える役人）が渡来し、儒教は倭国へ伝えられました。このほか、百済から医博士や暦博士も渡来しました。

　また、この時期には「帝紀」（大王の系譜）・「旧辞」（神話・伝承）が作られたとされ、これらはのちの『古事記』・『日本書紀』といった史書の原型となりました →第7章。

③ 古墳時代の生活と社会

　日本列島のなかで伝統的に形成された、古墳時代の生活や風習を見ていきましょう。

　弥生時代には、集落全体を濠などの防御施設で囲う**環濠集落**が各地で作られました。古墳時代になると、各地を支配する首長は力を強め、民衆の集落と離れた場所に作られる**豪族居館**だけが防御施設で囲われるようになりました。

　生活用具では、弥生土器の系統で赤茶色の**土師器**が作られる一方、5世紀になると朝鮮半島の技術を用いた灰色の**須恵器**も作られるようになりました。

　農耕儀礼として、春の豊作祈願である**祈年の祭**や、秋の収穫感謝である**新嘗の祭**がおこなわれました。

　神祇信仰（神々への祈り）の始まりは、自然物に宿る神や一族の祖先神を祀るというものでした。奈良県の**大神神社**は**三輪山**を神体として祀り、福岡県の

宗像大社は沖ノ島を神体として祀りました。このほか、三重県の伊勢神宮では天皇家の祖先神とされる天照大神を祀り、島根県の出雲大社では大国主神を祀りました。

　呪術的風習としては、鹿の骨を焼いて吉凶を判断する太占や、熱湯に手を入れて真偽を判断する盟神探湯がおこなわれました。

ポイント　ヤマト政権と国内社会

◆氏姓制度

氏…血縁集団（氏上と氏人）

姓…豪族の地位（臣は近畿豪族、連は職掌豪族、君・直は地方豪族）

屯倉と名代・子代の部…直轄領と直轄民／田荘と部曲…私有地と私有民

大臣・大連…国政／伴造…政権内の実務／国造…地方支配

◆大陸文化

渡来人が技術・文化を伝える（品部などに組織）、漢字の使用

仏教の伝来（6世紀）…百済の聖明王から〔欽明天皇〕へ公伝

儒教の伝来（6世紀）…百済から五経博士が渡来

（「帝紀」…大王の系譜／「旧辞」…神話・伝承）

◆古墳時代の生活

豪族居館が民衆の住居と分離

土師器（弥生系）・須恵器（朝鮮半島系）

祈年の祭（豊作祈願）・新嘗の祭（収穫感謝）

奈良県大神神社（三輪山）・福岡県宗像大社（沖ノ島）

太占（鹿の骨を焼く）・盟神探湯（熱湯に手を入れる）

チェック問題にトライ！

【1】（2013年度　本試験）

史料　興死して弟武立つ。自ら使持節都督倭・百済・新羅・任那・加羅・秦韓・慕韓七国諸軍事^{（注1）}安東大将軍倭国王と称す。順帝の昇明二年^{（注2）}、使を遣して上表^{（注3）}して曰く、「封国^{（注4）}は偏遠にして、藩を外に作す。昔より祖禰^{（注5）}躬ら甲冑をつらぬき、山川を跋渉して、寧処に遑あらず^{（注6）}。東は毛人^{（注7）}を征すること五十五国、西は衆夷^{（注8）}を服すること六十六国、渡りて海北^{（注9）}を平ぐること九十五国……」と。

（注1）　使持節都督倭・百済・新羅・任那・加羅・秦韓・慕韓七国諸軍事：倭以下の七国に対する中国式の軍事行政官の職名。百済～慕韓は朝鮮半島南部の国名。
（注2）　昇明二年：中国の年号。478年。
（注3）　上表：君主に文書を提出すること。
（注4）　封国：領域、自分の国。
（注5）　祖禰：父祖とする説が有力。
（注6）　寧処に遑あらず：一所に落ち着いている暇もない。
（注7）　毛人：東国の人々か。
（注8）　衆夷：西国の人々か。
（注9）　海北：朝鮮半島のことか。

問　史料について述べた文として正しいものを、次の①～④のうちから一つ選べ。
①　武は父祖以来、朝鮮半島南部を武力制圧し、中国の支配をめざした。
②　武は朝鮮半島南部と同盟関係を結んで、中国を威嚇した。
③　武は中国式の官職名を称して、中国からの独立を主張した。
④　武は中国式の官職名を称して、朝鮮半島南部の支配権の承認を要請した。

解説　教科書に載る基本史料ですが、**（注）を参照して、史料文を解釈しながら解く問題**です。共通テストの史料問題への導入となります。
①　史料4行目「祖禰躬ら甲冑をつらぬき」や6行目「渡りて海北を平ぐること九十五国」から、選択肢「武は父祖以来、朝鮮半島南部を武力制圧し」は正しいとわかりますが、「中国の支配をめざした」ことは史料に書かれ

ていません。

② 史料1～2行目「使持節都督~七国諸軍事~と称す」は、（注1）を見れば、「朝鮮半島南部」に対する「中国式の軍事行政官の職名」を称したことだとわかります。これは、選択肢「朝鮮半島南部と同盟関係を結んで」「中国を威嚇した」と一致しません。

③ 史料1～2行目「使持節都督~七国諸軍事」と（注1）から、選択肢「武は中国式の官職名を称して」は正しいとわかりますが、このことで「中国からの独立を主張した」とは解釈できません。

④ 史料3行目「使を遣して上表」と（注3）「君主に文書を提出」から、選択肢「朝鮮半島南部の支配権の承認を要請」は正しいとわかります。

⇒したがって、④が正解です。

解答 ④

【2】（1990年度　本試験）

次の図はある古墳群の略図で、小規模な円墳が群集しているところに特色がある。このような古墳群が全国的に出現したのは6世紀を中心とする時期である。その特徴としては、 1 を指摘することができる。また、このような古墳群が現れた背景の一つとして、 2 を挙げることができる。

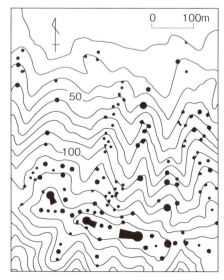

問1　文章の空欄 1 に入れる文として最も適当なものを、次の①～④

のうちから一つ選べ。

① 竪穴式石室を採用したものが多く、副葬品は農具が一般的であること

② 竪穴式石室を採用したものが多く、副葬品は鏡・勾玉が一般的であること

③ 横穴式石室を採用したものが多く、副葬品は武器が一般的であること

④ 横穴式石室を採用したものが多く、副葬品は銅鉾などの祭器が一般的であること

問2 文章の空欄 2 に入れる文として最も適当なものを、次の①〜④のうちから一つ選べ。

① 国司・郡司が各地に派遣され、その一族が葬られていたこと

② 屈葬が民間に普及し、古墳が小型化したこと

③ 豪族のみでなく有力農民も古墳を築造しうるようになったこと

④ 耕地には班田収授法が施行されたので、平地に古墳を造れなくなったこと

解説 **共通テストの空欄補充問題は、単語ではなく短文を答える形式が予想されます**。内容を理解して覚える、という姿勢が大切になってきます。

問1 文章の1〜2行目「小規模な円墳が群集」「6世紀」から、古墳時代後期の群集墳のことだと判断します。この時期の古墳は横穴式石室ですから、①と②の「竪穴式石室」は排除できます。そして、③の「副葬品は武器が一般的」は判断に迷いますが（古墳時代後期の副葬品には日常生活用品や須恵器が登場）、④の「副葬品は銅鉾などの祭器が一般的」が明らかに誤りです。銅鉾（銅矛）は弥生時代の祭器ですから、時代が異なります。

⇒したがって、③が正解です。

解答 ③

問2 6世紀における群集墳の登場は、③の「有力農民も古墳を築造しうるようになったこと」が背景です。郡司は現地の豪族が任命されたことから、①の「郡司が各地に派遣され」は誤りです →第4章 。②の「古墳が小型化した」は図から読み取れますが（最大の古墳でも全長100m以下）、「屈葬」は縄文時代なので、誤りです。④の「平地に古墳を造れなくなった」は図から推定できますが（山頂や山腹に古墳が集中している）、「班田収授法が施行された」のは律令制が確立してからなので、誤りです →第4章 。

⇒したがって、③が正解です。

解答 ③

律令国家の成立

世紀	天皇	政治・外交	中国	朝鮮半島

6世紀 ／ 欽明・崇峻・推古★

1 ヤマト政権の動揺と推古天皇の時代 …(1)

①6世紀の国内外の動向
　朝鮮半島の緊迫化（高句麗の南下、加耶の滅亡）
　地方豪族の反乱（筑紫国造磐井の乱）
　中央豪族の内紛（蘇我氏 vs. 物部氏）

②飛鳥の朝廷の改革
　〔推古天皇〕・厩戸王・蘇我馬子

　冠位十二階・憲法十七条
　遣隋使を派遣（小野妹子）

7世紀 ／ 舒明・皇極★・孝徳・斉明★・（中大兄）・天智

2 大化改新と白村江の戦い …(2)

①7世紀前半の国内外の動向
　唐の対外拡張
　蘇我氏の勢力拡大（蘇我蝦夷・入鹿）

②大化改新（7世紀中期）
　乙巳の変（蘇我氏滅亡）→中大兄皇子へ権力集中
　改新の詔（中央集権体制への方針）　●難波宮

③白村江の戦い（663）
　百済復興めざす→白村江の戦いで唐・新羅に敗北
　国防の強化（水城・朝鮮式山城）
　〔天智天皇〕即位　●近江大津宮
　戸籍の作成（庚午年籍）

3 壬申の乱と律令体制の整備 …(3)

（天武・持統★）

①壬申の乱（672）
　皇位継承争い→壬申の乱で大海人皇子が勝利
　〔天武天皇〕即位　●飛鳥浄御原宮
　律令・国史の編纂を開始

②律令体制の整備
　〔持統天皇〕の政治　飛鳥浄御原令の施行
　戸籍の作成（庚寅年籍）　都城制を導入　●藤原京

8世紀 ／ 文武

　大宝律令の制定（701）

中国：北朝／南朝、隋、唐
朝鮮半島：高句麗、百済、新羅、加耶、新羅

★は女性天皇

第3章は、6世紀から8世紀初めにかけて、古代国家が成立していく過程を中心に扱います。

(1) 6世紀、朝鮮半島と倭国の情勢が変化していくなかで、推古天皇の時代には、大王家と蘇我氏が協力して政治改革がおこなわれました。

(2) 7世紀、東アジア情勢が激変するなかで大化改新が始まり、中国の制度を導入した大王（天皇）への集権化がめざされました。そして、白村江の戦いの敗北は、その後の古代国家形成に大きな影響を与えました。

(3) 壬申の乱に勝利して即位した天武天皇の時代は、天皇の権威・権力が高まり、天皇を中心とする中央集権体制が確立する大きな転機となりました。そして、8世紀の初め、律令体制が完成しました。

1 ヤマト政権の動揺と推古天皇の時代 （6世紀～7世紀初め）

6世紀はヤマト政権の**氏姓制度**が確立した時代で、**古墳時代後期**にあたります →第2章。この時期、東アジア情勢が大きく変化し、倭でもヤマト政権内で豪族が争うなどの動きがありました。こうしたなか、6世紀末から始まった〔**推古天皇**〕の時代では、大王家（天皇家）と豪族の蘇我氏が協力し、国政改革が進められました。

① 6世紀の国内外の動向

〔**推古天皇**〕の時代というと、**厩戸王**だ。最近は「聖徳太子」といわないね。**冠位十二階、憲法十七条、遣隋使**！　いろいろ知ってるよ。

のちの時代に、「聖徳太子」という聖人のイメージが作られたんだろうね。ところで、こうした政策をおこなった国際的な背景を考えてみよう。6世紀の朝鮮半島では、高句麗が強くなって、新羅・百済がそれに押されて南下した。すると、どうなるかな？

倭と関係が深かった、加耶諸国が大変なことになりそうだね。

6世紀初め、ヤマト政権は、百済の加耶西部に対する支配を認めた。そして、6世紀中ごろにかけて、新羅が加耶への支配を強め、最終的に**加耶は滅亡**したんだ（562）。

👧❓ 倭にとっては、朝鮮半島に対する影響力が弱まることになるね。

🧑 中国では南北朝時代が終わり、6世紀末に**隋**が統一を果たした（589）。再び、大帝国が中国に誕生したんだ。そして、高句麗への遠征を始めた。

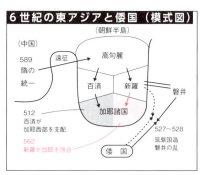

6世紀の東アジアと倭国（模式図）

👧 なんだか緊張するなぁ。〔推古天皇〕の時代は、ヤマト政権が組織をととのえて、中国や朝鮮半島と向き合う必要があった時代なんだね。

(1) ヤマト政権による地方支配が強化されたが、地方豪族の反乱も発生した

では、6世紀の国内情勢を見ていきましょう。ヤマト政権は、地方豪族を国造に任命して地方支配をおこないました→**第2章**。しかし、6世紀前期、国際的な背景もあって、**筑紫国造磐井の乱**が発生しました。ヤマト政権は、新羅に圧迫されていた加耶を救うために遠征軍を派遣しようとしましたが、このとき新羅と関係を結んだ磐井は、ヤマト政権軍を阻んだのです。ヤマト政権は磐井の乱をしず

年表
512 倭国、加耶西部を百済へ譲る
527 筑紫国造**磐井の乱**（〜528）
538 **仏教公伝**（もしくは552）
　　※蘇我氏 vs. 物部氏
562 **加耶の滅亡**
587 蘇我馬子、物部守屋を滅ぼす
589 **隋が中国を統一**
592 蘇我馬子、〔崇峻天皇〕を暗殺
　　→〔推古天皇〕即位

め、これと前後して、直轄領（屯倉）や直轄民（名代・子代の部）を各地に設定し、地方への直接的な支配を強化していきました。

(2) 中央豪族どうしの争いが絶えず、ヤマト政権の内部が混乱した

次に、中央の政治です。6世紀初めのヤマト政権を主導したのは、大連の**大伴金村**でした。大王家の人物を越前から迎え、〔継体天皇〕として立てました。しかし、加耶西部を百済に譲った問題が失政だとされ、失脚しました。

6世紀前期から中期にかけての〔欽明天皇〕の時代、百済から**仏教**が公式に伝えられると→**第2章**、仏教についての意見が対立しました。当時、中央豪族のなかでは**物部氏**（大連は物部尾輿）が台頭し、軍事豪族として勢力を拡大し、仏教の排除を主張しました。それに対し、**蘇我氏**（大臣は蘇我稲目）も台頭し、渡来人を取り込みつつ財政を担当し、大王家と姻戚関係を結びました。蘇我氏

は、渡来人が信仰していた仏教を、積極的に受容しました。

　そして、蘇我氏と物部氏の争いは、6世紀後期に大臣の**蘇我馬子**が大連の**物部守屋**を滅ぼしたことで決着がつき、蘇我氏は大王家をしのぐ勢力を持つに至りました。そして、蘇我馬子は、おいにあたる〔**崇峻天皇**〕を立てましたが、のちに〔**崇峻天皇**〕を暗殺し、〔**推古天皇**〕を立てました（592）。推

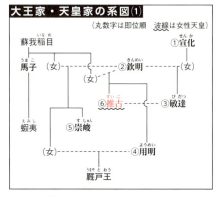

大王家・天皇家の系図(1)

（丸数字は即位順　波線は女性天皇）

古は、蘇我馬子のめいにあたり、かつて大王の后だった大王家の女性でもありました。

② 飛鳥の朝廷の改革

　当時のヤマト政権の中心は、**飛鳥**にありました。飛鳥の朝廷では、〔**推古天皇**〕のもとで、大臣の**蘇我馬子**（推古のおじ）や**厩戸王**（推古のおい）が協力し、大王家と蘇我氏による国政改革がおこなわれました。中国の制度を参考に新しい制度を整備し、大王（天皇）への集権化が進められたのです。

⑴　冠位十二階と憲法十七条で、豪族の官人化が始まった
　国内政治では、**冠位十二階**（603）の制度が設けられました。これは、個人の才能や功績に応じて12ランクに分かれた冠位を与えるというもので、氏を単位として世襲的に職掌を担当させる氏姓制度を改めようとしました。さらに、**憲法十七条**（604）が制定されました。「一に曰く、和を以て貴しとなし」という政権内での協調を説き、「二に曰く、篤く三宝を敬へ」と仏教の重視を説き、「三に曰く、詔を承りては必ず謹め」と大王（天皇）の命令への服従を説きました。仏教や儒教など中国の思想を用いた政治方針のもと、大王（天皇）に仕える官人としての心得を豪族たちに示しました。

　このようにして、豪族を官人として組織することが始まり、この動きは、のちの律令制度の官僚制（官位相当制など）につながっていきました→第4章。

　また、蘇我馬子や厩戸王により、史書『**天皇記**』『**国記**』が編纂されました。

⑵　遣隋使を派遣し、隋に臣従しない姿勢で倭の国際的地位を高めようとした
　外交政策では、**遣隋使**の派遣が重要です。5世紀後半における倭王武の遣使から100年以上がたち→第2章、久しぶりの倭から中国への遣使でした。

第1回目の遣使は（600）、中国の史書『隋書』倭国伝には記されていますが、日本の史書『日本書紀』には記されていません。このとき、隋の皇帝が「倭国の政務のあり方は道理に合わない」といったので、『日本書紀』はそのことを隠そうとしたのかもしれません。

　そして、冠位十二階（603）と憲法十七条（604）で政治制度をととのえた

年表

592 ［推古天皇］即位
593 厩戸王の国政参加
600 遣隋使①
603 冠位十二階
604 憲法十七条
607 遣隋使②…小野妹子を派遣
　　　「日出処天子」で始まる国書を提出
　　　→隋は裴世清を派遣
608 遣隋使③…高向玄理らが同行

うえで第2回目の遣使がおこなわれ（607）、小野妹子が派遣されました（『隋書』倭国伝・『日本書紀』に記載）。『隋書』倭国伝によれば、そのとき隋に提出された国書には「日出づる処（＝倭国）の天子、書を日没する処（＝隋）の天子に致す」と書かれていました。倭の大王も隋の皇帝も「天子」とすることで、対等な姿勢を示そうとしたのです。

　しかし、隋の皇帝の煬帝は、この国書を無礼としました。「『天子』を名乗れるのは中国皇帝である自分だけだ！」ということでしょう（隋は倭の外交姿勢を認めていない）。しかし、当時の隋は高句麗遠征の失敗という弱みがあり、倭と敵対するのは避けたかったのです。翌年、隋は答礼使の裴世清を倭に派遣しました。

　第3回目の遣使では、裴世清が帰国するときに小野妹子が同行しました（608）。『日本書紀』によれば、このとき隋に提出された国書には「東の天皇」が「西の皇帝」に申し上げる、と書かれていました。対等な姿勢は取り下げたものの、皇帝でも王でもない、独自の「天皇」という号が用いられています。

　607年・608年の遣使における「天子・天皇」の意味を、東アジア情勢のなかで考えてみましょう。朝鮮半島諸国（百済・新羅）が隋と冊封関係を結んで皇帝の臣下である「王」となる

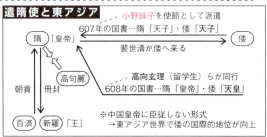

なか、遣隋使は中国皇帝に臣従しない形式をとりました。遣隋使の派遣で、倭の国際的地位を高めようとしたのです。さらに、6世紀中期に加耶が滅亡していたことを考えれば、朝鮮半島に対する影響力を回復しようとしたことが推定できます。

(3) 遣隋使に同行した留学生・学問僧は、のち大化の改新で活躍した

　そして、この第3回目の遣使のとき、留学生の**高向玄理**や、学問僧の**旻・南淵請安**らが同行して隋へ渡りました。彼らは、のちに唐から帰国して中国大陸の情勢や知識を伝え、大化改新への動きを促進しました。

ポイント　ヤマト政権の動揺と推古天皇の時代

◆6世紀の情勢

　東アジア…百済・新羅の南下→**加耶の滅亡**（562）／**隋**の中国統一（589）

　地方支配…**筑紫国造 磐井の乱**（6世紀前期）

　中央政治…**大伴金村**→**物部氏**（軍事、仏教排除）・**蘇我氏**（財政、仏教受容）

　　　　　　蘇我馬子は**物部守屋**（大連）打倒、【**崇峻天皇**】暗殺

◆飛鳥の朝廷の改革：〔**推古天皇**〕即位（592）、**厩戸王**や蘇我馬子の協力

　　冠位十二階…個人の才能・功績で付与／**憲法十七条**…官人の心得

　　遣隋使…**小野妹子**を派遣、「日出づる処の天子」国書（607）

　　　　　　→隋の**煬帝**は無礼としたが、**裴世清**を倭へ派遣

　　留学生の**高向玄理**や、学問僧の**旻・南淵請安**が隋へ渡る

---

2 大化改新と白村江の戦い（7世紀前期・中期）

　7世紀は古代国家の成立過程で重要な時期で、中国から法や制度を導入し、天皇を中心とする中央集権体制が確立されました。7世紀中期に始まった**大化改新**では中央集権体制を築く方針が示され、唐・新羅と対決した**白村江の戦い**（663）に敗北すると、古代国家の形成は大きく進展することになりました。

① 7世紀前半の国内外の動向

　まず東アジア情勢から。隋は短期間で滅亡し、**唐**が成立しました（618）。唐が律令制度をととのえて中央集権体制を確立していくと、高句麗・百済・新羅でも権力の集中が進むなど、その影響は朝鮮半島へも拡大しました。

　次に、倭の状況です。推古の死後、【**舒明天皇**】が即位すると、**犬上御田鍬**を使節とする第1回**遣唐使**が派遣されました（630）。先進的な制度を導入するため、唐との関係を築いたのです。そして、かつて遣隋使に同行した留学生・学問僧が唐から次々と帰国し、大陸情勢や新しい知識を伝えました。

　国内政治では、蘇我馬子の死後、**蘇我蝦夷・入鹿**の父子が勢力をふるい、蘇我氏はみずからへの権力集中をはかろうとしました。蘇我入鹿は、厩戸王の子

で大王の地位を継ぐ資格を持つ**山背大兄王**の一族を滅ぼしました。

② **大化改新**（7世紀中期）

唐が高句麗遠征を開始するなど国際情勢が緊迫化するなかで、いよいよ大化改新が始まります。

⑴ 中大兄皇子・中臣鎌足らによる乙巳の変が発生し、蘇我氏が滅亡した

蘇我氏の勢力拡大に対抗する、大王家（天皇家）の側からのクーデターが発生しました。それが、**乙巳の変**（645）です。当時、舒明の皇后が即位して**[皇極天皇]**となっていました。その子である**中大兄皇子**が、豪族の**中臣鎌足**らと協力して**蘇我入鹿**を殺害し、追い詰められた**蘇我蝦夷**は自害しました。こうして、蘇我氏の本家が滅亡したのです。

⑵ 乙巳の変の直後、改新政府が成立し、大王の位のあり方も変化した

そして、改新政府が成立しました。**中大兄皇子**は権力を集中させたものの、大王（天皇）として即位せず、**皇太子**の立場で政権を主導しました。乙巳の変に関与した**中臣鎌足**は**内臣**、遣隋使の留学生・学問僧だった**高向玄理・旻は国博士**となりました（南淵請安がいないことに注意）。注目されるのは、新たに**左大臣**（阿倍内麻呂）・**右大臣**（蘇我倉山田石川麻呂）という官職が登場したことです。すでに、物部守屋の敗死や、蘇我蝦夷・入鹿の滅亡によって、大臣・大連という蘇我氏・物部氏で世襲された政治的地位はなくなっていました。そして、世襲ではない左大臣・右大臣という官職が登場したことは、官僚制の整備が進んだことを示しています。

大王（天皇）の位にも、大きな変化がありました。乙巳の変の直後、**皇極**は生きている間に位をゆずる生前譲位を初めておこない、弟の**[孝徳天皇]**が即位しました。

それまでの大王の位は、死ぬまで続ける終身制で、大王の死後に豪族らが話し合って次の大王を推挙していました。しかし、皇極が孝徳に譲位したことで、大王（天皇）の位は終身制ではなくなり（退位や譲位も可能に）、大王家（天皇家）が後継者を決定することになりました。乙巳の変をきっかけに、大王（天皇）の

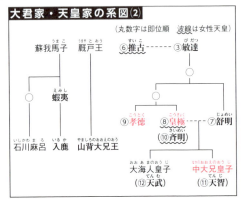

大君家・天皇家の系図⑵

（丸数字は即位順　波線は女性天皇）

位のあり方が、大王家（天皇家）の主導で変更されたと考えられます。

　7世紀末の［**持統天皇**］のとき、天皇退位後の太上天皇（上皇）の制度が成立し、平安時代後期には上皇が政治を主導する**院政**が始まります→第8章。

(3)　改新の詔で、公地公民制をはじめとるす中央集権体制の方針が示された

　初の元号である「**大化**」が定められ、飛鳥から**難波宮**へ遷都したのち、**改新の詔**（646）が発されました。史書の『**日本書紀**』によれば、1**公地公民制**の実施（豪族の私有地・私有民である田荘・部曲などを止めて、国家の直接支配とする）、2中央集権的な地方制度の整備（「**郡司**」の制度など）、3**戸籍・計帳**の作成、**班田収授法**の施行（人々を個別に支配して班田制を実施する）、4新しい税制の導入（豪族による徴税を改め、国家が統一的に課税する）、以上4項目がその内容です。中央集権体制を作っていく政策方針が示されたのです。これらは、すぐには実現せず、少しずつ実施されていくことになります。図で、中央集権的な律令制度のおおまかなイメージをつかみ、改新の詔が何をめざそうとしたのかを把握しましょう。

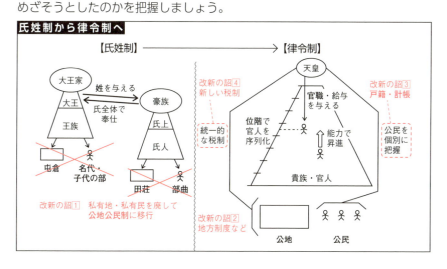

氏姓制から律令制へ

⑷ 改新の詔では地方行政区分は「郡」とあるが、実際は「評」が置かれた

　ちなみに、②の項目については、「郡」という地方行政組織は、改新の詔が発せられたときには置かれなかったことがわかっています。藤原宮の跡から発掘された

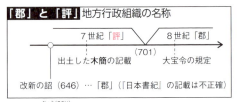

「郡」と「評」地方行政組織の名称

7世紀「評」　　　8世紀「郡」
(701)
出土した木簡の記載　　大宝令の規定
改新の詔（646）…「郡」（『日本書紀』の記載は不正確）

木簡のうち、7世紀に作られたものには「評」と書かれており、8世紀初めに大宝令が完成する前に置かれた地方行政組織は、「郡」でなく「評」だと判明したからです。木簡は、墨で文字が書かれた木片で、官庁どうしの事務連絡や、税を納めるときの荷札として使われました（官人の漢字練習にも使用）。『日本書紀』は、のちの時代に編纂された史書なので、そこに書かれている改新の詔については、過去の出来事を不正確に記したのだと推定されます。

⑸　大化改新と並行して、東北への支配拡大が進められた

　古代国家は、東北地方の人々を異民族とみなして「蝦夷」と呼び、政権に従属させようとしました。〔孝徳天皇〕の時代には、東北への進出拠点として日本海側に渟足柵、その北に磐舟柵が設置されました。
　孝徳の死後、飛鳥において皇極が重祚して（再び即位すること）、〔斉明天皇〕になると、阿倍比羅夫を派遣して秋田・津軽地方の蝦夷を服属させました。7世紀における東北への支配拡大は、日本海側で進められたのです。

③ 白村江の戦い（663）

　古代国家の形成に大きな影響を与えたのが白村江の戦い（663）です。唐・新羅に敗北したのち、どのような政策がおこなわれたのかを見ていきましょう。

 倭は、なぜ唐・新羅と戦うことになったんだろう？

 高句麗を攻めていた唐が、新羅と関係を結んで百済を滅ぼした（660）。倭は百済を再興しようとしたんだ。

 百済は倭の友好国だから、復活させた百済を通じて朝鮮半島への影響力を回復できるね。

 でも、白村江の戦いで倭は大敗した（663）。その後、唐・新羅は高句麗も滅ぼしたよ（668）。

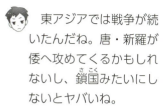 東アジアでは戦争が続いたんだね。唐・新羅が倭へ攻めてくるかもしれないし、鎖国みたいにしないとヤバいね。

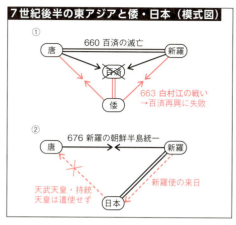

7世紀後半の東アジアと倭・日本（模式図）

① 660 百済の滅亡
唐　　新羅
百済✕
倭
663 白村江の戦い
→百済再興に失敗

② 676 新羅の朝鮮半島統一
唐　　新羅
天武天皇・持統
天皇は遣使せず
新羅使の来日
日本

意外なことに、白村江の戦いのあとも、遣唐使（けんとうし）を派遣しているよ。当時の倭は**中大兄皇子**（なかのおおえのおうじ）（のち〔**天智天皇**（てんじ）〕）が主導していて、唐との関係改善のために外交交渉を重ねたんだ。

新羅との関係は、どうなったのかな？

新羅は朝鮮半島を統一し（676）、唐と対立すると、日本へ接近した。当時の日本は〔**天武天皇**（てんむ）〕・〔**持統天皇**（じとう）〕の時代で、新羅使が来日して日本と新羅の関係が安定し、知識・技術・情報が日本へ伝わった。これが、律令体制（りつりょう）を築くときに役立ったんだよ。

なんだか、遣唐使はなくても大丈夫だね。

〔**天武天皇**〕・〔**持統天皇**〕は遣唐使を派遣しなかった。日本は、唐の現実よりも知識を参考にして、律令制度を整備していったんだ。

次々と変化する東アジアに対応して、古代国家が作られたんだね。

---

(1) 百済の再興をはかった白村江の戦いで、倭は唐・新羅に敗北した

　660年に百済（くだら）が滅亡すると、倭はその再興をはかりました。〔斉明天皇（さいめい）〕が亡くなると、**中大兄皇子**（なかのおおえのおうじ）は即位しないまま政権を主導しました（称制（しょうせい））。そして、倭軍は朝鮮半島へ遠征しますが、白村江の戦い（663）で、唐・新羅の連合軍に迎え撃たれて大敗し、百済再興は失敗に終わりました。

(2) 国防強化と遷都ののち、天智天皇が即位して、初の全国的戸籍が作られた

　白村江の戦いの敗北後、倭は唐・新羅の侵入を想定して国防の強化をはかりますが、その際、倭に亡命してきた百済人を政権に組み入れて、彼らが持つ技

術を導入しました。九州北部の要地（のちの大宰府）を防衛するため、水城（巨大な濠と堤）と大野城を築き、西日本各地に朝鮮式山城（石垣造りの山城）を建設しました。また、九州に烽（のろし）と防人（九州を防衛する兵士）を置きました。

　次に、倭は対外的危機感のもとで国内政治の充実をはかり、中大兄皇子は飛鳥から近江大津宮に遷都し（667）、〔天智天皇〕として即位しました（668）。すでに、乙巳の変から20年以上たっていました。

　天智は、中国的な法律として近江令を制定したとされます。そして、初の全国的戸籍として庚午年籍が作成されました（670）。これは、氏姓をただす根本台帳として永久保存とされました。こうして、人々の個別把握が進み、公民制の基礎が作られたのです。

年表

643 蘇我入鹿、山背大兄王を滅ぼす
645 乙巳の変…蘇我蝦夷・入鹿の滅亡
　　〔皇極天皇〕から〔孝徳天皇〕へ譲位
　　飛鳥から難波宮へ遷都
646 改新の詔
647 淳足柵を設置（翌年に磐舟柵）
655 〔斉明天皇〕即位
660 百済が滅亡→復興へ（中大兄が主導）
663 白村江の戦い…唐・新羅に敗北
　　※水城・朝鮮式山城を建設
667 飛鳥から近江大津宮へ遷都
668 〔天智天皇〕即位
　　高句麗が滅亡
　　近江令の制定
670 庚午年籍の作成
672 壬申の乱→〔天武天皇〕即位（673）
676 新羅が朝鮮半島を統一

ポイント　大化改新と白村江の戦い

◆7世紀前半の動向
　唐の成立（618）→第1回遣唐使の派遣（630）
　蘇我蝦夷・入鹿の勢力拡大→蘇我入鹿が**山背大兄王**を滅ぼす

◆**大化改新**
　乙巳の変（645）…**中大兄皇子・中臣鎌足**らが**蘇我蝦夷・入鹿**を滅ぼす
　→〔**皇極**〕は〔**孝徳**〕へ譲位／中臣鎌足は**内臣**、高向玄理・旻は**国博士**
　難波宮へ遷都／**改新の詔**（646）…**公地公民制**、戸籍・計帳・班田収授法
　※地方へは「郡」ではなく「**評**」を設置（**木簡**から判明）
　東北経営（**蝦夷**）…**淳足柵・磐舟柵**、**阿倍比羅夫**（日本海側）

◆**白村江の戦い**（663）：**百済の滅亡**（660）→再興をはかるが**唐・新羅**に大敗
　（高句麗の滅亡（668）、新羅が朝鮮半島を統一（676））
　国防の強化…九州北部に**水城**、西日本各地に**朝鮮式山城**

◆〔**天智天皇**〕の時代：中大兄皇子は**近江大津宮**へ遷都、即位
　近江令の制定／**庚午年籍**（670）…初の全国的戸籍

③ 壬申の乱と律令体制の整備

　7世紀の古代国家が成立していく過程のなかで、**壬申の乱**（672）も大きな意味を持ちました。大王（天皇）の位をめぐる内乱に勝利して即位した〔**天武天皇**〕に絶大な権威・権力が集中し、天皇を中心とする中央集権体制が完成に向かいました。そして、〔**持統天皇**〕は中国の都城制を取り入れた**藤原京**へ遷都し（694）、律令体制の整備がさらに進みました。

① 壬申の乱（672）

　〔**天武天皇**〕の時代は、「**日本**」という国号や「**天皇**」という称号が成立した時代だとされます（外交の面では〔**推古天皇**〕の時代に「天皇」が考え出された可能性もある）。倭から日本へ、大王から天皇へ、という大きな変化が起きたのです。その時代をもたらした、**壬申の乱**を見ていきましょう。

(1) 王位（皇位）継承争いから壬申の乱が起こり、大海人皇子が勝利した

　壬申の乱（672）が起きた原因は、〔**天智天皇**〕の死後の、大王（天皇）の位をめぐる争いでした。天智の弟で、当時吉野にいた**大海人皇子**と、天智の子で、天智の地位を受け継ぎ近江大津宮にいた**大友皇子**が争い、内乱になったのです。大海人皇子は東国（美濃・尾張）の豪族を味方につけ、大友皇子の近江朝廷軍を破りました。

　その結果、大友皇子（近江朝廷）の側についた中央豪族が没落し、勝利した大海人皇子に権力が集中するだけでなく、その存在が神格化されて、権威を高めたのです。「大君は神にしませば」で始まる歌が、柿本人麻呂をはじめとする歌人によって詠まれています。こうして、豪族とは隔絶された、超越した地位を持った「**天皇**」が誕生したのです。

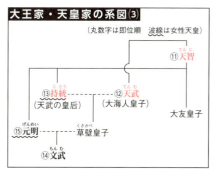

大王家・天皇家の系図③

（丸数字は即位順　波線は女性天皇）

⑪天智

⑬持統 -------- ⑫天武
（天武の皇后）　（大海人皇子）

大友皇子

⑮元明 ---- 草壁皇子

⑭文武

(2) 天武天皇は豪族を抑え、八色の姓で天皇家中心の身分秩序を作った

　大海人皇子は、近江大津宮から**飛鳥浄御原宮**に遷都し、〔**天武天皇**〕として即位しました（673）。天武は、大臣を置かずに皇后や皇子とともに政治をおこない、天皇家の主導で律令体制作りが進められました。

天武は、まず**部曲の廃止**を断行しました。豪族の私有民がようやく廃止されたことで、公民制が実現したのです。

そして、律令や国史（国家がまとめる歴史書）の編纂事業を開始しました。これは、のちの『古事記』『日本書紀』につながります→第7章。

さらに、新しい姓として**八色の姓**を定め、天皇系の氏族には真人、それ以外の豪族（臣・連・直など）には朝臣・宿禰・忌寸などの姓を与えました。姓に1番目から8番目までの序列を作り、1番目に天皇系氏族を置いて、豪族を天皇中心の新しい身分秩序に再編成したのです。

この時期には、**富本銭**が鋳造されました。これは、8世紀に律令国家が鋳造した和同開珎→第4章よりも古い銭貨として注目されます。

② 律令体制の整備

〔天武天皇〕の死後、その皇后が〔持統天皇〕として即位し、天武天皇が進めていた律令国家建設の事業を受け継ぎました。さらに、その孫の〔文武天皇〕が即位すると、**大宝律令**（701）が完成し、律令国家が成立しました。

(1) 持統天皇は、中国の都城制を採用した藤原京へ遷都した

天武が編纂を命じていた**飛鳥浄御原令**は、〔持統天皇〕のもとで施行されました。そして、これにもとづく全国的戸籍の**庚寅年籍**が作成され（690）、6年ごとの戸籍作成の体制が整備されました。

〔持統天皇〕の業績で重要なのは、飛鳥の北方に築かれた**藤原京**への遷都（694）です。これまでの「宮」は一代ごとに移る大王の居所で、それぞれの根拠地を持つ豪族が寄り集まって大王に奉仕する場でした。藤原京の「宮」には天皇の居所に加え、諸官庁や、**大極殿・朝堂院**（儀礼の場・政務の場）が設置されました。大極殿・朝堂院は、中国式の瓦ぶき・礎石建ちです。そして、「宮」の周囲に、**条坊制**→第4章で区画された「京」を建設しました。官僚制の整備が進み、中央豪族は位階や官職・給与を与えられて天皇に仕える官人となったため（中央の上級官人が貴族）、彼らを「京」に居住させて「宮」

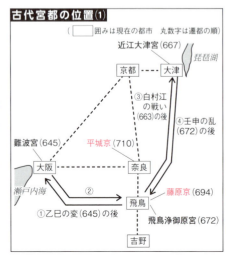

古代宮都の位置①

（ 囲みは現在の都市　丸数字は遷都の順）

- 近江大津宮（667）
- 琵琶湖
- 京都 ---- 大津
- ③白村江の戦い（663）の後
- ④壬申の乱（672）の後
- 難波宮（645）
- 平城京（710）
- 大阪 ---- 奈良
- 瀬戸内海
- ②
- 飛鳥
- 藤原京（694）
- ①乙巳の変（645）の後
- 飛鳥浄御原宮（672）
- 吉野

に出仕させました。藤原京は、天皇中心の中央集権体制を支える構造を持ち、律令国家の完成に大きく貢献したのです。

前ページの地図で、現在の都市の位置関係をもとに（京都・奈良・大阪のトライアングル）、宮都の位置や遷都の順番をつかむとよいでしょう。

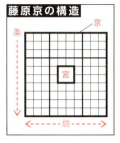

藤原京の構造

(2) 文武天皇のときに大宝律令が制定され、律令国家が完成した

持統天皇の孫にあたる〔文武天皇〕が即位すると（持統は譲位して太上天皇となる）、大宝律令（701）が制定されました。中国の律令制を導入して、日本独自の律令体制を完成させたのです。

大宝律令を制定した直後の702年、天武・持統の時代には派遣されていなかった遣唐使が、約30年ぶりに派遣されました。そこで、新しい「日本」国号と「天皇」称号を国書に用いて、これらの国際的認知をはかりました。

年表

672	壬申の乱…大海人皇子の勝利
	近江大津宮から飛鳥浄御原宮へ遷都
673	〔天武天皇〕即位
675	部曲の廃止
	※律令・国史の編纂開始　富本銭
684	八色の姓
686	〔持統天皇〕が事業継承（690即位）
689	飛鳥浄御原令を施行
690	庚寅年籍の作成
694	藤原京へ遷都
697	〔文武天皇〕即位
701	大宝律令の制定

ポイント　壬申の乱と律令体制の整備

◆壬申の乱（672）：大友皇子に勝利した大海人皇子の権威高揚
◆〔天武天皇〕の時代：大海人皇子は飛鳥浄御原宮へ遷都、即位
　部曲の廃止／律令・国史の編纂開始／富本銭
　八色の姓…豪族を天皇中心の身分秩序に再編成（真人・朝臣など）
◆〔持統天皇〕の時代：天武の皇后が即位、天武の事業を継承
　飛鳥浄御原令の施行／庚寅年籍
　藤原京へ遷都（694）…宮（天皇居所・官庁・大極殿・朝堂院）
　　　　　　　　　　　　京（条坊制の都市に中央豪族が居住）
◆〔文武天皇〕の時代：持統の孫が即位
　大宝律令制定（701）…中国の律令制を導入した、日本独自の律令体制

【1】（2019年度　本試験）

　次の史料は、那須国造碑（栃木県大田原市に現存し、那須直韋提という現地の豪族の死後、彼の一族によって造られたものと考えられる）に刻まれた碑文の一部である。この史料に関して述べた下の文X・Yについて、その正誤の組合せとして正しいものを、下の①〜④のうちから一つ選べ。

史料
　　永昌元年己丑[注1] 四月、飛鳥浄御原の大宮[注2] の那須国造、追大壱[注3] 那須直韋提、評督[注4] を賜る。歳は庚子に次る年、正月二壬子の日[注5]、辰節に殞る[注6]。故に、意斯麻呂[注7] 等、碑銘を立て偲びて爾云う[注8]。（後略）

（注1）　永昌元年己丑：「永昌」は唐の年号（元号）。年を干支による表記と組み合わせて示している。
（注2）　飛鳥浄御原の大宮：飛鳥浄御原宮の朝廷。
（注3）　追大壱：天武天皇の時代に定められた冠位。
（注4）　評督：評の長官のこと。
（注5）　歳は庚子に次る年、正月二壬子の日：年月日を干支による表記と組み合わせて示している。
（注6）　殞る：死去すること。
（注7）　意斯麻呂：韋提の一族で、その後継者。
（注8）　爾云う：「このように述べる」という意味。この後に続く内容を示す表現で、ここでは（後略）の部分を指す。

X　史料からは、那須地方の豪族層に、中国王朝にかかわる知識・情報が知られていたことを読み取ることができる。
Y　史料からは、大宝律令にもとづく官僚制や地方行政組織を読み取ることができる。

①　X　正　　　Y　正　　　②　X　正　　　Y　誤
③　X　誤　　　Y　正　　　④　X　誤　　　Y　誤

解説　**教科書に載らない未見史料の読解問題が出題される**のがセンター試験の特徴であり、共通テストでもその形式での出題が予想されます。問題の文章を読み（カッコ内は問題の文章の引用）、（注）も参照しながら史料の内容を解釈し、選択肢の正誤を判断する、というプロセスで解きましょう。

X 史料の「永昌元年己丑」に注目します。（注）によれば、「永昌」は「唐の年号（元号）」であり、選択肢の「中国王朝にかかわる知識・情報」と一致します。そして、石碑は「那須国造」の一族が造ったものなので、この知識・情報は「那須地方の豪族層」に「知られていた」のです。

Y 史料の「追大壱」は、（注）に「天武天皇の時代に定められた冠位」とあり（7世紀後半）、選択肢の「大宝律令」は8世紀初めの成立ですから、「大宝律令にもとづく官僚制」とはいえません。また、「評督（＝評の長官）」に見られる評が、大宝令が施行される前の「地方行政組織」であることを、確認しておきましょう（大宝令が施行された後は、郡）。

⇒したがって、②（X　正　　Y　誤）が正解です。

解答　②

【2】（2016年度　追試験）

中国の歴史書に記された倭人や倭国に関して述べた文として正しいものを、次の①～④のうちから一つ選べ。

① 1世紀に、倭王武は中国の皇帝に上表文を提出した。

② 3世紀に、倭の奴の国王は中国の皇帝から印綬を授けられた。

③ 5世紀に、倭人社会は百余国に分かれ、楽浪郡に定期的に使者を送った。

④ 7世紀に、倭は「日出づる処の天子」で始まる国書を中国の皇帝に出した。

解説　共通テストでは、抽象的な文章から具体的な出来事を連想し、時代を推定する出題が予想されます。その準備として、**出来事が起きた世紀を判断したうえで年代整序や正誤判定をおこなう**練習をしてみましょう。

①これは弥生時代の「1世紀」ではなく、ヤマト政権の時代（古墳時代中期）の5世紀です（→『宋書』倭国伝）。

②これは「3世紀」ではなく（3世紀は卑弥呼が魏に遣使した時代）、1世紀です（→『後漢書』東夷伝）。

③これは「5世紀」ではなく、紀元前1世紀頃です（→『漢書』地理志）。

④これは遣隋使ですから、「7世紀」で合っています。

⇒したがって、④が正解です。

解答　④

奈良時代の律令政治

世紀	天皇	権力者	政治・外交	社会・経済
7世紀	推古★ / 舒明 / 皇極★ / 孝徳 / 斉明★ / (中大兄) / 天智 / 天武 / 持統★	（太字は藤原氏）	(1)	(3)
8世紀	文武 / 元明★ / 元正★ / 聖武 / 孝謙★ / 淳仁 / 称徳★ / 光仁	不比等 / 長屋王 / 4兄弟 / 橘諸兄 / 仲麻呂 / 道鏡 / 百川		
9世紀	桓武 / 平城 / 嵯峨 / 清和 / 光孝 / 宇多 / 醍醐	冬嗣 / 良房 / 基経 / 時平	(2)	

1 律令制度
- ①官僚制
- ②公地公民制

3 奈良時代の政治
- ①藤原不比等
  平城京へ遷都 (710)
- ②長屋王
  長屋王の変
- ③藤原4兄弟
  光明子を[聖武]の皇后に
- ④橘諸兄
  藤原広嗣の乱→遷都
  国分寺を建立
  大仏造立の詔(743)
- ⑤藤原仲麻呂
  橘奈良麻呂の変
  恵美押勝の乱
- ⑥道鏡
  〔称徳〕の信任
- ⑦藤原百川
  〔光仁〕を立てる

2 律令国家の構造
- ①東アジア外交
  遣唐使開始
  (630)
  →唐と外交交渉

  ※天武・持統は
  唐に遣使せず

  遣唐使の再開
  →先進文物摂取

  ※新羅との交流
  ※渤海との交流

- ②都城・地方支配
  ●平城京建設
  ●地方支配
  　（蝦夷・隼人）
  ●銭貨鋳造
  　（和同開珎）

菅原道真の建議
→遣唐使の停止
(894 宇多)

4 奈良時代の土地制度
- ①民衆支配の動揺
  浮浪・逃亡
- ②開墾奨励策

  三世一身法
  (723)

  墾田永年私財法
  (743)

- ③初期荘園
  貴族の墾田私有

★は女性天皇

第 4 章 の テ ー マ

第4章は、奈良時代を中心とする、8世紀の政治・外交・社会を中心に扱います。

(1) 大宝律令によって完成した律令制度は、官僚制と公地公民制の二つの柱で成り立っていました。都城制や全国支配の拡大、さらに東アジアとの関係も含めて、律令制度を総合的につかみましょう。

(2) 奈良時代の政治は、藤原氏を中心に展開しました。相次ぐ政争や、藤原氏と天皇家との関係にも注意して、プロセスを追っていきましょう。

(3) 土地制度史は重要テーマです。律令国家が定めた土地制度が、社会の動きを背景に、どのように変化したのか見ていきましょう。

1 律令制度

8世紀、律令制度がととのいました。〔文武天皇〕の701年、刑部親王・藤原不比等（中臣鎌足の子）が中心となって大宝律令が完成したのに続き、藤原不比等が中心となって養老律令が完成しました（718）。養老律令は、のちの757年に藤原仲麻呂（藤原不比等の孫）が施行しました。

律令法は、全国を統治する総合的な法体系で、基本法として定められた律（刑法）・令（行政法）と、そのたびに追加される格（律令の補足や修正）・式（律令を施行するときの細則）とで成り立っています。日本の律は唐の律を受け継ぎ、日本の令は唐にならいつつ日本の実情で改めた部分もありました。

律については、表を見ましょう。謀反は、貴族でも刑罰が免除されない重罪とされ、

律令国家の司法制度（律に規定）
- 五刑…笞・杖・徒・流・死の五つの刑罰
- 八虐（天皇に対する謀反など八つの罪）は重罪扱い

奈良・平安時代における貴族の政争では、「国家・天皇への反逆」の疑いをかけて政敵を倒す、というパターンが出てきます。

律令制度って、しくみが難しそう……。

ヤマト政権とくらべてみよう。たとえば、私が物部氏に生まれたとしたら……。

物部氏は軍事豪族だから、先生も武器で敵を倒さなきゃね？

私は血を見るのがすごく苦手なので（苦笑）、やりたくないな。で

も、ヤマト政権は、豪族が一族全体で特定の役割で奉仕するのが原則だから→第2章、やるしかない。一方、律令国家では能力に応じて官人に**位階**を与えてランク分けし、ランクの高さに対応した**官職**を与えるので……。

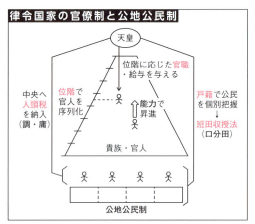

律令国家の官僚制と公地公民制

天皇

位階に応じた官職・給与を与える

中央へ人頭税を納入（調・庸）

位階で官人を序列化

能力で昇進

戸籍で公民を個別把握

班田収授法（口分田）

貴族・官人

公地公民制

先生は、物部氏の役割から離れて、日本史の能力を生かした役職に就けるね。

それが**官僚制**のメリットだ。それぞれの官人が持つ能力を適材適所で生かした、強い国家になるんだよ。

高いランクでがんばったら、たくさんの**給与**をもらいたいよなぁ。

そしたら、政府が官人に与える給与は、どのように調達すればいい？

国全体から税を集める。強い権力で人々を支配すれば、可能かな。

そのために必要なのが、大化改新ののちに実現していった**公地公民制**だよ→第3章。豪族の私有地・私有民をやめて公地・公民とすることで、政府は、人々を支配するための**戸籍**が作れるし、土地を与える**班田収授**もできるし、**調・庸**などの税を納めさせることもできる。

これが**中央集権体制**のイメージなんだ。律令制度、実は面白そう！

① 官僚制

では、律令制度の大きな柱である、天皇を中心とする中央集権体制を支える**官僚制**を見

律令国家の身分制度

・**良民**…貴族・官人、公民（一般の農民）
・**賎民**…五色の賎
　　官有（陵戸・官戸・公奴婢）　私有（家人・私奴婢）

ていきます。前提となる身分制度については、表を参照しましょう。貴族・官

人も、あとで登場する公民も、**良民**に属します。また、**賤民**は５種類あり（**五色の賤**）、官有と私有とがありました。

(1) 中央官制として、二官・八省・一台・五衛府が置かれた

　まず、官僚制の基盤となる役所（官庁）の話からいきます。中央には、朝廷の祭祀を担当する**神祇官**と、一般政務を担当する**太政官**の**二官**が置かれ、太政官の**公卿**会議が最高機関となり（**左大臣・右大臣**と**大納言**などで構成され、**太政大臣**は適任者がいなければ置かれない）、公卿の合議によって政治が運営されました。

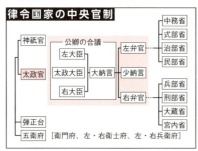

律令国家の中央官制

　そして、太政官の下に**八省**が置かれ、さまざまな政務を分担しました。特に、勅書・詔書作成などの天皇公務を担う**中務省**、文官の人事や大学の管理（教育制度）を担う**式部省**、国家的な仏事や外国使の接待を担う**治部省**、租税・戸籍などの民政を担う**民部省**が重要です。そのほか、軍事や武官の人事を担う兵部省、裁判や刑罰執行を担う刑部省、国庫の管理や貨幣を担う大蔵省、天皇や皇室の庶務を担う宮内省があります。

　一台は、官吏の監察（役人の不正監視）や風俗取り締まりを担う**弾正台**です。**五衛府**は、都の宮城を警備する、衛門府・左右衛士府・左右兵衛府です。

(2) 家柄より能力を重視する位階に応じて、官人には官職・給与が与えられた

役所（官庁）の話から、役職（官職）の話に移りましょう。どの官庁でも、官職は長官・次

四等官制

	太政官	省	大宰府	国（国司）	郡（郡司）
長官 かみ	左・右大臣	卿 かみ	帥 そち	守 かみ	大領
次官 すけ	大納言	輔 すけ	弐 に	介 すけ	少領
判官 じょう	弁　少納言	丞 じょう	監 げん	掾 じょう	主政
主典 さかん	史　外記	録 さかん	典 てん	目 さかん	主帳

官・判官・主典の４ランクに分かれています（**四等官制**）。官庁ごとに当てる漢字は異なりますが、読み方は「かみ・すけ・じょう・さかん」で共通です（太政官と大宰府と郡は除く）。

　貴族・官人には、家柄よりも能力が重視される形で**位階**が与えられました（30ランクの位階のうち、五位以上が貴族）。そして、**官位相当制**にもとづき、位階に対応した**官職**に任命されました。

　さらに、貴族・官人には、位階に対応した給与が付与されました。指定され

た戸から納められる税を得る**封戸**、位階・官職に応じた**位田・職田**、布などの**禄**、従者である**資人**などで、五位以上の貴族には、下級官人よりもはるかに多い給与が与えられました。

　また、**蔭位の制**も中国から導入されました。貴族の子や孫には、21歳になると一定の位階が与えられ、高い位階は貴族のなかで固定化されました。

(3)　全国を畿内・七道に分け、中央・地方間に官道を作り、駅制も設けた

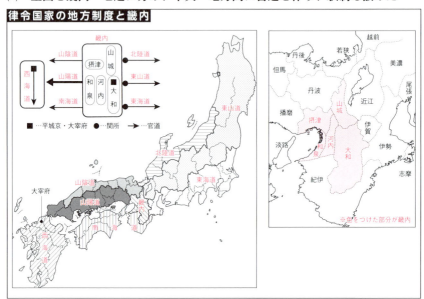

律令国家の地方制度と畿内

　今度は、地方支配について。行政区画は、**摂津国・山城国**（当初は山背）・**河内国・和泉国**（当初はなかったが河内国から分離）・**大和国**で構成される**畿内**と、**北陸道・東山道・東海道・山陰道・山陽道・南海道・西海道の七道**とに分けられます。律令国家は、中央と地方を結ぶ直線的な**官道**を築き、全国各地は官道を通じて畿内に直結しました。七道は、官道を示すとともに、その沿道諸国を含む行政区画も示しています。さらに、京には左・右**京職**が置かれ（都の行政を担当）、外交上重要な難波には**摂津職**が置かれ（摂津国の行政を担当、難波津を管理）、外交・軍事の中心となる九州北部の筑紫には**大宰府**が置かれました（西海道を統括、防人を支配）。

　交通制度も整備されました。官道には約16キロごとに**駅家**が設置されて馬が備えられ（**駅制**）、役人が公用で移動するときに馬の利用ができました。東国に伸びる北陸道・東山道・東海道には**関所**が設置され（**三関**）、反乱などの際には関所を閉じて反乱軍の移動を防ぐなど、軍事的な役割を果たしました。

官道は、中央と地方との間で命令や情報の伝達に用いられ、国司などの官人や運脚夫が往来するなど、中央集権的な地方支配に不可欠でした。

(4) 国司は中央政府から派遣され、郡司は地方豪族が任命された

地方には、現在の都道府県レベルの規模の国が置かれました。国の名称は、教科書に載っている古代の行政区画の地図を見て、都道府県との対応関係も含めて覚えましょう。国の下に郡が置かれ、その下に里（のち郷）が置かれました。1里は50戸で構成され、1戸は約25人ずつで編成されました（戸はいくつかの家族を含む）。里には里長が置かれ、地域有力者が任命されました。

律令国家の地方行政官である国司と郡司の違いを理解することは、大変重要です。国府（国衙）で国の政務を統括した国司は、中央政府から貴族が派遣され、任期がありました（はじめは6年、のち4年）。これに対し、郡家（郡衙）で郡の支配の中心となった郡司は、元国造の地方豪族が任命され→第2章、その地位は終身制で、一族内で世襲されました。郡司は、ヤマト政権のあり方を引き継いでいます。律令国家の中央集権的な支配は、地方豪族が持つ伝統的な地域支配力に依存していたのです。

とはいえ、地方の郡家跡などから文字が書かれた木簡が出土するので→第3章、伝統的な地方豪族出身の郡司も、律令制の文書行政にもとづいて民衆支配の実務をおこなったことがわかります。

② 公地公民制

では、律令制度のもう一つの大きな柱である、全国の土地や人々を支配する公地公民制のあり方を見ていきましょう。

律令制にもとづく民衆支配は、公民を個別に把握するやり方でおこなわれ、これにもとづき土地制度や税制度が運用されました。そのために用いられたのが戸籍で、班田制や徴兵に用いる基本台帳として、6年ごとに作成されました。一方、計帳は、調・庸を徴収するための台帳で、毎年作成されました。

(1) 班田収授法にもとづき、公民には口分田が班給された

土地制度の中心となる班田収授法にもとづき、戸籍を作成する6年ごとに、6歳以上の男性・女性に一定面積の口分田を班給し、死者の口分田は6年ごと

国司と郡司

の班年で政府が没収（収公）しました（死んでもすぐには収公しない）。口分田の面積は、1段＝360歩として、男性は**2段**、女性は男性の**3分の2**の面積（1段120歩）です。口分田は賤民にも班給されますが、私有賤民は3分の1の面積（男性は240歩、女性は160歩）です。また、条里制によって碁盤の目のように四角く土地を区画し、位置を表示して土地を把握しました。

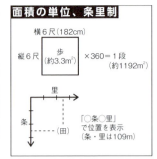

面積の単位、条里制

横6尺（182cm）

縦6尺　歩（約3.3m²）　×360＝1段（約1192m²）

里

条　　　 （田）

「○条○里」で位置を表示（条・里は109m）

(2) 公民の税負担は、成人男性を中心に課される人頭税が中心だった

　律令制における税負担は、人が課税単位となる**人頭税**が中心で、正丁と呼ばれる21〜60歳の成人男性が負担の中心でした（人頭税は女性には課されない）。

　土地税は租のみで、口分田などに課され、面積1段あたり2束2把の稲を納めました（収穫の約3％）。調・庸・雑徭は人頭税です。調は、絹・糸・塩・海産物など**郷土の産物**を一定量納め、庸は、歳役（都での労役）10日間の代わりに**布**2丈6尺を納めました。雑徭は、国司のもとで年間60日以下の**労役**をおこないました。出挙は戸に課され、春に稲を貸して秋の収穫時に**5割の利息**を付けて返させるもので、利息が税の役割を持ちました。

　ポイントは、中央税と地方税の区別です。中央税の調・庸は、**運脚**を負担した公民が各地から都まで運びました。地方税の租・出挙は、国府に納められて地方財源となりました。庸は本来は都での労役、雑徭は地方での労役です。

　このほか、成年男性から徴発されて中央政府の雑用に従事する仕丁や、飢饉などに備えて粟を納めさせる義倉の負担がありました。

(3) 兵役によって律令国家の軍事力が編制されたが、人々の負担は重かった

　律令国家は、戸籍にもとづいて公民に**兵役**を課し、軍事力を編制しました。正丁3〜4人に1人の割合で兵士を徴発し、各国の軍団に配属させました。なかには、衛士となって都の警備に従事したり、東国の兵士が防人となって九州の沿岸警備に従事することもありました。武器や食料は自己負担だったので、兵士を出した家族は生活が苦しくなりました。

ポイント 律令制度

◆律令制度：**律・令**(刑法・行政法) と**格・式**(律令の補足・施行細則)
大宝律令(701)…**刑部親王・藤原不比等**／**養老律令**(718)…**藤原不比等**
※**五色の賤**…官有 (陵戸・官戸・公奴婢) と私有 (家人・私奴婢)

◆官僚制：**官位相当制** (位階と官職が対応)・**蔭位の制** (貴族の子に位階)

中央…┌ **神祇官** (祭祀)・**太政官** (行政、**公卿**会議〈**左右大臣・大納言**〉)
　　　│ **中務省** (詔書)・**式部省** (教育)・**治部省** (仏事)・**民部省** (民政)など
　　　└ **弾正台** (役人を監察)／**五衛府** (宮城を警備)

地方…┌ **畿内** (摂津・山城・河内・和泉・大和)
　　　└ **七道** (北陸道・東山道・東海道・山陰道・山陽道・南海道・西海道)
　　　京職 (都の行政)／**摂津職** (難波津管理)／**大宰府** (西海道支配)
　　　※交通制度…**駅制** (官道に**駅家**を設置)／**三関** (軍事目的の関所)
　　　国・郡・里 (**国司・郡司・里長**)
　　　┌ 国司…**国府**で行政統括、中央政府から貴族を派遣、任期あり
　　　└ 郡司…**郡家**で支配、元国造の地方豪族を任命、終身制・世襲

◆公地公民制：**戸籍** (班田制、**6年**ごと)・**計帳** (調庸徴収、**毎年**) で把握
班田収授法…**6年**ごと、**6歳**以上の**男** (2段)・**女** (男の2／3)に**口分田**
条里制による土地区画
税制…**人頭税** (調・庸・雑徭)、**正丁**が負担、調・庸は**運脚**が中央へ運ぶ
　租 (地方税、田地に課す、**稲**)・**調** (中央税、**地方産物**)・**庸** (中央税、**布**)
　雑徭 (地方税、**労役**)／**出挙** (地方税、貸し付けた稲の**5割の利息**)
軍制…正丁3〜4人に1人が**兵士**、**軍団**に配属→**衛士** (都)・**防人** (九州)

2 律令国家の構造

① 東アジア外交

　律令国家は東アジア諸国と国交を結び、使節の派遣や迎え入れをおこないました。**唐・新羅・渤海**と日本との関係は、複雑にからみ合っていました。

(1)　遣唐使を派遣して大陸情勢を把握し、さらに唐の制度や文化を摂取した
　唐 (618〜907) への**遣唐使**は、〔**舒明天皇**〕の630年に**犬上御田鍬**を派遣したことに始まり、〔**宇多天皇**〕の894年に**菅原道真**の建言により停止されて、終了しました。年表は、政治との関係に注意しながら見るのがコツです。

遣使の目的は、時代により変化しました。7世紀は、唐が朝鮮半島への圧力を強めて緊張が高まるなか、大陸情勢を把握して外交交渉をおこなうことが中心でした。〔天武天皇・持統天皇〕による中断ののち、8世紀初めに再開されてからは、唐を中心とする東アジア情勢が安定するなか、唐との関係を維持して制度や文化を摂取することが中心となりました。ただし、唐へ朝貢はするけれども冊封は受けず、唐からの自立性も示しました。倭の五王の外交や →第2章、遣隋使と →第3章、くらべてみましょう。

航路も変化しました。7世紀は朝鮮半島を経由する北路でしたが、8・9世紀は東シナ海を横断する南路に変わりました。航海は危険なものとなり、阿倍仲麻呂のように帰国に失敗して唐で死去した者もいました。

代表的な渡航者は、8世紀では山上憶良（貧窮問答歌）、留学生の阿倍仲麻呂（唐で死去）、留学生の吉備真備や学問僧の玄昉（帰国後に 橘 諸兄政権に参加）などがいます。9世紀では最澄・空海（それぞれ唐から天台宗・真言宗をもたらす →第7章）、橘 逸勢（三筆の一人 →第7章、のち承和の変で失脚 →第5章）などがいます。また、8世紀中ごろ、唐僧の鑑真が遣唐使の帰国船に便乗して渡来しました →第7章。

年表

【国内政治】	【使節派遣】	【東アジア】
	630 第1回遣唐使　犬上御田鍬を派遣	618 唐の建国
645 大化改新	653/654/659 遣唐使	
663 白村江の戦い		660 百済の滅亡
	665/667/669 遣唐使	668 高句麗の滅亡
672 壬申の乱	※〔天武天皇・持統天皇〕は遣唐使を派遣せず	676 新羅の朝鮮統一
694 藤原京へ遷都		698 渤海の建国
701 大宝律令制定	702 遣唐使の再開　山上憶良が唐へ	
710 平城京へ遷都	717 阿倍仲麻呂・吉備真備・玄昉が唐へ	※新羅使の来日
※橘諸兄政権	→吉備真備・玄昉帰国（阿倍仲麻呂は客死）	※渤海使の来日
	753 鑑真の来日	
794 平安京へ遷都	※8世紀は10回の遣唐使（うち3回は中止）	
	804 最澄・空海・橘逸勢が唐へ	
	838 遣唐使が渡航した最後　円仁が唐へ	
	894 菅原道真の建議で遣唐使の停止	
		907 唐の滅亡
		※渤海・新羅滅亡

(2)　新羅とは外交上の地位をめぐって緊張関係となったが、交流は深かった

新羅（4世紀ごろ～935）は、白村江の戦い（663）で倭と交戦し →第3章、朝鮮半島の統一後は（676）、唐と対立したため日本に接近しました。新羅使が

来日し、遣新羅使も派遣されて、7世紀後期の日羅関係は良好でした。

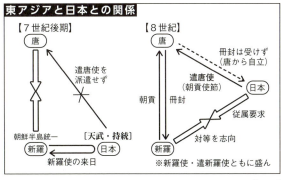

東アジアと日本との関係

【7世紀後期】

唐 ⇄ 遣唐使を派遣せず

朝鮮半島統一　〔天武・持統〕

新羅 ⇄ 日本

新羅使の来日

【8世紀】

唐 … 冊封は受けず（唐から自立）

遣唐使（朝貢使節）　→　日本

朝貢　冊封

従属要求　対等を志向

新羅 ⇄ 日本

※新羅使・遣新羅使ともに盛ん

　8世紀になると、唐との関係が安定した新羅は、日本との対等関係を望みました。これに対し、律令制度をととのえ、唐から冊封を受けなかった日本は、新羅への優位性を主張して従属国扱いしたため、日羅関係はしばしば緊張しました。しかし、使節の往来による文物の交流は盛んで、しだいに民間商人の往来による経済的な関係が深まりました。

(3) 渤海は唐・新羅との対抗から日本へ接近し、のち貿易中心の関係となった

遣唐使・渤海使の行路

渤海（698〜926）　渤海使
秋田城　胆沢城　多賀城
能登客院　松原客院
新羅（676 統一〜935）　北路
唐（618〜907）
平安京　平城京　難波
博多　南路
長安　洛陽
大宰府
明州（寧波）

　渤海（698〜926）は、高句麗滅亡（668）の後、中国東北部に建国されました。唐や新羅と対抗するため日本に接近し、8世紀前期に**渤海使**が来日し、遣渤海使も派遣されました。接待施設の能登客院（能登）・松原客院（越前）は日本海側にありました。のち、渤海とは貿易中心の関係になりました。

② 都城・地方支配

　律令国家による国内支配がどのように広がっていったのか、その中心となる平城京と、東北・南九州への支配拡大を、見ていきましょう。

(1) 律令国家の中心となる都城として、藤原京から平城京へ遷都した

　〔文武天皇〕による大宝律令制定（701）のあと、〔元明天皇〕（文武の母）は持統・文武・元明と3代続いた藤原京から**平城京**に遷都（710）しました。唐の都の**長安**にならい、北の端に位置する平城宮（宮城）には内裏（天皇の居所）、**大極殿・朝堂院**（儀式や政務の場）、諸官庁が置かれました。また、京は**条坊制**により東西南北に走る道路で区画され、右側の**左京**、左側の**右京**、張り出した外京に分けられ、中央には南北に貫かれる**朱雀大路**がありました。平城宮にいる天皇は、南を向いて「左・右」を決めるので、地図で見る左・右と逆になっています。また、政府が集めた税や、官人の給与（禄は布などの現物支給）を取引するため、**市司**が管理する官営の市として、左京に**東市**、右京に**西市**が設けられました。「東・西」は、地図上の東・西と同じです。

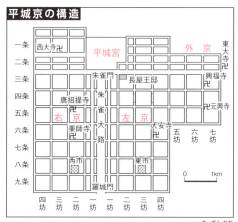

平城京の構造

(2) 東北や南九州に支配を広げ、蝦夷や隼人を従えていった

　律令国家は、支配領域を拡大させていきました。東北の**蝦夷**を服属させるため、各地に**城柵**を築いて支配の拠点としました。7世紀中期に淳足柵・磐舟柵を築いたのに続き→第3章、律令国家が成立した8世紀初めには**出羽国**を設置し、日本海側への支配を拡大しました。そして、**多賀城**を築き（724）、陸奥国府と**鎮守府**（軍事を担当する役所）を置いて、太平洋側にも支配の拠点を設けました。さらに秋田城を築き、出羽国府を置きました。

　また、東北では移住政策も進められました。服従した蝦夷を**俘囚**としてほかの地域へ移住させ、他の地域から東北に公民を移住させて柵戸としました。

　一方、南九州の**隼人**も服属させ、8世紀初めに**大隅国**を設置しました。

(3) 中国の制度をまねた貨幣制度を設け、貨幣鋳造事業が続けられた

　律令国家は、中国の制度をまねて、国家による貨幣鋳造事業を始めました。〔天武天皇〕による**富本銭**に続き →第3章、武蔵国で銅が発見されたのを機に、〔元明天皇〕は**和同開珎**（708）を発行しました。和同開珎は平城京を造営する費用の支払いに用いられ、さらに貨幣流通を促進するため**蓄銭叙位令**を発しました（711）。蓄えた銭を政府へ納めれば位階が上がるしくみで、官人は現物支給の給与を東西の市で換金し、貨幣取引が盛んになります。

　しかし、貨幣は京や畿内では流通したものの、畿内の外では普及しませんでした（稲や布を取引に用いた）。〔村上天皇〕が**乾元大宝**（958）を発行するまで →第5章、12種類の貨幣が造られ続けました（**本朝（皇朝）十二銭**）。

ポイント　律令国家の構造

◆**遣唐使**：犬上御田鍬の派遣（630）→菅原道真の建言で停止（894〔宇多〕）

　航路は**北路**（7世紀）から**南路**（8世紀以降）へ

　阿倍仲麻呂（唐で死去）、吉備真備・玄昉（橘諸兄政権）※鑑真が来日

◆日本は**新羅**を従属国扱いして緊張、**渤海**は唐・新羅に対抗し日本へ接近

◆**平城京**（710〔元明〕）：藤原京から遷都、唐の**長安**にならう、**条坊制**

　平城宮…内裏、**大極殿・朝堂院**（儀式や政務）、諸官庁

　京…**左京**（東）・**右京**（西）・**朱雀大路**、**東市・西市**（**市司**が管理）

◆地方支配：東北の**蝦夷**と南九州の**隼人**

　出羽国（日本海側）、**多賀城**に陸奥国府と**鎮守府**（太平洋側）／**大隅国**

◆貨幣制度：**和同開珎**（708〔元明〕）　**蓄銭叙位令**（711）…貨幣流通策

　→**本朝（皇朝）十二銭**…**乾元大宝**（958〔村上〕）まで

---

3 奈良時代の政治（8世紀）

　律令国家が完成したあとの奈良時代（710〜794）は、**藤原不比等**に始まる**藤原氏**が政治の中心に進出した時期でした。しかし、藤原氏が順調に権力を握ったのではなく、他の氏族との争いが続きました。政権担当者を順番に並べてみると、藤原氏は勝ったり負けたりの「1勝1敗ペース」だとわかります。

藤原不比等→長屋王→藤原4兄弟→橘諸兄→藤原仲麻呂→道鏡→藤原百川

なんで、奈良時代は、貴族が争ってばかりなんだろう？

もともと、貴族は**畿内豪族**だし、天皇は豪族連合の盟主である**大王**だ。天皇とそれぞれの貴族との人間関係で政治が動く側面もあった。

　でも、天皇中心の国家だから、天皇が主導すればいいんじゃない？

　実は、天皇の制度はまだ安定しなかった。系図では、天皇の即位の順番を丸数字で示している。①から⑩まで順に追っていってごらん。

　〔①天智〕、弟の〔②天武〕、皇后の〔③持統〕、孫の〔④文武〕、母の〔⑤元明〕、娘の〔⑥元正〕、おいの〔⑦聖武〕、娘の〔⑧孝謙〕、血筋が離れて〔⑨淳仁〕、孝謙がまた即位して〔⑩称徳〕。「親から子へ、子から孫へ」みたいに、直系で天皇の地位が受け継がれていないね。

　それに、〔推古〕〔皇極・斉明〕〔持統〕は7世紀の女性天皇だったけど、8世紀にも女性天皇が存在した。〔元明〕〔元正〕〔孝謙・称徳〕だ。

　今は、女性は天皇になれないよね。なぜ、当時は多かったのかな。

　後継者がいないときの中継ぎとして即位させたんだ。でも、すべてがそうとはいえず、主体的に権力を行使した女性天皇もいたよ。

　系図を見ながら、天皇にも注目して政治史を見るといいんだね。

奈良時代の天皇家と藤原氏の系図

（丸数字は天皇即位順、波線は女性天皇　(1)(2)…は権力掌握順、赤字は政変）

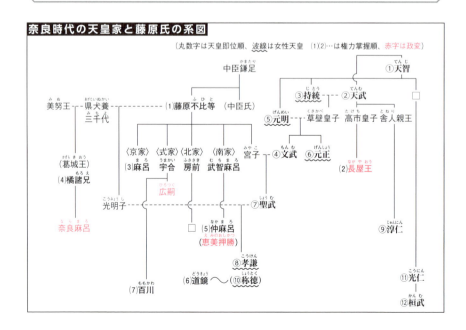

① 藤原不比等

　大化改新（→第3章）の中心だった**中臣鎌足**の子である**藤原不比等**は、律令制度整備の中心人物となり、**大宝律令**（701）と**養老律令**（718）の制定をリードしました。

　また、天皇家に接近しました。系図から、不比等は娘の**宮子**を〔**文武天皇**〕に嫁がせ、娘の**光明子**をのちの〔**聖武天皇**〕に嫁がせたことがわかります。

　文武は若くして亡くなったため、母の〔**元明天皇**〕が即位しました。**和同開珎**（708）を発行し、さらに**平城京へ遷都**（710）しました。ここから奈良時代が始まります。そして、元明は娘の〔**元正天皇**〕に譲位しました。

年表
①藤原不比等
701 **大宝律令**制定
707 〔**元明天皇**〕即位
708 和同開珎発行
710 **平城京**遷都
715 〔**元正天皇**〕即位
718 養老律令制定
②長屋王
722 百万町歩開墾計画
723 三世一身法
724 〔**聖武天皇**〕即位
729 長屋王の変

② 長屋王

　藤原不比等が亡くなると、〔**天武天皇**〕の孫にあたる**長屋王**が台頭し、右大臣から**左大臣**まで出世しました。このとき、百万町歩開墾計画（722）や**三世一身法**（723）といった土地制度の改革がおこなわれました。

　元正が譲位し、藤原氏を母に持つ〔**聖武天皇**〕が誕生すると、藤原不比等の子である**武智麻呂・房前・宇合・麻呂**の4兄弟は長屋王と対立しました。彼らは長屋王に謀反の罪をきせて、自害に追い込みました（**長屋王の変　729**）。

③ 藤原4兄弟

　藤原4兄弟は、武智麻呂が**南家**の祖、房前が**北家**の祖、宇合が**式家**の祖、麻呂が**京家**の祖です。彼らは長屋王の変の直後、妹の光明子を〔**聖武天皇**〕の皇后に立てて**光明皇后**としました。藤原氏の女性が、それまで皇族に限られていた皇后の地位を得たことで、藤原氏は天皇家との結びつきを強めました。

　しかし、天然痘の流行で、藤原4兄弟は相次いで病死しました（737）。

年表
③藤原4兄弟
729 光明子が**皇后**となる
737 藤原4兄弟が病死
④橘諸兄
740 藤原広嗣の乱
恭仁京へ遷都
（→難波→紫香楽→平城）
741 国分寺建立の詔
743 大仏造立の詔

④ 橘諸兄

　藤原氏に代わり、皇族出身の**橘 諸兄**が政権を握りました。系図から、光明皇后と血縁関係にあることがわかります。そして、唐から帰国した**吉備真備・玄昉**が〔**聖武天皇**〕の信頼を得て用いられました。

　しかし、当時大宰府にいた**藤原広嗣**（宇合の子、式家）はこれに不満を持ち、吉備真備・玄昉の追放を求めて九州で挙兵しました（**藤原広嗣の乱**　740）。

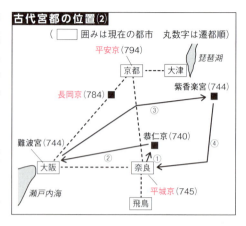

古代宮都の位置②

（　□　囲みは現在の都市　丸数字は遷都順）

平安京（794）
京都 ---- 大津　琵琶湖
長岡京（784）　紫香楽宮（744）
③
難波宮（744）　恭仁京（740）
大阪　奈良　④
②　①
瀬戸内海　平城京（745）
飛鳥

　その直後から、〔**聖武天皇**〕は遷都をくり返します（山背の**恭仁京**→摂津の難波宮→近江の**紫香楽宮**→大和の平城京）。そして、仏教の力に頼って国家や社会を安定させる**鎮護国家思想**のもと→第7章、恭仁京で**国分寺建立の詔**（741）を発し、国ごとに国分寺・国分尼寺を造らせました。

　さらに、紫香楽宮で（当時はまだ都ではなく離宮）**大仏造立の詔**（743）を発しました。史料には「天平十五年（743年）…を以て、菩薩の大願を発して盧舎那仏の金銅像一躯を造り奉る。…夫れ天下の富を有つ者は朕（聖武天皇）なり。天下の勢を有つ者も朕なり」とあります。〔**聖武天皇**〕が仏教で世の中を救う願いをおこし、大仏を造立することを宣言したのです。同じ743年、土地制度の重要な改革である**墾田永年私財法**も制定されました。

⑤ 藤原仲麻呂

　聖武が譲位し、聖武と光明皇后の娘である〔**孝謙天皇**〕が即位すると、おばの**光明皇太后**の信任を得た**藤原仲麻呂**（武智麻呂の子、南家）が台頭しました。すでに都は平城京に戻っており、大仏は平城京近辺の**東大寺**で完成し、**開眼供養**がおこなわれました（752）。

　藤原仲麻呂は、祖父の不比等が制定した**養老律令**を施行し（757）、仲麻呂打倒計画を立てた**橘奈良麻呂**（諸兄の子）らを滅ぼしました（**橘奈良麻呂の変**757）。さらに、子のいない孝謙が退位すると、仲麻呂は自分と関係の深かった〔**淳仁天皇**〕を即位させました。系図を見ると、孝謙から淳仁への譲位は皇位継承のラインから離れており、淳仁は仲麻呂の推薦で即位できたのです。仲

麻呂は淳仁から**恵美押勝**の名を与えられ、権力をふるいました。

　しかし、光明皇太后が亡くなると、**孝謙上皇**や、彼女の寵愛を受けた僧**道鏡**が進出し、淳仁・恵美押勝と対立しました。恵美押勝は軍事力で孝謙上皇を抑えようとしましたが、逆に敗死しました（**恵美押勝の乱**　764）。

⑥ 道　鏡

　孝謙上皇は、再び即位して（重祚）、［称徳天皇］となりました（淳仁は廃位された）。そして、称徳の信頼のもとで、**道鏡**が**太政大臣禅師**や**法王**の地位を得て権力をふるいました。そして、**百万塔**の製作を進めるなど→第7章、仏教で政権を安定させようとしました。

　称徳は独身で子がいなかったので、次の天皇が問題になりました。称徳は、神託（神のお告げ）を利用し、天皇家の人物ではない道鏡を天皇にしようとしましたが（**宇佐八幡神託事件**　769）、和気清麻呂らの行動で挫折しました。

　［称徳天皇］が亡くなると、道鏡は下野薬師寺へ追放されました（770）。

年表
⑤藤原仲麻呂
749 ［孝謙天皇］即位
752 大仏開眼供養
757 養老律令を施行
橘奈良麻呂の変
758 ［淳仁天皇］即位
→仲麻呂は恵美押勝に
764 **恵美押勝の乱**
⑥道鏡
764 ［称徳天皇］即位（重祚）
769 宇佐八幡神託事件
770 称徳の死→道鏡追放
⑦藤原百川
770 ［光仁天皇］即位

⑦ 藤原百川

　藤原百川（宇合の子、式家）らは、高齢の［光仁天皇］を立て、仏教政治で混乱した律令政治の立て直しをはかりました。系図を見ると、光仁は［天智天皇］の孫にあたります。天皇の系統は、これまで続いた天武の系統から天智の系統に移りました。次の［桓武天皇］は、新しい皇統の始まりによる新しい都造りを意識し、これが、**長岡京・平安京**遷都につながります→第5章。

4 奈良時代の土地制度（8世紀）

① 民衆支配の動揺

　律令国家の土地政策の変化を、背景となる社会状況とともに見ていきます。奈良時代の民衆の生活は表にまとめました。

奈良時代の民衆の生活
・鉄製農具がいっそう普及
・かまどのある竪穴住居から**平地式の掘立柱住居**へ
・男性が女性の家に通う**妻問婚**の風習、父系も母系も重視
・**麻**などを着用（木綿は江戸時代以降に庶民が用いる）

　さて、律令国家は**公地公民制**にもとづき**戸籍・計帳**を用いて土地や人々を支配し、徴税や徴兵をおこないましたが、まもなくその動揺が始まり、財政悪化や軍事力弱体化が見られるようになりました。

　その理由は、公民の過重な負担にありました。兵士として徴発される**兵役**や、地方で労役にあたる**雑徭**や、調庸を中央政府まで納める**運脚**は、人を長期間拘束する負担ですから、余裕がなくなるのです。当時の民衆の苦しい状況は、『**万葉集**』 →第7章 に収められた**山上憶良**の**貧窮問答歌**の、「かまどには火の気もなく、米を蒸すこしきにはクモの巣が張って…むちを持った里長が（税を徴収するために）呼ぶ声が、寝室にまで聞こえてくる…」という一節に示されています。

　こうしたなか、戸籍に登録された本籍地から離れ（**浮浪・逃亡**）、あるいは私的に出家し（**私度僧**）、あるいは貴族の従者となるなど（**資人**）、公民が負担を逃れようとする動きが増え、政府の税収不足が生じました。

　また、人口増加に加え、浮浪・逃亡で放棄されて荒れた田地が増えたこともあって、口分田が不足し、班田収授の実施が困難となっていきました。

② 開墾奨励策

　そこで、律令国家は土地政策を転換し、耕地を拡大する開墾を奨励しました。その際、人々の意欲を出させるため、開墾して新しく作られた墾田の私有を認めました。作った田地が自分のものになれば、ヤル気が出るというわけです。そして、政府が墾田を把握して課税対象とし、土地からの税収を増やそうとしました。租が課される田地を輸租田と呼びます（口分田も墾田も輸租田）。

　まず、**長屋王**政権で、**百万町歩開墾計画**（722）が立てられ、続けて**三世一身法**（723）が定められました。史書の『続日本紀』 →第7章 では、「（養老七年（723年）四月）…其の新たに溝池を造り、開墾を営む者有らば、多少を限らず、給ひて三世に伝へしめん。若し旧き溝池を逐はば、其の一身に給せん」とあります。新しい灌漑施設を作って開墾したら3代にわたって墾田の私有を認め、従来の灌漑施設を利用したら本人のみ墾田の私有を認める（のち政府が墾田を収公して公田とする）、というものでした。

　さらに、**橘 諸兄**政権で、**墾田永年私財法**（743）が定められました（同年、**大仏造立の 詔** も発されました）。史書の『続日本紀』では、「（天平十五年〈743年〉五月）…墾田は養老七年の格（三世一身法）に依りて、限満つるの後、例に依りて収授す。…今より以後、任に私財と為し、三世一身を論ずること無く、咸 悉くに永年取ること莫れ」とあります。三世一身法では墾田私有の期限が来たら政府が収公したが、今後は墾田を開墾者の意にまかせて私有地と認め、三世・一身という私有の期限をなくし、永久に収公しない、としたのです。また、位階による開墾面積の制限がありました。

　実は、律令国家は、すでに作られていた田地だけを公田（公地）として把握し、そこに口分田を設定して公民に班給していました。それ以外の土地（山・森林・草原・荒れ地や墾田など）は把握できていませんでした。しかし、**墾田永年私財法**では、新しく作られた墾田の私有を認めつつ登録させたので、政府が把握する田地は増加しました。墾田永年私財法は、土地私有を認めて公地制の原則を崩したものの、政府の土地支配を強化する積極策でもあったのです。

　のち、**道鏡**政権は、墾田の開発を禁止しました（寺院の開墾だけは許された）。そして、道鏡が失脚すると、墾田永年私財法が復活しました。

こうして墾田の開発が進み、**有力農民**の成長も見られました。この動きが、のちの10世紀における有力農民、**田堵**の登場につながります→第6章。

③ 初期荘園

墾田永年私財法にもとづき貴族や寺院が大規模な開発をおこない、開墾私有地である初期荘園が作られていきました。

開発と経営は**貴族・寺院**が直接おこない、現地の国司・郡司が経営に協力しました。初期荘園は墾田であり、租を納める**輸租田**の扱いなので、その拡大は税収の増加につながるからです。

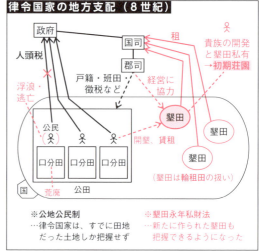

律令国家の地方支配（8世紀）

政府
国司
郡司
租
人頭税
戸籍・班田
徴税など
経営に協力
浮浪・逃亡
公民
墾田
開墾、賃租
貴族の開発と墾田私有→初期荘園
墾田
墾田
口分田　口分田　口分田
（墾田は輸租田の扱い）
国　荒廃　公田

※公地公民制
…律令国家は、すでに田地だった土地しか把握せず

※墾田永年私財法
…新たに作られた墾田も把握できるようになった

開墾の労働力として、周辺の班田農民や浮浪人が用いられました（初期荘園は専属の荘民がいない）。耕作は、1年単位で農民らに田地を貸す**賃租**の方式がとられました。

しかし、9世紀になり、伝統的な地域支配力を持つ郡司が弱体化するなど律令制が動揺していくと、維持が困難となった初期荘園は衰退していきました。

ポイント▶ 奈良時代の土地制度

◆民衆支配の動揺：過重負担（兵役・雑徭・運脚）　**山上憶良**の**貧窮問答歌**
　→**浮浪・逃亡・私度僧・資人**…財政悪化、班田収授の困難
◆開墾奨励策：**墾田**を増やして土地からの税収を得る→墾田の私有を認可
　百万町歩開墾計画（722 長屋王）
　三世一身法（723 長屋王）…新規灌漑で**3代私有**／既存施設で**本人私有**
　墾田永年私財法（743 橘諸兄）…墾田の**永久私有許可**／位階で面積制限
◆**初期荘園**：**貴族・寺院**の開墾私有地→律令制の動揺で衰退（〜9世紀）
　国司・郡司の協力／**輸租田**／班田農民や浮浪人を用いる（**賃租**）

チェック問題にトライ！

【1】（1993年度　追試験）

　古代国家は、地域住民による抵抗に出会いながら支配の領域を広げていった。ア〜ウの史料が示す事件はどこの地域で起こった出来事か。それぞれの出来事と地図上の記号との組合せとして正しいものを、下の①〜⑤のうちから一つ選べ。

　ア　「磐舟柵を治めて、以て蝦夷に備う。遂に越と信濃の民を選びて、始めて柵戸を置く。」

〔『日本書紀』大化４年（648年）条〕

　イ　「大宰府奏言す。隼人反して大隅国守陽候史麻呂を殺すと。」

〔『続日本紀』養老４年（720年）２月29日条〕

　ウ　「従三位坂上大宿禰田村麿を遣わして、陸奥国胆沢城を造らしむ。」

〔『日本紀略』延暦21年（802年）正月９日条〕

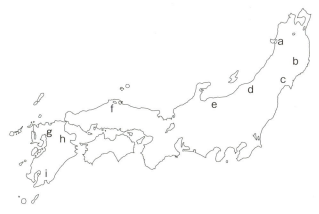

① アーa　イーf　ウーc　　② アーd　イーi　ウーb
③ アーe　イーh　ウーd　　④ アーd　イーg　ウーc
⑤ アーe　イーi　ウーb

解説　教科書などに載っている「古代の行政区画」の地図を見て、国名とその位置を克明につかんでいきましょう。名称を覚えたら、あとは地図をくり返し見続けると、現在の都道府県との対応関係もつかめます。

ア　7世紀の「蝦夷」政策として、淳足柵・「磐舟柵」が日本海側に築かれました。史料にある「越」は、のちの越前・越中・越後などを含むので、dかeかで迷いますね（aは秋田城）。史料の「信濃の民を選びて、始めて柵戸を置く」に注目しましょう。現在の長野県からも柵戸を移住させる、蝦夷支配の最前線としては、eよりもdのほうがふさわしいでしょう。

イ　史料には、南九州の「隼人」の反乱が記されています。「大隅国」の場所は、iです。

ウ　これは、第5章を学べば解けます。「坂上大宿禰田村麿（＝坂上田村麻呂）」により「胆沢城」が「陸奥国」に築かれたのは、9世紀初めです（桓武天皇の時代）。cかbかで迷いますが、cの多賀城からbの胆沢城へ鎮守府が移動したことを含め、地図で位置を確認しておきましょう。

⇒したがって、②（アーd　イーi　ウーb）が正解です。

  ②

【2】（1996年度　本試験）

　勅すらく、今聞く、墾田は天平十五年の格によるに、今より以後、私財となすに任せて、三世一身を論ずることなく、みな悉く永年取ることなかれと。これによりて、天下の諸人競って墾田をなし、勢力の家は百姓を駆役し、貧窮の百姓は自存するに暇なし。今より以後、一切禁断して加墾せしむることなかれ。但し寺については、先来定めたる地の開墾の次は(注)、禁ずる限りにあらず。

（『続日本紀』天平神護元年〔765年〕3月5日条）

（注）「開墾の次は」とは、開墾途中の場合は、の意味。

問　この法令の趣旨として正しいものを、次の①〜④のうちから一つ選べ。

①　この法令は、墾田永年私財法に従って、開墾を積極的に行うことをもとめたものである。

②　この法令は、墾田永年私財法を停止して、三世一身の法に従って開墾を行うことを命じたものである。

③　この法令は、墾田永年私財法を停止して、有力者が農民を酷使してあらたに開墾することを禁止したものである。

④　この法令は、墾田永年私財法に従い、寺院が開墾を続けることを禁止したものである。

解説 　史料の最初に、三世一身法を改めて墾田の永年私有を認めた、という内容が書かれているので、知識を頼ってこの法令を墾田永年私財法だと勘違いした人もいるでしょう（たとえば選択肢①）。

　ところが、史料の続きを読んでいくと、その後の経緯が書かれ、最終的に「一切禁断」されたことがわかります。つまり、未見史料の解き方で解く必要があるのです。センター試験と同様、共通テストでも、**教科書に載る史料であっても、その場で史料を読解していく姿勢を持つ**ことが大切です。

　史料によれば、「天下の諸人競って墾田をなし、勢力の家は百姓を駆役し」たことに対し、政府が「今より以後、一切禁断して加墾せしむることなかれ」と命じたのですから、選択肢③の「有力者が農民を酷使してあらたに開墾することを禁止した」が、一番意味が近いと判断できるでしょう。ちなみに、「寺については、先来定めたる地の開墾の次は、禁ずる限りにあらず」のような規定（したがって選択肢④の「寺院が開墾を続けることを禁止した」は誤り）の背景には、当時道鏡が政治の中枢にいたことが考えられます。

　⇒したがって、③が正解です。

解答 　③

次のページからはいよいよ
平安時代にすすんでいくよ！

平安時代の貴族政治

世紀	天皇	藤原	政治・外交		東アジア	
8世紀	桓武		**1 桓武天皇・嵯峨天皇の時代**			
			①**桓武天皇の改革**			
			遷都（長岡京・平安京）			
			蝦夷征討（征夷大将軍）			
			地方政治の改革（勘解由使）			
	平城		②**嵯峨天皇の改革**			
	嵯峨	冬嗣	平城太上天皇の変（810）	⋯(1)		
			令外官の設置（蔵人頭・検非違使）			
	淳和		法制の整備（弘仁格式）			
9世紀			**2 藤原氏の台頭**			
	仁明	良房	①**藤原良房**		唐	新羅
	文徳		承和の変（842）（伴健岑・橘逸勢）			
	清和		太政大臣に			
			〔清和天皇〕の摂政に			
	陽成		応天門の変（866）（伴善男）			
	光孝	基経	②**藤原基経**			
	宇多		〔光孝天皇〕の関白に			
			〔宇多天皇〕の関白に→阿衡の紛議（888）			
			遣唐使の停止（894）（菅原道真の建議）			
10世紀	醍醐	時平	**3 醍醐天皇・村上天皇の時代**		五代十国	
			①**醍醐天皇の親政（延喜の治）**			
			右大臣菅原道真を左遷（901）			
			律令制復興（日本三代実録・延喜格式）			
	朱雀	忠平	②**朱雀天皇の時代**	⋯(2)		
			藤原忠平が摂政に（のち関白に）			
	村上		③**村上天皇の親政（天暦の治）**			
			律令制復興（乾元大宝）			
11世紀	後一条	道長・頼通	**4 摂関政治**		宋	高麗
			①**摂関の常置と藤原氏の内紛**			
			安和の変（969）（左大臣源高明）	⋯(3)		
			兼通と兼家の争い　道長と伊周の争い			
			②**摂関政治の全盛**			
			藤原道長、摂政に			
			藤原頼通、摂政に（のち関白に）			

第５章のテーマ

　第５章は、藤原氏を中心とする平安時代の政治を扱い、対外関係にもふれます。

(1) 平安時代初期（8世紀末〜9世紀前期）は、桓武天皇・嵯峨天皇による律令制の再編がおこなわれました。そして、天皇家との関係を深めた藤原氏は、平安時代前期（9世紀中期・後期）、摂政・関白の地位を得ました。

(2) 平安時代中期の前半（10世紀前期・中期）は、醍醐天皇・村上天皇の親政が展開しました。そのなかで律令制の復興がはかられつつ、新しく始まる事業もあり、時代の転換点となりました。

(3) 平安時代中期の後半（10世紀後期〜11世紀中期）は、藤原氏による摂関政治の全盛期となりました。当時の朝廷政治の構造も理解しましょう。また、宋・高麗といった東アジアの状況も見渡します。

1 桓武天皇・嵯峨天皇の時代（8世紀末〜9世紀前期）

　平安時代は、**8世紀末**（794）から**12世紀末**（1185）まで約400年間続くので、世紀の数字で時代を区切って把握しましょう。この章では天皇家と藤原氏の人物がたくさん登場するので、系図で人間関係を確認するのがコツです。

　まず、平安時代初期（8世紀末〜9世紀前期）は、[桓武天皇]・[嵯峨天皇]により、天皇主導による**律令制の再編**が進みました。律令制定から100年近くたち、日本の実情に合わないところを変えていくことが求められたのです。

① 桓武天皇の改革

　[光仁天皇] →第4章 が進めた改革を受け継いだのが、光仁と渡来系氏族の女性との間に生まれた[桓武天皇]です。彼は、中国皇帝がおこなう儀式をまねるなどして権威を高め、**遷都**と**蝦夷征討**の二大事業を推進して天皇権力を強化しました。

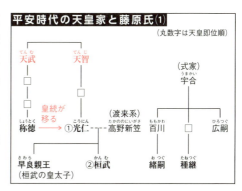

平安時代の天皇家と藤原氏(1)

（丸数字は天皇即位順）

⑴ 平城京から長岡京へ遷都し、さらに平安京へ遷都した

　まず、遷都から。〔桓武天皇〕は、皇統が天武系から天智系に移ったことを根拠に、父の光仁から始まる新しい皇統にふさわしい都作りをめざし、また道鏡政権→第4章で見られた仏教勢力の政治介入から距離を置くこともめざしました。そこで、平城京から、渡来系氏族と関係が深く交通の便もよい山背国の**長岡京**（784）へ遷都しました（宮都の位置を確認）→第4章。

　しかし、遷都事業の中心だった**藤原種継**（式家）が暗殺されると、首謀者とされた皇太子の**早良親王**は流罪となり、自死しました。そののち、桓武の身の回りに起きた不幸が、早良親王の**怨霊**の祟りのせいだとされたこともあって、長岡京の北東で、現在の京都にあたる**平安京**（794）へ遷都しました（山城国に名称変更）。ここから平安時代が始まり、鎌倉幕府成立まで続きます。

⑵ 東北では蝦夷による反乱が相次ぎ、これを武力で制圧していった

　律令国家は東北各地に**城柵**を設け、そこに政庁や役所・倉庫を置いて、**蝦夷**への支配を浸透させていきました→第4章。

東北地方の城柵

─ 官道
◉ 国府
⊐ 関
▪ 軍団
⌂ 8〜9世紀の城柵

　しかし、8世紀末、〔光仁天皇〕のときに蝦夷の豪族の**伊治呰麻呂**が乱を起こすと（780）、蝦夷の大規模な反乱が30年以上にわたって相次ぎました。

　こういった状況に対し、〔桓武天皇〕は武力を用いた支配拡大をはかり、**坂上田村麻呂**を**征夷大将軍**（令外官の一つ）に任命して、征討事業をくり返しました。坂上田村麻呂は、蝦夷の族長**阿弖流為**を降伏させ、**胆沢城**を建設して多賀城にあった鎮守府を胆沢城へ移し（802）、さらに北上川の上流に**志波城**を建設して（803）、律令国家の領域を北へ広げました。

　しかし、こうした「**軍事**（蝦夷との戦争）と**造作**（平安京造営）」の二大事業は、国家財政と人々にとって大きな負担となりました。桓武は**菅野真道**（推進派）と**藤原緒嗣**（中止派）に論争させ（805　**徳政相論**）、藤原緒嗣の意見を入れて二大事業を停止しました。のちの、〔嵯峨天皇〕による**文室綿麻呂**の蝦夷征討事業（徳丹城を建設）が、最後となりました。

(3) 桓武天皇は、軍制や地方支配制度の改革をおこなった

さらに、〔桓武天皇〕は軍制の改革をおこないました。8世紀後半以降に唐が内乱で衰えて、対外的な緊張が薄れたことに加え、過重な負担から公民の浮浪・逃亡が相次ぎ、兵士の弱体化が見られたことから→第4章、東北や九州を除いて**軍団と兵士を廃止**しました（792）。同時に、郡司の子弟の志願による**健児**に、国ごとの治安維持を担当させました（792）。

地方政治の強化もはかり、令外官（令に定められていない新しい官職）として**勘解由使**を設置し、国司の交代に際しての事務手続きを監督させました。

また、公民の負担を軽くするため、**雑徭を半減**し（正丁は60日から30日へ）、**出挙**の利息を5割から**3割**へ引き下げました。さらに、**班田収授を6年1回**から**12年1回**とし、間隔を空けることで班田制を維持しようとしました。

② 嵯峨天皇の改革

桓武の改革は、〔嵯峨天皇〕に受け継がれました。嵯峨は、中国の制度・文化を積極的に取り入れる**唐風化政策**を採用し、勅撰漢詩文集『**凌雲集**』などの編集を命じました→第7章。嵯峨は、唐風の書をよくする**三筆**の一人でもあります。また、天皇支配を支える機構や法制の整備を進めました。

(1) 嵯峨天皇は平城太上天皇の変で権力を確立し、藤原冬嗣が蔵人頭となった

まず、嵯峨が権力を確立するきっかけとなった**平城太上天皇の変**（**薬子の変** 810）から見ていきましょう。

桓武の次の〔平城天皇〕は、弟の嵯峨に譲位して**平城上皇**となり、側近の**藤原仲成・薬子**とともに平城京に移ったのち、重祚（再び即位）と平城京への遷都を画策して〔嵯峨天皇〕と対立しました。かつての藤原仲麻呂（恵美押勝）政権のとき、天皇権力が**孝謙上皇**と〔**淳仁天皇**〕とに分かれて争ったのと同じ状況が生まれたのです→第4章。結局、軍事力を用いた嵯峨が勝利し、藤原仲成・薬子は滅んで、藤原氏の**式家**が没落しました。

このとき〔嵯峨天皇〕が設置した**蔵人頭**は、天皇の命令を太政官に伝達する役割を果たす官職で、これに**藤原冬嗣**が任命され

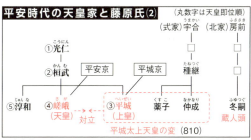

平安時代の天皇家と藤原氏②

（丸数字は天皇即位順）

① 光仁
② 桓武 — 平安京 — 平城京 — 種継
（式家）宇合 — （北家）房前
⑤ 淳和 ④ 嵯峨（天皇）←→対立 平城（上皇） 薬子 仲成 冬嗣（蔵人頭）
平城太上天皇の変（810）

令外官
● 〔桓武天皇〕
征夷大将軍…蝦夷の反乱を鎮圧
勘解由使…国司交代の手続きを監視
● 〔嵯峨天皇〕
蔵人頭…天皇秘書、太政官との連絡
検非違使…平安京内の警備・裁判

て以降、藤原氏の**北家**が台頭しました。こうした**令外官**は、実情に合わせて官僚機構の効率化をはかるものとして重要視され、さらに平安京内の警察や裁判を担当する**検非違使**も設置されました。

(2) 嵯峨天皇（上皇）の時代には、弘仁格式の編集など法制の整備も進んだ

律令法のうち、**格**は律令の補足・修正、**式**は律令の施行細則で、単発で出される追加法でした→第4章。〔**嵯峨天皇**〕の時代、これまで出されてきた格や式を分類・整理し、法令集として**弘仁格式**が編纂されました。のち、〔**清和天皇**〕の時代に**貞観格式**が編纂され、〔**醍醐天皇**〕の時代に**延喜格式**も編纂されました。三つ合わせて、**三代格式**と呼びます。

また、嵯峨の次の〔**淳和天皇**〕の時代には、養老令の官撰（政府が編集）の注釈書である『**令義解**』が作られて、法の解釈が公式に統一されました。9世紀には、新たな律令は制定されませんでしたが、格式の編集や令の注釈書の作成により、法制の整備が進んだのです。

年表
●〔桓武天皇〕
784 長岡京へ遷都→藤原種継暗殺
792 軍団廃止・健児の制
794 平安京へ遷都
797 坂上田村麻呂が征夷大将軍に
※勘解由使を設置
802 坂上田村麻呂、胆沢城を築く
805 徳政相論→「軍事・造作」停止
●〔嵯峨天皇〕
810 平城太上天皇の変
→藤原冬嗣を蔵人頭に
※検非違使を設置
820 弘仁格式の編纂

ポイント　桓武天皇・嵯峨天皇の時代

◆〔**桓武天皇**〕

遷都…**長岡京**遷都（784）→**藤原種継**暗殺事件→**平安京**遷都（794）

蝦夷征討…**伊治呰麻呂**の乱〔光仁〕→**坂上田村麻呂**を征夷大将軍に

→**阿弖流為**を倒し**胆沢城**建設（鎮守府が移動）、**志波城**建設

※**徳政相論**（藤原緒嗣ら）…「軍事・造作」の停止

軍制…**軍団と兵士を廃止**、郡司の子弟による**健児**の制（792）

地方…**勘解由使**が国司交代を監督　雑徭**半減**、出挙利息は**3割**、**12年**1班

◆〔**嵯峨天皇**〕

平城太上天皇の変（810）…**平城上皇**や式家の**藤原仲成・薬子**と対立

令外官…**蔵人頭**が天皇命令伝達（北家**藤原冬嗣**）　**検非違使**が京内治安

法制…**弘仁格式**（格・式を編纂）　※**三代格式**…弘仁・貞観・延喜

令義解〔淳和〕…養老令の官撰注釈書

2 藤原氏の台頭 （9世紀中期・後期）

平安時代前期（9世紀中期・後期）は、**藤原良房・基経**を中心に藤原氏の**北家**が台頭し、のちの**摂関政治**につながっていく前提が作られた時期です。

 摂関政治では、天皇の**外戚**になると、なぜ権力を握ることができるのかな。

 当時の貴族社会では、母方の縁が重視された。自分の娘を天皇に嫁がせて、生まれた男子を即位させれば、外祖父の立場で天皇の判断に影響を与えられるよ。

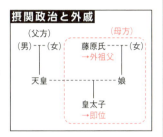

摂関政治と外戚

```
          （父方）              （母方）
     （男）―（女）   藤原氏----（女）
                       →外祖父
      天皇                       娘

                  皇太子
                  →即位
```

 奈良時代は藤原氏が政争に勝ったり負けたりしたけれど→第4章、平安時代の政争は、どうなるのかな。

平安時代では、藤原氏が政治的事件を利用して政敵を排除し続け、摂政・関白の地位を確立するんだ。ただ、摂政・関白が置かれない**天皇親政**の時期もあった。何世紀のいつごろなのか意識すると、流れが見えてくるよ。

 長い期間だから、時期を区切って把握することが大事なんだね。

9世紀中期・後期　**藤原良房**が初の**摂政**に、**藤原基経**が初の**関白**に
10世紀前期・中期　〔醍醐〕親政／**藤原忠平**の摂関／〔村上〕親政
10世紀末〜11世紀中期　**藤原道長**・**頼通**による摂関政治の全盛期

① 藤原良房

藤原氏の**北家**は、天皇に接近して勢力を伸ばしました。**藤原冬嗣**は〔嵯峨天皇〕と関係を深め、冬嗣の地位を、子の**藤原良房**が受け継ぎました。

朝廷で存在感のあった嵯峨上皇が亡くなった直後、

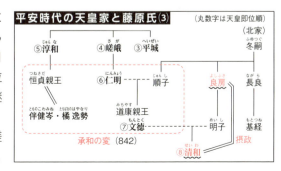

平安時代の天皇家と藤原氏③

（丸数字は天皇即位順）

（北家）

```
        ⑤淳和      ④嵯峨  ③平城        冬嗣
     恒貞親王    ⑥仁明----順子   良房  長良
   伴健岑・橘逸勢   道康親王
              ⑦文徳      明子    基経
                              摂政
     承和の変（842）      ⑧清和
```

承和の変（842）が発生しました。謀反を計画したとして、恒貞親王が皇太子の地位を奪われ、恒貞親王と関係の深い**伴健岑**・**橘逸勢**が流罪となったのです（橘逸勢は**三筆**の一人 ➡第7章）。このとき、藤原良房は〔**仁明天皇**〕と関係を深め、藤原氏を母に持つ道康親王を皇太子とし（道康はのち〔**文徳天皇**〕として即位）、さらに良房は**太政大臣**に就任しました。

そして、文徳の子の〔**清和天皇**〕が幼いまま即位すると、外祖父の藤原良房は臣下で初めての**摂政**となり、孫の〔**清和天皇**〕の権限を代行しました。

のちの**応天門の変**（866）では、平安京の応天門放火事件の犯人として大納言の**伴善男**らが流罪となり、伴氏・紀氏が没落するとともに、藤原良房は正式に摂政に任命されました。応天門の変の経緯は、院政期文化に属する『**伴大納言絵巻**』に描かれています ➡第12章。

② 藤原基経

良房のおいの**藤原基経**が、養子となって良房の地位を受け継ぎました。

基経は、幼少の〔**陽成天皇**〕のおじとして**摂政**をつとめ、また**太政大臣**となっていましたが、基経と陽成の関係が悪化しました。基経は、問題のある素行をくり返した陽成を譲位させ、年長で人格者の〔**光孝天皇**〕を立て、初めての**関白**となって光孝を補佐しました。

さらに、光孝の子の〔**宇多天皇**〕が即位すると、基経は**阿衡の紛議**（888）を通じて**関白**の政治的地位を確立しました。基経は、宇多から与えられた「阿衡」が、実権をともなわない地位だとして抗議し、改めて関白に任じられたのです。

基経の死去後、藤原氏を外戚としない宇多は摂政・関白を置かず、学者で文人貴族の**菅原道真**を登用して藤原氏をおさえようとし

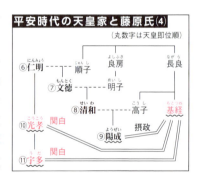

平安時代の天皇家と藤原氏(4)
（丸数字は天皇即位順）

⑥仁明 ─── 順子　良房　　　　　長良
⑦文徳 ─── 明子
⑧清和 ─── 高子　　　　　　基経
⑩光孝　関白
⑨陽成　　　摂政
⑪宇多　関白

年表		
嵯峨	冬嗣	810 平城太上天皇の変 　→冬嗣が蔵人頭に
淳和	良房	
仁明		842 承和の変
文徳		858〔清和〕即位→良房が**摂政**に
清和		866 応天門の変
陽成	基経	876〔陽成〕即位→基経が摂政に
光孝		884〔光孝〕即位→基経が**関白**に
宇多		887〔宇多〕即位 　→阿衡の紛議（888）
	時平	894 遣唐使の停止

ました。この時期、道真の建議で**遣唐使が停止**されました（894）➡第4章。

ポイント 藤原氏の台頭

◆**藤原良房**：**承和の変**（842）→**伴健岑・橘逸勢**（**三筆の一人**）を排除

〔**清和天皇**〕即位…臣下で初の**摂政**となる

応天門の変（866）→**伴善男**らを排除（『**伴大納言絵巻**』）

◆**藤原基経**：〔**光孝天皇**〕即位…初の**関白**となる

〔**宇多天皇**〕即位…**阿衡の紛議**（888）で関白の地位確立

◆〔**宇多**〕の親政：**菅原道真**を登用　**遣唐使の停止**（894）

3 醍醐天皇・村上天皇の時代（10世紀前期・中期）

　平安時代中期の前半（10世紀前期・中期）は、〔**醍醐天皇**〕による**延喜の治**（**藤原時平**が支える）、〔**朱雀天皇**〕の時代に**藤原忠平**が摂政・関白に就任、〔**村上天皇**〕による**天暦の治**、と目まぐるしく変化しました。**延喜・天暦の治**と呼ばれる天皇親政においては、律令制の復興がめざされました。

① 醍醐天皇の親政（延喜の治）

　まず、**延喜の治**から。宇多が譲位して上皇となり、即位した〔**醍醐天皇**〕は摂政・関白を置きませんでした。そして、左大臣の**藤原時平**は、右大臣の**菅原道真**に謀反の疑いあり、と醍醐へ訴え、道真は大宰府へ左遷されました（901）。

　ちなみに、菅原道真が亡くなると、のちに**怨霊**として恐れられ、それを鎮めるため、京都に**北野神社**（北野天満宮）が造られて、天神としてまつられました。

　10世紀前期には、藤原時平が醍醐と協力し、時平が亡くなると、弟の**藤原忠平**が醍醐との協力を続けて、律令制の復興事業が進められました。これらは、「最初の○○」「最後の○○」のパターンで

延喜の治〔**醍醐天皇**〕と藤原時平・藤原忠平
- ●律令制の復興
  - 『**延喜格**』…三代格式の最後（『**延喜式**』は藤原忠平）
  - **班田を命令**（902）…班田収授の最後
  - 『**日本三代実録**』…六国史の最後
- ●開始された新事業
  - **延喜の荘園整理令**（902）…荘園整理令の最初
  - 『**古今和歌集**』…勅撰和歌集の最初

問われやすいです。法制では、**三代格式**の最後となる『**延喜格式**』が編纂されました。土地制度では、**班田を命令**し（これが最後の班田収授となる）、最初の荘園整理令である**延喜の荘園整理令**が発されました（902）→第6章。文化事業では、『日本書紀』以来の**六国史**の最後となる『**日本三代実録**』や、最初の

<ruby>勅撰和歌集<rt>ちょくせんわかしゅう</rt></ruby>である『<ruby>古今和歌集<rt>こきんわかしゅう</rt></ruby>』が<ruby>編纂<rt>へんさん</rt></ruby>されました　→第7章。

② 朱雀天皇の時代

<ruby>醍醐<rt>だいご</rt></ruby>の子の〔<ruby>朱雀天皇<rt>すざく</rt></ruby>〕が即位すると、朱雀のおじである**藤原<ruby>忠平<rt>ただひら</rt></ruby>**が**摂政**（のち**<ruby>関白<rt>かんぱく</rt></ruby>**）となりました。

この時期、天皇の幼少時における摂政、天皇の成人後における関白、というあり方が確立し、摂政・関白は<ruby>太政官<rt>だいじょうかん</rt></ruby>の上に立って実権を握るようになりました。

地方政治では、東国で**平<ruby>将門<rt>たいらのまさかど</rt></ruby>**の反乱、西国で**<ruby>藤原純友<rt>ふじわらのすみとも</rt></ruby>**の反乱が発生しました（939〜941　**<ruby>天慶の乱<rt>てんぎょう</rt></ruby>**）　→第6章。

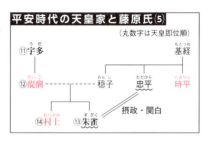

平安時代の天皇家と藤原氏⑤

（丸数字は天皇即位順）

⑪<ruby>宇多<rt>うだ</rt></ruby>　　　　　　　　　　基経<ruby><rt>もとつね</rt></ruby>

⑫<ruby>醍醐<rt>だいご</rt></ruby>------<ruby>穏子<rt>おんし</rt></ruby>　忠平<ruby><rt>ただひら</rt></ruby>　時平<ruby><rt>ときひら</rt></ruby>

摂政・関白

⑭<ruby>村上<rt>むらかみ</rt></ruby>　⑬<ruby>朱雀<rt>すざく</rt></ruby>

③ 村上天皇の親政（天暦の治）

朱雀の弟の〔<ruby>村上天皇<rt>むらかみ</rt></ruby>〕が即位し、藤原忠平が亡くなると、村上は摂政・関白を置きませんでした（**<ruby>天暦の治<rt>てんりゃく</rt></ruby>**）。

<ruby>律令制<rt>りつりょう</rt></ruby>の復興としては、**<ruby>和同開珎<rt>わどうかい</rt></ruby>**以来の**<ruby>本朝<rt>ほんちょう</rt></ruby>**（**<ruby>皇朝<rt>こうちょう</rt></ruby>**）**<ruby>十二銭<rt>じゅうにせん</rt></ruby>**の最後にあたる　→第4章、**<ruby>乾元大宝<rt>けんげんたいほう</rt></ruby>**（958）が<ruby>鋳造<rt>ちゅうぞう</rt></ruby>されました。

年表

醍醐	時平	901 菅原道真を大宰府へ左遷 『日本三代実録』 902 班田命令・延喜の荘園整理令 905『古今和歌集』 907『延喜格』 927『延喜式』
朱雀	忠平	※藤原忠平が摂政・関白に 939 天慶の乱（〜941）
村上		958 乾元大宝

ポイント　醍醐天皇・村上天皇の時代

◆〔<ruby>醍醐天皇<rt>だいご</rt></ruby>〕：<ruby>延喜の治<rt>えんぎのち</rt></ruby>（<ruby>左大臣<rt>さだいじん</rt></ruby><ruby>藤原時平<rt>ふじわらのときひら</rt></ruby>・<ruby>忠平<rt>ただひら</rt></ruby>）

<ruby>右大臣<rt>うだいじん</rt></ruby><ruby>菅原道真<rt>すがわらのみちざね</rt></ruby>を<ruby>大宰府<rt>だざいふ</rt></ruby>へ左遷（901）

『<ruby>日本三代実録<rt>にほんさんだいじつろく</rt></ruby>』（<ruby>六国史<rt>りっこくし</rt></ruby>）／**班田命令・延喜の荘園整理令**（902）

『<ruby>古今和歌集<rt>こきんわかしゅう</rt></ruby>』（<ruby>勅撰和歌集<rt>ちょくせんわかしゅう</rt></ruby>）／『<ruby>延喜格<rt>えんぎきゃく</rt></ruby>』『<ruby>延喜式<rt>えんぎしき</rt></ruby>』（三代格式）

◆〔<ruby>朱雀天皇<rt>すざく</rt></ruby>〕：藤原忠平が**<ruby>摂政<rt>せっしょう</rt></ruby>・<ruby>関白<rt>かんぱく</rt></ruby>**

天慶の乱（939〜941）…**平<ruby>将門<rt>たいらのまさかど</rt></ruby>**（東国）・**<ruby>藤原純友<rt>ふじわらのすみとも</rt></ruby>**（西国）

◆〔<ruby>村上天皇<rt>むらかみ</rt></ruby>〕：**<ruby>天暦の治<rt>てんりゃく</rt></ruby>**

<ruby>乾元大宝<rt>けんげんたいほう</rt></ruby>（<ruby>本朝<rt>ほんちょう</rt></ruby>〈<ruby>皇朝<rt>こうちょう</rt></ruby>〉<ruby>十二銭<rt>じゅうにせん</rt></ruby>）

4 摂関政治 （10世紀後期〜11世紀中期）

　平安時代中期の後半（10世紀後期〜11世紀中期）は、藤原氏の**北家**の中心となる摂関家が、**摂政**（幼少の天皇の権限を代行）・**関白**（成人の天皇を補佐）の地位を得て朝廷の政治を主導する、**摂関政治**の全盛期となります。

　いよいよ摂関政治だね。藤原氏が摂政・関白になって、権力を独占だ！

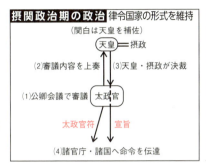

　藤原氏も、天皇や貴族たちと協力していたから、独占とはいえないよ。政務は、太政官の**公卿**会議で審議し →第4章 、それを天皇もしくは摂政が決裁し、天皇の意思を伝える**宣旨**、あるいは太政官が発する**太政官符**で命令が伝えられた。財政などの重要問題では陣定という会議が開かれ、公卿それぞれの意見が尊重されたよ。ただ、摂政・関白は天皇とともに最終決定に関わり、官僚の人事に影響力を持ったから、権力は強かったね。

　しくみ自体は、律令国家の初めのころと、あまり変わらないんだね。

　といっても、［桓武天皇］［嵯峨天皇］の時代以降、天皇の支配を支える法制や令外官などの機構がととのったから、太政官を中心とする政治運営がスムーズにおこなえるようになったんだよ。

　そうそう、摂関政治のころは、新しい改革などやらないで、毎年同じ**年中行事**ばかりで政治が形式化していた、と聞いたことがあるよ。

　先例どおりに行事を実行することが重視されたから、貴族たちは**日記**をつけて、朝廷での出来事を記録した。**藤原道長**も『**御堂関白記**』を書いているし、有名なのは**藤原実資**の『**小右記**』という日記だ。

　自分は忘れっぽいから、進め方をメモしないと失敗しそう。当時の貴族は、行事の手順を間違えたりしないように、日記を書いたんだね。

① 摂関の常置と藤原氏の内紛

　関白藤原実頼のとき、**安和の変**（969）が起きました。〔醍醐天皇〕の皇子で左大臣の**源 高明**が、謀反の疑いで大宰府へ左遷されたのです。清和源氏の**源 満仲**による密告が背景にあり、源氏は藤原氏と関係を深めていきました→第6章。

　安和の変で藤原氏による政治的事件（政敵の排除）は終了し、以後は摂政・関白が常に置かれるようになりました。

　すると、今度は摂政・関白となることができる「**氏長者**」（藤原氏一族の長）の地位をめぐり、藤原氏の内部で権力争いが激しくなりまし

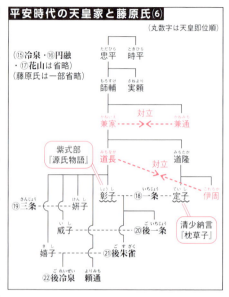

平安時代の天皇家と藤原氏⑥
（丸数字は天皇即位順）

（⑮冷泉・⑯円融・⑰花山は省略）
（藤原氏は一部省略）

た。**藤原兼通**（兄）と**藤原兼家**（弟）の対立や、**藤原道長**（おじ）と**藤原伊周**（おい）の対立が典型です。国風文化との関連では、〔一条天皇〕を中心に、伊周の妹の皇后**定子**に仕えた**清少納言**は『**枕草子**』を著し、道長の娘の中宮**彰子**に仕えた**紫式部**は『**源氏物語**』を著しました→第7章。

② 摂関政治の全盛

　藤原道長・藤原頼通による摂関政治の全盛期と、10〜11世紀の東アジア情勢を見ていきましょう。

⑴　藤原道長・頼通が、摂関政治の全盛期を築いた

　10世紀末以降、**藤原道長**（兼家の子）は関白に準ずる地位（内覧）を得て台頭しました。そして、11世紀にかけて4人の娘を次々と入内させ（〔一条天皇〕と**彰子**、〔後一条天皇〕と**威子**など）、藤原道長の外孫にあたる3人の天皇（〔後一条天皇〕〔後朱雀天皇〕〔後冷泉天皇〕）が次々と即位していきました。

　こうして、11世紀前期・中期に摂関政治の全盛期となりました。**藤原道長**は〔後一条天皇〕の**摂政**となり（1016）、さらに太政大臣となりました（道長は関白になったことはありません）。**藤原実資**の日記『**小右記**』には、「（寛仁二年（1018）十月）…今日、女御藤原威子を以て皇后に立つるの日なり。

…太閤（道長）、下官（筆者の藤原実資）を招き呼びて云く、『和歌を読まむと欲す。必ず和すべし』者。…『此の世をば我が世とぞ思ふ望月のかけたることも無しと思へば』」とあり、威子を後一条の中宮に立てたとき、道長はみずからの繁栄を「望月」（満月）にたとえて歌にしました。

続けて藤原頼通（道長の子）が後一条の摂政となると、頼通は約50年間にわたって後一条・後朱雀・後冷泉の摂政・関白をつとめました。こうして、外戚であるかどうかに関わらず摂政・関白を出す家柄の摂関家が成立しました。

年表

天皇	摂政関白	
冷泉	実頼	969 安和の変
円融		
花山		※兼通と兼家の争い
一条	兼家	986 兼家、〔一条〕の摂政に
	道長	995 道長、実権を握る（内覧）※道長と伊周の争い
三条		
		1016 道長、〔後一条〕の摂政に
後一条	頼通	1017 頼通、〔後一条〕の摂政に　道長、太政大臣に　※頼通、1067年まで関白
		1019 刀伊の入寇
		1028 平忠常の乱（～1031）
後朱雀		
後冷泉		1051 前九年合戦（～1062）
		1053 平等院鳳凰堂が完成
後三条		1068 〔後三条〕即位

この時期、地方では、沿海州の女真人が九州北部を襲った刀伊の入寇（1019）がありました→第6章。また、房総半島で平忠常の乱が発生し（1028～31）、陸奥で前九年合戦が発生しましたが（1051～62）、いずれも清和源氏が鎮圧しました→第6章。仏教関連では、藤原道長が法成寺を建立し、藤原頼通が末法元年（1052）の翌年に宇治平等院鳳凰堂を完成させました→第7章。

しかし、藤原頼通が天皇との外戚関係を作るのに失敗し、摂関家と直接の外戚関係がない〔後三条天皇〕が即位すると（1068）、後三条は摂関家をおさえて親政を展開しました→第6章。

⑵　唐に代わり宋が成立、新羅に代わり高麗が成立すると、私貿易が展開した

10世紀には、東アジア世界に大きな変化がありました→第4章。中国では、遣唐使停止（894）の直後に唐が滅び（907）、五代十国を経て宋（北宋）が統一しました（960）。日本は、宋と正式国交を開きませんでしたが（国書のやりとりや外交使節の往来はありません）、すでに民間の商船が九州の博多に渡来するようになっており、大宰府による管理のもとで、「唐物」（陶磁器や書籍など）が日本へ輸入され、金などが日本から輸出されました。また、日本人の海外渡航は基本的に禁止されていましたが、許可を得て商船で宋へ渡った奝然のような僧もいました（10世紀末）。

朝鮮半島では、新羅が滅び（935）、高麗が統一しました。高麗からも、民

間の商船が盛んに渡来して貿易がおこなわれました。

中国東北部では、**渤海**が滅び（926）、**契丹（遼）**がとって代わりました。

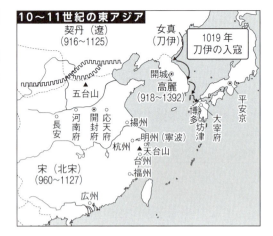

10～11世紀の東アジア

契丹（遼）
（916～1125）
女真（刀伊）
1019年
刀伊の入寇
開城
高麗
（918～1392）
五台山
河南府
開封府
応天府
揚州
明州（寧波）
杭州
天台山
台州
福州
長安
博多坊津
大宰府
平安京
宋（北宋）
（960～1127）
広州

ポイント▶摂関政治

◆摂関政治：天皇の**外戚**、**摂政**（幼少）・**関白**（成人）／**公卿**会議で運営

安和の変（969）…左大臣 **源 高明**を大宰府へ左遷→摂政・関白の常置

→藤原氏の内紛…**兼通**と**兼家**、**道長**と**伊周**→道長の全盛

※〔一条〕皇后**定子**～清少納言『**枕草子**』、中宮**彰子**～紫式部『**源氏物語**』

◆**藤原道長**：４人の娘が入内（**彰子・威子**など）、〔後一条〕の摂政

※**藤原実資『小右記』**に道長の「望月の歌」（道長の日記は『**御堂関白記**』）

◆**藤原頼通**：50年間摂政・関白〔後一条・後朱雀・後冷泉〕…道長外孫）

◆摂関家と仏教：道長の**法成寺**、頼通の**平等院鳳凰堂**

◆**地方**：**刀伊の入寇**(1019)、**平忠常の乱**(1028～31)、**前九年合戦**(1051～62)

◆東アジア：10世紀に変化　唐→**宋**、新羅→**高麗**、渤海→**契丹**（遼）

宋と正式国交は開かず／民間商船の渡来、**唐物**輸入と金輸出

94

チェック問題にトライ！

【1】（2010年度　本試験）

　次の甲・乙・丙の図は、平城宮内にあった応天門の焼失に始まる政変を題材に、12世紀後半に作られた『伴大納言絵巻』の一部である。この政変と、図甲・乙・丙に関して述べた下の文a〜dについて、正しいものの組合せを、その下の①〜④のうちから一つ選べ。

甲

都の人々が、応天門の炎上を、画面右側に描かれた平安宮正門である朱雀門（すざくもん）の内側から見上げている場面

乙　　　　　　　　　　　　　　　　　　丙

 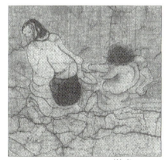

応天門消失の「真相」が発覚するきっかけとなった、都に住む子どもの喧嘩（けんか）に親が介入してきた二つの場面（一部分を拡大している）

a　この政変の結果、左大臣の源高明が左遷された。

b　この政変によって、伴・紀両氏の没落が進んだ。

c　甲に見られるように、文化の国風化が進んだ平安初期には、朱雀門は瓦葺（かわらぶき）ではなく檜皮葺となった。

d　甲・乙・丙からは、平安時代の都の成年男子は、帽子などのかぶり物をかぶるのが一般的であったことがうかがえる。

① a・c　　② a・d　　③ b・c　　④ b・d

　　史料（資料）から読み取れる情報と選択肢の内容とをつき合わせて正誤を判断する、というセンター試験の問題をクリアしたうえで、そこからさらに思考を深める共通テストにつなげていきましょう。

a　aとbは、知識で判断します。「左大臣の源高明が左遷された」のは安和の変（969）のときで、応天門の変ではありません。

b　応天門炎上の原因が大納言伴善男にあるとして流罪となったことは基本ですが、「伴・紀両氏の没落」かどうかは少し迷うかもしれません。

c　今度は、絵図を見ましょう。朱雀門の屋根にたくさんある並行な直線は、瓦を直線上に並べたことを表現しています。さらに、屋根の左隅にある盛り上がりや、軒先の丸い形も、瓦を示しています。したがって、檜の樹皮を利用した「檜皮葺」ではなく「瓦葺」なので、誤りです。律令政府の建造物は、大陸風の瓦葺であり続けます。また、文化の国風化が進んだのは平安中期以降であり、「文化の国風化が進んだ平安初期」も誤りです。

d　乙の図と丙の図とをくらべてみましょう。成人男性は「かぶり物」をかぶっており、成人女性と子どもはかぶっていません。そして、甲の成人男性たちの姿を見れば、「成年男子は〜かぶり物をかぶるのが一般的であった」は正しいことがわかります。

⇒したがって、④（b・d）が正解です。

解答　④

【2】（2009年度　追試験）

次の二つの史料は、ともに平安時代後期に編纂された『今昔物語集』の文章の一部であり、平安時代における藤原氏の様子を記している。

i　此の四家の流々[注1]此の朝に満ち弘ごりて隙無し。其の中にも二郎[注2]の大臣の御流は、氏の長者を継て、今に摂政・関白として栄え給ふ。世を恣にして天皇の御後見として政[注3]給ふ、只此の御流也。太郎の大臣の南家も、人は多かれども末に及ては大臣・公卿などに成人難し。三郎の式家も、人は有れども公卿などに至る人無し。四郎の京家は、然る可き人は絶にけり。只侍などの程にてか有らむ。

ii　二郎は太政大臣まで成上り給て、良房の大臣と申す。白川の太政大臣

と申す、此れ也。藤原の氏の、摂政にも成り、太政大臣にも成給ふは、此の大臣の御時より始れば也けり。（中略）御娘をば、文徳天皇の御后にて、水尾の天皇 ^(注4) の御母也。染殿の后と申す、此れ也。

（注1）　流々：それぞれの子孫
（注2）　二郎：二男のこと。ⅰとⅱの「二郎」は別人である
（注3）　政：政治をみること　　　（注4）　水尾の天皇：清和天皇

問　史料に関連して述べた次の文a〜dについて、正しいものの組合せを、下の①〜④のうちから一つ選べ。
　a　「四家」の祖である4人の兄弟は、光明子を皇后に立てることに成功した。
　b　「四家」はそれぞれ、平安時代の中期・後期において摂政・関白を出した。
　c　「白川の太政大臣」の娘は、天皇の后や母となった。
　d　「氏の長者」となった人物が、摂政や関白となることはなかった。

　　①　a・c　　　②　a・d　　　③　b・c　　　④　b・d

　これまでのセンター試験と同じく、共通テストでも、**確実に覚えた知識を使いこなして解答を導くタイプの問題**が出題されるはずです。本問は、これまでの藤原氏の人物に関する知識を総合的に用いて、史料を読んでいきましょう。
　a　「四家」の「祖である4人の兄弟」は、南家の武智麻呂、北家の房前、式家の宇合、京家の麻呂で、長屋王の変（729）ののち「光明子を皇后に立てることに成功」しました。
　b　史料ⅰでは、「南家」・「式家」・「京家」が没落する一方、「二郎の大臣の御流」、つまり北家が繁栄して政治を主導することが示されているので、「四家」が「それぞれ摂政・関白を出した」のではありません。
　c　「白川の太政大臣」は藤原良房で、史料ⅱには「御娘をば、文徳天皇の御后にて、水尾の天皇（＝清和天皇）の御母也」とあるので、「娘は、天皇の后や母となっ」ています。藤原良房が清和天皇の外祖父の立場であることが示されています。
　d　史料ⅰには「氏の長者を継て、今に摂政・関白として栄え給ふ」とあるので、「氏の長者」が「摂政や関白となることはなかった」は誤りです。
　⇒したがって、①（a・c）が正解です。

 解答　　①

世紀	天皇	藤原	政治・外交	社会・経済	兵乱
9世紀	桓武		平安京遷都(794)		
			蝦夷征討	**1 地方支配制度の転換**	
	平城			**①地方支配の動揺(9世紀)**	(1)
	嵯峨	冬嗣	薬子の変(810) 蔵人頭 弘仁格式	班田の励行（桓武） 浮浪・逃亡、偽籍 →戸籍での支配が困難に 直営田での財源確保 （公営田・官田）	
	淳和				
	仁明	良房	承和の変(842)		
	文徳				
	清和		良房が摂政に 応天門の変(866)		
	陽成				(3)
	光孝	基経	基経が関白に 阿衡の紛議(888) 遣唐使停止(894)		
	宇多				
10世紀	醍醐	時平	延喜の治 道真の左遷(901) 日本三代実録 延喜格式	**②醍醐天皇の律令復興策** 延喜の荘園整理令(902) 班田を命令（最後）	**3 武士の台頭** **①武士の成長** 貴族の地方土着と武装
	朱雀	忠平	忠平が摂・関に	**③地方支配の変質(10世紀)** 人頭税から土地税へ →田堵が名を請け負う 受領に一国統治を委任 →強力に徴税、収入得る 成功・重任　遙任 尾張国郡司百姓等解	天慶の乱(939〜941) （平将門・藤原純友） 滝口の武者 押領使・追捕使
	村上		天暦の治 乾元大宝 安和の変(969) 藤原氏の内紛		
11世紀	後一条	道長・頼通	摂関政治の全盛 道長が摂政に 頼通が摂・関に (2)	**2 荘園公領制の成立** **①寄進地系荘園** 開発領主の成長と寄進 不輸・不入権を獲得 **②後三条天皇の土地政策** 延久の荘園整理令(1069) 荘園・公領の領域が確定	**②清和源氏の勢力拡大** 平忠常の乱(1028〜31) →源頼信が鎮圧 前九年合戦(1051〜62) →源頼義・義家が鎮圧 後三年合戦(1083〜87) →源義家が鎮圧
	後三条				
	白河				

第 6 章 の テ ー マ

　第6章は、平安時代の社会・経済を中心に扱います。

(1)　9世紀には、戸籍・計帳にもとづく人々への支配が崩れていき、10世紀には、律令国家の地方支配が変質しました。国司制度が変更されて受領に任国統治が任され、税制も人頭税から土地税へ転換しました。

(2)　中世の土地制度である荘園公領制が、どのように成立していったのか。開発領主の行動を中心に、寄進のしくみを理解し、荘園と公領の構造をつかみましょう。

(3)　いよいよ、武士が日本史上に登場します。武芸にすぐれた中下級貴族が各地で勢力を拡大し、さらに地方の開発領主が武装して、軍事貴族（武家）を中心とする武士団が形成されました。

1 地方支配制度の転換 （9世紀～10世紀）

　第5章では平安時代の政治・外交を学んだので、この第6章では同じ時期の社会・経済を中心に学ぶことにします。まず、律令国家の地方支配制度が、**9世紀**から**10世紀**にかけてどのように変化したか、見ていきましょう。

　社会経済史、ドラマがないし、ワクワク感がなくて……。

　政治史は楽しいけれど、天皇や藤原氏や政治的事件がたくさん出てきて、覚えるのが大変だったんじゃないかな。

　人名がゴチャゴチャになった！　**系図**を使って人間関係を確認しながら覚えることが大切だったね →第4章、第5章。

　実は、社会経済史に登場する歴史用語の数は多くないから、すぐ覚えられる。「ある人物が何をした」という話があまり出てこないし。

　でも、イメージがつかみにくいから、覚えにくい感じがするよ。

　まず、世紀で区切って100年単位の動きを把握し、出来事を見たら何世紀のことか判断できるようになること。**年表**を使い、同じ時期の政治・外交も見渡して覚えるといいよ。

　そうすれば、これまで覚えた政治・外交の知識も生きるね。「**ヨコ**

のひろがり」をつかむのが大事なのか。

 もう一つ、歴史用語の意味を確認し、しくみや構造を理解すること。図解を使って全体像や個々の動きをイメージすることで、知識どうしの関連がわかり、忘れなくなるんだ。共通テストでは**時代状況**のあり方が問われるから、時期をつかみ、特徴を理解することが大事だよ。

 社会経済史、得意になれるかも！　がんばってみるよ！

① 地方支配の動揺（9世紀）

　〔桓武天皇〕・〔嵯峨天皇〕の政治や**藤原良房**（摂政）・**基経**（関白）の政治などが展開した**9世紀**は、律令制にもとづく土地や人々への支配が動揺し、国家財政を維持することが困難になった時代でした。

(1) 浮浪・逃亡に加えて偽籍も増え、戸籍・計帳による公民支配が動揺した

　すでに、8世紀には公民による**浮浪・逃亡**が増え、重い負担を逃れる動きが広がっていました →第4章。9世紀には、成人男性（正丁）を女性として戸籍に登録する**偽籍**も増えました（戸籍上は男性よりも女性が一方的に多くなる）。成人男性は調・庸・雑徭などを課されるのに対し、女性にはその負担がなかったからです。

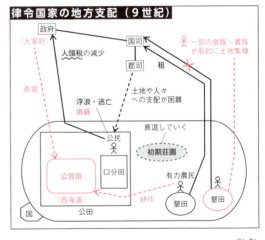

律令国家の地方支配（9世紀）

　こうして、戸籍・計帳が人々のあり方や居住の実態を反映しなくなり、班田収授や徴税が困難になりました。

(2) 9世紀には、中央・地方の財源確保のため、直営方式の田地が設定された

　〔桓武天皇〕は、6年ごとの戸籍作成にもとづく6年に1度の班田収授を**12年に1度**とし、班田収授を励行しましたが →第5章、9世紀には班田収授そのものが実施されない地域が増えていきました。
　こうしたなか、公地（公田）の一部を口分田として配らずに政府（中央・地

方）が直接経営し、土地から得られる収入で財源不足を補う**直営方式**の田地が登場しました。9世紀前半、**大宰府管内**（西海道諸国）に**公営田**が設けられ、9世紀後半、**畿内**に**官田**（元慶官田）が設けられ、耕作については**有力農民**を利用する方式がとられました。こうした、土地からの収入を重視し、有力農民の耕作能力を生かすという方法は、のちの10世紀の、**田堵**に**名**の耕作を請け負わせる方式にも見られます。

(3) **一部の皇族・貴族による、私的な土地集積が拡大し、国家財政を圧迫した**

　9世紀には**初期荘園**が衰退していくのに対し →第4章、一部の皇族・上級貴族が私的に田地を集める動きが拡大しました。それを支えたのは**有力農民**で、放棄された口分田を占拠したり開墾を進めたりして成長し、私的に稲を貸して利息とともに回収する**私出挙**で周辺農民を支配しました（政府による出挙は**公出挙**）。そして、私的に結びついた皇族・上級貴族に田地を売り、その保護のもとに税の負担を逃れようとしたのです。私的な田地集積により課税されない田地が増えると、律令国家による土地制度は成り立たなくなり、税収不足にもつながるので、非常に問題でした。

② 醍醐天皇の律令復興策

　こうした私的な田地集積のなかで、違法とされたものを禁止したのが、〔**醍醐天皇**〕の時代に政府が発した**延喜の荘園整理令**（902）です。のちに**延喜の治**と呼ばれる醍醐の親政では、左大臣**藤原時平**（その死後は**藤原忠平**）のもとで律令制の復興がはかられ →第5章、その一環として延喜の荘園整理令を発して、土地制度や税制の原則を維持しようとしたのです。

　同時に、政府は班田を命令しました。しかし、これが結果的に**最後の班田**（902）となったことからもわかるように、戸籍・計帳により人々を個別に支配し、班田収授や徴税をおこなうことは、もはや不可能となっていたのです。**三善清行**が醍醐に提出した「**意見封事十二箇条**」でも、課税対象となる男性の減少など、地方支配制度が破綻した現状が指摘されました。9世紀末から10世紀初めは、大きなターニングポイントとなったのです。

③ 地方支配の変質（10世紀）

　〔**醍醐天皇**〕・〔**村上天皇**〕が親政をおこない、藤原氏の内紛を経て**藤原道長**が権力を握った**10世紀**は、律令制にもとづく土地や人々への支配が変質し、税制や国司制度の大きな変化が起きた時代でした。

(1) 徴税の方式が、人頭税中心から、土地税中心となった

　8世紀初めに成立した律令制では、成人男性を課税対象とする**人頭税**(じんとうぜい)中心の税制でした→第4章。10世紀になると、田地を課税対象とする**土地税**(とちぜい)中心の税制となりました。

　これまで口分田などが設定されてきた公地(こうち)(公田(こうでん))に、あらたに**名**(みょう)という課税単位が設定され、10世紀以降の有力農民である**田堵**(たと)に、名の耕作と納税を請け負わせました

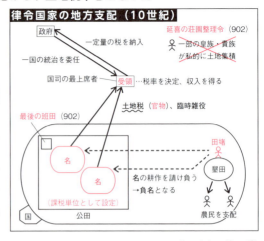

律令国家の地方支配(10世紀)

政府

延喜の荘園整理令(902)　一部の皇族・貴族が私的に土地集積

一定量の税を納入

一国の統治を委任

国司の最上席者　→　受領　…税率を決定、収入を得る

土地税(**官物**)、臨時雑役

最後の班田(902)

田堵

名　名　墾田

名の耕作を請け負う→負名となる

農民を支配

(課税単位として設定)

国　公田

(請け負った田堵は**負名**(ふみょう)となる)。そして、負名は、これまでの租・調・庸(そ・ちょう・よう)や雑徭(ぞうよう)に代わる、**官物**(かんもつ)(米・布などを名の面積を基準に課す)や**臨時雑役**(りんじぞうやく)(労役など)を納入しました。

(2) 受領は任国の統治を任され、徴税の面などで地方支配の権限を強化した

　8世紀初めに成立した律令制では、国司は中央政府の方針のもとで地方行政官としての役割を果たしていました。10世紀になると、国司の最上席者(守)(かみ)は**受領**(ずりょう)と呼ばれ、一国(いっこく)の統治を任されて地方支配の権限が集中しました。

　特に、国家財政を支える徴税の権限は重要でした。受領は、政府に一定量の税を納入する責任を負う一方、任国(にんごく)内での税率の決定権を握りました。税を徴収し、政府に一定量を納入した残りは自分の収入となるので、税率を上げればその分収入が増えます。受領は、郡司(ぐんじ)らを指揮・駆使して、負名に対して強力に徴税をおこなうようになりました。

　一方、受領以外の国司(介・掾・目)(すけ・じょう・さかん)は実務から排除され、任国に行かず都にとどまって収入だけを得るケースが出てきました(**遙任**(ようにん))。国司の四等官(守・介・掾・目)は、律令制度を確認しましょう→第4章。

　こうして、受領の役割が大きくなり、その役所である**国衙**(こくが)が地方支配の中心になると、これまで徴税や文書作成などの実務をおこなってきた郡司の役割は小さくなり、その役所である**郡家**(ぐうけ)(郡衙(ぐんが))→第4章は消滅していきました。

(3) 受領は任国で利益を得たが、のち赴任しなくなって目代を派遣した

　受領による統治の実態を見ていきましょう。受領は任国に行き、大きな利益

を得ようとしました。10世紀に登場した強欲な受領として、現地の住人に「尾張国郡司百姓等解（解文）」で政府へ訴えられた、尾張守の藤原元命や、「受領は倒るる所に土をもつかめ」（『今昔物語集』）という言葉で有名な、信濃守の藤原陳忠の事例があります。転んでもただでは起きない、というわけです。

年表
●9世紀
※浮浪・逃亡、偽籍の増加
823 公営田を設置（直営方式）
879 官田を設置（直営方式）
※戸籍・計帳による支配困難
●10世紀
902 延喜の荘園整理令
班田を命令（最後となる）
914「意見封事十二箇条」
※土地税（官物）へ一本化
※受領へ一国統治の権限が集中
988 尾張国郡司百姓等解

　のち、官物の税率が定められた11世紀後半ごろから、受領は任国に行かなくなり、受領のいない国衙（留守所）へ、みずからの代理人である目代を派遣しました。国衙では、開発領主など現地の有力者から任じられる在庁官人が、実務を担当しました。

(4)　受領の地位は利権とみなされ、成功・重任もおこなわれた

　収入が見込めるようになった受領の地位は、利権とみなされました。このころから、政府へ私財を出して儀式や寺社造営を助け、代わりに官職を得る成功や、再び私財を出して、任期終了後も同じ官職に再任される重任がおこなわれるようになり、成功・重任によって受領の地位を得ることも増えました。

ポイント　地方支配制度の転換

◆9世紀：浮浪・逃亡、偽籍（女性の登録増）→班田収授や徴税が困難に
　直営方式…公営田（大宰府管内）、官田（畿内）
◆10世紀：人頭税から土地税へ（名を単位）、受領に任国統治の権限集中
　※〔醍醐〕…延喜の荘園整理令・最後の班田（902）…律令制の復興
　※三善清行「意見封事十二箇条」…地方支配の問題点を指摘
　田堵に名の耕作を請け負わせ、官物・臨時雑役を徴収
　受領は税率決定権を持ち強力に徴税、受領以外の国司は遙任となる傾向
　受領が勤務する国衙が地方支配の中心に（郡家の消滅）
　強欲な受領…尾張守藤原元命（「尾張国郡司百姓等解」）など
　（のち受領は任国へ行かずに留守所へ目代を派遣、在庁官人が実務担当）
　受領の地位が利権に…私財を提供して官職を得る成功・重任

2 荘園公領制の成立（11世紀）

　平安時代後期に登場した、**寄進地系荘園**と**公領**（**国衙領**）のしくみを理解しましょう。荘園の成立や経営の実態は荘園ごとに異なるのですが、ここでは大学入試対策と割り切り、思い切って単純化したモデルを用います。

① 寄進地系荘園

　有力農民の田堵のなかには、経営を拡大して大名田堵に成長する者もいて、**11世紀**にはさらに土地の開発を進めて**開発領主**に成長する者も現れました。田堵よりもレベルアップした有力農民、というイメージです。また、伝統的な地方豪族に代わって新しく台頭した地方豪族や、地方に土着した国司の子孫が、開発領主となることもありました。

⑴ 開発領主が所領を中央の権力者に寄進して、寄進地系荘園が成立した

　11世紀、**受領**は開発領主に対し、臨時雑役を徴収しない代わりに一定領域の開発を許可し、開発地から官物を徴収しました。田地の開発を促進して、税収を確保しようとしたのです。ところが、受領が開発領主に対して徴税の圧力を強めると、官物の納入を避けたい開発領主との間に対立が生じました。

　そこで**開発領主**は、中央の権力者の権威を借りるため、開発した所領を上級貴族（摂関家）・皇族や有力寺社に**寄進**しました。寄進を受けた中央の権力者は**荘園領主**となり、寄進した開発領主は**荘官**となって現地を経営し、荘園領主に**年貢**を納めました。

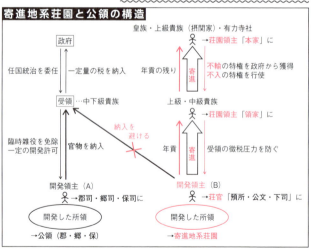

寄進地系荘園の組織		※用語のジャンルを区別する
（身分）	（職務）	（肩書）
皇族・摂関家・寺社	荘園領主	「本家」
上級・中級貴族	荘園領主	「領家」
開発領主	荘官	「預所・公文・下司」

荘園領主には、最初に寄進を受けた**領家**と、重ねて寄進を受けた**本家**とがあり、基本的には本家が領家よりも上位です（実質的な支配権を持つほうが**本所**となる）。荘官には、**預所・公文・下司**などがあります。こうして、**寄進地系荘園**が成立していきました。

図のシミュレーションでは、開発領主(A)は寄進せず、受領に対して官物を納めるが、開発領主(B)は受領と対立し、徴税圧力を防いで官物納入を避けるために寄進する、といったように、寄進する・しないはケースバイケースです。

(2) 寄進地系荘園は、荘園領主の権威を背景に、不輸・不入権を獲得した

なぜ、寄進という行為が生まれたのか。それは、政府への官物納入を免除される**不輸**の特権を得たかったからです。荘園領主は、中央の権力者としての権威で政府に働きかけ、太政官・民部省から正式文書（符）を出させ、官物免除を認めさせました（**官省符荘**）。また、受領が任期中のみの官物免除を認めることもありました（**国免荘**）。さらに、受領の徴税圧力を防ぐため、**検田使**（国衙が派遣する田地調査員）の立ち入りを拒否する**不入**の特権も得ました。

(3) 受領は公領を郡・郷・保に再編、開発領主を郡司・郷司・保司に任命した

では、開発領主の所領のうち、寄進されなかった部分はどうなったのでしょうか（前ページの図では開発領主(A)のケース）。受領は、律令制において国・郡・里（郷）がタテに序列化されていた地方組織を改め、開発領主の所領の

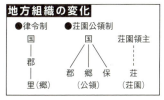

領域に**郡・郷・保**というヨコに並んだ地方組織を設定しました。開発領主は、受領から**郡司・郷司・保司**に任命され、受領への**年貢**納入を請け負いました。

こうして、受領の支配下にあって政府へ税を納めるが、実質的には開発領主の私的な領地として認められた、**公領**（**国衙領**）が成立しました。郡司・郷司・保司のなかには、国衙（もしくは留守所）の受領（もしくは目代）のもとで、**在庁官人**として国衙の実務を担当することもありました。

(4) 荘園も公領も、内部は名に分割され、名主が名の耕作と納税を請け負った

荘園や公領の内部は、どのように整備されたのでしょうか。荘園や公領は、課税単位の**名**に分割され、それぞれを有力農民の**名主**に割り当てました。かつての田堵が、土地への権利を強めて名主となったのです。名主は名を管理し、名の一部を一般農民の**作人**に貸して耕作を請け負わせたり、隷属農民の**下人**を使役して耕作させたりしました。名主や作人は開発領主に対し、官物に代わる

土地税の**年貢・公事**（米・特産物）を納め、また臨時雑役に代わる**夫役**（労役）を負担しました。このように、10世紀に登場した**名**の制度が、11世紀に形成されていった荘園や公領にも用いられました。

こうして見ると、開発領主が現地を経営し、名主に名を管理させて年貢・公事・夫役を徴収するという点では、荘園も公領も同質です。

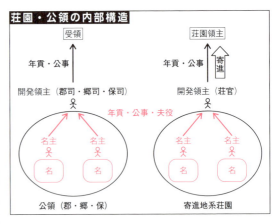

荘園・公領の内部構造

② 後三条天皇の土地政策

11世紀前期・中期には、藤原頼通が摂政・関白を約50年間続けました→第5章。しかし、**11世紀後期**、藤原氏を外戚としない［後三条天皇］が即位すると、摂関家をおさえて天皇親政を進めました。

(1) 後三条天皇は延久の荘園整理令を発し、基準に合わない荘園を停止した

当時、不輸・不入の特権を得る荘園が増えて公領が圧迫され、受領の徴税が困難となって政府の税収が減少していました。こうした事態を問題視した［後三条天皇］は、**延久の荘園整理令**（1069）を発し、基準に合わない荘園（年代の新しいものや公認の

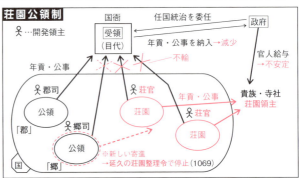

荘園公領制

手続きが明確でないもの）を停止し、公領に戻させました。その際、政府に**記録荘園券契所**（記録所）を設置し、荘園から提出させた書類を審査して、荘園整理を徹底しました。

また、後三条は**大江匡房**などの学者を登用し、**宣旨枡**で枡の大きさを統一しました（太閤検地で定められた京枡まで標準となる→第13章）。

(2) 延久の荘園整理令で荘園と公領の区別が明確化し、荘園公領制が成立した

　延久の荘園整理令は、何をもたらしたのでしょうか。基準に合った荘園は政府に公認されたので、荘園と公領の区別が明確になり、11世紀後期に**荘園公領制**が成立し、12世紀にかけて確立しました。そして、荘園公領制は、**中世の土地制度**として社会や経済のあり方を規定するだけでなく、武家政権の政治制度などにも影響を与えました。

年表
- ●11世紀
  - ※開発領主による所領の寄進
    - →寄進地系荘園の登場
    - →不輸・不入の特権を獲得
- 1069 延久の荘園整理令
  - ※荘園公領制の成立

ポイント　荘園公領制の成立

◆**寄進地系荘園**の成立

　11世紀に**開発領主**の成長…受領の徴税を防ぐため、権力者に所領を**寄進**

　→寄進を受けた貴族などは**荘園領主**に（最初が**領家**、重ねてが**本家**）

　→寄進した開発領主は**荘官**（**預所・公文・下司**）となって現地を管理

　┌ **不輸**…官物納入を免除、**官省符荘**（太政官・民部省）、**国免荘**（受領）
　└ **不入**…**検田使**を拒否

◆**公領**（**国衙領**）の成立

　受領は開発領主の所領に**郡・郷・保**を設定、開発領主の所領支配を認める

　→開発領主は**郡司・郷司・保司**に任命される（国衙で**在庁官人**となる者も）

　※荘公では**名主**が**名**を管理（**作人・下人**が耕作）、**年貢・公事・夫役**負担

◆〔**後三条天皇**〕：**大江匡房**の登用、**宣旨枡**の設定

　延久の荘園整理令（1069）…基準に合わない荘園を停止（公領に戻す）

　→政府に**記録荘園券契所**を設置　※荘園と公領が確定…**荘園公領制**の成立

---

3 武士の台頭（10世紀〜11世紀）

　平安時代は、天皇と藤原氏を中心とする貴族政治が展開すると同時に、日本社会に**武士**が現れて、各地で力をつけていく時代でもありました。

 武士って、どんな人たちかな？

 平安時代だから、鎧や兜を着て、馬に乗って、弓矢を使って……。

 これらが、武士自身が持つ武器であることがポイントだよ。それと、一族でまとまって戦うんだ。ところで、武士の始まりは、実は貴族だ

よ。

　エッ、貴族が戦うイメージはないなぁ。ちょっと意外かも。

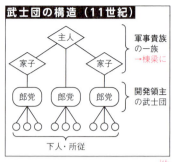

　平安時代は、地方の治安が悪化していた。そこで、武芸にすぐれた中下級貴族が国司（こくし）となり、あるいは反乱鎮圧のため地方に派遣された。そして、都に戻らず現地に<u>土着</u>したんだ。こうして、**10世紀**以降、**桓武平氏**や**清和源氏**などが**武士**として成長していったよ。

　待って。「桓武」や「清和」は平安時代の天皇でしょう？　そうか、源氏や平氏は天皇が祖先だから、貴族が武士となったと考えていいんだ。貴族は律令官人（りつりょうかんじん）だから都に住んでいたけれど、地方に根拠地を作って武装する人たちも出てきたんだね。

　そういうこと。そして、**11世紀**になると、治安が悪化するなかで、みずからの所領を維持・拡大するため、地方の**開発領主**（かいはつりょうしゅ）が武装するようになるんだ。

　開発領主は、荘園公領制（しょうえんこうりょうせい）のところで見たね。この人たちも、武士になっていくんだ。あちこちに、小さい**武士団**ができていくのか。

　11世紀以降、天皇の血筋を持つ源氏や平氏は**棟梁**（とうりょう）として武士の頂点に立ち、武芸を専門とする**軍事貴族（武家）**（ぐんじきぞく・ぶけ）が成立した。軍事貴族の主人（しゅじん）（一族の長）と家子（いえのこ）（一族の者）が、開発領主の郎党（ろうとう）（家来）を率い、下人・所従（げにん・しょじゅう）を従えて、大きな**武士団**ができていったんだ。

　平安時代の次は、鎌倉時代だよね。なんだか、鎌倉幕府の原型が見えてきた気がするよ。

① 武士の成長

　まず、政府（ちょうてい）（朝廷・上級貴族）による武士の利用と、**10世紀**に起きた**平将門**（たいらのまさかど）の乱・**藤原純友**（ふじわらのすみとも）の乱（あわせて**天慶の乱**（てんぎょう）〈**承平・天慶の乱**〉（じょうへい））を見ていきましょう。教科書などにある「古代の行政区画」を開き、地名が出てきたら地図を見るようにするといいです。

⑴ 武士が持つ軍事力が、押領使・追捕使や侍などの形で用いられた

　まず復習から。律令国家の軍事力は、**戸籍**を用いて公民を**兵士**として徴発し**軍団**に所属させることで成立していましたが→第4章、8世紀末の〔**桓武天皇**〕の時代、**軍団と兵士が廃止**されました→第5章。

　そして、平安時代になると、武士が持つ私的な軍事力が、政府の命令で動員され、あるいは朝廷や上級貴族に用いられるようになりました。中央では、天皇の御所を警備する**滝口の武者**や（9世紀末に設置）、上級貴族の身辺を警護する**侍**として用いられました。地方では、政府により**押領使・追捕使**に任命された武士が、反乱を鎮圧しました。

　こうした武士の動員は、藤原道長・頼通の時代（11世紀前期）に起きた**刀伊の入寇**（1019）でも見られ、大宰府の役人だった**藤原隆家**（伊周の弟）は、九州の武士を指揮して女真人の侵入を撃退しました→第5章。

⑵ 10世紀、東国では平将門の乱、西国では藤原純友の乱が発生した

　次に、平安時代中期の**10世紀**に注目しましょう。東国と西国で発生した**天慶の乱**（939〜941）では、武士による反乱を武士が鎮圧したことがポイントです。また、当時は〔**朱雀天皇**〕の時代で、**藤原忠平**が摂政をつとめていました（延喜の治〔**醍醐天皇**〕と天暦の治〔**村上天皇**〕の間）。

　関東に土着した**桓武平氏**の一族で、**下総**を根拠地とした**平将門**は、一族内での争いに勝利し、常陸・下野・上野の国府を襲撃して反乱を起こし、東国の大半を支配して「**新皇**」と自称しました。しかし、いとこの**平貞盛**と下野押領使の**藤原秀郷**に鎮圧されました。

　伊予で国司をつとめたあと、そのまま現地に土着した**藤原純友**は、当時交通が盛んな瀬戸内海で横行していた海賊を率いて、伊予の国府や**大宰府**を攻めました。しかし、**源 経基**と追捕使の小野好古に鎮圧されました。源経基は〔**清和天皇**〕の孫にあたり、**清和源氏**の祖となりました。

② 清和源氏の勢力拡大

　さらに、平安時代中期から後期にかけての**11世紀**に注目し、軍事貴族（武家）となった**清和源氏**の勢力拡大を見ていきましょう。

⑴ 清和源氏は藤原氏に接近、源頼信は平忠常の乱を鎮圧して東国へ進出した

　清和源氏は、畿内に土着し、藤原氏に接近して勢力を拡大しました。源経基の子の**源満仲**は、**安和の変**（969）で左大臣源高明の陰謀の疑惑を密告し、藤原実頼と結びました→第5章。

源 満仲の子の源頼信は、摂関家に奉仕して保護を受け、**11世紀**には、**上総**から房総半島に広がった平忠常の乱（1028〜31）を鎮圧しました。これは、源氏が東国へ進出する足がかりとなりました。

源氏と平氏の成長

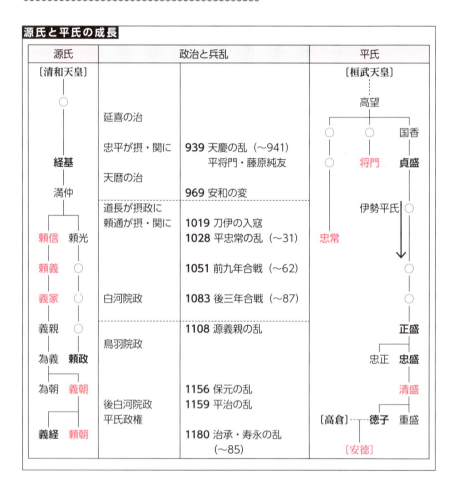

源氏	政治と兵乱		平氏
〔清和天皇〕			〔桓武天皇〕
○			高望
	延喜の治		○　○　国香
	忠平が摂・関に	939 天慶の乱（〜941）	○　将門　貞盛
経基	天暦の治	平将門・藤原純友	
満仲		969 安和の変	
	道長が摂政に		伊勢平氏
	頼通が摂・関に	1019 刀伊の入寇	
頼信　頼光		1028 平忠常の乱（〜31）	忠常
頼義　○		1051 前九年合戦（〜62）	○
義家　○	白河院政	1083 後三年合戦（〜87）	○
義親　○	鳥羽院政	1108 源義親の乱	正盛
為義　頼政			忠正　忠盛
為朝　義朝	後白河院政	1156 保元の乱	清盛
	平氏政権	1159 平治の乱	〔高倉〕-徳子-重盛
義経　頼朝		1180 治承・寿永の乱（〜85）	〔安徳〕

(2)　源頼義は前九年合戦を鎮圧し、源義家は後三年合戦を鎮圧した

　さらに、源頼信の子の源頼義は、**陸奥**の豪族**安倍氏**の反乱である前九年合戦（1051〜62）を、子の義家とともに鎮圧しました。その際、頼義は**出羽**の豪族**清原氏**の助けを借りており、こののち東北では清原氏の勢力が強大となりました。

　源頼義の子の源義家は、**清原氏**の内紛である後三年合戦（1083〜87）を、**藤原**（清原）**清衡**を助けて鎮圧しました。こののち、東北では藤原清衡に始ま

る奥州藤原氏が、陸奥の平泉を中心に支配を拡大しました。

　一方、清和源氏にとって、これらの戦いはどのような意味を持ったのでしょうか。合戦に際して、源氏は東国武士団と主従関係を結びました。このとき、源氏が武家の棟梁となったことは、のちに源頼朝が挙兵し鎌倉幕府が成立していく過程に、大きな影響を与えることになります→第8章。

ポイント　武士の台頭

◆武士の誕生と成長

　10世紀…中下級貴族の地方への**土着**と武装（**清和源氏・桓武平氏**など）

　11世紀…**軍事貴族の棟梁**と**開発領主**の小武士団→**大武士団**形成

◆武士と政府との関係

　滝口の武者…天皇御所警備／**侍**…身辺警護／**押領使・追捕使**…反乱鎮圧

◆武士の反乱（10世紀）：東国と西国で**天慶の乱**（939～941）

　平将門…**下総**から東国を支配し「**新皇**」自称→**平貞盛・藤原秀郷**が鎮圧

　藤原純友…**伊予**で瀬戸内海の海賊を率い大宰府を襲う→**源 経基**らが鎮圧

◆**清和源氏**の勢力拡大：11世紀に東国へ進出

　源頼信…房総半島の**平忠常の乱**（1028～31）を鎮圧→東国へ進出

　源頼義…陸奥の**安倍氏**の反乱（**前九年合戦**　1051～62）を鎮圧

　源義家…**出羽**出身の豪族**清原氏**の内紛（**後三年合戦**　1083～87）を鎮圧

　※**藤原清衡**に始まる**奥州藤原氏**が東北支配（**平泉**が中心）

　※源氏は**東国武士団**と主従関係→武家の**棟梁**に

チェック問題にトライ！

【1】 (2012年度　本試験)

　遺跡からみた郡家（郡衙）の存続期間を示した次の表から推定されることを述べた下の文X・Yについて、その正誤の組合せとして正しいものを、下の①～④のうちから一つ選べ。

遺跡からみた郡家（郡衙）の存続期間

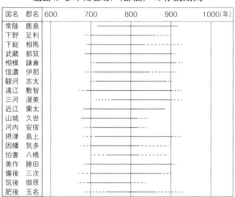

(注)　破線は遺跡の存在が不確かな期間。　（山中敏史『古代地方官衙遺跡の研究』より作成）

　X　ほとんどの郡家（郡衙）は乙巳の変の前に成立していた。
　Y　8～9世紀にあった郡家（郡衙）は、10世紀後半ころにはほとんどが衰退・消滅していた。

①　X　正　　　Y　正　　　②　X　正　　　Y　誤
③　X　誤　　　Y　正　　　④　X　誤　　　Y　誤

解説　本問は、選択肢の情報を表で確認すれば解けますが、共通テストでは、**このような状況が生まれる時代背景を推定する**出題がありえます。

　X　「乙巳の変」の時期（645・7世紀半ば）を思い出し、表の「600」と「700」の間を見ると、乙巳の変の後に成立していることが読み取れます。
　Y　「8～9世紀」は表の「700」と「900」の間、「10世紀後半ころ」は表の「900」と「1000」の間を見ると、正しいことがわかります。10世紀には、受領に権限が集中し、国衙が地方支配の中心となる一方、郡司の地方支配に占める役割が変化して、郡司の役所である郡家は衰えたのです。
⇒したがって、③（X　誤　　　Y　正）が正解です。

解答　③

【2】（2002年度　追試験）

鹿子木^{（注1）}の事

一、当寺^{（注2）}の相承^{（注3）}は、開発領主沙弥寿妙嫡々相伝^{（注4）}の次第なり。

一、寿妙の末流高方の時、権威を借らんがために、実政卿^{（注5）}をもって領家と号し、年貢四百石をもって割き分かち、高方は庄家領掌進退^{（注6）}の預所職となる。

一、実政の末流願西微力の間、国衙の乱妨を防がず。このゆえに願西、領家の得分二百石をもって、高陽院内親王^{（注7）}に寄進す。…これすなわち本家の始めなり。　　　　　　　　　　（「東寺百合文書」）

（注1）　肥後国（熊本県）にあった荘園。　（注2）　東寺のこと。

（注3）　受けつぐこと。　　　　　　　（注4）　正当に継承してきたこと。

（注5）　藤原実政（1019〜93）。大宰大弐をつとめた。

（注6）　任免権をもっていること。　　（注7）　鳥羽天皇（1103〜56）の皇女。

問　この史料に関して述べた文として**誤っているもの**を、次の①〜④のうちから一つ選べ。

①　鹿子木荘では、開発領主の末流（子孫）が預所になっている。

②　高方が実政の権威にすがったときには、まだ荘園整理令が出されたことがなかった。

③　願西が高陽院内親王の権威にすがったときには、院政が展開していた。

④　鹿子木荘は、寄進地系荘園の一つである。

解説　共通テストでは、**教科書に載る基本史料の知識を直接問う可能性は低いですが、基本史料に目を通しておくことは大切です。**

①　史料では、「開発領主沙弥寿妙」の「末流」である「高方」が「預所」になっているので、正しいです。

②　「高方が実政の権威にすがった」のは、（注5）から11世紀だとわかります。醍醐天皇による延喜の荘園整理令（902）は10世紀初めに出ていますから、「まだ荘園整理令が出されたことがなかった」は誤りです。

③　「願西が高陽院内親王の権威にすがった」のは、（注7）から12世紀、つまり「院政が展開していた」時期にあたります。

④　これは、完全に正しいです。

⇒したがって、②が正解です。

解答　②

世紀	文化	時期と特徴
7世紀	**1 飛鳥文化** ①**仏教** 　氏族仏教（氏寺）　呪術の一種として受容 ②**仏教美術・その他** 　法隆寺　金銅像・木像	7世紀前半 〔推古〕（飛鳥の朝廷） 豪族・渡来人が担い手
	2 白鳳文化 ①**仏教** 　国家仏教（官寺）　護国経典を重視 ②**仏教美術・その他** 　薬師寺　金銅像	7世紀後半 〔天武・持統〕（藤原京） 国家（天皇）が中心
8世紀	**3 天平文化** ①**仏教** 　鎮護国家　南都六宗（仏教理論を研究） ②**美術（仏教・その他）** 　東大寺　塑像・乾漆像 ③**学問・歴史・文学** 　大学・国学　国史　地誌　和歌	8世紀（奈良時代） 〔聖武〕（平城京） 唐の文化の影響
9世紀	**4 弘仁・貞観文化** ①**仏教** 　密教（加持祈禱　現世利益を願う） ②**美術（仏教・その他）** 　室生寺　一木造・翻波式　曼荼羅　三筆（唐様） ③**学問・文学** 　大学別曹　勅撰漢詩集	9世紀（平安前期） 〔嵯峨・清和〕（平安京） 唐の文化の消化→唐風化
10世紀 11世紀	**5 国風文化** ①**仏教** 　浄土教（阿弥陀仏　来世での極楽往生を願う） ②**美術（仏教・その他）** 　平等院（阿弥陀堂）　寄木造　来迎図　三跡（和様） ③**文学・生活** 　仮名文字　勅撰和歌集　物語・随筆・日記　寝殿造	10～11世紀（平安中期） 摂関政治の時期 中国文化の改変→国風化 (1) (2)

日本列島に出現した「倭」では国家形成が進められ、大陸から知識や制度を導入し、古代国家「日本」が成立しました。その過程で、中国文化を朝鮮半島経由も含めて摂取しながら、**古代文化**が形成されていきました。そして、律令国家は東アジア諸国と交流を深め、文化面での唐風化が進み、のちには大陸文化の消化・吸収をふまえた国風化が生じました。

文化史を学ぶときのコツは、それぞれの時期における政治や社会の状況と関連させながら理解していくことです。古代文化では、100年ごとのまとまり、つまり**世紀**ごとの動きをつかんでいくといいです。

文化史のうち、美術史は、**教科書**などに載る**写真**を確認しながら学びましょう（インターネットで画像検索しても OK ですが、正しい画像か確認しよう）。

1 飛鳥文化（7世紀前半）

古代文化の始まりは、**飛鳥文化**だ。〔推古天皇〕の王宮があった飛鳥は、今の奈良の南あたりだね →第3章 。厩戸王や蘇我馬子が政治をリードした時代だけど、復習しなきゃ！ →第3章

世紀も意識しよう。**7世紀前半**ごろの文化だ。大王（天皇）のもとに、豪族を官人として組織し始めた時期で、**初めての仏教文化**が展開した。憲法十七条にも、仏教信仰を政治的に用いた内容があるよ。

遣隋使が派遣されて、隋の文化がリアルタイムで入ってきたんだ。

実は、少し前の中国文化である**南北朝文化**が、朝鮮半島を経由して伝わったんだ。**蘇我馬子**が初の寺院として**飛鳥寺**（**法興寺**）を建てたとき、百済の技術者が参加して、最新の大陸技術が用いられたよ。

王族や豪族に加え、**渡来人**も文化の担い手となったんだね。

① 仏 教

　仏教は**百済**から公式に伝わり→第2章、蘇我氏や渡来人により信仰され、〔**推古天皇**〕の時代には厩戸王や朝廷により保護されました。飛鳥文化は、古墳文化をベースに、仏教を導入した文化となりました。

　豪族は、仏教をどのように受容したのでしょうか。当時の仏教は、祖先の冥福や一族の繁栄を祈る**氏族仏教**としての特徴を持ち、仏教は呪術の一種として受け入れられました。豪族が建立した**氏寺**は、古墳に代わる新たな権威の象徴となりました。実は、**蘇我馬子**が建てた**飛鳥寺**（**法興寺**）（現在の奈良県）では、塔の跡から古墳の副葬品（武具や玉など）が出土しており、古墳でおこなわれた信仰と習合する形で仏教が受容されたのです。また、**厩戸王は法隆寺**（斑鳩寺）（現在の奈良県）や**四天王寺**（現在の大阪府）を建てました。経典の注釈書として、厩戸王が『**三経義疏**』を著したとされます。

② 仏教美術・その他

　次に、仏教美術や工芸などを見ていきます。飛鳥文化に関する美術品は、**法隆寺**と**中宮寺**に多く所蔵されています。

⑴　仏教美術では、大陸の技術による寺院建築や金銅像の仏像彫刻が登場した

　寺院建築には、大陸の技術を用いた技法が導入されました。**礎石**の上に柱を立て（柱は朱色に塗る）、屋根に**瓦**をふく、というものです。瓦の屋根は重いので、それを支える礎石が必要でした（従来の**掘立柱**との違いに注目）。この技法は、のちに藤原京など宮都の建築に用いられました→第3章。

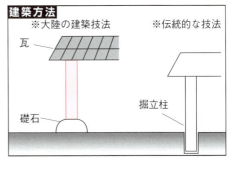

建築方法
※大陸の建築技法　　　※伝統的な技法
瓦
礎石
掘立柱

　建築は、なんといっても**法隆寺**の**金堂・五重塔**が代表例で、現存する世界

最古の木造建築とされます。すぐ近くで、もとの法隆寺にあたる**若草伽藍**の跡が発掘されたことから、現存の金堂・五重塔は創建されたときのものではなく、焼失したあとに再建されたものだと判明しています。

　彫刻では、渡来系の**鞍作鳥**が製作した**法隆寺金堂**の**釈迦三尊像**（釈迦如来を中心とする仏像3体セット）が代表例で、**金銅像**（銅で作り金で鍍金する）であり、中国北朝系の厳しい雰囲気を持っています。中国南朝系の柔らかい雰囲気を持つ仏像は、**中宮寺**の**半跏思惟像**（思索にふける姿を表現）や**広隆寺**の**半跏思惟像**、法隆寺の百済観音像があり、いずれも木像です。広隆寺半跏思惟像は、朝鮮半島で出土し現在は韓国の博物館が所蔵する半跏思惟像（7世紀の製作と推定）と非常によく似ており、飛鳥文化の時期の仏教文化が朝鮮半島と深い関係があったことを物語ります。

飛鳥文化（★は人名）
●建築 　法隆寺金堂・五重塔 ●彫刻 　法隆寺金堂釈迦三尊像 　…★鞍作鳥 　中宮寺半跏思惟像 　広隆寺半跏思惟像 　法隆寺百済観音像 ●工芸 　法隆寺玉虫厨子 　中宮寺天寿国繍帳

(2) 工芸が発達し、高句麗・百済の僧が技術や知識を伝えた

　工芸にいきましょう。**法隆寺**の**玉虫厨子**にはタマムシの羽がはめ込まれ、側面には仏教説話の絵画が描かれています。また、**中宮寺**の**天寿国繍帳**には、厩戸王が死後に往生したとされる世界が刺繍で描かれています。渡来僧の活躍も見られました。高句麗の**曇徴**は、紙・墨・絵の具の製法を伝え、百済の**観勒**は、暦法を伝えました（年月の経過などの記録が可能となる）。

ポイント　飛鳥文化

仏教：**氏族仏教**…**氏寺**（蘇我馬子の**飛鳥寺**、厩戸王の**法隆寺**・**四天王寺**）

美術：建築…**法隆寺金堂・五重塔**…**若草伽藍**の発掘で再建説が有力に

　　　彫刻…**法隆寺金堂釈迦三尊像**（**鞍作鳥**の作）は**金銅像**

　　　　　　中宮寺半跏思惟像・広隆寺半跏思惟像／法隆寺百済観音像

　　　工芸…**法隆寺玉虫厨子**／**中宮寺天寿国繍帳**

　　　渡来僧…**曇徴**（高句麗）は紙・墨・絵の具／**観勒**（百済）は暦法

2 白鳳文化（7世紀後半）

> 　飛鳥文化の次は、**白鳳文化**だね。**7世紀後半**が中心だから、〔**天武天皇**〕や〔**持統天皇**〕が律令国家の建設を進めた時期だ。倭から日本へ変わり、文化もやる気に満ちている感じなのかな。

> 　その印象を「清新な」「生気ある」と表現するね。それと、集権化が進むなか、仏教を天皇による支配に利用するという面もあったよ。

> 　中国文化の影響は、どうだったのかな。天武・持統のころは、遣唐使を派遣していなかったんでしょう？ →第4章

> 　百済の滅亡をきっかけに百済人が倭へ亡命してきたし、白村江の戦いの後に新羅使が日本へ来航したから、**唐の初期の文化**が伝わった。8世紀初めには遣唐使が復活して、唐からも直接入ってきたよ。

> 　本格的に、中国文化を取り入れていったんだね。

① 仏　教

　この時期の仏教は、天皇主導による保護・統制が進み、**国家仏教**の要素を強めました。**護国経典**が重んじられ、〔**天武天皇**〕は、**官寺**（官立の大寺院）として飛鳥に**大官大寺**や**薬師寺**の建立を開始し、〔**持統天皇**〕が**藤原京**造営と並行して寺院建立事業を進めました（これらの寺院はのちに平城京に移転）。さらに、地方豪族が寺院を建立することで、地方にも仏教文化が広がりました。

② 仏教美術・その他

　次に、仏教美術や絵画・文学などを見ていきます。白鳳文化に関する美術品は、**薬師寺**に多く所蔵されています。

(1) 仏教美術では、金銅像の仏像彫刻が発展した

　建築では、**薬師寺**の**東塔**が白鳳文化の様式を伝える三重塔です（現在の西塔や金堂は近年の再建で、創建当初のあり方を示す朱色の柱などが見られる）。
　彫刻では、**金銅像**の技法による人間味あふれる造形が見られ、薬師寺金堂の薬師三尊像（薬師如来を中心とする仏像3体セット）や、**興福寺**の**仏頭**（もと

山田寺の仏像の頭部）が代表例です。興福寺に関連する美術作品は多く、のちの天平文化や鎌倉文化でも登場するので注意しましょう。

(2) 絵画では、広く大陸の様式の影響が見られる

絵画では、**法隆寺金堂**の壁画に、インドや中国西域（敦煌）の壁画様式が見られます。戦後の1949年に焼損したことを受け、1950年に**文化財保護法**が制定されました→第30章。また、１９７２年に発見された、飛鳥の**高松塚古墳**の**壁画**には、唐や高句麗の古墳壁画との関連が見られます。法隆寺は飛鳥文化に属しますが、この白鳳文化でも法隆寺の美術作品が登場します。

(3) 文学では、漢詩文が豪族の間で広がり、和歌の形式も定まった

中国的教養を身につけた百済人貴族が亡命してくると、その影響で**漢詩文**が王族や豪族の間で盛んとなりました。また、日本語による**和歌**の形式（長歌・短歌）が整備され、**柿本人麻呂**や**額田王**らの歌人が活躍し、作品はのちの天平文化の時期に『**万葉集**』に収められました。

白鳳文化

●建築
　薬師寺東塔
●彫刻
　薬師寺金堂薬師三尊像
　興福寺仏頭
●絵画
　法隆寺金堂壁画
　高松塚古墳壁画

ポイント　白鳳文化

仏教：**国家仏教**…**官寺**（**大官大寺・薬師寺**）、**護国経典**を重視
美術：建築…**薬師寺東塔**
　　　彫刻…薬師寺金堂薬師三尊像・**興福寺仏頭**（いずれも**金銅像**）
　　　絵画…**法隆寺金堂壁画・高松塚古墳壁画**
文学：**漢詩文**…王族・豪族が作成　**和歌**…**柿本人麻呂・額田王**ら

3 天平文化（8世紀）

白鳳文化の次は**天平文化**で、**8世紀**だから**奈良時代**が中心だね。この時代の天皇は何人もいるけれど、東大寺で大仏造りを進めた〔**聖武天皇**〕が天平文化の中心かな。

そもそも、「天平」は聖武のころの元号だよ。律令国家が完成し、平城京へ遷都して、天皇や貴族を担い手とする文化が生まれたんだ。

8世紀は遣唐使が盛んに派遣されたから→第4章、唐の文化の影響を

受けまくりだね！

 唐が栄えた時期の文化を直接摂取したんだ。それに、シルクロード経由で唐に入ったユーラシア諸地域の文化も、遣唐使によって日本へもたらされた。天平文化は「豊かな国際色」も含んでいたよ。

 それって、**正倉院**宝物のことだね。天平文化は、中国文化だけじゃない要素も持っていたんだ。

① 仏　教

　白鳳文化に続き、この天平文化でも**国家仏教**が進展しました。鎮護国家の思想により、国家の安泰を祈る役割が仏教に期待されたのです。

⑴　平城京の大寺院に南都六宗が形成され、律令国家の仏教事業が推進された

　平城京や周辺には →第4章 **大安寺・薬師寺・元興寺・興福寺**（藤原氏の氏寺）、のちに**東大寺・西大寺**などの大寺院が建てられて国家仏教の中心となり、来日した鑑真も**唐招提寺**を建てました。これらの寺院では**南都六宗**（三論宗・成実宗・俱舎宗・**法相宗・華厳宗・律宗**）の諸学派が形成され、仏教理論の研究が進められました。また、〔聖武天皇〕は**国分寺建立の詔**（741）や**大仏造立の詔**（743）を発し →第4章、**国分寺・国分尼寺**建立や**盧舎那仏**造立を進めました（東大寺大仏殿は平安末期と戦国時代に焼損）。

⑵　社会事業などを進めた行基や、渡来して戒律を伝えた鑑真が活躍した

　一方、僧侶の活動は、僧尼令による統制を受けました。民間布教は禁止されたため、橋や道の建設などの社会事業や民間布教を進めた**行基**は弾圧されました（のち大仏造立に協力）。また、遣唐使船に便乗して日本に渡った唐僧の**鑑真**は、僧尼が守るべき生活規律である**戒律**を伝えるとともに、戒律を授ける場として**東大寺**に**戒壇**を設立し、さらに**唐招提寺**を建立しました。

⑶　神仏習合が始まり、神宮寺が建立された

　8世紀には、日本古来の神は大陸伝来の仏と同じであるとする**神仏習合**の思想が生まれ、神社の境内に**神宮寺**が建てられたり、神前読経（神の前で経典をよむ）がおこなわれたりしました。神仏習合というあり方は、明治時代の初めに明治新政府が**神仏分離令**を発するまで続きます →第20章。

※寺院の伽藍配置（建物の並び）は、どう変化していくのか理解しましょう。

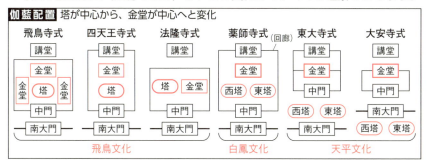

| 伽藍配置 塔が中心から、金堂が中心へと変化 |

飛鳥寺式
```
┌──講堂──┐
│  金堂  │
┌金┐┌塔┐┌金┐
│堂│└──┘│堂│
│  中門  │
└─南大門─┘
```
飛鳥文化

四天王寺式
```
┌──講堂──┐
│  金堂  │
│ ┌塔┐ │
│  中門  │
└─南大門─┘
```

法隆寺式
```
┌──講堂──┐
┌塔┐┌金堂┐
│  中門  │
└─南大門─┘
```
飛鳥文化

薬師寺式　(回廊)
```
┌──講堂──┐
│  金堂  │
┌西塔┐┌東塔┐
│  中門  │
└─南大門─┘
```
白鳳文化

東大寺式
```
┌──講堂──┐
│  金堂  │
│  中門  │
┌西塔┐┌東塔┐
└─南大門─┘
```

大安寺式
```
┌──講堂──┐
│  金堂  │
│  中門  │
┌─南大門─┐
┌西塔┐┌東塔┐
```
天平文化

② 美術（仏教・その他）

次に、仏教美術や絵画・工芸を見ていきます。天平文化に関する美術品は、**東大寺**や**興福寺**に多く所蔵されています。

⑴　東大寺や興福寺を中心に、塑像や乾漆像の技法による仏像が作られた

建築では、**東大寺**の**法華堂**や唐招提寺の金堂が天平文化の姿を伝えています。**東大寺**の**正倉院宝庫**は断面が三角形の木材を積み上げた**校倉造**の構造です。

仏像彫刻では、成形しやすい**塑像**（粘土で塗り固める）と**乾漆像**（布を巻いて漆で塗り固める）の新しい技法が唐から伝来し、写実的で表情豊かな仏像彫刻が多く生まれました。**東大寺法華堂**には**不空羂索観音像**【乾漆像】を中心に**日光菩薩像**・**月光菩薩像**【塑像】などが伝わり、**興福寺**には**阿修羅像**【乾漆像】を含む八部衆像があります。また、肖像彫刻としては**唐招提寺**の**鑑真像**【乾漆像】が傑作です。

天平文化
●建築
東大寺法華堂
唐招提寺金堂
東大寺正倉院宝庫…校倉造
●彫刻
東大寺法華堂不空羂索観音像【乾漆像】
東大寺法華堂日光・月光菩薩像【塑像】
興福寺阿修羅像【乾漆像】…八部衆像
唐招提寺鑑真像【乾漆像】
●絵画・工芸
薬師寺吉祥天像…仏教絵画
正倉院鳥毛立女屏風（樹下美人図）
螺鈿紫檀五絃琵琶…正倉院宝物
百万塔（百万塔陀羅尼）…〔称徳天皇〕

⑵　正倉院宝物に、天平文化の国際性が表れている

絵画では、仏教絵画である**薬師寺**の**吉祥天像**や、**正倉院**に伝わる**鳥毛立女屏風**の樹下美人図などに、唐の影響が見られます。

工芸では、**正倉院宝物**が重要です。**光明皇太后**が**聖武上皇**の死後に遺品を**東大寺**に納めたもので、唐だけでなくユーラシア西部の影響を受けた品々もあり、**螺鈿紫檀五絃琵琶**にはラクダや西域の人が描かれています。また、〔**称徳天皇**〕が恵美押勝の乱 →第4章 のあとに作らせた木製の小塔100万個の**百万塔**と、そのなかに納められた百万塔陀羅尼があります（百万塔陀羅尼は現存する最古の印刷物で、経文を印刷したもの）。

③ 学問・歴史・文学

　律令国家を支える学問・教育、国家的事業である歴史書（国史）や地誌の編纂、貴族社会に広まった文学、の3点について見ていきましょう。

(1) 中央に大学、地方に国学が置かれ、貴族や地方豪族が漢字文化を習得した

　律令国家の教育制度は、官僚を養成することを目的に整備されました。中央の貴族・官人に加え、地方支配の実務を担う郡司（地方豪族）にも漢字文化の習得が求められ、儒教を学ぶ**明経道**が重視されました。**大学**は**式部省**の管轄で、中央に置かれ、貴族・官人の子弟を教育しました。**国学**は地方の国ごとに置かれ、郡司の子弟を教育しました。また、石上宅嗣は、私設図書館の**芸亭**を開きました。

(2) 史書の『古事記』『日本書紀』や、地誌の『風土記』が編纂された

　律令国家の確立を背景に、中国にならった**国史**（国家の正式な歴史書）の編纂事業が推進されました。これは、天皇による支配の正統性や、国家が形成・発展してきた由来を示すことを目的としてい

六国史
・**日本書紀**…内容は神話から持統朝（〜7世紀）
・**続日本紀**…内容は文武朝から桓武朝（8世紀）
・日本後紀
・続日本後紀
・日本文徳天皇実録
・日本三代実録…〔醍醐天皇〕の時代に完成

ました。古い部分には**神話**を含みますが、これは律令国家の立場から説明した天皇・朝廷の起源であり、そのまま史実とはいえません。

　『**古事記**』（712）は、神話から**推古朝**までが内容範囲で、日本語の固有名詞などを漢字を用いて表しています。古くにまとめられた『帝紀』『旧辞』 →第2章 の内容を〔**天武天皇**〕が検討し、**稗田阿礼**によみならわせたものを、のちに**太安万侶**が書いて記録したものです。

　一方、『**日本書紀**』（720）は神話から**持統朝**までが内容範囲で（7世紀までの歴史が書かれている）、**舎人親王**が編纂の中心となり、中国にならった**漢文**の**編年体**（時代順に出来事を記していく）で書かれています。そして、〔**醍醐**

天皇〕の時代における『日本三代実録』まで→第5章、漢文で書かれた正史が合計六つ編纂されました（六国史）。

　国史とならび、国ごとに地理や産物や伝承などを報告させた地誌の『風土記』も編纂されました。

(3) 最古の漢詩集『懐風藻』や、最古の和歌集『万葉集』が編纂された

　漢詩文は、律令国家の貴族や官人に中国的な教養が求められたことから、盛んに作成されました（淡海三船らが文人として知られる）。『懐風藻』は、皇族・貴族の漢詩を集めた、現存最古の漢詩集です。

　和歌は、天皇から民衆に至るまで広く詠まれました（大伴家持らが歌人として知られる）。『万葉集』は、現存最古の和歌集で、漢字の音・訓を用いて日本語を表す万葉仮名が用いられ、東国の農民がうたった東歌や防人歌も収録されています。

ポイント ▶ 天平文化

仏教：鎮護国家思想／南都六宗（理論研究）／諸国に国分寺・国分尼寺
　　　行基…民間布教／鑑真…戒律を伝え東大寺に戒壇設立、唐招提寺

美術：建築…東大寺法華堂／東大寺正倉院宝庫（校倉造）
　　　彫刻…塑像（粘土）・乾漆像（漆と布）
　　　　　　東大寺法華堂不空羂索観音像（乾漆像）
　　　　　　興福寺阿修羅像（乾漆像）／唐招提寺鑑真像（乾漆像）
　　　絵画…薬師寺吉祥天像／正倉院鳥毛立女屏風
　　　工芸…正倉院宝物（聖武上皇の遺品、螺鈿紫檀五絃琵琶など）
　　　　　　百万塔と百万塔陀羅尼（現存最古の印刷物）

教育：明経道（儒教）重視／大学（式部省）は中央貴族、国学は地方豪族

歴史：『古事記』…稗田阿礼が『帝紀』『旧辞』をよみならう→太安万侶筆録
　　　『日本書紀』…中国にならった漢文・編年体、舎人親王が中心
　　　→『日本三代実録』まで国史編纂が続く（六国史）
　　　『風土記』…諸国の地誌

文学：『懐風藻』…現存最古の漢詩集／『万葉集』…現存最古の和歌集、万葉仮名

4 弘仁・貞観文化（9世紀）

 天平文化の次は**弘仁・貞観文化**だ。ようやく**平安時代の前期**に入った。**9世紀**も天皇がたくさんいて、どの天皇が代表的なんだろう。

 三代格式の名前に →第5章 、ヒントがあるよ。

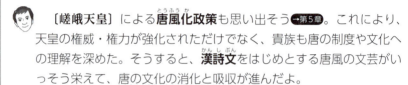

弘仁格式のときの〔**嵯峨天皇**〕は簡単だけれど、貞観格式のときの〔**清和天皇**〕はちょっと難しいね。でも、清和の摂政になったのが外祖父の**藤原良房**だ →第5章 。9世紀の政治は思い出せたよ。

〔**嵯峨天皇**〕による**唐風化政策**も思い出そう →第5章 。これにより、天皇の権威・権力が強化されただけでなく、貴族も唐の制度や文化への理解を深めた。そうすると、**漢詩文**をはじめとする唐風の文芸がいっそう栄えて、唐の文化の消化と吸収が進んだよ。

 貴族たちが、唐の文化を使いこなせるようになった感じなんだね。

① 仏　教

仏教では、**密教**が登場しました。密教は、秘密の呪法によって仏の世界に直接ふれることができると説き、**加持祈禱**（仏の呪力を得る祈り）によって**現世利益**（この世での幸福）をめざします。これが、国家安泰を願う朝廷や、一族繁栄などの現世利益を願う皇族・貴族に受け入れられました。その背景となる、平安時代初期の動きから見ていきましょう。

⑴ **桓武天皇・嵯峨天皇は、最澄・空海がもたらした新しい仏教に期待した**

長岡京・平安京への遷都は、仏教勢力の政治介入を避けるという目的もあったため →第5章 、平城京や近辺にあった大寺院は、新しい都に移転しませんでした。そして、〔**桓武天皇**〕や〔**嵯峨天皇**〕は、最澄と空海が唐からもたらした仏教に対し →第4章 、新しい鎮護国家の役割を期待しました。日本の仏教文化の中心となる**天台宗**と**真言宗**は、こうして始まったのです。

⑵ **最澄は天台宗を開き、天台宗はのち密教化を進め、空海は真言宗を開いた**

最澄が開いた**天台宗**は、比叡山の**延暦寺**が中心です。最澄は、東大寺とは別の大乗戒壇の設立を求め、『顕戒論』を著しました。のち、最澄の弟子の**円仁**と**円珍**が、天台宗のなかで密教の要素を強めました（**台密**）。しかし、円仁の

山門派（**延暦寺**）と円珍の寺門派（**園城寺**）に分かれて対立しました。円仁は、遣唐使に同行した経験を『**入唐求法巡礼行記**』に記しています。

　天台宗は、法華経を中心に、密教や禅や念仏などさまざまな仏教の要素を含んでいたため、延暦寺は仏教を学び修行する中心となりました。のち、鎌倉新仏教の開祖の多くがここで学び、新しい宗派を開きます →第12章。

　空海が開いた**真言宗**は、**高野山**の**金剛峰寺**や、〔**嵯峨天皇**〕が空海に与えた平安京内の**教王護国寺**（**東寺**）が中心です。空海は、『**三教指帰**』を著して仏教の世界に入り、唐で密教を学びました。真言宗は、仏教のうち密教の優位を主張し、密教の本流となりました（**東密**）。

密教
●天台宗：**台密**
┌ 円仁の山門派…**延暦寺**
└ 円珍の寺門派…**園城寺**
●真言宗：**東密**

⑶　天台・真言の影響で、日本古来の山岳信仰から修験道が成立した

　神仏習合の一つとして、このころ生まれたのが**修験道**です。天台宗・真言宗は山中での修行を重視したので、仏教が日本古来の山岳信仰と結びついて成立しました（山伏がほら貝を吹くイメージ）。

② 美術（仏教・その他）

　仏教美術は、天台宗・真言宗（密教）の影響を強く受けました。寺院では、**室生寺**に注目しましょう。書道では、唐風の影響が見られました。

⑴　山岳寺院が登場し、一木造の技法が生まれ、密教による曼荼羅も描かれた

　山中での修行を重視した天台宗・真言宗の影響で、山岳寺院が造られました。伽藍は山の地形に応じて自由に配置され、屋根は瓦ではなく檜皮（ヒノキの樹皮）などでふかれました。**室生寺**の**金堂・五重塔**が代表例です。

　彫刻では、一本の木から仏像を彫り出す**一木造**の木像が登場し、室生寺弥勒堂の釈迦如来坐像などには、波打つように衣文を表現する**翻波式**の技法が見られます。密

弘仁・貞観文化 （★は人名）
●建築
室生寺金堂・五重塔…山岳寺院
●彫刻
室生寺弥勒堂釈迦如来坐像【**一木造・翻波式**】
観心寺如意輪観音像
薬師寺僧形八幡神像…神像彫刻
●絵画
教王護国寺両界曼荼羅…**曼荼羅**
園城寺不動明王像（黄不動）
●書道
風信帖…★空海、唐風の書
●文学
凌雲集・文華秀麗集・経国集…勅撰漢詩集
性霊集…★空海、漢詩文集

教の影響による仏像には、神秘的な雰囲気の**観心寺**の**如意輪観音像**などがあります。

神仏習合の影響で、仏像をまねて日本の神々を偶像化した神像彫刻が生まれました。薬師寺の僧形八幡神像は、僧侶の姿をした八幡神を表現しています。

絵画では、密教の世界を図式化した曼荼羅が描かれました。密教の影響による絵画には、教王護国寺の両界曼荼羅や、園城寺の不動明王像があります。

(2) 唐風の書体がもてはやされ、三筆が登場した

貴族が漢字文化に習熟すると、書道にも唐風の影響が及び、唐様の力強い書体がもてはやされました。三筆と称されたのは、嵯峨天皇・空海・橘 逸勢です→第5章。空海が最澄にあてた手紙が「風信帖」として残っています。

③ 学問・文学

律令国家を支える学問・教育や、貴族社会に広まった文学を見ましょう。

(1) 中国の文学・史学を学ぶ紀伝道が重視され、貴族は大学別曹を設けた

貴族は、大学で教育を受けることが必須とされ、儒教を学ぶ明経道に加えて、漢詩文や中国の史書を学ぶ紀伝道も重視されました。貴族は、一族子弟の勉学のために寄宿舎である大学別曹を設けました。藤原氏の勧学院、在原氏や皇族の奨学院、橘氏の学館院、和気氏の弘文院が作られました。

また、空海は、庶民教育の施設である綜芸種智院を、平安京内に設けました。（「藤原氏・勧学院、在原氏・奨学院、橘氏・学館院、弘文院・和気氏」の頭文字は「ふか、あし　たが　こわ　い（不可、明日が怖い）」となります。）

(2) 勅撰漢詩集の編纂事業が進められ、漢文学が盛んとなった

〔嵯峨天皇〕の唐風化政策のもと、天皇主導による文化事業が展開し、勅撰（天皇の命令で選定する）による漢詩集の編纂が進められました。〔嵯峨天皇〕の命令による『凌雲集』に続き、

漢詩集と和歌集
●漢詩集
懐風藻…現存最古の漢詩集（天平文化）
凌雲集…最初の勅撰漢詩集（弘仁・貞観文化）
●和歌集
万葉集…現存最古の和歌集（天平文化）
古今和歌集…最初の勅撰和歌集（国風文化）

『文華秀麗集』『経国集』も編まれました。漢詩文を作ることが貴族の教養として重視され、漢文学が貴族の間でいっそう盛んになりました。個人の漢詩文集としては、空海の『性霊集』などがあります。

ポイント 弘仁・貞観文化

仏教：**密教**…**加持祈禱**で**現世利益**を願う→朝廷や皇族・貴族が受容
　　　天台宗…**最澄**、**比叡山延暦寺**→**円仁・円珍**が密教化（**台密**）
　　　真言宗…**空海**、**高野山金剛峰寺**・**教王護国寺**、密教（**東密**）
　　　修験道…仏教と山岳信仰が融合
美術：建築…**室生寺金堂・五重塔**（山岳寺院、自由な伽藍配置）
　　　彫刻…**一木造**（一本の木から彫り出す）・**翻波式**（波打つ衣文）
　　　　　　室生寺弥勒堂釈迦如来坐像（一木造・翻波式）
　　　　　　観心寺如意輪観音像／薬師寺僧形八幡神像（神像彫刻）
　　　絵画…**曼荼羅**（密教の世界観）
　　　書道…**三筆**（唐様、嵯峨天皇・空海・**橘 逸勢**）
教育：**紀伝道**（中国の文学・史学）重視
文学：『**凌雲集**』『**文華秀麗集**』『**経国集**』…勅撰漢詩集
　　　『**性霊集**』…空海の漢詩文集

5 国風文化（10世紀～11世紀）

　弘仁・貞観文化の次は国風文化だ。これで古代文化は終わり！　**平安時代中期の10世紀・11世紀、摂関政治の時期の文化**でいいかな。

　それでOK。ただ、10世紀は〔醍醐天皇〕〔村上天皇〕の時代も含むよ。ところで、文化の特徴は、もう気付いているよね。

　弘仁・貞観文化は唐風化で、国風文化は**国風化**だよね。9世紀末に**遣唐使が停止**されたから、中国の文化を捨てて日本的な文化が作られたんだね。

　唐は10世紀初めに滅び、唐からの文化流入はなくなったけれど、中国から民間の貿易船が来航し、**唐物**が輸入され続けたよ→第5章。

　そうしたら、中国文化の影響は国風文化の時期にも続いたのか。国風化というけれど、中国文化がベースなんだね。

　7世紀から10世紀にかけて入ってきた中国文化が十分に定着し、それを日本人の好みや日本の風土に合わせて作りかえたんだよ。

仮名文字は漢字をもとに作られたから、それも国風化なんだね。

① 仏 教

　この時期の仏教は、密教が現世利益を求める皇族・貴族に広まるとともに、**浄土教**（**浄土信仰**）も流行してきました。浄土教は、**阿弥陀仏**を信じて**念仏**をおこない、**来世**において**極楽浄土へ往生**する（死後において極楽の世界へ生まれ変わる）ことを願います。当時、仏法が衰えた末法の世がやってくるとする**末法思想**が流行し（1052年から末法の世に入るとされた）、災厄による社会不安とともに、来世での救済を願う気持ちが人々に広まっていたのです。

⑴　空也による布教や源信の『往生要集』などによって、浄土教が広められた
　浄土教は、すでに10世紀半ばに**空也**（市聖）が京都市中で念仏を説いていましたが、**源信**が10世紀後期に**『往生要集』**を著して念仏の理論と方法を示すと、浄土教は貴族社会に広く浸透しました。**慶滋保胤**の**『日本往生極楽記』**など、往生したとされる人の伝記を集めた**往生伝**も書かれました。

⑵　神仏習合では本地垂迹説が現れ、御霊信仰も広まった
　神仏習合では、「日本の神は、仏が仮に姿を変えてこの世に現れたもの（仏が上で神が下）」とする**本地垂迹説**が現れ、神仏習合の理論化が進みました。
　また、怨霊の祟りをしずめて疫病などの災厄を防ぐ**御霊信仰**が広まり、北野天満宮（菅原道真をまつる）や祇園社などで**御霊会**がもよおされました。

② 美術（仏教・その他）

　仏教美術では、浄土教にもとづく作品が生まれました。寺院では、**平等院**に注目しましょう。絵画や書道では、国風化の影響が見られました。

⑴　浄土教の影響で、阿弥陀堂や阿弥陀如来像が作られ、来迎図も描かれた
　建築では、**阿弥陀堂**が盛んに建てられました。**藤原道長**は阿弥陀堂を中心に**法成寺**を創建し（現存せず）、**藤原頼通**は宇治の**平等院鳳凰堂**を建てるなど →第5章、浄土教を背景に、上級貴族による造寺造仏が盛んにおこなわれました。
　彫刻では、**阿弥陀如来像**が盛んに作られました。**平等院鳳凰堂の阿弥陀如来像**を作った仏師の**定朝**は、複数の仏師が仏像の部分ごとに製作する**寄木造**の技法を完成し、分業による大量生産で仏像の需要にこたえました。

絵画では、臨終の人のもとへ阿弥陀仏が極楽浄土から迎えに来る来迎図が描かれました（高野山の聖衆来迎図など）。

国風文化（1）（★は人名）
●建築
平等院鳳凰堂…★藤原頼通が建立、阿弥陀堂
●彫刻
平等院鳳凰堂阿弥陀如来像…★定朝、【寄木造】
●絵画
高野山聖衆来迎図…来迎図
●書道
離洛帖…★藤原佐理、和風の書

(2) 国風美術では、大和絵が描かれ、和様の三跡が登場した

絵画・書道・工芸では国風化が進みました。絵画では、日本の風景などを画題とする**大和絵**が、貴族の邸宅の襖や屏風を飾りました。書道では、仮名文字が普及した影響で、**和様**の優美な書体が発達しました。**三跡**（三蹟）と称されたのは、**小野道風・藤原佐理**（「離洛帖」）・**藤原行成**です。工芸では、蒔絵（漆で文様を描き金・銀粉を付ける）や、螺鈿（貝殻を薄くみがいて漆器にはめ込む）の技術が発達しました。

③ 文学・生活

国風化を示すのは、なんといっても仮名文字の登場でしょう。万葉仮名の草書体をくずした**平がな**や、漢字の一部を取った**片かな**によって、日本語の表現が豊かになり、特に女性の手による物語・日記・随筆などの仮名文学が発達しました。また、貴族の生活様式もととのえられました。生活史についても、**教科書**などに載る**写真**を確認しておきましょう。

(1) 仮名文字を用いた物語・日記などが発達した

上級貴族が娘を天皇の后とし、文学的教養や才能ある女性をつき添わせたことから、女性を中心とする**仮名文学**が発達しました。

和歌では、最初の勅撰和歌集である『**古今和歌集**』が、〔**醍醐天皇**〕の命令で**紀貫之**らにより編集されました。

物語では、最初の物語でかぐや姫伝説を素材とした『**竹取物語**』や、最初の歌物語である『**伊勢物語**』につづき、**紫式部**が光源氏の一生を中心とした壮大な王権の物語である『**源氏物語**』を作りました。

随筆では、**清少納言**が鋭い観察眼で宮廷社会の体験を『**枕草子**』に記しました。紫式部が仕えた〔**一条天皇**〕の中宮**彰子**や、清少納言が仕えた皇后**定子**については、系図を確認しましょう→第5章。

日記では、**紀貫之**が国司として赴いた土佐から都までの紀行を記した『**土佐**

日記』が、仮名日記の最初です。

⑵　貴族は寝殿造に居住し、正装は束帯・女房装束で、陰陽道に従い行動した

　最後に、貴族の生活を見てみましょう。貴族の住宅は、日本風の**寝殿造**で、寝殿を中心に北・東・西に対屋、池の所に釣殿、これらを結ぶ渡殿、という構造になっています。

　衣服は、貴族の男性の正装は**束帯**（簡略なのが衣冠）で、武士は直垂、庶民は水干を着ました。貴族の女性の正装は**女房装束**（**十二単**）です。

　食事は1日2回で、仏教の影響で獣肉は用いませんでした。成人儀式として、男性は元服、女性は裳着をおこないました。

　行動は、中国から伝来した吉凶を占う**陰陽道**の影響が大きく、**物忌**（自宅に引きこもる）や**方違**（凶の方角を避けて行動する）がおこなわれました。

国風文化（2）（★は人名）
- ●文学
- ○和歌
  - 古今和歌集（905）
    - …★〔醍醐〕の勅撰　★紀貫之らの編
- ○物語
  - **竹取物語**…最初の物語
  - **伊勢物語**…最初の歌物語
  - **源氏物語**…★紫式部
- ○日記
  - 土佐日記…★紀貫之、仮名日記
  - 蜻蛉日記…★藤原道綱の母
  - 更級日記…★菅原孝標の女
- ○随筆
  - 枕草子…★清少納言
- ○歌謡
  - 和漢朗詠集…★藤原公任

ポイント▶ 国風文化

仏教：**浄土教**…**阿弥陀仏**を信仰し**来世**での**極楽往生**を願う、**末法思想**
　　　空也の布教（10世紀半ば）／**源信**『**往生要集**』（10世紀後期）
　　　往生伝（伝記）…慶滋保胤『**日本往生極楽記**』
　　　神仏習合…**本地垂迹説**／**御霊信仰**（怨霊を鎮める）→**御霊会**

美術：建築…**平等院鳳凰堂**（**藤原頼通**の**阿弥陀堂**）※**藤原道長**の**法成寺**
　　　彫刻…平等院鳳凰堂阿弥陀如来像（**定朝**の**寄木造**）
　　　絵画…**来迎図**（阿弥陀仏が迎える）※**大和絵**は日本の自然
　　　書道…**三跡**（和様、**小野道風・藤原佐理・藤原行成**）

文学：**仮名文字**（平がな・片かな）→女性を中心とする**仮名文学**の発達
　　　和歌…『**古今和歌集**』（〔醍醐〕の勅撰、**紀貫之**らの編）
　　　物語…『**竹取物語**』・『**伊勢物語**』・紫式部『**源氏物語**』
　　　随筆…清少納言『**枕草子**』／日記…紀貫之『**土佐日記**』

生活：**寝殿造**／**束帯・女房装束**／**陰陽道**（吉凶を占う）→**物忌・方違**

※古代文化の概略です。ヨコに見て、くらべながら変化をつかみましょう。

古代文化の概観

	飛鳥文化	白鳳文化	天平文化	弘仁・貞観文化	国風文化
年代	7世紀前半	7世紀後半	8世紀 (奈良時代)	9世紀 (平安時代前期)	10～11世紀 (平安時代中期)
政治	[推古]	[天武・持統]	[聖武]	[嵯峨・清和]	摂関政治期
特徴	豪族・渡来人中心	国家 (天皇) 中心	唐文化の影響	唐文化の消化	中国文化の改変
仏教	氏族仏教 (氏寺) 呪術の一種として受容	国家仏教 (官寺) 護国経典を重視	鎮護国家の思想 南都六宗…理論研究	密教…加持祈禱 現世利益を願う	浄土教…阿弥陀仏来世で極楽往生を願う
美術	法隆寺金堂・ 五重塔	薬師寺東塔	東大寺法華堂	室生寺金堂・ 五重塔(山岳寺院)	平等院鳳凰堂 (阿弥陀堂)
	法隆寺金堂釈迦三尊像 中宮寺半跏思惟像 【金銅像・木像】	薬師寺金堂薬師三尊像 興福寺仏頭 【金銅像】	東大寺法華堂不空羂索観音像 興福寺阿修羅像 【塑像・乾漆像】	室生寺弥勒堂釈迦如来坐像 観心寺如意輪観音像 【一木造・翻波式】 曼荼羅	平等院鳳凰堂阿弥陀如来像 【寄木造】 来迎図
その他		漢詩文・和歌	漢詩文・和歌 国史・地誌 ※万葉仮名	勅撰漢詩集	勅撰和歌集 物語・日記 ※仮名文字
			明経道	紀伝道	
				三筆 (唐様)	三跡 (和様)

【1】（2019年度　追試験）

　次の史料に記された寺院について、その伽藍配置の推定復元図として正しいものを、以下の①〜④のうちから一つ選べ。なお、図はすべて上が北である。

史料
金堂一宇^(注1)、（中略）、瓦葺き、（中略）。
講堂、（中略）、瓦葺き、（中略）。
東塔一基、七重瓦葺き、（中略）。この塔は金堂の巽方^(注2)にあり。（中略）。西塔跡、礎石なお存す。

（『七大寺巡礼私記』）

（注1）　宇：宇は建物を数える単位。　（注2）　巽方：南東方向。

①　飛鳥寺

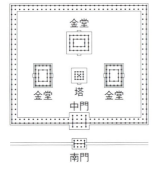

②　法隆寺

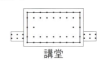

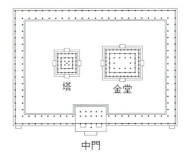

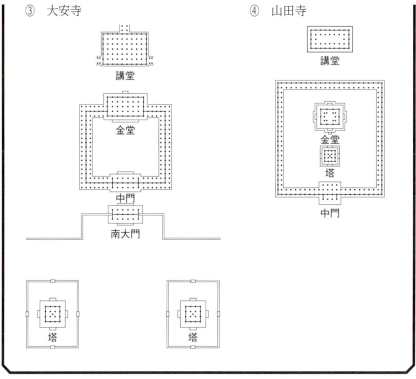

③　大安寺

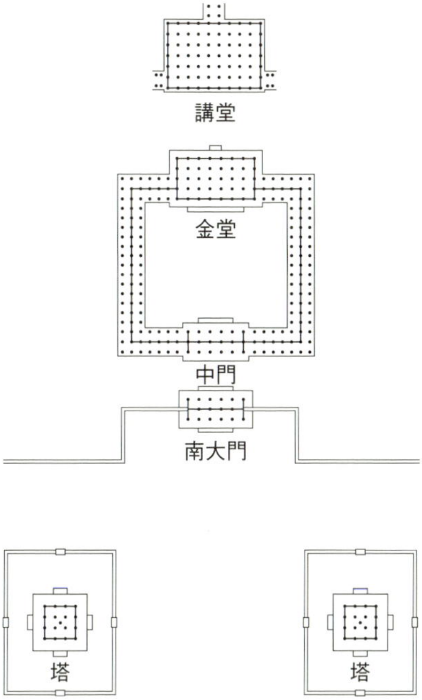
講堂
金堂
中門
南大門
塔
塔

④　山田寺

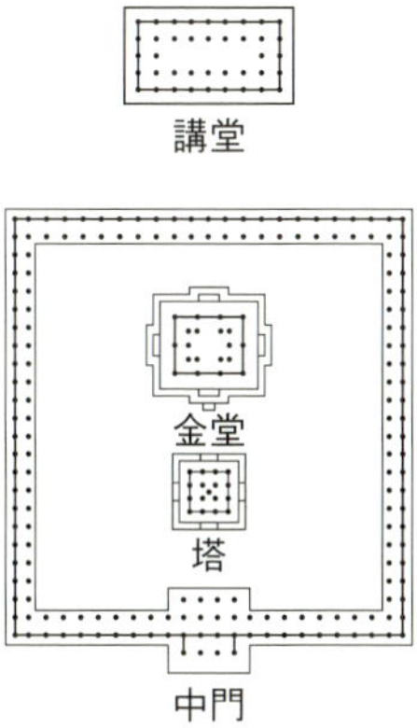
講堂
金堂
塔
中門

解説　共通テストでは、**複数の史料（資料）から情報を取り出して整理し、出来事の要因を考察する**出題が予想されます。史料の「金堂（こんどう）一宇」は、(注) の「宇は建物を数える単位」を参照し、伽藍（がらん）のなかに一つの金堂があることを読み取ります。さらに、「東塔一基」が「金堂の巽方（＝南東方向）」にあり、「西塔跡」もあることを読み取ります。そして、「図はすべて上が北である」ことをふまえて選択肢の図版から情報を読み取り、史料の内容とつき合わせていきましょう。

① 金堂が三つあるので、あてはまりません。
② 金堂は一つですが、塔は金堂の西（図では左の方向）にあるので、あてはまりません。
③ 金堂は一つで、しかも塔が金堂の南東（図では右下の方向）にあります。さらに、塔が二つ、東と西（図では左右の方向）に存在しています。
④ 金堂は一つですが、塔は金堂の南（図では下の方向）にあるので、あてはまりません。

⇒したがって、③が正解です。

解答　③

第1問

　「国の始まり」をテーマとする学習で、鈴木さんは邪馬台国について、山本さんは「日本」という国号について調べた。それぞれの発表資料を読み、下の問いに答えよ。（鈴木さんの発表資料は省略）

○　山本さんの発表資料

　「日本」という国号がいつ成立したのかはよく分かっていないが、8世紀初めの遣唐使は「日本国使」を名乗っている。東アジアの国際社会で、ⓐ「倭」に代わって「日本」が認められたのは、この頃のようだ。貧窮問答歌で知られる山上憶良もこの遣唐使の一員として唐に渡ったときに、「日本」という文字を詠みこんだ歌を作っている。11世紀初めにⓑ藤原道長が埋納した経筒には、「大日本国左大臣正二位藤原朝臣道長」と記されていて、道長が「日本」を意識していたことが分かる。

問1　　下線部ⓐに関連して、先生が次のような**図**と**年表**を示してくれた。山本さんは、倭国使と百済使で描かれ方が違うことに気付き、その理由を考えた。理由 X・Y について、その正誤の組合せとして正しいものを、下の①〜④のうちから一つ選べ。

図

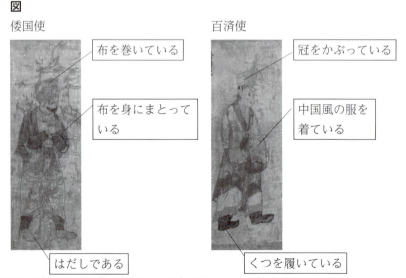

倭国使
- 布を巻いている
- 布を身にまとっている
- はだしである

百済使
- 冠をかぶっている
- 中国風の服を着ている
- くつを履いている

「梁職貢図」梁の武帝（在位502〜549）時代の梁への外交使節の姿を描いている。

年表

6世紀前半の梁（中国）と倭・百済との外交関係

西暦（年）	事　項
502	梁が、百済王・倭王に将軍号を与える
512	百済が梁に朝貢する
521	百済が梁に朝貢する／梁が百済王に将軍号を与える
534	百済が梁に朝貢する
541	百済が梁に朝貢し、博士や工匠・画師を求める
549	百済が梁に朝貢する

理由

  X　百済は、中国から積極的に文化を受け入れているようなので、百済使は中国風の身なりに描かれているのだろう。

  Y　当時、倭は梁にひんぱんに朝貢していないようなので、倭国使は古い時代の風俗で描かれているのだろう。

① **X**　正　　**Y**　正　　② **X**　正　　**Y**　誤
③ **X**　誤　　**Y**　正　　④ **X**　誤　　**Y**　誤

問2 次の写真は、下線部ⓑの経筒である。この経筒に示される仏教信仰を表す文化財として**適当でないもの**を、下の①〜④のうちから一つ選べ。

大日本国左大臣正二位藤原朝臣道長

経筒に記された埋経の趣旨
「この経筒に経典を納めて埋める。それは極楽浄土に往生することを願うからである。」

①

②

③

④

第2問

　陸上競技の「駅伝」は日本独特のもので、その名称は古代の駅制に由来するという説もある。古代の駅制では、七つの官道（七道）に一定間隔で駅家が設けられ、公用の者は駅家に置かれた馬を乗り継いで目的地に達した。古代の官道と付随する諸施設に関する次の問いに答えよ。（資料は、一部省略したり、書き改めたりしたところもある。）

問1　次の**写真**と**地図**から読み取れる情報X・Yと、情報から考えられる古代の官道の性格についての考察a～dの組合せとして正しいものを、下の①～④のうちから一つ選べ。

写真

曲金北遺跡（静岡県）

地図

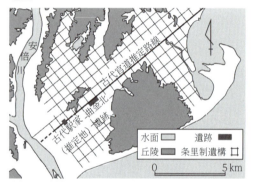

（武部健一『古代の道』により作成）

X　発見された道路は直線的な道路である。

Y　官道の推定路線と条里制遺構の一辺とは方位が一致している。

a　官道は、国府と郡や里を結ぶために造られた。

b　官道は、中央と地方との情報伝達の速さを重視して造られた。

c　官道は、都の街路と同じ方位でルートが設定された。

d　官道は、土地の区画制度の基準と関係している。

①　X － a　　　Y － c　　　②　X － a　　　Y － d
③　X － b　　　Y － c　　　④　X － b　　　Y － d

問2 播磨国の小犬丸遺跡は、古代の官道跡が見つかるとともに、初めて駅家の構造が発掘調査で分かった遺跡である。次の**表**と**資料**を参考に下の問い(1)・(2)に答えよ。

表 小犬丸遺跡の変遷

7世紀以前	湧水地点があり、谷間の一部で水田耕作が行われていた。
8世紀前半	山のふもとに7m幅の道路が存在する。(7mは発見できた道幅)
8世紀後半～10世紀頃	道路は幅を維持したまま使用されている。
11～12世紀	道路部は埋まり、新たに掘立柱建物が建てられる。
13世紀～	掘立柱建物が姿を消し、水田となる。

(『小犬丸遺跡Ⅱ』により作成)

資料 806年に出された勅

　勅すらく、「備後・安芸・周防・長門等の国の駅館は、もと蕃客(注1)に備えて、瓦葺粉壁(注2)とす。頃年、百姓疲弊し、修造すること堪え難し。あるいは蕃客入朝するに、便りに海路に従う。その破損は、農閑に修理せよ。……」。

(『日本後紀』)

(注1) 蕃客：外国使節
(注2) 瓦葺粉壁：瓦葺き屋根で白壁であること。瓦を葺かない掘立柱の平屋建物や竪穴住居が一般的な中で、周囲から目立つ存在であった。

(1) **表**と**資料**が表している官道の名称を、次の①～④のうちから一つ選べ。

　　① 山陽道　　　② 山陰道　　　③ 東海道　　　④ 中山道

(2) **表**と**資料**から古代の官道制度が衰退した背景として考えられる次の文**X・Y**について、その正誤の組合せとして最も適当なものを、下の①～④のうちから一つ選べ。

　　X 官道制度の衰退の背景には、百姓を雑徭などの労役に動員する律令制の変化がある。
　　Y 官道制度の衰退の背景には、外国使節の交通路の転換がある。

　　① **X** 正　　**Y** 正　　　② **X** 正　　**Y** 誤
　　③ **X** 誤　　**Y** 正　　　④ **X** 誤　　**Y** 誤

第1問

問1 **資料の特徴がなぜ生じたのかを、別の資料と照らし合わせて考察する問題です。**「倭国使と百済使で描かれ方が違う」「理由」が問われています。

X　百済が「中国から積極的に文化を受け入れている」ことは、**年表**の「博士や工匠・画師を求める」ことから読み取れます。「百済使は中国風の身なりに描かれている」ことは、**図**の説明に同じ内容が書かれています。そして、「（中国の）文化を受け入れている」から「中国風の身なりに描かれている」、という因果関係も成立します。

Y　「倭は梁にひんぱんに朝貢していない」ことは、**年表**にある百済の朝貢の多さ（512・521・534・541・549）とくらべれば、正しいとわかります。そして、「ひんぱんに朝貢していない」から「古い時代の風俗で描かれている」、という因果関係も、誤りとはいえません（梁からすれば、朝貢してこない倭の風俗はわからないので、以前の情報から想像して描くしかないでしょう）。しかし、**図**の説明にある「布」「はだし」が「古い時代の風俗」だといい切れるかどうか。中国の文化を取り入れない倭を見下しているので野蛮なイメージで描いている、という解釈もありえます。こういった場合、別の解釈も可能だから選択肢は誤り、と判断するのではなく、明確な誤りがなければ選択肢は正しい、と判断するといいです。

⇒したがって、①（X　正　　Y　正）が正解です。

解答　①

問2 **センター試験に引き続き、共通テストでも、写真を用いた文化史の出題が考えられます。写真**の「極楽浄土に往生することを願う」から、「経筒に示される仏教信仰」は浄土教だと判断しましょう。

① 鎌倉文化の、六波羅蜜寺空也上人像です。この像は国風文化とは異なりますが、空也は京都市中で浄土教を広めた人物ですから、正しいです。

② 弘仁・貞観文化の、教王護国寺両界曼荼羅です（曼荼羅ということが判断できればOK）。曼荼羅は、密教と関係が深いので、誤りです。

③ 国風文化の、平等院鳳凰堂です。浄土教と関係が深い阿弥陀堂ですね。

④ 国風文化の、高野山聖衆来迎図です（来迎図ということが判断できればOK）。来迎図は、浄土教と関係が深いので、正しいです。

⇒したがって、②が正解です。

解答　②

第2問

問1 **選択肢で与えられた情報と、そこから推定できる内容が、論理的につな**

がるかどうかが**問われています**。情報 **X・Y** と、選択肢 **a ～ d** との因果関係が成立するのかを、判断しましょう。

a　官道は「直線的」だから「国府と郡や里を結ぶ」ことが目的だった、という因果関係は成立しないので、誤りです。知識を用いれば確実で、官道は中央（畿内）と地方とを直結させて中央集権的な地方支配を実現するために作られたのであり、「国府と郡や里を結」んだのではありません。

b　**地図**の「古代駅家」や、**写真**の道路幅「9m」に注目しましょう。官人が馬を利用して「中央と地方」を結ぶ官道を往来するので、「直線的」であることは「情報伝達の速さ」につながる、と推定が可能ですね。

c　「都の街路」は、条坊制によって東西南北に作られた直線道路であることを思い出しましょう。そして、**地図**からは、官道が北東（南西）方向に向かっていることが読み取れますから、方位が異なることがわかります。

d　これは、「条里制」が「土地の区画制度」であることを理解していれば、**Y** と **d** が同じことをいっている、ということがわかります。

⇒したがって、④（**X－b**　　**Y－d**）が正解です。

解答 ④

問2（1）**古代の行政区画は、地図上の位置や、現在の都道府県との対応関係も含めて、覚えましょう。** 遺跡の「播磨国」や**資料**の「備後・安芸・周防・長門」から、中国地方で瀬戸内海に面する国々の官道だと判断します。

⇒したがって、①（山陽道）が正解です。

解答 ①

問2（2）**歴史的な事象の背景を、資料から根拠を見つけて考えることができるかが問われています。**「古代の官道制度が衰退した」という条件を頭の片隅に置き、選択肢 **X・Y** の根拠を、**表**や**資料**から見いだしましょう。

X　**表**からは、「8世紀後半～10世紀頃」に維持された官道が「11～12世紀」に衰退したことが読み取れます。転換点となった10世紀は、地方支配が変質し、税制も変化した時期ですから、「百姓を雑徭などの労役に動員する律令制の変化」によって官道が維持できなくなったことが推定できます。

Y　（注）も利用して、資料のおおまかな意味を解釈しましょう。【官道の駅家の建物は外国使節に備えて瓦屋根・白壁だったのが、百姓が弱体化して修理が困難となり、また、外国使節は海路を利用するようになったから、修理は農閑期にせよ】という内容です。したがって、「外国使節の交通路の転換」によって官道を維持する必要性が薄れたことが推定できます。

⇒したがって、①（**X　正　　Y　正**）が正解です。

解答 ①

中世 総合年表

世紀	天皇	権力者	政治・外交・社会	兵乱	文化
11世紀	後三条		第8章 1院政		第12章 1院政期文化
	白河				
	堀河	白河上皇			
12世紀		鳥羽上皇		第8章 2保元・平治の乱と平氏政権	
		後白河上皇			
	安徳	平清盛			

世紀	将軍	執権	政治（兵乱）	外交・社会・経済				文化
12世紀			第8章 3鎌倉幕府の成立	第9章 2武士の社会と生活	第11章 1中世の外交	第11章 2経済の発展		第12章 2鎌倉文化
13世紀	①源頼朝							
	②源頼家		第9章 1執権政治					
	③源実朝	（1）時政						
		（2）義時						
	④藤原頼経	（3）泰時						
	⑤藤原頼嗣							
	⑥宗尊親王	（5）時頼						
		（8）時宗	第9章 3蒙古襲来と得宗専制政治					
		（9）貞時						

世紀	天皇		権力者	政治（兵乱）	外交・社会・経済			文化
14世紀	光厳		北条高時	第10章 1鎌倉幕府の滅亡と建武の新政	第10章 4惣村と土一揆	(11-1)中世の外交	(11-2)経済の発展	(12-2)鎌倉文化
	後醍醐 （南朝）（北朝）		後醍醐天皇					第12章 3室町文化
		光明	①尊氏	第10章 2室町幕府の成立と南北朝の内乱				
	後亀山		③義満	第10章 3室町幕府の安定				
15世紀	後小松		④義持					
			⑥義教					
			⑧義政	第11章 3応仁の乱と戦国時代				
16世紀								

II 中世

この時代のテーマ

第8章 武家政権の成立：院政～平氏政権～鎌倉幕府成立の過程と、封建制度の特徴を見ます。

第9章 鎌倉幕府の展開：執権政治～得宗専制政治の過程と、武士社会のしくみを理解します。

第10章 室町幕府の支配：鎌倉末期から室町中期への展開と、農村社会のあり方を理解します。

第11章 中世社会の展開：中世の外交・経済、応仁の乱と国一揆、戦国時代を扱います。

第12章 中世文化：仏教文化の展開を中心に、公家文化・武家文化・庶民文化の側面も見ます。

武家政権の成立

世紀	天皇	権力者	政治・外交・社会	兵乱	東アジア
11世紀	後三条		**1 院政** **①後三条天皇の親政** 延久の荘園整理令 **②院政の展開** 白河上皇の院政開始（1086） 院政（白河・鳥羽・後白河） **③院政の構造と社会** 院宣・院庁下文　院近臣 僧兵の強訴→武士の進出	……………（1） （2）	宋
	白河				
	堀河				
	鳥羽	白河上皇		**2 保元・平治の乱と平氏政権** **①伊勢平氏の台頭** 正盛・忠盛・清盛 院に接近	高麗
	崇徳				
	近衛	鳥羽上皇			
	後白河			**②保元・平治の乱** 保元の乱（1156） 平治の乱（1159） →平清盛が勝利	
12世紀	後白河上皇		**③平氏政権** 平清盛、太政大臣に 日宋貿易を推進（大輪田泊） 後白河法皇を幽閉 〔安徳天皇〕即位（1180）		南宋
	安徳	平清盛			
			3 鎌倉幕府の成立 **①治承・寿永の乱と機構整備** 侍所・公文所（政所）・問注所 東国支配権を獲得 守護・地頭を任命（1185） →軍事・警察権 頼朝、征夷大将軍に（1192） **②封建制度** 将軍・御家人間の主従関係 公武二元的な支配	頼朝挙兵（1180） 平氏都落ち 壇の浦の戦い →平氏滅亡（1185） 奥州藤原氏滅亡	
	後鳥羽	源頼朝			
			………………（3）		

第 8 章 のテーマ

第8章は、古代から中世に移り変わっていく、平安時代後期から鎌倉時代初期の政治を中心に扱います。

(1) 摂関政治ののち、11世紀末から院政が始まりました。上皇（院）がどのように国政を動かしたのか。院政の政治構造の理解がポイントです。

(2) 保元の乱・平治の乱ののち平清盛が台頭すると、12世紀後期の平安時代末期には、初の武家政権である平氏政権が生まれました。貴族政権と武家政権の両面性が、どのような点に表れているのでしょうか。

(3) 12世紀末、源頼朝を中心に、安定した武家政権である鎌倉幕府が誕生しました。その成立のプロセスを追うとともに、鎌倉幕府における主従関係（御恩・奉公）のあり方をしっかり理解しましょう。

1 院政（11世紀末〜12世紀中期）

ここから、中世が始まります。平安時代後期の11世紀末、**白河上皇**によって院政が開始されました。

 院政は、天皇を退位した**上皇**が、政治をおこなうんだよね。

 もし、上皇が何人もいる状態だったら、どの上皇が院政をやると思う？

 院政をおこなえるのは天皇家のなかで一人ってことなのか。上皇になれば院政ができる、というわけじゃないんだね。

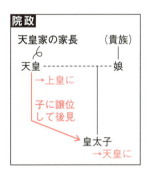

院政

天皇家の家長　　　（貴族）

天皇 - - - - - - - - - - - - - 娘

→上皇に

子に譲位して後見

皇太子
→天皇に

 天皇家の家長であることが、院政をおこなえる条件だ。

 それと、摂関政治みたいに、幼い天皇の権限を代行すればいいのかな。自分の子を天皇にして、「息子の面倒を見るんだ」とかいって。

 そういうことだね。幼少の子や孫に譲位して、**天皇の父や祖父**という立場で後見することも、院政の条件だ。

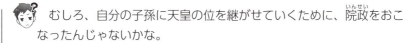 むしろ、自分の子孫に天皇の位を継がせていくために、院政をおこなったんじゃないかな。

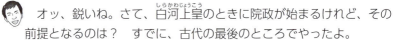 オッ、鋭いね。さて、白河上皇のときに院政が始まるけれど、その前提となるのは？　すでに、古代の最後のところでやったよ。

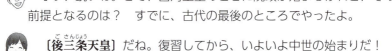 〔後三条天皇〕だね。復習してから、いよいよ中世の始まりだ！

① 後三条天皇の親政

〔後三条天皇〕の親政を確認しましょう→第6章。延久の荘園整理令（1069）で、政府が基準に合わない荘園を停止して公領に戻させたため、徴税しやすくなった受領は、後三条を支持しました。のちの院政の支持基盤の一つが、受領をつとめる中下級貴族であることに注目しましょう。

また、荘園公領制が成立すると、権力者は荘園を経済基盤とするようになりました。院政期の上皇も、荘園の寄進を受けて大量の荘園を保持しました。

② 院政の展開

後三条の次の〔白河天皇〕も親政をおこない、摂関家をおさえて天皇の権力を強化しました。そして、白河は、子の〔堀河天皇〕に譲位して上皇（院）となり、院政が開始されたのです（1086）。院政は、11世紀末から12世紀まで、白河院政・鳥羽院政・後白河院政と続きました。

年表
1068〔後三条天皇〕即位
1069 延久の荘園整理令
1072〔白河天皇〕即位
1086〔堀河天皇〕即位→白河院政（～29）
1129 鳥羽院政（～56）
1156 鳥羽上皇の死→保元の乱
1158 後白河院政（～92　1179～80停止）
1167 平清盛が太政大臣に
1180〔安徳天皇〕即位（清盛の外孫）

後白河院政は、台頭した平清盛に支えられたため、平氏政権の時期とだいたい重なります。

③ 院政の構造と社会

⑴　上皇の院宣や、院庁からの院庁下文が発され、北面の武士が置かれた

院政では、律令制のしくみは維持されたものの、上皇（院）が独自の権力を持って政治を動かしました。院（上皇の邸宅）に設けられた院庁からの院庁下文や、上皇の命令を伝える院宣が、政治的な効力を持ちました。

后妃・乳母の一族など、上皇と親密な関係にある中下級貴族は、上皇の側近

である<ruby>院近臣<rt>いんのきんしん</rt></ruby>となり、院庁の職員である<ruby>院司<rt>いんし</rt></ruby>となったり、諸国の受領に任じられたりしました。

また、上皇（院）は、軍事力も持ちました。**白河上皇**は、院の<ruby>御所<rt>ごしょ</rt></ruby>に**北面の武士**を置いて、警護させました。

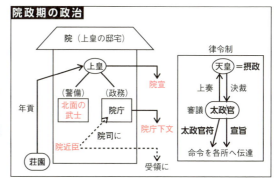

院政期の政治

院（上皇の邸宅）

上皇

（警備）　（政務）

北面の武士

院庁

年貢

院司に

院近臣

荘園

院宣

院庁下文

受領に

律令制

天皇＝摂政

上奏　　決裁

審議　　太政官

太政官符　　宣旨

命令を各所へ伝達

(2) 上皇は寄進地系荘園を経済基盤とし、知行国を分配してみずからも保持した

最高権力者である上皇（院）には荘園の寄進が集まったため、**寄進地系荘園**から納められる<ruby>年貢<rt>ねんぐ</rt></ruby>が院政の経済基盤でした。天皇家が持つ荘園群には、後白河上皇が寺院に寄進した<ruby>長講堂領<rt>ちょうこうどうりょう</rt></ruby>（のち持明院統に継承）や、鳥羽上皇が皇女に伝えた<ruby>八条院領<rt>はちじょういんりょう</rt></ruby>（のち<ruby>大覚寺統<rt>だいかくじとう</rt></ruby>に継承）があります→第10章。

院政期に登場したのが、<ruby>知行国<rt>ちぎょうこく</rt></ruby>の制度です。上皇（院）は、上級貴族や大寺院をある国の<ruby>知行国主<rt>ちぎょうこくしゅ</rt></ruby>に任命し、その国の公<ruby>領<rt>こう</rt></ruby>からの収益を取らせました。「<ruby>知行<rt>ちぎょう</rt></ruby>」とは、土地を支配して収益を得る、とい

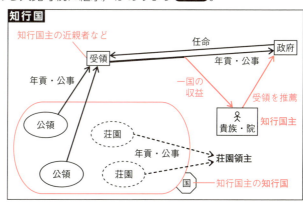

知行国

知行国主の近親者など

受領

任命

政府

年貢・公事　　　　　　　　　　年貢・公事

一国の収益

受領を推薦

貴族・院　　知行国主

公領　　　　荘園

年貢・公事　　荘園領主

公領　　　　荘園

国　　　知行国主の知行国

う意味で、上級貴族らは、収益が得られる国を知行国として与えられたのです。知行国の受領には、知行国主が推薦した近親者や側近がそのまま任命されて、知行国を支配しました。

そして、上皇（院）はみずから知行国主となって知行国を持ったため（<ruby>院分国<rt>いんぶんこく</rt></ruby>）、**知行国**も院政の経済基盤の一つとなりました。

(3) 仏教では、天皇家が六勝寺を建立し、大寺院の僧兵による強訴が発生した

上皇（院）は仏教をあつく信仰し、出家し<ruby>法皇<rt>ほうおう</rt></ruby>となって仏教勢力の頂点に君臨しました。この時期、〔白河天皇〕の**<ruby>法勝寺<rt>ほっしょうじ</rt></ruby>**など、天皇家の六つの大寺院（**<ruby>六勝寺<rt>ろくしょうじ</rt></ruby>**）が次々と建立され→第12章、上皇（院）は紀伊の熊野<ruby>三山<rt>さんざん</rt></ruby>への**<ruby>熊野詣<rt>くまのもうで</rt></ruby>**

Ⅱ
中世

や高野山への**高野詣**をくり返しました。これらの費用は、中下級貴族が官職を求めて提

供する私財でまかなわれ、**成功・重任**が盛んになりました→第6章。

仏教保護のもとで、大寺院が荘園の寄進を集めて勢力を拡大すると、大寺院が組織した**僧兵**が朝廷に**強訴**して、荘園の権利などをめぐる主張を通そうとしました。**興福寺（南都）**の僧兵は、春日神社の神木をかついで強訴し（興福寺と春日神社は藤原氏が持つ寺社）、**延暦寺（北嶺）**の僧兵は、日吉神社の神輿をかついで強訴しました（延暦寺と日吉神社は比叡山に関連する寺社）。白河上皇は、賀茂川（鴨川）の水、双六の賽（サイコロ）の目、山法師（延暦寺の僧兵）の三つが、自分の心に従わないものだと指摘しています。

朝廷は、神仏の権威をあがめ、神仏の罰をおそれたため、僧兵の強訴に手が出せませんでした。そこで、強訴を鎮圧するために武士を用いたことで、**源氏・平氏**などの武士が中央の政界に進出したのです。このことが、のちの**保元の乱・平治の乱**の背景となりました。

⑷ 奥州藤原氏が、東北の奥羽地方を支配して繁栄した

院政期を中心に東北で繁栄したのは、**後三年合戦**のあと→第6章、陸奥の**平泉**を拠点に奥羽地方を支配した**奥州藤原氏**（清衡・基衡・秀衡・泰衡の4代）でした。奥州藤原氏は、産出する金や馬などで経済力と軍事力を持ち、京都の文化を移入しました（藤原清衡の**中尊寺金色堂**など→第12章）。また、北方の地域と交易をおこなって産物や文化を取り入れており、「日本」という枠組みを越えた交流がおこなわれていたことも注目されます。

ポイント　院政

◆〔堀河天皇〕に譲位した**白河上皇**が**院政**開始（1086）

　→白河院政・鳥羽院政・後白河院政

◆政治：**院庁下文・院宣**を用いる／**院近臣**が**院司**や受領となる

　　　　院御所に**北面の武士**置く（白河上皇）／荘園や**知行国**が経済基盤

◆仏教：**六勝寺**（〔白河天皇〕の**法勝寺**）、熊野詣・高野詣→**成功・重任**

　　　　僧兵の**強訴**（興福寺〈南都〉・延暦寺〈北嶺〉）→**源氏・平氏**進出

◆**奥州藤原氏**（清衡・基衡・秀衡・泰衡）：**平泉**を拠点、**中尊寺金色堂**

2 保元・平治の乱と平氏政権 （12世紀後期）

平安時代末期の12世紀後期、初の武家政権である平氏政権が誕生しました。

> 平清盛が太政大臣になったり、天皇の外戚となったり、摂関政治の藤原氏みたいだね。そして、あっけなく滅んでしまった。『平家物語』にもあるけれど →第12章、奢れる人も久しからず、だ。
>
> 後白河上皇の院政を支えていたから、貴族政権としての面も持っていた。でも、なぜ、太政大臣や外戚の地位を獲得できたのかな。
>
> う〜ん、やっぱり、強い軍事力を持っていたから？
>
> とすれば、平氏が戦いに勝ったことが重要なんじゃないかな。当時、朝廷の内紛が原因となって、都やその近くで合戦がおこなわれた。
>
> 保元の乱と平治の乱だね。最終的に平清盛が勝って、貴族たちに平氏の強さを見せつけたことが、平氏政権が成立する背景の一つなのか。
>
> そして、源氏が衰える一方、平清盛は武家の棟梁の地位を固めた。
>
> そしたら、各地の武士団は、平氏の家来になっていきそうだね。平氏政権は、貴族政権と武家政権の、両方の性質を見ることが大事なんだ。

① 伊勢平氏の台頭

平将門の乱ののち →第6章、桓武平氏のなかで関東から伊勢国に移った一族がいました（伊勢平氏）。そのなかから、白河上皇に接近して北面の武士となった平正盛、正盛の子で鳥羽上皇の院近臣となった平忠盛が台頭しました。忠盛は、瀬戸内海の海賊を鎮圧し、日宋貿易にも関与しました。そして、忠盛の子の平清盛は、保元の乱・平治の乱に勝利して勢力を拡大しました。

② 保元・平治の乱

(1) **天皇家・摂関家の内紛から保元の乱が起こり、後白河天皇方が勝利した**

保元の乱（1156）は、天皇家・摂関家の内紛を武士が解決した戦いでした。鳥羽上皇（法皇）が亡くなると（1156）、崇徳上皇（兄）と〔後白河天皇〕（弟）との対立が浮上し、摂関家の左大臣藤原頼長（弟）と関白藤原忠通（兄）

との対立が連動して、源氏・平氏の兵が集められ、保元の乱が起きました。

そして、後白河・忠通と、これについた**源義朝・平清盛**が勝利し、崇徳・頼長と、これについた**源為義**（義朝の父）・源為朝・平忠正が敗北しました。

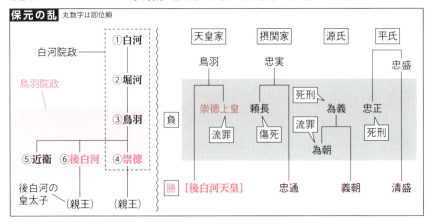

(2)　**院近臣どうしの争いから平治の乱が発生し、平清盛が勝利した**

　平治の乱（1159）は、院近臣どうしの争いを背景とする戦いでした。

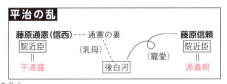

　藤原通憲（**信西**）は鳥羽院政のころから台頭し、保元の乱ののちは**後白河上皇**の院近臣として（後白河の乳母の夫）、**平清盛**と結んで政治を主導しました。これに対し、新しく台頭した院近臣の**藤原信頼**が反発し、**源義朝**を誘って挙兵しました。信西は自殺に追い込まれましたが、平清盛は藤原信頼と源義朝を滅ぼしました（義朝の子の**源頼朝**は**伊豆**へ流罪となる）。

③ 平氏政権

(1)　**平清盛は後白河院政を支えつつ、西国武士団を家人として地頭に任命した**

　平清盛は後白河上皇と結び、**蓮華王院**（**三十三間堂**）を造営するなどして奉仕し→第12章、武士として初めて**太政大臣**となりました（1167）。また、平氏一門も、朝廷における高い位階や高い官職を得ていきました。

　一方、平氏政権は武家政権としての性格も持っていました。平清盛は、畿内から九

年表

1156	鳥羽上皇の死→**保元の乱**
1158	後白河院政の開始
1159	**平治の乱**
1167	平清盛が**太政大臣**に
1177	鹿ヶ谷の陰謀
1179	後白河法皇を幽閉→院政を停止
1180	〔**安徳天皇**〕即位（清盛の外孫） **福原京へ遷都**

州にかけての**西国武士団**を家人として組織し、荘園・公領の現地支配者である**地頭**に任命して主従関係を結びました。地頭は、のちに源頼朝がその任命権を公認されました。

(2) 平氏政権の経済基盤は、知行国・荘園と、日宋貿易だった

平氏政権の経済基盤が、全国の約半分の**知行国**と500あまりの**荘園**である点は、貴族政権的だといえます。一方、平氏政権は**日宋貿易**も経済基盤としており、平清盛は南宋との貿易を盛んにおこなうため、摂津の**大輪田泊**（現在の神戸市）を修築し、瀬戸内海航路を整備しました。日宋貿易では**宋銭**などが輸入され、中世における貨幣経済の発達につながりました →第11章 。

(3) 平清盛は、後白河法皇の院政を停止して、安徳天皇を即位させた

しかし、のちに平清盛と後白河法皇との対立が深まり、院近臣の藤原成親や僧の俊寛が平氏打倒を企てたのち（**鹿ヶ谷の陰謀**）、平清盛は後白河法皇を幽閉して**院政を停止**しました（1179）。そして、平清盛は、娘の徳子と〔**高倉天皇**〕との子である〔**安徳天皇**〕を即位させ（1180）、外祖父として勢力をふるいましたが、平氏政権への不満も広がっていきました。

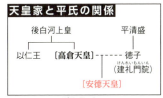

天皇家と平氏の関係

後白河上皇　　　　　　平清盛

以仁王　〔高倉天皇〕-----徳子（建礼門院）

〔安徳天皇〕

ポイント　保元・平治の乱と平氏政権

◆伊勢平氏：**平正盛**（白河上皇と結ぶ）・**平忠盛**（鳥羽上皇と結ぶ）・**平清盛**
◆**保元の乱**（1156）：天皇家・摂関家の内紛を武士が解決
　勝〔**後白河天皇**〕・藤原忠通・源義朝・平清盛／負**崇徳上皇**・藤原頼長
◆**平治の乱**（1159）：院近臣どうしの争い
　藤原信頼・**源義朝**が挙兵→**信西滅ぶ**→**平清盛**が藤原信頼・源義朝を倒す
◆**平氏政権**：後白河院政を支える→のち後白河と対立して独裁化
　平清盛が**太政大臣**に（1167）／**西国武士団**を家人に（**地頭**に任命）
　経済基盤は**荘園・知行国**と**日宋貿易**（摂津**大輪田泊**を修築、**宋銭**を輸入）
　鹿ヶ谷の陰謀→後白河を幽閉、**院政を停止**→〔**安徳天皇**〕即位（1180）

3 鎌倉幕府の成立（12世紀末）

平治の乱（1159）で伊豆に流されていた**源 頼朝**は、1180年に挙兵しまし

た。そして、**鎌倉**を拠点に機構をととのえ、**東国武士団**との主従関係を築きました。こうして、12世紀末、唯一の武家政権である**鎌倉幕府**が成立したのです。

平氏が滅びていくんだから、鎌倉幕府が「唯一の武家政権」になるのは当たり前のような気がするけれど。

平氏政権のほかにも、もう一つ武家政権があったよ。

もしかして、**奥州藤原氏**も武家政権と考えちゃっていいのかな。

12世紀末、**西国**基盤の**平氏**政権と、**奥羽地方**基盤の**奥州藤原氏**政権があり、そこに**源 頼朝**が**東国**を基盤とする政権を作っていった。

源頼朝は、平氏を滅ぼしたら、次に奥州藤原氏を滅ぼさなきゃ。武家政権どうしの対決に勝って幕府を開いた、という考え方なんだね。

もう一つ、鎌倉幕府は、朝廷の全国支配のなかで軍事的な部分を担当した、という考え方もできるよ。

エッ、幕府は朝廷から独立して「武士の、武士による、武士のための」政治をおこなう、というイメージがあるんだけれど。

そもそも、源頼朝が**守護・地頭**を任命して全国の治安維持を担当させる権限は、1185年に後白河法皇から認められたものだ。

最近は、「いいくに（1192）作ろう」ではなく「いいハコ（1185）作ろう」が鎌倉時代の始まり、といわれることが多いみたいだけれど、朝廷から与えられた権限を用いて、支配を確立したんだね。

幕府と朝廷との関係に注目すると、幕府の歴史とはまた別の側面から、時代状況が見えてくる。これは、室町幕府や江戸幕府も同じだ。

武士の時代だから、兵乱の勝ち負けばかりに目がいっちゃうけれど、その時期全体の様子を大きくとらえたほうがいいんだね。

① 治承・寿永の乱と機構整備

鎌倉幕府の成立過程は、**平氏滅亡**までの期間と（1180〜85）、源 頼朝の

征夷大将軍就任までの期間とに（1185〜92）、分けて考えましょう。

(1) 源頼朝は鎌倉を拠点として機構を整備し、義経は壇の浦で平氏を滅ぼした

〔**安徳天皇**〕即位の直後、**源平争乱**（**治承・寿永の乱**）が始まりました。

平氏政権は、**以仁王**（後白河の子）と**源頼政**の挙兵を鎮圧し、大輪田泊の近くの**福原京**（摂津）へ遷都しました（半年後に平安京へ戻る）。このとき、以仁王が平氏追討を掲げた**令旨**（皇子の命令）を全国に発し、それに応じた**源頼朝**が**伊豆**で挙兵しました（1180）。そして、以前から源氏と関係の深かった相模の**鎌倉**を拠点とし、御家人を統制する**侍所**を設置しました（1180）。

一方、平氏政権に反抗した南都（奈良）の大寺院が焼打ちされ、**興福寺・東大寺**が被害を受けると、のちにそれらが復興するなかで、新しい寺院建築や仏像彫刻が生まれました（→第12章）。

平清盛が急死し、さらに信濃の**木曽**で挙兵していた**源義仲**（頼朝のいとこ）が平氏に勝って北陸道から京都に入ると、平氏は〔**安徳天皇**〕を連れて都を離れました。このとき頼朝は京都の後白河法皇と交渉し、源義仲を倒す見返りに（頼朝は弟の範頼・義経を派遣）、朝廷から**東国支配権**（東海道・東山道）を認められました（1183）。

治承・寿永の乱と奥州平定

頼朝、奥州藤原氏を滅ぼす（1189）／奥州藤原氏／平泉／壇の浦の戦いで平氏滅亡（1185）／源義仲の入京と平氏都落ち（1183）／木曽／源頼朝／鎌倉／平氏／京都／福原／壇の浦／以仁王・源頼政の挙兵（1180）／頼朝、伊豆で挙兵（1180）

さらに、頼朝は一般政務を担う**公文所**（のち**政所**）と裁判事務を担う**問注所**を設置し（1184）、**源義経**は長門の**壇の浦の戦い**（1185）で平氏を滅ぼしました。

鎌倉幕府の機構（初期） ※大江広元・三善康信は貴族出身

（中央）	侍所（1180）…御家人の統制　別当は**和田義盛**	
	公文所（1184　のち**政所**）…一般政務　別当は**大江広元**	
将軍	問注所（1184）…裁判事務　執事は三善康信	
	京都守護（1185）…朝廷との交渉　（のち**六波羅探題**）	
	鎮西奉行（1185）…九州御家人を統制　（のち**鎮西探題**）	
	奥州総奉行（1189）…奥州御家人を統制	
（地方）	守護（1185）…一国ごとに御家人を統率、警察	
	地頭（1185）…荘園・公領を管理、治安維持	

(2) 頼朝は守護・地頭の設置を認められ、奥州藤原氏を倒し、将軍に就任した

そののち、頼朝と義経の兄弟対立が生じると、頼朝は義経追討を名目に、**守護・地頭**の任命権を朝廷から承認されました（1185）。こうして、頼朝は全

国的な軍事・警察権を握ることになり、ここに鎌倉幕府が成立しました。

　追われた義経は奥州藤原氏のもとに逃げ込みますが、3代藤原秀衡の死後、4代藤原泰衡に滅ぼされました。その直後、義経をかくまったことを口実に、頼朝はみずから御家人を率いて奥州藤原氏（藤原泰衡）を滅ぼし（1189）、奥州御家人を統率する奥州総奉行を設置しました。そして、後白河法皇が亡く

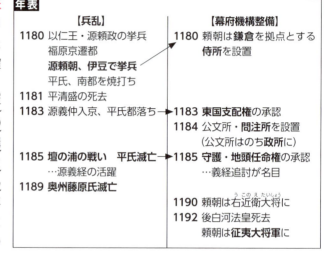

なると、頼朝は征夷大将軍となり（1192）、名実ともに鎌倉幕府が確立しました。
　このように、平氏・奥州藤原氏の打倒と、幕府機構の整備・確立とが、並行して進んでいきました。年表をタテ・ヨコに見て、全体像をつかみましょう。

年表

【兵乱】	【幕府機構整備】
1180 以仁王・源頼政の挙兵 　　　福原京遷都 　　　**源頼朝、伊豆で挙兵** 　　　平氏、南都を焼打ち	1180 頼朝は**鎌倉**を拠点とする 　　　**侍所**を設置
1181 平清盛の死去	
1183 源義仲入京、平氏都落ち	1183 **東国支配権**の承認
	1184 **公文所・問注所**を設置 　　　（公文所はのち**政所**に）
1185 壇の浦の戦い　平氏滅亡 　　　…源義経の活躍 1189 奥州藤原氏滅亡	1185 **守護・地頭任命権**の承認 　　　…義経追討が名目
	1190 頼朝は**右近衛大将**に
	1192 後白河法皇死去 　　　頼朝は**征夷大将軍**に

② 封建制度

　次に、武家政権のしくみである、**封建制度**を見ていきましょう。これは、「武士という支配階層のなかで、**土地の給与**を通じて、主人と従者との間に**御恩**と**奉公**の関係（**主従関係**）が結ばれる」というものですが、なんだか抽象的ですね。ポイントは、

封建制度

- ●主人と従者は、誰と誰か。
- ●主人は、御恩として、どのような土地を、どのように与えるのか。
- ●従者は、奉公を、どのような形でおこなうのか。

以上3点を考えることです。今回は、鎌倉幕府の主従関係に関する説明をおこないますが、室町幕府や江戸幕府でも、同じように考えてみましょう。

⑴　将軍は御家人に対し、地頭に任命する形で御恩を与えた

　鎌倉幕府の**将軍**と主従関係を結んだ武士を、**御家人**と呼びます（将軍と主従関係を結ばない非御家人もいました）。当時の武士は、**開発領主**の出身である

者が多く →第6章、先祖から受け継いだ一族の所領を維持したい、あるいは、新しい所領を獲得したいと願っていました。そこで、将軍は、先祖以来の所領の支配権を保障する**本領安堵**や、功績によって新しい所領の支配を与える**新恩給与**によって、御家人に御恩を与えたのです。

その際、将軍は、**荘官**の一種である**地頭**に任命する形で本領安堵・新恩給与をおこないました。御家人（開発領主）が支配する所領は、**荘園**だったからです →第6章。そして、地頭の任命権は将軍・幕府のみが持ち、荘園領主は地頭の任命権を持たないので、将軍は地頭に対する荘園領主の干渉を防ぐことができます。こうして、御家人（開発領主）に対し、荘官としての権利を保障する形で御恩を与えたのです。

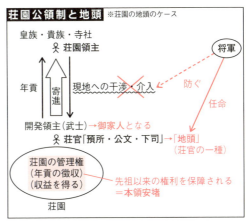

荘園公領制と地頭 ※荘園の地頭のケース

地頭は**公領**にも置かれました（その場合の地頭は**郡司・郷司**の一種）。将軍は地頭に対する国司の干渉を防ぎ、郡司・郷司としての権利を保障しました。

(2) 御家人は将軍に対し、京都大番役・鎌倉番役や軍役をつとめて奉公した

みずからの武力を持つ御家人は、将軍に対する奉公として、平時には天皇・上皇の御所を警備する**京都大番役**や、将軍の御所を警備する**鎌倉番役**をつとめ、戦時には将軍の命令で戦闘に参加する**軍役**をつとめました。

(3) 守護は大犯三カ条を任務とし、御家人を指揮して軍事・警察権を行使した

次に、守護の任務と御家人の奉公との関係を考えましょう。**守護**は、国ごとに1人、有力御家人が任命され、**大犯三カ条**（**大番催促・謀叛人逮捕・殺害人逮捕**）を任務としました。大番催促は御家人を京都大番役に向かわせるもので、謀叛人・殺害人の逮捕は御家人を指揮し

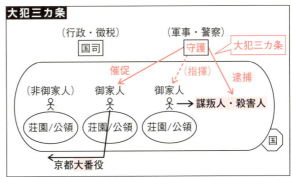

大犯三カ条

て実行しました。守護は、将軍への奉公を果たす御家人を指揮・統率して、一国内の軍事・警察権を行使したのです。

守護・地頭

守護…国ごとに1人置く　**大犯三カ条**（**大番催促・謀叛人の逮捕・殺害人の逮捕**）
　　　→御家人を指揮して、一国内の軍事・警察権を行使する…「人への支配」
地頭…荘園や公領ごとに置く　　年貢の徴収・納入、土地の管理、治安維持を担当
　　　→**荘官**や**郡司・郷司**としての支配権を行使、収益を得る…「土地への支配」

⑷　幕府の支配と朝廷の支配とが並び立つ、公武二元的な支配だった

　鎌倉時代は、朝廷の力も保たれていたので、京都の朝廷による支配と、鎌倉の幕府による支配とが並んで存在する、**公武二元的な支配**の状況でした。

　地方支配では、幕府は国ごとに**守護**を任命して軍事・警察権を担当させ、朝廷は国ごとに**国司**を任命して行政・徴税権を担当させました。また、**東国**は鎌倉にある幕府の影響力が強く及び、**畿内・西国**は京都にある朝廷や荘園領主の力が強く及びました。

　鎌倉幕府の経済基盤は、将軍の知行国である**関東御分国**や、将軍が荘園領主となった**関東御領**（平氏から没収された所領を含む）でした。また、幕府は守護に**大田文**（一国ごとの荘園・公領の調査記録）の作成を命じました。幕府は、朝廷が作りあげた土地制度である荘園公領制を用いていたのです。

ポイント▶鎌倉幕府の成立

◆**源平争乱**（**治承・寿永の乱**）と鎌倉幕府の機構整備
以仁王・源 頼政挙兵→**源頼朝**が**伊豆**で挙兵、鎌倉を拠点、**侍所**設置（1180）
源義仲入京→平氏都落ち→**東国支配権**の承認（1183）
公文所（のち**政所**）・**問注所**設置（1184）
源義経は**壇の浦の戦い**で平氏打倒→頼朝の**守護・地頭**任命権承認（1185）
奥州藤原氏（**藤原泰衡**）打倒→**奥州総奉行**設置（1189）
後白河法皇死去→**征夷大将軍**（1192）
◆**封建制度**：**将軍**と**御家人**の間の、**土地の給与**を通じた**御恩**と**奉公**の関係
本領安堵（先祖以来の所領支配権）・**新恩給与**（新しい所領支配権）
→荘園や公領の**地頭**に任命（**荘官**や**郡司・郷司**の支配権と収益を保障）
京都大番役（朝廷を警備）・**鎌倉番役**（幕府を警備）、**軍役**（戦闘）
→**大犯三カ条**（**大番催促、謀叛人・殺害人逮捕**）を担う**守護**の指揮下に
二元的支配…諸国に**守護**と**国司**、幕府の**東国**支配と朝廷の**畿内・西国**支配
鎌倉幕府の経済基盤…**関東御分国**（知行国）と**関東御領**（荘園）

チェック問題にトライ！

【1】（1994年度　追試験）

　次のア～ウは、時代の特色をよくあらわしている歌および言葉を、古いものから年代順に配列したものである。

　ア　青丹よし　寧楽の京都は　咲く花の　薫ふがごとく　今さかりなり
　イ　此世をば　我世とぞ思ふ　望月の　かけたることも　なしと思へば
　ウ　この一門にあらざらむ人は、みな人非人なるべし。

問　次のa・bの事件が起こった時期について述べた文として正しいものを、下の①～④のうちから一つ選べ。
　a　承和の変　　b　後三年の役

①　aは、アの「寧楽の京都」の時代より前に起こった事件である。
②　aは、ウの「一門」の全盛時代以後に起こった事件である。
③　bは、アの「寧楽の京都」の時代と、イの作者が「我世」と歌った時代の間に起こった事件である。
④　bは、イの作者が「我世」と歌った時代と、ウの「一門」の全盛時代の間に起こった事件である。

解説　**出来事どうしの、複数の時代にまたがる大きな前後関係を判断します。**アは平城京に都があった奈良時代（8世紀）、イは藤原道長による摂関政治の全盛期（11世紀前期）、ウは平氏政権の時代（12世紀後期）です。

①　a「承和の変」は、藤原良房が伴健岑・橘逸勢を排斥した、平安時代前期（9世紀中期）の事件なので、アより前に起こった事件ではありません。

②　同様に、aはウ以後に起こった事件でもありません。

③　b「後三年の役（後三年合戦）」は、奥羽地方の清原氏の内紛を源義家が鎮圧した戦いで、平安時代後期（11世紀後期）のことです。11世紀の後半には東北で前九年合戦・後三年合戦が発生した、と大きくとらえましょう。アの時代とイの時代の間に起こった事件ではないですね。

④　bは、イの時代とウの時代の間に起こった事件です。

⇒したがって、④が正解です。

解答　④

鎌倉幕府の展開

世紀	将軍	執権	政治（兵乱）	社会・経済	東アジア	
12世紀	①源頼朝					
13世紀	②源頼家		**1 執権政治**		南宋	高麗
	③源実朝	⑴時政	**①北条氏の台頭（時政・義時）** 　比企能員が滅ぶ→将軍実朝 　時政、政所別当に 　和田義盛が滅ぶ 　義時、侍所別当を兼ねる 　実朝暗殺→源氏将軍が断絶	……（1）		
		⑵義時	**②承久の乱**（1221） 　後鳥羽上皇の倒幕 　→幕府勝利、3上皇を配流 　六波羅探題 　没収地に地頭（新補地頭）	（2）		
	④藤原頼経	⑶泰時	**③合議制の確立（泰時）** 　連署・評定衆 　摂家将軍（藤原頼経） 　御成敗式目（1232）	**2 武士の社会と生活** **①開発領主の生活** 　所領経営（地頭） 　武芸（騎射三物） **②惣領制** 　血縁的結合 　分割相続 **③地頭の荘園侵略** 　地頭請 　下地中分		
	⑤藤原頼嗣	⑸時頼	**④執権政治の強化（時頼）** 　宝治合戦（三浦泰村が滅ぶ） 　引付衆 　皇族将軍（宗尊親王）			
	⑥宗尊親王					
		⑻時宗	**3 蒙古襲来と得宗専制政治** **①蒙古襲来（時宗）** 　文永の役（1274） 　弘安の役（1281）			
		⑼貞時	**②得宗専制体制（貞時）** 　霜月騒動（安達泰盛が滅ぶ） 　御家人の窮乏化 　→永仁の徳政令	※単独相続へ移行 ※地縁的結合 ※悪党の出現 （3）	元	

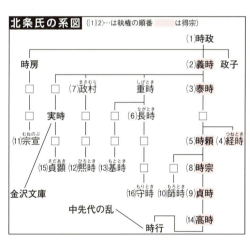

第 9 章 の テ ー マ

第9章は、13世紀（鎌倉時代前期・中期・後期）の政治と、鎌倉時代の社会を扱います。

(1) 鎌倉時代の政治は、北条氏を中心に展開しました。北条時政・義時のときに執権の地位が定まり、北条泰時・時頼のときに執権政治が確立しました。一方、承久の乱は、幕府と朝廷との関係を大きく変化させました。

(2) 鎌倉時代の武士は、所領（荘園・公領）に居住して土地や農民を支配しました。血縁的結合を軸とする惣領制のあり方にも注目しましょう。

(3) 北条時宗のときに起きた蒙古襲来は、鎌倉幕府の支配拡大と北条氏への権力集中をもたらしました。北条貞時のときには、北条氏の得宗とその家臣の御内人が主導する、専制的な政治が展開しました。

II

中

世

1 執権政治 （13世紀前期・中期）

13世紀は、有力御家人のなかで台頭した北条氏が鎌倉幕府の政治を主導した時期です。まず下の表で、鎌倉幕府の執権のうち代表的な人物の順番をつかみましょう。

では、13世紀前期・中期における、執権政治の展開から始めます。承久の乱（1221）が時代をどのように変えたかにも注目しましょう。

北条氏の系図 （(1)(2)…は執権の順番　は得宗）

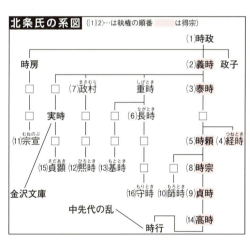

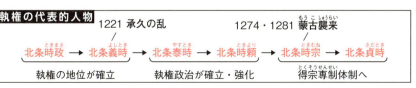

執権の代表的人物

1221 承久の乱　　　　　1274・1281 蒙古襲来

北条時政 → 北条義時 → 北条泰時 → 北条時頼 → 北条時宗 → 北条貞時

執権の地位が確立　　執権政治が確立・強化　　得宗専制体制へ

北条氏は、なぜ実権を握ることができたのかな。

北条政子が将軍 源 頼朝の妻で、２代頼家や３代実朝の母だったから優位に立てたんだ。有力御家人どうしの争いに勝ったことも大きい。

北条氏が台頭すると、将軍の権力はどうなるのかな。

頼朝は指導力があったけれど、頼家や実朝は、まだ若かった。それに、鎌倉幕府は東国武士団の連合体として成立したから、有力御家人は、自分たちにとって都合の悪い将軍をトップに迎えたりしないよ。

意外！　鎌倉幕府の将軍は有力御家人によって地位を左右されるんだ。形ばかりだね。主従関係を作るうえでは、将軍は一応必要だけど。

頼家も実朝も暗殺されるし、源氏将軍のあとは摂家将軍や皇族将軍となる。摂関家や天皇家の出身だから血筋は良いけれど、実権はない。そして、有力御家人による合議制で、幕府の政治が運営されたんだ。

鎌倉幕府は有力御家人のまとまりが基盤だから、北条氏の執権が政治をリードしていても、ほかの有力御家人の合意も必要なんだね。

① 北条氏の台頭（時政・義時）

執権の地位が確立するプロセスを、系図を見ながら追っていきましょう。

(1)　頼朝死後、北条時政は比企能員を滅ぼし政所別当となり、執権と呼ばれた

源 頼朝の死後（1199）、子の源頼家が地位を継いだものの御家人は従わず、有力御家人の合議で政治がおこなわれました。

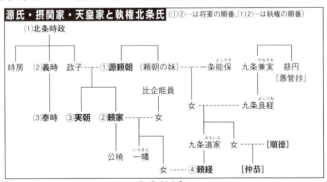

源氏・摂関家・天皇家と執権北条氏　（①②…は将軍の順番、(1)(2)…は執権の順番）

こうしたなか、北条時政（北条政子の父）は有力御家人の比企能員（頼家の妻の父）を滅ぼしました（1203）。このとき、時政は将軍頼家を幽閉し（のち頼家を暗殺した）、頼家の弟である源実朝を３代将軍としました。さらに、時政は政所別当（政所の長官）になって政治を主導し、彼の地位は執権と呼ばれました。

(2) 北条義時は和田義盛を滅ぼして侍所別当を兼ね、執権の地位を確立した

時政の子の**北条義時**も政所別当となり、姉の政子とともに将軍実朝を支えました。

そして、有力御家人の**和田義盛**を滅ぼすと（1213）、義時は政所別当に加えて**侍所別当**（侍所の長官）も兼ね、**執権の地位を確立**しました。

ところが、鎌倉の鶴岡八幡宮において、将軍実朝はおいの**公暁**に暗殺

年表
●北条時政
1199 源頼朝の死去→有力御家人の合議
1203 北条時政、比企能員を滅ぼす
→**頼家**を廃し（のち暗殺）、**実朝**を将軍に
→時政は政所別当となる（執権）
●北条義時
1205 北条義時、政所別当となる
1213 北条義時、和田義盛を滅ぼす
→義時は侍所別当を兼任（地位確立）
1219 将軍実朝の暗殺→**藤原頼経**を迎える
1221 承久の乱

され（1219）、源氏将軍が断絶しました。そこで、摂関家から幼少の**藤原（九条）頼経**を迎え、次の将軍としました。藤原頼経は、承久の乱ののち、執権北条泰時によって将軍に立てられました（1226　**摂家将軍**）。

② 承久の乱（1221）

承久の乱（1221）は、鎌倉時代における重要なターニングポイントとなりました。幕府が朝廷との戦いに勝利し、その後の幕府と朝廷との関係を大きく変えることになったのです。

(1) 後鳥羽上皇は、西面の武士を設置するなど幕府への対抗姿勢を強めた

まず、承久の乱の背景から。当時、**後鳥羽上皇**は院政を展開し、朝廷の勢力回復をはかって

上皇（院）が設置した軍事力
北面の武士…白河上皇、院の御所を警備～平安後期
西面の武士…後鳥羽上皇、幕府に対抗～鎌倉前期

いました。伝統文化の復興につとめて勅撰の『**新古今和歌集**』編纂を命じ
→第12章、**西面の武士**を設置して朝廷の軍事力を強化しました。しかし、将軍実朝への影響力を通じて鎌倉幕府を動かす企ては、将軍実朝の暗殺によって消滅し（1219）、幕府との対立を深めたのです。

(2) 北条義時追討が命じられたが、幕府軍は京都に向かい、朝廷軍に圧勝した

承久の乱の経過です。1221年、畿内・西国の武士を中心に朝廷軍が組織され、後鳥羽上皇は**北条義時**追討の命令を発しました。これに対し、幕府では、北条政子の呼びかけで東国の御家人が結束し、北条泰時（義時の子）・北条時房（義時の弟）が率いる幕府軍が京都へ向かい、朝廷軍に圧勝しました。

(3) 幕府は六波羅探題を設置し、没収所領に地頭を置いて、支配を拡大した

　承久の乱の結果、幕府は**後鳥羽・土御門・順徳**の３上皇を流罪とし（後鳥羽は隠岐へ）、〔**仲恭天皇**〕を廃位して〔**後堀河天皇**〕を即位させました。このように、幕府は皇位継承に介入するようになりました。

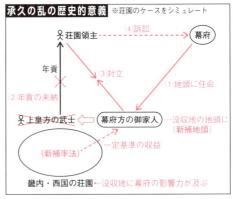

　そして、京都に**六波羅探題**を設置し（初代は**北条泰時・北条時房**）、朝廷の監視と、西国における御家人統制や行政・司法を担当させました。

　さらに、上皇に味方した武士などの所領（約3000カ所）を没収し、幕府に味方して功績をあげた御家人をその地の**地頭**に任命しました。その際、承久の乱後に定められた**新補率法**という基準で収益が保障された場合、特に**新補地頭**と呼びます（田地１段の面積あたり５升の**加徴米**などを得た）。

　最後に、承久の乱の歴史的意義を考えましょう。図にあるように、没収地に新しく地頭を任命したことで【図の⑴】、幕府の支配は畿内・西国の荘園・公領にも及び、さらに幕府が朝廷への干渉を強めたことで、**公武二元的な支配** →第8章 は、幕府が朝廷に対して優位になりました。

　そして、没収地に新しく置かれた地頭は、幕府から任命されたことを根拠に支配を強め、荘園領主への年貢納入をおこなわなくなる傾向が生じました【図の⑵】。すると、荘園領主と地頭とが争い【図の⑶】、所領をめぐり幕府に持ち込まれる訴訟が増えます【図の⑷】。こうした状況を背景に、のちに鎌倉幕府は**御成敗式目**を制定し、所領などの争いを公平にさばく基準を示すことになったのです。

③ 合議制の確立（泰時）

　執権政治が確立したのは、義時に続く執権**北条泰時**の時代でした。

(1) 合議制を支える連署・評定衆が設置され、御成敗式目が制定された

　泰時は、まず、執権を補佐する**連署**を設置し、おじの**北条時房**を任命しました。さらに、有力御家人から**評定衆**を選び、合議制にもとづく政治・裁判の運営を制度化しました。

　そして、最初の体系的な武家法として、**御成敗式目**（1232）を制定しまし

た（その後に鎌倉幕府が発した法令は式目追加）。**道理**（武家社会の慣習・道徳）や**頼朝以来の先例**を基準とし、守護の職務（**大犯三カ条**）や地頭の職務（年貢の徴収・納入など）、女性の財産・養子などを定めました。所領の規定では「当知行の後、廿ヶ年を過ぐれば、大将家（源頼朝）の例に任せて理非を論ぜず改替に能はず」とあるのが重要で、これは、20年間土地を支配してきた者の権利を変更しない、という内容です。こうして、合議制の運営を支える法典も整備されました。

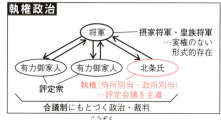

年表
- ●北条泰時
- 1225 連署を設置
  　　　評定衆を選定…有力御家人の合議制
- 1226 藤原頼経が将軍に（摂家将軍）
- 1232 御成敗式目…初の体系的な武家法
- ●北条時頼
- 1247 宝治合戦…三浦泰村が滅ぶ
- 1249 引付を設置、引付衆を任命…裁判迅速化
- 1252 宗尊親王が将軍に（皇族将軍）

Ⅱ　中世

(2)　**御成敗式目は幕府の勢力範囲で適用され、公家法・本所法と並存していた**

　御成敗式目のポイントは、幕府の勢力範囲でのみ適用され、**公家法**（律令など朝廷が定めた法）や**本所法**（荘園領主が荘園で用いる法）と並んで存在していたことです。北条泰時が弟の六波羅探題重時にあてた書状で「武家の人へのはからひのためばかりに候。これによりて、京都の御沙汰、律令のおきて、聊もあらたまるべきにあらず候也。」と記し、御成敗式目は御家人のための法で、朝廷の命令や律令の規定を変えるものではない、と主張しています。のち、幕府支配の拡大にともない、御成敗式目の効力が及ぶ範囲も拡大しました。

　御成敗式目は、その後の武家法に影響を与えました。室町幕府は御成敗式目をそのまま用い、戦国大名の分国法の一部に御成敗式目の影響が見られます。

④ 執権政治の強化（時頼）

　北条泰時が確立した執権政治は、執権**北条時頼**のもとで強化されました。

(1)　**摂家将軍が廃されて、宗尊親王から皇族将軍が始まった**

　時頼は、将軍の地位を、より形式的なものにしました。反北条氏勢力と結んだ前将軍の藤原（九条）頼経を京都へ送り返しました。のち、頼経のあとを継いでいた藤原（九条）頼嗣の将軍職を廃して京都へ送り返

執権政治

```
              将軍 ──── 摂家将軍・皇族将軍
            ↗  ↑  ↖        …実権のない
          ／    │    ＼       形式的存在
  有力御家人  有力御家人  北条氏
      ↓                  執権（侍所別当・政所別当）
  評定衆                 …評定会議を主導
───────────────────────
  合議制にもとづく政治・裁判
```

し、**後嵯峨上皇**の子の**宗尊親王**を将軍に迎えました（**皇族将軍**の始まり）。

　また、時頼は後嵯峨上皇の院政に介入して院評定衆の設置を求めました。

(2) 時頼は宝治合戦で三浦泰村を倒し、引付衆を任命し所領裁判を担当させた

時頼は**宝治合戦**で有力御家人の**三浦泰村**一族を滅ぼ

鎌倉幕府の行政・司法機構
評定衆…北条泰時、幕府の政治・裁判を合議制にもとづきおこなう
引付衆…北条時頼、評定会議のもとで御家人の所領裁判を担当

し、幕府内での北条氏の地位は揺るぎないものになりました。

　さらに、時頼は公正で迅速な裁判の実現をめざし、御家人の所領訴訟を専門に扱う機関として**引付**を設置し、**引付衆**を任命しました（引付は訴訟の実務を担当し、評定会議が判決を下す）。

ポイント ▶ **執権政治**

◆**北条時政**：**比企能員**倒す（将軍は**源 頼家**から**源実朝**に）→**政所別当**に

◆**北条義時**：**和田義盛**倒す→政所別当・**侍所別当**を兼任（地位を確立）
　公暁が将軍実朝暗殺（1219）→**藤原（九条）頼経**を迎える（**摂家将軍**）

◆**承久の乱**（1221）
　後鳥羽上皇院政（**西面の武士**）→実朝暗殺→**義時追討**命令→幕府軍勝利
　→３上皇（**後鳥羽・土御門・順徳**）流罪、**六波羅探題**…朝廷より優位に
　→没収所領に**地頭**任命（**新補地頭**は**新補率法**適用）　幕府支配の拡大

◆**北条泰時**：**連署**（**北条時房**）・**評定衆**…有力御家人の合議制
　御成敗式目（1232）…**道理**と**頼朝以来の先例**、**公家法・本所法**と並存

◆**北条時頼**：**引付**（**引付衆**）…所領裁判の公正・迅速化
　三浦泰村倒す（**宝治合戦**）／後嵯峨の子の**宗尊親王**を将軍に（**皇族将軍**）

---

2 武士の社会と生活

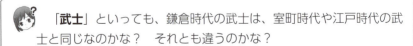

　「**武士**」といっても、鎌倉時代の武士は、室町時代や江戸時代の武士と同じなのかな？　それとも違うのかな？

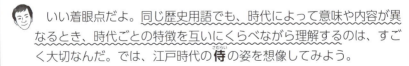

　いい着眼点だよ。同じ歴史用語でも、時代によって意味や内容が異なるとき、時代ごとの特徴を互いにくらべながら理解するのは、すごく大切なんだ。では、江戸時代の**侍**の姿を想像してみよう。

　姿というと、マゲを結って刀を差して、って感じかな。あと剣術を使ったり、役人として文書を書いたり、とか。

　どういった場所に住んでいたかな？

そうか、**城下町**か。江戸時代の武士は、都市に住んでいたんだ。

 それとくらべて、鎌倉時代の御家人の姿を想像してみると？

 馬に乗り、弓矢を使い、**一騎打ち**で戦う、騎馬武者のイメージかな。あと、鎌倉時代には城下町がなさそう。どこに住んでいたんだろう？

 鎌倉時代の武士の出身階層から、考えてみるといいよ。

 開発領主だね→第6章。田地を開発したり、農民を指導していたから、自分が支配する**荘園や公領**に住居を作ったんじゃないかな。

① 開発領主の生活

　まず、鎌倉時代の武士の生活環境を見ていきましょう。武士は所領の内部（農村）に**館**を作り生活しました。これは**防御施設**を持った軍事拠点であり、農業経営の中心でもありました。武士の館は『**一遍上人絵伝**』に描かれています→第12章。

　武士は、年貢を納めなくてよい**直営地**（**佃・門田**など）を設け、隷属農民の**下人**を使役して耕作させました。そして、**荘官**として、所領である**荘園**の管理と徴税をおこない、荘園領主へ**年貢・公事**を納めました。

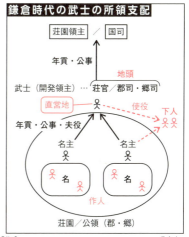

鎌倉時代の武士の所領支配

　または、**郡司・郷司**として、所領である**公領**の管理と徴税をおこない、国司へ年貢・公事を納めました。荘官や郡司・郷司が鎌倉幕府と結んだ場合は、**地頭**として現地を管理しました。

　荘園や公領の内部では→第6章、有力農民の**名主**が下人を使役しながら**名**（名田）を経営し、**年貢・公事・夫役**（米・特産物・労役）を開発領主に納めました。一般農民の**作人**は、名主から名の一部を借りて耕作を請け負いました（加地子と呼ばれる土地のレンタル料を名主へ納める）。

　こうした生活のなかで、武士は馬に乗り弓矢を用いる**騎射三物**（**流鏑馬・犬追物・笠懸**）の訓練をおこないました。流鏑馬は現在も神社での神事としておこなわれ、笠懸は『**男衾三郎絵巻**』に描かれています→第12章。

② 惣領制

次に、鎌倉時代の武士の結びつきを見ていきましょう。武士団は、**血縁的結合**をもとに**惣領**（一族の長）と**庶子**（一族の者）が結びついていました（**惣領制**）。惣領は、庶子を率いて幕府と主従関係を結びました。惣領は一族全体の番役・軍役を将軍に対して負い、これを庶子たちに分担させました。そして、惣領は一族全体の所領の支配権を将軍から保障され、その権利は庶子たちも含めて**分割相続**されました。

実は、将軍が御家人の惣領と主従関係を結べば、庶子たちも含めた御家人が幕府の軍事力となります。幕府にとって、惣領制は不可欠ですね。

鎌倉時代の女性の地位は比較的高く、女性も相続権を持ち、女性が御家人や地頭になることもありました。

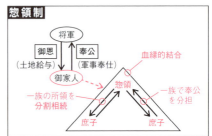

③ 地頭の荘園侵略

最後に、所領支配をめぐる、武士と荘園領主との関係を見ていきます。承久の乱後の幕府支配の拡大を背景に、幕府に任命された地頭は年貢を納めなかったり、あるいは農民を不当に支配したりして、地頭と荘園領主との間のトラブルが多発しました。

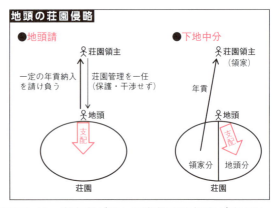

そして、トラブルの解決にあたり、当事者どうしで和解する傾向が強まり、幕府もこれを公認していきました。やり方は二つあり、一つは**地頭請**で、地頭が一定の年貢の納入を請け負うかわり、荘園領主に荘園の管理を一任される、というものです。もう一つは**下地中分**で、荘園の土地や荘民などを折半し、荘園領主と地頭がそれぞれを支配して互いに干渉しない、というものです。こうして、地頭は荘園領主の力の及ばない所領を確保し、土地や農民への支配を強めていきました。しかし、**紀伊国阿氐河荘**の荘民が地頭の不当支配を荘園領主に訴えたように、農民の抵抗も見られるようになりました。

3 蒙古襲来と得宗専制政治（13世紀後期）

13世紀後期は、北条氏の家長にあたる**得宗**に権力が集中する、**得宗専制政治**が展開しました。**蒙古襲来**（1274・1281）が時代をどのように変えたのか、という点にも注目しましょう。

 モンゴル軍が攻めてくるぞ〜！　大変だ〜！　うわ〜！

 なんだか騒がしいね。攻撃された日本の側では**蒙古襲来**というけれど、攻撃した外国の側に目を向けてみよう。元軍と高麗軍がいたよ。

 朝鮮半島は、**新羅**から**高麗**に変わっていたんだった→第6章。高麗は、元と、どんな関係だったのかな。

 高麗は30年以上モンゴルに抵抗し、結局は服属したけれど、その後も元に抵抗を続けた。**三別抄**という軍が３年にわたり抗戦したよ。

 それって蒙古襲来の前？　元にとっては面倒なことが続いたね。

 三別抄の反乱が鎮圧された直後、元は高麗を利用して日本への攻撃を始めた。**文永の役**（1274）だ。つまり、高麗がさまざまな形で抵抗を続けてきたことで、元の日本遠征は足踏みさせられたわけだね。

 蒙古襲来は、世界の動きとも連動していたんだね。

一方、国内は、どのような状態になると思う？

 非常事態だから、幕府に強い権力が集まるんじゃないかな。

 そう。蒙古襲来に対処するため、幕府は支配権を全国的に強化した。そして、その中心にいた北条氏の力も伸びたんだ。

 有力御家人とのバランスが崩れちゃうね。合議制はどうなるんだろう。

 そういった視点から、得宗専制政治の特徴を考えていくといいよ。

① 蒙古襲来（時宗）

　13世紀後期、**文永の役・弘安の役**（1274・1281）と二度にわたる蒙古襲来（**元寇**）に対処したのは、執権北条時宗でした。

(1) モンゴル（元）のフビライは日本に服属を要求したが、北条時宗は拒絶した

　13世紀初め、**チンギス = ハン**がモンゴル民族を統一し、ユーラシア大陸の東西にまたがる巨大な帝国を築きました。東アジアでは、中国北部を支配し（中国南部は南宋）、朝鮮半島の高麗を服属させました。そして、チンギス = ハンの孫の**フビライ = ハン**は、帝国の東アジア部分の国号を元と定めました。

　フビライは高麗を通じて日本に服属を要求しましたが、執権北条時宗はこれを拒絶しました。そして、高麗で発生した**三別抄**の乱を鎮圧したのち、日本遠征軍を派遣したのです。

(2) 文永の役では、元軍の集団戦法に対し、日本の一騎打ち戦法は苦戦した

　元・高麗軍は朝鮮半島から対馬・壱岐を攻め、九州北部の博多湾に上陸して、**文永の役**（1274）が始まりました。元軍の**集団戦法**と「てつはう」（火薬爆弾）に対し、日本軍の**一騎打ち戦法**は苦戦しました。御家人の活躍は『**蒙古襲来絵巻**』に描かれています→第12章。

　文永の役後、幕府は防衛を強化しました。博多湾岸に**石築地**（石による防塁）を築かせ、九州御家人に九州北部を警備させる**異国警固番役**を強化しました。

(3) 元が南宋を滅ぼしたのち弘安の役が起き、暴風雨もあって元軍が撤退した

　そののち、元が南宋を滅ぼして中国全土を支配下に入れると（1279）、東路軍（元・高麗軍）と江南軍（滅ぼされた南宋の軍）の二手で攻めてきて、**弘**

安の役（1281）が始まりました。元軍は石築地の効果で博多湾岸に上陸できないまま、暴風雨によって損害を受け、御家人の攻撃で撤退しました。

この暴風雨を神風と見るところから生まれた神国思想は、のちの豊臣秀吉のバテレン追放令「日本は神国たるところ」に登場します→第13章。

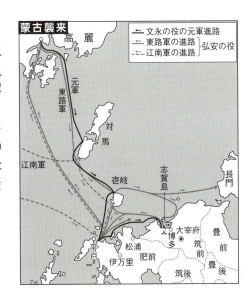

蒙古襲来

	文永の役の元軍進路
	東路軍の進路 } 弘安の役
	江南軍の進路

高麗 / 元軍 / 東路軍 / 江南軍 / 対馬 / 壱岐 / 志賀島 / 長門 / 大宰府 / 博多 / 豊前 / 筑前 / 平戸 / 松浦 / 肥前 / 伊万里 / 豊後 / 筑後

⑷ **鎌倉幕府は警戒態勢を続け、博多に鎮西探題を置いて九州支配を強化した**

蒙古襲来を機に、鎌倉幕府は御家人に加えて非御家人も動員するなど支配領域を広げ、また北条氏も一門が幕府の要職や守護職を占めて権力を広げました。元は三度目の日本遠征を計画しており（中国やベトナムでの抵抗もあって実行できず）、鎌倉幕府は異国警固番役を継続して警戒を続けました。さらに、執権**北条貞時**のとき、**鎮西探題**を博多に置いて北条氏一門を送り（1293）、九州への支配を強化しました。

年表
- ●北条時宗
- 1268 フビライ、日本に服属を要求
- 1270 高麗で三別抄の乱（～1273）
- 1274 **文永の役**
  - →石築地を築く、異国警固番役を強化
- 1279 元が南宋を滅ぼす
- 1281 **弘安の役**
- ●北条貞時
- 1285 **霜月騒動**（平頼綱が安達泰盛を倒す）
- 1293 鎮西探題を設置
- 1297 永仁の徳政令

② 得宗専制体制（貞時）

では、蒙古襲来が日本国内に与えたさまざまな影響を考えていきましょう。

⑴ **得宗に権力が集中し、その家臣の御内人や北条氏一門が幕政を主導した**

鎌倉幕府が蒙古襲来に対処するなかで、北条氏の中心にいる**得宗**（北条氏の家長・家督・惣領）に権力が集中し、得宗の家臣の**御内人**が勢力を伸ばして御家人との対立を深めました。そして、執権**北条貞時**のときの**霜月騒動**（1285）

で、有力御家人の**安達泰盛**が**内管領**（御内人の代表）の**平頼綱**に滅ぼされ（のち平頼綱は北条貞時に滅ぼされる）、幕府の実権を得宗と御内人が独占する**得宗専制政治**が確立しました。

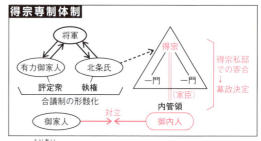

　幕府政治は、得宗の私邸における寄合（得宗・北条氏一門の一部・内管領が参加）で決定され、執権と評定衆による合議は形ばかりのものになりました。

(2) 御家人が窮乏化して所領の質入れ・売却が進み、永仁の徳政令が発された

　鎌倉時代後期、御家人社会は不安定となっていました。**所領の質入れや売却**が増えていたのです。その背景には、**分割相続**のくり返しにより、所領が一族内で細分化されていったことや、鎌倉時代に発達した**貨幣経済**に巻き込まれ→第11章、出費が増えたことに加え、蒙古襲来の負担に対して幕府からの**恩賞が不十分**だったことがありました（敵からの没収地がなかった）。

　これは、鎌倉幕府の軍事力を弱体化させる、深刻な問題です。そこで、幕府は**永仁の徳政令**(1297)を発

永仁の徳政令

	御家人が買っていた場合	非御家人や一般庶民が買っていた場合
本主が売ってから20年未満	本主が無償で取り戻す	本主が無償で取り戻す
本主が売ってから20年以上	本主の土地取り戻しは不可（買った御家人の権利優先）	本主が無償で取り戻す

※式目の「土地を20年間支配した御家人の権利を変更しない」を適用

し、御家人の所領の質入れや売却を禁止しました。そして、これまで質入れ・売却された所領を、本主（もとの持ち主の御家人）が無償で取り戻せるようにしました。しかし、効果は一時的で、中小御家人の没落が進み、幕府への不満も高まっていきました。

(3) 血縁的結合が崩れ、地縁的結合が強まって、惣領制の解体が進んだ

　武家社会では、**分割相続**により、一族の所領のうち本領の部分を惣領が経営し、本領から遠く離れた部分を庶子が経営して、本家と分家が独立する傾向が強まりました。こうして所領が一族内で細分化されていくと、それぞれの家のなかで惣領のみにすべての所領が受け継がれる**単独相続**が増え、土地を得られない庶子は惣領に従属しました。しかし、それは惣領の地位をめぐる**一族内部**

の分裂と対立を激化させ、**庶子が一族から自立**する動きを強めました。こうして、**血縁的結合**（けつえん）による一族の結びつきが崩れていくと、武士団は**地縁的結合**により構成されるものに変化していきました。「遠くの親戚よりも、近くの他人」という感覚でしょうか。

惣領制の解体

　こうして、鎌倉時代後期から室町時代初期にかけて、**惣領制が動揺・解体**していきました。武家社会は、大きく変化していったのです。

(4)　悪党が登場し、荘園領主や鎌倉幕府に反抗した

　鎌倉時代の後期以降、新興武士の**悪党**（あくとう）が登場しました。畿内（きない）を中心に商業活動などで富を蓄積し、武力を用いて荘園領主（しょうえんりょうしゅ）に反抗しました。そして、鎌倉幕府による取り締まりにも関わらず、悪党の活動は各地に広がっていきました。

ポイント　蒙古襲来と得宗専制政治

◆**北条時宗**（ほうじょうときむね）：**蒙古襲来（元寇）**（もうこしゅうらい）（げんこう）に対処（『**蒙古襲来絵巻**』（もうこしゅうらいえまき））
高麗（こうらい）で**三別抄の乱**（さんべつしょう）→**文永の役**（ぶんえい）(1274)…元の**集団戦法**と日本の**一騎打ち**（いっきうち）
→**石築地**（いしついじ）を築く、**異国警固番役**（いこくけいごばんやく）を強化
南宋（なんそう）滅亡→**弘安の役**（こうあん）(1281)…暴風雨で撤退→**鎮西探題**（ちんぜいたんだい）(1293)
◆**北条貞時**（ほうじょうさだとき）：**得宗専制政治**（とくそうせんせい）(北条氏家督の**得宗**（とく）と家臣の**御内人**（みうちびと）の幕政主導)
霜月騒動（しもつきそうどう）(1285)…**安達泰盛**（あだちやすもり）が**内管領**（うちかんれい）の**平頼綱**（たいらのよりつな）に滅ぼされる
永仁の徳政令（えいにん）（とくせいれい）(1297)…所領質入れ・売却禁止、売却所領の無償取り戻し
◆**武家社会の変化**
分割相続（ぶんかつ）から**単独相続**（たんどく）へ、**血縁的結合**から**地縁的結合**（ち）（えん）へ→**惣領制の解体**（そうりょう）
悪党（あくとう）の出現…荘園領主（しょうえんりょうしゅ）や幕府に反抗

【1】（1996 年度　追試験）

次の文章は、ある法令の内容を現代語に直したものである。

所領の質流し・売買は、御家人らが困窮する原因になっている。したがって今後はこれを禁止する。すでに売却された分については、もとの持主に領有させる。ただし、すでに 20 年以上を経過した分については、現状を変更しない。この規定に背いて、強引に所領を取り戻そうとする者は、処罰する。非御家人や一般庶民が買得した所領については、経過年数の多少にかかわらず、もとの持主に領有させる。

この法令が制定された翌年、所領の質入れ・売買の禁止は解除されたが、この法令以前の質流れ・売買地をもとの持主に領有させることは再確認された。

問　この法令が制定された時代の状況を説明した文として最も適当なものを、次の①～④のうちから一つ選べ。

① 受領が任国において巨富を積む一方で、受領の暴政が国内の有力者などによって訴えられることがしばしばあった。

② 幕府が朝廷方から没収した所領に地頭が任命され、新たな地頭の得分の基準として新補率法が制定された。

③ 荘園領主の支配に反抗する悪党が活動し、幕府はその鎮圧に苦慮するようになった。

④ 農民に馬借・車借が加わった一揆が、債務の破棄を要求してしばしば蜂起し、土倉・酒屋などを襲撃した。

解説 この法令が、「御家人」の「所領質流し・売買」に関する永仁の徳政令だと判断できたでしょうか。これは、蒙古襲来後の鎌倉時代後期（13世紀末）にあたります。共通テストでは、**より抽象的な内容の文章から具体的な事例を思い出し、時期を特定していく**ことが求められます。

① 「受領が任国において巨富を積む」「受領の暴政が〜訴えられる」から、受領に一国統治の権限が集中し、尾張国郡司百姓等解も作られた平安時代中期ごろ（10世紀）をイメージできたでしょうか。

② 「幕府が朝廷方から没収した所領に地頭が任命され」、「新補率法」が定められたのは、承久の乱（1221・13世紀前期）の直後です。

③ 「荘園領主の支配に反抗する悪党が活動し」たのは、鎌倉時代後期のことです。永仁の徳政令と同じころですね。

④ 「一揆が、債務の破棄を要求してしばしば蜂起し、土倉・酒屋などを襲撃した」から、正長の土一揆（1428）や嘉吉の土一揆（1441）が発生した室町時代中期（15世紀中期ごろ）だと判断します。

⇒したがって、③が正解です。

解答 ③

次のページからは受験生にとってヤマ場となる室町時代について学んでいこう！

世紀	時代	天皇	将軍	政治・社会	東アジア
14世紀	鎌倉時代	後醍醐		**1 鎌倉幕府の滅亡と建武の新政** ①鎌倉幕府の滅亡 　天皇家の内紛 　（持明院統・大覚寺統） 　〔後醍醐天皇〕の討幕 　御家人の離反→北条高時滅ぶ ②建武の新政（1333〜36） 　〔後醍醐天皇〕の親政 　記録所・雑訴決断所　綸旨 　中先代の乱→新政の崩壊	元　高麗
	建武の新政	光厳			
	南北朝期	（南朝）（北朝） 光明 後亀山 後小松	①尊氏 ③義満 ④義持 ⑥義教 ⑦義勝	**2 室町幕府の成立と南北朝の内乱** ①室町幕府の成立 　建武式目（1336） 　二頭政治（尊氏・直義） ②南北朝動乱 　南朝・北朝の分裂 　観応の擾乱→幕府の内紛 ③守護支配の拡大 　半済令（1352）　守護請 　→荘園・公領を侵略 **3 室町幕府の安定** ①足利義満の支配 　花の御所 　守護の勢力削減 　（明徳の乱・応永の乱） 　南北朝合体（1392） 　義満、太政大臣に ②室町幕府の機構 　管領・侍所　鎌倉府 　土倉役　段銭 ③足利義教の支配 　永享の乱（足利持氏） 　嘉吉の変（1441） **4 惣村と土一揆** ①惣村の形成 　（鎌倉後期〜） 　宮座が中心 　寄合で自治 　惣掟　地下請 　強訴・逃散 ②土一揆の展開 　徳政を要求 　正長の土一揆（1428） 　→柳生徳政碑文 　嘉吉の土一揆（1441）	明　朝鮮
15世紀	室町時代				

第10章のテーマ

第10章は、鎌倉時代末期、建武の新政、室町時代前期と南北朝時代、室町時代中期、という変化の大きい時期の政治を中心に、社会も扱います。

(1) 14世紀前期・中期は、鎌倉幕府の滅亡、建武の新政、室町幕府の成立と南北朝動乱、という大きな流れをつかみましょう。

(2) 14世紀後期、足利義満が将軍になると、室町幕府の支配が確立しました。しかし、15世紀前期にかけて安定していた室町幕府も、15世紀中期には動揺が始まりました。

(3) 農民が成長・自立化し、畿内近国で惣村が形成され、やがて拡大していきました。そして、15世紀中期ごろには、惣村の結合を基盤に、徳政を要求する土一揆が発生しました。

Ⅱ
中
世

1 鎌倉幕府の滅亡と建武の新政 （14世紀前期）

14世紀は、めまぐるしく状況が変化していきます。まず、14世紀前期の、**鎌倉幕府の滅亡**と**建武の新政**について、討幕に関わったのがどのような人々なのか、なぜ建武の新政は短期間で崩壊したのか、などに注目しながら見ていきましょう。

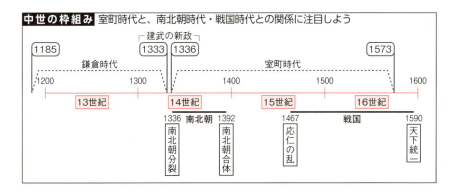

中世の枠組み 室町時代と、南北朝時代・戦国時代との関係に注目しよう

 中世を学ぶときは、上の図を使い、自分がどの時期を学んでいるのかを常に確認しながら学習していくといいよ。**世紀**の数字に注目だ。

 鎌倉時代は、**13世紀**が中心だね。**14世紀から16世紀**にかけて**室町**

時代だけど、なんだかゴチャゴチャしているなぁ。

 14世紀中期・後期は室町時代初期で、**南北朝時代**でもある。また、15世紀後期は室町時代中期で、ここから16世紀にかけて**戦国時代**だ。

 時代が重なっているね。それが、ゴチャゴチャだと感じる理由か。

 それに気づければ、室町時代も把握できるよ。「室町時代の○期は、△世紀」「△世紀は、室町時代の○期」といった時代の枠組みをつかみ、覚えた知識をその枠組みのなかに位置づけていけばOKだ。

 西暦年代を細かく覚えるよりも、時代の枠組みの感覚を身につけて、出来事の時代や順番を推定するといいんだね。

① 鎌倉幕府の滅亡

(1) 鎌倉時代後期、天皇家は持明院統と大覚寺統に分かれて争った

13世紀後期の蒙古襲来のころから→第9章、朝廷では天皇家が**持明院統**と**大覚寺統**とに分かれ、皇位の継承や天皇家の荘園→第8章の相続をめぐって争いました。承久の乱以来、幕府は皇位の継承に介入していたので、持明院統も大覚寺統も有利な決定を求めて幕府に働きかけた結果、両統が交代で皇位につく**両統迭立**の方式がとられました。

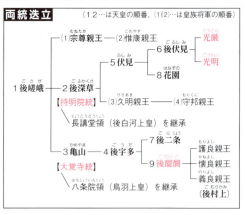

(2) 後醍醐天皇の討幕、悪党の蜂起、御家人の離反で、鎌倉幕府は滅びた

14世紀前期の幕府では、**得宗**→第9章の**北条高時**のもとで、**内管領**の**長崎高資**が権力をふるい、御家人は得宗専制政治への反発を強めました。

朝廷では、**大覚寺統**から〔後醍醐天皇〕が即位し、延久の荘園整理令で登場した**記録所**を復活させるなど→第6章、意欲的な政治を進めました。そして、大覚寺統だけに皇位を継がせるため、両統迭立を支持する幕府を倒そうとしました。しかし、最初の討幕は失敗し（1324　**正中の変**）、再度の討幕も失敗し

ました（1331 **元弘の変**）。幕府は**持明院統**の〔**光厳天皇**〕を立てて、後醍醐を**隠岐**に流罪としました。

　しかし、河内の出身で**悪党**に近い新興武士の**楠木正成**や、後醍醐の子である**護良親王**、さらには幕府に不満を持つ御家人たちも挙兵し、幕府へ抵抗しました。そして、有力御家人で源氏一門の**足利高氏**（**尊氏**）が、反乱鎮圧のため西国に向かう途上で逆に反乱を起こし、六波羅探題を攻め落としました。さらに、有力御家人の**新田義貞**が鎌倉を攻撃し、北条高時を倒しました。こうして、反幕府勢力の蜂起に加え、得宗と御内人による幕政の独占に不満を持った御家人たちが離反したことで、**鎌倉幕府は滅亡**（1333）したのです。

② 建武の新政（1333〜36）

(1) 後醍醐天皇が天皇親政を開始し、旧幕府系のものも用いた組織を設置した

　〔**後醍醐天皇**〕は京都に戻り、律令政治の復活をはかって幕府も摂政・関白も否定し、10世紀の延喜・天暦の治を理想とした**天皇親政**を始めました →第5章。政治機構では旧幕府の系統のものも採用し、中央では**記録所**が重要政務を担当し、幕府の引付を受け継いだ**雑訴決断所**が所領関係の裁判を担当しました。地方では国ごとに**国司・守護**を並べて置き、関東・東北の**鎌倉将軍府・陸奥将軍府**には、幕府に関わった武士が多く登用されました。

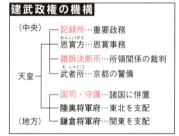

建武政権の機構

```
　　　　　┌─ 記録所…重要政務
　（中央）│　 恩賞方…恩賞事務
　　　　　│　 雑訴決断所…所領関係の裁判
天皇─────┤　 武者所…京都の警備
　　　　　│　 国司・守護…諸国に併置
　（地方）│　 陸奥将軍府…東北を支配
　　　　　└─ 鎌倉将軍府…関東を支配
```

(2) 天皇主導の政治に不満が高まり、中先代の乱を機に建武政権は崩壊した

　建武の新政では、権限を集中させた天皇の判断による政治がおこなわれました。土地の権利の確認も天皇の**綸旨**でおこなわれたため、御成敗式目の規定にもあった →第9章、「土地を20年間支配した者の権利を変更しない」といった武家社会の慣習が無視されることがあり、所領をめぐる争いが多発しました。建武の新政を批判した**二条河原落書**には、「此比都ニハヤル物　夜討強盗謀綸旨」とあり、ニセモノの綸旨まで出回るという政治や社会の混乱が示されています。

　こうしたなか、源氏一門として武士

年表

1316	得宗の北条高時、執権となる
1318	〔後醍醐天皇〕即位（大覚寺統）
1324	正中の変
1331	元弘の変
	→〔光厳天皇〕即位（持明院統）
	→後醍醐は隠岐へ配流（1332）
1333	足利高氏、六波羅探題を攻め落とす
	新田義貞、鎌倉を攻撃　**※幕府滅亡**
	〔後醍醐天皇〕、親政を開始
1335	**中先代の乱**…足利尊氏が鎮圧
1336	尊氏が京都制圧　**※建武政権崩壊**

の期待を集め、幕府の復活へと向かったのが、足利尊氏でした。尊氏は、北条時行（高時の子）が鎌倉を占領した**中先代の乱**を鎮圧すると、後醍醐の政権に離反し、楠木正成を破って京都を制圧しました。こうして、建武の新政は、わずかの期間で崩壊したのです（1336）。

ポイント ▶ **鎌倉幕府の滅亡と建武の新政**

◆鎌倉幕府の滅亡：得宗**北条高時**・内管領**長崎高資**の専制→御家人の離反
　天皇家で**持明院統**・**大覚寺統**の対立→**両統迭立**（交互に皇位につく）
　〔**後醍醐天皇**〕（**大覚寺統**）の討幕失敗（**正中の変・元弘の変**）→隠岐へ
　楠木正成・**護良親王**の挙兵、**悪党**の蜂起
　→**足利高氏**の六波羅探題攻撃、**新田義貞**の鎌倉攻撃→**鎌倉幕府滅亡**
◆**建武の新政**（1333～36）：〔**後醍醐天皇**〕の親政、延喜・天暦の治を理想
　機構…**記録所**・**雑訴決断所**、国司・守護併置、鎌倉将軍府・陸奥将軍府
　天皇の**綸旨**による土地の権利確認→政治の混乱（**二条河原落書**が批判）
　足利尊氏が離反…**中先代の乱**を鎮圧、京都を制圧→建武政権崩壊

---

2 室町幕府の成立と南北朝の内乱（14世紀中期）

14世紀中期、**室町幕府が成立**し、**室町時代**が始まりました。同時に、天皇・朝廷が吉野の**南朝**と京都の**北朝**とに分かれる、**南北朝時代**も始まりました。特に、守護が**守護大名**に成長していくプロセスに注目しましょう。

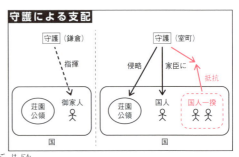

守護というと、鎌倉幕府が国ごとに任命したよね→第8章。室町幕府も守護を任命したんだ。

名前は同じでも、中身は変化したよ。鎌倉時代の守護の権限は**大犯三カ条**で、将軍の家臣である**御家人**を指揮して治安維持にあたった。

今でいうと、「県の警察のトップが部下を管理する」、といったイメージかな。それが、室町時代には**守護大名**と呼ばれるようになったん

だから、軍事・警察権以外も使って支配を広げた感じがするよ。

簡単にいうと、室町時代の守護は、地方の有力武士である**国人**を家臣とし、荘園・公領を侵略して土地への支配を強めていったんだ。

これなら、一つの国全体に支配を広げたから、大名だね！

でも、国人が**国人一揆**を結んで守護大名に抵抗するケースもあったから、のちの戦国大名のような全体支配はできなかったんだよ。

① 室町幕府の成立

足利尊氏は、**持明院統（北朝）**の〔光明天皇〕を立てたのち、**建武式目**（1336）で幕府の開設と施政方針を示しました（法典とは異なります）。**南北朝の動乱**が始まるなか、吉野の南朝をおさえて京都の北朝を守るためにも、**京都**に幕府を開くことになりました。

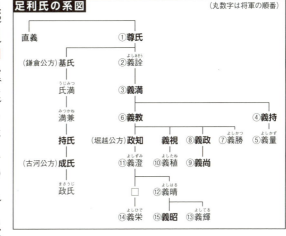

足利氏の系図 （丸数字は将軍の順番）

直義 — ①尊氏
（鎌倉公方）基氏 — ②義詮
氏満
満兼 — ③義満
持氏 — ⑥義教 — ④義持
（堀越公方）政知 — 義視 — ⑧義政 — ⑦義勝 — ⑤義量
（古河公方）成氏 — ⑪義澄 — ⑩義稙 — ⑨義尚
政氏 — □ — ⑫義晴
⑭義栄 — ⑮義昭 — ⑬義輝

そして、尊氏が**征夷大将軍**に任命されると、弟の**足利直義**と権限を分担する二頭政治を進めました（尊氏が軍事・恩賞、直義が行政・裁判）。

② 南北朝動乱

一方、〔後醍醐天皇〕は三種の神器を持って大和の**吉野**に逃れ、**大覚寺統（南朝）**の正統性を主張しました。南朝勢力は、**北畠親房**を中心に抵抗を続け（彼は『神皇正統記』を著しました→第12章）九州には後醍醐の子である**懐良親王（征西将軍）**の支配が及びましたが、劣勢でした。

しかし、優勢だった北朝勢力（室町幕府）で**観応の擾乱**（1350〜52）が発生しました。新興武士に支持された**高師直**（足利尊氏の執事）と、武家政権の伝統を重視する**足利直義**の対立が、尊氏派と直義派の抗争に発展しました。

尊氏派・直義派・南朝という三つの勢力が離合集散（付いたり離れたり）を くり返す三つ巴の戦いが続き、武士たちも一族が分裂して尊氏派・直義派・南朝に分かれて争いました。**血縁的結合**が崩れていくという武家社会の変化も背景となって→第9章、南北朝の動乱は長期化したのです。

③ 守護支配の拡大

そこで室町幕府は、国ごとに置いた<u>守護</u>に<u>国人</u>（地頭・荘官出身の地方有力武士）を組織させるため、守護が持つ権限を強化しました。

(1) 大犯三カ条に加え、刈田狼藉の取り締まりや使節遵行の権限を与えた

室町時代の守護には、鎌倉時代以来の**大犯三カ条**に加え→第8章、**刈田狼藉を取り締まる権限**が幕府から与えられました。刈田狼藉とは、土地をめぐって争う当事者が「オレの土地だ！」と主張して一方的に稲を刈り取る行為のことで、この行為

刈田狼藉の取り締まり

を取り締まることで、守護は所領紛争に介入できるようになったのです。さらに、幕府の判決を強制執行する**使節遵行権**も与えられました。

(2) 半済令で荘園・公領の侵略を進め、これを国人に与えて家臣とした

観応の擾乱が一段落すると、室町幕府は**半済令**（1352）を発し、一国内の**荘園・公領**の**年貢の半分**を兵粮米として徴収する権限を守護に与えました。半済は、のちに年貢の半分の獲得から土地の分割にまで拡大し、守護は一国内の荘園・公領を侵略して、獲得した兵粮米や土地を**国人**に分け与え、家臣としていきました。

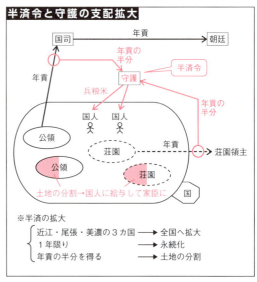

(3) 守護は土地支配を強め、一国全体の支配権を確立して、守護大名となった

守護は荘園領主と契約し、年貢の徴収と納入を請け負いました（<u>守護請</u>）。

守護が荘園の支配権を得て、荘官の役割を果たしたのです。また、国司に代わり公領から年貢を徴収するなど、**国衙の機能を吸収**しました。

そして、守護が荘園・公領への支配を強めると、幕府だけでなく守護も**段銭**を独自に課すようになりました（守護段銭）。

このように、守護は一国全体に及ぶ支配を確立し、任国も世襲されるようになり、守護大名に成長したのです。

武士の荘園侵略
●鎌倉時代
地頭請・下地中分…地頭
●室町時代（南北朝期）
守護請・半済…守護

Ⅱ

中世

(4)　国人は国人一揆を結んで地域を支配し、守護大名に抵抗することもあった

しかし、地方有力武士である**国人**のなかには、一定の地域を支配するために**国人一揆**を結んで団結し、守護の支配に抵抗する場合がありました。室町時代初期（南北朝時代）における国人一揆の結成は、この時期の武家社会のなかに**地縁的結合**がしだいに広がっていったことを示しています→第9章。

年表
1336 尊氏、〔光明天皇〕擁立（持明院統）
尊氏、建武式目を発表…施政方針
1338 尊氏、征夷大将軍となる
※足利直義と二頭政治
1350 観応の擾乱…高師直と足利直義が対立
→北朝勢力の内紛（〜52）
1352 半済令…守護に兵粮米徴収権を与える
（近江・美濃・尾張から全国へ拡大）
→守護の荘園・公領侵略

ポイント　室町幕府の成立と南北朝の内乱

◆室町幕府の成立：**足利尊氏**が**京都**に幕府を開く
〔**光明天皇**〕擁立（**持明院統…北朝**）／**建武式目**（1336）…施政方針
◆南北朝動乱
〔**後醍醐天皇**〕（**吉野**の**南朝**）／九州は**懐良親王**（**征西将軍**）の支配
観応の擾乱（1350〜52）…**高師直**と**足利直義**の対立→尊氏派 vs 直義派
◆守護支配の拡大：**守護**に**国人**を組織させる
刈田狼藉取り締まり権…所領紛争に介入／**使節遵行権**…判決の強制執行
半済令（1352）…**荘園・公領**の**年貢の半分**を得る→**国人**に分与し家臣に
荘園・公領を侵略…**守護請**（年貢納入の請け負い）、**国衙の機能吸収**
　→**守護大名**に（**国人一揆**による抵抗を受けることも）

3 室町幕府の安定 （14世紀後期〜15世紀中期）

　14世紀後期、３代将軍**足利義満**が室町幕府の支配を確立させると、15世紀前期（４代将軍**足利義持**の時代）にかけて、室町幕府は安定しました。しかし、15世紀中期、６代将軍**足利義教**の時代に、室町幕府は動揺し始めました。

① 足利義満の支配

　足利義満は、３代将軍として支配を拡大し、将軍を辞めたあとも亡くなるまで幕府政治の中心であり続けました。その過程を見ていくとともに、室町幕府の機構についても確認します。

(1) 義満は、花の御所を造営し、南北朝合体を実現して動乱を終わらせた

　足利義満が３代将軍に就任すると（1368）、**今川貞世**（了俊）が**九州探題**として派遣され、征西将軍懐良親王を中心とする九州の南朝勢力は制圧されていきました。

　義満は、京都**室町**に**花の御所**を造営して政治の中心としました（これにより足利政権は**室町幕府**と呼ばれた）。そして、南朝へ介入して南朝の〔**後亀山天皇**〕から北朝の〔**後小松天皇**〕へ譲位させ、**南北朝合体**（1392）を実現して南北朝の内乱を終わらせました。

年表
1368 足利義満、３代将軍となる
1378 義満、京都室町に花の御所を造営する
※九州探題今川貞世が懐良親王を制圧
1390 土岐氏の乱…美濃の土岐康行を討つ
1391 明徳の乱…山名氏清を討つ
1392 南北朝合体 （〔後亀山〕から〔後小松〕へ）
1394 義満、太政大臣となる（義持が将軍に）
1398 義満、京都北山に金閣を造営する
1399 応永の乱…堺で挙兵した大内義弘を討つ
1401 義満、明に遣使して国交を開く
→「日本国王」（1402）、勘合貿易開始（1404）
1408 義満が死去

(2) 義満は、南北朝動乱のなかで拡大した有力守護大名の勢力を抑圧した

　義満は、南北朝動乱のなかで強大化した守護大名を武力で討伐し、勢力を削減しました。山陰・山陽地方で勢力を誇り、全国66カ国中11カ国の守護を一族で兼ねて「**六分の一衆**」と呼ばれた**山名氏**に対しては、**山名氏清**を**明徳の乱**（1391）で滅ぼしました。さらに、長門・周防などで勢力を持った**大内氏**については、堺で挙兵した**大内義弘**を**応永の乱**で滅ぼしました（1399）。

(3) 幕府の機構が整備され、幕府が朝廷の権限を吸収して全国政権となった

　足利義満の時代には、室町幕府の機構もほぼ整備されました。それだけでな

く、幕府は、それまで朝廷が持っていた権限を吸収して、全国を支配する公武統一政権として確立したのです。京都の警察・裁判は、朝廷の**検非違使**→第5章に代わって室町幕府の**侍所**が担うようになり、室町幕府が京都の金融業者や諸国に対する課税権を得ると、朝廷に代わって**土倉役・酒屋役**や**段銭・棟別銭**を課すようになりました。

⑷ **義満は、太政大臣となり、金閣を造営し、明へ遣使して勘合貿易を始めた**

義満は、将軍を辞めたあとも権力をふるいました。将軍職を子の**義持**にゆずって**太政大臣**となり（1394）、出家したのちも京都**北山**の山荘で政務をとるなど、公武にわたる最高権力者として君臨し続けました。義満が北山の山荘に**金閣**を造営したころから、**北山文化**が栄えました→第12章。

そして15世紀初め、義満は、**明**へ使節を派遣して国交を結び、明の皇帝から「**日本国王**」の称号を得て、明との**勘合貿易**を始めました→第11章。

② 室町幕府の機構

室町幕府の政治のしくみに移ります。京都に幕府が開かれたことが、幕府機構や財政のあり方に影響を与えました。また、鎌倉幕府や建武政権とくらべることが大切なので、特に地方支配については表を確認しましょう。

鎌倉幕府・建武政権・室町幕府の地方支配
●鎌倉幕府
奥州総奉行…奥州藤原氏滅亡の後、奥州を支配
六波羅探題（京都）…承久の乱後、朝廷の監視など
鎮西探題（博多）…蒙古襲来の後、九州を支配
●建武政権
鎌倉将軍府…関東　　**陸奥将軍府**…東北
●室町幕府
鎌倉府…関東と伊豆・甲斐（鎌倉公方・関東管領）
九州探題…九州　**奥州探題・羽州探題**…陸奥・出羽

⑴ **管領や侍所所司を担う、在京の有力守護大名が、幕府の運営に参加した**

室町幕府は、基本法として**御成敗式目**を用い（足利尊氏の建武式目は施政方針）、**建武以来追加**と呼ばれる追加法を発しました。

中央では、**管領**が将軍を補佐し、足利氏一門の**細川・斯波・畠山**の3氏（**三管領**）から交代で任命されました。**侍所**は京都の警備・裁判を担当し（鎌倉時代の侍所は御家人の統制→第8章）、長官

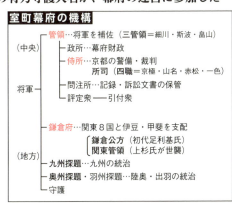

室町幕府の機構

（中央）
管領…将軍を補佐（三管領＝細川・斯波・畠山）
　政所…幕府財政
将軍
　侍所…京都の警備・裁判
　　所司（四職＝京極・山名・赤松・一色）
　問注所…記録・訴訟文書の保管
　評定衆──引付衆

（地方）
鎌倉府…関東8国と伊豆・甲斐を支配
　鎌倉公方（初代足利基氏）
　関東管領（上杉氏が世襲）
九州探題…九州の統治
奥州探題・羽州探題…陸奥・出羽の統治
守護

の所司は京極・山名・赤松・一色の4氏（四職）から任命されました。これらの有力守護大名は、幕府の運営や重要政務の決定に参加し、一般の守護大名も幕府に出仕しました。このように、室町幕府は将軍を頂点とする守護大名の連合政権だったので、守護大名は京都に在住して将軍を支え、任国は守護代が統治しました。

　地方では、鎌倉府が関東8カ国と伊豆・甲斐を支配し、長官の鎌倉公方は足利基氏（尊氏の子）の子孫が世襲しました。鎌倉公方を補佐する関東管領は上杉氏が世襲しました。

　室町幕府の軍事力は、直轄軍の奉公衆が担い、直轄領の御料所を管理したり、在京して将軍を護衛したりしました。

⑵ 室町幕府の財政は、京都の商業・流通活動に依存する面が強かった

　幕府の財政は、多くが貨幣収入でまかなわれ、特に商業・流通活動を頼っていたのが特徴です。土倉役・酒屋役は、京都で活動する土倉・酒屋（高利貸）から徴収する営業税で、関銭・津料は交通の要所に置かれた関所で徴収する通行税です。また、荘園・公領の田畑に課税する段銭や、家屋に課税する棟別銭は、一国単位で臨時に課され、守護をとおして徴収されました。このほか、御料所からの収入や日明貿易→第11章の利益（抽分銭）も幕府を支えました。

③ 足利義教の支配

　15世紀前期、4代将軍足利義持の時代は将軍と守護大名の勢力均衡が保たれ、幕政は安定していました。外交では、朝鮮が倭寇の根拠地である対馬を襲撃する、応永の外寇（1419）が発生しました→第11章。

年表
●4代将軍義持
1416 上杉禅秀の乱…前関東管領の反乱
1419 応永の外寇…朝鮮が対馬を襲撃
●6代将軍義教
1428 正長の土一揆…徳政を要求して蜂起
1438 永享の乱…鎌倉公方足利持氏を討つ（～39）
1440 結城合戦…持氏遺児を擁した結城氏を討つ
1441 嘉吉の変…赤松満祐により暗殺される
（1441嘉吉の土一揆…徳政を要求して蜂起）

　15世紀中期ごろ、6代将軍足利義教（義持の弟）は将軍権力の強化をめざし、守護を抑圧しました。

　鎌倉府との対決が表面化した永享の乱（1438～39）では、義教は関東管領上杉憲実と結び、幕府に反抗的な姿勢の鎌倉公方足利持氏を滅ぼしました。上杉憲実は、足利学校を再興した人物です→第12章。

　つづく結城合戦では、足利持氏の遺児を立てて反乱を起こした下総の結城氏を討ちました。

しかし、義教の強権的な姿勢への反発から、播磨の守護赤松満祐が義教を暗殺しました（嘉吉の変　1441）。その結果、将軍の権威は失墜し、室町幕府は動揺しました。

> **ポイント　室町幕府の安定**
>
> ◆**足利義満**の支配：3代将軍
>
> **九州探題**の**今川貞世**が南朝の懐良親王を制圧／**室町**に**花の御所**を造営
>
> **南北朝合体**（1392）…南朝〔**後亀山**〕から北朝〔**後小松**〕へ譲位
>
> 有力守護を抑圧…**明徳の乱（山名氏清）、応永の乱（大内義弘）**
>
> **太政大臣**に／**北山**山荘に**金閣**／**明**へ遣使し「**日本国王**」に→**勘合貿易**
>
> ◆幕府機構：守護大名は在京して幕府に出仕（**守護代**の任国統治）
>
> **管領**（将軍補佐、三管領…**細川・斯波・畠山**）
>
> **侍所**（京都の警備・裁判、**所司**は四職…**京極・山名・赤松・一色**）
>
> **鎌倉府**（関東支配〈**鎌倉公方**は**足利基氏**の子孫、**関東管領**は**上杉氏**〉）
>
> 軍事力…**奉公衆（御料所**を管理）
>
> 財政…**土倉役・酒屋役**（営業税）、**関銭・津料**（通行税）、**段銭・棟別銭**
>
> ◆**足利義教**の支配：6代将軍
>
> **永享の乱**…関東管領**上杉憲実**と結び、鎌倉公方**足利持氏**を滅ぼす
>
> **結城合戦**…足利持氏の遺児と結城氏を討つ
>
> **嘉吉の変**（1441）…播磨の守護**赤松満祐**が将軍義教を暗殺

4 惣村と土一揆

　鎌倉時代後期から室町時代にかけて畿内近国から広がっていった、荘園・公領の内部に出現した村が、**惣村（惣）**です。その背景には農民の成長と団結があり、惣村の農民による**自治**がおこなわれました。

 農民どうしが結びつき、集住して集落を作ったのは、なぜだと思う？

 最近、武士のことばかりで、そろそろ農民のことを学びたいと思っていたんだ。豊かになって、自分たちの村を作れるようになったとか。

 中世には農業技術が発達し→第11章、生産が伸びたから、経済的に成長した農民が自立していくんだ。また、時代状況も考えよう。

14世紀は、鎌倉幕府滅亡や南北朝動乱、戦乱ばかりだね。武士は活躍するけれど、農民は戦いに巻き込まれ、たまったもんじゃないなぁ。

戦乱が続く状況のなかで、農民も自衛をはかるんだ。団結し、時には武器を持って、自分たちのことを守る必要が出てくる。

待てよ、生産が伸びるのも、南北朝動乱も、畿内やその近くだよね。

惣村（惣）が畿内近国で生まれて広がっていく背景が、見えてきたね。それと、地方の荘園が室町幕府の守護によって侵略されると、荘園領主は、自分の力が及ぶ畿内近国の荘園に対し、課税を強化するんだ。

ツライ増税は反対！　団結して荘園領主に抵抗しなくちゃ！　畿内近国なら、京都にいる荘園領主のもとに押しかけることもできるね。

① 惣村の形成

では、**惣村**（**惣**）の内部構造や領主との関係を見ていきましょう。

(1) 惣村では、村民による自治がおこなわれた

惣村（惣）は、村民による**自治**の基盤でした。地域の神社の祭礼組織である**宮座**が人々の結合の中心となり、**名主**（有力農民）に加えて、新しく成長してきた**作人**（小農民）も構成員となりました。名主のなかには、守護大名などと主従関係を結んで**地侍**となる者もおり、惣村は武力を持っていたのです。

惣の運営は、村民の会議である**寄合**での決定に従い、村の指導者である**おとな・沙汰人**の指導のもとでおこなわれました。特に、自給燃料や肥料を獲得する共有地である**入会地**の共同利用や**用水**の共同管理は、村民にとって重要な議題でした。そして、

惣村（惣）

村民が守るべきルールを村民みずからが**惣掟**として定め、違反者に対しては惣村が警察権・裁判権を行使する**地下検断**（**自検断**）をおこないました。

186

また、領主との間で、年貢の**地下請**（**百姓請**）の契約を結びました。荘園公領制のもとでは、名（名田）が課税単位であり、名主が名の管理と納税の責任者でした →第6章。地下請は、惣村が納税の主体となり、惣村が年貢の徴収と納入を領主に対して請け負ったのです。

　惣村は、他の惣村と協力し、あるいは対立しながら、結合を拡大しました。支配単位である荘園・公領ごとに、内部にあるいくつかの惣村がまとまったり、時には荘園・公領の枠を越えて多くの惣村が連合する場合もありました。

⑵ **惣村の農民は団結し、領主の支配に対して強訴・逃散で抵抗した**

　惣村の農民は**一揆**を結び、支配に対する抵抗を強めました。一揆とは「心を一つにする」という意味で、起請文（神に誓う文書）を作り、それを焼いて灰にして神水に混ぜ、皆で回し飲みする儀式をおこなったりしました（一味神水）。団結を強めた村民は、全員で荘園領主のもとへ押しかける**強訴**や、全員で耕作を放棄する**逃散**などの実力行使をおこない、「水害で苦しいので年貢を免除して！」「不法な荘官はクビにして！」などの要求を通そうとしました。

② 土一揆の展開

　15世紀中期ごろ、6代将軍**足利義教**の時代から、「土民（農民など一般庶民）」による**土一揆**が発生しました。これは、惣村の結合をもとにした農民勢力を主体に、都市民なども含めて大勢で蜂起したものです。そして、**正長の土一揆**（1428）と**嘉吉の土一揆**（1441）では、一揆の勢力が債務破棄（借金を帳消しにする）などの**徳政**を要求したので、これらを**徳政一揆**とも呼びます。

　土一揆が徳政を要求したってことは、借金を抱えている農民が多かったのかな。

　京都の**土倉・酒屋**については、室町幕府の経済基盤で見たよね。こういった高利貸業者の影響が、畿内近国の農村に及んだんだ。

　そもそも、土倉・酒屋から借金をするぐらい、当時の農民はお金と深く関わっていたってことだね。

　鎌倉時代後期から、**年貢の銭納**が普及していった →第11章。農民も、農作物や加工品を売って貨幣を手に入れ、その貨幣を年貢として納めた。こうして、農村にも貨幣経済が浸透していったんだよ。

年貢が銭納だと、年貢を納められなかったら、荘園領主から借金をしていることになっちゃうね。利子が付くと、あとで返すのが大変だ！

 そう。農民が負債を抱えやすい条件もできていたんだね。

 そして、畿内近国は惣村が広く結びついていたから、農民中心の大規模な土一揆が可能だったんだろう。

 農民が中心の徳政一揆が、畿内近国で発生した理由が、推定できたね。

(1) 正長の土一揆では京都の土倉などが襲われ、実力により債務が破棄された

　正長の土一揆（1428）は、**足利義教**が将軍になることが決定した直後の「代始め」の蜂起で、ある史料に「日本開白以来、土民蜂起是れ初めなり」と記されたように、最初の土一揆でした。

　近江国の坂本で起こった**馬借**（運送業者）の蜂起から始まり、徳政を要求した一揆の勢力は京都の土倉・酒屋を襲撃して、預けていた質物や証文を奪い、実力で債務を破棄しました（このとき幕府は徳政令を発布していない）。

　そして、一揆は京都から畿内近国へ拡大し、各地で債務の破棄を求める運動が発生しました。**大和国柳生の徳政碑文**（奈良市）には「正長元年ヨリサキ者カンへ四カンカウニ　ヲキメ　アルヘカラス（正長元年より先は神戸四箇郷に負目あるべからず）」とあり、神戸の4村の連合に1428年以前の債務がいっさいない（だから返済は不要）という、地域での債務破棄を獲得した宣言です。

　翌年、正長の土一揆の影響で、**播磨国**でも土一揆が発生しました（1429）。これは、「守護赤松氏の家臣の国外退去」という政治的要求を掲げたものです。

(2) 嘉吉の土一揆では、幕府が初めて徳政令を発布した

　6代将軍足利義教が暗殺された**嘉吉の変**の直後、**嘉吉の土一揆**（1441）が発生しました。一揆の勢力が京都に乱入して占拠し、幕府に対して「代始め」の徳政を要求しました。こういった一揆の勢力による実力行使を背景に、幕府は**徳政令**を初めて正式に発布しました。

(3) 幕府は分一銭を得るため、分一徳政令を発するようになった

　こののち幕府は、債務者から**分一銭**と呼ばれる手数料をとって債務の破棄を認める、**分一徳政令**を発するようになりました。お金を借りている債務者にとっては、分一銭を幕府に払えば徳政令が出て借金が帳消しになりますし、幕府にとっては分一銭の収入が得られます。逆に、幕府が債権者から分一銭をとっ

て債権の保護を認めることもありました。

ポイント 惣村と土一揆

◆**惣村**（惣）：農民の自立化、戦乱からの自衛、領主への抵抗→農民の**自治**

宮座（祭礼組織）を中心、**名主**（**地侍**になる者も）に加え**作人**も構成員に

村政は**寄合**で決定、**おとな・沙汰人**が指導…**入会地**や**用水**の共同利用

独自の**惣掟**を定める／**地下検断**（警察・裁判権）／年貢の**地下請**

一揆を結ぶ→荘園領主への**強訴・逃散**（耕作放棄）

◆**土一揆**の展開：**徳政**（債務破棄）を要求する**徳政一揆**

正長の土一揆（1428）…6代義教の「代始め」

　　近江国の**馬借**蜂起→一揆勢が京都の土倉・酒屋襲撃→実力で債務破棄

　　畿内近国へ拡大→**大和国柳生の徳政碑文**…地域での徳政獲得

　　播磨国の土一揆発生に影響（1429）

嘉吉の土一揆（1441）…**嘉吉の変**直後の「代始め」

　　一揆勢が京都を占拠→幕府が**徳政令**を発布

分一徳政令…債務者（債権者）から**分一銭**をとって発布

Ⅱ

中

世

チェック問題にトライ！

【1】(2014年度　本試験)

　　足利義持が1428年に死去すると、人々は支配者交代の機をとらえて一揆を結び蜂起した。<u>「正長元年ヨリサキ者、カンヘ四カンカウ二ヲ刁メアルヘカラス」</u>と記す奈良市柳生の碑文が著名で、一揆の時代を象徴する。

問　下線部に関して述べた次の文X・Yについて、その正誤の組合せとして正しいものを、下の①～④のうちから一つ選べ。

　X　「カンヘ四カンカウ」は惣村の連合組織で、徳政一揆の基盤となっている。

　Y　「ヲ刁メ」とは荘園領主に対する年貢の未納分などの負債のことで、「負い目」がなくなるよう返済すると宣言している。

　① X　正　　Y　正　　　　② X　正　　Y　誤
　③ X　誤　　Y　正　　　　④ X　誤　　Y　誤

解説　教科書に載る、正長の土一揆に関する基本史料ですが、史料文の内容を、知識も用いて解釈することができたでしょうか。

X　「カンヘ四カンカウ」を漢字に起こした「神戸四箇郷」から、これが四つの「惣村の連合組織」だと判断しましょう。そして、「正長元年」に起きた正長の土一揆は徳政を要求したものであり、柳生の徳政碑文は地域での徳政を達成した成果を記したものですから、こうした惣村連合が「徳政一揆の基盤となっている」ことも、正しいです。

Y　「ヲ刁メ」を漢字に起こした「負い目」から、これが「負債」であることは正しいと判断できますが、「荘園領主に対する年貢の未納分」も「負債」かどうかは判断が難しいと思います。当時は年貢の銭納が広がっており、荘園領主に対して年貢を滞納した場合は、その分が負債とみなされていた（あとで利子をつけて払う必要がある）のです。そして、「ヲ刁メアルヘカラス」とは債務破棄（＝徳政）のことで、返済する必要はなくなったのですから、「返済すると宣言している」のではありません。

⇒したがって、②（X　正　　Y　誤）が正解です。

解答　②

チェック問題では史料をしっかり考察することが大切です。間違えたらもう一度、後で解いてみよう。

中世社会の展開

世紀	時代	将軍	政治・社会	外交	東アジア
13世紀	鎌倉時代		(1)	**1 中世の外交** ①日宋貿易 　民間船の往来	宋
14世紀	建武 南北朝期 室町時代	①尊氏 ③義満 ④義持	(3)	②日元貿易と倭寇 　建長寺船 　天龍寺船 　※前期倭寇 ③日明貿易 　義満の遣使 　→貿易開始 　朝貢形式	④日朝貿易 　応永の外寇 　　（15世紀） 　宗氏が管理 　倭館で取引 　三浦の乱 　　（16世紀） 元 / 高麗
15世紀	室町時代 戦国期	⑥義教 ⑧義政 ⑨義尚	**3 応仁の乱と戦国時代** ①応仁の乱と下剋上 　応仁の乱（1467～77） 　山城の国一揆 　加賀の一向一揆 ②戦国時代 　実力で分国を支配 　指出検地・貫高制 　城下町を建設	守護に実権 （細川・大内） 寧波の乱 大内氏滅亡 →貿易断絶 ※後期倭寇	⑤琉球 　按司の支配 　琉球王国 　　（15世紀） 　中継貿易 ⑥蝦夷ヶ島 　和人の進出 　アイヌと交易 　コシャマイン 　　（15世紀） 明 / 朝鮮
16世紀			(2)		

2 経済の発展

	①鎌倉時代の経済	②室町時代の経済
農業・肥料	二毛作（畿内・西国）　牛馬耕 原料作物（楮・荏胡麻・藍） 刈敷・草木灰	二毛作（東国へ拡大）　三毛作 商品作物　※戦国期から綿花栽培 刈敷・草木灰・下肥
手工業	鍛冶・鋳物師・紺屋	特産品の登場
商業・組合・流通	三斎市（定期市）　見世棚 座の結成 問丸（年貢輸送）	六斎市　見世棚の増加 座の拡大　大山崎の油座 問屋（卸売）　馬借・車借（運送）
貨幣・金融	宋銭　年貢の銭納 為替の使用（遠隔地取引） 借上（高利貸）	明銭・私鋳銭　銭納の拡大 撰銭の横行→撰銭令 土倉・酒屋（高利貸）

第 11 章 の テ ー マ

　第11章は、テーマ史として中世（鎌倉～室町）の外交史・経済史を扱い、さらに応仁の乱・国一揆と戦国時代を扱います。

(1)　宋・元との間には私貿易がおこなわれ、明との間には朝貢形式の勘合貿易が展開しました。朝鮮との貿易の推移や、琉球のアジアでの位置、蝦夷ヶ島との交流などにも注目しましょう。

(2)　農業・手工業・商業や、流通・貨幣経済が、鎌倉時代から室町時代にかけてどのように発達していったのかを、大きくつかみましょう。

(3)　応仁の乱は、室町幕府の衰退をもたらしただけでなく、日本史上の大きなターニングポイントともなりました。そして、実力により領国支配をおこなう戦国大名が、各地に生まれていきました。

◢ 1 中世の外交

　鎌倉・室町時代の外交史を、まとめて学びましょう。第10章の最初にある「中世の枠組み」の図で、**世紀**の数字を確認しておくといいですよ。

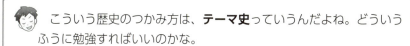

　こういう歴史のつかみ方は、**テーマ史**っていうんだよね。どういうふうに勉強すればいいのかな。

　教科書では異なるページに載っている内容を、通しで読んでいけばOK。たとえば、「日本と宋との関係」なら、摂関政治や平氏政権や蒙古襲来のところに載っているよ。

　教科書を飛び飛びに読んでいくんだね。検索ワードをもとに、教科書を検索する感じかな。インターネットの検索なら楽だけど……。

　あと、テーマの大きな流れをつかんでおくと、教科書で探した情報がつながっていくんだ。たとえば、中国の王朝が「**宋→元→明**」と変化することを知ったうえで、教科書で探した元の情報や明の情報を結びつけていくと、自分でテーマ史を作っていくことができるよ。

　まず、この参考書で流れをつかんでから、教科書の検索にチャレンジしてみる。がんばるよ！

① 日宋貿易

　日本と**宋**（南宋）との間に正式な国交は開かれませんでしたが、商船が往来しました。12世紀後期には平氏政権が日宋貿易を進め→第8章、13世紀の鎌倉時代も**私貿易**が活発でした。日本からは**金**・硫黄・刀剣を輸出し、宋からは**宋銭**や「**唐物**」（陶磁器や書籍など）が輸入されました。また、商船に便乗した禅僧が往来し、中国文化を日本へ伝えました→第12章。

② 日元貿易と倭寇

　蒙古襲来（1274・1281）の間に南宋は滅亡し→第9章、その後の日本と**元**との間には**私貿易**が展開しました。14世紀前期、**鎌倉幕府**が建長寺を直す費用を得るための**建長寺船**を派遣しました。14世紀中期、**足利尊氏**が**夢窓疎石**の勧めで→第12章、〔後醍醐天皇〕の冥福を祈る天龍寺建立を計画し、その費用を得るための**天龍寺船**を派遣しました。元に派遣されたことがポイントです。

　14世紀後半の南北朝動乱のころ、対馬や壱岐を拠点に**倭寇**（前期倭寇）の海賊活動が活発化し、中国北部や朝鮮半島の沿岸で人や食料などを略奪しました。

③ 日明貿易

　朱元璋が元を滅ぼして**明**（1368）を建国すると（足利義満の将軍就任と同じ年）、新しい対外政策によって東アジアの国際情勢は変化しました。明は、伝統的な**冊封体制**の回復によって中国を中心とする国際秩序を築くとともに→第1章、中国皇帝の臣下となって「**国王**」の称号を与えられた者だけに貿易を認める**海禁政策**をとりました

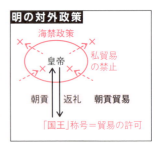

（私貿易は禁じられた）。さらに、日本に対して倭寇の禁圧を要求しました。

(1) 足利義満は、明に遣使して国交を開き、朝貢形式の勘合貿易を始めた

　南北朝動乱が終わり→第10章、室町幕府の支配が確立した15世紀初め、**足利義満**は明からの倭寇禁圧の要求に応じ、使者（祖阿・肥富）を派遣して正式に国交を開きました（1401）。そして、皇帝から「**日本国王源道義**」あての返書が与えられました。海禁政策のもと、義満は「国王」の称号を得て、明との貿易が可能な立場になったのです。

　こうして開始された**日明貿易**は、皇帝へ貢ぎ物を献上し、皇帝から返礼の品

物を受け取るという朝貢形式で、遣明船は明から交付された勘合を持参したことから、勘合貿易とも呼びます（入港地は寧波）。貢ぎ物を上回る大量の返礼品が与えられ、滞在費用は明が負担したので、日本が得る利益は莫大でした。また、遣明船は貢ぎ物以外の商品の売買も許可され、利益の一部を幕府に納入しました（抽分銭）。

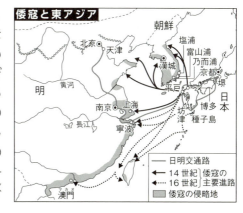

倭寇と東アジア

凡例:
— 日明交通路
← 14世紀 ｝倭寇の
⇠ 16世紀 ｝主要進路
　 倭寇の侵略地

明への輸出品は銅・硫黄・刀剣などで、明からの輸入品は銅銭・生糸・絹織物・陶磁器などです。永楽通宝などの明銭は、日本の貨幣経済をさらに発達させました。生糸は、室町時代から江戸時代前期にかけての日本にとって、中国から入手したい貿易品として非常に重要なものとなりました。南蛮貿易や→第13章、朱印船貿易→第14章、「鎖国」のもとでの貿易でも→第14章、中国産生糸に注目していきましょう。

(2) 貿易は幕府主導から有力守護主導となり、寧波の乱で大内氏が独占した

その後の日明貿易の展開を追っていきます。足利義満が亡くなったあと、4代将軍足利義持は朝貢形式に反対して貿易を中断しました。のち、6代将軍足利義教は貿易の利益を求めて貿易を再開しました。

15世紀後半、応仁の乱（1467〜77）の前後の時期には、幕府の衰退とともに、貿易の実権は幕府から有力守護に移りました。堺商人と結んだ細川氏と、博多商人と結んだ大内氏が、それぞれ遣明船を派遣しました。

16世紀前半、戦国時代には、明の貿易港で細川船と大内船が対決した寧波の乱（1523）が発生し、これに勝利した大内氏が貿易を独占しましたが、のち大内氏が滅ぼされると、勘合貿易は廃絶しました（1551）。

16世紀後半、再び倭寇（後期倭寇）が活動しました。これには中国人による密貿易も含まれ、中国南部や東南アジアで広く交易活動をおこないました。倭寇は、のちの豊臣秀吉の海賊取締令で姿を消しました→第13章。

④ 日朝貿易

今度は、朝鮮半島に注目します。10世紀以来の高麗は →第5章、14世紀末に滅亡し、李成桂が朝鮮を建国（1392）しました（南北朝合体と同年 →第10章）。

そして、倭寇禁圧の要求に足利義満が応じて国交が開かれ、15世紀には守護大名や商人も参加する形で日朝貿易が始まりました。

日明貿易と日朝貿易
●日明貿易 　方法：朝貢形式の**勘合貿易**、寧波に入港ののち交易 　担い手：幕府→守護（細川氏・大内氏）→大内氏 　輸入品：**銅銭・生糸** 　※**寧波の乱**（1523）…16世紀前半 **●日朝貿易** 　方法：対馬の**宗氏**を介した統制、三浦の**倭館**で交易 　担い手：守護大名や商人も参加 　輸入品：**木綿・大蔵経** 　※**応永の外寇**（1419）…15世紀前半 　　**三浦の乱**（1510）…16世紀前半

貿易は、倭寇の活発化を受けて朝鮮が対馬を襲撃した応永の外寇（1419）で一時中断し、再開したのちに仕組みがととのえられました。朝鮮は、対馬の宗氏に貿易の管理をおこなわせるとともに、三浦（富山浦・乃而浦・塩浦）に交易の場として倭館（日本人居留地）を設けました。日本からの輸出品は、銅・硫黄や東南アジア産の香木・蘇木などで、朝鮮からの輸入品は、木綿・大蔵経（仏教経典の集成を印刷したもの）などです。

16世紀前半、朝鮮の貿易制限に反発した倭館居住の日本人による三浦の乱（1510）で、日朝貿易は衰退しました。日本と朝鮮との国交は、のちの豊臣秀吉による朝鮮出兵（文禄の役・慶長の役）で断絶しました →第13章。

⑤ 琉　球

日本列島の南にある琉球の状況を、原始にさかのぼって見ていきます。弥生時代の貝塚文化をへて →第1章、12世紀になると農耕文化が始まり、有力者の按司がグスク（城）を築いて、各地で支配を広げました

14世紀には北山・中山・南山の3勢力にまとまり（三山時代）、15世紀前半には中山王の尚巴志が三山を統一して琉球王国が成立（1429）しました（正長の土一揆の翌年 →第10章）。琉球王国は、明の海禁政策

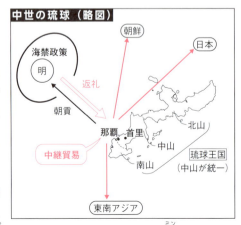

中世の琉球（略図）

のもとで積極的に朝貢し、返礼品を東アジア・東南アジアと取引する**中継貿易**をおこない、首都**首里**の外港の**那覇**は繁栄しました。

　しかし、16世紀後半、**ポルトガル**の船が東アジア・東南アジアに進出して中継貿易をおこなうと→第13章、琉球はしだいに衰えていきました。

⑥ 蝦夷ヶ島

　日本列島の北にある蝦夷ヶ島も、同じく原始にさかのぼって見ていきます。弥生時代の**続縄文文化**をへて→第1章、7世紀には**擦文文化**（擦文土器を持つ）とオホーツク文化が広がりました。

　13世紀、鎌倉時代には**アイヌ**の文化（狩猟・漁労や北方交易をおこなう）が生まれ、津軽の**安藤氏**が**十三湊**を拠点にアイヌと交易をおこ

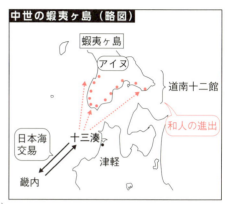

中世の蝦夷ヶ島（略図）

蝦夷ヶ島
アイヌ
道南十二館
和人の進出
日本海交易
十三湊
津軽
畿内

ないました。14世紀、十三湊と畿内を結ぶ日本海交易が発展するなか、室町時代には**和人**が**蝦夷ヶ島**の南部に進出し、**館**という拠点を築いていきました（道南十二館）。

　しかし、15世紀、和人の圧迫に反発したアイヌによる**コシャマイン**の蜂起（1457）が発生し（応仁の乱が起こる10年前）、これをおさえた**蠣崎氏**が蝦夷ヶ島南部を支配しました。のち、蠣崎氏は江戸時代初期に大名の**松前氏**となり、徳川家康からアイヌとの交易の独占権を得ました→第14章。

ポイント ▶ 中世の外交

◆**日宋貿易**：**私貿易**／**宋銭**・「**唐物**」輸入
◆**日元貿易**：**建長寺船（鎌倉幕府）**、**天龍寺船（足利尊氏、夢窓疎石の勧め）**
　※**倭寇**（前期倭寇）…14世紀後半
◆**日明貿易**：**明（朱元璋）**の**海禁政策**、**朝貢形式**の貿易（**勘合**使用）
　義満遣使（1401）→「**日本国王**」に／**明銭（永楽通宝）**・**生糸**輸入
　義持中断、**義教**再開→**細川氏**・**堺商人**と**大内氏**・**博多商人**に実権移る
　→**寧波の乱**（1523）で勝利した**大内氏**独占（のち滅亡）
　※**倭寇**（後期倭寇）…16世紀後半

◆日朝貿易：**朝鮮**（**李成桂**）、守護大名や商人の貿易参加
　応永の外寇（1419）→**対馬宗氏**が管理、**倭館**で交易／**木綿**・**大蔵経**輸入
　三浦の乱（1510）で貿易衰退
◆琉球：**貝塚文化**→**按司**が**グスク**を築く→**三山**（北山・中山・南山）
　琉球王国（1429）…中山王**尚巴志**が統一、**中継貿易**（**那覇**の繁栄）
◆蝦夷ヶ島：**続縄文文化**→**擦文文化**→**アイヌ**文化→**十三湊**の**安藤氏**が交易
　和人が**蝦夷ヶ島**に**館**を築く→**コシャマイン**の蜂起を**蠣崎氏**鎮圧（1457）

2 経済の発展

　鎌倉・室町時代の経済史も、**テーマ史**のやり方で把握していきます。鎌倉時代と室町時代とをくらべながら、経済の発展を大きくつかみましょう。

　　　中世における経済の中心は、どこだと思う？

　　　東京！　……あれ？　当時は東京はないぞ。じゃあ、鎌倉幕府があった鎌倉？

　　　鎌倉でも都市の発展が見られるけれど、やっぱり経済の中心は、**京都**だ。そして、その周辺の**畿内**が、経済の先進地域だったよ。

　　　京都が経済の中心になるのは、やっぱり**朝廷**の存在が大きいのかなぁ。

　　　それと、京都には朝廷の中心となる天皇家や、摂関家をはじめとする貴族が住み、京都内外には朝廷と関係の深い大寺社があったよ。

　　　これらは**荘園領主**だよね。そうか！　京都は、荘園や公領の**年貢**が集まる、豊かな場所だったんだ。

　　　気がついたね。そして、大量に集まった年貢・公事が取引されると、商業活動が盛んになり、貨幣経済も発達する。そして、京都周辺の交

京都周辺の交通路

越前
敦賀　美濃
小浜
丹後　若狭　近江　琵琶湖
丹波　坂本
京都　大津
摂津　淀
大山崎　山城　伊賀
兵庫　和泉河内　奈良　大和　伊勢
堺

―――　水路　------　陸路

通路では年貢・公事、さらには商品も大量に運ばれたよ。

図の水路は、海や湖や川で、船を使うんだね。陸路は馬を使うのかな。発展した京都に物資が集まっていくイメージができたよ。

① 鎌倉時代の経済

農業・手工業・商業・金融といった点に分けて、鎌倉時代の経済発展の状況を見ていきましょう。

(1) 鎌倉期の農業では、二毛作、刈敷・草木灰の使用、牛馬耕が見られた

まず、農業技術が発達し、土地生産性が向上する集約化が進みました。

一つの水田で、夏から秋にかけて稲を育て、冬から春にかけて麦を育てれば、食糧の収穫が増えます。**麦**を裏作とする**二毛作**は、早くから開発が進んで用排水路も整備された、畿内・西日本で広がりました。

肥料を使って栽培すれば、たくさん実ります。**刈敷**（草を田に敷き込み腐らせる）や**草木灰**（草木を焼く）といった、**自給肥料**の使用が始まりました。

人間の体力以上のパワーを動力として利用すれば、農作業が効率よくなります。鉄製農具を**牛馬**に引かせる耕作が普及していきました。

また、多収穫品種である**大唐米**が輸入され、栽培が広がっていきました。

食糧以外にも、加工して用いる原料作物が栽培されました。**楮**（和紙）・**荏胡麻**（灯油）・**藍**（染料）などの栽培と加工がおこなわれました。

(2) 鎌倉期の手工業では、鍛冶などの手工業者が現れ、座が活動した

加工に高度な技術が必要な場合、専門の手工業者が登場しました。刀を造る**鍛冶**（金属を熱して鍛える）、鍋・釜を作る**鋳物師**（金属を溶かし型入れ）、藍染めをおこなう**紺屋**は、「かじ」「いもじ」「こうや」の読みに注意しましょう。

手工業者（商人）の同業団体である**座**は、平安時代から登場し、構成員は天皇や寺社に属して製造や販売の特権を得ました（天皇家に属するのは供御人、寺社に属するのは神人）。座は、室町時代にかけて発展していきます。

(3) 鎌倉期の商業では、定期市や見世棚が現れ、行商人や問丸が活動した

荘園公領制のもとでの商業流通の発達に、注目しましょう →第6章。

年貢・公事を納めたあとの余剰や地方の産物は、荘園や公領の中心地や交通の要所などで開かれた**定期市**で売買されました。**備前国福岡の市**の様子は『一

遍上人絵伝』に描かれています→第12章。鎌倉時代には、月3回開催される三斎市も登場しました。こうした定期市には、各地でさまざまな商品を売り歩く行商人もやってきました。

　政権があって荘園領主がいる場所には、納められた年貢・公事が集積し、その売買によって商業が発達しました。京都・鎌倉・奈良などの都市では、常設の小売店である見世棚も出現しました。

　年貢・公事の輸送が増えると、交通路や流通網が整備されました。運送業者の問丸は、水陸交通の要地である港で、年貢や商品を中継して輸送しました。

(4)　鎌倉期の貨幣経済では、宋銭、為替、年貢の銭納、借上の金融が見られた

　中世では、朝廷も幕府も貨幣を鋳造しなかったので、輸入された中国銭が取引のときに用いられました。鎌倉時代以降、日宋貿易で大量に流入した宋銭が用いられました。

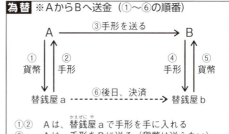

為替 ※AからBへ送金（①～⑥の順番）

③手形を送る
A ────────→ B
①貨幣 ②手形　　④手形 ⑤貨幣
替銭屋a �‐‐‐‐‐⑥後日、決済‐‐‐‐→ 替銭屋b

①② 　Aは、替銭屋aで手形を手に入れる
③ 　　Aは、手形をBに送る（貨幣は送らない）
④⑤ 　Bは、手形を替銭屋bに持参して現金化
⑥ 　　後日、替銭屋aと替銭屋bとの間で、決済する

　貨幣経済の発達は、多方面に影響を及ぼしました。送金するとき、貨幣の代わりに手形（割符）を用いる為替が登場し、遠隔地どうしの商業取引で用いられました。

　貨幣経済の発達は、荘園のあり方も変えていきました。鎌倉時代には、現物に代わり貨幣で納める年貢の銭納（代銭納）が、一部の荘園で見られました。

　金融業も成立し、鎌倉時代には、高利貸業者の借上が登場しました。読みは「かりあげ」ではなく「かしあげ」なので注意しましょう。

② 室町時代の経済

　室町時代には、荘官に加え、農民も年貢の銭納（代銭納）をおこないました。すると、荘園領主に納める貨幣を手に入れるため、今までは年貢として納めていた米などの現物を、

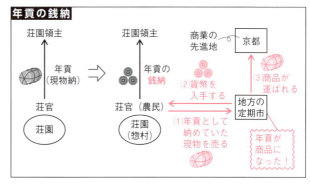

年貢の銭納

荘園領主　　　　荘園領主　　　　商業の先進地　　京都
　↑　　　　　　　↑　　　　　　　　　　　　　　　　↑
年貢　　　　　年貢の　　　　　　　　　　　　　（3）商品が
（現物納）　⇒　銭納　　　　　（2）貨幣を　　　運ばれる
　↑　　　　　　　↑　　　　　入手する
荘官　　　　　荘官（農民）　　⇄　　　　　　　地方の
　　　　　　　　　　　　　　　　　　　　　　　定期市
荘園　　　　　　荘園　　　　（1）年貢として
　　　　　　　　（惣村）　　　納めていた　　　年貢が
　　　　　　　　　　　　　　　現物を売る　　　商品に
　　　　　　　　　　　　　　　　　　　　　　　なった！

地方の市（定期市など）で売ってお金にかえるようになりました。こうして、現物の年貢が売買されることで、**大量の商品が発生**したのです。そして、商業の先進地である京都に向けて、各地から大量の商品が輸送されました。

　年貢の銭納化による経済の変化にも注目しながら、鎌倉時代から室町時代にかけて、経済がどう発展していったのかをつかんでいきましょう。

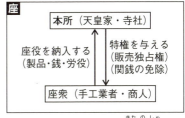

Ⅱ

中世

⑴　室町期の農業では、二毛作が拡大し、商品作物栽培が盛んになった

　農業技術は、さらに発達しました。二毛作は東国へ普及し、畿内では**三毛作**（米・そば・麦）も始まりました。自給肥料の使用が拡大し、刈敷・草木灰に加えて下肥（人糞尿）も普及しました。稲の品種改良が進み、収穫時期が異なる**早稲・中稲・晩稲**が現れました（「わせ」「なかて」「おくて」と読む）。用水・排水の技術が発達し、揚水具の**竜骨車**が中国から導入されました。

　年貢の銭納が普及すると、貨幣を手に入れるために原料作物（楮・荏胡麻・藍など）は加工品も含めて定期市で売買され、**商品作物**として生産されるようになりました。特に、戦国時代に三河で栽培が始まった綿花に注目しましょう。これまでの衣料には**絹**と**麻**が用いられてきましたが、室町時代には朝鮮から木綿が輸入され、江戸時代には畿内を中心に綿花が栽培されて →第15章、**綿**は近世における庶民衣料の原料として広まりました。

⑵　室町期の手工業では、特産品の成立や座の発展が見られた

　さまざまな特産品が生まれました。絹織物は京都西陣、陶器は尾張（瀬戸焼）、刀は備前、紙は美濃（美濃紙）・播磨（杉原紙）・越前（鳥子紙）が産地です。

　座も発展しました。座衆（手工業者・商人）は、**本所**（天皇家・寺社）に座役を納め、天皇や神仏の権威を背景に、一定地域での製造・販売の独占や、**関銭の免除**（関所を自由に通行）などの特権を得て活動しました。**大山崎の油座**は、**石清水八幡宮**を本所とし、荏胡麻の購入と灯油の販売を独占しました。そのほか、北野社を本所とする酒麹座や、祇園社を本所とする綿座などがありました。

```
座

本所（天皇家・寺社）
　　座役を納入する　　　　特権を与える
　　（製品・銭・労役）　　　（販売独占権）
　　　　　　　　　　　　　　（関銭の免除）
座衆（手工業者・商人）
```

⑶　室町期の商業では、六斎市が現れ、女性の行商人や運送業者らが活動した

　年貢の銭納が広がると、貨幣を入手する場である地方の市も開催される回数が増え、応仁の乱後には月6回開かれる六斎市が一般化しました。都市では見

世棚が増えました。見世棚が並ぶ京都の状況は『洛中洛外図屏風』に描かれています→第18章。また、特定商品を扱う専門の市場も登場しました（京都の米市・淀の魚市など）。

中世の行商人　連雀商人　桂女　大原女

　行商人は、振売（天秤棒を担ぐ）・**連雀商人**（木箱を背負う）に加え、京都の**桂女**（鮎を売る）・**大原女**（炭・薪を売る）など、女性が活躍しました。
　交通・流通では、陸上・水上の流通路が発達しました。問丸から発達した流通業者の問屋が京都や地方の港町で卸売などをおこないました。陸上では**馬借**（馬の背に載せる）・**車借**（牛馬が車を引く）が坂本・大津などから京都へ物資を運び、水上では廻船が瀬戸内海・琵琶湖・日本海を往来しました。
　一方、**関銭・津料**の徴収を目的に、道路や港に関所が設けられましたが、これは室町幕府の財政を支えるだけでなく→第10章、公家・寺院も設置して収入源としたため、流通をさまたげました。のち、戦国大名は領内にある**関所を撤廃**し、流通を活性化させました。

(4) 室町期の貨幣では、明銭や私鋳銭の流通、撰銭、土倉の金融が見られた

　宋銭に加え、勘合貿易で流入した**明銭**（**洪武通宝・永楽通宝**など）も流通しましたが、経済が発展するなかで貨幣が不足するようになり、粗悪な**私鋳銭**（中国政府以外が鋳造した銭）も流通しました。すると、商人が良銭だけを選んで受け取って保

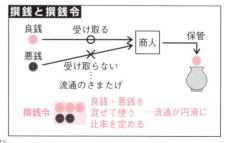

撰銭と撰銭令

良銭 ──受け取る──○──→ 商人 ──保管──
悪銭 ──受け取らない──×

流通のさまたげ

撰銭令　良銭・悪銭を混ぜて使う　…流通が円滑に比率を定める

管し、悪銭の受け取りを拒否する**撰銭**がおこなわれ、流通がさまたげられました。これに対し、15世紀末以降、幕府や戦国大名は**撰銭令**を発し、良銭と悪銭を混ぜて使う比率を定めるなど、悪銭もある程度流通させようとしました。撰銭令は、撰銭を規制することで、流通を円滑にしようとするものでした。

為替の使用はいっそう拡大しました。また、室町時代には、高利貸業者として土倉（質物を預かり金融）・酒屋（造り酒屋が売上金を金融）が登場し、幕府はこれらを保護して土倉役・酒屋役を徴収しました→第10章。また、土倉・酒屋は徳政一揆の襲撃対象ともなりました→第10章。

ポイント　**経済の発展**　※【鎌倉】→【室町】の変化

◆農業

二毛作（米と麦）…【鎌倉】畿内・西日本→【室町】東国（畿内は三毛作）

自給肥料…【鎌倉】刈敷・草木灰→【室町】刈敷・草木灰・下肥

牛馬耕の普及／大唐米（多収穫品種）の輸入と栽培

原料作物…【鎌倉】楮・荏胡麻・藍→【室町】戦国期から綿花栽培

◆手工業

鍛冶・鋳物師・紺屋／【室町】特産品（京都西陣の絹織物、尾張の瀬戸焼）

座（天皇・寺社に属する）…【室町】大山崎の油座（石清水八幡宮が本所）

◆商業

定期市…【鎌倉】三斎市→【室町】六斎市（応仁の乱後）

見世棚（都市の常設小売店、京都・奈良・鎌倉など）

運送・流通…【鎌倉】問丸→【室町】問屋・馬借・車借（陸上運送）

行商人…【室町】連雀商人や、桂女・大原女（京都、女性の活躍）

※関所…関銭・津料を徴収（室町幕府・公家・寺社が設置）

◆貨幣

輸入銭…【鎌倉】宋銭→【室町】　明銭（洪武通宝・永楽通宝）・私鋳銭

　　　　　　　　　　　　　　　　撰銭の横行…撰銭令で規制し流通円滑化

年貢の銭納（代銭納）→現物年貢や商品作物の売買と輸送、定期市の拡張

為替（送金に手形を用いる）の発展

高利貸…【鎌倉】借上→【室町】土倉・酒屋

3　応仁の乱と戦国時代（15世紀後期～16世紀中期）

　室町時代の流れに戻るので、第10章最初の「中世の枠組み」の図を見ましょう。15世紀後期に発生した応仁の乱（1467～77）は、室町幕府の衰退をもたらし、中世から近世へ移り変わっていく日本史の大きな転換点となりました。そして、16世紀中期ごろにかけて、戦国時代が展開しました。

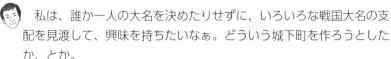

 戦国時代、ワクワク！　先生は、どの戦国大名が好き？

私は、誰か一人の大名を決めたりせずに、いろいろな戦国大名の支配を見渡して、興味を持ちたいなぁ。どういう城下町を作ろうとしたか、とか。

やっぱり日本史の先生らしいね！　大学入試では、いろいろな戦国大名の戦いが出るのかな。

下剋上<ruby>下剋上<rt>げこくじょう</rt></ruby>の動きとか、経済政策などが問われる。戦国時代はどのような時代だったのか、といった特徴を理解するといいよ。

一人の大名から、全体に広げて考えていくといいんだね。

① 応仁の乱と下剋上

8代将軍**足利義政**<rt>あしかがよしまさ</rt>の時代に起きた**応仁の乱**<rt>おうにん</rt>（1467〜77）によって、戦国時代の幕が開きました。その原因・経過・結果を見ていきましょう。

(1)　応仁の乱の原因は、守護家や将軍家の家督争いと、有力守護の対立だった

乱の原因には、武家社会における**単独相続**への移行が関わっていました**→第9章**。庶子よりも家督<rt>かとく</rt>（惣領<rt>そうりょう</rt>）の地位が強くなり、その地位をめぐり一族内での対立が生じやすかったのです。

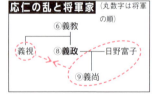

当時、管領家<rt>かんれいけ</rt>の**畠山氏**<rt>はたけやま</rt>（政長<rt>まさなが</rt>と義就<rt>よしひろ(なり)</rt>）・**斯波氏**<rt>しば</rt>で家督争いが生じました。将軍家でも、将軍義政の後継をめぐり、義政の弟の**義視**<rt>よしみ</rt>と、義政の子の**義尚**<rt>よしひさ</rt>を推す**日野富子**<rt>ひのとみこ</rt>とが対立しました。そして、勢力を競っていた**細川勝元**<rt>ほそかわかつもと</rt>と**山名持豊**<rt>やまなもちとよ</rt>（**宗全**<rt>そうぜん</rt>）が、これらの家督争いに介入しました。

(2)　東軍（細川方）と西軍（山名方）に分かれて戦い、決着がつかず終わった

畠山氏の内紛が戦闘に発展し（1467）、乱が勃発<rt>ぼっぱつ</rt>しました。守護大名<rt>しゅごだいみょう</rt>が**細川方（東軍）**と**山名方（西軍）**とに分かれて参戦し、**京都**が戦場となりました。

のち、山名持豊・細川勝元が病死し、将軍も義政から義尚へ交代しましたが、戦闘は続きました。そして、決着がつかないまま和議が結ばれ（1477）、守護大名が任国へ帰って、戦闘は終わりました。なんのための11年余りの戦い

だったのか、「いよいよむなしい（1467）」応仁の乱になってしまったのです。

(3) 応仁の乱により、京都が荒廃し、幕府権力が衰え、戦国大名が登場した

　応仁の乱の結果は、とても重要です。まず、乱で活動した**足軽**（軽装の歩兵）の放火や略奪によって、京都は荒廃しました。その影響で、公家や文化人は京都から離れましたが、大名のなかには彼らを城下町に迎え入れる者もあり、中央の文化が地方に伝わっていきました→第12章。

　そして、在京していた守護大名が領国へ下り、彼らに支えられていた幕府権力が弱体化しました。幕府は存続したものの、支配が及ぶのは山城国のみとなりました。一方、守護大名が京都で戦っているうち、領国の実権は**守護代**や有力**国人**に移り、**戦国大名**が登場していきました。

　そして、下の者が上の者よりも強くなれば**下剋上**が起きる、**戦国時代**となりました。実力がものをいう時代になったのです。

(4) 応仁の乱後、国人を中心に国一揆が結成され、自治的支配をおこなった

　15世紀末、応仁の乱ののち、国人が地域住民と結び、地域を**自治的に支配**した**国一揆**が現れました。守護大名の勢力を実力で排除した点で、**下剋上**の風潮を示すものです。

　山城の国一揆（1485～93）の経緯を見てみましょう。応仁の乱

中世の一揆 社会のさまざまな階層で、多様な一揆が結ばれる
●南北朝時代
国人一揆：国人が守護の支配に抵抗、地域住民を支配
●室町時代中期
土一揆：惣村の形成や貨幣経済の浸透が背景、徳政を求めて蜂起 　正長の土一揆（1428）嘉吉の土一揆（1441）
●応仁の乱後
国一揆：国人が地域住民と結び、広域に自治的支配～下剋上
一向一揆：一向宗の信者が国人と結び、自治的支配～下剋上 　山城の国一揆（1485～93）加賀の一向一揆（1488～1580）
●戦国時代
法華一揆：日蓮宗の信者（京都町衆）が一向一揆と対決、町政自治 　法華一揆（1532～36）※天文法華の乱（1536）で延暦寺に敗北

が終結したのちも**畠山氏**（政長と義就）の内紛が続き、山城国の南部で争っていました。これに対し、山城国の国人と住民が一揆を結んで畠山氏の軍勢を排除し、一揆勢力が**8年間**の自治的支配をおこないました。ある史料には「今日山城国人集会す。…同じく一国中の土民等群衆す。今度両陣（畠山政長と義就の軍勢）の時宜を申し定めんがための故と云々。しかるべきか。但し又下極上のいたりなり。」とあり、山城国の国人と土民が連合して畠山氏の軍勢と対決したことが「下極上（下剋上）」と表現されています。

　実は、**加賀の一向一揆**（1488～1580）も、国一揆と同じ側面を持っていました。当時、本願寺の**蓮如**の布教によって**浄土真宗**（一向宗）の勢力が拡大

しており→第12章、加賀国の門徒（信者）が国人と結んで守護の富樫政親を滅ぼし、一揆勢力が約1世紀の間、加賀国を支配しました。ある史料には、「越前の合力勢（富樫を援助する朝倉氏の軍勢）、賀州（加賀国）に赴く。しかりといえども、一揆勢二十万人、富樫城（富樫政親の城）を取り回く。故を以て、同九日城を攻め落さる。皆生害して（自害して）、富樫一家の者一人これを取り立つ。」とあり、一向一揆が富樫城を攻め落とし、加賀国を支配したことが読み取れます。

② 戦国時代

では、下剋上の状況、戦国大名の分国支配、都市の発達を見ていきましょう。

(1) 関東では鎌倉公方が分裂し、室町幕府は将軍の家臣に実権が移った

関東では、応仁の乱の前から戦国時代へ突入していました。15世紀半ば、鎌倉公方足利成氏（永享の乱で滅びた足利持氏の子→第10章）が関東管領上杉氏と対立して享徳の乱が起き、足利成氏は下総に逃れ（古河公方）、将軍義政の兄弟の足利政知は伊豆で堀越公方を立てました。また、関東管領上杉氏も、扇谷上杉家と山内上杉家に分裂して対立しました。

戦国大名の割拠
●伊達氏（陸奥）…伊達政宗
●北条氏（関東）…北条早雲（伊勢宗瑞）が伊豆進出、相模小田原 子の北条氏綱・孫の北条氏康の代に関東を支配
●今川氏（駿河・遠江）…今川義元
●織田氏（尾張）…織田信長
●斎藤氏（美濃）…斎藤道三
●武田氏（甲斐・信濃）…武田信玄
●上杉氏（越後）…越後守護代の長尾景虎、関東管領を継ぎ上杉謙信に
●一向一揆（加賀）…守護大名富樫政親を倒し（1488）、約100年間自治
●朝倉氏（越前）…朝倉孝景は城下町の一乗谷を建設
●毛利氏（中国）…安芸の国人の毛利元就が周防・長門を奪う
●長宗我部氏（四国）…長宗我部元親
●大友氏（豊後）…大友義鎮は天正遣欧使節をローマへ派遣
●島津氏（薩摩）…島津義久

そこに北条早雲が進出、15世紀末に堀越公方を滅ぼし相模の小田原を拠点とし、孫の北条氏康は、16世紀半ばに古河公方を滅ぼし関東を支配しました。

室町幕府は、応仁の乱（1467〜77）ののちに管領細川氏が実権を握り、その家臣の三好長慶へ、さらにその家臣の松永久秀へと実権が移りました。

中国地方では、16世紀なかばに守護大名大内氏が家臣の陶晴賢に倒され（日明貿易が廃

戦国大名の出自

守護大名…(1)みずから戦国大名となる（下剋上を受けない）
守護大名〜【武田・今川・大内・大友・島津】

(2)下剋上で主君などを倒す→戦国大名に成長
守護代・有力家臣〜【上杉・朝倉・織田】
国人・その他〜【北条・徳川・毛利】

守護大名
××
守護代
国人
地侍

絶)、のち安芸の国人の**毛利元就**が陶晴賢を倒しました。

　ただ、「戦国大名イコール下剋上」ではないことに注意しましょう。戦国大名には、室町幕府から国ごとの守護に任命されていた**守護大名**がそのまま戦国大名になるケースもあります（**武田氏・今川氏**など）。領国（分国）を実力で支配するのが戦国大名なのです。

(2) 戦国大名は指出検地による貫高の把握や、家臣団編成での強兵策を進めた

　戦国大名は室町幕府から自立し、領国の一円支配を実現し（他の権力を介入させない）、荘園制を否定しました。

守護大名と戦国大名	
守護大名	戦国大名
将軍から任命される 与えられた権限に依存（半済） 在京、領国は守護代が統治 荘園制が経済基盤（守護請）	幕府・将軍から自立 実力で領国を一円支配 領国に居城と城下町を建設 荘園制を否定

　そして、家臣の支配地や農民の耕作地の面積や収入額・年貢額を**指出検地**で自己申告させ、領国内の土地や**貫高**（家臣が徴収する**収入額**や農民が納める**年貢額**を「貫」という銭の単位で表現）を把握しました。豊臣秀吉の**太閤検地**で登場する**石高**は、土地の米生産量のことです➡第13章。

　戦国大名は、強力な軍事力を持ちました。家臣に**知行地**（収入が得られる領地）を与え、知行地から得られる貫高に見合う量の**軍役**を負担させました。貫高が多ければ、より多くの軍役を負担する、というしくみです。こうして、大名は家臣との**主従関係**を強化しました。さらに、国人の有力家臣を寄親として、下級武士の寄子を管理させる**寄親・寄子制**で、家臣団を編制しました。

(3) 戦国大名は、産業を盛んにして領国を豊かにする富国策をとった

　また、戦国大名は、経済政策を積極的におこないました。その中心となったのが**城下町**で、有力家臣を集住させ、商工業者を呼び寄せて、領国の政治・経済の中心地としました（朝倉氏の**一乗谷**、北条氏の**小田原**、大内氏の**山口**など）。
　また、河川の治水をおこない（武田信玄の信玄堤）、鉱山開発を進めました（甲斐金山〈武田氏〉、**石見大森銀山**〈毛利氏〉・**但馬生野銀山**）。商業政策では、**関所を廃止**して交通を自由にしたり、当時増えていた楽市（販売座席である市座を設けない自由な市）を保護する**楽市・楽座**を命じたりしました。

(4) 戦国大名は領国支配のための分国法を定め、喧嘩両成敗法などを示した

　戦国大名は、法による領内統治をおこなうため、**分国法**を定めました。特に、家臣どうしの争いの際に双方を処罰する**喧嘩両成敗法**は、それまでの中世社会にあった「自力救済」（受けた損害を自分の力で回復する）の風潮を否定し、

裁定権を大名が独占した点で、画期的でした。このほか、城下町集住や、私的な婚姻の禁止などを定めました。

分国法

塵芥集（伊達氏　陸奥）…連座制、農民統制も含む
甲州法度之次第（武田氏　甲斐）…喧嘩両成敗法
今川仮名目録（今川氏　駿河）…私的な婚姻の禁止
朝倉孝景条々（朝倉氏　越前）…有力家臣の城下町集住
（ほか、結城氏新法度、長宗我部氏掟書など）

（5）　戦国時代は、商工業の発達で地方都市が形成され、町民の自治も進展した

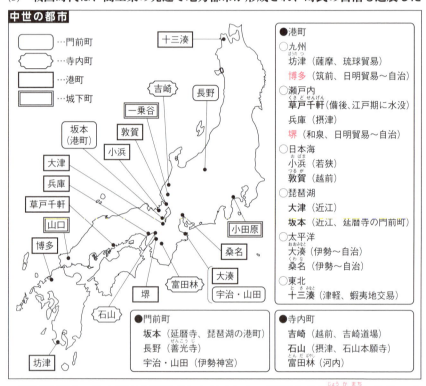

中世の都市

⬜ …門前町
⬭ …寺内町
▭ …港町
▭ …城下町

●港町
○九州
　坊津（薩摩、琉球貿易）
　博多（筑前、日明貿易～自治）
○瀬戸内
　草戸千軒（備後、江戸期に水没）
　兵庫（摂津）
　堺（和泉、日明貿易～自治）
○日本海
　小浜（若狭）
　敦賀（越前）
○琵琶湖
　大津（近江）
　坂本（近江、延暦寺の門前町）
○太平洋
　大湊（伊勢～自治）
　桑名（伊勢～自治）
○東北
　十三湊（津軽、蝦夷地交易）

●門前町
　坂本（延暦寺、琵琶湖の港町）
　長野（善光寺）
　宇治・山田（伊勢神宮）

●寺内町
　吉崎（越前、吉崎道場）
　石山（摂津、石山本願寺）
　富田林（河内）

戦国時代は、地方都市の時代でもありました。戦国大名の**城下町**に加え、寺社の門前に形成されて参詣者向けの商業活動をおこなった**門前町**、浄土真宗（一向宗）の信者が浄土真宗の寺院の周辺に集住した**寺内町**、水上交通の要地で商品流通や海外貿易の拠点となった**港町**が発達しました。

　また、この時期、自治都市の発展が見られました。経済力を背景に、富裕な商人が町政の自治をおこなったのです。貿易港である**堺**（和泉）では36人の**会合衆**が協議し、**博多**（筑前）では12人の**年行司**が協議しました。**京都**では、富裕な商工業者である**町衆**たちが、自治的組織である**町**を作り（道路の両側

京都の町

町

道路

208

が一つの町になる）、町ごとに**月行事**を決めて、町政を自治的に運営しました。応仁の乱後に**祇園祭を復興**したのは、町衆による町の組織だったのです。

ポイント ▶ **応仁の乱と戦国時代**

◆**応仁の乱**（1467〜77）：8代将軍**足利義政**
弟の**義視** vs **日野富子**（**義尚**）→**細川勝元**（**東軍**）vs **山名持豊**（**西軍**）
→**足軽**による京都の荒廃、文化の地方伝播、**戦国時代**へ（**下剋上**）

◆**国一揆**：応仁の乱後、国人と住民による広域的な自治
山城の国一揆（1485〜93）…**畠山氏**の軍勢を排除し**8年間**自治
加賀の一向一揆（1488〜1580）…**富樫政親**を滅ぼし**約1世紀間**自治

◆戦国時代：**戦国大名**が**実力で支配**（例：**武田・今川**は**守護大名**出身）
関東…**古河公方**（**下総・足利成氏**）・**堀越公方**（**伊豆**）
　　　→**北条早雲**が伊豆進出、相模**小田原**を拠点／**北条氏康**が関東支配
幕府…実権は**細川氏**へ、その家臣の**三好長慶**へ、その家臣の**松永久秀**へ
中国…**大内氏**→陶晴賢→**毛利元就**（安芸の国人）

◆**分国支配**：室町幕府から自立、領国の一円支配、荘園制否定
指出検地…自己申告、**貫高**（**収入額・年貢額**）を把握　※**石高**は米生産量
　　→知行地の貫高に見合う**軍役**負担／家臣団編成…**寄親・寄子制**
城下町（朝倉の**一乗谷**、北条の**小田原**、大内の**山口**）
鉱山開発（**石見大森銀山・但馬生野銀山**）／**関所の廃止、楽市・楽座**
分国法…**喧嘩両成敗法**は家臣間の争いで双方を処罰（**自力救済を否定**）

◆**都市の発達**：地方の経済発展
門前町（寺社の門前）・**寺内町**（浄土真宗寺院の周囲）・**港町**
町政自治…港町の**堺**（**会合衆**）・博多（**年行事**）
　　　　　京都の**町衆**が、**町**ごとに**月行事**を決めて自治（**祇園祭の復興**）

【1】（2009年度　追試験）

　次の『一遍上人絵伝』の一場面は備前国福岡の市の様子を描いた絵として知られている。この絵を参考にして、鎌倉時代の市の説明として**誤っているもの**を、下の①〜④のうちから一つ選べ。

① 女性も、さかんに市での売買に加わっていた。

② 地方では、常設の見世棚よりも、定期的に開かれる市が主であった。

③ 荷物の輸送にあたって、水上交通が利用されることもあった。

④ 地方の市には楽市令が出され、自由な営業が保証されていた。

解説　**絵巻物をはじめとする絵画は、文化史の分野で登場するだけでなく、当時の社会や経済の状況を見ていくための資料としても用いられます。**

① 笠をかぶった女性が布を売ろうとしているシーンをはじめ、多くの女性が市のなかで商売をしている様子が読み取れます。

② 鎌倉時代では、「常設の見世棚」は京都・鎌倉・奈良といった都市に存在しており、地方では定期市が栄えました。

③ 絵の左下には船と船頭が描かれ、「荷物の輸送」で「水上交通が利用さ

れ」たことが推定できます。市は、交通の便が良い場所に発達したのです。

④ 「楽市令」は、戦国大名が市座（販売座席）や市場税を廃止して「自由な営業」を保証したもので、鎌倉時代ではなく戦国時代に登場します。

⇒したがって、④が正解です。

解答　④

【2】（1998年度　本試験）

　ある法が過去の法からどのような影響を受けて成立したかを知るには、それぞれの法の条文を比較・検討してみる方法がある。たとえば次にあげる『御成敗式目』と『塵芥集』の各条文を読みくらべてみると、後者が前者の強い影響を受けていることが理解できるであろう。

『御成敗式目』第13条

一、殴人の咎の事
　　右、打擲（注1）せらるるの輩はその恥を雪がんがため定めて害心を露すか（注2）。殴人の科、はなはだもって軽からず。よって侍においては所帯（注3）を没収せらるべし。所領なくば流罪に処すべし。郎従以下に至ってはその身を召し禁ぜしむ（注4）べし。

『塵芥集』第40条

一、人を打擲する事、侍においては所帯を取り放すべし。無足（注5）の族は他国へ追い払うべし。しかるに成敗を待たず、自分として打ち返し（注6）する事有るべからず。しかのごときの族、所帯を召し上ぐべし。無足の輩は他国へ追い払うべきなり。

（注1）殴ったり、たたいたりすること。

（注2）きっと殺意を抱くにちがいないの意。

（注3）「所領」に同じ。

（注4）拘禁刑に処すること。

（注5）所領のないこと。

（注6）仕返しのこと。

問1　『塵芥集』第40条は、『御成敗式目』第13条を基礎としながら、そこにいくつかの修正や省略も行っている。それについて述べた文として正しいものを、次の①〜④のうちから一つ選べ。

①　立法の理由を述べた部分がより詳細になった。

②　侍は所領没収に処するとした規定が消えた。

③　所領のない者に対する処罰が流罪から死罪に修正された。

④　郎従以下は拘禁刑に処するとした規定が消えた。

問2　下線部について述べた文として**誤っているもの**を、次の①〜④のうちから一つ選べ。

①　この部分は『御成敗式目』第13条にはまったくみられない規定である。

②　裁判に頼らず、自力で復讐（ふくしゅう）を果たそうとする風潮は、鎌倉時代にはまだみられなかった。

③　ここには勝手な仕返しを禁止し、大名の裁判によって紛争を解決しようとする戦国大名の意図が読み取れる。

④　勝手に仕返しした者に対しては、殴打した側と同等の刑罰を課している。

解説　共通テストで出題が予想される、**複数の史料を比較・検討する問題**です。第9章で学んだ御成敗式目が、戦国大名の分国法にどのような影響を与えているのかを、史料文中から読み取りましょう。

問1

①　御成敗式目では、「打擲せらるるの輩は〜はなはだもって軽からず。」という立法理由を述べていますが、塵芥集ではこれがありません。

②　式目では「侍においては所帯を没収せらるべし」、塵芥集では「侍においては所帯を取り放すべし」とあるので、「規定が消えた」は誤りです。

③　式目では「所領なくば流罪に処すべし」、塵芥集では「無足の族は他国へ追い払うべし」とあるので、「流罪から死罪に変更された」は誤りです。

④　式目にある「郎従以下に至ってはその身を召し禁ぜしむべし」という規定が、塵芥集には見あたりませんので、「規定が消えた」は正しいです。

⇒したがって、④が正解です。

解答　④

問2

① 人を殴った者に関する処罰規定は、御成敗式目にも塵芥集にも見られますが、下線部の「成敗を待たず、自分として打ち返しする」者に関する処罰規定は、式目には見あたらないので、正しいです。

② 式目は、「打擲せらるるの輩はその恥を雪がんがため定めて害心を露すか（殴られた者は汚名を晴らすため殺意を抱くに違いない）」と述べています。これは「裁判に頼らず、自力で復讐を果たそうとする風潮」があったことを示すので、「鎌倉時代にはまだみられなかった」は誤りです。

③ 仕返しを禁じた上で、仕返しした者の処罰規定を定めたことは、「大名の裁判によって紛争を解決しようとする戦国大名の意図」を示しています。これは、のちの喧嘩両成敗法につながっていく側面をもっていました。

④ 人を殴打した者は「侍においては所帯を取り放すべし。無足の族は他国へ追い払うべし」、勝手に仕返しした者は「所帯を召し上ぐべし。無足の輩は他国へ追い払うべきなり」と定めているので、「同等の刑罰」です。

⇒したがって、②が正解です。

   ②

世紀	文化	時期と特徴
12世紀	**1 院政期文化** **①仏教** 　浄土教が地方へ　中尊寺(地方の阿弥陀堂) **②美術** 　絵巻物 **③文学・芸能** 　軍記物・歴史物語　今様	12世紀が中心(平安後期・末期) 院政期・平氏政権 貴族文化＋地方や庶民の要素
13世紀	**2 鎌倉文化** **①仏教** 　新仏教(念仏・禅・法華経)　旧仏教(律宗) **②文学・学問** 　和歌・随筆・軍記物・紀行文　歴史(愚管抄) **③美術(仏教・その他)** 　建築(大仏様・禅宗様)　仏像彫刻(運慶)	13世紀が中心(鎌倉時代) 公武二元的状況(朝廷・幕府) 武家文化の成立 公家文化の伝統を保持 貿易を通じた大陸文化の伝来
14世紀	**3 室町文化** **①仏教** 　臨済宗(五山・十刹の制) 　浄土真宗(蓮如)　→一向一揆 　日蓮宗(日親)　→法華一揆 **②芸能・文芸** 　能(観阿弥・世阿弥)　狂言 　小歌　風流 　侘茶(村田珠光) 　連歌(二条良基・宗祇) 　御伽草子 **③学問・教育** 　歴史(神皇正統記・太平記)　足利学校 **④美術** 　建築(金閣・銀閣　書院造)　庭園(枯山水) 　水墨画(雪舟)　狩野派	**南北朝文化** 14世紀後半が中心(室町初期) 室町幕府の成立・南北朝動乱 動乱期の社会変動を反映
15世紀		**北山文化**(足利義満・金閣) 15世紀前半が中心(室町前期) 室町幕府の支配確立 武家文化と公家文化の融合 **東山文化**(足利義政・銀閣) 15世紀後半が中心(室町中期) 室町幕府の衰退 今日につながる日本的な文化
16世紀	(2)	**戦国期文化** 16世紀前半が中心(室町後期) 文化の地方波及、庶民化の進行

(1)

第12章のテーマ

第12章は、中世文化（院政期文化、鎌倉文化、南北朝文化、北山文化、東山文化、戦国期文化）をすべて扱います。

(1) それぞれの文化が「○○世紀」のいつごろにあてはまるのかをつかみますが、室町文化は四つの時期に分かれることを意識しましょう。政治・外交や社会・経済の状況と関連させて、文化の特徴を理解しましょう。

(2) 中世文化でも仏教に関する内容が中心となりますが、それ以外のさまざまな文化的現象も生まれました。ジャンルの名称をしっかりと意識し、それと人物・作品の名称とを結びつけながら、時期が判断できるようになりましょう。

中世は、天皇（院）・貴族に加えて、大寺社や武士なども独自の権力を形成した時代でした。こうしたなか、伝統的な公家文化と新しい武家文化が並び立ち、仏教文化が日本社会に浸透して、**中世文化**が形成されていきました。また、東アジアとの交流により大陸文化が流入し、民衆が台頭すると庶民文化の影響も拡大して、今日につながる日本的な文化が成立しました。

それぞれの時期における政治や社会の状況と関連させながら、文化の特徴を理解したうえで、**世紀**ごとの動きを大きくつかんでいきましょう。また、美術史では、**教科書**などに載る**写真**を確認しながら学ぶことも、忘れずに。

1 院政期文化（12世紀）

まず、**院政期文化**だ。**院政**のときの文化だね→第8章。

平氏政権の時期も含むよ→第8章。平安時代の後期から末期にかけての、**12世紀**を中心とする文化だ。

平安時代には、地方で武士が成長していったけれど→第6章、そのことは文化に影響を与えたのかな。

貴族は武士や庶民に関心を持ち、地方文化を取り入れ始めた。**軍記物**が武士の活躍を記し、**今様**という庶民の歌謡を後白河上皇が学んだよ。逆に、京都の文化が地方へ広まった。平泉というと……。

そうか、奥州藤原氏が中央文化を取り入れたことを示すのが、あの**中尊寺金色堂**なんだね→第8章。

実は、中尊寺金色堂は、**阿弥陀堂**だよ。阿弥陀堂については、国風文化で学んだよね →第7章。

 浄土教が、奥州藤原氏のような地方有力者にも広まった、ということか。鎌倉新仏教が生まれるのは、もうちょっと先かな。

① 仏　教

まず、**浄土教**の動向に注目しましょう。寺院に属さない**聖**や**上人**の布教活動によって浄土教が全国へ広がっていき、地方有力者により**阿弥陀堂**が建立されました。奥州藤原氏の**藤原清衡**が建てた平泉の**中尊寺金色堂**（現在の岩手県）、陸奥の**白水阿弥陀堂**（現在の福島県）、豊後の**富貴寺大堂**（現在の大分県）については、どの地方に建てられたのかを区別しましょう。

朝廷と仏教との関係は、どうだったのでしょうか。権力者は、仏教を用いてみずからの権威を高めました。〔**白河天皇**〕の**法勝寺**など、天皇家の発願による６つの大寺院（**六勝寺**）が建立され →第8章、平清盛が後白河上皇と協力して**蓮華王院**（**三十三間堂**）を造営しました。

② 美　術

絵巻物の傑作が生まれたのが、院政期の美術の特徴です。これは、絵と**詞書**を交互に配置して時間進行を展開させるもので、貴族文化である大和絵のなかに庶民の様子も描かれたことが注目されます。『**源氏物語絵巻**』は『源氏物語』を題材に貴族の生活を描きました。『**伴大納言絵巻**』は応天門の変の経緯を描き →第5章、貴族や都の民衆の表情が見られます。『**信貴山縁起絵巻**』は僧侶の奇跡を描き、地方庶民の生き生きとした姿が見られます。『**鳥獣戯画**』は、動物を人間のように描き、人間社会を風刺しました。

このほか、**扇面古写経**には、経文の下絵に庶民の生活が描かれ、平清盛が安芸の**厳島神社**へ納めた**平家納経**には、豪華な絵や装飾が見られます。

院政期文化①（★は人名）

●建築
中尊寺金色堂（岩手・平泉）…★**藤原清衡**
白水阿弥陀堂（福島）
富貴寺大堂（大分）
●絵画
○絵巻物
源氏物語絵巻…貴族の生活
伴大納言絵巻…応天門の変、貴族や民衆
信貴山縁起絵巻…僧侶の奇跡、庶民生活
鳥獣戯画…動物を擬人化、社会を風刺
○その他
扇面古写経
厳島神社平家納経…★**平清盛**

③ 文学・芸能

　文学に新しいジャンルが生まれました。**歴史物語**は、時代の変化を感じ取った貴族が過去を振り返ったもので、藤原氏の繁栄を描く『**栄華物語**』や『**大鏡**』が仮名を用いて記されました。**軍記物**は、台頭してきた武士への関心の高まりを示すもので、平将門の乱を記した『**将門記**』に続き→第6章、前九年合戦を記した『**陸奥話記**』が登場しました→第6章。

→第6章

```
院政期文化⑵ （★は人名）
●文学
○歴史物語
　栄華物語…藤原道長を賛美（編年体）
　大鏡…藤原道長に批判的（紀伝体）
○軍記物
　将門記…平将門の乱
　陸奥話記…前九年合戦（陸奥の安倍氏）
○説話
　今昔物語集…インド・中国・日本説話
○歌謡
　梁塵秘抄…★後白河上皇、今様を編集
```

説話は、貴族が庶民生活への関心を高めたことを示すもので、『**今昔物語集**』は仏教説話などとともに、武士や庶民の活動や生活を描きました。

　庶民的な芸能が、貴族にも流行しました。庶民歌謡の**今様**を学んだ**後白河上皇**は、『**梁塵秘抄**』を編集しました。また、豊作祈願の踊りと音楽に始まる**田楽**や、中国から伝来した寸劇に始まる**猿楽**は、神事芸能として演じられました。室町時代には、田楽・猿楽が融合して能に発展します。

ポイント　院政期文化

仏教：**浄土教**が全国へ拡大（**聖・上人**の布教）→地方有力者の**阿弥陀堂**
　　　→**中尊寺金色堂**（岩手）・**白水阿弥陀堂**（福島）・**富貴寺大堂**（大分）

美術：**絵巻物**（絵と**詞書**で展開）
　　　源氏物語絵巻、**伴大納言絵巻**、**信貴山縁起絵巻**、**鳥獣戯画**
　　　扇面古写経、**平家納経**（厳島神社）

文学：歴史物語…『**栄華物語**』・『**大鏡**』（藤原氏の繁栄）
　　　軍記物…『**将門記**』（平将門の乱）・『**陸奥話記**』（前九年合戦）
　　　説話…『**今昔物語集**』（武士や庶民の活動）

芸能：**今様**（庶民歌謡）…『**梁塵秘抄**』（**後白河上皇**の編集）
　　　田楽・猿楽（庶民芸能）→神事芸能に

2 鎌倉文化

院政期文化の次は、**鎌倉文化**だ。ざっくり**13世紀**、武士が権力を握った**鎌倉時代**の文化だから、**武家の新しい文化**だね。カンペキ！

承久の乱（1221）で幕府が朝廷より優位に立ったけれど→第9章、公武二元的な状況は続いたし、**公家の伝統文化**も存在感を保ったよ。とはいえ、仏像彫刻や軍記物など、武士の存在が影響を与えた美術や文学には、「素朴さ・力強さ・写実性」が出てきたね。

シンプルで、パワフルで、リアル！ なんだかワクワクする感じ。

あと、当時の日本は、東アジアと盛んに交流していたはずだ。

日宋貿易だね→第11章。蒙古襲来は大変だったけれど。そうか、貿易が活発になれば、宋や元の文化が入ってきやすいよね。

実は、仏教の禅宗の影響が大きかったんだ。日本の禅僧が中国で禅宗を学び、中国の禅僧が日本で禅宗を広めた。禅僧は、商船に乗って日中間を往来したんだ。そして、禅僧は文化人でもあったから、彼らが中国の学問・建築・絵画などを日本に伝えた。

大陸文化の影響もあるんだね。それと、禅宗も含めた**鎌倉新仏教**は、日本史のなかで重要な意味を持っていたよね。しっかり学ばなきゃ。

旧仏教の動きも見逃せないよ。仏教は、国家や貴族だけでなく、多くの人々を救済する方向に向かっていったんだ。

この時代に、仏教の大きな動きが生まれたのは、なぜなんだろう。

① 仏 教

鎌倉新仏教が成立した背景にある、当時の社会状況を考えてみましょう。**末法思想**の影響に加え、戦乱や飢饉などの社会不安が相次いだことで、多くの人々が救いを求めるようになったと考えられます。平安時代末期から鎌倉時代にかけて、大きくとらえれば源平争乱・承久の乱・蒙古襲来、細かく見れば鎌倉幕府の内紛（北条氏と有力御家人との争い）がありました。

一方、**旧仏教**（天台宗・真言宗など）の勢力は朝廷と結び、祈禱などによって国家の安泰を祈りました。従来の大寺院は、荘園領主として経済力を持ち、僧兵という軍事力を抱えて、私的な権力を形成していました。

こうしたなか、鎌倉新仏教の開祖たちの多くは**天台宗**を学んだのち →第7章、そのなかから特定のエッセンスとなる部分を深め、武士や庶民が求める救いの要求にこたえるべく、新しい教えを考え出していきました。こうして、鎌倉新仏教は、平易な方法を（**易行**）、一つだけ選び取り（**選択**）、ひたすらうちこむ（**専修**）、という共通の特徴を持つことになったのです。

では、以下の全体像を、三つの系統にしたがって説明していきます。

鎌倉新仏教	宗派／開祖・著作・中心寺院／教義の内容	
平安末期～鎌倉初期	承久の乱のころ	蒙古襲来の前後

念仏　（浄土教の系統）

浄土宗	浄土真宗	時宗
法然	**親鸞**	**一遍**
『**選択本願念仏集**』→九条兼実 **知恩院**（京都）	『**教行信証**』（唯円『**歎異抄**』）**本願寺**（京都）	（一遍の著書は現存せず）**清浄光寺**（神奈川）
・**専修念仏**…「南無阿弥陀仏」 ・念仏を唱える行を重視 ・旧仏教勢力により排斥される	・**悪人正機**…煩悩深い人が救われる ・信心を重視（一念発起） ・法然に連坐して越後に流される	・善人・悪人や信心の有無と無関係の、万人往生を説く ・各地を**遊行**し、**踊念仏**で布教

坐禅　（禅宗の系統）　　　　　　　　　　　　　　　**題目**　（天台宗の法華経）

臨済宗	曹洞宗	日蓮宗
栄西	**道元**	**日蓮**
『**興禅護国論**』**建仁寺**（京都）	『**正法眼蔵**』**永平寺**（福井）	『**立正安国論**』→北条時頼 **久遠寺**（山梨）
・**公案**（師からの問題）を解決 ・幕府の保護（北条氏の帰依） ・『**喫茶養生記**』も著す	・**只管打坐**…ひたすら坐禅する ・権力と結ばず、越前に永平寺を建てて修行の道場とする	・**法華経**重視…「南無妙法蓮華経」 ・他宗を攻撃し、国難の到来を予言したため、幕府に迫害される

(1)　浄土教の系統から、浄土宗・浄土真宗・時宗が生まれた

国風文化・院政期文化での**浄土教**は、阿弥陀堂を建てて阿弥陀如来像を安置するなどの造寺・造仏が必要とされ、財力のある貴族や地方有力者に受け入れられました。鎌倉文化では、浄土教のなかから「**他力**（阿弥陀仏）」を頼って救われようとする**浄土宗・浄土真宗・時宗**の３宗派が生まれ、武士や庶民に広まりました。

平安時代末期に浄土宗を開いた**法然**は、ひたすら**念仏**「南無阿弥陀仏」を唱える行を積めば、誰でも極楽浄土に往生できる、という**専修念仏**を説きました。

しかし、旧仏教勢力から非難され、朝廷によって流罪とされるなどの弾圧も受けました（親鸞もこのとき流罪となる）。それでも浄土宗は公家にも支持を広げ、法然は摂関家の九条兼実の求めで『選択本願念仏集』を著しました。

　法然の弟子で、浄土真宗を開いた親鸞は、阿弥陀仏を信じる信心を重視し、煩悩の深い「悪人」こそが阿弥陀仏の救いの対象である、という悪人正機を説きました。仏教の善を実践できない無力さを自覚した悪人は（悪人といっても「悪いヤツ」という意味ではありません）、自分の力でなんとかしようとせずに阿弥陀仏を頼り切るので、そういった人間をこそ阿弥陀仏は救いたいのだ、という絶対他力の教えです。親鸞の著作に『教行信証』がありますが、悪人正機は弟子の唯円が著した『歎異抄』のなかに、「善人なをもちて往生をとぐ、いわんや悪人をや」と記されています。「善人でも往生できるのだから、悪人はもちろんのことだ」として、悪人こそが救われる、と主張したのです。

　鎌倉時代後期に時宗を開いた一遍は、善人・悪人や信心の有無に関係なく、すべての人は念仏によって往生できる、と説きました。そして、全国を遊行しながら、往生の喜びを共有する踊念仏をおこない（念仏を唱えながら鉦・太鼓に合わせて踊る）、地方へ布教していきました。

(2)　中国からもたらされた禅宗から、臨済宗・曹洞宗が生まれた

　禅宗は、坐禅などの修行をおこなって「自力」で悟りを開こうとする教えで、南宋から伝えられ、臨済宗・曹洞宗の2宗派が生まれました。

　鎌倉時代初期、栄西が開いた臨済宗は、坐禅を組み、師から与えられた公案（禅問答）を解決して、悟りに達しようとするものでした。栄西は、『興禅護国論』を著し（茶の効能を説いた『喫茶養生記』も著す）、京都に建仁寺を建てました。北条氏をはじめとする鎌倉幕府の有力者は臨済宗を保護し、栄西の死後、幕府は南宋から来日した臨済宗の僧侶を招いて、禅宗を通じた中国文化の摂取を進めました。蘭溪道隆は、執権北条時頼の求めで鎌倉に建長寺を開き、無学祖元は、執権北条時宗の求めで鎌倉に円覚寺を開きました（建長寺は鎌倉五山第1位、円覚寺は鎌倉五山第2位となる）。

　道元が開いた曹洞宗は、ひたすら坐禅を組むことで悟りに達しようとするものでした（只管打坐）。道元は『正法眼蔵』を著し、権力と結ばず越前の永平寺を道場としたので、曹洞宗は地方武士に広まっていきました。

(3)　法華経という経典そのものを重視する日蓮宗が生まれた

　13世紀後半に現れた日蓮は、天台宗の経典である法華経への信仰を深め、題目「南無妙法蓮華経」を唱えることで救われるとする、日蓮宗（法華宗）を

開きました。日蓮は『立正安国論』を著して北条時頼へ提出し、他の宗派を攻撃したり、国難の到来を予言したりしたため、幕府から弾圧されました。

※仏教思想のイメージをつかみ、それぞれの宗派の特徴を理解しましょう。

鎌倉新仏教のイメージ ※あくまでも、イメージや「たとえ話」です。

●浄土教の系統には、いろいろな方向性があります。法然「念仏は、数多く唱えることが大事だ」。親鸞「念仏は、信じる心が大事だ」。一遍「とにかくみんなが念仏で救われるんだから、踊っちゃえ！」。

●臨済宗の公案は、論理的に無理のある問いかけです。「両手を叩いたら音が鳴るけれど、片手で叩いたらどんな音が鳴る？」「エッ……（困った）」。とんちと似ているところがありますね（とんちは一休さんのように切り返せばいいのですが、公案は坐禅を組んで答えを考え続けなきゃいけないのがツライ）。曹洞宗は、坐禅そのものが目的であり、ひたすら坐って「無」の境地になります。雑念があると、「喝！」。

●日蓮宗の題目はタイトルのことで、「妙法蓮華経（法華経）」というタイトルを何度も唱えれば、法華経の力によって救われます。受験参考書のタイトルを何度も唱えると、その内容が全部頭の中に入って合格できるといいのですが、そんなうまい話はありません。というわけで、がんばりましょう！

---

(4) 旧仏教勢力は、浄土宗を批判しつつ、戒律を尊重し、社会事業を推進した

　旧仏教のなかからも新しい動きが出てきました。鎌倉時代初期、奈良の興福寺・東大寺などを拠点とする**南都仏教**の勢力から、**法相宗**の**貞慶**や、**華厳宗**の**明恵（高弁）**が出て、法然（浄土宗）への批判を強めつつ、**戒律**を尊重するという原点に立ち返って信頼回復につとめました。さらに、13世紀後半、**律宗**の**叡尊**が奈良の**西大寺**を復興するとともに →第7章、橋・道路の建設や貧民の救済などの社会事業を推進し、その弟子の**忍性**は奈良に病人救済施設の北山十八間戸を建てました。叡尊・忍性は北条氏に招かれ、律宗は幕府に受け入れられました。

(5) 神仏習合は神道思想の形成を促し、伊勢神道が現れた

　神仏習合は →第7章、神道思想の形成を促しました。鎌倉時代末期、伊勢神宮の**度会家行**は、**伊勢神道**で反本地垂迹説（神が上で仏が下）を理論化しました。

② 文学・学問

　文化の新しい担い手として武士や庶民が登場し、仏教の社会的影響が強まると、さまざまな文学・学問のジャンルが生まれました。

(1) 文学では、和歌・随筆に加え、軍記物の発展や紀行文の登場が見られた

和歌では、**後鳥羽上皇**の勅撰で技巧的な表現を示した『**新古今和歌集**』（**藤原定家**・藤原家隆らの編纂）に加え、出家して諸国をめぐった**西行**の『**山家集**』や、万葉調の力強い歌を詠んだ将軍 **源 実朝**の『**金槐和歌集**』なども作られました。

随筆では、鎌倉初期（13世紀初め）の**鴨長明**『**方丈記**』が、社会の変転のむなしさを説き、鎌倉末期（14世紀前期）の**兼好法師**『**徒然草**』が、時代状況を鋭い視点で批評しました。武士の活動への関心が高まると、軍記物がいっそう盛んとなりました。平家の盛衰を描いた『**平家物語**』は、盲目の**琵琶法師**たちによる**平曲**（語りと伴奏）で、文字の読めない庶民にも広まりました。

公武二元的な状況を背景に、京都・鎌倉間を往来した**紀行文**が生まれました。**阿仏尼**の『**十六夜日記**』は所領訴訟のため京都から鎌倉に赴いた記録です。

説話では、仏教を基調とする**無住**の『**沙石集**』などが書かれました。

鎌倉文化①（★は人名）
- ●文学
- ○和歌
  - 新古今和歌集
    - …★後鳥羽上皇勅撰、★藤原定家らの編
  - 山家集…★西行
  - 金槐和歌集…★源実朝、万葉調
- ○随筆
  - **方丈記**…★鴨長明（鎌倉初期）
  - **徒然草**…★兼好法師（鎌倉末期）
- ○軍記物
  - 平家物語…平家の盛衰を描く
  - 保元物語・平治物語
- ○紀行文
  - 十六夜日記…★阿仏尼、京と鎌倉を往来
  - 東関紀行・海道記
- ○説話
  - 沙石集…★無住
  - 十訓抄

(2) 歴史書が盛んに作られ、武家・公家・僧侶による学問が展開した

歴史に対する興味・関心の深まりから、歴史書が盛んに作られました。天台座主（延暦寺の最高僧）で摂関家出身の**慈円**（九条兼実の弟）が著した『**愚管抄**』は、末法思想の影響も含め、**道理**（歴史のあるべき流れ）により歴史を解釈するこころみが見られます。保元の乱以降は「武者ノ世」であるのが道理だとして、後鳥羽上皇の討幕計画をいさめる目的で書かれました。また、鎌倉幕府は幕府の歴史である『**吾妻鏡**』を編纂し、虎関師錬は日本の仏教史を『**元亨釈書**』にまとめました。

鎌倉幕府の機構や法が整備されるなか、武士も学問への関心を高めました。**金沢文庫**（武蔵国）は、**北条実時**が和漢の書物を集めて開いた図書館です。

鎌倉文化②（★は人名）
- ●学問
- ○歴史
  - 愚管抄…★慈円、道理による歴史解釈
  - 吾妻鏡…鎌倉幕府の歴史
  - 元亨釈書…★虎関師錬、日本仏教史
- ○有職故実
  - 禁秘抄…★〔順徳天皇〕

一方、公家は朝廷の伝統を保とうとしたため、儀式や年中行事の先例を研究する**有職故実**が盛んとなり、〔順徳天皇〕が『禁秘抄』を著しました。

禅僧は、儒学の一つである**宋学**（朱子学）を大陸から伝えました。君臣の別をただす**大義名分論**は〔後醍醐天皇〕の討幕運動に影響を与えました →第10章。室町時代になると、宋学は五山のなかで禅僧によって学ばれ、さらに江戸時代の朱子学につながっていきます →第18章。

③ 美術（仏教・その他）

源平争乱で平氏の焼打ちを受けた興福寺・東大寺が復興すると →第8章、建築や彫刻に新しい動きが見られました。絵画や工芸では、社会の変化に応じた、多種多様な作品が生まれました。

(1) 大陸から伝来した、大仏様・禅宗様の建築様式が用いられた

寺院建築では、大陸から新しい様式が伝わりました。東大寺の再建にあたり、勧進（人々からの寄付）を進めた**重源**は、宋の技術者である**陳和卿**を登用し、**大仏様**を導入しました。これは、大きな建築に向いている豪放な様式で、**東大寺南大門**が代表例です。

禅宗様も大陸から伝えられ、禅宗寺院に用いられました。花頭窓などを取り入れた精巧な様式で、**円覚寺舎利殿**が代表例です。

また、大陸の様式と日本の様式を合わせた**折衷様**も登場しました。

鎌倉文化③ （★は人名）
●美術
○建築
東大寺南大門…大仏様
円覚寺舎利殿…禅宗様
○彫刻
東大寺南大門金剛力士像…★運慶・快慶
興福寺無著・世親像…★運慶
六波羅蜜寺空也上人像
○絵画
一遍上人絵伝…踊念仏・福岡市・武士の館
北野天神縁起絵巻…菅原道真の生涯
蒙古襲来絵巻…肥後の御家人竹崎季長の活躍
男衾三郎絵巻…笠懸など地方武士の生活
伝 源頼朝像…★藤原隆信、似絵

(2) 興福寺・東大寺に、運慶らによる写実的な仏像彫刻が登場した

仏像彫刻では、興福寺・東大寺の復興にあたり、**運慶**らの奈良仏師が活躍しました。そして、天平文化のときに見られた

仏師 仏像を製作
鞍作鳥…法隆寺金堂釈迦三尊像〜**飛鳥文化**
定朝…平等院鳳凰堂阿弥陀如来像〜**国風文化**
運慶・快慶…東大寺南大門金剛力士像〜**鎌倉文化**

写実性が復活し、武士の台頭という時代のあり方を示すような、素朴で力強い表現の木像が製作されました。**東大寺南大門**の**金剛力士像**は、**運慶**と**快慶**（運

慶の父の弟子）の合作です。また、運慶の子によって六波羅蜜寺の空也上人像も製作されました（口から6体の仏像が出る）。空也は、国風文化の時期に浄土教を布教した人物です→第7章。

(3) 絵巻物に加えて似絵が登場し、陶器や刀剣などの工芸も盛んになった

　絵画では、院政期に発展した絵巻物が鎌倉文化で最盛期を迎え、仏教や御霊信仰の広まりを背景とする『一遍上人絵伝』『北野天神縁起絵巻』や、武士の活動を描いた『蒙古襲来絵巻』『男衾三郎絵巻』などが製作されました。また、写実的な肖像画である似絵が登場し、藤原隆信が活躍しました。禅僧の肖像画である頂相が伝来し、弟子が師の頂相を崇拝する風習も始まりました。

　書道では、尊円入道親王が、従来の和様に宋の書風を加えた青蓮院流を創始しました。

　工芸では、武具の生産が盛んとなり、甲冑では明珍、刀剣では鎌倉の〔岡崎〕正宗、京都の藤四郎吉光（粟田口吉光）、備前の〔長船〕長光らの工人が活躍しました。また、生活道具として陶器が生産され、尾張の瀬戸焼（加藤景正が創始したといわれる）や備前の備前焼が、各地に流通しました。

ポイント　鎌倉文化

仏教：鎌倉新仏教…浄土宗・浄土真宗・時宗・臨済宗・曹洞宗・日蓮宗

- 法然～専修念仏／親鸞～悪人正機／時宗～踊念仏
- 栄西～公案問答／道元～只管打坐
- ※蘭溪道隆・北条時頼・建長寺、無学祖元・北条時宗・円覚寺
- 日蓮～題目を唱える（法華経）

旧仏教…法相宗～貞慶／華厳宗～明恵／律宗～叡尊・忍性
伊勢神道～度会家行

文学：和歌…『新古今和歌集』（後鳥羽上皇の勅撰、藤原定家）
　　　西行『山家集』・源実朝『金槐和歌集』
　　　随筆…鴨長明『方丈記』・兼好法師『徒然草』
　　　軍記物…『平家物語』～琵琶法師の平曲
　　　紀行文…阿仏尼『十六夜日記』／説話…無住『沙石集』

学問：歴史…慈円『愚管抄』（道理）・『吾妻鏡』（幕府）・『元亨釈書』
　　　学問…金沢文庫（北条実時）／有職故実／宋学～大義名分論

美術：建築…大仏様～東大寺南大門／禅宗様～円覚寺舎利殿

彫刻…**東大寺南大門金剛力士像**（運慶・快慶）
　　　　六波羅蜜寺空也上人像
絵画…**一遍上人絵伝**・蒙古襲来絵巻／似絵（藤原隆信）／頂相
書道の青蓮院流、甲冑の**明珍**、刀剣の**正宗**、瀬戸焼（加藤景正）

3 室町文化

中世文化の最後は、**室町文化**だ。**室町時代**は、結構長いね。

いくつかに区切るといいよ。まず、室町初期の**14世紀後半**を中心に【**南北朝文化**】が展開した。

南北朝動乱があって、社会が大きく変わっていった時期だよね。武士の地縁的結合が強まったり、惣村が広がったり→第10章。

こういった時代の転換期には、歴史書や軍記物が書かれるんだ。次に、室町前期の14世紀末から**15世紀前半**にかけてが【**北山文化**】だ。

3代将軍**足利義満**の時代だね。**金閣**は、きらびやかだ！　義満は太政大臣になって、朝廷のトップにも立ったね→第10章。

金閣には、国風文化の寝殿造と、鎌倉文化の禅宗様の、両方が含まれる。室町幕府が京都にあったことも背景に、公家文化と武家文化が融合していったんだ。次に、室町中期の**15世紀後半**が【**東山文化**】だ。

8代将軍**足利義政**の時代だ。**銀閣**は、シブい！って古い言葉か。**書院造**なら知っているよ。今の和室につながるんだよね。

禅の精神にもとづく簡素さを備えた、今日につながる日本的な文化が生まれた。「伝統的な・和風の」文化は、これ以降のものが多いよ。

たしかに、平安時代の国風文化を「和風」っていわないものね。

そして、室町後期の**16世紀**が【**戦国期文化**】だ。

時代は**戦国時代**か。応仁の乱（1467〜77）が起きて→第11章、公家が地方へ避難したから、京都の文化が地方へ伝わったんだね。

戦国大名も、文化を摂取するため、公家や文化人を迎え入れたんだよ。

大名は城下町を作ったから、そこが地方文化の拠点になるのかな！

 大内氏の城下町山口では、古典の講義や出版事業がおこなわれた。また、経済力をつけて台頭した民衆が文化の担い手になったよ。

① 仏　教

鎌倉新仏教のうち、**臨済宗**は室町幕府と関係を深め、**浄土真宗・日蓮宗**は布教により信者の集団が形成されていきました。

室町時代における新仏教の展開		
南北朝（室町初期）・室町前期	室町中期	戦国（室町後期）

	南北朝（室町初期）・室町前期	室町中期	戦国（室町後期）
臨済宗	室町幕府の保護 **夢窓疎石**…足利尊氏（天龍寺） 五山・十刹の制…足利義満 京都（天龍寺・相国寺など） 鎌倉（建長寺・円覚寺など） **五山文学**…絶海中津・義堂周信	林下（五山・十刹に属さず） 大徳寺（一休宗純）	
一向宗		蓮如（15世紀後期） 越前吉崎 　→北陸・東海・畿内へ布教 御文を用いる　講を組織	**加賀の一向一揆**（1488〜1580） →法華一揆に敗北（1532） 　→本願寺は山科から石山へ **石山合戦**（1570〜80） 織田信長と対決
日蓮宗		日親（15世紀中期　6代義教） 京都の町衆へ布教 室町幕府による弾圧	法華一揆（1532〜36） 山科本願寺を焼打ち **天文法華の乱**（1536） 延暦寺に敗北

（1）臨済宗は室町幕府の保護を受け、五山・十刹の制の下で五山文学も栄えた

臨済宗は、室町幕府の保護を受けました。足利尊氏は、禅僧の**夢窓疎石**を頼り、天龍寺船を元へ派遣して**天龍寺**を

五山	京都の南禅寺を五山の上に置く
京都五山…**天龍寺・相国寺・建仁寺・東福寺・万寿寺** 鎌倉五山…**建長寺・円覚寺・寿福寺・浄智寺・浄妙寺**	

造営しました→第11章。足利義満は、南宋の官寺の制にならって**五山・十刹の制**を整備し、臨済宗寺院を組織しました（**京都五山**は**天龍寺・相国寺**など、**鎌倉五山**は**建長寺・円覚寺**など）。

五山の禅僧は、文化面では、禅宗文化（水墨画・建築・庭園）を中国から輸入するのに貢献しました。【北山文化】の時期には、漢詩文の創作や（**五山版**として出版）、朱子学の研究がおこなわれ、**絶海中津・義堂周信**を中心に**五山文学**が発展しました。また、外交面では、外交文書を作成し、室町幕府の外交

使節となりました。彼らは中国僧との交流や中国渡航の経験があり、中国語での会話に加えて漢文も使いこなせたからです。

　一方、五山・十刹の系統に属さない禅宗諸派（林下）は民間布教を進め、臨済宗では、京都の**大徳寺（一休宗純**が出る）・妙心寺が中心でした。

(2)　浄土真宗では、蓮如の布教で本願寺の勢力が拡大し、一向一揆も起こった

　浄土真宗（**一向宗**）では、応仁の乱（1467〜77）の前後の時期に本願寺の**蓮如**が登場し、越前の**吉崎**を拠点に、北陸から東海・畿内へと布教を拡大しました。蓮如は、惣村の結合を利用して**講**を組織し、平易な文章の**御文**で教えを説きました。やがて一向宗門徒の団結を基盤とする本願寺の勢力は、**加賀の一向一揆**で守護富樫氏を攻め滅ぼすまでに至ったのです →第11章。

(3)　日蓮宗は、日親の布教によって京都町衆に広がり、法華一揆が結成された

　日蓮宗（**法華宗**）では、6代将軍足利義教のころ（15世紀中期）に**日親**が登場し、京都の町衆（商工業者）に信者を獲得しました。のち、京都の日蓮宗徒は戦国時代（16世紀前期）に**法華一揆**を結成し、一向一揆に対抗して山科本願寺を焼打ちしました（本願寺は石山へ移る）。しかし、法華一揆は延暦寺と対決して敗れ（**天文法華の乱**）、日蓮宗徒は一時京都を追われました。

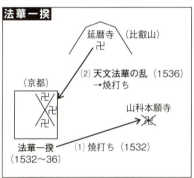

法華一揆

延暦寺（比叡山）卍
（2）天文法華の乱（1536）→焼打ち
（京都）
山科本願寺
卍
卍
卍
法華一揆
（1532〜36）
（1）焼打ち（1532）

(4)　神道思想では、反本地垂迹説にもとづく唯一神道が生まれた

　神道思想では、反本地垂迹説（神が上で仏が下）にもとづき、**吉田兼倶**が神道に仏教・儒教を融合した**唯一神道**を唱えました。

神道思想		
伊勢神道	…度会家行〜	鎌倉文化
唯一神道	…吉田兼倶〜	室町文化
垂加神道	…山崎闇斎〜	元禄文化
復古神道	…平田篤胤〜	化政文化

② 芸能・文芸

　室町文化を特徴づけるのは、なんといっても芸能・文芸です。今日につながる伝統文化の**能・侘茶**や、集団で参加して楽しむ**連歌**などが登場しました。

(1)　能は、北山文化の時期、観阿弥・世阿弥によって大成された

　能は、猿楽（寺社に奉納する雑芸）に田楽（豊作祈願の歌と踊り）が融合し

て、歌舞と演劇による舞台芸能に発展したものです。猿楽の専門集団が各地で生まれ、大和国では興福寺・春日神社に奉仕する大和四座が活動しました。その一つである**観世座**の**観阿弥・世阿弥**父子は、脚本である**謡曲**を著すとともに、**足利義満**の保護を受け、【北山文化】の時期に芸術性を高めた能（猿楽能）を完成させました。世阿弥は、能の理論書である『**風姿花伝**』をまとめました。

室町文化① （★は人名）
●芸能・文芸
○能
風姿花伝…★**世阿弥**、能の理論書
○小歌
閑吟集
○連歌
菟玖波集…★**二条良基**（準勅撰）
応安新式…★**二条良基**、連歌の規則書
新撰菟玖波集…★**宗祇**、正風連歌
犬筑波集…★**山崎宗鑑**、俳諧連歌
○御伽草子
一寸法師・浦島太郎など

　能とセットで演じられるようになったのが、**狂言**です。風刺がこめられた喜劇で、民衆の日常語が用いられています。

(2) 庶民的な芸能として、小歌や風流が人々の間で流行した

　庶民的な芸能も発達しました。小歌は室町時代に流行した庶民歌謡で、歌集の『**閑吟集**』が編集されました。

庶民歌謡
今様…『梁塵秘抄』（後白河上皇）〜院政期文化
小歌…『閑吟集』〜室町文化

　風流（風流踊り）は、華やかな服を着て集団で踊るもので、これが念仏踊りと結合し、現在につながる**盆踊り**へ発展しました。

(3) 茶の湯では、村田珠光が、禅の精神を取り入れた侘茶を始めた

　茶の湯（茶道）では、鎌倉時代、栄西が禅宗寺院での喫茶を宋から伝え、それが寺院外の人々にも広まっていきました。【南北朝文化】の時期、**茶寄合**という茶会が盛んにおこなわれ、茶を飲みくらべて産地を当てて賭け物を競う**闘茶**が流行しました。

　【東山文化】の時期、村田珠光は一休宗純に学び、当時娯楽となっていた茶の湯に禅の精神を取り入れて、質素な侘茶をつくり出しました。これを、【戦国期文化】で武野紹鷗が受け継ぎ、のちの【桃山文化】で堺商人の**千利休**が大成しました→第18章。

　生け花（花道）では、床の間を飾る立花様式が生まれ、【東山文化】の時期には**池坊専慶**が活躍しました。

⑷ 連歌は、二条良基が基礎を築き、宗祇が正風連歌を確立した

　連歌は、和歌の上の句（五・七・五）と下の句（七・七）を人々が連作していくものです。室町時代には、経済の発達によって民衆の力が向上したことを背景に、連歌のような、共同でおこない集団で楽しむ文芸が流行したのです。

　【南北朝文化】の時期、摂関家の**二条良基**は『**菟玖波集**』を編集し、これが準勅撰となって、連歌は和歌と対等の地位を築きました。二条良基は、連歌の規則書である『応安新式』も著しました。

　【東山文化】の時期、**宗祇**は芸術的な**正風連歌**を確立し、『新撰菟玖波集』を編集しました。宗祇は連歌師として各地をめぐり、大名や武士が開く会合に招かれて、連歌の普及につとめました。【戦国期文化】の時期、**山崎宗鑑**は庶民的な俳諧連歌を創始し、『犬筑波集』を編集しました。

　のち、連歌から上の句（五・七・五）が独立して俳諧となり、近世における俳諧の発展につながっていきます →第18章 。

⑸ 絵と日常語による短編物語の、御伽草子が生まれた

　御伽草子は、絵が入った短編物語で、当時の日常語で書かれ、民衆に好まれました。『物くさ太郎』『一寸法師』『浦島太郎』などは、いわゆる「日本むかしばなし」としてなじみがあるものですね。

　のち、御伽草子から、近世における仮名草子へ、さらに浮世草子へと変化していきます →第18章 。

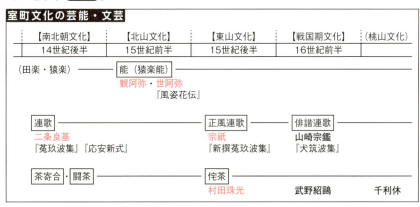

③ 学問・教育

　担い手や時期に注意しながら、室町時代の学問・教育を見ていきましょう。

(1) 南北朝動乱のなかで、歴史意識が高まり、歴史書が書かれた

　南北朝動乱が続くなか、社会が変化していくと、歴史意識が高まりました。【南北朝文化】の時期には、さまざまな立場からの歴史書や軍記物が記されました。

　北畠親房の『神皇正統記』は、南朝の正統性を主張して皇位継承の歴史を記し、『梅松論』は武家（室町幕府）の立場で足利氏の政権掌握過程を描

歴史書と軍記物
●歴史書
愚管抄（慈円）〜鎌倉文化
神皇正統記（北畠親房）〜南北朝文化
●軍記物
将門記…平将門の乱 ┐
陸奥話記…前九年合戦 ┘〜院政期文化
平家物語…平家の盛衰〜鎌倉文化
→琵琶法師の平曲
太平記…南北朝動乱〜南北朝文化

き、『増鏡』は公家の立場で鎌倉時代を記しました。また、『太平記』は、南北朝動乱を南朝に好意的に描いた軍記物です。

(2) 公家は伝統文化を維持し、有職故実や古典の研究を続けた

　鎌倉時代に引き続き、室町時代でも、公家は伝統文化を維持しました。【南北朝文化】の時期、〔後醍醐天皇〕の『建武年中行事』や北畠親房の『職原抄』といった有職故実の書が記されました。【東山文化】の時期には、摂関家の一条兼良が有職故実や古典の研究を進め、9代将軍足利義尚への政治意見書である『樵談治要』を記しました。また、『古

室町文化②（★は人名）
●学問
○歴史
神皇正統記…★北畠親房、南朝の正統性
梅松論…武家の立場
増鏡…公家の立場
太平記…南北朝動乱の軍記物
○有職故実
建武年中行事…★〔後醍醐天皇〕
職原抄…★北畠親房
○政治論
樵談治要…★一条兼良、9代将軍義尚へ

今和歌集』の解釈を特定の人に口頭で伝える古今伝授もおこなわれました。

(3) 戦国期に、大名が学者を招き、朱子学は地方へ広がった

　五山で学ばれていた朱子学は、【戦国期文化】の時期には地方に広がりました。五山の禅僧の桂庵玄樹は、肥後の菊池氏や薩摩の島津氏に招かれて朱子学を講義し、薩南学派の祖となりました。また、南村梅軒が土佐に招かれ、海南学派（南学）の祖となったとされます→第18章。

(4) 関東管領の上杉憲実によって、足利学校が再興された

　教育では、15世紀中ごろ、足利学校（下野国）が関東管領の上杉憲実によって再興されました（上杉憲実は永享の乱で鎌倉公方の足利持氏と対立→第10章）。

足利学校には全国から禅僧や武士が集まって学び、のちにフランシスコ゠ザビエルが「坂東の大学」とヨーロッパに紹介しました。

武士の学問・教育
金沢文庫（武蔵国）…北条実時〜鎌倉文化
足利学校（下野国）…上杉憲実〜室町文化

室町時代には、武士の子弟は寺院で教育を受け、手紙文の文例を集めた『**庭訓往来**』などの往来物が教科書として用いられました。また、日用語を集めた辞典である『**節用集**』が出版されました。

④ 美　術

禅宗の影響を受けた建築・庭園や、日本の絵画の歴史に大きな影響を与えた**水墨画**や**狩野派**を、見ていきましょう。

⑴　金閣は北山文化、銀閣は東山文化を象徴し、東山文化で書院造が登場した

建築では、鎌倉文化の禅宗様が広まるとともに、住宅建築が寝殿造の伝統をひくものから書院造へと変わっていきました。足利義満が造った京都北山の山荘（死後に**鹿苑寺**となる）の**金閣**は、1・2層が寝殿造風、3層が禅宗様で、【北山文化】の名称の由来となりました。足利義政が造った京都東山の山荘（死後に**慈照寺**となる）の**銀閣**は、1層が書院造、2層が禅宗様で、【東山文化】の名称の由来となりました。

室町文化③（★は人名）
●美術
○建築
鹿苑寺金閣…★足利義満、寝殿造＋禅宗様
慈照寺銀閣…★足利義政、書院造＋禅宗様
慈照寺東求堂同仁斎…書院造
○庭園
龍安寺庭園・大徳寺大仙院庭園…枯山水
○絵画
瓢鮎図…★如拙、水墨画
四季山水図巻・天橋立図・秋冬山水図
…★雪舟、水墨画
大徳寺大仙院花鳥図…★狩野元信

【東山文化】で登場した**書院造**は、寝殿造をベースに禅宗寺院の書斎の様式を取り入れたもので、**慈照寺東求堂同仁斎**が典型例です。

書院造
床の間・違い棚・付書院・明障子
隣の部屋とは襖と障子で仕切る
床は全体に畳を敷き詰める

⑵　禅宗寺院には、枯山水の様式による庭園が造られた

禅宗寺院には、禅の精神にもとづき、水を使わずに砂や石だけで自然を抽象的に表現する**枯山水**の庭園が造られました。**龍安寺**の庭園や**大徳寺大仙院**の庭園が典型例です。また、東山山荘（慈照寺）の庭園は、被差別民の山水河原者である善阿弥が造りました。

(3) 水墨画が中国から伝えられ、禅画から日本的な水墨画が成立していった

　水墨画は墨の濃淡で表現する絵画で、禅僧が宋・元・明から画題や技法を伝えました。日本的な大和絵に対し、中国的な絵画が水墨画なのです。

　【北山文化】の時期、五山の禅僧である明兆・**如拙**・**周文**が水墨画の基礎を作りました。**如拙**の『**瓢鮎図**』は、「ツルツルのひょうたんで、ヌルヌルのナマズをおさえて捕ることができるか？」という臨済宗の公案問答が表現されており、画題も禅宗と深い関係を持つものでした。

　【東山文化】の時期になると、五山の禅僧の雪舟が、明に渡って技法を学び、帰国後に地方をめぐって日本の自然を描き、禅画の制約を超えた日本的な水墨画を大成しました。雪舟の作品に、『四季山水図巻（山水長巻）』『天橋立図』『秋冬山水図』などがあります。

(4) 狩野派は、権力者と関わりながら、絵画の流派を作っていった

　水墨画の墨のデッサンに、大和絵の絵の具の彩色を取り入れた、新しい画風を打ち出したのが狩野派です。権力者と関わりながら、近世につながる画派の系統を作りました。【東山・戦国期文化】の時期に、**狩野正信**が室町幕府の御用をつとめ、正信の子の**狩野元信**が狩野派を確立して『大徳寺大仙院花鳥図』などを描きました。のちの【桃山文化】では、織田信長・豊臣秀吉と関係を持った**狩野永徳**が活躍します→第18章。

　伝統的な大和絵では、【東山文化】の時期に**土佐光信**が出て朝廷の御用をつとめ、**土佐派**が起こされました。

室町文化の美術

	【南北朝文化】	【北山文化】	【東山文化】	【戦国期文化】	（桃山文化）
	14世紀後半	15世紀前半	15世紀後半	16世紀前半	

水墨画

	明兆　如拙　周文	雪舟	
	『瓢鮎図』	『四季山水図巻』	

狩野派

狩野正信	狩野元信	狩野永徳
	『大徳寺大仙院花鳥図』	

土佐派

土佐光信

ポイント 室町文化

仏教：臨済宗…幕府の保護（尊氏と夢窓疎石・天龍寺／五山・十刹の制）

　　　┌ 京都五山…天龍寺・相国寺／鎌倉五山…建長寺・円覚寺
　　　└ 五山文学…絶海中津・義堂周信

　　　林下…大徳寺（一休宗純）

　　浄土真宗：蓮如が越前吉崎から布教（講を組織、御文）

　　日蓮宗：日親が京都町衆へ布教→法華一揆（16世紀前期）

　　（神道思想　唯一神道…吉田兼倶）

芸能：能…観世座の観阿弥・世阿弥『風姿花伝』（義満の保護）／狂言

　　　小歌…『閑吟集』／風流（のち盆踊りへ）

　　茶道…茶寄合・闘茶→侘茶（村田珠光）／花道…池坊専慶の立花

　　連歌…二条良基『菟玖波集』→宗祇の正風連歌→山崎宗鑑の俳諧連歌

　　御伽草子…絵入りの物語

学問：歴史…北畠親房『神皇正統記』（南朝）・『梅松論』（幕府）・『増鏡』

　　　『太平記』〜南北朝動乱

　　公家…北畠親房『職原抄』・一条兼良『樵談治要』

　　地方…桂庵玄樹が薩摩へ→薩南学派／南村梅軒が土佐へ→海南学派

　　教育…足利学校〜上杉憲実（関東管領）が再興

　　　『庭訓往来』が教科書に／『節用集』出版

美術：建築…鹿苑寺金閣（北山・義満）／慈照寺銀閣（東山・義政）

　　　慈照寺東求堂同仁斎〜書院造（違い棚・明障子など）

　　庭園…枯山水〜龍安寺庭園・大徳寺大仙院庭園

　　水墨画…如拙『瓢鮎図』・周文→雪舟が日本的水墨画を大成

　　狩野派…狩野正信・狩野元信／土佐派…土佐光信

チェック問題にトライ！

【1】（1994年度　追試験）

　戦国時代、所領の荘園を直接支配するために和泉国に下ったある貴族は、荘内の神社の祭礼で近隣の村人が能などの芸能を演ずるのをみて、強い印象を受けた。彼は日記にその感想を、次のように書いている。

　　　誠に以て賤士の柴人等^(注1)の所行の躰、都の能者に恥じず。船淵^(注2)の百姓四郎太郎左近とて、入木等細々荷い来る賤夫^(注3)、大夫を勤む。下民たりといえども侮るなかれとは、是れなり。

（『政基公旅引付』文亀元年〔1501年〕8月15日条）

（注1）　賤士の柴人等は、身分の低い柴刈りらの意。
（注2）　船淵は荘内の村落名。
（注3）　賤夫は身分の低い男の意。

問　戦国時代、この貴族に強い印象を与えたような芸の持ち主が、畿内の農村に出現した背景を述べた文として**誤っているもの**を、次の①〜④のうちから一つ選べ。

① 能の源流の一つである田楽は、古くから農村の庶民の間で親しまれ、各地の祭礼で演じられていた。

② 農業の進歩にともなって、民衆の生活が向上し、民衆が参加し楽しむ各種の芸能も盛んになった。

③ 相次ぐ戦乱により、都市と農村の交流がとだえ、閉ざされた農村のなかで新たな独自の芸能が発達した。

④ 畿内を中心に、惣村（惣）と呼ばれる自立的・自治的な村が数多く出現し、各々の村がその芸能を競いあった。

解説　**文化の特徴は、その時代の政治・外交・社会・経済的状況に影響を受ける**という側面を持っています。史料によれば、この貴族は、村人が演ずる能などの芸能が「都の能者に恥じず」「下民たりといえども侮るなかれ」、つまり身分が低い者が演じた芸能でも都の能役者に劣らないものだ、という「強い印象」を受けたのです。こういった熟達した芸能が、戦国時代の「畿内

の農村に出現した背景」を考えましょう。

① 「能の源流の一つである田楽」は、正しい内容です（田楽と猿楽が能に発展していく）。田楽は豊作祈願の踊りと音楽に始まる神事芸能ですから、「庶民の間で親しまれ、各地の祭礼で演じられていた」ことも正しいです。

② 特に畿内では「農業の進歩」が見られたので、経済力をつけた「民衆の生活が向上し」たことで、民衆も文化の担い手として成長し、「民衆が参加し楽しむ」芸能が盛んになったのです。

③ 畿内は先進地域で、都市と農村の経済的な交流が盛んだったので（たとえば高利貸資本が農村に浸透したことが徳政一揆の背景でした）、都の文化と農村の文化の融合も進み、農村にも洗練された文化が生まれました。「閉ざされた農村のなかで新たな独自の芸能が発達した」とすれば、都の貴族が下ってきて「都の能者に恥じず」という評価を下さないでしょう。

④ 「畿内を中心に」「自立的・自治的な村が数多く出現し」たことは正しいです。そして「各々の村がその芸能を競いあった」は誤りとはいえず、「各々の村がその芸能を競いあった」ことで、熟達した芸能が農村に生まれた、という因果関係は成立します。

⇒したがって、③が正解です。

解答 ③

第1問

　日本史の授業で博物館に行き、「展示資料を一つ選んで、どんなことが分かるか調べてみよう」という課題が出された。次の文章について、下の問いに答えよ。

　ある班は、展示資料から「伯耆国東郷荘下地中分絵図」を選んで、表面の絵図と裏面の説明（裏書）を調べてみることにした。

　資料Ⅰ　絵図

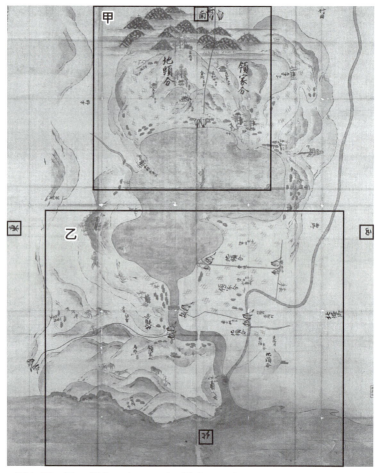

（注）**甲・乙**の部分は次ページに拡大してある。

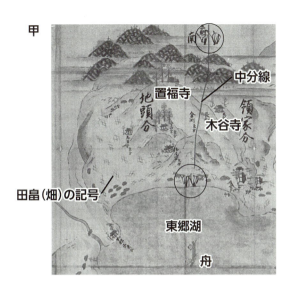

甲

置福寺
地頭分

木谷寺

領家分

中分線

田畠（畑）の記号

東郷湖

舟

甲・乙の◯には執権・連署の署名が見られる。

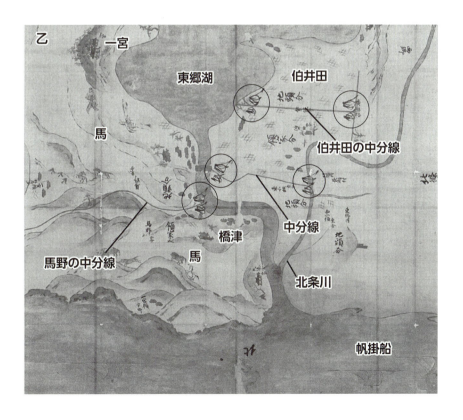

乙

一宮

東郷湖

伯井田

馬

伯井田の中分線

馬野の中分線

橋津

馬

中分線

北条川

帆掛船

資料Ⅱ　絵図の裏書

　領家と地頭が和解し、道路がある場所はそこを境界とし、ないところは朱線を引き、東側（地頭分）と西側（領家分）に土地を折半した。ただし、このやり方にすると、伯井田は荘園の西側なので領家分となるが、田畠は田畠で分割するという取り決めから、伯井田をさらに領家方と地頭方に分割した。このような理由で、馬野（牧場）・橋津（港）・伯井田などの地区は、領家分・地頭分双方の土地が混在することとなった。

問1　絵図中に何本もの中分線が見られる理由として適当なものを、次の①～④のうちから一つ選べ。

① 道路がある所だけで境界を定めたから。
② 田畠（畑）や牧場など土地の用途ごとに分割したから。
③ 荘園の中央に湖が存在するから。
④ 地頭が有利になるように分割したから。

問2　この班は、博物館で学芸員から、「絵図という一つの資料からのみでは、分かることに限界がある」ということを学んだ。この絵図から**読み取ることのできないもの**を、次の①～④のうちから一つ選べ。

① 東郷荘には、どのような宗教施設があったか。
② 東郷荘の人々が、どのような仕事をしていたか。
③ 東郷荘では、年貢や公事はどのような方法で徴収されたか。
④ 東郷荘の下地中分は、政権により承認されていたか。

第2問

次の文章は、ある生徒が書いたレポートの要旨である。これを読んで、下の問いに答えよ。

> 日本は海に囲まれている。海を介して外からの波が日本に大きな影響を与えたことが分かる。日本の歴史を見た場合、外からの文明的な波は大きく三つあった。一つ目は7〜8世紀で、中国の影響の下に日本の古代国家が成立した。二つ目は⒜15〜16世紀で、中国とともに南蛮諸国からの影響が強かった。そして、三つ目が19〜20世紀で、欧米の波というべき時代で、近世から近代へと大きく転換した。
>
> そうすると、⒝10〜14世紀や17〜18世紀は、外からの波が少なかった時代ということができる。

問1 下線部⒜の時代のうち、15世紀についてX・Yのような評価もある。それぞれの評価を根拠付ける情報をXはa・b、Yはc・dから選ぶ場合、**評価**と**根拠**の組合せとして最も適当なものを、下の①〜④のうちから一つ選べ。

評価

X　この時代は「政治的に不安定な時代」である。

Y　この時代は「民衆が成長した発展の時代」である。

根拠

a　並立した二つの朝廷を支持する勢力が武力抗争し、また、その一方の内紛などもあって内乱は長期化した。

b　全国の大名を二分した大乱は終結したが、地方には新たな政治権力も生まれ、地域的な紛争は続いた。

c　村では、共同の農作業や祭礼を通して構成員同士が結び付いていたが、戦乱に対する自衛で内部の結合を強くしていった。

d　村では、指導者が多くの書籍を収集して人々に活用させ、儒学を中心とする高度な教育を進めていった。

①　X — a　　　Y — c　　　②　X — a　　　Y — d
③　X — b　　　Y — c　　　④　X — b　　　Y — d

問 2 歴史には様々な見方がある。下線部ⓑの時代には「外からの波」が少なかったという見方に対する反論として成り立つものを、次の①～④のうちから一つ選べ。

① この時代には、海外渡航許可書を持った貿易船が東南アジアに行っており、その交流を通して「外からの波」は少なくなかった。

② この時代には、中国に公式の使節が派遣され、先進的な政治制度や文化などがもたらされており、「外からの波」は少なくなかった。

③ この時代には、長崎の出島の商館を窓口にして、ヨーロッパの文物を受け入れており、「外からの波」は少なくなかった。

④ この時代には、中国との正式な国交はなかったが、僧侶や商人の往来を通して「外からの波」は少なくなかった。

解　説

第1問

問1 資料から読み取った内容を、知識や理解をもとに分析・解釈できるかどうかが問われています。**資料Ⅱ**の「東側（地頭分）と西側（領家分）に土地を折半」は下地中分の説明です。**資料Ⅰ**は南北が逆で東西も逆であることに注意しながら（上・下・左・右の真ん中に方角が記されている）、**資料Ⅰの甲**を見ると、左方向が東側で地頭分、右方向が西側で領家分となっています。

① **資料Ⅱ**の「道路がある場所はそこを境界とし、ないところは朱線を引き」から、選択肢の「道路がある所だけで境界を定めた」は誤りとわかります。

② **資料Ⅱ**の「田畠は田畠で分割するという取り決め〜さらに領家方と地頭方に分割した」に注目して**資料Ⅰ**の乙を見ると、「伯井田」が、北の領家分と南の地頭分とに分けられ、中分線が引かれています。さらに、**資料Ⅱ**の「馬野（牧場）〜領家分・地頭分双方の土地が混在」に注目して**資料Ⅰ**の乙を見ると、「馬野」も北の領家分と南の地頭分に分かれ、中分線が引かれています。選択肢の「田畠（畑）や牧場など土地の用途ごとに分割した」は、「絵図中に何本もの中分線が見られる理由」として正しいです。

③ 「荘園の中央に湖が存在する」ことで、たまたまこの荘園では田畠・牧場・港などが東側か西側にかたよって存在したために、東側（地頭分）と西側（領家分）に土地を折半するときに各々の場所を分割する必要があり、結果的に中分線が何本も引かれた、という可能性はあります。しかし、こういった湖がなくても、田畠・牧場・港などが東側か西側にかたよって存在すれば、各々の場所を分割して中分線が何本も引かれるはずです。つまり、「荘園の中央に湖が存在する」から「絵図中に何本もの中分線が見られる」という直接的な因果関係は、成り立たないのです。

④ 下地中分は荘園領主と地頭との和解ですから「地頭が有利になるように分割」はしませんし、絵図の中分線も地頭に有利だとは読み取れません。⇒したがって、②が正解です。

解答 ②

問2 歴史を調べて考えるときに用いる資料が、どのような性質を持っているのかを判断する力が問われています。選択肢を見て、その内容が資料から読み取れるかどうかを検討しましょう。

① 「宗教施設」については、**資料Ⅰ**の甲に「置福寺」「木谷寺」、**資料Ⅰ**の乙に「一宮」があり、絵図から寺院や神社の存在が読み取れます。

② 「人々」の「仕事」については、**資料Ⅰ**の甲・乙に「舟」「帆掛船」「橋津」

大学入学共通テスト試行調査問題の演習：Ⅱ 中世　241

や「田畠」や「馬」があり、絵図から水運（流通）や農業や牧畜（馬の飼育）が読み取れます。

③ 「年貢や公事」の品目は、②から推定が可能ですが、それを「徴収」する「方法」は、絵図からは読み取れません。いつ、誰が、どのように徴収したのか、ということが文章で書かれた資料が必要です。

④ **資料Ⅰ**の説明に「執権・連署の署名が見られる」とあるので、「政権により承認されていた」ことが読み取れます。

⇒したがって、③が正解です。

解答 ③

第2問

問1 一つの時代に対する二つの異なる評価と、その**評価の根拠**となる情報とが、**時代・内容ともに関連している**かを判断する問題です。**根拠a～d**が「15世紀」（＝室町時代の中期・後期）という時代の事象なのか、また、**評価X・Y**をふまえた**根拠**となっているかどうかを、判断しましょう。

X 「政治的に不安定な時代」という視点から考えます。a「並立した二つの朝廷を支持する勢力」「その一方の内紛」は、南北朝動乱を示していると判断しますが、これは14世紀なので、「15世紀」という時期と一致しません。14世紀を、鎌倉幕府の滅亡（1333）、建武の新政、室町幕府の成立と南北朝動乱、室町幕府の支配確立（足利義満の時代）、という大きな枠組みでとらえることができているでしょうか。b「全国の大名を二分した大乱」「地方には新たな政治権力」は、応仁の乱（1467～77）のあとの戦国時代のことですし、15世紀ですから時期もあてはまります。

Y 「民衆が成長した発展の時代」という視点から考えます。c「共同の農作業や祭礼」「戦乱に対する自衛」は、惣村の形成を示していると判断します。すでに鎌倉時代後期から見られますが、「15世紀」には惣村の形成が進み、これを基盤とする土一揆も発生しています。d「（村の）指導者が多くの書籍を収集して人々に活用させ」たという事象は、江戸時代の村であれば可能性はありますが（農書の収集と活用など）、「15世紀」では考えにくいです。しかも、「儒学を中心とする高度な教育」は、村の寺子屋ではなく（寺子屋なら読み・書き・そろばん）、藩学で武士に対しておこなわれるもので、「民衆が成長」という観点からも外れます。

⇒したがって、③（X—b　Y—c）が正解です。

解答 ③

問2 選択肢の抽象的な文章から思い出せる具体的な事象が、ある歴史の見方

に対する反論として成り立つかどうかを判断する問題です。「反論」という設問の設定はセンター試験にはなかったもので、「外からの波が少なかった」ことに対する反論、つまり「外からの波はあった」かどうかを判断します。本問は、すべての選択肢が「外からの波はあった」という点で正しい内容なので、下線部ⓑの「10～14世紀」（＝平安時代中期から室町時代前期まで）の出来事かどうかを判断する、時代感覚が問われる問題です。

II

中世

① 「海外渡航許可書を持った貿易船」「東南アジアに行って」から朱印船貿易をイメージし、それが17世紀前期（江戸時代初期）のものだと判断できれば、「10～14世紀」という時期にあてはまらないとわかります。

② 「中国に公式の使節が派遣され」は明（ミン）との国交の可能性もありますが、それは15～16世紀なので下線部ⓐにあたります。「先進的な政治制度や文化などがもたらされ」から、遣隋使（けんずいし）・遣唐使（けんとうし）を確定しましょう。これは7～9世紀のものなので、「10～14世紀」にあてはまりません。

③ 「長崎の出島（でじま）の商館」「ヨーロッパの文物」は、江戸時代初期のオランダとの交流だとすぐにわかります。つまり「10～14世紀」に該当しません。

④ 「中国との正式な国交はなかった」「僧侶や商人の往来」から宋との私貿（そう）易（しぼう）（蒙古襲来（もうこしゅうらい）（えき）のあとは元（げん）との私貿易）をイメージするのは、少し難しいかもしれません。唐が滅亡して宋が成立するのは10世紀、平清盛（たいらのきよもり）が大輪田（おおわだ）泊（とまり）を修築して日宋貿易（にっそう）が発展するのは12世紀、などが思い出せれば、「10～14世紀」にピタリとあてはまることがわかるはずです。

⇒したがって、④が正解です。

  ④

近世 総合年表

世紀	将軍	権力者	政治	外交・社会・経済			文化
						第13章 1ヨーロッパ 　世界との接触	
16世紀後半	⑮義昭	織田信長	第13章 2織田信長・ 　豊臣秀吉の 　統一				第18章 1桃山文化
		豊臣秀吉	第13章 3豊臣政権の支配構造				
17世紀前半	①家康		第14章 1徳川将軍に 　よる支配	第14章 2村と百姓、 　町と町人	第14章 3江戸幕府が 　築いた 　対外関係		第18章 2江戸初期の 　文化
	②秀忠	大御所家康					
	③家光	大御所秀忠					
17世紀後半	④家綱		第15章 1文治政治 　への転換と 　元禄時代	第15章 3経済発展の 　全国的展開			第18章 3元禄文化
	⑤綱吉						

時期	将軍	人物				
18世紀前半	⑥家宣 ⑦家継	新井白石	第15章 2正徳の治	第16章 2村や町の 変容と 百姓一揆		(18-3) 元禄文化
	⑧吉宗	徳川吉宗	第16章 1享保の改革			
18世紀後半	⑨家重				第17章 1対外的危機 の高まり	第18章 4江戸中・ 後期の文化
	⑩家治	田沼意次	第16章 3田沼時代			
		松平定信	第16章 4寛政の改革			
19世紀前半	⑪家斉	徳川家斉	第17章 2文化・文政 時代			
		大御所家斉				
	⑫家慶	水野忠邦	第17章 3天保の改革			

III

近世

この時代のテーマ

第13章 **織豊政権**：信長・秀吉の全国統一の過程と、近世社会の成立を扱います。

第14章 **江戸幕府の支配体制**：幕藩体制のしくみと、「鎖国」への道を追います。

第15章 **近世社会の展開**：文治政治と、全国的な経済発展の状況をながめます。

第16章 **江戸幕府の政治改革**：享保の改革から始まる幕政改革の内容を見ていきましょう。

第17章 **幕藩体制の動揺**：列強の接近に、幕府はどう対応したのでしょうか。

第18章 **近世文化**：経済発展を背景に、学問・思想・文芸などの分野で花開きました。

世紀	時代	政権	政治・社会	外交
16世紀前半	室町時代		(1)	**1 ヨーロッパ世界との接触** ①**ヨーロッパ人のアジア進出** ポルトガル人漂着（1543） →鉄砲の伝来 鉄砲の国産化、戦術の変化 ザビエルが来航（1549） →キリスト教の伝来 イエズス会の布教 キリシタン大名 天正遣欧使節（1582〜90）
	戦国期	織田信長	**2 織田信長・豊臣秀吉の統一** ①**織田信長の統一過程** 桶狭間の戦い（1560） 石山合戦 延暦寺焼打ち 室町幕府滅亡 長篠の合戦（1575） 楽市令（安土城の城下町） 本能寺の変（1582）	②**南蛮貿易** ポルトガル船・スペイン船 日明間の中継貿易 キリスト教布教と一体 (2)
16世紀後半	（安土桃山時代）	豊臣秀吉	②**豊臣秀吉の統一過程** 山崎の合戦（1582） 大坂城を築く 関白、太政大臣となる 小田原攻め →天下統一を達成（1590）	(3)
			3 豊臣政権の支配構造 ①**豊臣政権の土地制度** 太閤検地（1582〜98） 貫高制から石高制へ 一地一作人の原則 →村請制・大名知行制の確立 ②**豊臣政権の身分制度** 刀狩令（1588） →兵農分離の進行 人掃令 →身分制度の完成	③**豊臣政権の外交政策** バテレン追放令（1587） →禁教は不徹底 文禄・慶長の役（1592〜98） →朝鮮出兵は失敗

　第13章は、中世から近世に移り変わっていく、16世紀後半の政治・外交・社会を扱います。

(1)　16世紀中ごろ、日本が初めてヨーロッパ人と接触し、鉄砲とキリスト教がもたらされました。16世紀後半、ポルトガル船・スペイン船が来航して南蛮貿易がおこなわれました。

(2)　戦国時代には、全国各地を戦国大名が支配していましたが、16世紀後半、織田信長・豊臣秀吉による「天下統一」が進みました。強力な権力が登場し、全国は一つにまとめられたのです。

(3)　豊臣秀吉の政策に注目しましょう。特に、太閤検地は、のちの江戸幕府の支配体制につながっていく重要な政策です。近世の支配のしくみや社会のあり方について、しっかり理解しましょう。

Ⅲ

近

世

1 ヨーロッパ世界との接触 (16世紀)

　いよいよ近世が始まります。日本が初めてヨーロッパ世界と接触しました。**鉄砲**や**キリスト教**が伝わって日本社会に大きな影響を与え、**ポルトガル**船や**スペイン**（**イスパニア**）船が来航して貿易がおこなわれました。

 なぜ、ヨーロッパ人はアジアに進出してきたの？

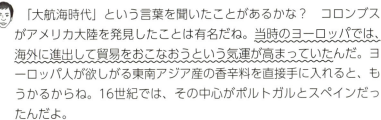 「大航海時代」という言葉を聞いたことがあるかな？　コロンブスがアメリカ大陸を発見したことは有名だね。当時のヨーロッパでは、海外に進出して貿易をおこなおうという気運が高まっていたんだ。ヨーロッパ人が欲しがる東南アジア産の香辛料を直接手に入れると、もうかるからね。16世紀では、その中心がポルトガルとスペインだったんだよ。

 そうした動きのなかで、日本にやってくるヨーロッパ人も現れた！

ヨーロッパで宗教改革が進んでいたことも大きい。従来のキリスト教の教派である**カトリック**（旧教）に対し、新しく登場した**プロテスタント**（新教）の教派が広まっていくと、危機感を持ったカトリック勢力が海外布教に乗り出した。**宣教師**の団体が布教を積極的におこなったんだ。

ザビエルが日本にやってきたのは、こういった背景があったんだ。

① ヨーロッパ人のアジア進出

ポルトガルは明の**マカオ**を拠点とし、スペインはルソン（フィリピン）の**マニラ**を拠点として、アジア貿易を積極的におこないました。

こうしたなか、1543年、ポルトガル人を乗せた中国の船が種子島へ漂着したことで**鉄砲が伝来**し、和泉の**堺**、近江の国

年表

1510	ポルトガル、インド西海岸のゴアを占領
1511	ポルトガル、マレー半島のマラッカを占領
1543	ポルトガル人が種子島へ漂着　→**鉄砲伝来**
1549	ザビエル、鹿児島へ来航　→**キリスト教伝来**
1550	ポルトガル船が肥前の平戸へ来航、貿易開始
1557	ポルトガル、明のマカオに進出、居住権得る
1571	スペイン、フィリピン諸島（ルソン）のマニラに拠点を建設
1582	**天正遣欧使節**（〜1590）
1584	スペイン船が平戸へ来航、貿易開始

友、紀伊の根来などで鉄砲が生産されるようになりました。そして、鉄砲は戦国大名の戦術を変化させます。騎馬武者どうしの一騎打ちに加え、足軽鉄砲隊による**集団戦**も重視されます。これらの大量の兵力を抱えるため、城のあり方も、防御のための山城から、城下町を築く**平山城・平城**へ変化しました。

1549年、カトリック系の**イエズス会**宣教師である**フランシスコ=ザビエル**が**鹿児島**に上陸して**キリスト教が伝来**しました。宣教師が大勢来日してキリスト教布教が盛んになると、西日本を中心に信者が増え、各地に**コレジオ**（宣教師養成学校）・**セミナリオ**（神学校）や南蛮寺（教会堂）が建設されました。代表的な宣教師としては、フランシスコ=ザビエルのほかにガスパル=ヴィレラやルイス=フロイスがいますが、特に**アレッサンドロ=ヴァリニャーニ**は天正遣欧使節のローマへの派遣を進言し、これを**キリシタン大名**の有馬晴信・大村純忠・大友義鎮（宗麟）が実現しました（1582〜90）。そして、ヴァリニャーニが日本へ戻ったときに西洋の**活字印刷術**を伝えたことで、活字を用いたローマ字表記の出版物である**キリシタン版**が刊行されました →第18章。

② 南蛮貿易

鉄砲伝来後の16世紀後半、ポルトガル船が**平戸**や長崎など九州各地の港に来航して日本との貿易をおこなうようになり、さらにスペイン船も来航するようになりました。当時、ポルトガル人・スペイン人は南蛮人と呼ばれたので、この貿易を**南蛮貿易**と呼びます。ポルトガルは貿易に積極的で、**日本産の銀**と**中国産の生糸**をポルトガル船が運びました。日本と明との貿易に第三者である

ポルトガル船が関わる、こうした貿易形態を**中継貿易**と呼びます。実は、日明間の勘合貿易が断絶していたので→第11章、日本が中国産生糸を確保するうえでポルトガル船の活動は重要だったのです。そして、ポルトガルとスペインはカトリック（旧教）の国なので、カトリック布教を目的とする宣教師の活動に協力し、

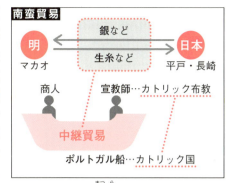

南蛮貿易

	銀など	
明	←→	日本
マカオ	生糸など	平戸・長崎

商人　宣教師…カトリック布教

中継貿易

ポルトガル船…カトリック国

貿易船は布教を許可する大名のもとへ入港したので（松浦氏の平戸、大村氏の長崎、大友氏の府内など）、キリスト教布教と一体の貿易でした。

ポイント　ヨーロッパ世界との接触

◆**鉄砲**伝来（1543）：鉄砲の国産化、大名の戦術変化（平城・集団戦）
◆**キリスト教**伝来（1549）：**イエズス会**宣教師の活動、信者が増加・拡大
◆**南蛮貿易**：日明間の**中継貿易**、**中国産生糸**を日本にもたらす

---

2 織田信長・豊臣秀吉の統一（16世紀後半）

15世紀後期から100年以上続いた戦国時代も→第11章、ようやく終わります。16世紀後半に登場した**織田信長**と**豊臣秀吉**が、各地の戦国大名を支配下に入れて、全国を一つにまとめ上げていきました。

 信長と秀吉は、なぜ全国を統一しようとしたんだろう？

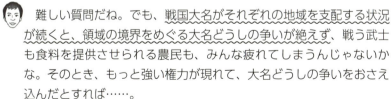 難しい質問だね。でも、戦国大名がそれぞれの地域を支配する状況が続くと、領域の境界をめぐる大名どうしの争いが絶えず、戦う武士も食料を提供させられる農民も、みんな疲れてしまうんじゃないかな。そのとき、もっと強い権力が現れて、大名どうしの争いをおさえ込んだとすれば……。

 人々が平和を望んで、信長や秀吉の行動を支持したのかな。

III

近
世

① 織田信長の統一過程

尾張の大名であった織田信長は、1560年の**桶狭間の戦い**で**今川義元**を倒すと、家臣団の城下町集住を徹底して強力な軍事力を整備し、京都に進出して天下統一をめざしました。1573年に第15代将軍**足利義昭**を追放して室町幕府を滅ぼすと、1575年には**長篠合戦**で**武田勝頼**を倒しますが、このとき**足軽**

年表

1560	**桶狭間の戦い**　今川義元を滅ぼす
1568	入京、足利義昭を15代将軍に立てる
1569	堺を直轄化する
1570	**石山合戦**　一向一揆（本願寺の顕如）と対決
	姉川の戦い　浅井氏・朝倉氏を倒す
1571	延暦寺を焼打ち
1573	将軍足利義昭を京都から追放（室町幕府滅亡）
1575	**長篠合戦**　足軽鉄砲隊の活躍、武田勝頼倒す
1576	近江に安土城を築く→城下に楽市令（1577）
1580	石山合戦の終結　本願寺は石山から撤退
1582	**本能寺の変**　家臣の明智光秀に敗死

鉄砲隊を駆使して武田氏の騎馬隊を破りました。その後、**安土城**を築いて天守閣を整備し、畿内から西国方面に支配を広げていきました。しかし、1582年の**本能寺の変**で家臣**明智光秀**の裏切りにあい、敗死しました。

信長は、伝統的権威に挑戦する革新性を持ち、特に当時の強大な権威の一つである仏教勢力を徹底的におさえ込もうとしました。1570年から1580年まで続いた**石山合戦**では、**本願寺**の顕如を中心とする一向一揆と対決し（1580年に加賀の一向一揆も解体）、また仏教界の頂点にあった比叡山**延暦寺を焼打ち**します。一方、フロイスへ布教を許可し、キリスト教を保護しました。

また、信長は、都市の経済を重視しました。関所を撤廃して流通を活性化させるとともに、畿内の富裕な港町である**堺を直轄化**して会合衆による自治
→第11章 も解体しました。さらに、安土城の城下町へ**楽市令**を発し、税負担をなくして自由な取引を認め、商人を呼び寄せて商業振興をはかりました。

② 豊臣秀吉の統一過程

尾張の地侍だった豊臣秀吉は、織田信長の家臣となって力を伸ばしていきました。そして、1582年、本能寺の変の直後に**山崎の合戦**で**明智光秀**を滅ぼし、**大坂城**を拠点に信長の後継者としての地位を確立していきました。かつて織田信長と同盟を結んでいた**徳川家康**と**小牧・長久手の戦い**で対決したときは苦戦しましたが、以後は長宗我部氏・島津氏を屈服させて四国・九州を平定、さらに1590年には**小田原攻め**で**北条氏**を滅ぼして関東を平定、**伊達政宗**の降伏で奥州を平定、と続き、**天下統一を達成**しました。

豊臣秀吉による統一事業の特徴は、朝廷が伝統的に持っていた権威に頼った点にあります。1585年には**関白**、翌年には**太政大臣**に就任し、「関白秀吉が、

天皇に代わって全国を平和にする」という名目で**惣無事令**を発して大名へ停戦を命じました。さらに、秀吉の別宅である京都の**聚楽第**に**後陽成天皇**を迎え、諸大名に天皇と秀吉への忠誠を誓わせました。一方、秀吉政権は独裁の傾向が強いために政治機構はととのわず、**石田三成**や**浅野長政**らの部下を**五奉行**として実務をおこなわ

年表
1582 山崎の合戦→明智光秀を滅ぼす
1583 賤ヶ岳の戦い→柴田勝家を滅ぼす
　　　 石山本願寺の跡に大坂城の築城を開始
1584 小牧・長久手の戦い→徳川家康と講和
1585 長宗我部元親が降伏（四国平定）
　　　 関白となる→惣無事令を発する
1586 太政大臣となる／「豊臣」姓をもらう
1587 島津義久が降伏（九州平定）
1588 聚楽第に後陽成天皇を招く
1590 小田原攻め→北条氏を滅ぼす（関東平定）
　　　 伊達政宗が降伏（奥州平定）※天下統一

せ、徳川家康や毛利輝元らの有力大名を**五大老**として政策を審議させました。

また、秀吉は、**蔵入地**と呼ばれる約220万石の直轄地を持つだけでなく、大坂や京都などの重要都市を直轄化し、また佐渡金山や**石見大森銀山・但馬生野銀山**→第11章を直轄化し、金貨として**天正大判**を発行しました。

ポイント　織田信長・豊臣秀吉の統一

◆信長：**桶狭間の戦い**（1560）…**今川義元**を倒す
　　　　石山合戦（1570〜80）…**本願寺**と対決、一向一揆を打倒
　　　　長篠合戦（1575）…足軽鉄砲隊、**武田勝頼**を破る
　　　　本能寺の変で敗死（1582）…**明智光秀**
◆秀吉：**関白**（1585）・太政大臣となる　**聚楽第**に後陽成天皇を招く
　　　　小田原攻め（北条氏を倒す）・伊達氏降伏→**天下統一**（1590）

---

3 豊臣政権の支配構造

いよいよ、第13章の最重要テーマ、**太閤検地**と**刀狩令**が登場します。近世の土地制度と身分制度がこの二つの政策によって形作られていきます。さらに、この時期の外交として、**バテレン追放令**を中心とするキリスト教政策と、**文禄・慶長の役**と呼ばれる朝鮮出兵についても見ていきましょう。1590年の天下統一を基準の年として、その前か後かをつかんでいくといいです。

 近世の土地制度というと、難しそうに聞こえるけれど……。

 今の私たちは、土地にどれだけの価値があるのかを、不動産価格が

高いか安いかで決めるよね。でも、江戸時代は、その土地で米がどれ ぐらいとれるかで、土地の価値を決めたんだ。**土地の米生産量を石高** というんだけれど、これにもとづく支配のしくみを作ったのが、秀吉 の太閤検地なんだ。

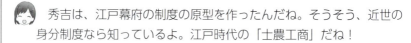 　秀吉は、江戸幕府の制度の原型を作ったんだね。そうそう、近世の 身分制度なら知っているよ。江戸時代の「士農工商」だね！

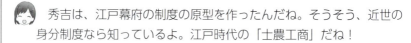 　武士が支配身分で、百姓・職人・家持町人が支配される身分であっ たことは、江戸時代の身分制度の特徴だよね。実は、秀吉の刀狩令が、 身分制度の始まりを作ったんだ。

① 豊臣政権の土地制度

　太閤検地は、豊臣秀吉の統一 事業開始と同時に始まり、秀吉 が亡くなるまで続けられまし た。つまり、1582年から1598 年にかけて全国で段階的に実施 された、秀吉政権にとっての最 重要政策なのです。太閤検地の ポイントをまとめます。

年表
1582 太閤検地の開始（同年、山崎の合戦）
1587 バテレン追放令（同年、九州平定）
1588 刀狩令／海賊取締令
　　　（同年、後陽成天皇を聚楽第に招く）
1590 ※天下統一
1591 人掃令（身分統制令）
1592 文禄の役（～93）
1597 慶長の役（～98）
1598 豊臣秀吉の死去

⑴　検地を全国的におこなうため、面積や容積の単位を統一した
　面積については、縦６尺３寸・横６尺３寸の正方形の面積を１歩とし（６尺 ３寸は約191センチ）、律令制度では**360歩＝1段**だったものを →第4章 、太閤 検地では**300歩＝１段**としました（3000歩＝100畝＝10段＝１町）。また、 容積については、1000合＝100升＝10斗＝１石としました（１石は約180リ ットル）。そして、全国統一的な枡として、京枡を定めました。

⑵ 土地の評価法を、年貢の銭納額から米の生産量に転換した

戦国大名は指出検地によって _{→第11章}、土地から納められる年貢の額を把握しましたが（**貫高制**）、秀吉は太閤検地によって、土地からとれる米の量を把握しました（**石高制**）。秀吉のほうが、土地に近い部分を把握しているので、支配するレベルが上がっていますね。

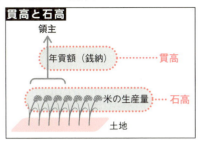

⑶ 武士にも農民にも厳しい姿勢で臨み、検地を強行した

大名が秀吉に滅ぼされたり降参したりするたび、秀吉はその領地に対する検地を命じていきました。そして、検地に反対する者は、武士でも農民でも「なでぎり（皆殺し）」という姿勢で検地をおこなっていきました（恐ろしい～！）。

⑷ 村ごとに役人が調査して検地帳を作成し、年貢を村に負担させた

村々に派遣された役人が土地の面積を直接測量し、田畑の質を「上・中・下・下々」の４等級で判断します（屋敷地は１等級）。そして、それぞれの等級ごとに定められた**石盛**（１段あたりの米生産高、たとえば上田なら石盛は１石５斗・中田なら石盛は１石３斗）に面積を掛け、**石高**（土地全体の米生産高）を決定します【石盛×面積＝石高】。こうして、村高（村全体の石高）を確定して**検地帳**を作成すれば、村を単位に年貢などを負担させる**村請制**も実現できます（村高に年貢率を掛ければ、村が納める年貢高が決まる）。ちなみに、秀吉政権の年貢率は**二公一民**（３分の２）でした。

⑸ 土地ごとの耕作者を確定していったことで、荘園公領制が解体した

一つの土地の耕作権は一人の百姓が持つという**一地一作人**の原則にもとづき、名前を検地帳に登録していけば、領主は年貢負担者となった百姓を直接掌握できます。そして、平安時代後期から続いてきた荘園では _{→第6章}、一つの土地に対してさまざまな人々（所有者である荘園領主、現地を管理する荘官、課税単位である名の耕作・納税をおこなう名主など）が収益を得る権利を持っていたのですが、一地一作人の原則はそういった権利を認めないことになりますから、荘園公領制のしくみそのものが完全に解体しました。

⑹ 大名の知行高にもとづき軍役を負担させるという主従関係ができた

全国の土地の価値を石高で表示すると、秀吉が大名に与えた知行地の石高も

Ⅲ

近世

判明します（これは御恩にあてはまります）。そして、その石高の数字に見合う量の軍役を大名に負担させれば（これは奉公にあてはまります）、秀吉と大名との間に知行地の石高（**知行高**）を基準とする主従関係が成立します。太閤検地は、こうした**大名知行制**の基礎を確立したという歴史的意義があり、そしてそのしくみは江戸幕府が受け継ぎました。

② 豊臣政権の身分制度

中世では、国人が結んだ国人一揆、土民が蜂起した土一揆、国人を中心に地域を支配した国一揆、一向宗の信者が団結した一向一揆、といったさまざまな一揆が存在しました→第11章。秀吉が全国を統一するうえで一揆の存在は障害となるので、一揆を防止する目的で1588年に**刀狩令**を発し、秀吉が造る**方広寺**大仏の

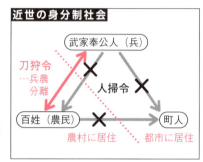

近世の身分制社会

釘・かすがいの原料とすることを口実に、農民から武器を没収しました。当時、有力武士の国人は大名の家臣となって城下町に集められる者も多くいましたが、農民から成長した地侍は農村に住んで農民を支配しつつ、武器を持って合戦に参加したり、一揆を主導したりしていました。刀狩令がターゲットとしたのは地侍で、秀吉・大名らの家臣となり城下町に住むか、農民として農村にとどまり武器を手放すか、の二者択一を迫られました。こうして、武士身分と農民（百姓）身分が明確に区別され、**兵農分離**が徹底されました。

さらに、天下統一を達成したのち、1591年に**人掃令**（**身分統制令**）が発せられ、武家奉公人が百姓や町人になることを禁じ、さらに百姓が町人になることも禁じました。さらに、1592年には人掃令がもう一度出され、朝鮮出兵の準備のため職業ごとに戸数・人数を調査していきました。こうして、職業にもとづく身分が固定化されると、それぞれの家ごとに家業が受け継がれていく、のちの江戸時代につながる身分制度が完成しました→第14章。

③ 豊臣政権の外交政策

信長はキリスト教の布教を許したけれど、秀吉はバテレン追放令を出したんだよね。なぜ、キリスト教を規制しようとしたんだろう？

キリシタン大名**大村純忠**が長崎をイエズス会へ寄進したように、カトリック教会組織がキリシタン大名を通じて影響力を強めつつあったんだ。外国からの影響が日本に及ぶことは、秀吉が進める全国統一事業にとって障害になるから、宣教師や大名に対して厳しく規制した。しかし、一般人の信仰は禁じなかったんだ。

そうしたら、規制は徹底しなかったんだね。そして、江戸時代になると、信仰そのものを禁じる、厳しい**禁教令**が出されたのか。
それと、秀吉は天下統一の直後に朝鮮出兵を実行するけれど、国内情勢が落ち着く前に、なんで朝鮮を攻めようとしたんだろう？

実は、秀吉は天下統一を進める途中で大陸侵攻を表明している。そして、天下統一と前後して、朝鮮をはじめゴアのポルトガル政庁やマカオのスペイン政庁や台湾（高山国）にも、日本への服属と朝貢を要求している。最終的には、明を征服して天皇を北京に移す構想も持っていたらしい。当時、明の国力が衰えていたので、それに乗じたとはいえ、とてつもないことだよね。

中国に代わって、日本が東アジア国際秩序の中心になることをめざしたのかな。

そういうことだね。でも、明征服の足がかりにしようとして実行された朝鮮出兵は失敗に終わったし、朝鮮の人々に多くの被害を与えたんだよ。

これで、秀吉政権も衰えちゃったんだよね。

まず、ヨーロッパとの関係から見ていきましょう。秀吉は、はじめはキリスト教を許可していましたが、のちに制限しました。島津氏を攻める九州平定のとき、1587年に**バテレン追放令**を博多で発令しました。「日本は神国たるところ」だとして、宣教師の布教禁止と国外追放を命じましたが、貿易船の来航

は認めており、豪商による東アジア諸国との貿易は奨励していたので、追放令は徹底しませんでした。しかし、スペイン船のサン＝フェリペ号が土佐に漂着し、乗組員が「スペインは領土拡張に宣教師を用いている」といった失言をしたことを機に（**サン＝フェリペ号事件**）、スペイン系の宣教師や信者を処刑して（**26聖人殉教**）、スペイン船来航を禁止するなど、厳しい姿勢も見せました。

　次に、アジアとの関係です。1588年に発した**海賊取締令**では、倭寇をはじめとする海賊行為を禁止し →第11章、海外渡航を保護して貿易を奨励しました。そして、天下統一を達成したのち、明の征服のための先導を朝鮮に要求し、それが聞き入れられないと、全国の大名を動員し、肥前**名護屋**に拠点を築いて朝鮮出兵（朝鮮では**壬辰・丁酉倭乱**と呼びます）を開始しました。1592年に始まった**文禄の役**では、はじめは日本軍が優勢でしたが、明の援軍や**李舜臣**が指揮する朝鮮水軍の活躍などにより、日本側は劣勢となって和平交渉が開かれました。しかし、秀吉の主張と明の姿勢がかみ合わずに交渉が決裂すると、秀吉は再び出兵を命じます。しかし、**慶長の役**では、日本側は戦う気分が薄かったためにはじめから苦戦し、秀吉が死去したのを機に朝鮮から撤退しました。

　朝鮮側に多大な被害を与え、明の衰退をもたらした朝鮮出兵のなかで、さまざまな影響が日本へもたらされました。政治では、諸大名の対立により豊臣政権が弱体化し、**関ヶ原の戦い**が勃発しました →第14章。経済では、朝鮮人陶工を連行して技術が伝わったことで、**有田焼**などの陶磁器生産が盛んになりました →第15章。文化では、活字印刷が伝わり、後陽成天皇の命による出版事業が起こりました（慶長勅版）→第18章。

ポイント　豊臣政権の支配構造

◆**太閤検地**：貫高制から石高制へ、**一地一作人**、村ごとに**検地帳**作成
　→**村請制**の成立、**大名知行制**の基礎が確立、従来の荘園公領制は解体
◆**刀狩令**（1588）：兵農分離を徹底→近世の身分制度へ
◆**バテレン追放令**（1587）：宣教師の追放、貿易は奨励→禁教は不徹底
◆**文禄・慶長の役**：明の征服を意図して朝鮮出兵→失敗、関ヶ原の戦いへ

チェック問題にトライ！

【1】（2010年度　追試験）

問　織田信長にかかわる次の印と絵の説明として正しものを、下の①～④のうちから一つ選べ。

甲　　　　　　乙

① 甲の印は「天下布武」と刻まれており、天下を武力で統一しようとするこの大名の意思を表している。
② 甲の印は「楽市楽座」と刻まれており、城下町大坂で自由な売買を認める際にこの大名が用いた。
③ 乙の絵は長篠の戦いを描いたものであり、この大名はこの戦いで駿河の大名今川義元を破った。
④ 乙の絵は一向一揆との戦いを描いたものであり、この大名はこの戦いののちキリスト教の布教を認めた。

解説 **教科書に載る図版は、必要な知識を覚えておく必要があります。**共通テスト対策でも、教科書を用いた学習は必須です。

① 「天下布武」が「天下を武力で統一しようとする」意思を表すものだという論理は、正しいと考えられます。しかし、甲の印や「天下布武」の言葉が織田信長のものである、という知識は少し細かいかもしれません。
② 甲の印は、「楽市楽座」とは読めないと思います（なんとか「天下布武」と読める？）。そして、「大坂」は豊臣秀吉の城下町なので、誤りです。
③ 乙は「長篠の戦い」の絵で、鉄砲隊も描かれています。しかし、織田信長がこの戦いで破ったのは、「今川義元」ではなく武田勝頼です。
④ 乙の絵は、農民も含めた「一向一揆との戦い」を描いたものには見えませんので、誤りと判断します。

⇒したがって、①が正解です（消去法を用いる）。

解答　①

世紀	将軍	大御所	政治・社会	外交
16世紀後半			**1 徳川将軍による支配** ①**徳川家康の統一事業** 　東海から関東へ移る　　　　(1) 　→城下町江戸を建設 　関ヶ原の戦い（1600） 　家康、将軍に（1603）　　(3)	
	①家康			**3 江戸幕府が築いた対外関係** ①**江戸初期の国際関係** 　リーフデ号漂着（1600） 　→オランダと貿易 　→イギリスと貿易 　朱印船貿易 　糸割符制度（1604） 　慶長遣欧使節
		家康	→江戸幕府を開く 　秀忠、将軍に 　→家康は大御所に 　方広寺鐘銘事件　　　　　(2) 　大坂の役（1614〜15） 　→豊臣秀頼の滅亡	
	②秀忠	家康		②**禁教と「鎖国」体制** 　禁教令（1612・1613） 　高山右近を国外追放 　ヨーロッパ船寄港地限定
17世紀前半			②**幕藩体制の確立**　③**朝廷・寺社統制** 　一国一城令 　武家諸法度　　　　禁中並公家諸法度 　元和令（1615）　　（1615）	
		秀忠	 　　　　　　　　　　紫衣事件	元和の大殉教 　イギリスの退去（1623） 　スペイン船禁止（1624）
			武家諸法度 　寛永令（1635）　　寺請制度 　→参勤交代の　　　諸宗寺院法度 　　制度化　　　　　（17世紀後半）	奉書船以外の禁止（1633） 日本人の渡航禁止（1635） 島原の乱 ポルトガル船禁止（1639） オランダ商館出島へ
	③家光		**2 村と百姓、町と町人** ①**身分制社会** 　「士」「農」「工」「商」 　家の重視 ②**農民統制・町人統制** 　村方三役（名主・組頭・百姓代） 　本百姓の村政参加　村請制 　田畑永代売買の禁止令（1643） 　分地制限令（17世紀後半） 　城下町　身分ごとに居住 　町人の自治	③**「四つの口」** 長崎口〜オランダ・中国 対馬口〜朝鮮 　己酉約条（1609） 　通信使が来日 薩摩口〜琉球 　薩摩が琉球征服（1609） 　慶賀使・謝恩使が来日 松前口〜蝦夷地（アイヌ）

第14章は、江戸時代初期（17世紀前半）の政治・外交を扱います。

(1)　関ヶ原の戦いで勝利し江戸幕府を開いた徳川家康は、大坂の役で豊臣家を滅ぼして全国支配をなしとげ、将軍と大名との主従関係を軸とする幕藩体制が確立しました。

(2)　軍事力を独占した江戸幕府は、大名への統制、朝廷への統制、寺社勢力への統制、農村の百姓や町の町人への統制といった、さまざまな階層に対する統制システムを作り上げました。

(3)　江戸初期から約半世紀かけて、江戸幕府が築いていった対外関係は「鎖国」と呼ばれます。しかし、「四つの口」を通じた特定の国・地域との交流は、その後も続きました。

Ⅲ

近世

1 徳川将軍による支配（17世紀初頭）

　豊臣秀吉が死去したのち、**徳川家康**が**江戸幕府**を開きました。江戸時代の始まりです。そして、諸大名や朝廷・寺社に対し、**法度**と呼ばれる法にもとづく支配体制を確立していきました。

　徳川家康は、どうして全国を統一支配することができたのかな？

　関ヶ原の戦いと**大坂の役**の、2回の戦いで勝ったことが大きい。これらを通じて、すべての大名は徳川将軍の家臣となり、徳川将軍は大名たちの持つ軍事力を動員することができるようになった。つまり、それまで戦国大名たちがバラバラに持っていた軍事力が、幕府のもとに集まったんだ。

　強力な軍事力を持つことで、大名だけでなく、朝廷や寺社にも法を守らせることができるんだね。

① 徳川家康の統一事業

　三河の国人から出発して東海地方の大名に成長した徳川家康が全国を支配するまでに、ターニングポイントが3回ありました。

　一つ目は、1590年、北条氏滅亡後の関東に移され→第13章、**江戸城**を中心に城下町を建設したことです。これが、のちに江戸が全国政治の中心となるきっ

かけとなりました。

二つ目は、1600年、秀吉の死後に起きた関ヶ原の戦いで、石田三成らに勝利したことです。その結果、1603年に征夷大将軍となって江戸幕府を開き、2年後には将軍職を子の秀忠にゆずって大御所（前将軍のことを指します）となること

年表

1590	北条氏滅亡の後、関東に移され江戸へ入城
1600	関ヶ原の戦い　石田三成らの西軍に勝利
1603	征夷大将軍となる　→江戸幕府を開く
1605	将軍職を子の秀忠にゆずる
	→駿河の駿府で大御所として実権を行使
1614	方広寺鐘銘事件　「国家安康・君臣豊楽」
1614	大坂冬の陣　豊臣家と対決、大坂城を攻撃
1615	大坂夏の陣　→豊臣秀頼の滅亡
1616	徳川家康の死去

で、徳川氏が将軍の地位を世襲して支配していくことを世に示しました。

三つ目は、1615年の大坂夏の陣で勝利したことです。大坂城にいて、父秀吉の権威を受け継いでいた豊臣秀頼がいるかぎり、家康に従わずに豊臣秀頼に味方する大名が出てくる可能性があります。そこで、再建された方広寺の鐘の銘文に「家康への呪いだ！」などとクレームをつけて豊臣家を追い詰め、大坂の役（大坂冬の陣（1614）・大坂夏の陣（1615））で豊臣秀頼を滅ぼすことで、戦国時代以来続いた大名どうしの戦闘を終わらせ、江戸幕府の支配を安定させました。

② 幕藩体制の確立

江戸幕府の支配体制を幕藩体制と呼びます。これは、強力な領主権を持つ将軍と大名が、全国の土地と人々を支配するというしくみで、3代将軍家光のころに確立しました。

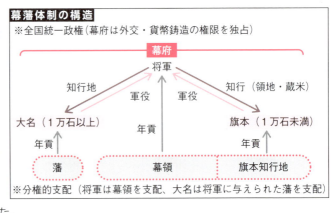

(1) 幕府は、豊かな経済力と強大な軍事力を持った

幕府が直接支配する幕領（天領）が400万石、将軍直属の家臣である旗本に与えた知行地が300万石、合計700万石が経済基盤でした（全国2600万石の4分の1を占める）。そして、諸大名が持っていた金山（佐渡・伊豆）や銀山

（但馬生野・石見大森）を接収して直轄とし、金貨・銀貨などの**貨幣鋳造権**を独占しました。さらに、江戸・京都・大坂・長崎・堺などの主要都市を直轄とし、のちに鎖国体制ができると**長崎貿易**の利益も独占しました。

幕府の軍事力の中心は、将軍から**1万石未満**の知行を与えられて江戸に常駐する、将軍直属の**旗本・御家人**でした（将軍と対面する「お目見え」を許されるのが旗本、許されないのが御家人）。さらに、将軍が大名に対しておこなう軍事動員も、幕府の軍事力を構成しました。たとえば、家康が神としてまつられる日光東照宮へ将軍が赴くとき、大名は家臣を率いて将軍のお供をします。

そして、幕府による全国支配を表現するものとして、幕府は大名に命じて**国絵図**（一国を単位とする地図）を作成・提出させました。つなぎ合わせれば、江戸幕府が「日本国」の支配者であることを示せますね。

III

近世

(2) 幕府は、将軍と主従関係を結んだ大名に、法度にもとづく統制を加えた

将軍から直接**1万石以上**の知行地（**藩**）を与えられて主従関係を結んだ武士を、大名と呼びます。大名には3種類ありました。**親藩**は徳川氏一

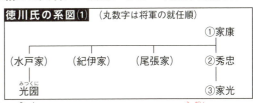

徳川氏の系図①　（丸数字は将軍の就任順）

```
                                      ①家康
 （水戸家）　（紀伊家）　（尾張家）        ②秀忠
  みつくに
  光圀                                 ③家光
```

門で、特に**御三家**（**尾張・紀伊・水戸**）は将軍候補を出します。**譜代**は関ヶ原の戦い以前からの徳川氏の家臣で、要地へ配置されますが石高は少なく、幕府の要職に就きました。**外様**は関ヶ原の戦い以後に徳川将軍に従った大名で、遠隔地へ配置されますが石高は多く、幕政からは排除されました。

大名の統制は、大坂の役直後の1615年に発された**一国一城令**から急速に進みました。大名が居住する城だけを残し、それ以外の戦闘用の城を破壊させて、大名の幕府に対する反抗を防ぐものでしたが、これは家臣の大名に対する反抗も防ぐので、大名権力の確立につながる面もありました。そして、同じ1615年に**武家諸法度**の**元和令**が2代将軍**秀忠**の名で発されました（実質的には大御所の家康が制定）。家康のブレーンである**金地院崇伝**が起草し、大名の婚姻や居城の修理を幕府の許可制としました。そして、1635年には3代将軍**家光**が武家諸法度の**寛永令**を発し、参勤交代の制度化や、500石以上の大船建造禁止を追加しました。以後、武家諸法度は、将軍の代替わりごとに発されました。

そして、法度に違反した大名は、**改易**（領地を没収）・**減封**（領地の石高を削減）・**転封**（領地を移しかえる）といった処分を受けました。

⑶　大名は、将軍への奉公として、さまざまな軍役を負担した

　大名は、将軍から与えられた知行地（藩）の石高に見合う量の軍役を課され、これをつとめることが将軍への奉公となります。しかし、江戸時代は初期と幕末を除くと合戦がありませんから、平時の軍役が必要になります。その一つが、江戸での１年間の滞在と、国元（藩）での１年間の滞在とをくり返す**参勤交代**です。大名の妻子は常に江戸の藩邸に居住しました。大名にとっては、人質を幕府に差し出すようなものですね。また、河川工事や江戸城修築などを負担する**手伝普請**も、石高を基準とする平時の軍役でした。

　「参勤交代は、大名の経済力を失わせるのが目的だった」と聞いたことがあるよ。江戸と国元とを往復する費用がいっぱいかかったんだね。

　大名と家臣が居城と城下町で暮すことに加えて、江戸でも暮らすのだから、出費が多かったんだ。でも、参勤交代の目的は、それとは違うんだよ。

　エッ、どういうこと？　大名の経済力は失われるんでしょう？

　結果として経済力を失うのであって、経済力を失わせることが目的ではないんだ。参勤交代は、戦いのない平時における軍役の一つなのだから、「大名との主従関係を維持するのが目的だった」んだよ。

　参勤交代は、江戸幕府のしくみの一番重要な部分に関わるんだね。

⑷　大名は、幕府政策の範囲のなかで、藩に対する独自の支配を認められた

　大名（藩主）は、家臣（藩士）と主従関係を結びました。はじめは、大名は家臣へ知行地を給与して、そこからの年貢を取らせていましたが（**地方知行制**）、17世紀後半以降は、大名が藩を直轄し、そこから徴収した年

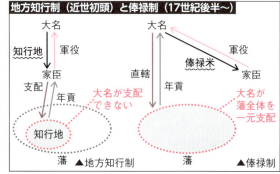

地方知行制（近世初頭）と俸禄制（17世紀後半〜）

▲地方知行制　　　▲俸禄制

貢の一部を俸禄米として家臣に支給するように変化しました（**俸禄制**）。俸禄制への移行は、大名が権力を強化して藩全体を一元的に支配できるようになっ

たことを意味します。家臣は、大名城下町への集住が徹底され、家老をはじめとする藩の役職に就いて、藩政を分担しました。

(5) 幕府役職は、徳川将軍の直属家臣である譜代大名・旗本が中心に担当した

幕府職制のポイントは、各役職に複数が就任して1カ月交代で勤めること(**月番交代**)、**老中**と**三奉行**(**寺社奉行・町奉行・勘定奉行**)とで構成される**評定所**が最高議決機関であること、「老中〜**大目付**(大名の監察)」「若年寄〜**目付**(旗本・御家人の監察)」や「勘定奉行〜郡代・代官(幕領を支配)」という上下関係があることなどです。

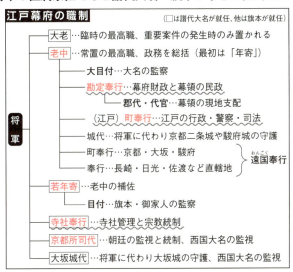

江戸幕府の職制

(□は譜代大名が就任、他は旗本が就任)

将軍
- 大老…臨時の最高職、重要案件の発生時のみ置かれる
- 老中…常置の最高職、政務を総括(最初は「年寄」)
  - 大目付…大名の監察
  - 勘定奉行…幕府財政と幕領の民政
    - 郡代・代官…幕領の現地支配
  - (江戸)町奉行…江戸の行政・警察・司法
  - 城代…将軍に代わり京都二条城や駿府城の守護
  - 町奉行…京都・大坂・駿府 } 遠国奉行
  - 奉行…長崎・日光・佐渡など直轄地
- 若年寄…老中の補佐
  - 目付…旗本・御家人の監察
- 寺社奉行…寺社管理と宗教統制
- 京都所司代…朝廷の監視と統制、西国大名の監視
- 大坂城代…将軍に代わり大坂城の守護、西国大名の監視

近世 III

③ 朝廷・寺社統制

江戸幕府は、朝廷も厳しく統制しました。幕府の要職である**京都所司代**が朝廷を監視するとともに、公家から**武家伝奏**を選んで朝廷・幕府の間の連絡を担わせて、**摂家**を通じた朝廷統制システムを作り

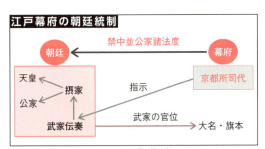

江戸幕府の朝廷統制

朝廷 ← 禁中並公家諸法度 ← 幕府

天皇 → 摂家、公家 → 摂家、武家伝奏 → 摂家
京都所司代
指示
武家の官位 → 大名・旗本

ました。さらに、1615年、大坂夏の陣が終わり、武家諸法度が発されたのと同じタイミングで**禁中並公家諸法度**を定めました。天皇を学問に専念させるなど、朝廷の権力行使を防いで政治から遠ざけようとしました。

　この紫衣勅許に関して、朝廷と幕府との間で1627年に起きたのが紫衣事件です。**後水尾天皇**が紫衣の勅許を乱発したことが禁中並公家諸法度に違反しているとして、幕府が勅許を無効とし、朝廷・幕府の対立が深まりました。結局、後水尾天皇は幕府に無断で譲位し、**明正天皇**が即位しました（奈良時代の称徳天皇以来→第4章、約850年ぶりの女性天皇です）。この事件は、幕府の法度が天皇の勅許に優先する原則を確立させたことを示しました。

　江戸幕府は、寺社も厳しい統制下に置きました。一向宗寺院を中心とする一向一揆は、信長・秀吉の統一事業のなかで解体されましたが、古代以来京都・奈良を中心に存在してきた大寺院は、朝廷と関係して政治力を持ち、荘園を保有して経済力を持ち、なかには僧兵を抱えて軍事力を持つものもありました。これらの力は、江戸幕府の全国支配の障害となります。すでに太閤検地によって荘園公領制は消滅し、寺院の武装解除も終わっていましたが、江戸幕府は寺社奉行を通じて全国の寺院を管理し、宗派ごとに一般寺院を末寺として本山に所属させる**本山・末寺の制度**（本末制度）を整備しました。そして、諸宗寺院法度で全寺院・全宗派共通で寺院や僧侶を統制しました（1665年、4代将軍家綱のとき）。また、**諸社禰宜神主法度**で神社や神主の統制もおこないました。

　さらに、江戸幕府はキリスト教に対する禁教政策のため、日本居住者のすべてをいずれかの仏教宗派に属させて檀那寺の檀家とする寺請制度を設けました。そして、**宗門改め**をおこなって個人（家族）の宗派と檀那寺を宗門改帳に登録させました。宗門改帳は村・町ごとに毎年作成されるため、村・町の住民の生死や転入・転出などがわかるので、実質的に戸籍の役割を果たしました。また、檀那寺に**寺請証文**を発行させて、個人の身元を保証させました。このように、江戸幕府は寺院を民衆支配に利用したのです。

III

近世

2 村と百姓、町と町人

　江戸時代は、支配する身分と支配される身分とが明確に分かれている時代でした。豊臣政権が完成させた身分制度を受け継いだ江戸幕府は →第13章、身分制社会を作り上げる政策をおこなっていくことによって、支配を安定させようとしたのです。

 　江戸時代の身分制度といえば、もちろん「**士農工商**」だよね？

 　最近は、この言葉を強調しなくなっている。たとえば、天皇・公家や知識人・宗教者・芸能民は、「士農工商」のどれに入ると思う？

 　うーん、公家とかは「士農工商」にはあてはまらない？

 　それに、「商」は、建前上は一番下に位置づけられているけれど、「農」「工」「商」に実際の上下関係があるわけではないんだ。むしろ、それぞれの身分のなかに、はっきりとした格差があったんだ。「農」のなかにいる**本百姓**と**水呑**は、村のなかでの立場がぜんぜん違うよ。

 　「士農工商」という言葉では、身分の実態を示せていないんだね。

① 身分制社会

　江戸時代の支配身分には、「士」（武士、**苗字・帯刀**や**切捨御免**などの特権がある）に加え、天皇家・公家や上級僧侶も含まれました。そして、被支配身分には、「農」（百姓）・「工」（職人）・「商」（家持の町人）があり、これらとは別に扱われた「かわた（長吏）・非人」と呼ばれる被差別民がありました。
　そして、身分はそれぞれの家ごとに代々受け継がれていき、家に付属する職

業も財産も代々受け継がれ
ていきました。したがっ
て、家長にあたる**戸主**の権
限が強力で、長男への単独
相続が一般的でした。とは
いえ、家督を相続する男性
が家にいない場合は、女性
が婿を招く相続や女性の相
続も見られました。

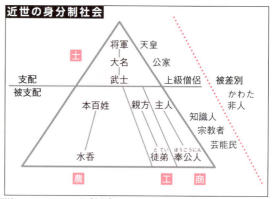

近世の身分制社会

　当時の社会には**男尊女卑**
の風潮があり、たとえば**三行半**と呼ばれた離縁状は男性から女性へ出されるも
のでした。しかし、女性が駆け込めば離縁が成立する**縁切寺**もありました。

② 農民統制・町人統制

(1) 近世の村は、百姓の生活共同体であり、領主による支配の単位でもあった

　中世に各地に出現した**惣村**
は（→第10章）、太閤検地を経て近世
に受け継がれました。さらに、
江戸時代には**新田開発**が進み、
新田村落も新たに形成されまし
た。これらのプロセスで誕生し
た近世の村は、中世の惣村と共
通の特徴を持っていました。た
とえば、近世の村は、**村方三役**

近世の村の構造
●村方三役
名主（西日本では「庄屋」）…村政を統括
組頭…名主を補佐
百姓代…名主・組頭の不正を監視（18世紀～）
●農民の階層
本百姓…検地帳に記載、田畑・屋敷地を持つ、
年貢を負担、村の自治を担う
水呑…検地帳に記載されず、小作や日雇仕事、
村政に参加できず
名子・被官…隷属農民→しだいに耕地を得て独立

（**名主・組頭・百姓代**）と呼ばれた村役人が村の組織の中心となり、村ごとに
村法（村掟）を定め、田畑・屋敷地を持つ**本百姓**が参加して村政の自治がおこ
なわれました（田畑・屋敷地を持たない**水呑**は村政に参加できませんでした）。
これは、指導者のおとな・沙汰人が中心となり、惣掟と呼ばれる独自の法を定
め、有力農民である名主層に一般農民の作人も参加した寄合によって自治が運
営されたという、惣村の特徴と共通しています。

　村は、百姓たちの生産を支える生活共同体でした。領主から強制された組織
として、年貢納入や犯罪防止における連帯責任・相互扶助・相互監視のための
五人組がありましたが、百姓たちが自発的に組織した、田植え・稲刈り・屋根
葺き・冠婚葬祭などを共同でおこなう**結・もやい**もありました。また、村法の
違反者に対して村内部で制裁を加える**村八分**もおこなわれました。

村は、支配する領主の側にとっては行政の末端組織でした。太閤検地における一地一作人の原則によって、検地帳に登録された者は本百姓とされて**年貢**（**本途物成・小物成**）・諸役の負担を義務づけられましたが、年貢などは村高（村全体の石高）を基準に

課され、村を単位に納入されました。これを**村請制**と呼びます。一方、村役人は、村を単位に課された年貢を村内の百姓に割り当てていき、領主へは村全体の年貢を一括して納めました（村役人には文字の読み書きや計算の能力が必須でした）。領主からすれば、村役人だけに命令すれば、本百姓の一人ひとりに命令しなくても、村に課した年貢がきちんと納入されてくることになります。村は、村役人を中心とする自治がおこなわれており、領主もこの自治に依存しながら村を支配していたのです。

　村からの年貢収入は、領主にとって重要な財政基盤となりました。徳川家康家臣の本多正信が「百姓は財の余らぬ様に不足なき様に」といったとされますが、支配する側にとっては、本百姓の経営を維持させて年貢を確保するとともに、百姓が貨幣経済に巻き込まれて没落しないようにすることも重要でした。したがって、幕府・諸藩は法令によって百姓の生活を規制しました。典型的な幕府の法令として、田畑の売買や質入れを禁止する**田畑永代売買の禁止令**（1643年、3代将軍家光）や、分割相続を制限して田畑の細分化をおさえる**分地制限令**（1673年、4代将軍家綱）があります。また、たばこ・木綿・菜種などの商品作物の自由な栽培を禁止する**田畑勝手作りの禁**がたびたび出されました。ちなみに、農民の日常生活を規制した**慶安の触書**については実在が疑問視されています。

(2) 城下町には武士のほかに町人も居住し、町人による自治がおこなわれた

　幕藩体制下で、城下町・宿場町が行政区分上の町として村と区別されました。**城下町**は、武家地・寺社地・町人地といった身分ごとの居住地の区別があり、身分制社会のあり方を典型的に示すものでした。

　武士は、豊臣政権以来の兵農分離政策によって農村への居住を禁止され、地域における領主としての力を失って城下町への集住を強制されました。

　町人は、営業の自由や、屋敷地に課税される地子の免除などの特権を得て城

下町に居住しました。町のなかに町人の共同体「町」が成立し、同業者ごとに居住していました。そして、**町名主**・月行事が主導して町人が参加する町政が、**町法**（町掟）にもとづき自治的におこなわれました。町の中に屋敷地や家屋を持つ

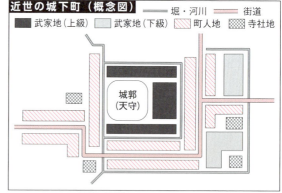

近世の城下町（概念図）

凡例：堀・河川　街道　■武家地（上級）　□武家地（下級）　▨町人地　▨寺社地

城郭（天守）

地主・家持が町人としての資格を持ち、町人足役と呼ばれる労役を負担しました。一方、宅地や家屋を持たずに借りる**地借・店借**や商家の奉公人は、町政に参加できませんでした。

ポイント　村と百姓、町と町人

◆身分…武士は苗字・帯刀の特権、男尊女卑（**三行半**は男性から女性へ）
◆村…**村方三役**（名主・組頭・百姓代）が中心、**本百姓**が自治に参加
　結・もやいの共同作業　年貢の**村請制**　**田畑永代売買の禁止令**など規制
◆町…城下町は身分ごとに居住、町人の資格は**地主・家持**のみ

3 江戸幕府が築いた対外関係

16世紀後半、日本はポルトガル・スペインと関わりましたが→第13章、17世紀前半、江戸幕府はどのような対外関係を築いたのでしょうか。

　江戸幕府の外交政策といえば、もちろん「**鎖国**」だよね？

　この言葉も、最近は強調されなくなっているんだ。というのも、江戸時代の日本は、幕府管理のもとで**長崎**を通じてオランダ・中国と貿易をおこなっていた。それに、**対馬**を通じて朝鮮から通信使が来日し、**薩摩**を通じて琉球から慶賀使・謝恩使が来日するなど、アジアの国々と国交を結んでいた。また、**松前**を通じて蝦夷地のアイヌとの交易もおこなわれた。これら「**四つの口**」が開かれていたから、「国を鎖す」とはいえないよね。

そしたら、なんで「鎖国」と呼ばれるようになったのかな？

 「鎖国」という言葉は、江戸時代後期の19世紀に誕生した言葉なんだ。後になって、江戸時代前期の政策が「鎖国」と意識されるようになった。

 江戸幕府は、最初から鎖国をやろうとしていたんじゃないんだね！

「四つの口」
- - - - 国交（使節）
———— 貿易（商人）

蝦夷地
松前
朝鮮
通信使
対馬
江戸
オランダ
長崎
明・清
薩摩
慶賀使・謝恩使
（朝貢）
琉球王国

① 江戸初期の国際関係

「中国産生糸の輸入確保」という経済の視点から、江戸時代初期の日本をめぐる国際関係を見ていきましょう。明との勘合貿易が16世紀半ばに断絶して以降→第11章、ポルトガル船を中心とする南蛮貿易が、明から日本へ生糸をもたらす生糸貿易を独占していました。しかし、この貿易はキリスト教布教と一体だったので→第13章、生糸を入手したければイエズス会などの布教活動を受け入れなければならず、生糸の価格もポルトガル商人の意のままになっていました。

⑴ 新たにオランダ・イギリスと貿易を始め、スペインとの貿易が再開した

こうしたなか、1600年、オランダ船リーフデ号が豊後に漂着しました。同乗していたオランダ人のヤン＝ヨーステンとイギリス人のウィリアム＝アダムズ（三浦按針）は徳川家康によって江戸に呼び寄せられ、外交顧問として用いられました。のち、オランダ・イギリスともに肥前の平戸に商館を置き、新たにオランダ・イギリスとの貿易が始まりました。オランダ・イギリスはキリスト教の面ではプロテスタント（新教）の国で、海外進出では布教をめざしておらず、貿易が中心で、東インド会社を設立してアジアへの進出をはかっていました。キリスト教を黙認しつつも布教拡大を望まなかった江戸幕府にとって

は、都合のよい貿易相手だったのです。

　一方、スペインとの通交は秀吉政権のときのサン＝フェリペ号事件以来途絶えていましたが→第13章、徳川家康が京都の商人**田中勝介**をスペイン領メキシコ（ノヴィスパン）へ派遣したことを機に（日本史上初めての太平洋横断です）、スペイン船来航が再開しました。また、仙台藩の伊達政宗が家臣の**支倉常長**をスペイン・ローマへ派遣しました（<mark>慶長遣欧使節</mark>）。徳川家康も伊達政宗も、メキシコとの直接貿易を画策したのですが、失敗に終わりました。

(2)　朱印船貿易を拡張し、東南アジア経由で中国産生糸が輸入された

「中国産生糸の輸入確保」のためには、当然ながらアジアとの関係も重要です。江戸幕府は明との国交回復を試みますがうまくいかず、明の海禁政策が緩んでくるなかで来航するようになった中国船との私貿易を展開しました。これに加え、江戸幕府は<mark>朱印船貿易</mark>を拡張しました。幕府から将軍が発給した**朱印状**を得た朱印船は、東南アジア方面で中国船と生糸・銀を取引しました（こうい

日本人の海外進出

■ 日本町所在地
● 主な日本人居住地
⚓ 主な朱印船渡航地
○ 主要都市
━ 朱印船主要航路

った形の貿易を出会貿易と呼びます）。朱印船貿易家としては、長崎の末次平蔵や京都の角倉了以が知られます。そして、東南アジアの各地に日本人が居住する**日本町**が出現しました。特に、シャム（現在のタイ）のアユタヤにあった日本町では**山田長政**が活躍し、のち、アユタヤ朝の役人となりました。

(3)　江戸幕府は、ポルトガル船が独占する生糸貿易を統制した

　中国産生糸の輸入の多様なルートができていくのと並行して、江戸幕府は生糸貿易を独占していたポルトガル船の規制に乗り出しました。江戸幕府が開かれた直後の1604年、特定の商人に**糸割符仲間**を結成させて生糸を一括購入させ（はじめは**京都・堺・長崎**の商人から選ばれ、のち**江戸・大坂**の商人からも

選ばれて**五カ所商人**となります）、生糸の買い取り価格を日本側が決定するという**糸割符制度**を設けました。こうして、生糸貿易の利益をポルトガル側から取り戻そうとしました。

② 禁教と「鎖国」体制

カトリック国スペイン・ポルトガルが植民地拡大にキリスト教を用いていたことや、教会組織を中心とするキリシタンの強い団結は、全国支配を安定させたい江戸幕府にとって脅威となったことから、江戸幕府は禁教に乗り出しました。これは、信仰そのものを禁じて改宗を迫るもので、これを拒否するキリシタンを徹底的に弾圧しました。そして、キリスト教の海外からの流入を防ぐため、中国産生糸

年表
1600 リーフデ号の漂着
1604 糸割符制度
1609 オランダが商館を開く（イギリスは1613年）
1612 直轄領に禁教令
1613 全国に禁教令／慶長遣欧使節
1614 高山右近らをマニラへ追放
1616 ヨーロッパ船の寄港地を平戸・長崎に限定
1622 元和の大殉教
1623 イギリスが平戸の商館を閉鎖して退去
1624 スペイン船の来航を禁止
1633 奉書船以外の海外渡航を禁止
1635 日本人の渡航・帰国を全面禁止
1637 島原の乱（〜38）
1639 ポルトガル船の来航を禁止
1641 オランダ商館を長崎の出島へ移転

の輸入ルートの数も減らされていきました。

(1) 1610年代、江戸幕府は立て続けに禁教政策を打ち出した

1612年に幕領・直轄都市に**禁教令**を発令し、翌年に禁教令を全国に及ぼし、さらにキリシタン大名**高山右近**をマニラへ追放しました（信者約300人もマカオ・マニラへ追放）。また、ヨーロッパ船の寄港地を肥前の**平戸**と**長崎**に制限し、西国大名が南蛮貿易に対して関与しにくいようにしました。

(2) 1620年代、禁教強化とともに、イギリス・スペインとの通交がなくなった

続いて、幕府は長崎で宣教師・信徒を公開処刑しました（**元和の大殉教**）。1623年にはイギリスが東南アジアから撤退するとともに、日本の**イギリス商館も閉鎖して退去**しました。そして、1624年、幕府は**スペイン船の来航を禁止**してカトリック国スペインとの関係を断ち切りました。

⑶　1630年代、日本人の渡航・帰国が禁じられ、ポルトガルとの通交が絶えた

　３代将軍**家光**のもとで、日本人の海外渡航や外国船の来航に対する規制が強化されました。まず、朱印状のほかに**老中奉書**により海外渡航が許可される**奉書船**制度が設けられ、1633年には**奉書船以外の海外渡航が禁止**されました（朱印状のみでは海外渡航不可）。その後、1635年には**日本人の海外渡航と在外日本人の帰国を全面禁止**したことで、東南アジア方面からの生糸輸入に加えてキリスト教流入の可能性もあった朱印船貿易が断絶しました。

　1637年から38年にかけて、**島原の乱**（**島原・天草一揆**）が発生しました。島原と天草はキリシタン大名の有馬氏や小西氏の領地だったことから領民にキリシタンが多かったのですが、新たな領主である島原の松倉氏と天草の寺沢氏が過酷な支配をおこなったため、**天草四郎時貞**を首領として農民・牢人・キリスト教徒が反抗しました（このころから**絵踏**などの禁教政策が強化されましたが、ひそかに信仰を維持する**隠れ（潜伏）キリシタン**もいました）。

　キリシタンの団結の脅威を目のあたりにした幕府は、1639年、**ポルトガル船の来航を禁止**してカトリック国ポルトガルとの関係を断ち切りました。そして、1641年、平戸にあったオランダ商館を**長崎**の**出島**に移し、長崎奉行の監視のもとに置きました。こうして、禁教を中心に海外との往来を制限する「鎖国」が形成されるとともに、中国産生糸を輸入するルートはオランダ船・中国船の長崎来航が中心となりました。

③ 「四つの口」

⑴　長崎口では、幕府によるオランダ・中国との貿易を管理する体制がととのった

　オランダとは国交は開かずに貿易のみの関係で、オランダ船が長崎へ来航して中国産生糸などをもたらしました。出島にはオランダ商館が設けられ、商館長は定期的に江戸へ参府し、海外情勢を記した**オランダ風説書**を幕府へ提出しました。こうして、幕府は海外情報を独占したのです。

　また、幕府は中国船の寄港地を長崎に限定し、のち明が滅亡して**清**が中国を統一してからも、国交は開かずに貿易のみの関係を保ちました。しかし、清との貿易はしだいに増え、**生糸**の大量輸入にともなう**金・銀**の大量輸出が問題となりました。そこで、17世紀後半、年間の貿易額や清船の来航数を制限するとともに、長崎市中に雑居していた清国人を郊外の**唐人屋敷**に住まわせることにしました。

　こうした貿易制限によって、中国産生糸の輸入は17世紀末からしだいに減少したので、生糸が日本国内で生産されるようになり、養蚕・製糸業が発達しました。

(2) 対馬口では、対馬藩が朝鮮との外交の実務を担い、貿易を独占した

秀吉政権による文禄・慶長の役で朝鮮との国交は断絶しましたが →第13章、**対馬藩**の**宗氏**の働きかけで使節が来日し、日本と朝鮮との国交が復活しました。対馬は耕地が少なく、中

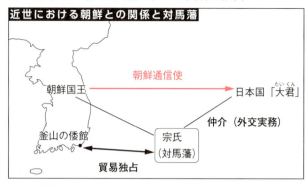

近世における朝鮮との関係と対馬藩

朝鮮国王 ── 朝鮮通信使 ──→ 日本国「大君」
仲介（外交実務）
釜山の倭館 ── 貿易独占 ── 宗氏（対馬藩）

世以来朝鮮との交易を経済活動の中心としていましたから →第11章、国交回復を望んでいたのです。

　1609年に宗氏と朝鮮との間で**己酉約条**が結ばれ、対馬藩が朝鮮貿易を独占する地位を認められました（長崎貿易と異なり、幕府は朝鮮貿易の利益を得ていないことに注意しましょう）。そこで、対馬藩の商人や宗氏の家臣は、日本人居留地・在外公館である釜山の**倭館**に渡って（「鎖国」なのに日本人が海外へ渡航しています）、朝鮮との貿易や外交交渉をおこないました。朝鮮からは朝鮮人参などの薬種とともに、中国産生糸も輸入されました。また、新しい将軍が就任したときなどには、幕府が朝鮮に使節の派遣を依頼し、朝鮮からは**朝鮮通信使**が来日して江戸へ参府しました。

(3) 薩摩口では、薩摩藩が琉球を支配するが、琉球は中国との関係を維持した

琉球王国は、中世では明に朝貢して臣下の礼をとり冊封を受ける（返礼品を下される）とともに、アジア諸地域間を結ぶ中継貿易で繁栄しましたが →第11章、ポルトガルがアジア海域での貿易に進出したことで、琉球の優位性は失われていきました。

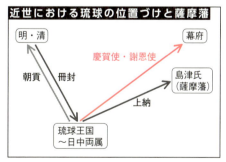

近世における琉球の位置づけと薩摩藩

明・清　　　　　　　幕府
朝貢　冊封　　慶賀使・謝恩使　島津氏（薩摩藩）
　　　　　　　　　上納
琉球王国〜日中両属

　江戸時代に入り、1609年、**薩摩藩**の**島津氏**（島津家久）が家康の許可で琉球を征服し、支配下に入れました。薩摩藩は琉球に対し、対外的には独立王国としての体裁を取らせ、明（のち清）との朝貢貿易を継続させました。そうすると、中国から琉球に下された中国の産物に加え、琉球の産物（黒砂糖など）も薩摩藩へ上納させることができますね。こういった琉球貿易は、薩摩藩の財政基盤の一つとなりました。

また、将軍代替わりのときには慶賀使が、国王代替わりのときには謝恩使が、それぞれ琉球から幕府のもとへ派遣されましたが、これらの使節には異国風の格好をさせ、あたかも将軍に対して「朝貢」するように演出して、将軍の権威を高めるために利用しました。こうして、琉球は幕府と中国との二重の外交体制を保ち続ける**日中両属**の状態となりました。

(4) 松前口では、松前藩が蝦夷地におけるアイヌとの交易を独占した

江戸幕府は、蝦夷地を、日本なのか外国なのかはっきりしないグレーゾーンとして、**松前藩**の**松前氏**にその支配を任せました。松前氏は、室町時代には蠣崎氏と名乗っており、コシャマインの蜂起をおさえたあとで道南の和人居住地の支配者となっていましたが →第11章、江戸時代になると松前氏と改称し、幕府からアイヌとの交易独占権を得る大名となりました。藩の財政基盤は、「商場・場所」などと呼ばれた、アイヌを相手に交易をおこなう地域です。

17世紀では、松前氏が上級家臣に対し、商場での交易権を知行として与える**商場知行制**がおこなわれました。1669年（4代将軍家綱のころ）、和人の不正取引などに反発したアイヌが**シャクシャイン**を中心に蜂起しましたが、松前藩はこれをおさえました。

18世紀以降、それまでの商場知行制は、漁場などでの交易を商人に請け負わせて運上金を課す**場所請負制度**に移行しました。アイヌとの取引を、松前氏家臣がおこなっていた状態から、請け負い商人がおこなう状態に変化したのです。それとともに、アイヌは和人と対等な交易相手の立場から、商人に従属し使役される労働者の立場になってしまいました。

ポイント ▶ 江戸幕府が築いた対外関係

◆ヨーロッパ…**オランダ・イギリス**との貿易、ポルトガルへの**糸割符制度**

◆**朱印船貿易**…東南アジアで中国産生糸を入手する出会貿易

◆「鎖国」：禁教政策と貿易統制

禁教令（1612）　**イギリス**退去（1623）、**スペイン**船来航禁止（1624）

奉書船以外の渡航禁止（1633）、日本人の渡航・帰国禁止（1635）

島原の乱（1637〜38）　→**ポルトガル**船来航禁止（1639）

◆「四つの口」：限られた国・地域との国交・貿易

長崎…**オランダ・中国**と貿易　対馬…**朝鮮**と交流（**通信使**）

薩摩…**琉球**を支配（**慶賀使・謝恩使**）　松前…**蝦夷地**でアイヌと交易

チェック問題にトライ！

【1】（2013年度　追試験）

　長崎に関連して、次の絵図にみえる施設X・Yに関して述べた下の文a〜dについて、正しいものの組合せを、下の①〜④のうちから一つ選べ。

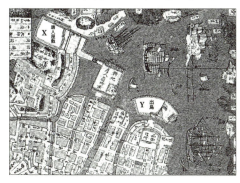

a　Xは、中国との間で結ばれた己酉約条によって造られた。
b　Xは、日本人と雑居していた中国人を隔離するために造られた。
c　Yは、当初ポルトガル人を収容するために造られた。
d　Yでは、将軍の代替わりごとにオランダ風説書が作成されていた。
①　a・c　　②　a・d　　③　b・c　　④　b・d

解説　　絵図を見れば、「X　唐人屋敷」と「Y　出島」に関する正誤判断が求められていることがわかります。誤りの判断による消去法を用います。

a　「己酉約条」は、朝鮮と対馬藩宗氏との間で結ばれたものですから、「中国との間で結ばれた」は誤りです。

b　唐人屋敷が「日本人と雑居していた中国人を隔離するために造られた」かどうかの正誤を判断するのは、やや難しいです。判断を保留しましょう。

c　出島が「当初ポルトガル人を収容するために造られた」かどうかの正誤を判断するのは、難しいです。出島はオランダ人を収容するためのものだ、という先入観があると、これを誤りとしてしまいそうですね。

d　「オランダ風説書」は、海外情報を得たい江戸幕府がオランダ商館長に提出させたものですから、「将軍の代替わりごと」といった限られたタイミングではなく、毎年（オランダ船の来航のたび）作成されました。

⇒したがって、aとdを消去して、③（b・c）が正解です。

解答　③

III

近

世

近世社会の展開

世紀	将軍	政治	外交
17世紀後半	④家綱	**1 文治政治への転換と元禄時代** **①文治政治への転換** 　慶安の変（由井正雪の乱　1651） 　末期養子の禁を緩和（1651） 　明暦の大火（1657） 　殉死の禁止 **②元禄時代** 　武家諸法度天和令　「弓馬の道」→「忠孝」 　生類憐みの令 　柳沢吉保、側用人となる 　湯島聖堂／林信篤、大学頭に 　幕府財政の悪化 　元禄金銀を鋳造（荻原重秀）…悪鋳	………………(1)
	⑤綱吉		
18世紀前半	⑥家宣	**2 正徳の治** **①新井白石の政治** 　閑院宮家を創設 　正徳金銀を鋳造…良鋳	**②正徳の治での外交** 　朝鮮通信使の待遇を簡素化 　将軍呼称を「日本国王」に 　海舶互市新例（1715）
	⑦家継		

…(2)

3 経済発展の全国的展開	
①生産・加工の発達	新田開発の進行　町人請負新田 農具の改良　備中鍬・千歯扱など 肥料の使用　自給肥料に加えて金肥も使用 商品作物の栽培　四木・三草、綿花・菜種 農書の普及　宮崎安貞『農業全書』など 特産品の拡大　絹織物・麻織物・綿織物、酒・醤油
②移動・運輸の発展	陸上交通　五街道・脇街道、宿駅（問屋場・本陣）、関所 水上交通　東廻り・西廻り航路、南海路（菱垣廻船・樽廻船）
③流通・販売の発展	商品の種類　蔵物・納屋物　　御用商人　蔵元・掛屋、札差 問屋商人が仲間を結成→幕府が株仲間として公認 専門市場　堂島米市場など 幕府が貨幣鋳造　金貨(計数貨幣)・銀貨(秤量貨幣)・銭貨　両替商

第 15 章 の テ ー マ

第15章は、江戸時代前期（17世紀後半〜18世紀初め）の政治と、江戸時代の経済を扱います。

(1) 戦乱が終わって社会が安定すると、江戸幕府の支配の原理が変わりました。軍事力を背景とする武断政治に代わり、礼儀による秩序を築いていく文治政治が展開したのです。政策を、4代将軍家綱・5代将軍綱吉・新井白石（6代将軍家宣・7代将軍家継）の三つの時期に分けて整理しましょう。

(2) 江戸時代は、農業生産・製品加工・商品流通・貨幣経済といった、経済のすべての要素が全国的に発展した時代です。それぞれの発展の様子を具体的に見ていき、しくみを理解しましょう。

Ⅲ

近世

1 文治政治への転換と元禄時代

17世紀前半の幕府政治のあり方は、軍事力を根拠に強力に支配する武断政治が基本で、大名の領地を没収する改易などの厳しい処分をおこなっていましたが、17世紀後半になると、儒教道徳を用いて世の中の秩序を維持する文治政治へ転換しました。戦乱の時代が終わって社

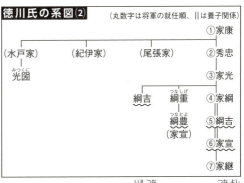

徳川氏の系図②　（丸数字は将軍の就任順、∥は養子関係）

（水戸家）　（紀伊家）　（尾張家）　①家康
光圀　　　　　　　　　　　　　②秀忠
　　　　　　　　　　　　　　　③家光
　　　　　綱吉　綱重　　　　　④家綱
　　　　　　　　綱豊　　　　　⑤綱吉
　　　　　　　　（家宣）　　　⑥家宣
　　　　　　　　　　　　　　　⑦家継

会が安定するなか、幕府政治の安定がはかられた**4代将軍家綱**と**5代将軍綱吉**の時代を見ていきましょう。

 江戸時代の初めごろは、なんで改易が多かったのかな？

 大名が守るべき法である**武家諸法度**に違反すると、改易になるのはあたりまえだよね。でも、大名に跡継ぎがいないことによる改易も多かったんだ。

 それだと、大名に息子がいなかったら、すぐ改易になっちゃうね。

 そうならないように、大名に息子がいない場合、養子をとって跡継

ぎにしてもいい。大名の弟や、大名の姉妹の婿などが養子になるよ。

 それでも、跡継ぎがいなくて改易になるのは、なぜだろう？

 実は、**末期養子の禁**といって、大名が死ぬ直前に養子をとるのは禁止されていたんだ。大名がとる養子は、幕府の許可が必要だからね。だから、子のい

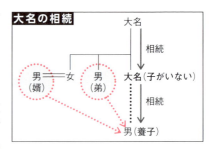

大名の相続

ない大名が突然亡くなった場合、末期養子の禁によって養子をとることができないから、跡継ぎがいなくて改易になってしまうんだよ。

 大名が改易になると、その家臣たちはどうなってしまうのかな……。

① 文治政治への転換（17世紀後半）

武断政治のもとでは多くの大名が改易され、主君を失って**牢人**となる武士も大勢いました。戦乱がなくなると、彼らは戦場での活躍で出世することができず、不満を持っていました。また、戦国時代の風潮を引きずり、異様な格好で徒党を組む**かぶき者**も横行していました。

年表
1651 3代将軍家光が死去
　　　慶安の変（由井正雪の乱）
　　　家綱が4代将軍となる
　　　末期養子の禁を緩和
1657 **明暦の大火**
1663 **殉死の禁止**

社会不安が広がるなか、1651年に3代将軍家光が死去した直後、兵学者の由井正雪が牢人を集めて幕府打倒を計画した慶安の変が発生し、幕府は危機感を持ちました。そして、若い徳川家綱が4代将軍となり、おじの保科正之（会津藩主）が将軍を支える体制のもと、幕府は末期養子の禁を緩和しました。50歳以下の大名に末期養子を許可して改易を減らし、牢人の増加を防ごうとしたのです。あわせて、江戸のかぶき者の取り締まりを強化しました。

そして、江戸市街と江戸城に大きな被害を与えた1657年の**明暦の大火**から復興したのち、4代将軍家綱は**殉死の禁止**を命じました。主人の死後に家臣があとを追って自死することを禁じ、家臣は跡を継いだ新しい主人に仕えることによって、家臣の主人に対する「忠（奉公）」のあり方は、主人個人に対するものから、主人の家に対するものに変化しました。こうして、戦国時代以来の風潮が、平和な時代にふさわしいものに改まっていきました。

政治の転換は、幕府支配だけでなく大名支配のなかにも見られました。17

世紀には、儒学者を招いてその知恵を借り→第18章、藩内の安定をはかろうとする大名が登場しました。特に岡山藩の**池田光政**は、庶民にも門戸を開いた**郷学**（郷校）の**閑谷学校**を設立しました。

② 元禄時代（17世紀末～18世紀初め）

5代将軍となった**徳川綱吉**は、文治政治を積極的に進めていきました。当時の元号を用いて、彼が活躍した時期を**元禄時代**と呼びます。

文治政治のもとになった儒教道徳というと、「親孝行」とかがあると思うんだけれども、幕府はなんで儒教を使おうとしたんだろう？

儒教は、古代の中国の思想家である孔子の教えで、かつて律令国家の貴族や官人が**明経道**を学んだよね→第7章。そして、儒教を解釈した学問の一つである**朱子学**には、世襲の身分にもとづいて各々の人間がわきまえるべき「**大義名分**」が存在する、とする考え方がある。江戸幕府は、身分制社会を支配するため、儒教を支配のしくみのなかに組み込んでいったんだ。

古くからある儒教は、幕府支配を支える思想になったんだね。

文治政治
(1) 儀礼を整備し、君臣の別を可視化する
(2) 武士に儒教を教育し、統治者の自覚を促す

(1)　主君 ← 礼／徳 → 家臣

(2)　「士」 ← 年貢／徳治 → 「農」

(1) 将軍綱吉自身が学問を盛んにし、儒教道徳を軸とする文治政治を主導した

武家諸法度は、将軍の代替わりごとに出されます。綱吉が出した**天和令**では、「文武弓馬の道」という条文の言葉が「文武忠孝を励まし」に改められました。「**忠孝**」とは主君への忠と父祖への孝のことですから、儒教道徳によって社会の秩序を安定させようとする文治主義を、綱吉が武家諸法度を通じて表明したのです。そして、徳川家に仕えた朱子学者の林羅山が建てた孔子

年表
- **1680** 綱吉が5代将軍となる
- **1683** 武家諸法度　天和令
- **1685** **生類憐みの令**（以後、たびたび発令）
- **1688** 柳沢吉保、側用人となる
- **1690** 湯島聖堂
- **1691** 林信篤、大学頭に
- **1695** **元禄金銀**を鋳造　荻原重秀の建議
- **1707** 富士山の大噴火（宝永期）

廟と私塾を、**湯島聖堂**と**聖堂学問所**として整備しました。さらに、林羅山の孫である**林信篤**（**鳳岡**）を**大学頭**に任命し、幕府の文教政策を担当させました。以後、林家が大学頭を世襲していきます→第18章。また、貞享暦と呼ばれる新しい暦を作成した渋川春海（安井算哲）を**天文方**に任命し、また**歌学方**に北村季吟を任命するなど、江戸幕府が学問を主導しました→第18章。

(2) 側用人を将軍の側近として重く用いた

　5代将軍綱吉は、新しい幕府役職として、江戸城内で将軍と老中とを連絡する**側用人**を設け、**柳沢吉保**を任じました。側用人のなかには、将軍の側近として政治的発言力を強める場合があり、柳沢吉保や、のちに10代将軍家治の側用人となった田沼意次が→第16章、そういった側用人の典型例です。

(3) 朝廷との関係を深め、将軍の権威を高めようとした

　綱吉は、朝廷との関係を深めました。朝廷の権威が高まれば、天皇から任命される将軍の権威も高まる、という論理のもと、朝廷に資金を提供して天皇即位の儀式である**大嘗祭**を復活させたり、朝廷から幕府への勅使を迎える儀式を重要視したりしました。

　こうしたなか、高家（儀礼をつかさどる旗本）の役割が重要となり、高家の吉良義央が江戸城中で赤穂藩主の浅野長矩に斬りつけられる事件も発生しました。浅野長矩は切腹を命じられますが、その家臣たちが吉良義央への仇討ちを果たしました。これが**赤穂事件**で、のちに**竹田出雲**の『**仮名手本忠臣蔵**』として人形浄瑠璃や歌舞伎の演目になりました→第18章。

(4) 宗教政策も重視し、生類憐みの令を発した

　将軍綱吉は仏教信仰にあつく、**護国寺**の造営などの事業をおこない、また**生類憐みの令**をたびたび発しました。**犬**だけでなく、さまざまな動物を保護の対象にしたので、庶民生活が混乱したという面が強調されます。しかし、生類すべての殺生を禁じる内容は、人間の病人・捨て子の保護にまで及んだことから、この政策は社会の価値観を大きく変えました。

　また、神道の影響から**服忌令**が発され、人が亡くなったときの服喪や忌引の日数を規定したことで、死や血を穢れとして忌み嫌う風潮が生じました。こうして、武力に頼って成り上がるという戦国時代以来の価値観が消えていきました。その一方、死牛馬の処理や皮革加工をおこなう、かわた（長吏）を穢れた存在とする差別も強まりました。

(5) 幕府財政の悪化に対して、貨幣改鋳で対応した

　この時期の幕府は、**支出の増加**（明暦の大火からの復興、寺社の造営、儀礼の整備）と**収入の減少**（金銀鉱山の産出量減少）により、**財政難**が深刻となりました。これに対し、勘定吟味役の**荻原重秀**が提案した政策が実現し、**元禄金銀**が造られました。これは、金貨のなかに含まれる金の量を減らす（銀貨のなかに含まれる銀の量を減らす）ことで、貨幣の数を増やし、その差益（これを**出目**と呼びます）を幕府の収入にするというものでした。しかし、貨幣の価値が下がることで物価が上がり、人々の生活を圧迫しました。綱吉の晩年には**富士山の大噴火**が発生し、降灰の被害をもたらしました。

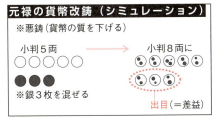

元禄の貨幣改鋳（シミュレーション）
※悪鋳（貨幣の質を下げる）
小判5両　→　小判8両に
※銀3枚を混ぜる
出目（＝差益）

III 近世

> **ポイント　文治政治への転換と元禄時代**
>
> ◆**文治政治**（儒教道徳）へ転換：**由井正雪の乱**（**慶安の変**　1651）が契機
> 　4代将軍**家綱**…**末期養子の禁の緩和**、**殉死の禁止**
> ◆**元禄時代**：文治政治を推進
> 　5代将軍**綱吉**…**湯島聖堂**、**大学頭**林信篤、**生類憐みの令**、**側用人柳沢吉保**
> 　※**元禄金銀**…貨幣の質を下げる→物価が上昇

---

2 正徳の治

　6代将軍**家宣**・7代将軍**家継**のもとで、家宣の儒学の師であった朱子学者の**新井白石**が側用人の**間部詮房**とともにおこなった政治を、当時の元号を用いて**正徳の治**（正徳の政治）と呼びます。朱子学の原理や考え方を用いて、文治政治をさらに推し進めていきました。

① 新井白石の政治

　6代将軍家宣は在職3年あまりで死去し、7代将軍家継はとても幼少だったので、これまでのような将軍個人のカリスマに頼るよりも、将軍職という地位の権威を高めることで、支配を安定させようとしました。そこで新井白石は、将軍職を任命する天皇の権威をさらに高める

年表	
1710	閑院宮家を創設
1711	朝鮮通信使の待遇を簡素化
	将軍の呼称を「日本国王」とする
1714	正徳金銀を鋳造
1715	海舶互市新例

ため、天皇候補を出す宮家として、新たに閑院宮家を創設して天皇家を充実させたり、7代将軍家継と2歳の天皇皇女との婚約をまとめたりしました。

さらに、新井白石は元禄時代の貨幣政策を修正しました。当時勘定奉行にまで出世していた荻原重秀を辞職させるとともに、正徳金銀を鋳造し、江戸幕府が最初に発行していた慶長金銀と同じ貨幣の質に戻しました。貨幣の価値を下げたことで物価を上げた元禄金銀のあり方を改め、貨幣の価値を上げて物価を下げようとしたのです。しかし、すでに経済が発達しているなかで流通貨幣量が少なくなったことから、流通が混乱するという結果になりました。

② 正徳の治での外交

新井白石は、新しい外交政策をおこないました。6代将軍家宣の将軍就任を祝うために派遣されてきた朝鮮通信使に対し、今までの待遇が丁重であったとして**待遇を簡素化**するとともに（幕府の財政難も大きな理由でした）、朝鮮からの国書における将軍の呼称を今までの「**日本国大君**」から「**日本国王**」に改めさせ、日本の代表者であるという将軍の地位を東アジア世界のなかで明確にしました。

さらに、長崎貿易への統制も強めました。すでに17世紀末には、幕府は長崎における清・オランダとの年間貿易額や清船の来航数を制限していましたが、新井白石は長崎貿易の規制を強化しました。海舶互市新例を発して貿易船の来航数を制限し（清船は年間30隻・オランダ船は年間2隻）、年間の貿易額も再確認しました。こうして、金・銀の流出を防ごうとしました。

ポイント ▶ 正徳の治

◆正徳の治：6代将軍家宣・7代将軍家継、朱子学者**新井白石**・側用人**間部詮房**
閑院宮家創設、朝鮮での将軍呼称「**大君**」→「**国王**」、海舶互市新例
※**正徳金銀**…貨幣の質を上げる

---

3 経済発展の全国的展開

近世の経済史を総合的に見ていきましょう。経済史を学ぶときに大切なのは、全体を大まかにつかむマクロの視点と、それぞれの要素を細かく見るミクロの視点です。内容が多いので、

①：人が物を生産する場面
②：人が移動したり物を運搬したりする場面

③：人が物を売買する場面

以上、三つの場面に分けて考えます。

 江戸時代に大きな経済成長が見られたのは、なぜなんだろう？

 中世以来の戦乱がなくなって平和になったことが、意外と大きいんじゃないかな。たとえば、戦国時代には石垣をともなう巨大な城が盛んに造られたんだけど、城の築造に必要だった、石を切り出し、運搬し、積み上げる技術は土木工事に利用されるようになって、用水路の開削や堤防の建設が進み、江戸時代になると全国的に**新田開発**が盛んになるんだ。

 平和な時代には、戦いの技術も平和に利用されるんだね。

① 生産・加工の発達

(1) 農業：耕地面積の拡大や技術の発達により、生産力が飛躍的に伸びた

　まず、農業の状況を見ていきましょう。江戸時代の前期は、主に幕府・諸藩が主導した**新田開発**が非常に盛んで、今まで洪水が多かった河川の下流域が耕地化されたり、湖沼が干拓されたりして、17世紀の100年間で、全国の耕地面積は約2倍になりました。17世紀末以降には、都市の富裕な商人が開発資金を出した**町人請負新田**も登場しました（越後の紫雲寺潟新田・河内の鴻池新田）。また、各地で用水路の開削も盛んになりました（芦ノ湖の箱根用水・利根川の見沼代用水）。こうして、農業生産量が増える基盤がととのっていったのです。

　さらに、一組の夫婦を中心とする小規模な家族が本百姓の中心になると、家族が持つ狭い耕地に家族全員の労働力を投じる農業経営が広がり、収穫量を増やすさまざまな工夫がなされるようになりました。

　まず、中世以来使われていた刈敷、草木灰や下肥といった自給肥料に加えて →第11章、購入肥料である**金肥**（鰯を干した**干鰯**・菜種をしぼった**油粕**など）が新たに登場しました。金肥は、主に商品作物の栽培に用いられました。

　また、耕作具として深く耕せる**備中鍬**、揚水具として用水路から水田に水を入れる**踏車**、脱穀具として稲穂から籾を取る**千歯扱**、選別具として籾の殻を取り除いたり米の粒をそろえたりする**唐箕・千石簁**など、家族労働の農業経営に合わせた、人間の力を最大限に発揮させる農具の改良が進みました。農具の絵図をしっかり見ておきましょう。

こうした農業技術は、各地の百姓が記録したり、それらを体系化したりして農書にまとめられ、それが印刷・刊行されて普及することで、栽培技術や農業経営に関する知識が全国に広まっていきました。17世紀末（江戸時代前期）には宮崎安貞の『農業全書』、19世紀中期（江戸時代後期）には大蔵永常の『広益国産考』が登場しました →第18章。

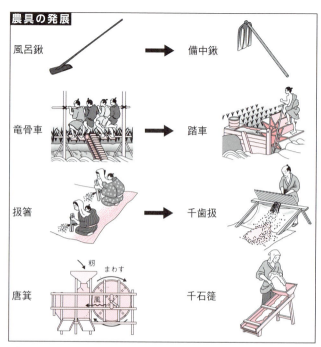

農具の発展

風呂鍬	→	備中鍬
竜骨車	→	踏車
扱箸	→	千歯扱
唐箕	籾　まわす　風	千石簁

江戸時代には、三都（江戸・大坂・京都）や各地の城下町に人口が集中したので、そこに生まれた膨大な消費需要を背景に、商品の原料となる商品作物の栽培が全国に広がっていきました。四木（桑・楮・漆・茶）と三草（藍・紅花・麻）が中心で、特に藍は阿波が産地、紅花は出羽が産地でした。これら以外にも、木綿の実の綿花や、灯油の原料である油菜の実の菜種が、畿内を中心に生産されました。

(2)　諸産業：農業以外にも、多種多様な生産がおこなわれた

農業以外の諸産業にも注目しましょう。水産業では、上方漁法と呼ばれる網による漁が各地に広まり、松前の鰊漁や上総九十九里浜の地曳網による鰯漁が盛んになり、これらは肥料に加工されて商品作物の栽培に使用されました。また、蝦夷地で生産された俵物（干しあわび・干しなまこ・ふかのひれを俵に詰めたもの）・昆布は長崎貿易の輸出品として用いられました。また、捕鯨もおこなわれ、鯨油は灯油や水田の害虫駆除に用いられました。

製塩業では、海水を砂浜で天日干しする方法で塩を採るのですが、中世以来の揚浜式塩田（桶などで海水を砂浜にまく）から入浜式塩田（潮の干満を利用して海水を堤防内の砂浜へ引き込む）へと発展しました。

林業では、江戸時代初期に三都・城下町の建設が進んで大量の木材需要が生まれ、火事が発生すると都市再建のための木材が必要となりました。領主の直轄林として、**木曽檜**(ひのき)（尾張藩）と**秋田杉**（秋田藩）が有名です。

鉱業では、戦国大名が開発し、豊臣秀吉が直轄化(ちょっかつ)した鉱山を、江戸幕府が直轄としました。のちに、金山・銀山は産出量が減り、銅は産出量が増えて、長崎貿易の輸出品や貨幣の素材として用いられました。金山は佐渡相(さ ど あい)川金山(かわ)・伊豆金山が代

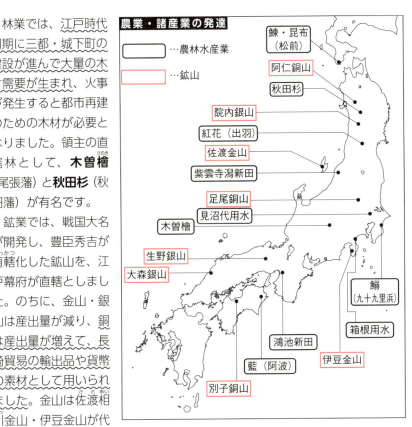

農業・諸産業の発達

□…農林水産業

□…鉱山

- 鰊・昆布（松前）
- 阿仁銅山
- 秋田杉
- 院内銀山
- 紅花（出羽）
- 佐渡金山
- 紫雲寺潟新田
- 足尾銅山
- 見沼代用水
- 木曽檜
- 生野銀山
- 大森銀山
- 鰯（九十九里浜）
- 箱根用水
- 鴻池新田
- 藍（阿波）
- 伊豆金山
- 別子銅山

表的で、銀山は石見大森銀山(いわ み おおもり)・但馬生野銀山(た じ ま いく の)が代表的ですが、秋田藩が管理する出羽院内銀山(いん ない)も登場しました。銅山は下野足尾銅山(しも つけ あし お)に加え、秋田藩が管理する出羽阿仁銅山(あ に)や、大坂の**住友家**(すみ とも)（屋号は「泉屋」(いずみ や)）が管理を請け負った**伊予**(い よ)**別子銅山**(べっ し)も登場しました。

(3) 手工業：商品作物などの加工が発達し、各地に特産物が生まれた

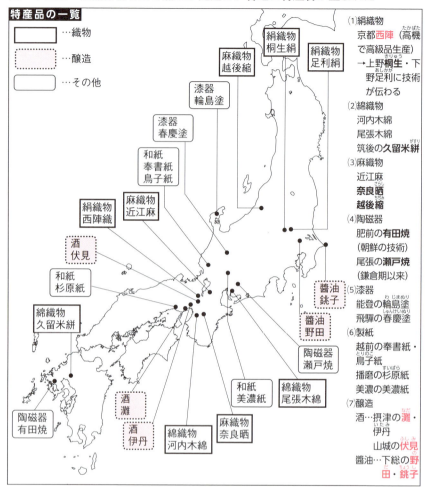

特産品の一覧

☐…織物

┄┄…醸造

▭…その他

絹織物 桐生絹
絹織物 足利絹
麻織物 越後縮
漆器 輪島塗
漆器 春慶塗
和紙 奉書紙 鳥子紙
麻織物 近江麻
絹織物 西陣織
酒 伏見
和紙 杉原紙
綿織物 久留米絣
醤油 銚子
醤油 野田
陶磁器 瀬戸焼
酒 灘
酒 伊丹
和紙 美濃紙
綿織物 尾張木綿
陶磁器 有田焼
綿織物 河内木綿
麻織物 奈良晒

(1)絹織物
　京都**西陣**（高機で高級品生産）
　→上野**桐生**・下野足利に技術が伝わる
(2)綿織物
　河内木綿
　尾張木綿
　筑後の**久留米絣**
(3)麻織物
　近江麻
　奈良晒
　越後縮
(4)陶磁器
　肥前の**有田焼**
　（朝鮮の技術）
　尾張の**瀬戸焼**
　（鎌倉期以来）
(5)漆器
　能登の輪島塗
　飛騨の春慶塗
(6)製紙
　越前の奉書紙・鳥子紙
　播磨の杉原紙
　美濃の美濃紙
(7)醸造
　酒…摂津の**灘**・伊丹
　山城の**伏見**
　醤油…下総の**野田・銚子**

　まず、製品を作る方法として、近世の初め以来、農民の自前の道具・資金による副業を中心とした**農村家内工業**がおこなわれていましたが、18世紀（江戸時代中期）になると、都市の問屋商人が農民に資金・道具などを貸して、農民が自宅で加工をおこなう**問屋制家内工業**が見られるようになりました。19世紀（江戸時代後期）になると、作業場に集められた賃労働者が分業と協業で加工する**工場制手工業**（**マニュファクチュア**）も見られるようになりました（醸造業では17世紀から見られます）。

　特産品の事例を示しました。織物の産地を、**絹・綿・麻**で区別しましょう。また、醸造（**酒・醤油**）の産地もおさえましょう。

② 移動・運輸の発展

 江戸時代は、全国的に交通が発達した時代でしょう？

 都市に人口が集中すると、都市と都市との間で人が移動したり物を運ぶ必要が出てくるから、陸上・水上の交通が発達するんだね。特に、大名が城下町を建設すると、地方にも交通路が張りめぐらされる。

 でも、やっぱり大きな都市は**三都**だよね。**江戸**は「**将軍様のお膝元**」と呼ばれたように幕府があったから、武士が多かったんだよね。

 旗本や御家人が住み、参勤交代で大名や家臣も長期滞在し、商人・職人も集住したから、江戸は約100万人の人口を抱えた。全国政治の中心であると同時に、それだけ消費者が多いということだから、全国最大の消費都市でもあったんだよ。

 もちろん、**大坂**は「**天下の台所**」だよね！　でも、「天下の台所」ってどんな意味なんだろう？

 台所は、食べ物を作って食卓に運んでいく場所だよね。もともと豊臣秀吉の城下町として作られた大坂は、商工業者が集められて経済活動が盛んで、瀬戸内海に面しているから水上交通の拠点でもあった。そして、大坂夏の陣で豊臣家が滅んだのちに江戸幕府が直轄化し、大坂に全国物資の集散地としての機能を持たせた。江戸などの消費地に、物資を提供するんだ。

 江戸と大坂は、全国的な交通の拠点となったんだね。

(1) 陸上交通制度は、江戸を中心に、公用の目的で整備された

　陸上交通は、五街道と脇街道を中心に、幕府・諸藩がととのえていきました。江戸日本橋を起点とする**五街道**（**東海道・中山道・甲州道中・日光道中・奥州道中**）は、幕府と朝廷・幕領・日光東照宮との連絡や、大名の参勤交代などに用いられることから、幕府が直轄して道中奉行が支配しました。

　街道の重要な施設に、2〜3里（約8〜12km）ごとに設けられた**宿駅**があり、宿場町が発達しました。**問屋場**は宿駅の重要な役所で、人馬が常備され、幕府役人などが移動するときに馬を乗り継いでいけるようにしました。さら

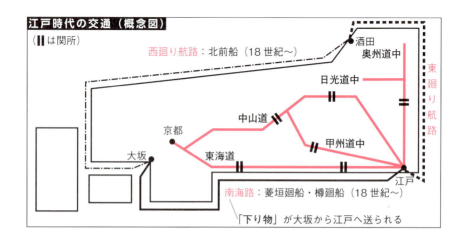

江戸時代の交通（概念図）
（∥は関所）

西廻り航路：北前船（18世紀〜）

酒田
奥州道中

日光道中

中山道

甲州道中

京都

大坂

東海道

江戸

東廻り航路

南海路：菱垣廻船・樽廻船（18世紀〜）

「下り物」が大坂から江戸へ送られる

に、幕府の公文書・荷物を継送する**継飛脚**（つぎびきゃく）の業務も担当しました（このほか、大名が江戸藩邸と国元の間に設置した大名飛脚や、民間の飛脚問屋が運営する町飛脚がありました）。人馬は、宿場町の町人らによる**伝馬役**（てんまやく）の負担でまかなわれましたが、人馬が不足するときには、近隣の村々の百姓が**助郷役**（すけごうやく）を負担することもありました。また、宿駅には宿泊施設として、大名・家臣（参勤交代）や幕府役人が利用する**本陣**（ほんじん）・**脇本陣**（わきほんじん）や、一般の人々が利用する**旅籠**（はたご）・**木賃宿**（きちんやど）（旅籠は食事つき）が設けられました。

宿駅（宿場町）の構造

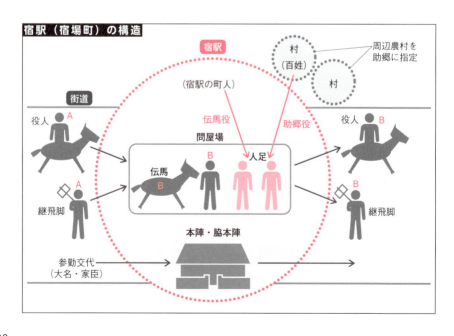

宿駅

村
（百姓）

周辺農村を
助郷に指定

村

街道

（宿駅の町人）

役人　A

伝馬役

助郷役

役人　B

問屋場

人足

継飛脚　A

伝馬
B

B

B

継飛脚　B

本陣・脇本陣

参勤交代
（大名・家臣）

宿駅とは別に、街道の要所に治安対策を目的として設けられたのが**関所**です。特に、関東の関所では「**入鉄砲に出女**」を監視し、江戸へ鉄砲が持ち込まれたり、江戸から大名の妻が逃亡するのを防ごうとしました。

また、1里（約4km）ごとに起点・終点からの距離を確認するために**一里塚**と呼ばれる標識も置かれました。

(2) 水上交通路は、大坂を中心に、物資輸送のために整備された

水上交通路は大量の物資輸送を担い、全国の河川や海上を廻船が航行しました。河川交通は、京都商人の**角倉了以**が富士川（甲斐〜駿河）や高瀬川（京都〜伏見）を整備しました。海上（沿岸）交通は、江戸商人の**河村瑞賢**が出羽酒田を起点として江戸・大坂に至る**東廻り航路（海運）・西廻り航路（海運）**を整備しました。西廻り航路には、18世紀以降になると、日本海を拠点として遠隔地を結び、蝦夷地の産物なども取引する**北前船**が運航しました。江戸・大坂間の水路は**南海路**と呼ばれ、大型の**菱垣廻船**に加えて18世紀以降は酒樽を運ぶ小型の**樽廻船**も運航しました。江戸時代の前期は、関東農村は商品生産が未発達で、江戸の膨大な需要を満たすことができなかったため、大坂から南海路を通って江戸へ大量の「**下り物**」が流入しました。

③ 流通・販売の発展

 江戸時代で、一番大切な商品は何だったのかな？

手工業品も生まれたけれど、やっぱり米が一番大切だ。石高制が江戸幕府のしくみの基盤だから、幕府や大名は年貢を米で取るんだけど、兵農分離が進んでいたから、武士は城下町や江戸などの都市に住んで消費生活をおこなっていた。だから、武士は年貢米などの収入を売ってお金にかえることで、**米の商品化**が進んだんだね。

米をどこで売ったらいいかな？　やっぱり、高く売れるところで売るのがいいよね。地元の城下町よりも、人口が多い江戸や、商人が多い大坂のほうが、高く売れそう。でも、江戸や大坂は遠いよね……。

水上交通路が発達していれば、大丈夫じゃないかな。

そうか！　西廻り航路や東廻り航路などを使って、**大坂**や**江戸**に米を運んで売ることができるようになったんだ！

⑴ 大名の年貢米・特産物や、問屋商人が扱う商品が、大量に流通した

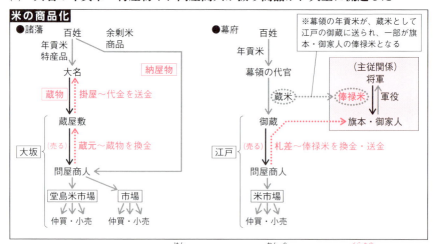

　商品には、2種類あります。藩（大名）が扱う年貢や特産物は**蔵物**と呼ばれ、藩が大坂などに設けた**蔵屋敷**に廻送されます。都市の問屋商人が買い入れた商品は**納屋物**と呼ばれ、問屋から仲買・小売へと流通していきます。

　そして、幕府・諸藩の御用をつとめる商人は、武士の持つ米を売却して貨幣を獲得し、それを武士に渡す役割を果たしました。**蔵元**は蔵屋敷の蔵物を売却し、**掛屋**はその代金の保管や藩への送金にあたりました。また、**札差**は旗本・御家人が将軍から与えられる**俸禄米**を売却し、その代金を旗本・御家人に渡しました。

　江戸時代において中心となる商人は**問屋商人**です。納屋物を扱う流通業者で、生産者と仲買・小売とを結ぶ役割を果たします。特定の商品を扱うので、その多くは同業組合である**仲間**を結成します。そして、幕府に営業独占権を許されると**株仲間**となり、**運上**（営業税）・**冥加**（上納金）を幕府に納めます。こういった問屋仲間の連合組織として、大坂の**二十四組問屋**（江戸への荷物を積む）や江戸の**十組問屋**（大坂からの荷物を受ける）がありました。また、大坂や江戸などには、問屋と仲買・小売との取引の場である**卸売市場**も設けられました（大坂の**堂島**米市場・雑喉場魚市場・天満青物市場、江戸の**日本橋**魚市場・**神田**青物市場）。

　三井高利から始まる三井家は、この時期の典型的な豪商です。伊勢松坂から江戸へ進出し、**越後屋呉服店**は「現金掛け値なし」（つけ払いを認めない代わり、利息もかからない）という商法で繁昌し、のちに両替商も兼ねました。

(2) 江戸幕府が金貨・銀貨・銭貨を造り、全国統一的な貨幣制度ができた

近世の貨幣

慶長小判

丁銀

豆板銀

寛永通宝

藩札

●三貨の単位

金…1両＝4分＝16朱

銀…1貫＝1000匁（1匁は3.75g）

銭…1貫＝1000文

●三貨の交換

金1両＝銀50匁（～60匁）＝銭4貫文

…金銀の交換の相場は変動

●幕府の貨幣改鋳

慶長金銀…良質　徳川家康の時代

元禄金銀…悪質　荻原重秀の建議

出目を稼いで財政再建→物価が高騰

正徳金銀…良質　新井白石が主導

慶長金銀並みに戻す→流通が混乱

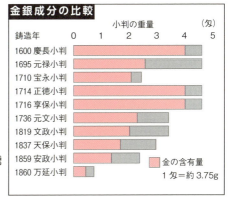

金銀成分の比較

小判の重量　（匁）

鋳造年	金の含有量（0～5匁）
1600 慶長小判	
1695 元禄小判	
1710 宝永小判	
1714 正徳小判	
1716 享保小判	
1736 元文小判	
1819 文政小判	
1837 天保小判	
1859 安政小判	
1860 万延小判	

金の含有量
1匁＝約3.75g

　中世では、中国からの輸入銭が用いられ、それが不足すると質の悪い私鋳銭も造られました→第11章。近世になると、統一的な権力を持つ江戸幕府が全国を統治したので、幕府が貨幣鋳造権を独占し、**三貨**（**金貨・銀貨・銭貨**）を中心とする全国統一的な貨幣制度を作りました。金貨は**小判・一分金**などが金座で造られ、枚数を数えて金額を数える**計数貨幣**でした。銀貨は**丁銀・豆板銀**などが銀座で造られ、重さを量って取引される**秤量貨幣**でした。銭貨は、3代将軍家光のころまでは中世以来の輸入銭と私鋳銭が使われていましたが、**寛永通宝**が銭座で造られるようになると、こうした銭が混在する状態はなくなりました。また、諸藩は幕府の許可のもとで、藩内で通用する**藩札**を発行しました。

　江戸幕府の貨幣制度は、東日本は金貨を用い、西日本は銀貨を用いるという「**江戸の金遣い・大坂の銀遣い**」が大きな特徴です。そして、金貨が計数貨幣、銀貨が秤量貨幣なので、両者の交換は面倒です。したがって、金融業者である**両替商**が発達しました。これには、預金・貸付・為替をおこなう**本両替**（江戸

の三井や大坂の十人両替など）と、金・銀と銭の交換をおこなう**銭両替**があります。

　貨幣改鋳は、江戸幕府がおこなった重要な財政・経済政策の一つです。グラフでは、特に金貨において金が含まれている割合に注目しましょう。

ポイント ▶ 経済発展の全国的展開

◆生産・加工

新田開発…**町人請負新田**

農具の改良…**備中鍬**（耕作）・**踏車**（揚水）・**千歯扱**（脱穀）・**唐箕**（選別）

金肥の使用…**干鰯・油粕**

商品作物…四木・三草（阿波の**藍**・出羽の**紅花**など）、綿花、菜種

農書：**宮崎安貞『農業全書』**、**大蔵永常『広益国産考』**

特産品…絹織物・綿織物・麻織物、酒（灘・伊丹）・醤油（野田・銚子）

◆移動・運輸

陸上交通…**五街道**、**宿駅**（問屋場・本陣）、**関所**「入鉄砲に出女」

水上交通…**南海路**（菱垣廻船・樽廻船）

　　　　　　東廻り航路
　　　　　　西廻り航路（北前船）　　｝河村瑞賢

◆流通・販売

商品…**蔵物**（諸藩が扱う）・**納屋物**（問屋が扱う）

蔵元・掛屋（蔵物の売却・送金）、**札差**（旗本の俸禄米の換金・送金）

問屋商人が**仲間**を結成→**株仲間**として公認（大坂の二十四組問屋）

専門市場…大坂の**堂島米市場**など

貨幣…金貨（**計数貨幣**、「江戸の金遣い」）｝**両替商**

　　　銀貨（**秤量貨幣**、「大坂の銀遣い」）

　　　銭貨（**寛永通宝**）

チェック問題にトライ！

【1】（2013年度　本試験）

　生類憐みの令の一部である次の史料に関して述べた下の文a～dについて、正しいものの組合せを、下の①～④のうちから一つ選べ。

一、捨子これあり候わば、早速届くに及ばず、その所の者いたわり置き、直に養い候か、又は望みの者これあり候わば、遣わすべく候、急度 ^(注1) 付け届くに及ばず候事
一、犬ばかりに限らず、すべて生類人々慈悲の心を本といたし、あわれみ候儀、肝要の事
　　卯 ^(注2) 四月

（『御当家令条』）

（注1）　急度：必ず。
（注2）　卯：卯年。ここでは、1687（貞享4）年のこと。

　a　捨て子は、発見次第、必ず届け出ることとされた。
　b　捨て子は、希望する者に養育させるなどとされた。
　c　生類憐みの令は、犬だけを手厚く保護すればよい法令であった。
　d　生類隣みの令が保護の対象としたのは、犬だけではなかった。

　① a・c　　② a・d　　③ b・c　　④ b・d

解説　　a　「発見次第、必ず届け出ることとされた」は、史料1行目・2行目の「早速届くに及ばず」「急度（＝必ず）付け届くに及ばず」（捨て子については届け出る必要はない）と一致しないので、誤りです。
　b　「希望する者に養育させるなどとされた」は、史料2行目「その所の者いたわり置き、直に養い候か、望みの者これあり候わば、遣わすべく候」（捨て子は発見された所で養うか、養育希望者のもとへ送る）と一致するので、正しいです。
　c　「犬だけを手厚く保護すればよい法令であった」は、史料4行目「犬ばかりに限らず、すべて生類人々慈悲の心を本といたし」（犬だけではなく、生き物すべてに対して慈悲の心で保護する）と一致しないので、誤りです。
　d　「保護の対象としたのは、犬だけではなかった」は、同じく史料4行目

の内容と一致するので、正しいです。

⇒したがって、④（b・d）が正解です。

 ④

【2】（2013 年度　本試験）

　貨幣改鋳に関連して、次の表を参考にしながら、江戸時代の小判について述べた文として正しいものを、下の①～④のうちから一つ選べ。

小判の重量と成分比

種　　類	1 枚あたりの重量[匁]（注1）	成分比（注2）	
		金[%]	銀[%]
慶長小判	4.76	84.29	15.71
元禄小判	4.76	57.37	42.63
宝永小判	2.50	84.29	15.71
正徳小判	4.76	84.29	15.71
享保小判	4.76	86.79	13.21
元文小判	3.50	65.71	34.29
文政小判	3.50	56.41	43.59
天保小判	3.00	56.77	43.23
安政小判	2.40	56.77	43.23
万延小判	0.88	56.77	43.23

（国立歴史民俗博物館編『お金の不思議　貨幣の歴史学』により作成）

（注1）　1 匁＝3.75 グラム

（注2）　成分比は、幕府が公定した品位による。

①　江戸時代の小判は、慶長小判の発行以後、改鋳のたびに金の成分比が下がり続けた。

②　江戸時代の小判のうち、はじめて銀の成分比が40％を超えたのは、文政小判である。

③　新井白石は、小判の重量は変えずに、金の成分比を下げることによって増収をはかろうとした。

④　幕府は、小判1枚あたりの金の重量を軽くすることによって、開港後の状況に対応しようとした。

　事実関係が正しいか誤りかを判断するため、**選択肢の内容と表の数値とを比較・検討していく**問題です。共通テストでは、**さらに背景や影響も考えていく姿勢が問われる**と予想されます。データは幕末の小判まで含みますが、この章で学んだ貨幣改鋳に関する理解をもとに判断していきましょう。

① 　「金の成分比」は、「慶長小判の発行以後」は元禄小判のときに57.37%に下がりましたが、宝永小判では84.29%に上がっているので、「下がり続けた」は誤りです。

② 　「はじめて銀の成分比が40%を超えた」のは元禄小判のときの42.63%なので、「文政小判」は誤りです。

③ 　「小判の重量は変えずに、金の成分比を下げ」たのは、表を見れば、慶長小判から元禄小判にかけてであることがわかります（重さはどちらも4.76匁だが、慶長小判の金の成分比は84.29%、元禄小判の金の成分比は57.37%）。元禄小判の鋳造は5代将軍綱吉のときであり（荻原重秀の建議）、「新井白石」が主導した正徳の治のときではありませんから、誤りです。

④ 　これは、第19章を学べば解けます。「開港後の状況に対応しようとした」とは、金銀比価の違いによる金貨の海外流出を防ぐために鋳造された、万延小判を指します。そして、安政小判の重量が2.40匁で万延小判の重量が0.88匁、両者とも金の成分比は同じ56.77%なので、「小判1枚あたりの金の重量を軽くする」は正しいです。

⇒したがって、④が正解です。

　④

江戸幕府の政治改革

世紀	将軍	政権	政治	社会
18世紀前半	⑧吉宗	徳川吉宗	**1 享保の改革（1716〜45）** ①**財政再建** 　上げ米　定免法　町人請負新田 ②**殖産興業** 　漢訳洋書輸入の禁を緩和 ③**商業政策** 　株仲間公認　堂島米市場公認 ④**幕府政治の刷新** 　相対済し令　足高の制　目安箱 ●享保の飢饉	**2 村や町の変容と百姓一揆** ①**農民の階層分化** 　豪農（地主・在郷商人） 　貧農（小作・賃労働者） 　商品作物の加工・販売 　→農村に貨幣経済が浸透 ②**村内対立と都市騒動** 　村方騒動（豪農と貧農） 　打ちこわし（都市下層民） ③**流通の自由化要求**（19世紀） 　国訴（村連合による訴訟） ④**百姓一揆の展開** 　代表越訴型一揆（17世紀） 　↓ 　惣百姓一揆（18世紀） 　↓ 　世直し一揆（19世紀）
18世紀後半	⑨家重			
	⑩家治	田沼意次	**3 田沼時代（1767〜86）** ①**商業資本の利用・貨幣政策** 　株仲間奨励（運上・冥加） 　南鐐二朱銀 ②**貿易政策** 　長崎貿易の拡大 ③**開発の拡大** 　印旛沼干拓　蝦夷地開発計画 ●天明の飢饉・浅間山噴火	(2)
	⑪家斉	松平定信	**4 寛政の改革（1787〜93）** ①**農村復興** 　囲米の制　旧里帰農令 ②**江戸の都市政策** 　石川島人足寄場　七分積金 ③**体制再建** 　棄捐令　寛政異学の禁 ④**対外危機への対応** 　林子平処罰　ラクスマン来航	(1)

第 16 章 の テ ー マ

第16章は、江戸時代中期（18世紀）の政治と社会を扱います。

(1) 幕府による支配が緩んできたため、幕政改革がおこなわれました。18世紀前半の享保の改革と、18世紀後半の寛政の改革です。その間に田沼時代がはさまります。それぞれの時期の社会状況に目を向け、社会状況と政策との関係を理解していきましょう。

(2) 18世紀は、農村の農民社会や、都市の町人社会が、大きく変化していった時代です。第15章で述べた経済の発展が、社会をどのように変えていったのかを理解しましょう。あわせて、江戸時代全体を見渡して、百姓一揆をはじめとするさまざまな民衆運動を見ていきましょう。

III

近

世

1 享保の改革（18世紀前半）

江戸時代中期、新井白石の正徳の治に続き、幕政改革が始まります。1716年に**8代将軍**となった徳川吉宗が主導した**享保の改革**を見ていきましょう。7代将軍徳川家継が幼いまま亡くなってしまったので、御三家のうち、**紀伊藩主**だった徳川吉宗が将軍として選ばれました。

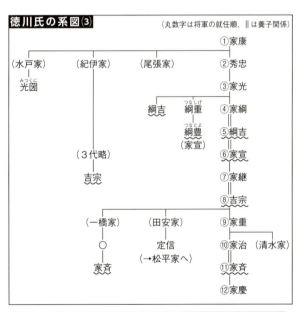

徳川氏の系図③

（丸数字は将軍の就任順、‖は養子関係）

（水戸家）光圀　（紀伊家）　（尾張家）

①家康
②秀忠
③家光
綱吉　綱重　④家綱
綱豊（家宣）　⑤綱吉
（3代略）吉宗　⑥家宣
⑦家継
⑧吉宗
（一橋家）○　（田安家）定信（→松平家へ）　⑨家重
家斉　⑩家治　（清水家）
⑪家斉
⑫家慶

 なぜ、幕府による政治改革が必要になったの？

 江戸幕府が開かれてから100年以上たっていたから、社会の現実が変化するし、それに合わせて支配のしくみも変える必要があった。

その際、吉宗は「家康さまの政治を取り戻そう！」といった、復古主義による体制立て直しを意識して、将軍主導の改革に臨んだんだ。

 「改革」は、政治を変えるというよりも、元に戻す感じなんだね。

① 財政再建

5代将軍徳川綱吉のとき以来の財政難に対処するため→第15章、緊急の策として**上げ米の制**をおこないました。これは、諸大名に対し、**1万石につき100石の米**を幕府に納めさせるものです。本来、武士どうしの主従関係では、主君に対する家臣の奉公は軍役（軍事的な奉仕）の形をとるので、家臣である大名が主君である将軍に対して米を納めることは、非常事態です。その代わり、大名の負担を減らすため、参勤交代での**江戸滞在期間を半減**（基本は1年から半年に短縮）させました。

さらに、根本的な策として年貢徴収法を改めました。従来は、毎年の実り具合によって年貢率を変える**検見法**がとられていましたが、年貢率を一定期間固定する**定免法**に変え、さらに基準となる年貢率を**四公六民**（4割の年貢率）から**五公五民**（5割の年貢率）に変えて、年貢収入を増やしました。

また、財政難のなかで、資金のある町人に新田開発を請け負わせる**町人請負新田**を奨励して、耕地面積を増やしました。

こうして、幕藩体制の基盤である「米の収入」に立ち戻り、それを増やすことで財政再建をおこなったのです。

年表	
1716	徳川吉宗、8代将軍となる
1719	相対済し令
1720	漢訳洋書輸入の禁を緩和
1722	定免法
	上げ米の制（～1730）
1723	足高の制
1730	大坂の堂島米市場を公認
	享保の飢饉（1732～33）
1742	公事方御定書

② 殖産興業

吉宗は、**甘蔗**（砂糖の原料となるサトウキビ）・**朝鮮人参**（薬の原料）・櫨（ろうそくの原料）といった商品作物の栽培を奨励したり、飢饉に備えるため**甘藷**（サツマイモ）の栽培を**青木昆陽**に研究させるなど、米以外の作物の栽培も奨励することで、百姓の生活を安定させて年貢負担能力の向上をはかりました。特に、甘蔗は琉球からの輸入品、朝鮮人参は朝鮮からの輸入品ですから、これらの栽培奨励は、輸入品の国産化という意味も持っていました。

また、西洋の知識も役に立つものは積極的に取り入れようとして、漢文に翻訳された西洋の書物の輸入を、キリスト教に関わらないものについては自由に

しました（これを**漢訳洋書輸入の禁の緩和**といいます）。こうした実学の奨励は、のちに洋学（蘭学）が発展するきっかけを作りました。

③ 商業政策

 米の収入を増やす政策はうまくいったみたいで、よかった！

 そうともいえないんだ。実は、当時は米の生産量が増えて米価が安くなるのに対し、多くの人々が商品を欲しがって物価が上がるという、「**米価安・諸色高**」の状況だった。これは、米を売ってお金を手に入れ、城下町などで消費生活をする武士にとって、よくないんだよ。

 お金の収入が減って、支出が増えたら、武士は苦しいね……。

　吉宗は、当時発達していた全国経済への対応も迫られます。というのも、幕府・諸藩の財政は、よくなったとはいえない状況が続いていたからです。
　そこで、流通業者の問屋商人が業種ごとに組んでいた**仲間を公認**することで（公認されると**株仲間**となります →第15章）、流通を統制して物価上昇をおさえようとしました。さらに、年貢増徴によって幕府・諸藩が年貢米をたくさん売り、市場で米が余ってさらに「米価安」という事態になってしまったため、米の取引の中心であった大坂の**堂島米市場を公認**して →第15章 、市場を統制することで米価を上昇させようとしました。

④ 幕府政治の刷新

　吉宗は、現状に合わせて幕府の体制を立て直す政策をおこないました。柱となるのは、司法政策、江戸の都市政策、人材登用策、の3点です。
　司法政策として、**相対済し令**を発しました。お金の貸し借りのトラブルが幕府に持ち込まれ、裁判業務に支障が出たため、こういった金銀貸借訴訟を幕府が受理せずに**当事者どうしで処理させる**ことにしました。また、幕府裁判の判例などを集めて**公事方御定書**を作成し、裁判や刑罰の基準を明確にしました。
　江戸の都市政策では、町奉行に登用された**大岡忠相**のもとで、町ごとに町人に消火活動をおこなわせる**町火消**を設置するなどの改革が進められました。また、将軍吉宗は幕府の評定所の前に**目安箱**を設けて将軍への直訴を認めます。ここへの投書内容が病人救済施設である**小石川養生所**の設置として実現しました。

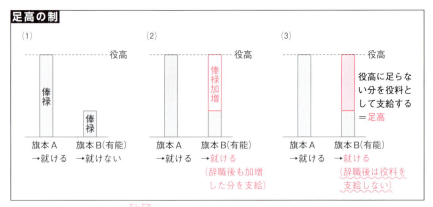

足高の制

(1)

役高

俸禄

俸禄

旗本A
→就ける

旗本B(有能)
→就けない

(2)

役高

俸禄加増

旗本A
→就ける

旗本B(有能)
→就ける
（辞職後も加増
した分を支給）

(3)

役高

役高に足らない分を役料として支給する
＝足高

旗本A
→就ける

旗本B(有能)
→就ける
（辞職後は役料を
支給しない）

　人材登用策として、**足高の制**を設けました。当時、武士が幕府・諸藩の役職に就くときには、主君から御恩として与えられる俸禄が基準となっていたので、その石高が高いか低いかによって就ける役職がほぼ決まっていました。俸禄の石高が低い武士は、たとえ有能であっても重要な役職に就けなかったのです【図(1)】。

　しかし、石高が低くても有能な武士を登用したいからといって、本人の俸禄そのものを加増してしまうと、役職を退いたあとも俸禄は高いままなので、幕府は余計な米を支給し続けることになります【図(2)】。そこで、吉宗は、旗本の人材登用のため、幕府の役職ごとに基準となる石高である**役高**を定め（たとえば勘定奉行なら3000石）、その役高よりも少ない俸禄の旗本をその役職に就けるときには、本人の俸禄が役高に達するまで石高を足してあげることにしました。ポイントは、**役職に就いている間だけ支給する**、つまり役職手当として与える点にあります【図(3)】。このように、人材登用のときの負担を抑えることができるため、財政再建策としても有効なものでした。

享保の改革の持つ意味

　幕府開設から100年以上が経過した江戸時代中期において、将軍がみずから30年間にわたって改革を主導したこの幕政改革は、崩れてきた幕藩体制を立て直すことに一定の効果があったといえます。一方、年貢増徴などで農村が貧しくなる傾向があり、当時の人々の反発も大きかったようです。**西日本で虫害が広がった享保の飢饉**のときには、米が不足して米価が高くなり、江戸における初めての**打ちこわし**が発生しました。

ポイント 享保の改革　徳川吉宗（8代将軍）

◆財政再建：**上げ米の制**…大名が**1万石につき100石**の米を上納
　　　　　　定免法…年貢率を固定　**四公六民**から**五公五民**へ
　　　　　　漢訳洋書輸入の禁を緩和…実学奨励
　　　　　　株仲間の公認・堂島米市場の公認…物価統制・米価調節
◆幕政刷新：**足高の制**…人材登用、**在職期間中のみ**役高の不足分を支給
　　　　　　相対済し令…金銀貸借訴訟を受理しない
　　　　　　公事方御定書…裁判や刑罰の基準
　　　　　　目安箱…将軍への直訴を認める→**小石川養生所**の設置
　　※享保の飢饉→江戸で初めての打ちこわし

III
近世

2 村や町の変容と百姓一揆

　幕府が政治改革をおこなった背景には、18世紀以降の社会変化がありました。そこで、社会変化の実態と、それによって生じた民衆運動を見ていきます。まず、18世紀以降の村の状況と町の状況を観察していきましょう。

> 村ごとや町ごとに人々がまとまっていて、村では百姓の自治、町では町人の自治がおこなわれていたけれど、それが変わっちゃったの？

> そんなことはないよ。でも、村のなかでさまざまな生活水準の百姓たちが出てきたり、村を離れる者や町に入ってくる者も増えてきたりして、村や町のまとまりを越えて、社会全体が大きく変わっていくんだ。

> そのダイナミックな動きをイメージすることが大切なんだね。

① 農民の階層分化

　江戸時代中期以降、**本百姓**のなかには、集めた田畑を他の農民に貸して小作料を得る**地主**となり、あるいは農村内で商品の生産や流通にたずさわる**在郷商人**となる者も現れます。こういった、豊かになった**豪農**が各地で成長します。一方、本百姓のなかには、田畑を失ったので地主から田畑を借りて耕作する**小作人**となり（小作料を地主に納めます）、あるいは雇われて働き生計を立てる**賃労働者**となる者も現れます。こういった、貧しくなった**貧農**も各地に登場し

ます。つまり、百姓（農民）の間で貧富の格差が広がっていくのです。

実は、田畑永代売買の禁止令によって田畑を売ったり買ったりすることは禁じられましたが →第14章、百姓が自分の田畑を質に入れてお金を借り、借金が返せないためにその田畑を取られてしまう、という「質流し」はおこなわれていました。こうして、地主も小作人も各地に生まれていったのです。

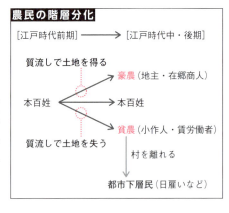

農民の階層分化

[江戸時代前期] ――――→ [江戸時代中・後期]

質流しで土地を得る

豪農（地主・在郷商人）

本百姓 ―――→ 本百姓

貧農（小作人・賃労働者）

質流しで土地を失う

村を離れる

都市下層民（日雇いなど）

こういった農民の階層分化（農民層の分解）は、なぜ全国的に広がっていったのでしょうか。それは、全国的な商品経済の進展によって →第15章、百姓（農民）といえども貨幣経済と関わらなければ生活が成り立たなくなったからです。年貢を納めたあとで余った米穀を売り、入手した金銭で農具や肥料を買う。あるいは、商品作物を積極的に栽培し、加工した商品を問屋商人に売って収入を得る。このような現象が、全国各地で見られるようになりました。江戸時代の百姓（農民）の生活は自給自足が原則とされ、それを前提に幕府の農村支配がおこなわれていましたが、それが変化してきたのです。

② 村内対立と都市騒動

このような農村の変化は、その内部で深刻な対立を生んでいきます。豪農は**村役人（名主・組頭）**をはじめとする村の指導者層であることが多く、貧農は小作料や村の運営などをめぐって豪農と対立するようになります。こういった村方騒動は、18世紀以降に全国的に増えていきました。

一方、農民の階層分化が進むと、貧農が村を離れて江戸などの大都市や近くの都市に流入する傾向が強まり、日雇いなどで生計を立てる**都市下層民**が増えていきます。こういった人々は、凶作や飢饉による米不足から米価が上がると、とたんに生活が成り立たなくなります。こうして、米の安売りを要求して米屋などを襲う**打ちこわし**が、全国の都市で発生するようになりました。

③ 流通の自由化要求

このような社会の変動は、19世紀になるとユニークな農民運動を生み出します。**大坂周辺の畿内農村**は、**綿花**などの商品作物の栽培が盛んな地域となっていましたが、大坂の問屋商人は株仲間を結成して綿製品の流通を独占してお

り、畿内農村では不満がたまっていました。そこで、1000を超える村々が連合して、綿製品販売の自由化を幕府に認めてもらうための集団訴訟を起こすことになります。これは国訴と呼ばれ、百姓一揆と異なる合法的な闘争です。

④ 百姓一揆の展開

最後に、百姓一揆について、江戸時代全体を見渡した動向を見ましょう。

江戸時代の三大飢饉
●享保の飢饉（18世紀前期）…享保の改革 　西日本、害虫の大量発生 ●天明の飢饉（18世紀後期）…田沼時代 　東北、冷害に加えて浅間山噴火の降灰被害 ●天保の飢饉（19世紀前期）…文化・文政時代 　全国的、天候不順で凶作が継続

17世紀には、年貢の減少などを要求する村民の意向を、村役人が代表して領主に直接訴える代表越訴型一揆が発生しました。

18世紀以降、全村民が団結し、ほかの村とも連携して集団で領主のもとに押しかける惣百姓一揆が発生し、特に飢饉のときには発生件数が激増しました。

19世紀（特に幕末期）には、特権商人や地主・豪農層に対し、利益の再分配や土地取り戻しなどの社会変革を要求する世直し一揆が多発しました。

ポイント　村や町の変容と百姓一揆

◆農民の階層分化：豪農（地主など）と貧農（小作人など）とに分化
　→村内で村方騒動、都市で打ちこわし（18世紀～）
◆農村の経済活動を背景とする運動：畿内で国訴が発生（19世紀）
◆代表越訴型一揆(17世紀) → 惣百姓一揆(18世紀) → 世直し一揆(幕末)

3 田沼時代（18世紀後半）

　江戸時代の政治史に戻ります。享保の改革に続く18世紀後半の**田沼時代**では、**田沼意次**が**10代将軍徳川家治**の**側用人**となり、さらに老中にも就任することで強い権力を握りました。彼は、今までの幕府政治のあり方にとらわれない自由な発想で政治をおこないます。当時発達していた商品経済に積極的に対応し、商業資本を利用した経済政策に取り組みました。

　側用人である田沼意次は、どうやって権力を握ることができたの？

　5代将軍徳川綱吉のときの柳沢吉保を覚えているかな？ →第15章
　側用人は、江戸城のなかで将軍と老中たちとの連絡役をつとめた。将軍に近いから、将軍の信任があれば権力を握ることができるんだ。

① 商業資本の利用・貨幣政策

　田沼意次による幕府の財政再建は、米の収入以外にも及びました。問屋商人の同業組合である仲間に目をつけ、積極的な公認を与えて**株仲間を奨励**し、これらから**運上**（営業税）や**冥加**（上納金）の徴収を増やしました。経済収入を多く得ている商人から税を多く取るのは、合理的といえます。

年表	
1767	田沼意次、10代将軍家治の側用人に
1772	田沼意次、老中に
	諸種の**株仲間を公認**
	南鐐二朱銀の鋳造
1782	印旛沼の干拓に着手（～86、失敗）
	天明の飢饉（1782～87）
1783	浅間山噴火
1786	将軍家治の死 →田沼意次失脚

　そして、**南鐐二朱銀**という新しい貨幣を発行しました。それまで重さを量って取引する**秤量貨幣**であった銀貨を、枚数をカウントして取引する**計数貨幣**に造り替えるもので、その際「朱」という金貨の単位をつけたことがポイントです。金貨は、1両＝4分＝16朱という交換比率なので、2朱×8＝16朱＝1両、つまり南鐐二朱銀**8枚**で小判1両と交換できます。これにより、銀貨と金貨の交換をスムーズにして経済を活性化させることを意図しました。

　たしか、東日本では金貨、西日本では銀貨を使っていたよね。

　「**江戸の金遣い・大坂の銀遣い**」だったね →第15章。実は、南鐐二朱銀は、銀を原料に造られた金貨のようなものだから、今までの銀貨

（丁銀・豆板銀など）を南鐐二朱銀に造り替えていけば、西日本も事実上「金遣い」になり、全国が金中心の貨幣制度に変わっていった、と考えることもできるよ。

 江戸幕府の貨幣制度そのものが、大きく変わりそうだね。

② 貿易政策

それまでの江戸幕府の貿易政策は、生糸輸入にともなう金・銀の流出を防ぐために制限を加えるという、消極的なものでした。たとえば、正徳の治で新井白石が海舶互市新例を発して貿易額・船数を制限しました→第15章。これに対し、田沼

長崎貿易

● 江戸時代前期の貿易

金・銀＋銅
清 ⇄ 日本
生糸

金・銀の流出が問題に
→生糸の輸入を制限

※生糸の国産化が進む
（養蚕・製糸業が発達）

● 田沼時代の貿易

銅・俵物
清 ⇄ 日本
金・銀

俵物を増産して積極輸出
→流出していた金・銀を輸入

※金・銀を貨幣材料に
（幕府の利益を増やす）

は、**銅・俵物の輸出**によって**金・銀の輸入**をはかるという、積極的な貿易政策を展開しました。かつて中国に流出していた金・銀を、俵物（ふかのひれなどの海産物）の輸出によって取り戻します。そして、その金・銀を貨幣の鋳造に向ければ、幕府の利益となります。

③ 開発の拡大

田沼は、下総の**印旛沼の干拓**による新田開発を進めました。耕地を増やして年貢収入を上げようとしたのですが、この事業を富裕な商人が請け負ったのは、商業資本を利用する田沼らしい政策といえます。しかし、利根川の洪水で失敗に終わりました。

また、松前藩がアイヌとの取引の場としていた**蝦夷地の開発**にも目を向けました。**工藤平助**が幕府に提出した『**赤蝦夷風説考**』に、そのアイデアが書かれていたからです。そして、蝦夷地周辺に進出してきたロシアとの交易も視野に入れ、**最上徳内**を蝦夷地調査のために派遣しました。しかし、田沼の失脚で、蝦夷地での新田・鉱山開発や対ロシア交易は実行に移されませんでした。

ポイント　田沼時代　田沼意次(側用人→老中)、10代将軍家治

◆経済政策：**株仲間の奨励**…**運上・冥加**の徴収

　　　　　　南鐐二朱銀…金貨の単位をつけた**計数貨幣**の銀貨

　　　　　　長崎貿易…**銅**に加えて**俵物**の輸出を増やし、**金・銀**を輸入

◆開発事業：新田開発…**印旛沼**の干拓（町人資本を利用）→失敗

　　　　　　蝦夷地…**工藤平助**『赤蝦夷風説考』の影響、**最上徳内**を派遣

※**天明の飢饉・浅間山**の噴火→百姓一揆・打ちこわしの激化

4　寛政の改革（18世紀末）

　田沼時代に続くのは、老中の**松平定信**が主導した**寛政の改革**です。彼は、徳川吉宗の一族である**三卿**（一橋・田安・清水）の**田安家**の出身で、吉宗の孫にあたりますが、譜代大名の**白河藩**松平家の養子となっていました。そして、1787年に老中となり、**11代将軍徳川家斉**を補佐して、享保の改革を理想とした復古的な改革を進めました。

　寛政の改革は、天明の飢饉からの復興をめざした改革だよね？

　たしかにそうなんだけど、事態はもっと深刻だったんだ。というのも、田沼意次が失脚した直後、全国の都市で打ちこわしが同時多発的に発生し、江戸での打ちこわしは特に激しかったんだ（**天明の打ちこわし**）。権力者が交代するとき、こういった民衆運動が発生しやすい

のかもしれないね。

 「将軍様のお膝元」で激しい打ちこわし！　幕府はピンチだね。

 松平定信には、幕府の権威が失われたことへの危機感があった。打ちこわしの多発という社会情勢が、幕府政治を大きく動かしたんだ。

① 農村復興

　天明の飢饉では、冷害によって東北地方を中心に飢饉が拡大し、農民が流出して荒れ果てた農村が多く見られました。まずは、幕府や諸藩の年貢収入の基盤となる農村を立て直す必要があります。そこで、松平定信は飢饉に備えて大名に米を蓄えさせる**囲米の制**を実施するとともに、各地に**社倉・義倉**という蔵を設置させました。さらに、**旧里帰農令**を発して、都市下層民となっていた農村出身者を**故郷に帰るように奨励**しました。

② 江戸の都市政策

　当時の都市では、農村から流れ込んだ人々が都市下層民となって、町はずれの小さい長屋などに住むようになっており、なかには**無宿人**と呼ばれた浮浪者になるケースもありました。天明の打ちこわしでは、こういった貧民層が多く打ちこわしに参加したこともあって、特に江戸では一刻も早い治安対策と貧民対策が求められていました。そこで、隅田川の**石川島**に**人足寄場**をもうけ、無宿人を強制収容して職業訓練をおこない、自立させようとしました。そして、江戸の町々に対し、町の経費を節約させて、そのうちの**7割**を貧民救済の費用として積み立てさせる**七分積金**の制度を作りました。

年表
1787	天明の打ちこわし
	松平定信、老中となる
1789	棄捐令
	囲米の制
1790	人足寄場
	旧里帰農令
	寛政異学の禁
1791	七分積金
1792	林子平（『海国兵談』）を処罰
	ラクスマンが根室に来航

③ 体制再建

　松平定信がおこなった体制再建策の柱となるのは、秩序回復策、文教政策、風俗統制、の3点です。
　秩序回復策として、旗本・御家人の借金返済を免除する**棄捐令**を発しました。これは、幕府の改革政治や軍事を担う旗本・御家人の勢力を回復させる、という意図がありました。

旗本や御家人は、誰から借金していたの？

 将軍が旗本・御家人と主従関係を結ぶとき、土地ではなく米（俸禄）を御恩として与えたよね。そして、将軍から与えられた俸禄米を、旗本・御家人に代わってお金にかえていた商人が札差だった→第15章。旗本・御家人がお金に困ったとき、普段から俸禄米の換金で世話になっている札差から借りることが多かったんだ。

 旗本・御家人と札差との関わりは、俸禄米を売った代金を受け取ることだけじゃなかったんだね。

棄捐令は、旗本・御家人にとってはありがたいですが、彼らへの貸金を放棄させられた札差は困ってしまいます。こうした、商人を多少犠牲にしてでも秩序を回復しようという改革の姿勢は、物価引き下げ令や、株仲間の一部廃止などの政策にも表れています。

文教政策として、寛政異学の禁を発しました。儒学のなかで、朱子学以外の学問（古学など）が流行していたので、これらを「異学」とする一方、朱子学を「正学」と定め、幕府の支配を支える朱子学の復興をはかったのです（国学・洋学は儒学で

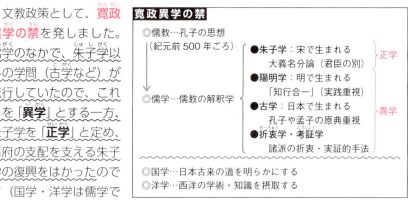

寛政異学の禁

◎儒教…孔子の思想
（紀元前500年ごろ）
↓
◎儒学…儒教の解釈学

●朱子学：宋で生まれる
　大義名分論（君臣の別）　｝正学
●陽明学：明で生まれる
　「知行合一」（実践重視）
●古学：日本で生まれる
　孔子や孟子の原典重視　　｝異学
●折衷学・考証学
　諸派の折衷・実証的手法

◎国学…日本古来の道を明らかにする
◎洋学…西洋の学術・知識を摂取する

はないので、「異学」には含まれません）。そして、幕府と関係の深い林家の私塾であった聖堂学問所において、朱子学以外の儒学の講義と研究を禁じました（全国的に「異学」の講義・研究を禁じたのではありません）。聖堂学問所は、のちに幕府が運営する昌平坂学問所となります。

風俗統制策としては、当時庶民に流行していた洒落本（遊里を舞台とする短編小説）の作者である山東京伝と、黄表紙（挿し絵の入った風刺を含む小説）の作者である恋川春町を処罰しました→第18章。風俗を乱したり時事を風刺したりする出版物を取り締まったので、文化の面での自由はあまりなかった時代でした。

④ 対外危機への対応

　松平定信は、対外政策にも力を注ぎました。ロシア人が千島列島を南下して蝦夷地周辺で経済活動を本格化させると、その情報は幕府にも伝わりました。そして、田沼時代とはうってかわり、ロシアに対してガードを固める政策に転じました。対外防備の強化を『海国兵談』で唱えた林子平を、幕政を批判するものとして処罰する一方、ロシアから派遣された使節のラクスマンが根室に来航して通商を要求した際には、拒否の姿勢を示しました。そして、これ以降、幕府の蝦夷地対策や沿岸防備策（海防）が本格化していきます。

寛政の改革の持つ意味

　松平定信は、天明の飢饉という国内危機に加え、ロシアの接近という対外危機にも対応しようとしました。危機感が生んだ改革だったのです。

　しかし、田沼時代に緩んだ武士の気風を引き締めようとする策は、「世の中に蚊ほどうるさきものはなし　ぶんぶといふて夜もねられず」と、文武の奨励と蚊の飛ぶ音をかけて風刺され、質素倹約をすすめる策は、「白河の清きに魚のすみかねて　もとの濁りの田沼こひしき」と、賄賂の横行はあっても田沼時代のほうが自由でよかった、と皮肉られました。

　そして、尊号一件（光格天皇が父である閑院宮典仁親王に「太上天皇」号を与えようとしたが、松平定信がこれを拒否し、関係する公家を処罰した事件）で11代将軍家斉の信任を失った松平定信は、在職6年あまりで老中を辞職しました。この事件は、それまでの朝廷と幕府の協調関係を崩すきっかけとなりました。

ポイント　寛政の改革　松平定信（老中）、11代将軍家斉

◆農村復興：**囲米の制**、**社倉・義倉**…飢饉対策
　　　　　　旧里帰農令…農民の帰村を奨励
◆都市政策：**人足寄場**…江戸の**無宿人**を収容、治安対策
　　　　　　七分積金…江戸の町費節約分の**7割**積み立て、貧民対策
◆秩序回復：**棄捐令**…**札差**の旗本に対する貸金を放棄させる
◆文教政策：**寛政異学の禁**…**聖堂学問所**で朱子学以外の儒学の講義を禁止
◆風俗統制：山東京伝（**洒落本**）・恋川春町（**黄表紙**）の処罰
◆対外政策：**林子平**『**海国兵談**』処罰、**ラクスマン**の通商要求拒否

チェック問題にトライ！

【1】（1991年度　追試験）

次の史料は、享保の改革期に出された幕府法令の一部である。

> 米穀去年より段々下値に候ところ、その外諸色（諸品）の値段高値に付、諸人難儀に及び候。酒・酢・醬油・味噌類は、米穀を以て造り出し候物に候えば、米値段に准ずべき儀、勿論に候。
>
> （『御触書寛保集成』）

問　史料の経済状況を打開するために、幕府がとった対策について述べた文として最も適当なものを、次の①～④のうちから一つ選べ。

① 株仲間の結成を認め、商業統制を試みた。

② 足高の制を設け、経費の削減をはかった。

③ 諸大名に上げ米を命じ、財政の不足を補った。

④ 徴税法に定免法を採用し、年貢の増徴をはかった。

解説　選択肢はすべて「享保の改革」に関する法令で、内容の誤りもありません。したがって、設問文にある「史料の経済状況を打開するため」という要求にあてはまる選択肢を選びます。**設問文の設定・条件にフィットする選択肢を答える形式**が、共通テストに見られる特徴の一つです。

【米穀の値段が去年より下がり、その他の商品の値段は上がったので、人々は苦しんでいる。酒や酢などは米穀が原料なので、米の値段に合わせるべきだ】以上が史料の大意です。つまり、「史料の経済状況を打開する」政策とは、米価安・諸色高に対応する物価調節のための流通統制だとわかります。この点にあてはまるのは、①「株仲間の結成」ですね。②「足高の制」は人材登用策、③「上げ米」は幕府財政改善策、④「定免法」は年貢徴収策なので、いずれも物価調節とは関係のない政策です。

⇒したがって、①が正解です。

解答　①

【2】（1995年度　本試験）

次の図版は、江戸で出版された蘭徳斎春童作『やれでたそれ出た亀子出世』の一部である。この作品は、松平定信が幕政の改革を開始する直前に

起こった民衆運動を描いたものである。民衆運動をそのまま描くのではなく、亀を買い占めた悪徳商人をスッポンたちが襲い、俵から亀を逃がしてやるという話にして、痛快に社会風刺を行っている。

問　この図版で描かれた民衆運動について説明した文として正しいものを、次の①～④のうちから一つ選べ。

①　「ええじゃないか」と連呼しながら乱舞した宗教的形態の運動である。

②　国訴と呼ばれる、特権商人の流通独占に対する運動である。

③　米価の高騰に対する、都市の下層民を中心にした運動である。

④　代官に対して年貢の減額を訴願した運動である。

解説　「松平定信が幕政の改革を開始する直前に起こった民衆運動」から、18世紀末の寛政の改革を想起します。また、「亀を買い占めた悪徳商人をスッポンたちが襲い、俵から亀を逃がしてやるという話」にも注目します。

①　「『ええじゃないか』」は、幕末（19世紀後半）に発生しました。

②　「国訴」は、19世紀前半に畿内周辺で発生しました。

③　「米価の高騰～運動」は打ちこわしです。図版の「亀を買い占めた悪徳商人」は米穀商、「スッポンたち」は民衆、「俵から亀を逃がしてやる」は俵から米をぶちまけることを指すので、打ちこわしの風刺として意味が通ります。

④　「代官に対して年貢の減額を訴願した運動」は百姓一揆であり、「亀を買い占めた悪徳商人」とは無関係です。

⇒したがって、③が正解です。

解答　③

第 17 章

幕藩体制の動揺

世紀	将軍	政権	政治・社会	外交
18世紀後半	⑩家治	田沼意次	(1)	**1 対外的危機の高まり** **①ロシアの接近** 工藤平助『赤蝦夷風説考』 最上徳内が蝦夷地を調査 林子平（『海国兵談』）を処罰 ラクスマンが根室来航（1792）
		松平定信	(2)	
19世紀前半	⑪家斉	徳川家斉	**2 文化・文政時代 （1793〜1841）** **①関東の治安対策** 関東取締出役	近藤重蔵が択捉島を調査 レザノフが長崎来航（1804） 間宮林蔵が樺太を調査 **②イギリスの接近** フェートン号事件（1808） 異国船打払令（1825）
			●天保の飢饉 **②国内的・対外的危機** 百姓一揆・打ちこわし 大塩の乱（1837） **③19世紀の経済** 工場制手工業の発展 全国流通の変化	**③アメリカの接近** モリソン号事件（1837）
	⑫家慶	水野忠邦	**3 天保の改革（1841〜43）** **①国内的危機への対応** 人返しの法 株仲間解散令 **②対外的危機への対応** 上知令 **③藩政改革** 薩摩（調所広郷） 長州（村田清風） 肥前（鍋島直正）	**④アヘン戦争の影響** 天保の薪水給与令 (3)

III

近

世

1 対外的危機の高まり（18世紀末〜19世紀前半）

江戸時代後期の国外情勢に注目しましょう。18世紀後半以降、**ロシア**が日本へ接近してきました。そして、19世紀前半には、**イギリス**や**アメリカ**の接近も加わりました。江戸幕府は、こうした**欧米列強の接近**という情勢に対して危機感を強め、諸大名に命じて海防（沿岸警備）を強化するとともに、さまざまな命令を発して対処しました。

① ロシアの接近

 ロシアが日本に接近したのは、なぜなのかな？

 当時のロシアはシベリア開発に意欲を持っていて、ユーラシア大陸の東へと勢力を拡大していった。そして、オホーツク海や北太平洋に進出し、蝦夷地のアイヌとも交易をおこなうようになったんだよ。

 でも、蝦夷地は、松前藩がアイヌとの交易をおこなっていた場所だよね。江戸幕府が作った鎖国は、どうなってしまうのかな？

 そもそも、江戸幕府が最初から鎖国を意識していたのかというと、そうではないんだ。鎖国令と呼ばれる法令は、キリスト教禁教と貿易統制の命令だし、「**四つの口**」（**長崎・対馬・薩摩・松前**）を通した特

定の国・地域との交流はあった→第14章。18世紀末以降、対外的危機感(き き かん)のなかで「鎖国(さ こく)は江戸幕府が開かれて以来の祖法(そ ほう)である」と幕府に意識され始めたんだよ。

 列強の接近で、「鎖国を守る！」と幕府が考え始めたんだね。

(1) 18世紀末のロシア接近以降、幕府は北方での警戒を強めていった

18世紀後半の田沼(た ぬま)時代→第16章、工藤平助(く どう へい すけ)の『赤蝦夷風説考(あか え ぞ ふう せつ こう)』が幕府に提出されると、田沼意次は蝦夷地開発(おき つぐ)やロシアとの貿易に関心を持ち、**最上徳内(も がみ とく ない)**を蝦夷地へ派遣しました。そして、18世紀末の寛政(かん せい)の改革では→第16章、**林子平(はやし し へい)**が『**海国兵談(かい こく へい だん)**』で海防の強化を説いたことを幕政批判だとして、松平定信は彼を処罰しました。しかし、ロシア使節の**ラクスマン**が漂流民の**大黒屋光太夫(だい こく や こう だ ゆう)**をともなって**根室(ね むろ)**に来航すると（1792）、幕府は通商要求を拒否し、その後の幕府は江戸湾・蝦夷地の沿岸防備を諸大名に命じました。

寛政の改革後、幕府は蝦夷地やその周辺に調査隊を派遣して北方の状況をつかもうとします。**近藤重蔵(こん どう じゅう ぞう)**・最上徳内を択捉島(え とろ とう)へ派遣し、「大日本恵登呂府」の標柱を立てさせました。さらに、下総(しも うさ)の商人で幕府の天文方(てん もん かた)に学んだ**伊能忠敬(い のう ただ たか)**に蝦夷地の沿岸測量を命じ、これはのちに全国の測量と「**大日本沿海輿地全図(だい に ほん えん かい よ ち ぜん ず)**」の作製につながりました→第18章。地図は、外国船の接近や上陸の可能性を探り、警備体制を計画するうえでも有用でした。

ロシアの接近（略地図）

ロシア

カムチャツカ半島

清

← 間宮林蔵

樺太

沿海州

千島列島

得撫島(うるっぷ)

択捉島 ← 近藤重蔵
└ 「大日本恵登呂府」

国後島 ← ゴローウニン

蝦夷地

根室 ← ラクスマン

松前藩

(2) 19世紀前期、ロシアとの関係が一時期悪化したが、のち改善された

19世紀に入り、幕府は松前藩(まつ まえ はん)から東蝦夷地を取り上げて直轄化するなか、ロシア使節の**レザノフ**が**長崎**に来航して通商を要求しました（1804）。幕府はラクスマン来航時と同じように要求を拒否し、レザノフを追い返したため、幕府はロシアとのトラブル回避をはかり、外国船に薪水(しん すい)を給与する**文化の撫恤(ぶ か ぶ じゅつ)**

令を発しました。しかし、ロシア船が蝦夷地周辺を攻撃する事件が発生してしまいます。危機感を強めた幕府は、西蝦夷地と松前藩を含めた全蝦夷地を直轄化して松前奉行の管轄下に置くとともに、東北諸藩に蝦夷地の警備を命じ、間宮林蔵を樺太・沿海州の探査に派遣しました。

こうした警戒強化のなかで、**ゴローウニン事件**が発生しました。ロシア軍艦の艦長ゴローウニンが国後島に上陸し、日本の警備兵に捕まると、ロシア側は報復として蝦夷地へ進出していた商人の**高田屋嘉兵衛**を拘束しました。結局、嘉兵衛が送還され、その尽力でゴローウニンも釈放されて事件が解決すると、日本とロシアの緊張はしだいに緩んでいき、のちに蝦夷地の管轄が幕府から松前藩に戻されて松前奉行も廃止されました。

こうした状況は、幕府の洋学に対する姿勢にも影響を与えました→第18章。19世紀初め、幕府の天文方に**蛮書和解御用**が設置され、洋書の翻訳によって海外情勢の把握と軍事技術の導入をはかるなど、幕府も洋学の摂取に乗り出しました。しかし、オランダ商館医で、長崎に**鳴滝塾**を開いて医学を講義していたドイツ人**シーボルト**が、帰国の際に国外持ち出し禁止の日本地図を持っていたのが露見すると、幕府は彼を国外追放しました（**シーボルト事件**）。

② イギリスの接近

19世紀初めに日本が北方でロシアの脅威にさらされていた時期、幕府に衝撃を与えた事件が起きました。当時イギリスは、ナポレオン1世が率いるフランスと対立を深め、フランスの同盟国となったオランダ（イギリスにとっては敵国）の植民地を次々と狙いました。こうしたなか、**イギリス軍艦フェートン号**がオランダの船を追いかけて長崎に侵入し、オランダ商館員を人質にとって薪水・食料を強要するという**フェートン号事件**（1808）が発生しました。

さらに、イギリスの捕鯨船が日本近海に出没し、出合った漁船と交易をしたり、沿岸に上陸して住民と衝突したり、といった出来事が相次ぐと、幕府は**異国船打払令**（1825）を発して、日本に接近する外国船を武力で撃退して上陸を阻止することにしました（清・朝鮮・琉球の船は打払いの対象外とし、オランダ船は長崎以外では打払う）。

③ アメリカの接近

18世紀後半に独立革命によって建国されたアメリカ合衆国は、19世紀になると西へ西へと開拓を進めて太平洋に進出していきました。こうしたなか、**アメリカ商船モリソン号**が通商を求めて日本に接近すると、幕府が異国船打払令を適用して撃退する**モリソン号事件**（1837）が発生しました。

こうした政策に対し、渡辺崋山は『慎機論』を著し、高野長英は『戊戌夢物語』を著して批判しましたが、幕府によって処罰されました（蛮社の獄）。

④ アヘン戦争の影響

その直後、**アヘン戦争**（1840〜42）で清がイギリスに敗北し、南京条約によって清は開国し香港をイギリスに割譲した、という情報が日本にも伝わってきました。当時の幕府は**天保の改革**を進めていたので、その一環として漂着した外国船に薪水を給与し、上陸はさせないことで鎖国を維持しようという**天保の薪水給与令**が発されました。イギリスの接近に対応した異国船打払令を撤回し、それ以前にロシアの接近に対応した文化の撫恤令に戻したのです。

列強の接近は、前後関係を意識しながら、流れをつかみましょう。

ロシアの接近	英・米の接近 （※は幕府の洋学への対応）
1785 田沼意次、**最上徳内**を蝦夷地へ派遣	
1792 林子平（『海国兵談』）が処罰される	
ラクスマンが**根室**に来航、通商要求	
1798 近藤重蔵を択捉島へ派遣	
1800 伊能忠敬に蝦夷地の測量を命じる	
1802 東蝦夷地を直轄化	
1804 **レザノフ**が**長崎**に来航、通商要求	
1806 文化の撫恤令…外国船へ薪水給与	
（このころ、ロシア船の樺太・択捉島攻撃）	
1807 全蝦夷地を直轄化、**松前奉行設置**	
1808 間宮林蔵を樺太・沿海州へ派遣	1808 フェートン号事件…イギリス軍艦侵入
1811 ゴローウニン事件（〜13）	※蛮書和解御用（1811）…洋書翻訳部局
1821 蝦夷地の管轄が松前藩に戻される	（このころ、イギリスの捕鯨船接近が相次ぐ）
	1825 異国船打払令…外国船を武力で撃退
	※シーボルト事件（1828）…国外追放処分
	1837 モリソン号事件…アメリカ商船撃退
	1839 蛮社の獄…渡辺崋山・高野長英を処罰
	1840〜42 アヘン戦争…清はイギリスに敗北
	1842 天保の薪水給与令…外国船へ薪水給与

ポイント　対外的危機の高まり

◆探検：**最上徳内**（蝦夷地へ）　**近藤重蔵**（択捉島へ）　**間宮林蔵**（樺太へ）

◆ロシア人：**ラクスマン**（根室来航　1792）　**レザノフ**（長崎来航　1804）

◆事件：**フェートン号事件**（英　1808）　**モリソン号事件**（米　1837）

◆法令：英船接近→**異国船打払令**(1825)　アヘン戦争→**天保の薪水給与令**

2 文化・文政時代 （18世紀末～19世紀前期）

　次は、江戸時代後期の政治史です。18世紀末から19世紀前半にかけて、寛政の改革のときに将軍となっていた11代将軍徳川家斉が在職し続けます。そして、子の家慶に将軍職を譲って大御所になったあとも政治を主導し続けました。約50年間にわたる家斉の治世を、元号を用いて文化・文政時代、あるいは大御所時代と呼びます。この時期は、外交の面では列強の接近により鎖国が動揺していた時期にあたります。一方、国内政治は停滞し、寛政の改革でおこなわれた倹約・引き締め政策は忘れられ、放漫政治となっていきました。

 なぜ、幕府は、またお金をいっぱい使うようになったのかな？

 徳川家斉は、妻を多く抱え55人もの子どもをもうけたんだ。大奥の維持費用に加え子どもの養育費や結婚費用がかかるから、幕府財政はピンチになるよね。そこで、幕府は5代将軍綱吉のときと同じように、質を悪くした文政金銀を造って、差額を幕府の収益としたんだ。

 たしか荻原重秀の建議による、元禄金銀だったよね。でも、お金の価値が下がるから、物価が上がってしまい、庶民はまた困るね。

 このときは、お金の量が増えたことで、世の中の金回りがよくなって景気を刺激する効果が生まれたんだ。三都（江戸・大坂・京都）だけでなく、地方市場にも大量のお金が流れ込んで、全国的な経済発展がもたらされた。こうした19世紀前半の経済発展を背景に化政文化が栄え、町人の文化が地方の農村にも伝わっていったんだ。

 将軍の子だくさんが、意外な効果を生んだんだね。

① 関東の治安対策

　このころの関東地方は、江戸に近いこともあって急速に経済発展しましたが、農民の階層分化も進行し、土地を失い没落した貧農が江戸へ流出して荒廃する農村が増えました。村どうしにも格差が生まれたのです。

年表
- **1793** 寛政の改革が終わる→11代将軍家斉の親政
  - ※無宿人・博徒の増加で関東の治安悪化
- **1805** 関東取締出役を設置
- **1827** 寄場組合を編成
  - 天保の飢饉（1833～39）
  - ※百姓一揆・打ちこわしの激増
- **1837** 大塩の乱（大塩平八郎）
  - 家慶が12代将軍に→家斉は大御所に

こうしたなか、無宿人や博徒（ばくち打ち）が横行して治安が悪化する地域が生じたため、領主の区別なく関東地方を広域に巡回する**関東取締出役**を設置しました。さらに、領主の区別なく村々を組織して治安維持をおこなわせる**寄場組合**を編成しました。

② 国内的・対外的危機

　天保年間（1830年代）に入ると、全国的な凶作による**天保の飢饉**が発生し、米不足で困窮した人々が農村・都市にあふれました。そして、百姓一揆や打ちこわしが全国で多発し、特に幕領での大規模な一揆は幕府の支配を大きく動揺させました。こうしたなか、大坂町奉行所のもと与力（役人の一つ）で陽明学者の**大塩平八郎**が、餓死者も出るといった大坂の悲惨な状況を見かねて、弟子や民衆とともに「貧民を救え！　民を救わない役人や商人は罰を加える！」と蜂起しました（**大塩の乱**　1837）。これはわずか半日で鎮圧されたものの、もと幕府役人が公然と武力反乱を起こしたことで、幕府は衝撃を受けました。さらに、「大塩の弟子」と称した国学者の**生田万**が蜂起して越後の代官所を襲うなど、世の中は不穏な情勢となります。同じ年（1837）に**モリソン号事件**が発生したところに、「内憂外患」という日本の置かれた危機的な状況が表れています。

③ 19世紀の経済

　この時期の全国的な経済状況について、これまでに出てきたものも含め、いくつかのトピックをまとめます。

(1)　商品を生産する工業のあり方が発展していった

　18世紀になると、農村へ貨幣経済が浸透していきました →第16章 。すると、都市の問屋商人が扱う商品を農村で生産する動きが形作られていきました。問屋商人が道具や資金を農民に貸し与え、農民が原料（商品作物など）を自宅で加工し、問屋商人ができ上がった製品を買い取る**問屋制家内工業**は →第15章 、19世紀になるといっそう発展していきました。

　さらに、19世紀には、大坂周辺（摂津国・河内国）・尾張地方の**綿織物業**や、北関東（桐生・足利）の**絹織物業**で、作業場に賃労働者を集めて分業・協業で生産させる**マニュファクチュア**（**工場制手工業**）が成立しました。

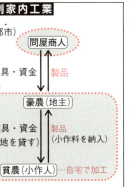

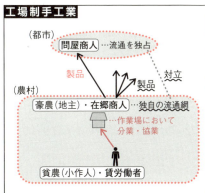

(2) 商品の流通が全国的に広がり、農村内で商人が成長した

　農村への貨幣経済の浸透にともなって農民の階層分化が進むと、農村内で経済的に成長した**豪農**（地主）のなかには、身分は百姓でありながら商業活動を盛んにおこない、農村の内外で独自の流通網を開拓して**在郷商人**に成長する者も現れます。従来商品流通を独占してきた都市の問屋商人（株仲間）と対立することもありました。こうした変化を背景に、この時期に大坂周辺の畿内農村で発生したのが、**国訴**です →第16章。

(3) 諸藩も商品生産・加工・流通に関わるようになった

　18世紀以降、諸藩も幕府と同じように財政が悪化していきました。年貢収入をこれ以上増やしにくく、消費支出が増えていくなかで、諸藩は発達した商品生産の富に目をつけ、国産品（藩の特産物）を育成して藩が独占的に買い取り、藩の外に販売して貨幣を手に入れる**藩専売制**が拡大しました。特に、19世紀になると専売品は大坂の問屋商人（株仲間）を通さず、大消費地の江戸へ直送・販売するようになっていきました。

(4) 関東地方を中心に、江戸へ生産物資を直送する経済圏ができた

　江戸時代前期・中期（17・18世紀）は、経済の中心は西日本、特に大坂・京都周辺の上方でした。しかし、江戸時代後期（19世紀）になると、東日本の関東を中心とする地域でも商品生産が発展しました。米や野菜など江戸で日常的に消費される物資が生産されるとともに、**野田・銚子**の**醤油**、**桐生・足利**の**絹織物**などの特産品も生まれました →第15章。こうして、江戸市場向けの生産・集荷・販売網である**江戸地廻り経済圏**が形成されました。

Ⅲ

近

世

⑸　**大坂を中心とする商品流通ルートが崩れていった**

　このころには、日本海を拠点に西廻り航路を運航する北前船に加え（→第15章）、尾張を拠点に江戸〜大坂〜瀬戸内で活動する内海船などの地方廻船が発達しました。これらの船は、みずから商品を買い入れ、大坂以外の地方港湾での商品の売買や、地方廻船同士での取引をおこなったため、生産地から大坂市場への物資流通が減っていきました。こうして「**天下の台所**」であった大坂の経済的地位がしだいに低下し、物資を集散する力が衰えていきました。

> ● **文化・文政時代の持つ意味**
>
> 　寛政の改革ののち、19世紀前半を中心に徳川家斉（11代将軍・大御所）の政治が50年近く続き、全国的な経済・文化の発展が見られました。
> 　一方、列強の接近が相次ぐなか、天保の飢饉が日本の社会を大きく動揺させました。水戸藩主の**徳川斉昭**が、国内・対外情勢の危機である「内憂外患」への対処を12代将軍家慶に建言したりもしました（『**戊戌封事**』を提出）。

> **ポイント** ▶ **文化・文政時代** 徳川家斉（**11代将軍**）
>
> ◆関東の治安対策：**関東取締出役**
> ◆19世紀の経済：**マニュファクチュア** **在郷商人**の成長 **藩専売制**の拡大
> 　※**天保の飢饉**→百姓一揆・打ちこわしの発生、**大塩の乱**（1837）

③ 天保の改革（19世紀中期）

　1841年、大御所の徳川家斉が死去すると、すでに**12代将軍**となっていた**徳川家慶**のもとで老中**水野忠邦**が政治改革を宣言します。国内・国外のさまざまな課題に対処するため、享保・寛政の改革でおこなわれた政治に戻ることを目標にして、三大改革の最後となる天保の改革が始まりました。

① 国内的危機への対応

　「改革」ということは、また復古的な政策がおこなわれたのかな？

　そういうことだね。**天保の飢饉**にともない百姓一揆・打ちこわしや

大塩平八郎の乱が発生し、また列強の接近が激しくなるなかで**モリソン号事件**も発生した。こうした農村・都市の秩序の動揺や「鎖国」体制の動揺に対し、統制を強化して体制を立て直そうとしたんだ。

 でも、これだけ変化してしまった世の中を回復させるのは、簡単じゃないよね？ 復古をめざす「改革」も3度目だし。

実は、水野忠邦は、目的のためには手段を選ばない強引なやり方で、変化した現状を無理やり元に戻すような政策を進めたんだ。その結果、反発と批判が大きくなってしまった。そういった反発をおさえきれなくなるほど、幕府の力は弱くなっていたともいえるんだ。

江戸幕府による支配も、終わりに近づいてきたね。

(1) 全階層に厳しい姿勢で臨み、農村・都市の秩序を回復しようとした

まず、水野は**倹約令**を発しました。これは、享保・寛政の改革のときよりも厳しいもので、高価な菓子・料理や華美な服などを禁止するなど、将軍から庶民に至るまで倹約が徹底されました。当時庶民に流行していた**人情本**（恋愛を主題とする小説）の作者である**為永春水**と、**合巻**（挿し絵の入った長編小説）の作者である**柳亭種彦**を処罰するなど、寛政の改革での洒落本（山東京伝）と黄表紙（恋川春町）の処罰と同じように →第16章、出版統制や風俗取り締まりが徹底しておこなわれました。しかし、こういった経済や文化への抑圧は、人々の不満を高めることになりました。

年表	
1841	大御所家斉が死去
	老中**水野忠邦**による改革が始まる
	三方領知替えを撤回（将軍家慶）
	倹約令
	株仲間解散令
1842	天保の薪水給与令
1843	人返しの法
	上知令（実施できず）
	水野忠邦の失脚

天保の飢饉で崩れた都市の秩序を回復し、農村の再建を進めるためにおこなわれたのが、**人返しの法**です。江戸に流入していた農村出身者の退去と**帰村を強制**しました。寛政の改革の旧里帰農令では帰村の奨励でしたから、人返しの法は強権発動のニュアンスが強いですね。しかし、無宿人を含む都市下層民が江戸から流出して、江戸周辺農村の治安がさらに悪化してしまいました。

(2) 発達した経済を背景に、江戸の物価引き下げをはかった

商業政策として、**株仲間の解散**がおこなわれました。水野は、物価が高い原

因が株仲間の流通独占による価格
つり上げにあると考え、これまで
株仲間へ与えてきた特権を奪いま
した。そして、当時成長していた

農村の在郷商人に期待し、彼らが自由に流通へ参加することによって江戸への
流入物資を増やし、物価を下げようとしました。しかし、株仲間がなくなった
ことで流通が混乱し、大坂から江戸への商品流入量がさらに減って、江戸での
物価が上がってしまいました。結局、天保の改革ののち、**株仲間の再興**が許可
されました。

② 対外的危機への対応

(1) 外国船の接近・漂着に対応する政策をおこなった

　天保の改革が始まったころ、中国大陸ではすでに**アヘン戦争**が始まってお
り、最終的に勝利したイギリスが清を開国させた、という情報が日本にも伝わ
ってきました。危機感を持った幕府は、異国船打払令を撤回して**天保の薪水給
与令**を発し、漂着した外国船との紛争を避けて退去させることにしました。そ
の一方、西洋の砲術も取り入れた軍事力強化をはかりました。

　さらに、田沼時代におこなわ
れた**印旛沼の干拓**を再開しまし
たが →第16章、今回は新田開発よ
りも運河を開削する掘割工事が
主な目的でした。もし外国船が
江戸湾を封鎖したら、大坂など
からの廻船を遠回りさせて（太
平洋→銚子→利根川→印旛沼→

印旛沼の掘割工事

利根川
江戸川
印旛沼
銚子
江戸
掘割工事
江戸湾
太平洋

江戸湾）、江戸まで物資を運べるようにするのが狙いだったのです。しかし、
水野の失脚によって失敗に終わりました。

(2) 対外防備の強化をともなう幕府権力強化策は、水野失脚のきっかけになった

　列強の接近が相次ぐなか、幕府は諸大名に江戸湾をはじめとする沿岸の警備
をおこなわせてきました。天保の改革が始まる直前、江戸湾の海岸防備に関わ
り財政難の川越藩松平家を豊かな庄内藩へ、庄内藩酒井家を長岡藩へ、長岡藩
牧野家を川越藩へ、という玉突き転封の計画である**三方領知替え**が幕府から発
表されました。しかし、庄内藩領民の大規模な反対もあり、天保の改革が始ま
った直後に12代将軍家慶の判断で撤回されました。転封を大名に強制できな

かったことは、幕府権力の衰退と藩権力の自立化を示すものとなりました。

　その後、幕府は、上知令（あげち）を命じました。**江戸・大坂**周辺の大名・旗本（はたもと）領あわせて約50万石の土地をすべて幕領にする計画で、農業生産力が高いこの地域を直接支配できれば、江戸や大坂が外国船に包囲されても抵抗できるという、対外防備強化策も含まれていました。しかし、大名・旗本へは代わりの領地が用意されたものの、領地の移転を強制される彼らの反対で上知令は実施できず、強い批判を受けた水野は老中（ろうじゅう）を辞めさせられ、天保の改革も終わりました。

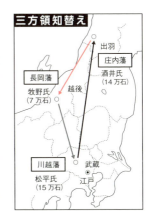

③ 藩政改革

　この時期、諸藩でも政治改革がおこなわれました。18世紀後半の藩政改革では、「名君」とされた大名が、財政難を克服するための殖産興業や、人材を育成する藩士教育を主導しました。そのため、藩専売制を導入したり、**藩学（藩校）**を開設・再興したりしました。代表的な大名として、**細川重賢（しげかた）**（熊本藩）・**上杉治憲（はるのり）**（米沢藩）・**佐竹義和（よしまさ）**（秋田藩）があげられます。

```
藩政改革
●18世紀後半
・細川重賢（熊本藩）…藩学時習館（じしゅうかん）、専売制や治水
・上杉治憲（米沢藩）…藩学興譲館（こうじょうかん）、米沢織の奨励
・佐竹義和（秋田藩）…藩学明徳館（めいとくかん）、木材・銅山開発
●19世紀
・薩摩藩（鹿児島藩）…島津氏
　　調所広郷の改革
　　　　藩の負債整理、黒砂糖の専売強化、琉球貿易
・長州藩（萩藩）…毛利氏
　　村田清風の改革
　　　　紙・蠟の専売を改革、越荷方（こしにかた）での倉庫・金融業
・肥前藩（佐賀藩）…鍋島氏
　　藩主鍋島直正の改革
　　　　均田制（きんでんせい）で農村復興、反射炉（はんしゃろ）を建設して洋式製鉄
・水戸藩…徳川氏
　　藩主徳川斉昭の改革（反対が多く不成功）
　　　　藩学弘道館（こうどうかん）
```

　そして、19世紀の藩政改革では、武士身分内部の上下差に関わりなく中下級藩士を登用したり、西洋の技術を導入して軍事力を増強したり、藩営工場を設立するなどマニュファクチュアによる工業生産を積極的に摂取したりしました。薩摩藩では藩主島津氏のもとで調所広郷（ずしょひろさと）の改革が、長州藩では藩主毛利氏のもとで村田清風（むらたせいふう）の改革が、それぞれ進められました。また、肥前藩では藩主**鍋島直正（なべしまなおまさ）**が、水戸藩では藩主**徳川斉昭（とくがわなりあき）**が、それぞれ改革を主導しました。よく

「薩長土肥」などと呼ばれますが、この時期に藩政改革を進めて藩権力の強化に成功した**雄藩**は、のち幕末の政治を主導するとともに、その出身者が明治維新を主導していきました。

天保の改革の持つ意味

　幕府権力の強化と本百姓体制の回復という復古的な「改革」をめざしましたが、厳しすぎる改革は反発が多く、わずか3年で失敗に終わり、幕府の衰退へと向かっていきました。水野忠邦が失脚して天保の改革が終わった10年後、1853年にペリーが来航して、19世紀後半には近代という時代が始まります。

ポイント ▶ **天保の改革**　　水野忠邦（老中）、12代将軍家慶

◆農村復興：**人返しの法**…江戸に流入していた農民の帰村を強制
◆経済政策：**株仲間の解散**…自由な流通による物価引き下げ→流通の混乱
◆風俗統制：**為永春水（人情本）・柳亭種彦（合巻）**の処罰
◆対外政策：**天保の薪水給与令**、印旛沼の掘割工事
　　　　　　上知令…江戸・大坂周辺を直轄に→実施できず
　※19世紀の藩政改革：薩摩藩（**調所広郷**）・長州藩（**村田清風**）

チェック問題にトライ！

【1】（2013年度　本試験）

　18世紀末から19世紀前半は、国内秩序の動揺が進み、国際環境も大きく変化した時代である。この時期、将軍に就任したのは、11代徳川家斉で、その在職期間は約50年におよんだ。……しかしその反面、物価は高騰し、貧富の差が広がった。農村では土地を失う百姓が増え、都市へと流入する者も増加した。一方、無宿人が横行し、治安は悪化した。

問　下線部に関して述べた次の文I〜IIIについて、古いものから年代順に正しく配列したものを、下の①〜⑥のうちから一つ選べ。
　I　幕府は、江戸の石川島に人足寄場を設け、無宿人を収容した。
　II　大坂町奉行所の元与力で、陽明学者の大塩平八郎が乱を起こした。
　III　幕府は、関東取締出役を設け、犯罪者の取締りにあたらせた。

① I−II−III　　　② I−III−II　　　③ II−I−III
④ II−III−I　　　⑤ III−I−II　　　⑥ III−II−I

解説　センター試験でも共通テストでも、**具体的な出来事からその時代の状況全体を想起し、時代がどう移りかわっていくかを追っていく**実力が要求されます。しかし、歴史の流れを表面的になぞっても、理解は深まらないし記憶にも残りません。**具体的な出来事をしっかり学んだうえで、それを抽象化し、時代の状況全体を理解する。そして、時代の移りかわりを、その背景・理由とともに頭に入れていく。**そういった学習をやっていきましょう。

　本問の文章には、下線部にあてはまる時期の「18世紀末から19世紀前半」と、将軍の「11代徳川家斉（いえなり）」とが示されているので、その範囲でI・II・IIIの時期を推定します。Iは、「人足寄場（よせば）」「無宿人（むしゅくにん）を収容」から18世紀末の寛政（かんせい）の改革だとわかります。松平定信（まつだいらさだのぶ）が失脚したのち、11代将軍家斉が親政をおこなう文化（ぶんか）・文政（ぶんせい）時代となりますが、その前半には関東の治安対策としての「関東取締出役（かんとうとりしまりしゅつやく）」設置がおこなわれ（III）、後半には天保（てんぽう）の飢饉（ききん）とその影響下で「大塩平八郎（おおしおへいはちろう）が乱を起こし」ました（II）。そして、そののちに天保の改革が断行されました。

　⇒したがって、②（I−III−II）が正解です。

解答　②

世紀	文化	時期と特徴
16世紀後半	**1 桃山文化** ①**建築・美術** 城郭建築　障壁画（濃絵）　風俗画 ②**芸能・文芸** 侘茶(千利休)　阿国歌舞伎　キリシタン版	16世紀後半（桃山時代） 織豊政権 豪華・壮大 南蛮文化の影響
17世紀前半	**2 江戸初期の文化** ①**建築・美術** 権現造　装飾画（俵屋宗達）　陶芸 ②**学問・文芸・芸能** 朱子学（林羅山）　俳諧	17世紀前半（寛永期） 幕藩体制確立期（3代将軍家光） 桃山文化を継承し洗練させる
17世紀後半 18世紀前半	**3 元禄文化** ①**文学・芸能** 浮世草子（井原西鶴） 俳諧（松尾芭蕉） 人形浄瑠璃（近松門左衛門） 歌舞伎（市川団十郎・坂田藤十郎） ②**学問** 儒学（朱子学・陽明学・古学） 歴史学・本草学・和算・国文学 ③**美術** 装飾画（琳派）　浮世絵（菱川師宣）	17世紀後半〜18世紀前半 幕藩体制安定期（5代将軍綱吉） 上方（大坂・京都）の経済発展 →富裕な町人が担い手に 現実主義的 儒学など学問の発展
18世紀後半 19世紀前半	**4 江戸中・後期の文化** ①**学問・思想・教育** 洋学（杉田玄白・前野良沢・大槻玄沢） 国学（本居宣長・平田篤胤） 尊王論・経世論・農政論 思想全般（心学・身分論・無神論） 藩学・郷学　私塾　寺子屋 ②**文学** 洒落本　黄表紙　人情本　合巻 読本　滑稽本　川柳・狂歌 ③**美術** 浮世絵（錦絵／喜多川歌麿・葛飾北斎）⸱⸱⸱⸱⸱⸱(2) 文人画　写生画　西洋画 ④**生活** 芝居小屋・寄席　御蔭参り　庚申講	18世紀後半（宝暦・天明期） 19世紀前半（文化・文政期） 江戸を含め全国の経済発展 →都市の下層町人も担い手に →地方の豪農が文化を受容 幕藩体制の動揺、列強の接近 →合理的・実証的学問の発展 (1)

　第18章は、近世文化（桃山文化、江戸初期の文化、元禄（げんろく）文化、江戸中・後期の文化）をすべて扱います。

(1)　それぞれの文化が、何世紀のいつごろにあてはまるのかを、まずしっかりとつかみます。そして、それぞれの時期の政治・外交や社会・経済の状況を思い出しながら、文化ごとの特徴を理解していきましょう。

(2)　近世文化は、とにかく知識の量が多いので、覚えるだけでも大変です。しかし、センター試験で出題されることが多かったので、共通テスト対策でも学習しないわけにはいきません。問われるのは、人名・作品名がどの文化に属するのか、という時代感覚です。

　信長・秀吉による天下統一から家康による全国支配の確立を経て、近世では社会の安定が続きました。そして、全国経済の発達も背景としながら、武士から庶民に至るまで、人々は豊かで多彩な**近世文化**を作り上げていきました。人物名・作品名の前に、**ジャンル**の名称を意識し、それがどの時期に登場し発展したか、という時代感覚を身につけましょう。

1 桃山文化

　桃山文化は**信長・秀吉政権**の時期だから、何世紀ごろかな。

　16世紀後半の文化だね。近世になると出来事が増えるから、100年ごとではなく50年ごとのまとまり（世紀の前半・後半）で考えたほうがいいよ。

　各地の**戦国大名**が活躍し、都市では**豪商**が成長した時期だから、文化の特徴も想像できるよ。強い権力や経済力を持った人々が担い手だから、**豪華さ・壮大さ**が出てきそう。

　そういうことだね。特に、美術のなかに、そういった権力の強さや経済力の豊かさが表れているんだ。そして、新しい動きとして、ヨーロッパの接近を背景とする、**南蛮（なんばん）文化**の要素も見られるんだよ。

　南蛮貿易も、文化に影響を与えたんだね。

① 建築・美術

建築の面では、山城から平山城・**平城**へ移っていくにしたがい**城郭建築**が発達し、重層の**天守閣**が造られました。城郭建築の遺構として、豊臣秀吉の聚楽第・伏見城の一部が、別の寺院や神社の建物のなかに残っています。また、桃山文化のなかでは珍しく、簡素・侘びの精神による**茶室建築**も見られました。

> **桃山文化**（★は人名）
> ●建築
> 　**姫路城**（兵庫）…世界遺産
> 　**聚楽第・伏見城**…★豊臣秀吉の建造、遺構が残る
> 　**妙喜庵待庵**…★千利休の茶室
> ●障壁画
> 　**唐獅子図屏風**…★狩野永徳
> 　**智積院襖絵**
> 　**松林図屏風**（水墨画）　}…★長谷川等伯
> ●風俗画
> 　**洛中洛外図屏風**…★狩野永徳
> 　**南蛮屏風**

桃山文化を代表するのは、なんといっても絵画です。襖や屏風に描いて城郭や書院を飾り立てる**障壁画**は、大名の権威・権力を示すものとして重宝されました。そこには、金箔を貼った上に絵の具を濃彩で描く**濃絵**の技法や、室町文化以来の水墨画の技法が用いられました。濃絵の『**唐獅子図屏風**』を描いた**狩野永徳**や、その弟子の狩野山楽が、豊臣秀吉などの権力者に仕えて**狩野派**を発展させる一方、**長谷川等伯**が狩野派のライバルとして台頭し（水墨画にもすぐれていました）、**海北友松**も障壁画を描きました。また、都市の庶民生活や祭礼などを描き、現在では絵画資料として用いられることも多い**風俗画**では、京都内外の生活を描いた狩野永徳の『**洛中洛外図屏風**』や、宣教師が伝えた西洋画の影響で日本人がヨーロッパ風俗を描いた『**南蛮屏風**』も登場しました。

② 芸能・文芸

【室町文化】の茶道を確認しましょう→第12章。禅の精神を取り入れた質素な**侘茶**は、【東山文化】で村田珠光が創始し、【戦国期文化】で武野紹鴎が受け継ぎました。そして、この【桃山文化】で**千利休**が侘茶を大成しました。彼は秀吉に仕えた堺商人で、秀吉が京都北野神社で開催した**北野大茶会**でも活躍しました。そののち、茶道は武士や商人の間で受け入れられていきます。

つぎに、舞踏・音曲を見ましょう。出雲大社の巫女であった**出雲阿国**が、男装して舞い踊る**かぶき踊り**（**阿国歌舞伎**）を京都でおこなったことから、**歌舞伎**が登場しました。そののち、歌舞伎は庶民が見物する娯楽として大いに流行することになります。さらに、**三味線**の伴奏による語りと人形操りによる**人形浄瑠璃**が登場し、これも江戸時代にかけて流行します。また、堺商人の高三隆

達が小歌→第12章に節をつけて歌った**隆達節**も登場しました。

　文芸では、一つひとつの文字を組み並べて印刷する**活字印刷術**が出現したことが重要です。イエズス会の**ヴァリニャーニ**→第13章が伝えたローマ字印刷機による**キリシタン版**（**天草版**）では、『平家物語』『伊曾保物語』（イソップ物語）が出版されました。秀吉の朝鮮出兵→第13章で伝来した技術による**慶長勅版**は、後陽成天皇の勅命による出版事業でした。

　生活の面では、衣服は**小袖**が一般化し、食事は１日２食から３食へと変化し（昼飯を食べるようになった）、都市の住居は瓦屋根に２階建のものが登場しました。また、「カステラ・カルタ・パン・カッパ・コンペイトウ」などの日本語に、**ポルトガル語**系の外来語の影響が見られます。

ポイント　桃山文化

建築：**城郭建築**
美術：**障壁画**…**濃絵**の技法、**狩野永徳**・**長谷川等伯**
　　　風俗画…**洛中洛外図屏風**・**南蛮屏風**
茶道：**侘茶**…（村田珠光→武野紹鷗→）**千利休**が大成
芸能：**歌舞伎**の登場…**阿国歌舞伎**　**人形浄瑠璃**の登場…**三味線**の伴奏
文芸：**活字印刷術**…**キリシタン版**・慶長勅版

---

2 江戸初期の文化

　そしたら、次に来る**江戸初期の文化**は、**17世紀前半**の文化だね。江戸幕府の将軍でいうと、**家康・秀忠・家光**にあてはまるかな。

　幕藩体制が確立した時期にあたるね。そして、３代将軍家光のときに使われた元号をとって**寛永期文化**ともいうよ。江戸幕府は秀吉政権が作ったしくみを受け継いでいる面が多いけれど、江戸初期の文化も桃山文化を受け継いだ面が強いんだ。

　受け継ぐだけじゃなく、元禄文化につながる面もありそうだね。

　特に、**儒学**は江戸幕府の支配のなかで用いられた学問だから、この時期から大いに発展していくんだ。学者が研究するだけじゃなくて、教育を通じて多くの人々の間に広がっていくんだよ。

江戸時代の文化では、学問の歴史に注目するのが大切なんだね。

① 建築・美術

　建築では、二つの様式が登場します。一つは死者の霊をまつる**霊廟建築**に取り入れられた、装飾彫刻を用いた豪華な**権現造**です。家康をまつった**日光東照宮**が典型例で、「見ざる言わざる聞かざる」の彫刻があることで知られています。もう一つは書院造に茶室建築の様式を取り入れた**数寄屋造**で、京都の**桂離宮**などがあります。

> **江戸初期の文化**　（★は人名）
> ●建築
> 　日光東照宮…権現造
> 　桂離宮…数寄屋造
> ●絵画・工芸
> 　大徳寺方丈襖絵…★狩野探幽
> 　風神雷神図屏風…★俵屋宗達、装飾画
> 　舟橋蒔絵硯箱…★本阿弥光悦

　絵画の面で重要なのは、デザインと構図を工夫して描いていく**装飾画**の登場です。京都の**俵屋宗達**はユーモラスで大胆な構図の『**風神雷神図屏風**』を描き、彼の画風は尾形光琳に受け継がれていきました。一方、狩野派では**狩野探幽**が**幕府御用絵師**となり、その地位が代々受け継がれていきますが、権力と結びついたために画風の発展は見られなくなりました。

　工芸の面では、京都町衆の**本阿弥光悦**が多芸多才な文化人として活躍し、楽焼（手で成形して低温で焼く）の茶碗や**蒔絵**を製作しました。また、秀吉の朝

> **狩野派**
> 狩野正信・元信…狩野派確立～東山・戦国期文化
> 狩野永徳・山楽…信長や秀吉に仕える～桃山文化
> 狩野探幽…江戸幕府の御用絵師～江戸初期の文化
> 狩野芳崖…日本画を復興～明治の文化

鮮出兵（→第13章）で日本へ連行された朝鮮人陶工が製陶技術を伝えると、九州・中国地方の各地で陶磁器生産が盛んとなり、肥前の**有田焼**では**酒井田柿右衛門**が上絵付け法（焼いた後で色を付ける）の**赤絵**を完成しました。

② 学問・文芸・芸能

　学問では、なんといっても**朱子学**を中心に儒学が盛んになったことが重要です。朱子学は宋の朱熹が始めた儒学の一派であり、室町時代では五山の禅僧が教養として学んでいました（→第12章）。そして、朱子学の**大義名分論**は君臣の別をただして上下の秩序を保つ側面があったことから（→第15章）、江戸時代になると幕府・諸藩に受け入れられました。そのきっかけを作ったのが、京都五山の相国寺で学んだ**藤原惺窩**です。僧侶から俗人に戻って朱子学を広め、近世儒学の祖とされました。そして、弟子の**林羅山**が将軍家康・秀忠・家光・家綱に仕えて以来、子孫の**林家**は代々幕府の文教政策を担当する儒者となりました。

文芸では、【室町文化】の御伽草子を受け継いだ→第12章、教訓・道徳を表現した絵入り小説の**仮名草子**が登場し、のちの浮世草子につながっていきます。また、【室町文化】の連歌から上の句（5・7・5）が独立した**俳諧**が登場して、民衆文芸の基礎が形作られました。京都の松永貞徳が創始した**貞門俳諧**や、奇抜な趣向を狙った西山宗因の**談林俳諧**を経て、のちに松尾芭蕉の蕉風（正風）俳諧が登場します。

　歌舞伎では、阿国歌舞伎を発展させた**女歌舞伎**が登場しますが、風俗取り締まりのため江戸幕府によって禁止され、のちには少年が踊る**若衆歌舞伎**も禁止されて、のちの野郎歌舞伎につながっていきます。

ポイント ▶ 江戸初期の文化（寛永期文化）

建築：**権現造**…**日光東照宮**　**数寄屋造**…桂離宮
美術：**装飾画の登場**…**俵屋宗達**　有田焼（赤絵）…酒井田柿右衛門
学問：**朱子学**の発展（京学…**藤原惺窩・林羅山**）
文芸：（御伽草子→）仮名草子（→浮世草子）　**俳諧**の登場…貞門・談林
芸能：（阿国歌舞伎→）**女歌舞伎→若衆歌舞伎**（→野郎歌舞伎）

---

3 元禄文化

① 文学・芸能

　　　元禄文化が発達した元禄時代といえば、5代将軍綱吉の時代だね。

　　　時期をもっと広く考えて、**17世紀後半**から18世紀初めにかけての文化を元禄文化と呼ぶよ。政治史では**文治政治**の時期が中心になるね。平和な世の中になって幕府の政治も安定したことで、それまでの公家・武士・僧侶や富裕な豪商に加えて、一般の町人や地方の商人、農村で成長した豪農も担い手になった。

　　　上方（大坂・京都）を中心に、全国的に経済が発展した時期だから、担い手も一気に増えたんだ。だから、こういった人々の好みに合った文学や芸能が生まれたんだね。

　元禄文化を代表するのは、なんといっても上方を中心に発展した町人文芸で

しょう。【室町文化】の御伽草子や【江戸初期の文化】の仮名草子から発展した浮世草子は、人々のリアルな生活や感情を描いたものです。大坂町人の井原西鶴は、愛欲を描いた好色物、武士の義理などを描いた武家物、三井などの豪商や一般町人を描いた町人物で、文学に新境地をもたらしました。

元禄文化① （★は人名）
●浮世草子
好色一代男（好色物）┐
武道伝来記（武家物） ├…★井原西鶴
日本永代蔵（町人物）┘
●俳諧
奥の細道（紀行文）…★松尾芭蕉
●人形浄瑠璃の脚本
曽根崎心中（世話物）┐
国性（姓）爺合戦（時代物）┘★…近松門左衛門

　「古池や蛙飛びこむ水の音」という句を聞いたことがありますか？　この句を詠んだ松尾芭蕉は、こういった幽玄閑寂（奥深く物静かな境地）を表現した蕉風（正風）俳諧を創始しました。『奥の細道』などの紀行文からは、地方の農村部にも彼のような文化人を受け入れた人々がいたことがわかります。
　人形浄瑠璃は上方で発展しますが、その中心となったのは近松門左衛門の脚本と竹本義太夫の語りでした（のち音曲が独立して義太夫節に）。近松は、義理と人情の間で悩む人間の姿といった、当時の世相に題材を求めた世話物や、滅亡した明の復活をめざす鄭成功をモデルにするなど、歴史的内容をもとにした時代物の脚本を書き、民衆の共感と人気を呼びました。
　歌舞伎は、【桃山文化】の阿国歌舞伎から、【江戸初期の文化】の女歌舞伎・若衆歌舞伎（幕府が禁止）を経て、成人男性が演じる野郎歌舞伎がおこなわれるようになりました。そして、上方・江戸の芝居小屋で演じられる舞台演劇に発展していきました。人気を呼んだ俳優として、江戸でアクションの激しい荒事を演じた市川団十郎と、上方で恋愛物の和事を演じた坂田藤十郎を区別しましょう。さらに、男が女を演ずる女形を得意とした芳沢あやめもいました。

② 学　問

学問はたくさん覚えることがありそうで、なんだか面倒だなぁ。

武断政治から文治政治への転換を思い出そう→第15章。戦乱が終わって社会が安定すると、武芸よりも学問が重視されるようになったよね。だから、儒学が幕府・諸藩などに受け入れられて発展し、武士だけではなくほかの身分の人々も基礎教養として儒学を学ぶようになった。そうすると、儒学のなかにあった、ものごとを合理的・現実的に

考えるやり方が、ほかのいろいろな種類の学問も発達させたんだ。

 儒学を中心に、ほかの学問の特徴を理解していけば、大丈夫かな。

(1) 儒学は、師弟関係、政治家との関わり、著作・私塾、処罰などに注目する

朱子学の系統

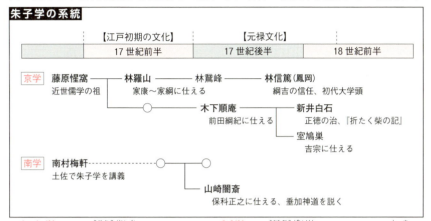

	【江戸初期の文化】	【元禄文化】	
	17世紀前半	17世紀後半	18世紀前半

京学　藤原惺窩 ── 林羅山 ── 林鵞峰 ── 林信篤(鳳岡)
　　　近世儒学の祖　　　家康〜家綱に仕える　　　　　　　　　綱吉の信任、初代大学頭

　　　　　　　　　　　○ ── 木下順庵 ── 新井白石
　　　　　　　　　　　　　　前田綱紀に仕える　　　正徳の治、『折たく柴の記』
　　　　　　　　　　　　　　　　　　　　└ 室鳩巣
　　　　　　　　　　　　　　　　　　　　　吉宗に仕える

南学　南村梅軒‐‐‐‐‐○ ── ○
　　　土佐で朱子学を講義
　　　　　　　　　　　　　└ 山崎闇斎
　　　　　　　　　　　　　　保科正之に仕える、垂加神道を説く

　朱子学には、藤原惺窩が京都で開いた京学と、南村梅軒が戦国時代に土佐で開いたとされる南学の、二つの派があります。

　京学には、林羅山・林鵞峰・林信篤（鳳岡）と続く林家と、木下順庵や弟子の新井白石・室鳩巣らが出た系統の、二つの系統が含まれます。林信篤は5代将軍綱吉のもとで初代大学頭となり →第15章、木下順庵は加賀藩の前田綱紀に仕え →第15章、新井白石は6代将軍家宣・7代将軍家継のもとで正徳の治を推進しました →第15章。

　南学では、山崎闇斎が会津藩の保科正之に仕えたことに加え →第15章、儒教を用いて神道を解釈した垂加神道を説いたことをおさえましょう。

陽明学の系統

	【江戸初期の文化】	【元禄文化】	
	17世紀前半	17世紀後半	18世紀前半

中江藤樹 ── 熊沢蕃山
「近江聖人」　　池田光政に仕える
　　　　　　　『大学或問』→処罰

　陽明学は、明の王陽明が始めた儒学の一派で、朱子学の理論重視を批判し、理論と実践の一致である知行合一を説いたので、幕府は警戒しました。日本陽明学の祖となった中江藤樹は近江で活動し、弟子の熊沢蕃山は岡山藩の池田光政に仕えました →第15章。しかし、著作の『大学或問』で幕政を批判したため、

幕府によって下総古河に幽閉されてしまいました。

古学の系統

	【江戸初期の文化】	【元禄文化】	
	17世紀前半	17世紀後半	18世紀前半

聖学　山鹿素行
『聖教要録』→処罰

古義学派　伊藤仁斎 ——— 伊藤東涯
古義堂（京都）

古文辞学派　荻生徂徠 —— 太宰春台
『政談』　　　『経済録』
蘐園塾（江戸）

古学は、日本で生まれた儒学の一派で、朱子学や陽明学のもととなった孔子・孟子の原典に戻ることを説きました。そして、山鹿素行の聖学、伊藤仁斎が始めた古義学派（堀川学派）、荻生徂徠が始めた古文辞学派という三つの系統があります。

聖学は、古代の聖賢である孔子・孟子の人物を理想化したもので、山鹿素行は著作の『聖教要録』で朱子学を批判したため、幕府によって播磨赤穂に流罪となってしまいました。

古義学派は、儒教の古典である『論語』『孟子』の内容解釈を重視したもので、伊藤仁斎・東涯の父子が京都堀川に私塾古義堂を開きました。

古文辞学派は、儒教の古典を中国語を用いて直接解釈する漢文学として始まり、しだいに儒教の古典に載る中国の伝説的な王の「先王の道」に注目したことから、政治・経済を説く経世論へと発展していきました。荻生徂徠は江戸に私塾蘐園塾を開くとともに、柳沢吉保に仕え、享保の改革を主導した8代将軍吉宗 →第16章 の命令で、武士の土着を説いた著作『政談』を幕府に提出したりしました。弟子の太宰春台は経世論を展開し、武士の商業活動と藩専売によって財政難を克服することを説きました。

(2) その他の学問は、特に自然科学に注目し、各学問の特徴を理解していく

歴史学は、合理的に解釈する儒学の影響で、史料にもとづく史実の考証研究が進みました。幕府の命令で林羅山・林鵞峰が編纂した『本朝通鑑』や、徳川光圀が水戸藩の事業として編纂を開始した『大日本史』、新井白石が独自の時代区分論で幕府の正統性を合理化した『読史余論』などがあります。そして、『大日本史』編纂事業のなかから、朱子学の大義名分論にもとづき天皇を「王者」として尊ぶ水戸学が成立しました。

植物・動物・鉱物の薬効を研究する**本草学**は、中国から伝来して**貝原益軒**や**稲生若水**が研究を進め、のちに本草学は自然物や資源を記録する**博物学**（物産学）に展開していきました。

農業に関する実用的な**農学**では、各地での実践的な経験を集めた**農書**が普及し、技術や生産力が全国的に向上していきました→第15章。【元禄文化】では『**農業全書**』の**宮崎安貞**が、【江戸中・後期の文化】では『**広益国産考**』の大蔵永常があてはまるので、時期を区別しましょう。

測量や商業取引で用いられる実用的な**和算**では、寺子屋

元禄文化② （★は人名）

- **儒学**
  - **大学或問**…★**熊沢蕃山**　参勤交代緩和を説く
  - **聖教要録**…★**山鹿素行**　朱子学を批判
  - **政談**…★**荻生徂徠**　武士の土着を説く
  - **経済録**…★**太宰春台**　藩専売制を説く
- **歴史学**
  - **本朝通鑑**…★**林羅山・鵞峰**　幕命で編纂
  - **大日本史**…★**徳川光圀**　水戸藩の編纂事業
  - **読史余論**…★**新井白石**　時代区分論
- **本草学**
  - **大和本草**…★**貝原益軒**　本草学の始まり
  - **庶物類纂**…★**稲生若水**　物産の研究
- **農学**
  - **農業全書**…★**宮崎安貞**　総合的な農業技術
- **和算**
  - **塵劫記**…★**吉田光由**　寺子屋の教科書に
  - **発微算法**…★**関孝和**　筆算代数法や円周率
- **地理学**（→洋学へ）
  - **華夷通商考**…★**西川如見**　西洋の事情
  - **西洋紀聞・采覧異言**…★**新井白石**　世界地理
- **国文学**（→国学へ）
  - **万葉代匠記**…★**契沖**　万葉集の注釈

の教科書を書いてそろばんの普及をもたらした**吉田光由**や、筆算代数法や円周率計算といった高等数学の**関孝和**が登場しました。

天文学は暦と関係が深く、**渋川春海**（**安井算哲**）は天体観測にもとづいて**貞享暦**を作成し、5代将軍綱吉は功績をあげた渋川を幕府**天文方**に任じました→第15章。

地理学では、**西川如見**が長崎で見聞きした海外情報を記し、**新井白石**が日本に潜入した宣教師**シドッチ**を尋問して世界地理や西洋事情を記しました。これらは、のちに西洋の学術を直接摂取する**洋学**が発展する前提となりました。

国文学では、『古今和歌集』の今までの解釈を否定し、『万葉集』を重視した新しい歌学のあり方が見られ、**契沖**は万葉集を研究した『**万葉代匠記**』を著しました。また、**北村季吟**は『源氏物語』の注釈書を著し、5代将軍綱吉は北村を幕府**歌学方**に任じました。これらは、のちに日本古来の道を追求する**国学**が発展する前提となりました。

仏教では、明の僧の**隠元隆琦**が禅宗の一派である**黄檗宗**を日本に伝え、宇治に万福寺を開きました。

③ **美　術**

　絵画では、【江戸初期の文化】以来の**装飾画**が発展し、<ruby>尾形光琳<rt>おがたこうりん</rt></ruby>は京都で俵屋宗達の技法を継承しつつ図案化や象徴的表現を極限まで進め、**琳派**という流派をおこしました。また、伝統的な大和絵では、<ruby>土佐光起<rt>とさみつおき</rt></ruby>が室町時代の土佐光信以来の土佐派を復興して**朝廷絵師**となり、そ

```
┌─────────────────────────────────────┐
│ 元禄文化③ （★は人名）               │
│ ●装飾画                              │
│   紅白梅図屏風  ┐                    │
│   燕子花図屏風  ┘…★尾形光琳        │
│ ●浮世絵                              │
│   見返り美人図（肉筆画）…★菱川師宣 │
│ ●工芸                                │
│   八橋蒔絵螺鈿硯箱…★尾形光琳        │
└─────────────────────────────────────┘
```

こから分かれた**住吉如慶**は狩野派とともに幕府に仕え、住吉派を形成しました。一方、江戸では都市の風俗を描く**浮世絵**が**菱川師宣**によって始められ、全身を描く美人画などが描かれました。彼が発明した**版画**技法は大量生産が可能なため、安価となった浮世絵は大人気となりました。そして、浮世絵は庶民の絵画として発展していきます。

　陶芸では、**野々村仁清**が京焼の上絵付け法である**色絵**を完成しました。また、尾形光琳は装飾画だけでなく漆器の作成にもすぐれ、金粉で模様を描く**蒔絵**や、貝殻を磨いてはめ込む**螺鈿**を駆使した作品を残しました。染物では、京都で**宮崎友禅**が**友禅染**を創始しました。

ポイント　元禄文化

文学：**浮世草子**…井原西鶴（**好色物・武家物・町人物**『日本永代蔵』）

　　　人形浄瑠璃…**近松門左衛門**（**世話物**『曽根崎心中』・**時代物**）

　　　俳諧…**松尾芭蕉**『奥の細道』

学問：儒学　**朱子学**　京学…林信篤（**大学頭**に）／木下順庵
　　　　　　　　　　　　南学…山崎闇斎（**垂加神道**）

　　　　　　陽明学…中江藤樹・**熊沢蕃山**『大学或問』

　　　　　　古学　聖学…山鹿素行『聖教要録』
　　　　　　　　　　　古義学…伊藤仁斎
　　　　　　　　　　　古文辞学…荻生徂徠『政談』・太宰春台

　　　歴史学…水戸藩『**大日本史**』・新井白石『**読史余論**』

　　　本草学…**貝原益軒**　農学…**宮崎安貞**『農業全書』　和算…関孝和

　　　天文学…渋川春海（**貞享暦**）　国文学…**契沖**『万葉代匠記』

美術：装飾画…**尾形光琳**（琳派）　**浮世絵**…菱川師宣

4 江戸中・後期の文化

① 学問・思想・教育

いよいよ最後だね。それにしても近世文化はすごいボリュームだ！

江戸中・後期の文化には、18世紀後半が中心の宝暦・天明期の文化と19世紀前半の化政文化の両方が含まれる。ここからもかなりのボリュームだよ。

まだまだがんばらなくちゃ！　ところで、この時期の文化の特徴は？　政治・外交を見ると、田沼時代、寛政の改革、文化・文政時代、天保の改革だから江戸幕府の体制が崩れてくるし、列強の接近で「鎖国」もヤバいし……。

そこまで思い出せれば上出来だよ。危機的状況のなかで、古い体制に疑問を持ち、新しい学問を始めようとする気運が生まれるんじゃないかな。

学問が発展して、一気に花開いたんだね。

(1) 洋学（蘭学）は、幕府の政策も含め、どのように展開したかを追っていく

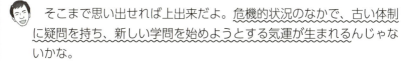

洋学の系統

【元禄文化】	【江戸中・後期の文化】	
18世紀前半	18世紀後半	19世紀前半

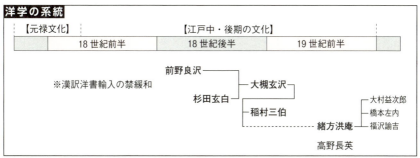

【元禄文化】で、西川如見や新井白石が西洋事情を伝える地理学をおこしたことが、洋学発達の前提となりました。そして、18世紀前半の享保の改革において、8代将軍吉宗が漢訳洋書の輸入の禁を緩和し→第16章、さらに青木昆陽らにオランダ語を学ばせることで、洋学は蘭学としてスタートしました。

18世紀後半になると、洋学は実用的な学問を中心に、オランダ語の翻訳を

通して西洋の知識を吸収していきました。前野良沢・杉田玄白らは、オランダ語の医学書『ターヘル＝アナトミア』を訳し、『解体新書』として刊行しました。当時は田沼時代であり、規制のない自由な雰囲気も洋学発展を促したのでしょう（田沼意次も蘭学に興味を示します）。そして、玄白・良沢の弟子の大槻玄沢は蘭学入門書『蘭学階梯』を著し、江戸に私塾芝蘭堂を開いて多くの弟子を育て、その弟子の稲村三伯は蘭和辞典の『ハルマ和解』を作りました。平賀源内はエレキテルの実験で有名ですが、彼は西洋科学の知識を使ってさまざまな分野に関与し、西洋画も描くなど博学多才な人でした。また、19世紀初頭、オランダ通詞（幕府の公式通訳）だった志筑忠雄が地動説や万有引力を紹介した『暦象新書』を著す一方、ケンペルの著書『日本誌』の一部を訳すときに「鎖国論」というタイトルを用いました（これが「鎖国」という言葉が初めて使われた場面です）。

19世紀前半になると、列強の接近もあって→第17章、世界や日本の地理を研究する動きも盛んになりました。下総の酒造家だった伊能忠敬は幕府の天文方で測地法を学び、幕府の命令で蝦夷地から始まり全国を測量しました→第17章。その成果は、彼の死後、驚異的な正確さを誇る

江戸中・後期の文化①（★は人名）

●洋学
- 解体新書…★前野良沢・杉田玄白ら　解剖書
- 蘭学階梯…★大槻玄沢　蘭学の入門書
- ハルマ和解…★稲村三伯　オランダ語辞書
- 暦象新書…★志筑忠雄　天文・物理学書
- 大日本沿海輿地全図…★伊能忠敬　日本全図

●国学
- 古事記伝…★本居宣長　『古事記』の注釈
- 群書類従…★塙保己一　日本の古典を収集

日本全図の『大日本沿海輿地全図』として実現しました。また、幕府も洋学の実用性を認めて摂取をはかり、天文方の高橋景保の建議で蛮書和解御用が設置され、洋書の翻訳にあたりました。さらに、民間で洋学への関心が高まると、緒方洪庵が大坂に開いた適塾（適々斎塾）や（福沢諭吉がここで学んだのは有名ですね）、オランダ商館医師だったドイツ人シーボルトが長崎に開いた鳴滝塾など（高野長英がここで学びました）、蘭学を教える私塾も設立されました。

しかし、幕府の洋学に対する姿勢は、あくまでも自然科学を中心とした実学の分野に限定した摂取を認めるというものであり、幕府の方針に反するものや、幕府の政策を批判するものには、弾圧を加えました。たとえば、禁止されている地図の国外持ち出しが発覚し、シーボルトが国外追放処分を受けたシーボルト事件や（地図を渡した天文方の高橋景保も処罰されました）、アメリカ船モリソン号を撃退したモリソン号事件に対し（1837）、これを批判した渡辺華山や高野長英が処罰された蛮社の獄も起きました→第17章。そして、幕末の開国論者である佐久間象山が「東洋道徳・西洋芸術（技術）」を主張したこと

からもわかるように、西洋文明の摂取は科学技術の側面に限定され、洋学はその初期から一貫して実用的な学問（実学）として受容され続けました。

(2) 国学は、国学を大成した本居宣長を中心に、その前後の状況をつかむ

国学の系統

【元禄文化】	【江戸中・後期の文化】	
18世紀前半	18世紀後半	19世紀前半

契沖　　荷田春満 ── 賀茂真淵 ──── **本居宣長** ──────── 平田篤胤

└──── 塙保己一

【元禄文化】で生まれた、契沖をはじめとする古典研究は、『古事記』『日本書紀』の研究を通じた古代日本精神の探究に発展し、儒教・仏教などの外来思想を排して日本古来の道（古道）を説く**国学**が生まれました。18世紀前半には**荷田春満**が登場し、その弟子の**賀茂真淵**は万葉集や古事記から古道を追求しました。その弟子の**本居宣長**は18世紀後半、古語の用例研究をもとにした『古事記』の注釈書である『**古事記伝**』を著し、国学を大成しました。また、**塙保己一**は江戸の和学講談所で古代以来の数多くの古書を分類・整理して『**群書類従**』を編纂・刊行しました。

19世紀前半の国学は、日本が外国よりもすぐれていると考える国粋主義・排外主義を強め、**平田篤胤**が日本古来の純粋な信仰を重視する**復古神道**を唱えました。彼の思想は地方の武士や豪農たちに浸透して、幕末の尊王攘夷運動にも影響を与えました。

(3) その他の学問は、体制に対するどのような立場からの意見なのか考える

儒学では、古学派に加え、諸派が融合した折衷学派や、清の影響を受けた実証的な考証学派も発展しました。これに対し、幕府は支配の正統性を支える学問として**朱子学**を重んじ、寛政の改革で**寛政異学の禁**を発して →第16章、朱子学を**正学**とし、聖堂学問所での**異学**（朱子学以外の儒学）の講義を禁止しました（のち**聖堂学問所**は林家の私塾から幕府直営の**昌平坂学問所**となります）。そして、異学の禁を主導した柴野栗山・尾藤二洲・岡田寒泉（のち岡田に代わり古賀精里）を幕府の儒官としました（**寛政の三博士**）。

尊王論は、朱子学の大義名分論を根拠に、幕藩体制のなかにある天皇を「王者」として敬うというもので、天皇に任命された将軍の権威を高めることで幕藩体制を支えるという側面がありました。しかし、幕府のコントロールが効かない尊王論に関しては弾圧を加えました。18世紀後半、京都で国学者の**竹内**

式部が尊王論を公家に説き、追放刑となった宝暦事件に続き、江戸で兵学者の山県大弐が尊王と幕府攻撃を説き、死刑となった明和事件も発生しました。一方、水戸学は、【元禄文化】で水戸藩徳川光圀が始めた『大日本史』編纂事業から成立しました。そして、19世紀前半になると藩主徳川斉昭のもとで、藤田幽谷・東湖の父子や会沢安らが外国を排斥する尊王攘夷論を説きました。これは、幕末の尊王攘夷運動に影響を与えました。

経世論は、儒学の古文辞学派（荻生徂徠・太宰春台）が起点となり、幕府のしくみを改良して現状を打開しようとするもので、商業・貿易論を展開しました。18世紀末以降に登場

江戸中・後期の文化② （★は人名）		
●経世論		
稽古談…	★海保青陵	藩専売制論
経世秘策・西域物語…	★本多利明	開国貿易論
経済要録…	★佐藤信淵	産業国営化
●その他の学問・思想		
自然真営道…	★安藤昌益	身分制を批判
夢の代…	★山片蟠桃	無神論

した以下の３人について、考え方の違いを理解しましょう。海保青陵は、武士が商業を見下す考え方をいましめ、積極的な藩専売制の強化による収入増加を主張しました。本多利明は『経世秘策』などで、開国による西洋諸国との貿易や、人口増大に備えた蝦夷地開発を主張しました。佐藤信淵は、強力な集権国家体制による産業国営化や対外進出を主張しました。

実務的な農政論は、農民の階層分化や相次ぐ飢饉により、村と百姓に支えられた幕藩体制が動揺するなかで、田畑の回復や農村の復興をはかろうとするものでした。二宮尊徳は勤労や倹約を中心とする報徳仕法で農村復興を推進し、大原幽学は道徳と経済の調和をはかる性学を説きました。

身分制社会や既成の教学への疑問を投げかける学問・思想も生まれました。石田梅岩は、18世紀前半の享保期、儒教に神道・仏教を加えた町人の倫理・道徳である心学を京都で創始し、商人の存在意義や役割を人々に説きました。安藤昌益は『自然真営道』で、誰もがみずから耕作する「自然の世」を理想として、身分制社会を批判しました。また、大坂の懐徳堂出身者のなかから、合理主義の立場に徹する思想家も現れました。富永仲基は儒教・仏教・道教を否定し、山片蟠桃は霊魂や精神の存在を否定する無鬼論（無神論）を唱えて『夢の代』を著しました。

(4) 教育は、それぞれの学校の場所・設立者・教育内容を区別する

江戸時代は、社会の各階層で教育が盛んになった時代でした。幕府が儒学教育を武士に奨励しただけでなく、諸藩も藩士教育のために藩学（藩校）を設置し、武士に加えて庶民にも門戸を開いた郷学（郷校）を設置する藩もありまし

た（岡山藩主池田光政による閑谷学校など）。また、民間有志による地方学校も郷学と呼ばれ、**大坂町人**の出資による**懐徳堂**は、富永仲基・山片蟠桃などの特異な思想家を生みました。

　都市に加えて農村でも貨幣経済が発達したことから、生活に必要な読み書き・そろばんを教える初等教育施設の**寺子屋**も全国的に増加していきました。こうした庶民教育の浸透は、下層の町人・農民をも担い手とする文芸

主な藩学・郷学・私塾

□ …藩学・郷学
□ …私塾

明徳館　佐竹義和
興譲館　上杉治憲
弘道館　徳川斉昭
古義堂　伊藤仁斎（古学）
藤樹書院　中江藤樹（陽明学）
松下村塾　吉田松陰のおじ
咸宜園　広瀬淡窓（儒学）
鳴滝塾　シーボルト（洋学）
護園塾　荻生徂徠（古学）
芝蘭堂　大槻玄沢（洋学）
懐徳堂　※郷学　町人の出資
適塾　緒方洪庵（洋学）
閑谷学校　※郷学　池田光政
時習館　細川重賢

秋田　米沢　水戸　江戸　近江小川　京都　大坂　岡山　萩　豊後日田　熊本　長崎

を発達させるなど、民衆文化の発展をもたらしました。

　学者などが開いた民間教育施設である私塾では、儒学に加えて蘭学や国学が講義されました。地図に、これまでに登場した藩学・郷学・私塾をまとめました。それらに加え、儒学者の**広瀬淡窓**が豊後日田に開いた**咸宜園**や、**吉田松陰**のおじが長門萩に開いた**松下村塾**（高杉晋作や伊藤博文らが学びました）も知っておきましょう。

② 文　学

　庶民にも**教育**が広がったおかげで、文字が読める人が増えたから、庶民向けの文学も盛んになったんだよね。

　理由は、教育だけじゃないんだ。江戸時代には、紙の生産が発展し、木版による印刷の技術も発達した。こうして**出版**が盛んになれば、出版物が大量に出回るから安くなって、庶民でも気軽に書物を手にすることができるようになったんだ。貧しくても、**貸本屋**から書物を借り

ればいいよね。

 なるほど、都市では下層民が増えていくけれど、こういった人々にも受け入れられる文化ができたんだ。でも、百姓はさすがに文化には手を出せないよね。生活を規制され、年貢を納めるので精一杯だっただろうし。

 江戸時代の中期以降になると、上方だけでなく全国に経済発展が及び、農村にも貨幣経済が浸透したことを覚えているかな？

 そうか、百姓のなかには豪農に成長して経済的なゆとりができる人もいたし、農村で商品生産が盛んになれば都市と経済的につながるから、都市で発達した文化が地方の農村にも広く普及したんだね。

 そう。その広がりが、江戸中・後期の文化の特徴でもあるんだよ。

(1) 小説は、ジャンルの変化を追っていくとともに、幕政との関連もつかむ

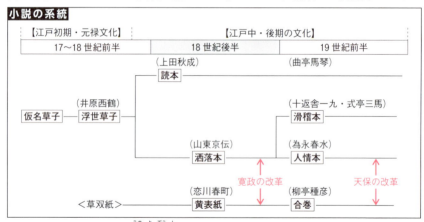

18世紀後半になると浮世草子は衰え、代わって歴史・伝説を題材とする長編小説である**読本（上田秋成）**や、江戸の遊里を舞台に遊女と客の会話を主体とした**洒落本（山東京伝）**が登場しました。さらに、子ども向け絵本の草双紙から発展して大人向けの挿し絵入り風刺小説となった**黄表紙（恋川春町）**も登場しました。これらは田沼時代の自由な風潮のなかで流行しましたが、**寛政の改革**では風俗を乱すとして弾圧の対象となり、**洒落本**作家の山東京伝と**黄表紙**作家の恋川春町が処罰されました。

19世紀前半になると、衰えた洒落本に代わり、庶民の軽妙な生活を会話主

体に描く娯楽小説である滑稽本（十返舎一九・式亭三馬）と、江戸町人の情話を描く恋愛小説である人情本（為永春水）が登場しました。洒落本の「会話」が滑稽本に、洒落本の「男女」が人情本に、それぞれ受け継がれたのです。さらに、衰えた黄表紙に代わり、黄表紙を数冊とじ合わせた挿し絵入りの長編小説の合巻（柳亭種彦）も登場しまし

江戸中・後期の文化(3)　(★は人名)		
●小説		
雨月物語…	★上田秋成	古典が題材の怪奇談
仕懸文庫…	★山東京伝	江戸の遊女
金々先生栄花夢…	★恋川春町	栄華を極めた男
東海道中膝栗毛…	★十返舎一九	滑稽な旅行記
浮世風呂・浮世床…	★式亭三馬	銭湯・床屋
春色梅児誉美…	★為永春水	男性をめぐる愛欲
偐紫田舎源氏…	★柳亭種彦	家斉の大奥を風刺
南総里見八犬伝…	★曲亭馬琴	主家の再興物語
●俳諧・随筆・脚本		
おらが春…	★小林一茶	農村の生活感情
北越雪譜…	★鈴木牧之	雪国の自然と生活
仮名手本忠臣蔵…	★竹田出雲	赤穂事件
東海道四谷怪談…	★鶴屋南北	亡霊の復讐

た。黄表紙の「挿し絵」が合巻に受け継がれたのです。これらは文化・文政時代の経済発展を背景に庶民に受け入れられましたが、天保の改革では厳しい風俗取り締まりのなかで弾圧の対象となり、人情本作家の為永春水と合巻作家の柳亭種彦が処罰されました。一方、読本は相変わらず盛んで、曲亭（滝沢）馬琴が勧善懲悪をテーマとした作品で人気を得ました。

(2) その他の町人文芸は、ジャンルごとの特徴を理解する

　俳諧は、農村の豪農層にも句作が広まり、各地に俳諧のサークルができました。18世紀後半では京都の与謝蕪村が写生的な句を詠み（彼は文人画の「十便十宜図」も描きました）、19世紀前半では信濃の小林一茶が農民の生活感情を詠みました。また、地方の庶民の風俗を記述した随筆も現れ、越後の鈴木牧之は雪国の生活を記述しました。

　川柳は俳句の「5・7・5」の形式を用いて世相を風刺したもので、柄井川柳が文学のジャンルとして確立しました。また、狂歌は「5・7・5・7・7」の形式で滑稽や幕政批判を込めた和歌で、江戸の御家人の大田南畝が代表的な作家です。寛政の改革を風刺した狂歌を確認しましょう→第16章。

　脚本では、18世紀前半に竹田出雲が人形浄瑠璃の脚本を書きましたが、人形浄瑠璃は歌舞伎の人気におされていきました。そして、19世紀前半には鶴屋南北が歌舞伎狂言の作者として活躍し、幕末には河竹黙阿弥が盗賊を主人公とした白浪物の作者となりました。歌舞伎は、浮世絵・出版物や地方興行によって全国各地に伝えられ、村中で農作業をいっせいに休む「遊び日」には、村々の若者によって歌舞伎をまねた村芝居も演じられました。このように、歌舞伎は村人の娯楽となって、農村の民衆文化に影響を与えました。

Ⅲ

近世

③ 美　術

 江戸中・後期の美術といえば、庶民的な浮世絵（うきよえ）だね！　なぜ庶民に受け入れられたのかな？

 印刷・出版が盛んになると、版画の技法も発達した。1枚の紙に多くの色を重ねて刷る錦絵の技法が完成されると、大量生産で安価となり、しかもビジュアル的にも美しい浮世絵は、江戸の庶民に好まれ、さらに地方への江戸土産にもなって、全国に流布していったんだ。

 でも、安いだけじゃ売れないよね。みんなが欲しがる絵じゃないと。

 浮世絵は、はじめは江戸の男性が好む美人画が中心だったけれど、歌舞伎（かぶき）が庶民の人気を呼ぶと、役者絵も流行した。さらに、19世紀前半には、生活に余裕が出てきた庶民の旅行が盛んになると、各地の名所を描く風景画も流行したんだ。

 時代のニーズに合わせて、画題も変化していくんだね。

(1) 浮世絵は、それぞれの作家が用いた技法・画題・構図に注目する

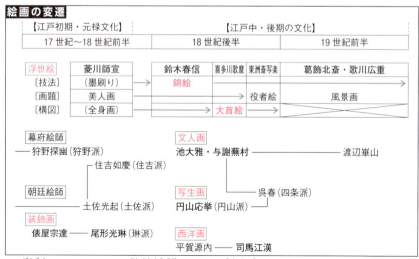

【元禄（げんろく）文化】において菱川師宣（ひしかわもろのぶ）が始めた浮世絵（うきよえ）版画は、18世紀後半になると鈴木春信（すずきはるのぶ）によって多色刷り版画の技法（錦絵（にしきえ））が発案され、浮世絵はこの技法

344

を用いて発展していきました。18世紀末には顔の表情を中心に上半身のみを描く**大首絵**の構図が登場し、美人画では**喜多川歌麿**が、歌舞伎役者を画題とする**役者絵**では**東洲斎写楽**がこの構図を用いました。19世紀に入ると、各地の自然や生活を描いた**風景画**が流行し、**葛飾北斎**が描いた『**富嶽三十六景**』や**歌川広重**が描いた『**東海道五十三次**』は、大胆な構図や色彩を用いた傑作です。また、**歌川国芳**は世相や政治を批判する**風刺版画**を制作しました。浮世絵は開国後に海外に紹介され、19世紀後半にフランスで日本美術への関心が高まるなかで（ジャポニスム）、印象派の画家に大きなインパクトを与えました（ゴッホが歌川広重の絵を模写したりしています）。

(2) 伝統的な絵画は、新しく加えられた要素に注目する

　文化人・学者が余技（素人の遊び）として、明・清の画風にならった**文人画**を描くことが盛んになりました。18世紀後半には**池大雅・与謝蕪村**が画風を確立して『**十便十宜図**』を描き、19世紀前半には**渡辺崋山**が出ました。崋山は、蘭学者の高野長英と交流があり、モリソン号事件に関連した蛮社の獄でともに処罰を受けました→第17章。

江戸中・後期の文化④　（★は人名）
●浮世絵
婦女人相十品…★喜多川歌麿　美人画・大首絵
市川鰕蔵…★東洲斎写楽　役者絵・大首絵
富嶽三十六景…★葛飾北斎　風景画
東海道五十三次…★歌川広重　風景画
●文人画
十便十宜図…★池大雅・与謝蕪村　田園生活
鷹見泉石像…★渡辺崋山　肖像画
●写生画
雪松図屏風…★円山応挙
●西洋画
不忍池図…★司馬江漢　銅版画

　京都では、中国の影響で写生を重視しつつ、西洋の遠近法も取り入れた**写生画**が登場し、**円山応挙**の円山派や、円山派から分かれた**呉春（松村月溪）**の**四条派**が、上方の豪商などに受け入れられました。

　近世の初めに南蛮人がもたらした**西洋画**は途絶しましたが、洋学の発達とともに油絵の技法が日本に伝えられると、**平賀源内**が西洋画を取り入れ、彼に学んだ**司馬江漢**は日本初の**銅版画**を制作し、亜欧堂田善も西洋画を描きました。

④ 生　活

　まず、都市庶民の娯楽から。三都をはじめ多くの都市で常設の**芝居小屋**が作られ、特に歌舞伎では回り舞台や花道などが工夫されました。さらに、落語や講談などの大衆芸能が**寄席**でおこなわれ、下層町人に人気となりました。また、観覧料を集める**相撲**の興行がおこなわれ、将軍の上覧もあって、相撲は歌舞伎とならぶ民衆娯楽の花形となりました。

　次に、寺社での催しを見ます。現世利益を求める民衆の信仰の場であった寺社は、供養をおこなう**縁日**や、秘仏を特別公開する**開帳**（ほかの場所で仏像を公開する**出開帳**は、現在の博物館「○○展」のようなものです）、番号札を買って当たりを競う**富突**（現在の宝くじのようなものです）など、経営費を稼ぐための人集めイベントをおこなうようになりました。

　さらに、庶民の旅行を見ます。街道が整備されるとともに、農村に貨幣経済が浸透すると、都市に加えて農村でも遠方の寺社への物見遊山や温泉への湯治、あるいは霊場への**巡礼**が盛んにおこなわれました。**寺社参詣**では伊勢神宮・信濃善光寺・讃岐金比羅宮が人気を集め、特に全国から伊勢神宮へ熱狂的な集団参拝がおこなわれる**御蔭参り**は、約60年周期で発生しました。

　最後に、民間信仰を見ます。いろいろな庶民信仰や宗教が混ざって成立しました。**盂蘭盆**は夏に祖先の霊をまつるもので、現在の「お盆」にあたります。**庚申講**は十干十二支で庚申の日に集会して徹夜する、災いを除き福を招く信仰の集まりで、しだいに娯楽や社交の場となり、各地に庚申塔が建てられました。また、幕末には社会不安が高まり人々の「世直し」願望が高まるなか、**天理教**（中山みきが教祖）・黒住教（黒住宗忠が教祖）・金光教（川手文治郎が教祖）などの民間神道が発生しました。

ポイント 江戸中・後期の文化

洋学：**前野良沢**・**杉田玄白**『**解体新書**』　**稲村三伯**『**ハルマ和解**』

　　　芝蘭堂（江戸　**大槻玄沢**）　**鳴滝塾**（長崎　**シーボルト**）

　　　適塾（大坂　**緒方洪庵**）

　　　幕府は**蛮書和解御用**を設置　**シーボルト事件**・**蛮社の獄**で弾圧

国学：**本居宣長**『**古事記伝**』　**平田篤胤**…復古神道

　　　塙保己一『**群書類従**』

尊王論：宝暦事件・明和事件（18世紀後半）　水戸学…尊王攘夷論

経世論：**海保青陵**（専売制）　**本多利明**（開国貿易）

　　　　佐藤信淵（産業国営）

身分制など：**石田梅岩**…**心学**　**安藤昌益**『**自然真営道**』　**山片蟠桃**『**夢の代**』

教育：**郷学**…**閑谷学校**（岡山藩主池田光政）　**懐徳堂**（大坂町人の出資）

小説：**読本**…上田秋成・曲亭馬琴

　　　洒落本…山東京伝　**黄表紙**…恋川春町　→寛政の改革で弾圧

　　　滑稽本…十返舎一九・式亭三馬

　　　人情本…為永春水　**合巻**…柳亭種彦　→天保の改革で弾圧

俳諧：**与謝蕪村**（京都）・**小林一茶**（信濃）

脚本：**竹田出雲**『**仮名手本忠臣蔵**』・**鶴屋南北**『**東海道四谷怪談**』

浮世絵：**鈴木春信**…**錦絵**を創始

　　　　喜多川歌麿・**東洲斎写楽**（役者絵）…**大首絵**

　　　　葛飾北斎『**富嶽三十六景**』・**歌川広重**『**東海道五十三次**』

文人画：**池大雅**・与謝蕪村、渡辺崋山

写生画：**円山応挙**・呉春

西洋画：**司馬江漢**（銅版画）

生活：開帳・御蔭参り・**庚申講**

【1】（2010年度　本試験）

　西洋の情報の摂取に関して述べた次の文Ⅰ～Ⅲについて、古いものから年代順に正しく配列したものを、下の①～⑥のうちから一つ選べ。

　Ⅰ　新井白石が、イタリア人宣教師シドッチを尋問した。

　Ⅱ　幕府の天文方に、翻訳のための蛮書和解御用がおかれた。

　Ⅲ　漢訳洋書のうち、キリスト教にかかわらないものの輸入が認められた。

① Ⅰ－Ⅱ－Ⅲ　　② Ⅰ－Ⅲ－Ⅱ　　③ Ⅱ－Ⅰ－Ⅲ

④ Ⅱ－Ⅲ－Ⅰ　　⑤ Ⅲ－Ⅰ－Ⅱ　　⑥ Ⅲ－Ⅱ－Ⅰ

解説　**文化史に関する事象（人物・作品・出来事）が、どの文化に属するのか、という時代感覚**は、センター試験でも共通テストでも必要な実力です。

Ⅰ 「シドッチを尋問」して書かれたのは『西洋紀聞』『采覧異言』なので、元禄文化に属します。もしくは、「新井白石」から正徳の治（6代将軍家宣・7代将軍家継、18世紀初頭）を想起します。

Ⅱ 「蛮書和解御用」の開設が1811年であることは、本来センター試験・共通テストでは問われない知識です。どのように前後関係を判断するとよいでしょうか？

Ⅲ 「漢訳洋書」輸入の許可は8代将軍吉宗の享保の改革なので18世紀前半です。

　ここで、洋学の発展の歴史を考えてみます。18世紀初頭の西川如見や新井白石が洋学の先駆けとなり、18世紀前半の享保の改革で漢訳洋書輸入の禁が緩和されて洋学の発達が始まります。18世紀後半に前野良沢・杉田玄白の『解体新書』が刊行されて以降、民間で医学や天文・地理学が発達します。そして、ロシアなど列強の接近もあって、19世紀前半には幕府も実学としての洋学の受容をはかり（世界地理学や兵学）、その一環として蛮書和解御用が設置されます。

　このように、Ⅱの「蛮書和解御用」について、民間での洋学の発展を受けて幕府も洋学を摂取しようとした、あるいは、列強の接近を受けて西洋の情報を摂取する必要に迫られた、と判断できれば、これが少なくとも江戸時代後期であると推定できます。そうすれば、新井白石や徳川吉宗よりも後の時期の出来事である、と判断できますね。とはいえ、「幕府の天文方」が設置されたのは5代将軍綱吉のときなので、迷ったかもしれません。

　⇒したがって、②（Ⅰ－Ⅲ－Ⅱ）が正解です。

解答　②

【2】（2007年度　追試験）

　17世紀半ば以降、『源氏物語』や『太平記』などの文学作品に注釈が付された書物が広く流布したり、その内容が演劇や文学の時代設定に利用されたりしたことに関連した次の文Ⅰ～Ⅲについて、古いものから年代順に正しく配列したものを、下の①～④のうちから一つ選べ。

Ⅰ　徳川光圀の援助を受けて、『万葉集』の注釈書である『万葉代匠記』が著された。

Ⅱ　『源氏物語』の配役を借りた『偐紫田舎源氏』の作者が、天保の改革で処罰された。

Ⅲ　赤穂事件から約半世紀を経て、『太平記』の世界を時代背景に借りた『仮名手本忠臣蔵』が作られた。

①　Ⅰ－Ⅱ－Ⅲ　　　②　Ⅰ－Ⅲ－Ⅱ　　　③　Ⅱ－Ⅲ－Ⅰ

④　Ⅲ－Ⅰ－Ⅱ

Ⅲ
近
世

解説　これも文化史の前後関係を問う年代整序問題ですが、政治史の時代感覚も駆使していきましょう。文章Ⅰ～Ⅲのなかに『万葉集』『源氏物語』『太平記』という別の時代の文学作品がありますが、それらはスルーし、近世史にあてはまる言葉に注目します。

Ⅰ　「徳川光圀」は17世紀後半の藩政改革で登場しましたね。そして、契沖の『万葉代匠記』は17世紀後半を中心とする元禄文化に属します。

Ⅱ　「天保の改革」は1841～43年のことで、19世紀半ばごろだと判断しましょう。合巻『偐紫田舎源氏』は江戸中・後期の文化のうち、19世紀前半の化政文化に属し、作者の柳亭種彦は天保の改革で処罰されました。

Ⅲ　「赤穂事件」は5代将軍綱吉の元禄時代の出来事ですから、17世紀末から18世紀初めごろだと推定します。そして、その「約半世紀」あとということなので、竹田出雲『仮名手本忠臣蔵』は18世紀半ばごろだと判断できればOK。これは、江戸中・後期の文化のうち、18世紀後半を中心とする宝暦・天明期の文化に属します。

　Ⅱが最後になるのは明白ですが、ⅠとⅢのどちらが先かを、思考力を用いて判断できたでしょうか。

　⇒したがって、②（Ⅰ－Ⅲ－Ⅱ）が正解です。

解答　②

第1問

佐藤さんと田中さんは、それぞれ「近世の大名」と「近世の流通」をテーマに学習を進めた。学習に関する**文章A・B**を読み、下の問いに答えよ。

A 佐藤さんは、近世の大名とそれ以前の大名とを比較するために、次の表を作成した。

16世紀の大名	18世紀の大名
・守護代、国人から身をおこした者が少なくなかった。	
・大名間で領地をめぐる争いをくり広げた。	① 武力で領地を奪ったり、取り戻したりすることができなかった。
・政略結婚をさかんに行った。	・武家諸法度により大名間の自由な結婚が規制された。
	・参勤交代を行った。
	・藩政改革を実施した。
・キリスト教の洗礼を受け、外国船を積極的に自領の港に招き入れる大名がいた。	② 自由に外国と交易することを許されなかった。
・大名の織田氏が最後の足利将軍を立てて入京し、やがて将軍を京都から追放した。	③ 将軍の全国統一的な軍事指揮権の下に置かれた。
④ 領国支配のために独自の法を制定する大名もいた。	・藩ごとに藩法を制定した。
・戦争を行うために各地に城を築いた。	⑤ 幕府の指示がなくても、常に城郭を整備・修復するよう求められた。

問1 佐藤さんが作成した表を見て、内容が**誤っているもの**を、表中の①～⑤の文章のうちから一つ選べ。

問2 佐藤さんは、下線部の制度のもと、大名が、しだいに「江戸育ちにて江戸を故郷と思う」^(注1)ようになり、「国元にいるよりも、江戸に行くことを楽しみにする」^(注2)、「江戸好き」^(注3)になっていったという資料があることを知った。この資料を基にして、佐藤さんは次の4つの仮説を立てた。仮説として**成り立たないもの**を、下の①〜④のうちから一つ選べ。

（注1）『政談』より　　（注2）『徳川実紀』より　　（注3）『草茅危言』より

① 江戸文化に親しんだ生活は、藩邸の出費を増加させ、財政が悪化したのではないか。
② 幼少時より江戸住まいが長いので、大名や嫡子の交流が盛んになったのではないか。
③ 享保の改革の政策である上げ米の制は、大名には喜んで迎えられたのではないか。
④ 廃藩置県が実施される際、知藩事であった旧大名は東京集住に大きく抵抗しなかったのではないか。

B　田中さんは、西日本ではうどんなどの出汁に昆布が多く使われていることをテレビ番組で知った。番組では、昆布がとれない地域の消費量が多いことが紹介されていた。田中さんは、昆布について調べてみると次のような情報があり、その歴史的背景が近世にあると気付いた。

○昆布は、主に北海道で採取される海産物である。
○年間の昆布購入金額で上位に入る都市として、富山市・鹿児島市・神戸市・福井市・北九州市・大阪市のほか、那覇市がある。（総務庁家計調査より）
○中国では、高級食材や薬として昆布が消費された。

問3　田中さんは、近世の流通に関して次のa～dの事項をまとめた。那覇市の昆布消費量が多いことの歴史的背景となる事項の組合せとして、最も適当なものを、下の①～④のうちから一つ選べ。

　a　近世には、北前船など日本海側の海上交通が整備され、蝦夷地と大坂を結ぶ流通が盛んになった。
　b　近世には、諸藩で専売制の導入が進み、参勤交代の時に将軍への献上品とされた。
　c　近世には、島津氏が琉球王国を支配し、中国への使節派遣と交易を継続させた。
　d　近世には、出島を通じてオランダとつながる海外交通路が維持された。

①　a－c　　　②　a－d　　　③　b－c　　　④　b－d

近世社会では、幕府や藩の教育政策が展開され、庶民生活の中でも寺子屋などを通じて人々の読み書き能力が高まった。そのため多様な資料が社会の諸階層で生み出され、今日、各地の文書館や博物館などで見ることができる。これらの資料に関する次の問いに答えよ。（資料は、一部省略したり、書き改めたりしたところもある。）

問 近世の村と文書に関する次の**資料A・B**について述べた文 a ～ d について、正しいものの組合せを、下の①～④のうちから一つ選べ。

資料A 幕府が代官に示した法令

年貢等勘定以下、代官・庄屋に百姓立ち会い相極（きわ）むべく候（決めるべきである）、毎年その帳面に相違これ無しとの判形（はんぎょう）致し（印を押す）おかせ申すべし、何事によらず庄屋より百姓共に非分（ひぶん）申しかけざる様に（不正な言いがかりを付けないように）堅く申し渡すべき事

（『御触書寛保集成』）

資料B 信濃国五郎兵衛新田村の百姓が名主を訴えた訴状

村方入用帳（村の会計帳簿）と申すもの天保年中よりこれ無く、百姓代に筆算致させず、すべて自分日記へ付け込み、……（名主以外の村）役人に一切相わからざる様取り計らいの事

（『柳沢信哉家文書』）

a **資料A**では、年貢等の勘定に際し、百姓が不正な言いがかりを付けないよう、書類に印を押させることが定められている。

b **資料A**では、村で庄屋が年貢等の勘定を行う際には、百姓にも関係書類を見せて公正に行うべきことが定められている。

c **資料B**から、全村民が各自の日記に村の諸費用を記録し、名主を監視した例があることが分かる。

d **資料B**から、村で名主が諸費用の勘定を一人で行ったために、名主が訴えられた例があることが分かる。

① a・c　　② a・d　　③ b・c　　④ b・d

Ⅲ

近世

第1問

問1 共通テストでは、テーマ探究学習の場面が設定されます。特徴を抽象化した表現から、具体的な「大名」のあり方を思い出せるでしょうか。

① 「18世紀」の近世大名の領地は将軍から御恩として与えられるものである、という原則や、領地の変更は幕府による改易・減封・転封の強制だったことを思い出せれば、近世大名が「武力で領地を奪ったり、取り戻したりすることができなかった」ことは、正しいとわかります。

② 表の「キリスト教の洗礼」「外国船～招き入れる」と対比させて、江戸幕府による禁教政策と貿易統制が連想できれば、近世大名が「自由に外国と交易することを許されなかった」ことは、正しいとわかります。

③ 徳川家康は、関ヶ原の戦いと大坂の役に勝利して「全国統一的な軍事指揮権」を握りました。そして、近世大名は将軍に対して奉公をおこなったので、「将軍の～軍事指揮権の下に置かれた」ことは、正しいです。

④ 分国法を思い出せれば、「16世紀」の戦国大名が「領国支配のために独自の法を制定」したことは、正しいと判断できます。

⑤ 戦国大名が「戦争を行うために各地に城を築いた」のに対し、近世大名は一国一城令によって、城を一つに限られました。さらに、武家諸法度によって、「城郭を整備・修復する」際には幕府に届け出ることが義務づけられました。「幕府の指示がなくても」の部分が誤りです。

⇒したがって、⑤が正解となります。

解答　⑤

問2 知識や理解をもとに、設問文にある資料から推定できることを加え、選択肢の仮説が成り立つか成り立たないかを判断する問題です。選択肢が、「江戸育ちにて江戸を故郷と思う」「国元にいるよりも、江戸に行くことを楽しみにする」という情報から推定できる内容なのかを検討しましょう。

① 参勤交代にともなう江戸での生活によって諸藩の財政が悪化した、という知識を用いれば、仮説は成り立つと判断できます。

② 「幼少時より江戸住まいが長い」ことで「大名や嫡子の交流が盛んになった」かどうかは、論理的に考えれば誤りではないと判断できます。

③ 「享保の改革の政策である上げ米の制」は、大名の石高1万石につき100石の米を幕府に上納させ、代わりに参勤交代の江戸滞在期間を半減する、というものです。この知識だけで見ると、上げ米の制で参勤交代の負担が減ることは「大名には喜んで迎えられた」、という文章が正しく見えてしまいます。しかし、「国元にいるよりも、江戸に行くことを楽しみに

する」という設問文の条件との関連性が問われているのですから、江戸滞在期間が減ることは「大名には喜んで迎えられ」てはいない、と判断しましょう。したがって、この仮説は成り立ちません。

④ 江戸行きを楽しみにしていた大名が「東京集住」（江戸は東京と改称されます）を嫌がるはずはなく、したがって「大きく抵抗しなかった」という仮説は成立する、と判断できます。

⇒したがって、③が正解です。

解答 ③

問3 **身近な事柄の「歴史的背景」を、与えられた情報と選択肢の内容を組み合わせて検討する問題です。**実は、a〜dの事項は、すべて内容の面では正しいので、知識だけでは正誤を判断できません。<u>Bの「昆布がとれない地域の消費量が多い」という文章や「昆布は、主に北海道で採取される海産物である」という情報と、設問文「那覇市の昆布消費量が多い」ことを組み合わせて考え、那覇市は昆布がとれないにも関わらず消費量が多いことを推定します。</u>そして、a〜dの「近世の流通」のあり方が、「歴史的背景」としてふさわしいかどうかを考えていきます。

a 「北前船（きたまえぶね）など日本海側の海上交通」による「蝦夷地（えぞち）と大坂を結ぶ流通」のルート上に、Bの「年間の昆布購入金額で上位に入る都市」の「富山市」「福井市」「神戸市」「大阪市」が位置しています。さらに、昆布の流通経路が九州の「北九州市」「鹿児島市」に及べば、沖縄の「那覇市」まで昆布が運ばれそうですね。したがって、正しいです。

b 「諸藩で専売制の導入が進」むと、藩内と藩外とを結ぶ流通経路ができます。また、「参勤交代の時に将軍への献上品とされ」れば、藩と江戸とを結ぶ物資の運搬が盛んになります。しかし、これらが「那覇市の昆布消費量が多い」ことにつながるとは考えにくく、誤りだと判断します。

c 「島津氏が琉球（りゅうきゅう）王国を支配し、中国への使節派遣と交易を継続させた」という「歴史的背景」と、Bの「中国では、高級食材や薬として昆布が消費された」という情報から、琉球王国が昆布を蝦夷地から入手して中国に輸出した（琉球でも昆布が消費された）ことが推定できます。正しいです。

d 「出島（でじま）を通じて、オランダとつながる海外交通路が維持された」ことは、Bの「中国では、高級食材や薬として昆布が消費された」という情報とは関連しないですし、「那覇市の昆布消費量が多い」ことの「歴史的背景」とはならない、と考えられます。したがって、誤りだと判断します。

⇒したがって、①（a−c）が正解です。

解答 ①

第2問

問 センター試験とくらべると、**共通テストの史料問題は、史料の全体を解釈して正誤を判断する、本格的な読解力が問われることが予想されます。**

a　近世では年貢の村請制がとられ、それを成立させたのは名主（庄屋）を中心とする村の自治であった、という理解をベースに資料を読みましょう。**資料A**の「年貢等勘定以下」「毎年その帳面に相違これ無しとの判形致し（印を押す）おかせ申すべし」は、【年貢の勘定については毎年帳簿に確認の印を押させる】という意味なので、選択肢の「年貢等の勘定に際し」「書類に印を押させる」と一致します。しかし、**資料A**の「庄屋より百姓共に非分申しかけざる様に（不正な言いがかりを付けないように）」は、【庄屋が百姓に対して不正な言いがかりを付けないように】という意味なので、選択肢の「百姓が不正な言いがかりを付けないよう」と一致しません。

b　**資料A**の前半は【年貢の勘定については代官・庄屋に加えて百姓も立ち会って決めるべきである、毎年帳簿に確認の印を（百姓に）押させるようにする】という意味なので、選択肢の「村で庄屋が年貢等の勘定を行う際には、百姓にも関係書類を見せて」と同じ内容です。さらに、**資料A**の後半は【庄屋が百姓に対して不正な言いがかりをつけないようにさせる】という意味なので、選択肢の「公正に行うべき」と同じ内容です。

c　**資料B**が「百姓が名主を訴えた訴状」であることから、「村方入用帳（村の会計帳簿）と申すもの天保年中よりこれ無く」は、【天保年中より、名主によって村の会計帳簿は作られておらず】という意味になります。そして「百姓代に筆算致させず」が【名主が、名主を監視する役割を持つ百姓代に対し、村の諸費用の計算をやらせない】という意味になります。さらに、「すべて自分日記へ付け込み」も、【名主が、自分の日記へ（村の諸費用を）記録した】という意味になるので、選択肢の「全村民が各自の日記に村の諸費用を記録し」たことは、明確に誤りだと判断できます。

d　**資料B**の「（名主以外の村）役人に一切相わからざる様取り計らい」は、【名主が、名主以外の村役人に一切わからないように進めた】という意味なので、選択肢「村で名主が諸費用の勘定を一人で行った」は正しいですし、そのために「名主が訴えられた」という論理も筋が通っています。

⇒したがって、④（**b・d**）が正解です。

解答　④

共通テストの傾向はつかめてきたかな？
いよいよ、近代・現代に入っていきます。

世紀	将軍	政治	外交・社会・経済
19世紀後半	⑫家慶	第19章 3幕末の政治	第19章 1開国
	⑬家定		
	⑭家茂		第19章 2開港と貿易
	⑮慶喜		

年代	内閣	政治		外交		社会・経済		文化
1860年代		第20章 1明治維新				第20章 2殖産興業		第25章 1文明開化
1870年代			第21章 1自由民権運動	第20章 3明治初期の外交	第22章 1条約改正	第23章 1松方財政と寄生地主制		
1880年代	伊藤①	第21章 2立憲体制の形成		第22章 2日清戦争		第23章 2近代産業の形成	第23章 3社会運動の発生	第25章 2明治の文化
	黒田							

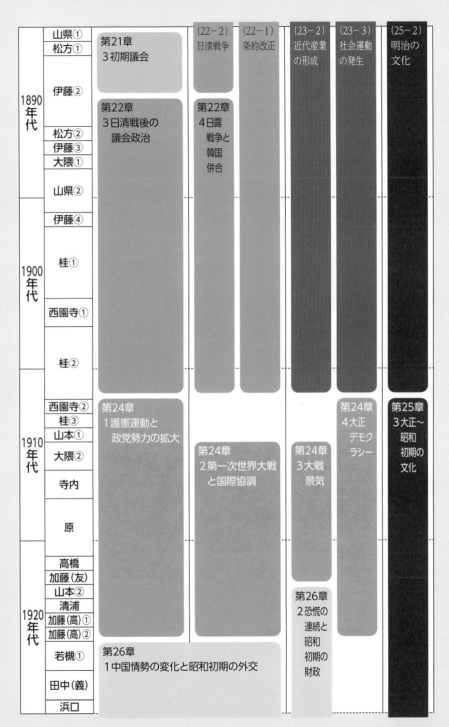

1890年代	山県①	第21章 3 初期議会	(22-2) 日清戦争	(22-1) 条約改正	(23-2) 近代産業の形成	(23-3) 社会運動の発生	(25-2) 明治の文化
	松方①						
	伊藤②						
	松方②	第22章 3 日清戦後の議会政治	第22章 4 日露戦争と韓国併合				
	伊藤③						
	大隈①						
	山県②						
1900年代	伊藤④						
	桂①						
	西園寺①						
	桂②						
1910年代	西園寺②	第24章 1 護憲運動と政党勢力の拡大				第24章 4 大正デモクラシー	第25章 3 大正～昭和初期の文化
	桂③						
	山本①						
	大隈②		第24章 2 第一次世界大戦と国際協調		第24章 3 大戦景気		
	寺内						
	原						
1920年代	高橋						
	加藤(友)						
	山本②						
	清浦				第26章 2 恐慌の連続と昭和初期の財政		
	加藤(高)①						
	加藤(高)②						
	若槻①	第26章 1 中国情勢の変化と昭和初期の外交					
	田中(義)						
	浜口						

Ⅳ

近代・現代

年代	内閣	政治	外交	社会・経済	文化
1930年代	（浜口）	（26−1）中国情勢の変化と昭和初期の外交		（26−2）恐慌の連続と昭和初期の財政	（25−3）大正～昭和初期の文化
	若槻②	第26章 3満州事変と軍部の台頭			
	犬養				
	斎藤				
	岡田				
	広田	第27章 1日中戦争と総動員体制			
	林				
	近衛①				
	平沼	第27章 2第二次世界大戦と翼賛体制			
1940年代	阿部				
	米内				
	近衛②				
	近衛③	第27章 3太平洋戦争と敗戦			
	東条				
	小磯				
	鈴木（貫）				
	東久邇宮	第28章 1戦後の民主化政策			第30章 4戦後の文化
	幣原				
	吉田①				
	片山				
	芦田				
	吉田②	第28章 2冷戦の拡大と占領政策の転換			
1950年代	吉田③	第29章 1サンフランシスコ講和と独立		第30章 1高度経済成長と国民生活	
	吉田④				
	吉田⑤				
	鳩山（一）	第29章 2 55年体制の成立			
	石橋	第29章 3保守長期政権と戦後の外交			
	岸				

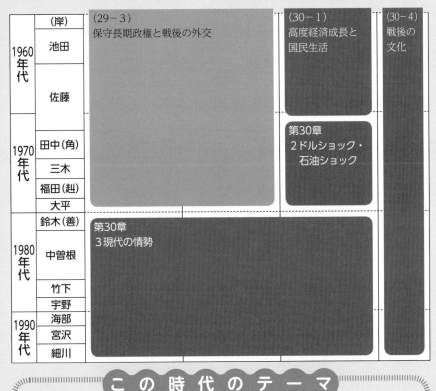

この時代のテーマ

第19章 **欧米列強との接触**：開国と開港貿易、幕末の政局の展開を扱います。

第20章 **明治政府の成立**：明治政府による近代化のための政治・経済・外交政策を学びます。

第21章 **立憲政治の展開**：自由民権運動、立憲体制の形成、初期議会（政治史）を学びます。

第22章 **日清・日露戦争**：条約改正、日清・日露戦争と日朝関係（外交史）が中心です。

第23章 **資本主義の形成**：松方財政、近代産業の形成、社会運動（社会経済史）が中心です。

第24章 **第一次世界大戦**：大正期の政党政治、第一次大戦と国際協調、大戦景気を扱います。

第25章 **近代文化**：文明開化、明治期の文化、大正〜昭和初期の文化（文化史）が中心です。

第26章 **政党内閣の時代と満州事変**：昭和時代の中国情勢と反復恐慌、満州事変を学びます。

第27章 **日中戦争・太平洋戦争**：総動員・翼賛体制、太平洋戦争への過程、敗戦を扱います。

第28章 **占領下の日本**：戦後の民主化から、冷戦の拡大と占領政策の転換までをながめます。

第29章 **国際社会への復帰**：サンフランシスコ講和、55年体制、保守長期政権がテーマです。

第30章 **現代の日本**：高度経済成長、ドルと石油の「ショック」、現代の情勢、これで終了！

欧米列強との接触

年代	将軍	政治	外交
1840年代	⑫家慶	**3 幕末の政治** ①**幕政の転換**【老中阿部正弘】朝廷へ報告、大名の意見を聞く【老中堀田正睦】将軍継嗣問題（一橋派・南紀派）孝明天皇の条約勅許が得られず	**1 開国** ①**開国への道** オランダの開国勧告 ペリー来航(1853)（アメリカの要求） プチャーチン来航(ロシアの要求) ペリーとの交渉→日米和親条約 （片務的な最恵国待遇）
1850年代	⑬家定	【大老井伊直弼】勅許なしで通商条約に調印 将軍を慶福（家茂）に決定 安政の大獄 桜田門外の変(1860)【老中安藤信正】公武合体運動 →和宮と将軍家茂の婚姻 坂下門外の変	②**通商条約の締結** ハリスとの交渉→日米修好通商条約 （領事裁判権の承認・関税自主権の欠如） **2 開港と貿易** ①**対欧米貿易の開始** 横浜が中心　イギリスが中心 生糸などを輸出　綿織物などを輸入 ②**国内社会への影響** 流通の変化→五品江戸廻送令 金の海外流出→万延小判を鋳造 物価高騰→打ちこわし・攘夷運動
1860年代	⑭家茂	②**雄藩の政治進出** ○薩摩藩（公武合体派） 幕政改革要求→文久の改革 生麦事件→薩英戦争 ○長州藩（尊王攘夷派） 幕府に攘夷を要求→攘夷を決行 ○薩長の対決 八月十八日の政変 禁門の変 第1次長州征討 四国艦隊下関砲撃事件← ○討幕運動 薩長同盟 第2次長州征討 大政奉還（1867）	(1) (2)
	⑮慶喜	王政復古の大号令 小御所会議	(3)

第19章は、近代の始まりとなる、江戸時代末期（幕末）を扱います。

(1) ペリー来航がきっかけとなり、日本は開国しました。近代国家の特徴を理解したうえで、欧米列強と結んだ条約がなぜ不平等といえるのかを考えましょう。そして、開港による欧米列強との経済的つながりが、日本社会をどのように変えたのかを見ていきましょう。

(2) 幕末は、「尊王攘夷」「討幕」などといった、動きの激しい時代ですが、政治情勢の大きな変化をつかめば大丈夫です。ペリー来航以降に、それぞれの老中・大老が取り組んだ課題を区別し、桜田門外の変のあとは、薩摩・長州の動向とその変化をつかむようにしましょう。

(3) 近代という時代は現在に近く、何年に何が起きたのかが判明しやすいので、登場する出来事の数が一気に増えます。したがって、歴史の流れを見るときには、10年ごとに区切っていく（たとえば「1860年代」といった時期の枠組みでつかんでいく）とよいです。

IV 近代・現代

1 開国 （1840年代～50年代）

いよいよ、近代史が始まります。欧米諸国は、すでに江戸時代後期の日本に接近していました→第17章。そして、**1853年**の**ペリー来航**をきっかけとして日本は欧米諸国と条約を結んで開国・開港し、近代国家となっていた欧米列強と正面から向き合うことになりました。

 このころに、アメリカが日本に接近してきたのは、なぜだろう？

アメリカは、日本でいうと田沼時代にあたる18世紀後半に建国された新しい国なんだ。最初はアメリカ大陸の東海岸（大西洋沿岸）にあった国土が、19世紀半ばには西海岸（太平洋沿岸）まで広がった。西部で金が発見されて、ゴールドラッシュが起きたのも大きいね。そうすると、進出した**北太平洋で捕鯨**をおこなうだけでなく、太平洋の向こうにある**清国との貿易**を望み、その途中にある日本を寄港地にしようとしたんだ。たとえば、ペリーは浦賀に来る直前に琉球に立ち寄り、日米和親条約を結んだ直後に琉球と条約を結んでいるよ。

燃料や食料や水を手に入れられる寄港地を、東アジアに求めたんだね。でも、アメリカだけでなく、ヨーロッパ諸国も日本と条約を結ん

だから、日本への接近は、欧米諸国に共通の事情がありそうだね。

 産業革命を知っているかな？機械による大量生産という近代工業のあり方は、イギリスに始まり欧米に広まった。機械は人間の出せないパワーを休むことなく出し続けるから、たくさんの製品を作り続けるんだ。

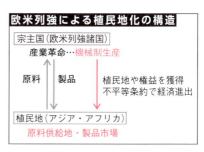

欧米列強による植民地化の構造

宗主国（欧米列強諸国）
産業革命…機械制生産
原料　製品　　植民地や権益を獲得
　　　　　　　不平等条約で経済進出
植民地（アジア・アフリカ）
原料供給地・製品市場

 そうすると、製品が余っちゃうね。それに、原料も足りなくなる。

 だからこそ、原料を作らせたり製品を売ったりする場所として、**植民地や権益（けんえき）**が必要になってくるんだ。欧米諸国は植民地や権益を得るために世界に進出し、**不平等条約**を結んで経済的な影響力を強めたり、戦争で支配地域を広げたりした。これが、近代という時代なんだ。

 その影響が、幕末の日本にも及んできたんだね。

① 開国への道

　イギリスが**アヘン戦争**に勝ち、**南京条約（ナンキンジョウヤク）**で清から香港を獲得するといった動きは日本へも伝わり、天保（てんぽう）の改革では**天保の薪水給与令（しんすいきゅうよれい）**が出されました →第17章。しかし、天保の改革が終わった直後、**オランダ国王**ウィレム2世の**開国勧告（かいこくかんこく）**を拒絶するなど（1844）、幕府は「鎖国」を維持しようとしました。

　そして、今度はアメリカが接近してきました。まず、**ビッドル**が相模（さがみ）国の**浦賀（うらが）**に来航して通商を要求しますが（1846）、幕府はこれを拒絶しました。そのことを教訓に、今度は強力な軍事力を見せつける形でアプローチしてきたのが、ペリーです。**1853年**、**ペリー**が軍艦4隻（せき）で**浦賀**へ来航して開国を迫ると、12代将軍家慶（いえよし）が病に倒れるという状況のなかで幕府は何も決定できず、アメリカ大統領の国書を受け取

年表

1840 アヘン戦争（～42）→南京条約
1844 オランダ国王の開国勧告
1846 アメリカのビッドル来航（浦賀）
1853 アメリカの**ペリー来航**（浦賀）
　　　ロシアのプチャーチン来航（長崎）
1854 ペリーと**日米和親条約**を結ぶ
　　　→一方的な最恵国待遇を与える
　　　プチャーチンと日露和親条約を結ぶ
1856 アメリカ総領事ハリスが着任
1858 ハリスと**日米修好通商条約**を結ぶ
　　　→治外法権の承認、関税自主権の欠如
1859 横浜などで欧米との貿易を開始
1860 五品江戸廻送令・万延小判

ってペリーを帰国さ
せました（その直後
に13代将軍家定に
替わります）。ちな
みに、「黒船」に**蒸
気船**が含まれていた
ので、「太平の眠り
を覚ます上喜撰たっ
た四杯で夜も寝られ
ず」（「上喜撰」＝上
等の茶）という狂歌
も登場しました。そ

幕末におけるロシアとの国境（略地図）

ロシア

清

沿海州

樺太

カムチャツカ半島

千島列島

得撫島

択捉島 ← 日露和親条約での国境

国後島

蝦夷地

箱館 ← 日米和親条約・日露和親条約での開港場

← 日露和親条約では
両国人の雑居とした

して、同じころにはロシアの**プチャーチン**が**長崎**に来航し（浦賀来航ではあり
ません）、通商などを要求しました。

　翌年、ペリーが再び来航すると、幕府は**日米和親条約**（1854）を結びまし
た。まず、開港場を伊豆国の**下田**と蝦夷地の**箱館**とし、**領事**の駐在を許可しま
した。そして、アメリカ船が望む燃料・食料については日本政府（幕府）が供
給することになりました。つまり、政府の規制がない自由貿易は、許可しませ
んでした。しかし、日本はアメリカに対し、他国よりも不利にならないように
する**最恵国待遇**を**一方的に**与え、これは不平等な規定として問題になりました。

　一方、プチャーチンも再び来航して**日露和親条約**が結ばれました。日米和親
条約とくらべると、開港場が下田・箱館・**長崎**だったことに注意しましょう。
また、日露間で国境が画定され、千島列島は**択捉島**以南が日本領で**得撫島**以北
がロシア領、**樺太**は両国人の雑居として国境を定めませんでした。

　最終的に、日本はアメリカ・イギリス・ロシア・オランダと国交を樹立し、
「鎖国」体制を転換しました。

② 通商条約の締結

　そののち、日米和親条約の規定にしたがい、アメリカ総領事**ハリス**が下田に
着任しました。和親条約では民間の自由貿易が許されていなかったため、自由
貿易を認める通商条約を結ぶこ
とがアメリカの望みでした。ハ
リスは、幕府と交渉を始め、**ア
ロー戦争**（清がイギリス・フラ
ンスに敗北した戦い）の状況を

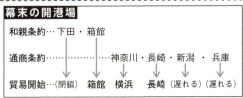

幕末の開港場

和親条約	…	下田・箱館			
通商条約	…		神奈川・長崎・新潟	・	兵庫
貿易開始	…	（閉鎖） 箱館 横浜	長崎	（遅れる）	（遅れる）

幕府に説いて、通商条約の締結を迫りました。結局、幕府は**日米修好通商条約**（1858）を結び、アメリカとの間で自由貿易を許可しました。

　和親条約との違いも意識しながら、通商条約の特徴を見ていきましょう。開港場は**神奈川**（実際は**横浜**）・**長崎**・**新潟**・**兵庫**（実際は**神戸**）でしたが、新潟と兵庫は開港が遅れました。一方、下田は神奈川開港ののちに閉鎖され、箱館は和親条約以来の開港状態が続きました。したがって、実際の開港場は、**横浜・箱館・長崎**となりました。そして、外国人の居住は開港場の**居留地**に限定されました（のちに明治政府による条約改正交渉のなかで、諸外国は日本に対し、日本国内の好きな場所に住むことができる「**内地雑居**」を要求することになります→第22章）。さらに、日本が輸出品や輸入品にかける関税の税率を決定できないという**関税自主権の欠如**（関税を日米で定める**協定関税制**）と、日本にいるアメリカ人に日本の法や統治権が及ばない**治外法権**（日本におけるアメリカ人の犯罪は領事がアメリカの法で裁く**領事裁判権の承認**）は、不平等な規定でした。

　最終的に、日本はアメリカ・オランダ・ロシア・イギリス・フランスと通商条約を結びました。これらを**安政の五カ国条約**と呼びます（フランスも加わりました）。そして、近代的な条約には、調印したあとで**批准**（各国政府による承認）をおこなう必要があるので、批准書を交換するための使節がアメリカへ派遣されました。そのとき、幕府の**勝海舟**を艦長とする**咸臨丸**が同行し、日本人の手による太平洋横断が実現しました。

　不平等条約は、日米和親条約が一方的な最恵国待遇、日米修好通商条約が関税自主権の欠如と治外法権、という区別をすればいいんだね。でも、どこがどう不平等なんだろう？

　突然だけれど、「近代国家の三要素」って覚えている？

　政治・経済の授業でやったような気がするけれど、忘れちゃった。**国民**と、**領域**と、あとは何だっけ？

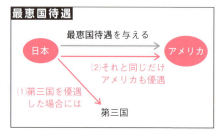

最恵国待遇

最恵国待遇を与える

日本 → アメリカ

(2)それと同じだけアメリカも優遇

(1)第三国を優遇した場合には

第三国

　主権だよ。国内では領域内のあらゆる個人や集団を支配し、対外的には外からの干渉をしりぞける独立性と対等性を持つのが主権だ。まず、一方的な最恵国待遇をアメリカに与えるということは、図にあるような優遇措置を日本がアメリカに対しておこなう義務があるのに、

同じことをアメリカが日本に対しておこなう義務がないということだ。日本にだけ**最恵国待遇**を与える義務があるから、主権の面でアメリカと対等とはいえないよね。

 それと、関税自主権の欠如か。そもそも、何のために関税ってあるのかな？

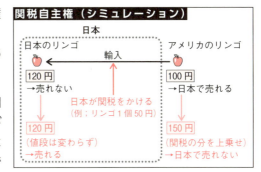

関税自主権（シミュレーション）

日本

日本のリンゴ　　　　　　　　　　　　　アメリカのリンゴ

🍎　　←輸入　　　　　　　　🍎

120円　　　　　　　　　　　　　　　100円
→売れない　　　　　　　　　　　　→日本で売れる

日本が関税をかける
（例；リンゴ1個50円）

120円　　　　　　　　　　　　　　　150円
（値段は変わらず）　　　　　　　　　（関税の分を上乗せ）
→売れる　　　　　　　　　　　　　→日本で売れない

 輸出品や輸入品に関税をかければ、政府が税収入を得られるよね。でも、それだけではないんだ。図のように、安い外国の品が日本へ輸入されると日本の品が売れなくなるので、日本は輸入品に関税をかける。そうすると、関税の分が輸入品の販売価格に上乗せされるから、日本の品が売れる。国内産業を保護する権限も、主権のなかに含まれるんだよ。

そしたら、その関税を日本だけで決められずにアメリカと一緒に決める**協定関税制**は、主権の面でアメリカから独立しているとはいえないね。そうか、**領事裁判権**も、日本の国内にアメリカの裁判が及んでくるから、これも日本の主権が独立しているとはいえないんだ。だから不平等なんだね。

そう。欧米列強は、主権を持つ近代国家として、日本を対等と見ていなかった。だから、不平等な条約の改正が、今後の日本の課題となるんだよ。

ポイント　開国

◆**日米和親条約**：**ペリー**が浦賀へ来航（1853）、翌年結ばれる
　下田・箱館／**一方的な最恵国待遇**を与える
◆**日露和親条約**：**プチャーチン**が長崎へ来航（1853）、翌年結ばれる
　下田・箱館・長崎／択捉島と得撫島の間に国境、樺太は日露両国の雑居
◆**日米修好通商条約**（1858）：**ハリス**と交渉
　神奈川・長崎・新潟・兵庫／**領事裁判権の承認**、**関税自主権の欠如**

2 開港と貿易

① 対欧米貿易の開始

　和親条約と修好通商条約を経て、欧米諸国との貿易が始まりました。貿易にあたって、開港場に設けられた外国人の**居留地（きょりゅうち）**で、日本人商人が外国人と取引しました。輸出品は農水産物やその加工品が多く、輸入品は工業製品が中心でした。全体として、はじめは**輸出超過**でしたが、のち諸外国との間で**改税約書（かいぜいやくしょ）**に調印して関税率を下げると、**輸入超過**となりました。

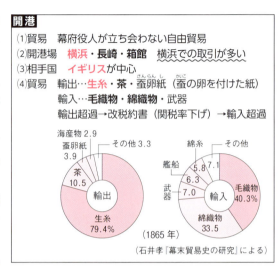

開港

(1)貿易　幕府役人が立ち会わない自由貿易
(2)開港場　**横浜・長崎・箱館**　横浜での取引が多い
(3)相手国　**イギリス**が中心
(4)貿易　輸出…**生糸・茶・蚕卵紙**（蚕（さん）の卵（らん）を付けた紙（し））（蚕卵紙（かいこ））
　　　　輸入…**毛織物・綿織物・武器**
　　　　輸出超過→改税約書（関税率下げ）→輸入超過

海産物 2.9
蚕卵紙 3.9
その他 3.3
茶 10.5
輸出
生糸 79.4%

綿糸
その他
艦船 5.8 7.1
武器 6.3
7.0
輸入
毛織物 40.3%
綿織物 33.5

(1865 年)

（石井孝『幕末貿易史の研究』による）

② 国内社会への影響

　開港と貿易が日本国内の社会に与えた影響については、「なぜこのような影響が表れたのか」という理由をしっかり理解することが大切です。

　はじめは輸出超過だったということは、貿易は黒字だから、日本は得していたんだね。

　日本と外国との関係では、そういえるけど、日本国内では、もうけた人と損した人とに分かれたよ。特定の品の輸出が増えれば、その品が国内で不足するから価格は上がるし、それがほかの物価の上昇にもつながるから、江戸などの都市で生活する人々は困ってしまうんだ。

　一方、輸出する品を作って売る人々は、もうかる。日本の社会が大きく変わっていきそうだね。

　それと、輸出だけではなく、輸入にも目を向ければ、特定の品の輸入が増えると、それを作っている日本国内の産業はどうなるかな？

そうか、輸入の圧力に押されて、その産業が衰えてしまうね。

(1) 輸入によって綿織物業・綿作が衰退し、輸出によって製糸業が発達した

開港により、欧米の資本主義の波が日本に及んできました。まず、貿易にともなって国内産業にどのような影響が及んだのか考えましょう。イ

繊維産業
● 絹に関連する産業
 繭（**養蚕業**）→生糸（製糸業）→絹織物（絹織物業）
● 木綿に関連する産業
 綿花（**綿作**）→綿糸（紡績業）→綿織物（綿織物業）

ギリスは産業革命が始まった国であることをイメージすれば、イギリスから機械制生産による安い綿製品が大量に輸入されたことが推定できますね。その結果、日本国内の**綿織物業**や、綿糸の原料となる綿花を栽培する**綿作**は衰えてしまったので、これを回復することが明治以降の国内産業の課題となりました。

一方、生糸が大量に輸出されることで、蚕の繭から生糸を生産する**製糸業**は生産が増えてマニュファクチュア（工場制手工業）による生産が進展し →第17章 、その後も製糸業は重要輸出品である生糸を作る産業として発展していきました。ところが、生糸を原料に絹織物を生産する**絹織物業**は、生糸が輸出されてしまうことで原料が不足し、衰退したのです。生糸（絹）に関わる産業のなかでも明暗が分かれたことに注意しましょう。

(2) 輸出によって国内の流通機構が変化し、それを防ぐための法令も出た

これまで形成されてきた流通機構は、幕府が問屋商人に株仲間を結成させ、流通独占の特権を与えることで流通を統制する、というものでした。したがって、開港後も、本来であれば江戸の問屋商人が農村から輸出

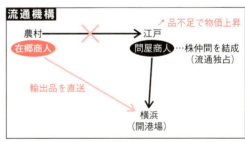

流通機構

農村 ——✕——→ 江戸 ↗品不足で物価上昇
在郷商人　　　　　問屋商人…株仲間を結成（流通独占）
輸出品を直送 ↘
横浜（開港場）

品を集荷し、開港場へ輸送する、となるはずでした。ところが、すでに農村で商品の生産・加工・出荷を積極的におこない成長していた**在郷商人**は →第17章 、江戸の問屋商人を通さず、開港場の横浜へ輸出品を直送するようになりました。このことで、江戸では輸出される品の不足による物価上昇が生じ、在郷商人と問屋商人との対立も深まりました。

そこで幕府は、五品江戸廻送令を発し、雑穀・水油・蠟・呉服・**生糸**の5品目（茶は含まれていません）の輸出は江戸の問屋商人を経由して輸出させ、株

仲間を中心とする流通機構の維持と物価引き下げをはかりました。しかし、在郷商人の反発や諸外国の自由取引要求で効果は上がりませんでした。

⑶　金貨が海外へ流出したが、それを防ぐための貨幣改鋳は物価を高騰させた

日米修好通商条約では、日本と外国の貨幣は、同じ種類（金もしくは銀）どうしで同じ量を交換してもよいということになり、外国の金貨や銀貨も日本で使えるようになりました。しか

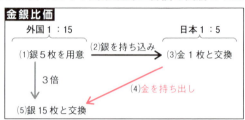

し、これが思わぬトラブルを生みました。金と銀を交換する割合（**金銀比価**）が、日本では**金１：銀５**だったのに対し、外国では**金１：銀15**だったため、大量の日本金貨が海外へ流出したのです。

　話をわかりやすくするため、金銀比価を「日本では金１枚と銀５枚が同じ価値」「外国では金１枚と銀15枚が同じ価値」として考えます。外国人は、銀貨５枚を日本へ持ち込んで金貨１枚と交換し、それを外国に持ち出して銀貨15枚と交換すると３倍の大もうけとなるので、このような日本の金貨の持ち出しをせっせとおこなったのです。

　幕府はあわてて**万延小判**を鋳造しました。それまでの金貨とくらべて１枚の大きさ・重さを３分の１にすることで（金貨・銀貨の両方ではなく、金貨の品質だけを引き下げたことに注意しましょう）、日本の金銀比価は金１／３：銀５、つまり金１：銀15となりますから、金銀比価が外国と同じになれば金貨の流出は止まります。しかし、お金の額は同じなのにお金の大きさ・重さが３分の１になれば、貨幣の価値が下がったことになりますから、逆に物価は上がります。こうして、金貨流出を防ぐための貨幣改鋳は、それまでの品不足による物価上昇に拍車をかけることになりました。

⑷　開国と貿易に対する、庶民や武士の不満が増大した

　こうした物価上昇は、庶民の生活を圧迫することになり、農民の百姓一揆や都市下層民による打ちこわしが増加しました。そして、ペリー来航以来の列強の圧力による対外的危機感とともに、開国に対する反感も高まったことで、外国人や貿易商人を殺傷したり、公使館を襲撃したりする**攘夷運動**が激化することになりました。こうして、天皇を「王者」として尊ぶ尊王論に、外国排斥を唱える攘夷論が結合した尊王攘夷論は、現実の政治を動かす尊王攘夷運動として高まっていったのです。

ポイント 開港と貿易

◆貿易開始：**横浜**が中心　**イギリス**が中心　**輸出超過**（のち輸入超過）

◆品目と産業：輸出…**生糸**・茶→**製糸業**の発展と**絹織物業**の衰退

　　　　　　輸入…毛織物・**綿織物**→綿織物業の衰退

◆流通と貨幣：**五品江戸廻送令**で流通統制　**万延小判**で金貨流出防止

　★物価上昇による不満→**百姓一揆**・打ちこわし、**攘夷運動**

3 幕末の政治 （1850年代〜60年代）

① 幕政の転換

　幕末の政治の展開は、前半と後半に分けましょう。前半は、老中・大老ごとに、列強の圧力や朝廷・大名の動きとどのように関わったのかをおさえます。

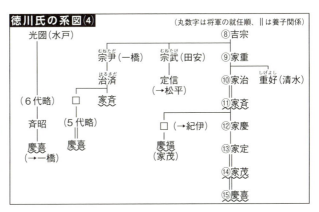

徳川氏の系図④

（丸数字は将軍の就任順、‖は養子関係）

(1) 阿部正弘は、ペリー来航と日米和親条約の調印に関与し、幕政を改革した

　まず、1850年代の歴史から始めます。1853年のペリー来航に対処し、1854年にアメリカなどと和親条約を結んだときの老中首座は、**阿部正弘**でした。阿部は、事態を朝廷に報告するとともに、諸大名・幕臣に意見を求めました。これは、禁中並公家諸法度によって政治への関与ができなかった朝廷や→第14章、幕政から排除されていた**外様大名**、幕府の要職に就いていなかった**親藩**の政治発言力を増大させ、それまで将軍を頂点に譜代大名・旗本が中心となって担ってきた幕府の政治は

年表

1853	**ペリー来航** →老中阿部正弘
1854	日米和親条約を結ぶ
1856	総領事ハリスが着任
	★将軍継嗣問題・条約勅許問題
	→老中堀田正睦　→大老井伊直弼
1858	日米修好通商条約を結ぶ（勅許なし）
	徳川慶福が将軍に（14代将軍家茂）
	安政の大獄（〜59）
1859	貿易の開始
1860	**桜田門外の変**
	★公武合体運動　→老中**安藤信正**
1862	和宮の降嫁（将軍家茂の夫人に）
	坂下門外の変

大きく転換することになりました。そして、阿部は前水戸藩主の**徳川斉昭**を幕政に参加させ、越前藩・薩摩藩といった有力な親藩・外様の協力を得ました。

　さらに、江戸湾に大砲砲台の**台場**を設置したり、江戸の**講武所**や長崎の**海軍伝習所**で洋式の軍事教育をおこなったり、**蕃書調所**（蛮書和解御用を改組→第18章）で洋学の教授や洋書の翻訳をおこなうなど、西洋の軍事技術を積極的に導入しました。

(2) 堀田正睦は、将軍継嗣問題と通商条約勅許の問題を解決できなかった

　領事として駐在したハリスと通商条約を結ぶ交渉をおこなった老中首座は**堀田正睦**でした。実は、当時の幕府内部では**将軍継嗣問題**というゴタゴタが発生

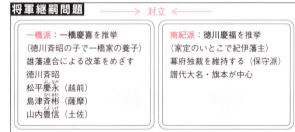

していました。13代将軍**家定**が病弱で子もいないため、将軍の跡継ぎを決めておく必要があったからです。しかし、新しく幕政に進出した親藩・外様の雄藩が中心で、若くて実力のある**一橋慶喜**を推挙した**一橋派**と、保守的な譜代大名・旗本が中心で、幼年だが血筋のよい**徳川慶福**を推挙した**南紀派**との対立が激化し、堀田はこの対立に悩まされていたのです。

　これに加え、**条約勅許問題**も発生していました。阿部正弘がペリー来航の事態を朝廷に報告して以来、幕府は朝廷の意向を無視できなくなっていたことに加え、19世紀前半以来の危機的状況のなかで、尊王論の盛り上がりなどで天皇の権威も上昇しつつありました。こうしたなか、通商条約を結ぶことについては幕府内部や諸大名のなかにも反対があったため、堀田は天皇の許可を得て反対意見をおさえようとしたのです。しかし、**孝明天皇**は外国人を排斥する攘夷の姿勢を持っており、通商条約の調印を断固として拒否しました。堀田は条約の勅許を得られず、失脚しました。

(3) 大老井伊直弼は、通商条約を結び、反対者を弾圧したが、のち暗殺された

　将軍継嗣問題と条約勅許問題を、半ば強引に解決したのは、**大老**に就任した**井伊直弼**でした。彼は南紀派だったので、将軍の跡継ぎを徳川慶福に決定し（のち14代将軍**家茂**となります）、アメリカなどとの修好通商条約については、孝明天皇の勅許がないままの調印を強行しました。

　尊王攘夷を唱えていた武士は、天皇の勅許なしでの条約調印を非難し、一橋

派は、一方的な将軍の跡継ぎ決定を非難しました。これらに対し、井伊は<ruby>安政<rt>あんせい</rt></ruby>の<ruby>大獄<rt>たいごく</rt></ruby>と呼ばれる弾圧をおこないました。一橋派の大名を謹慎処分にするとともに、長州藩士で<ruby>松下村塾<rt>しょうかそん</rt></ruby>で教えていた**吉田松陰**などの尊王攘夷派の武士や、越前藩士で一橋派を支えていた**橋本左内**を死罪としました。

　しかし、こういった強硬姿勢は反発を生み、**1860年**、水戸藩の浪士が大老井伊直弼を暗殺する<ruby>桜田門外の変<rt>さくらだ もんがい</rt></ruby>が起きてしまいました。

　現職の大老が暗殺されたことで、幕府の権威は大きく揺らぎました。こののち、幕府は朝廷の権威と結びついて幕府の権力を保とうとする、**<ruby>公武合体運動<rt>こうぶがったい</rt></ruby>**を進めていきました。

⑷　**安藤信正は、公武合体運動を推進したが、襲撃されて失脚した**

　ここから、1860年代の歴史に入ります。幕府による公武合体運動を進めたのは、老中の**<ruby>安藤信正<rt>あんどうのぶまさ</rt></ruby>**でした。将軍家と天皇家が結びつくことで幕府と朝廷の融和をはかるため、孝明天皇の妹である**和宮**（孝明の子ではありません）を14代将軍家茂の夫人に迎えることにしました。しかし、尊王攘夷派の武士たちがこれに反発し、安藤信正が水戸藩の浪士らに傷つけられる**<ruby>坂下門外の変<rt>さかしたもんがい</rt></ruby>**が発生すると、安藤は失脚しました。

②　雄藩の政治進出

　幕末の政治の後半は、薩摩・長州がどのように日本の政治と関わったのかを見ていきましょう。その際、朝廷・幕府とのつながりに注目します。

年表

1862	島津久光（薩摩）の幕政改革要求
	→文久の改革
1863	┌生麦事件
	長州、朝廷を通じて幕府に攘夷を要求
	長州による攘夷決行
	└→薩英戦争
	八月十八日の政変
1864	池田屋事件
	禁門の変（蛤御門の変）
	第1次長州征討
	四国艦隊下関砲撃事件
1866	薩長同盟
	第2次長州征討
	14代将軍家茂の死→15代将軍慶喜
1867	**大政奉還**
	王政復古の大号令

いよいよ、薩摩と長州が一緒に幕府を倒すんだね！

 ちょっと待って。**薩摩**は幕府と結んで公武合体運動を進め、**長州**は幕府と敵対して尊王攘夷運動を進めたから、薩長は対立したよ。

 よし、尊王攘夷で討幕だ！　坂本龍馬が大活躍！

 えっと、尊王攘夷運動は討幕をめざしたものではないよ。諸外国と戦い、攘夷が無理だとわかったあとで、薩摩と長州は結びついて討幕運動を進めた。この**薩長同盟**に、坂本龍馬が関わるんだ。

 なんだか先入観があって、いろいろかんちがいしていたよ。

 そして、薩長が討幕を実行する前に、幕府は大政奉還でみずから消滅している。朝廷が幕府へ委任していた政治を、今度は幕府が朝廷へ返したんだ。討幕によって幕府が倒されたんじゃないんだよ。

 よく知られた時代だからこそ、展開を正確に知ることが大事だね。

(1) 薩摩藩が公武合体の立場から幕府に介入し、朝廷との間を仲介した

　薩摩藩は、公武合体の立場をとり、幕府と朝廷が連携した体制を薩摩が支えることを望み、幕府の政策である開国は容認という姿勢でした。

　坂下門外の変ののち、いよいよ薩摩が動き出します。藩主の父である**島津久光**が京都を訪れて公武合体派の公家と結んだことで、天皇の周辺は公武合体派が優勢となりました。孝明天皇も公武合体を

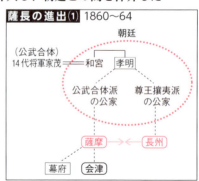

望んだため（妹の和宮は14代将軍家茂の夫人です）、島津久光は天皇の勅使をともなって江戸に下り、天皇の意を受けたとして幕政改革を要求しました。

　その結果、一橋派が実権を掌握し、将軍を補佐する**将軍後見職**に**一橋慶喜**を任命し、政局運営の責任者である**政事総裁職**に**松平慶永**を任命し、京都の治安維持をおこなう**京都守護職**に会津藩の**松平容保**を任命しました（いずれも親藩です）。あわせて、参勤交代を３年１勤とし、大名妻子の江戸居住を廃止するなど、参勤交代制を緩和しました。これを文久の改革と呼びます。

しかし、島津久光が江戸から帰る途中、行列を横切ったイギリス人を「無礼である！」と殺傷する生麦事件が起きました。薩摩藩は開国容認の立場で攘夷には反対のはずですが、イギリス人への切捨御免をやったことで、結果的には攘夷となりました。その報復として、イギリスは次の年に薩摩を攻撃しました（薩英戦争）。攘夷の危険性を改めて実感した薩摩は、むしろイギリスに接近して西洋文明を摂取し、藩の実力を強めていきました。

(2) 長州藩が尊王攘夷の立場から朝廷に働きかけ、幕府の政策に介入した

長州藩は、尊王攘夷の立場をとり、朝廷と結びつつ幕府への反抗を強め、幕府の政策である開国には反対して条約の破棄をめざす姿勢でした。つまり、親幕府の立場である薩摩とは逆に、反幕府の立場であり、両者は敵対したのです。

島津久光が京都を去った後、長州は藩士を京都に送り込み、天皇の周辺は尊王攘夷派の勢力が拡大しました。孝明天皇も攘夷を望んだため（通商条約の調印に反対して勅許を出しませんでした）、14代将軍家茂と一橋慶喜が京都へ赴いて孝明天皇に攘夷を約束し、幕府は1863年5月10日の攘夷決行を諸藩に命じました。このように、長州は朝廷を通して、幕府に政策変更を迫ったのです。

その結果、長州は5月10日に攘夷を決行し、外国船を砲撃しました。しかし、その直後に薩英戦争が発生し、イギリスとの戦いを経験した薩摩は、長州の無謀な攘夷を危険視するようになりました。

(3) 公武合体派の薩摩・会津と尊王攘夷派の長州が激突し、長州が敗北した

長州の攘夷を止めたい薩摩は、会津とともに、公武合体派の公家と結んで朝廷でクーデタを起こし、朝廷から尊王攘夷派の長州藩士と公家（三条実美ら）を追放しました（八月十八日の政変）。

ここから、薩摩・会津と長州との全面対決が始まります。尊王攘夷をあきらめきれない長州は、尊王攘夷派武士を再び京都に潜入させました。しかし、彼らが新選組（京都守護職のもとに置かれた尊王攘夷派を制圧する部隊）によって殺傷される池田屋事件が起きると、長州は藩兵を京都に派遣し、薩摩・会津連合軍と戦いますが、敗北しました（禁門の変・蛤御門の変）。

そして、とうとう幕府も第1次長州征討に乗り出しました。幕府が天皇からの勅命を受けて大坂まで出兵すると、長州は戦わないで降伏しました。

長州に追い打ちをかけたのが、前の年の攘夷決行に対する諸外国の報復でした。イギリス・アメリカ・フランス・オランダ（ロシアは含まれません）の連合艦隊による四国艦隊下関砲撃事件で、長州が進めてきた攘夷はとうとう挫折し、尊王攘夷派は攘夷をあきらめることになりました。

⑷ 列強の圧力が強まるなか、薩長による討幕派が形成された

連合艦隊は、さらに日本に圧力をかけ、朝廷から条約の勅許を獲得し、幕府との間で**改税約書**に調印して関税率を下げさせました（輸出超過から輸入超過となる）。

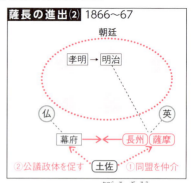

薩長の進出② 1866～67

一方、薩摩藩では幕府を見限る動きが出てきました。藩士の**西郷隆盛・大久保利通**が登用されると、藩論が「開国・討幕」となりました。さらに、長州藩では幕府に屈服した藩の上層部に反発する動きが出てきました。**高杉晋作**が**奇兵隊**を率いてクーデタを決行し、藩士の**桂小五郎**（のち**木戸孝允**）らが権力を握ると、藩論が「開国・討幕」となりました。

また、列強の動向も無視できないものになっていました。**イギリス**公使**パークス**は天皇を中心とする新政権を期待するようになり、薩長に接近しました。これに対し、**フランス**公使**ロッシュ**は幕府を支持しました。当時のイギリスとフランスは、世界進出をめぐってのライバル関係にあったので、その対立が日本国内に持ち込まれたのです。

ようやく、薩長が結びつく気運が生まれました。土佐藩出身の**坂本龍馬**・中岡慎太郎の仲介で、討幕をめざす**薩長連合**（**薩長同盟**）が成立しました。こうして、対立の構図が、薩摩・幕府と長州との対立から、薩摩・長州と幕府との対立に変化しました。そして、長州は幕府との対決姿勢を強め、これをおさえ込むために幕府は**第2次長州征討**をおこないましたが、長州は薩摩の支援で優勢となり、大坂城に親征中の14代将軍家茂が病死したことをきっかけに幕府軍は撤退しました。幕府は敗北してしまったのです。

開港してから物価が上昇して社会不安が広がり、幕府への不満が高まりました。これに加え、第2次長州征討に際して幕府が兵糧を徴収したことで、さらに物資不足による物価高騰が発生しました。それにより、**世直し一揆**が激化し、江戸や大坂で**打ちこわし**も発生しました。

⑸ 徳川慶喜は大政奉還を実行したが、討幕勢力は天皇中心の新政府を作った

いよいよ、幕府滅亡の場面です。最後の将軍となった15代将軍**慶喜**は、フランスの援助も受けて幕府政治の立て直しをはかろうとしますが、孝明天皇が急死して**明治天皇**が即位すると、薩長は武力による討幕を画策しました。

そこで登場するのが、幕府を支える立場を維持していた**土佐藩**でした。藩士の**後藤象二郎**と坂本龍馬は、朝廷のもとに雄藩連合政権を作り、徳川慶喜を議

長とする大名の会議で政治を運営するという**公議政体論**の構想を持っていました。そして、これを実現するためにも、いったんは政権を朝廷に返上することを、前藩主の**山内豊信**を通じて15代将軍慶喜に伝えました。武力で倒される前に幕府がみずから消滅したうえで、再び朝廷からの委任を受けた徳川氏が主導する新しい政府を作ろうというわけです。そして、15代将軍慶喜は**1867年**、**大政奉還**によって政権を朝廷に返上し、将軍職も辞退しました。

しかし、薩長や**岩倉具視**を中心とする討幕派は、明治天皇から**討幕の密勅**を得ており、徳川慶喜の動きに対する巻き返しをはかる必要がありました。江戸幕府に代わる新しい政府の主導権を誰が握るのか。

当時、伊勢神宮の御札などが降ってきたのを機に、民衆が集団で乱舞する「**ええじゃないか**」が東海道筋から京都・大坂に及んで混乱状態となっており、その混乱にまぎれて準備を進めた討幕派が、天皇中心の新政府を樹立する**王政復古の大号令**を発令しました。幕府も将軍も摂関も廃止するとともに、**三職**（**総裁・議定・参与**）に雄藩の藩主・藩士を任じました。つまり、天皇親政のもとで雄藩連合の形をとりつつ、徳川慶喜を抜きにした政府を作ろうとしたのです。

その日の夜、総裁・議定・参与による**小御所会議**が開かれ、徳川慶喜の処分を決定しました。その処分とは、内大臣の官職と領地（元幕領）の一部を返上させるという、**辞官納地**でした。徳川慶喜はこれを拒否し、京都の二条城から大坂城へ移って戦争の準備を始めました。そして、**戊辰戦争**が始まります。

ポイント　幕末の政治

◆幕政の転換
　老中**阿部正弘**…ペリー来航（1853）と和親条約調印に関わる
　老中**堀田正睦**…将軍継嗣問題（一橋派 vs 南紀派）と条約勅許問題
　大老**井伊直弼**…修好通商条約調印、**安政の大獄**→**桜田門外の変**（1860）
　老中**安藤信正**…公武合体運動を推進（和宮の降嫁）→**坂下門外の変**

◆薩長の進出
　薩摩（合体派）…島津久光の介入→**文久の改革**　※**生麦事件**→**薩英戦争**
　長州（尊攘派）…幕府に迫って攘夷を決行→**四国艦隊下関砲撃事件**
　長州敗北…**八月十八日の政変**→**池田屋事件**→**禁門の変**→**第1次長州征討**
　討幕派の形成…**薩長同盟**→第2次長州征討で長州が勝利

◆江戸幕府の滅亡
　大政奉還（1867　**徳川慶喜**）→**王政復古の大号令**（討幕派の新政府）

チェック問題にトライ！

【1】（1990年度　本試験）

　川柳や狂歌は、だじゃれによることば遊びや機知にとんだユーモアで広く人々の人気を集めた。次に掲げた四つの狂歌は、いずれもそれぞれの時代の政治や世相を痛烈に皮肉ったものである。

　　ア　泰平のねむりをさますじょうきせん　たった四はいで夜も寝られず
　　イ　徳川の清き流れをせきとめて　己（おの）が田へひく水野にくさよ
　　ウ　井伊しかけ毛せんなしの雛（ひな）まつり　真赤に見えし桜田の雪
　　エ　白河の清きに魚もすみかねて　もとの濁りの田沼こひしき

問　ア〜エの四首の狂歌の内容を古いものから年代順に並べた場合、その組合せとして正しいものを、次の①〜⑧のうちから一つ選べ。
　　①　アーイーウーエ　　②　アーエーイーウ　　③　イーエーアーウ
　　④　イーエーウーア　　⑤　ウーアーイーエ　　⑥　ウーアーエーイ
　　⑦　エーイーアーウ　　⑧　エーイーウーア

解説　**史料文のなかからキーワードを探すという、未見史料の問題を解く方法を使いましょう。**

ア　「じょうきせん」は上喜撰（じょうきせん）（緑茶のブランド）と蒸気船（じょうきせん）（ペリー来航1853）をかけていて、「高級緑茶を4杯飲むと興奮して寝られない」と「黒船が4隻（せき）やってきて不安で寝られない」の二つの意味が含まれます。
イ　「水野（みずの）」から、水野忠邦（ただくに）による天保の改革（てんぽう）（19世紀中期）を推定します。
ウ　「井伊（いい）」「桜田（さくらだ）」から、井伊直弼（なおすけ）と桜田門外（さくらだもんがい）の変（1860）を推定します。
エ　「白河」は白河藩主松平定信（まつだいらさだのぶ）を示し、「寛政の改革（かんせい）は清らかすぎて反発が大きく、田沼時代（たぬま）は濁っていたが過ごしやすかった」という意味です。
⇒したがって、⑦（エーイーアーウ）が正解です。

解答　⑦

【2】（2015年度　追試験）

　次の図に関して述べた下の文a〜dについて、正しいものの組合せを、①〜④のうちから一つ選べ。

図 「時世のぼり凧」（1866〔慶応2〕年）

武具　茶　蠟（ろう）　むぎ　酒　米　もめん　絹物　糸（生糸）

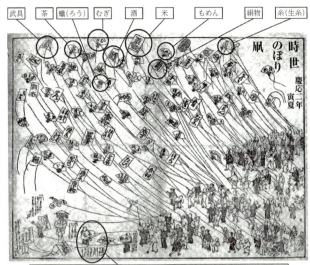

医者　薬代は少なし。少し上げてみよう。しかし、そう（払って）くれまいし……

a　図は、この時期の物価上昇をたこ揚げに見立てて描いている。

b　図は、「ええじゃないか」に浮かれる民衆の様子を描いている。

c　図に見える酒は、この時期の主要な輸出品であった。

d　図に見える蠟は、五品江戸廻送令の対象となった。

①　a・c　　②　a・d　　③　b・c　　④　b・d

 解説　**絵図のまわりにある文字情報にも注目して**読み解き、選択肢の情報とくらべることで解いていきましょう。

a　図の下の説明からは、薬代の上昇で人々が代金を払えなくなるかもしれない状況が読み取れるので、選択肢の「この時期の物価上昇」は正しいです。また、図には「たこ揚げ」が描かれ、選択肢の「物価上昇を（たこ揚げに）見立て」たという説明にも、とくに誤りは見いだせません。

b　民衆の集団乱舞である「ええじゃないか」は、図から読み取れません。

c　幕末の「輸出品」は生糸と茶が中心で、「酒」ではありません。

d　「蠟（ろう）」が「五品江戸廻送令（ごひんえどかいそうれい）の対象」である点は、やや細かい知識です。そこで、判断を保留し、cの明確な誤りを見つけて排除しましょう。

⇒したがって、②（a・d）が正解です。

 解答　②

年代	政治	外交	経済
1860年代	**1 明治維新** ①**戊辰戦争** 鳥羽・伏見の戦い 江戸城無血開城 五稜郭の戦い ②**新政府の成立** 五箇条の誓文（1868）（基本方針） 五榜の掲示（民衆支配） 政体書（政府組織） ③**中央集権体制** 版籍奉還（知藩事を任命） →藩政の継続 廃藩置県（1871） （府知事・県令を派遣）	（1） （3）	（2）
1870年代	④**近代軍制** 徴兵告諭（「血税」） 徴兵令（国民皆兵） ※血税一揆 ⑤**身分制改革** 「四民平等」 壬申戸籍 秩禄処分（1876） 廃刀令 ⑥**財政の確立** 地券を発行 地租改正条例(1873) ※地租改正反対一揆 第21章 1 自由民権運動 ①明治六年の政変 ②士族反乱 ③士族民権 ④豪農民権	**3 明治初期の外交** ①**対欧米関係** 岩倉使節団 寺島宗則の交渉 ②**清国との関係** 日清修好条規 台湾出兵 ③**朝鮮との関係** 征韓論→中止 日朝修好条規 ④**琉球帰属問題** 琉球藩 沖縄県 ⑤**蝦夷地** 開拓使 ⑥**国境の画定** 樺太・千島交換条約	**2 殖産興業** ①**産業の育成** 工部省・内務省 官営模範工場 （富岡製糸場） ②**交通・通信** 官営鉄道 郵便制度 海運（三菱） ③**貨幣・金融制度** 不換紙幣の発行 新貨条例 国立銀行条例 （兌換は未確立）

　第20章は、明治時代初期（1860年代末〜1870年代）の政治・経済・外交を扱います。

(1)　明治政府は、江戸時代に支配身分であった武士階層のさまざまな特権を奪っていきました。それと並行して、欧米列強を参考に、近代的な政治体制・軍制・税制などを導入しました。

　　1870年代前半から始まる自由民権運動は第21章で扱います。

(2)　明治政府は、欧米列強の資本主義システムを日本に取り入れるため、殖産興業を主導し、産業や金融などの面での近代化をはかりました。

(3)　明治政府は、幕末に結ばれた不平等条約の改正をめざして、欧米との交渉を始めました。一方、東アジアに対しては、伝統的な中国中心の国際秩序に対して、近代国家として向き合うことになりました。

Ⅳ

近代・現代

1 明治維新（1860年代〜70年代）

　明治天皇を頂点とし、討幕派であった薩摩・長州を中心に土佐・肥前の出身者なども加えて、明治新政府が誕生しました。新政府は、これまでの江戸幕府の政治を否定し、新しい政治を進めていきました。

　　明治「維新」というけれど、どのあたりが新しいのかな？

　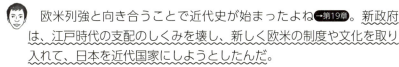　欧米列強と向き合うことで近代史が始まったよね→第19章。新政府は、江戸時代の支配のしくみを壊し、新しく欧米の制度や文化を取り入れて、日本を近代国家にしようとしたんだ。

　　知ってる！　文明開化の「開化」だね。そしたら、日本はこれまでとは全然違う、欧米のような国になったんだ。

　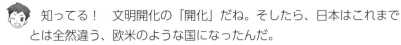　そうでもないんだ。明治新政府の始まりは、**王政復古の大号令**だったね。討幕派から新政府のメンバーとなった人たちは、古代以来の天皇という存在を抱え込むことで、日本を統治する正統性を得ようとした。だから、伝統を復活させる「復古」の側面もあったんだよ。

　　新しいものと古いものとが、共存していたんだね。

① 戊辰戦争

　討幕派が王政復古の大号令によって樹立した明治新政府は、旧幕府側と対決した**戊辰戦争**を勝ち抜くことで、新しく日本を統一しました。

　鳥羽・伏見の戦いで新政府軍が勝利すると、敗北した徳川慶喜は江戸に逃れ、新政府軍が江戸に進撃しました（このとき新政府軍〈官軍〉に参加した義勇軍のうち、赤報隊の相楽総三が「偽官軍」として新政府に処刑されるという事件も起きました）。そして、徳川慶喜が降参して**江戸城が無血開城**すると、新政府は江戸幕府が支配していた直轄地や幕領を没収しました。新政府に反発した東北の諸藩が**奥羽越列藩同盟**を結成しましたが、その中心だった会津若松城が落城して会津藩（藩主は松平容保）が新政府軍に敗北すると、奥羽越列藩同盟も崩壊しました。最後は、箱館の**五稜郭**に立てこもった幕臣の**榎本武揚**が降伏し、戊辰戦争が終わりました。

② 新政府の成立

　戊辰戦争と並行して、新政府の体制が固まっていきました。1868年に新政府が発した三つの命令を区別しましょう。まず、基本方針として**五箇条の誓文**が公布されました。明治天皇が神々に誓う形式をとり、天皇親政が強調されました。内容は、長州の**木戸孝允**が最終的に確定し、「広ク会議ヲ興シ」という**公議世論の尊重**や、欧米列強の支持を得るための

年表
1868 鳥羽・伏見の戦い（戊辰戦争開始）
五箇条の誓文
五榜の掲示
政体書
江戸を東京と改称
明治に改元…一世一元の制
1869 版籍奉還の開始
東京へ遷都
五稜郭の戦い（戊辰戦争終結）
1871 廃藩置県

開国和親が示されました（攘夷は「旧来ノ陋習」、つまり古い悪習とされました）。次に、民衆支配に関わる**五榜の掲示**が各地に掲げられました。**徒党・強訴やキリスト教の禁止**といった点は、江戸幕府の方針のままでした。さらに、政府組織に関する**政体書**が公布されました。中央は、**太政官**に権力を集中させつつ、**アメリカ**の憲法を参考に三権分立の体制としました。地方は、戊辰戦争で旧幕府側から没収した直轄地や幕領に府・県という行政区分を設定しましたが、大名が支配する藩は残ったので、のち廃藩置県でこれを廃しました。

　これらに加え、江戸を「東京」と改称し、元号を「明治」として**一世一元の制**を採用し（天皇の在位期間と元号とを一致させる）、翌年には天皇御所を旧江戸城に移転して、京都から東京へ遷都しました。

③ 中央集権体制

　すでに江戸幕府は消滅し、徳川慶喜（元将軍）の力も戊辰戦争で失われていました。全国を政治的に統一したい明治新政府が次にターゲットとしたのは、全国各地を支配していた大名の力を奪うことでした。そこで実行されたのが、1869年の版籍奉還と、1871年の廃藩置県でした。

　新政府は強かったんだし、大名が支配する藩を一気につぶしてもよかったんじゃないかな。いきなり廃藩置県をやらなかったのはなぜ？

　大名は、主従関係を結んでいる家臣（藩士）を抱えていたし、将軍から与えられた藩の領地と領民を支配していた。つまり、大名は軍事権と徴税権を持っている存在だから、いきなり「藩は廃止！」とされたら、領地を拠点に家臣を率いて抵抗する可能性がある。だから、少しずつ藩を廃止する方向に持っていったんじゃないかな。

　版籍奉還は、あとで藩を廃止しやすくする意味があったんだね。

(1)　版籍奉還で、旧大名は将軍の家来から新政府の地方長官に変わった

　1869年、藩主（旧大名）が領地（版）と領民（籍）を返上する版籍奉還が実施されました。まず、長州の木戸孝允や薩摩の大久保利通らの画策で**薩長土肥の4藩主**が自主的に奉還しました。そして、新政府が全藩主に奉還を命令すると、藩主は、かつて将軍から御恩として与えられていた知行地（藩）を、天皇へ返上しました。

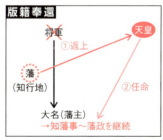

　こうして、全国の土地と人民は新政府が支配しましたが、藩という枠組みがなくなったのではありません。旧大名は政府から知藩事に任命され、引き続き藩内の政治にあたりました。とはいえ、旧大名の藩に対する支配力はそのまま残りつつも、新政府に所属する地方長官になったことで（知藩事には政府から**家禄**が支給されました）、旧大名（藩主）と家臣（藩士）との主従関係はなくなり、これがのちの廃藩置県を容易にしました。

　版籍奉還と同時に、中央組織の改革がおこなわれました。祭政一致（神々への祭りと政治が一体のものとなる）と天皇親政が強調され、**神祇官**を太政官と並ぶ位置づけにしたうえで太政官の上位に置きました。古代律令制の復活です

ね →第4章 。そのうえで、太政官のもとに各省が置かれました。

(2) 廃藩置県で、新政府が政治的統一を達成し、中央集権体制が確立した

1871年、新政府は**廃藩置県**を断行しました。藩主の抵抗を防ぐために**薩長土の3藩**から約1万人の**御親兵**を集め、知藩事を罷免して東京に居住させました。天皇が任命した知藩事を天皇が辞めさせるという巧みなやり方で、旧大名は力を失うことになったのです。さらに、**府知事・県令**を中央政府から派遣して地方行政にあたらせることで、新政府は中央集権体制を確立しました。

藩を廃止して県を設置し、各藩に属していた軍事権・徴税権を新政府が接収したことで、新たな軍事制度である**徴兵制**や、新たな税制度である**地租改正**をおこなう基盤がととのいました。

廃藩置県と同時に、中央組織の改革がおこなわれました。太政官のなかに正院・左院・右院を置く**三院制**とし、正院に太政大臣、左・右大臣、**参議**が置かれて最高行政機関となり、各省を管轄しました。そして、**薩摩・長州・土佐・肥前**のもと下級藩士たちを中心に、参議や各省の卿・大輔（長官・次官）の地位を握ったことで、**藩閥政府**が確立しました。

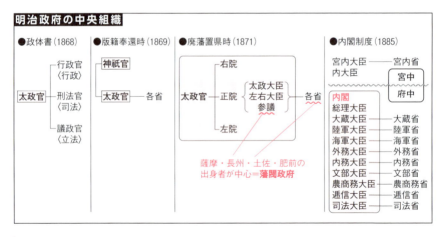

明治政府の中央組織

④ 近代軍制

列強の接近や →第17章 、開国のところで見たように →第19章 、18世紀後半以来、欧米列強が東アジア進出を進めてきました。こういった動きに対抗するため、新政府は強力な軍事制度を整えようとしました。

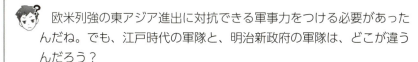

　欧米列強の東アジア進出に対抗できる軍事力をつける必要があったんだね。でも、江戸時代の軍隊と、明治新政府の軍隊は、どこが違うんだろう？

　「近代国家の三要素」を思い出そう。**主権・国民・領域**だったね。今回は、国家の構成員である国民に注目するよ。全員の平等が法により保障されているのが（法のもとの平等）、国民のあり方なんだ。

　そうすると、江戸時代にあった身分制度を改革する必要があるね。武士という特定の身分が軍事力を独占する軍隊もなくなりそう。

　それと、もう一つ。近代国家はナショナリズムの意識でまとまっているので、自分自身と国家を同一視する（一体のものとみなす）のも国民のあり方なんだよ。たとえば、自分が暮らしている国が侵略されたら、近代国家の国民であれば、どう考えるかな？

　国のピンチは自分のピンチだから、特定の身分に国防を任せるのではなく、国民の誰もが国防を担うよね。そうか、それが**徴兵制**だ！

　そういうこと。国民全員に兵役の義務を課す近代的な軍事制度は、この考えにもとづいているんだね。

　近代的な国民軍の設置は、長州の**大村益次郎**が立案し（彼は緒方洪庵の適塾 →第18章 で学んだ経験がありました）、彼が暗殺されたあとは、同じく長州の**山県有朋**が受け継ぎました。まず、古代律令制を復活させた兵部省を、のちに陸軍省と海軍省に分割し、軍政を担当させました。

　1872年に**徴兵告諭**を発布し（兵役を「**血税**」と表現しました）、これにもとづいて翌年に**徴兵令**を公布しました。**国民皆兵**の原則が掲げられ、満**20歳以上**の男性に３年間の兵役を課す統一的な制度が確立しました。しかし、戸主や跡継ぎ、政府役人や学生、代人料270円の納入者には兵役を免除する**免役規定**があり、実際には皆兵とはいえませんでした。そのため、二男以下が兵役に取られるなど負担が増加した農民が中心となり、徴兵に反対する**血税一揆**を起こしました。

　警察制度については、1873年の**明治六年の政変**の直後に設置された**内務省**が、警察事務・地方行政・殖産興業を担当し、首都東京の警察行政を担当する警視庁も置かれました。

⑤ 身分制改革

　日本が近代国家になるためには、家ごとに職が世襲的に決まっているという近世の身分制社会を解体し、江戸幕府が武士に与えていた特権を解消する必要がありました。

(1)　近世の世襲的身分が撤廃され、国民全員を登録する戸籍制度ができた

　まず、版籍奉還のときに、公家・大名を**華族**、旧幕臣・藩士を**士族**、百姓・町人を**平民**としました。そして、平民に苗字を許可し、さらに、華族・士族と平民との結婚の自由や職業選択の自由を認めました。こうして、近世の世襲的な身分はなくなり、**四民平等**となりました。

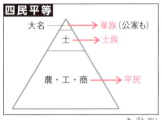

四民平等

大名 ―――→ 華族（公家も）

士 ―――→ 士族

農・工・商 ―――→ 平民

　一方、江戸時代に差別の対象となっていた、えた・非人については、**身分解放令**を出して、身分・職業については平民と同様の扱いとすることにしましたが、社会的な差別はその後も続きました。このことが、大正時代における被差別部落の解放運動につながりました→第24章。

　1871年の戸籍法にもとづき、1872年には華族・士族・平民という新しい区分で**壬申戸籍**が作成されました。これは初の近代的戸籍ですが、戸籍の作成は古代律令制のとき以来であったことに注目しましょう（江戸幕府が作成した宗門改帳は戸籍の役割を果たしますが、戸籍ではありません）。そして、国民全員が国家に把握されたことで、統一的な軍事制度である徴兵制や、統一的な税制である地租の課税も可能となりました。

(2)　新政府は士族への秩禄支給をやめ、近世以来の士族の特権は失われた

　廃藩置県ののちも、新政府は華族（旧大名）・士族（旧武士）に対し、江戸時代の俸禄に代わる**家禄**を含めた**秩禄**を支給していました。しかし、近代的な徴兵

秩禄処分

【江戸時代】
俸禄…武士に対して主君から与えられる収入（＝御恩）
【明治時代】
家禄…華族・士族に対して明治政府から支給される収入
賞典禄…王政復古の功労者へ支給される収入
★家禄＋賞典禄＝秩禄

制度ができれば、それまで軍事力を持っていた華族・士族の役割は薄れます。そこで新政府は、財政負担となっていた秩禄の支給をなくし、武士の収入を奪っていきました。

　まず、**秩禄奉還の法**を発して、「秩禄はこれ以降受け取らないよ」という者

を募集しました（その代わり、彼らには一時金を支給します）。こうして、政府は秩禄の支給を減らしていき、最終的に<u>金禄公債証書</u>をすべての華族・士族に与えて、秩禄の支給を打ち切りました。特に、士族が受け取った公債の額は少なく、士族は不慣れな「**士族の商法**」に手を出して失敗する者も多く、政府の**士族授産**（屯田兵として北海道の開拓に従事させるなど）も不十分でした。

　また、金禄公債証書の交付と同じ1876年に、政府は<u>廃刀令</u>を発して帯刀を禁止しました。こうして、近世以来の武士身分の特権が失われました。

⑥ 財政の確立

　近代国家となるための新しい政策や事業には、お金がたくさんかかります。新政府は財政を安定させるため、<u>地租改正</u>を実施しました。

　地租改正は、どのあたりが「近代的」な税制度なんだろう？

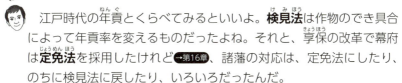
　江戸時代の年貢とくらべてみるといいよ。**検見法**は作物のでき具合によって年貢率を変えるものだったよね。それと、享保の改革で幕府は**定免法**を採用したけれど →第16章 、諸藩の対応は、定免法にしたり、のちに検見法に戻したり、いろいろだったんだ。

　エッ、それじゃあ、場所によって年貢率はバラバラだったんだね。

　それと、諸藩は、年貢を米で徴収したあと、それを蔵物として売却して貨幣を手に入れていたよね →第15章 。武士が城下町や江戸などの都市で生活するには、お金がいるからね。

　すると、米価が上がったり下がったりで、売ったときの収入がずいぶん変わってしまうね。

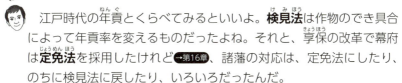
　そのことを頭の片隅に置いて、地租改正の特徴を考えてみよう。

地租は土地を課税対象とするので、その前提として、江戸時代の土地制度を改める必要がありました。そこで明治政府は、まず田畑勝手作りの禁を廃止し、次に**田畑永代売買の禁令を廃止**しました。そのうえで、1872年、土地ごとに**地価**を

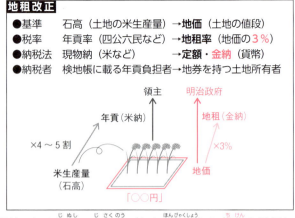

計算し、従来の年貢負担者である地主・自作農（もと本百姓）に**地券**を発行して土地所有権を保証し、1873年、**地租改正条例**を発布しました。江戸時代からどのように変わったのか、図を見て理解しましょう。特に重要なのは、地租が**定額・金納**であったことです。地租改正の結果と影響を次にまとめます。

(1) 近代的税制と近代的土地制度が確立した

地租改正によって、政府は、全国統一基準で金納による、安定した税収入が得られるようになりました（米価や米生産量に左右されなくなりました）。**近代的税制**が確立し、殖産興業や富国強兵のための財政基盤がととのいました。さらに、地券を得た者は、個人の土地所有権を法的に認められました（領主が支配する土地から年貢を徴収できる知行権は消滅しました）。こうして**近代的土地制度**も確立しました。

(2) 農民は、相変わらず重い負担に苦しんだ

しかし、地租改正は、さまざまな社会的影響を生みました。政府は、今までの年貢収入を減らさない方針で地租改正をおこないました。江戸時代の年貢（石高の４～５割）と明治初期の地租（地価の３％）とがだいたい同じになるように、土地から得られる収穫物収入をもとに地価を計算していきました。すると、農民の負担は今までと変わらなくなってしまいます。

そして、政府は、**入会地**の多くを官有地にしてしまいました。入会地は、室町時代の惣村のところで学んだように →第10章、惣村の人々が共同で利用して燃料・肥料などを得る場でした。共有地だったので、個人の所有権を証明できない場合が多く、政府が没収してしまったのです。そうすると、農民は燃料や肥料が自給できなくなり、経費が増えてしまいます。

(3) 近世以来の地主・小作関係はそのまま残った

　江戸時代中期以降、各地の農村で地主が成長する一方、土地を持たない小作人（小作農）は土地を借りて耕作しました〈→第16章〉。こうした農民の階層分化は明治時代になっても続き、明治政府が地主の土地所有権を認めたこともあって、江戸時代以来の**地主・小作関係**が温存されました。

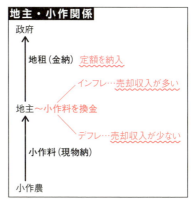

　まず、地主の状況を見ましょう。彼らは土地を貸して**現物納**（米など）の**小作料**を得ていました。一方、**地租**は**金納**なので、地租を貨幣で払うためには、現物の小作料収入を売ってお金にする必要があります。図にあるように、物価が上がる**インフレ**のときには、小作料は高く売れますので、地主は貨幣収入が増えます。しかし、負担する地租は定額なので、小作料はたくさん手元に残り、地主は成長するのです。これに対し、物価が下がる**デフレ**のときには、小作料は安くしか売れませんので、地主は貨幣収入が伸びません。しかし、負担する地租は定額なので、小作料は手元にあまり残らず、地主は少々苦しくなります。

　次に、小作農の状況を見ましょう。彼らは土地を所有していないので地租負担はありませんが、土地を借りているので現物納の小作料負担に苦しみました。生産した米は、その多くを小作料として納めるため手元に残らず、困窮する場合も多かったようです。

(4) 農民は、負担の軽減を求めて一揆を起こした

　こうしたなか、不満をためた農民が**地租改正反対一揆**を起こしました。特に、1876年の茨城や東海地方での一揆は大規模で、同じ年には秩禄処分・廃刀令に不満を持つ士族の反乱（敬神党〈神風連〉の乱・秋月の乱・萩の乱）も相次いだことから〈→第21章〉、翌1877年に政府は地租率を**2.5%**に軽減しました。

　明治初期の諸改革は、細かい西暦年代を覚えなくても構いませんが、前後関係をつかみましょう。年表を見ると、1871年の廃藩置県による中央集権体制の確立は、全国統一的な政策をおこなううえで不可欠だったことがわかります。

【軍制】	【身分制】	【財政】
1869 兵部省を設置	1869「華族・士族・平民」 ※四民平等	
1871 廃藩置県		
1872 陸軍省・海軍省 　　　徴兵告諭 1873 徴兵令　※血税一揆 　　　内務省を設置 1874 警視庁を設置	1871 身分解放令 1872 壬申戸籍 1873 秩禄奉還の法 　　　　　（秩禄処分） 1876 金禄公債証書 　　　廃刀令	1871 田畑勝手作りの禁廃止 1872 田畑永代売買の禁令廃止 　　　地券を発行 1873 地租改正条例 1876 地租改正反対一揆 1877 地租率を2.5％に

ポイント　明治維新

◆**戊辰戦争**：**鳥羽・伏見**の戦い〜**五稜郭**の戦い

◆新政府：**五箇条の誓文**…方針　**五榜の掲示**…民衆支配　**政体書**…組織

◆**版籍奉還**（1869）…大名を**知藩事**に／**廃藩置県**（1871）…**府知事・県令**

◆兵制：**徴兵告諭**…国民皆兵・**「血税」**　**徴兵令**…免役規定　**血税一揆**

◆身分制：**四民平等、壬申戸籍**　**秩禄処分**…**金禄公債証書**交付（1876）

◆税制：**地租改正**…**地租**は**地価**の３％（定額・金納）、**地主・小作関係**温存

2 殖産興業（1870年代）

　幕末以来、欧米の資本主義の波が日本へ押し寄せていました。開国・開港が日本の社会・経済に与えた影響については、すでに見てきました→第19章。明治政府は、資本主義にもとづく自由な経済活動を進めるため、江戸幕府が作ったさまざまな規制である、関所や宿駅・助郷の制度を撤廃し→第15章、株仲間も廃止しました→第15章。そして、欧米と並ぶ国力を持つため、**富国強兵**をスローガンに経済面での近代化をはかりました。

 現在の世界だと、経済成長をはかろうとする国は、規制を緩めて外国資本を誘致したりするよね。明治初期の日本は、どうだったのかな。

 それとは逆に、明治政府は外国資本をできるだけ排除したんだ。た

とえば、日本の沿岸航路は外国の汽船会社に独占されたんだけれど、政府が**三菱**にばく大な援助を与えて保護し、ここから外国の汽船会社を排除した。日本が外国に対し、経済的に自立しようとしたんだね。

欧米列強の会社を追い出したら、資本主義システムを日本へ導入するのは難しいんじゃないかな。

明治政府が外国人教師を招いたのは知っているよね。政府みずから、**御雇い外国人**から欧米の学問や技術を学び、欧米の工業を移して、日本へ根付かせようとした。政府が、近代産業全体を経営したんだ。

政府がリードして民間の産業を育成したから、「上からの近代化」といわれるんだね。

① 産業の育成

まず、殖産興業を推進するための中央官庁として設置された**工部省**が、鉄道・鉱山・造船といった官営事業の経営を担当しました。これに加えて1873年、**明治六年の政変**で征韓派が下野したのち、内治優先派だった**大久保利通**が設置した内務省が、地方行政や警察に加えて勧業政策も担当しました（大久保が初代の内務省長官〈内務卿〉となりました）。

政府は、幕府・諸藩が持っていた工場・鉱山を官営とし、のちに民間へ払い下げました。東京・大阪の砲兵工廠や旧幕府の横須賀造船所が軍事産業を支え、**長崎造船所**はのち三菱へ払い下げられました。また、近代産業のエネルギー資源として重要な**石炭業**では、福岡県の三池炭鉱がのち三井へ、長崎県の高島炭鉱はのち三菱へ、それぞれ払い下げられました。

政府は、貿易に関連する産業を育成するために**官営模範工場**を設立し、機械制生産の様式を民間に普及させていきました。特に、**生糸**は幕末から輸出の主力品であったため →第19章、これを製造する**製糸業**は輸出指向型産業として育成されました。その代表例が、**フランス**の機械を導入した群馬県の富岡製糸場で、ここで技術を身につけた「富岡工女」が各地に技術を伝えました。さらに、政府は国内技術の奨励もはかり、1877年に内務省主導で第一回**内国勧業博覧会**が開かれました。また、農業・牧畜業に関する西洋の技術を導入するため、東京に駒場農学校や三田育種場が開設されました。

② 交通・通信

　資本主義にもとづく自由な経済活動は、ヒトやモノの移動のスピードや、情報伝達のスピードを速くすることで、いっそう活性化します。政府は、こうした欧米の交通・通信のしくみを取り入れました。

　陸上交通では、1872年、**官営鉄道**が東京の**新橋**と開港場の**横浜**との間に開通し、これ以降全国に鉄道網が広がっていきました。また、海に囲まれた日本では、水上交通を担う**海運業**が重要なものとなるので、政府は土佐藩出身の**岩崎弥太郎**が経営する**三菱**に手厚い保護を加え、台湾出兵や西南戦争で軍事輸送を請け負わせました。こうした政府と関係の深い民間業者は**政商**と呼ばれ、江戸時代以来の三井・住友や、明治時代になって登場した三菱は、政府からさまざまな特権を与えられ、のちに**財閥**へと発展していきました。

　通信では、**前島密**の建議によって、江戸時代の飛脚に代わる官営の**郵便制度**が発足しました。また、**電信線**が次々と設置されて、国内での連絡や国外との連絡が迅速になりました（のちに電話も日本へ導入されました）。

③ 貨幣・金融制度

　明治政府は、近代的な貨幣・金融制度を整備するため、通貨価値の基準として**正貨**（金・銀）を用いる**本位貨幣制**（金本位制・銀本位制）を欧米にならって導入しようとしました。しかし、なかなかうまくいきませんでした。

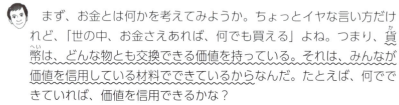

 正貨とか金本位制とか、言葉は知っていても理解がイマイチ……。

　まず、お金とは何かを考えてみようか。ちょっとイヤな言い方だけれど、「世の中、お金さえあれば、何でも買える」よね。つまり、貨幣は、どんな物とも交換できる価値を持っている。それは、みんなが価値を信用している材料でできているからなんだ。たとえば、何でできていれば、価値を信用できるかな？

　そうだなぁ、やっぱり、**金・銀**かなぁ。

　そうだね。だから、古今東西、金・銀が貨幣の材料だった。でも、近代資本主義経済は、取引の金額がとても多くなるから、重くて欠けやすく持ち運びに不便な金・銀よりも、**紙幣**を使いたい。

　今は、みんなが1万円札の価値を信用しているよね。でも、よく考えてみると、材料は紙だから、本当に1万円の価値があるのかな？

単なる紙切れじゃないのかな？

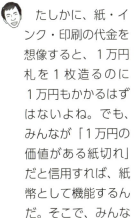 たしかに、紙・インク・印刷の代金を想像すると、1万円札を1枚造るのに1万円もかかるはずはないよね。でも、みんなが「1万円の価値がある紙切れ」だと信用すれば、紙幣として機能するんだ。そこで、みんなが価値を信用していた金や銀を<u>正貨</u>とし、紙幣と同じ金額の正貨（金・銀）と交換できるように正

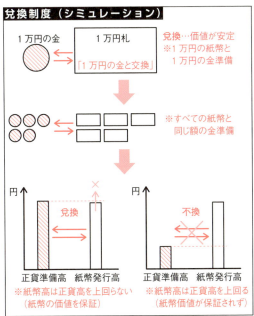

兌換制度（シミュレーション）

1万円の金　→　1万円札「1万円の金と交換」

兌換…価値が安定
※1万円の紙幣と1万円の金準備

※すべての紙幣と同じ額の金準備

円↑　兌換
正貨準備高　紙幣発行高
※紙幣高は正貨高を上回らない（紙幣の価値を保証）

円↑　不換
正貨準備高　紙幣発行高
※紙幣高は正貨高を上回る（紙幣価値が保証されず）

貨を準備しておけば、みんなが安心して「1万円の価値がある紙切れ」だと信用できる。これが、**兌換制度**（だかんせいど）なんだ。

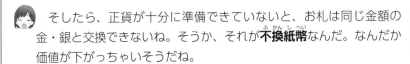 そしたら、正貨が十分に準備できていないと、お札は同じ金額の金・銀と交換できないね。そうか、それが**不換紙幣**（ふかんしへい）なんだ。なんだか価値が下がっちゃいそうだね。

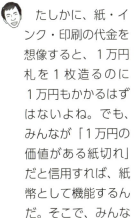 実際はそこまで多くの正貨を準備していなくても、お札の価値と正貨の価値が同じになれば兌換制度にできるんだけれど、あくまで理屈を理解するうえで、図を参考にしてみよう。

　明治政府は成立直後、戊辰戦争（ぼしん）の戦費などにあてるために**太政官札**（だじょうかんさつ）などを発行しましたが、これらは同じ金額の正貨（金や銀）と交換できない**不換紙幣**（ふかんしへい）であったため、紙幣価値の信用が得られませんでした。また、江戸時代以来の金銀銭貨（ぎんせんか）や藩札（はんさつ）も流通しており、貨幣制度は混乱していました。
　政府は1871年に**新貨条例**（しんかじょうれい）を公布して、統一的な貨幣制度を整備しました。**十進法**（じっしんほう）を採用し、**円・銭**（せん）**・厘**（りん）で単位を統一しました。そして、**金本位制**をめざしましたが、貿易では銀貨が使われたので、実質的には金銀複本位制でした。

何よりも、正貨として金を用いる兌換制度は確立していませんでした。

　そこで、地主・商人といった民間の資本に兌換紙幣を発行させるため、政府は**渋沢栄一**の推進のもとで、1872年に**国立銀行条例**を制定しました。これは、**アメリカ**のナショナル＝バンク制度にならったものですが、「ナショナル」は「国法にもとづく」という意味であり、国立銀行は国が経営するのではなく、民間銀行である点に注意しましょう。そして、国立銀行に兌換銀行券（**国立銀行券**）を発行させ、保有する正貨との兌換を義務づけました。しかし、民間での正貨の確保は難しく、渋沢栄一が頭取となった第一国立銀行など**4行**しか設立されませんでした。いくら兌換制度確立のためとはいっても、全国に紙幣が出回らなくては意味がありません。

　のち、政府は1876年に**国立銀行条例を改正**し、国立銀行の正貨兌換義務を廃止しました。正貨を確保しなくてもよいので、国立銀行設立が容易になったのです。さらに、この年は秩禄処分が断行され、金禄公債証書を得た華族・士族が銀行設立に参入してきました。その結果、国立銀行が増えて**第百五十三国立銀行**まで設立されたものの、国立銀行が不換紙幣を大量に発行することで紙幣価値が下がり、逆に物価が上がるという**インフレーション**をもたらしました。これは、政府にとっては歳出を増やすことになり、一方で当時の政府財政は定額・金納の地租歳入が中心だったので、財政難をもたらしました。結局、国立銀行を用いた兌換制度の確立は失敗に終わり、兌換制度はのちに1881年から始まった**松方財政**のなかで確立しました→第23章。

ポイント 殖産興業

◆**工部省・内務省**が主導（大久保利通が初代の内務卿）
◆官営鉱山：**三池炭鉱**（三井へ払下げ）・**高島炭鉱**（三菱へ払下げ）
◆官営模範工場：**富岡製糸場**（群馬県、フランスの技術）
◆交通・通信：**官営鉄道**（新橋・横浜間）　**海運業**（三菱）　**郵便**（前島密）
◆貨幣制度：**新貨条例**（円・銭・厘）　**国立銀行条例**（**兌換制度**は確立せず）

---

3 明治初期の外交 （1870年代）

　明治政府により、新しい国際関係が作られていきました。日本の近代は、欧米との関わりが深くなった時代です。一方、東アジアとの関係は、以前とは違ったものになっていきました。そして、日本が近代国家となるにあたって、主権・国民・領域の3要素を備える必要があるので→第19章、琉球・蝦夷地・北方

と南方で領域を確定していきました。

① 対欧米関係

　明治政府は、江戸幕府から引き継いだ不平等条約を改正し、欧米と対等な国際的地位を獲得することを目標としました。和親条約における片務的な最恵国待遇や、修好通商条約における関税自主権の欠如と領事裁判権の承認は、日本に不利な規定でした→第19章。

　1871年の廃藩置県で全国の政治的統一が達成されたうえ、通商条約では「1872年から条約の改正交渉が可能で、その場合には1年前に通告する」と規定されていたことから、明治政府は公家出身の右大臣岩倉具視を大使、木戸孝允（長州）・大久保利通（薩摩）・伊藤博文（長州）らを副使とし、総勢100名を超える岩倉使節団（1871～73）を派遣しました。しかし、アメリカとの条約改正交渉は、手続きの不備などもあって失敗したので、欧米の情勢を視察して日本の国家のあり方を模索することに専心し、使節団はアメリカからヨーロッパ諸国へとめぐっていくことになりました。この使節団には、アメリカに留学して帰国後に女子英学塾（のち津田塾大学）を開いた津田梅子や、フランスに留学して帰国後にルソーの思想を紹介し自由民権運動に影響を与えた中江兆民など、多数の留学生も同行していました。

　1870年代後半に条約改正交渉を担当したのは、外務卿の寺島宗則でした。当時の明治政府は、殖産興業政策を推進するために多額の費用がかかるので、関税収入に注目し、税権回復（関税自主権の獲得）に目標を定めました。そして、アメリカと交渉し、改正の直前までいったのですが、イギリスなどの反対で挫折しました。こうしたイギリスの反対姿勢が、しばらくの間条約改正交渉を停滞させることになりました。

② 清国との関係

　　江戸幕府は鎖国していたけれど、明治政府は五箇条の誓文で開国和親の方針を示したから、中国や朝鮮とも仲よくしたんだね。

　　ちょっと待って。開国和親は、欧米列強の支持を得るための姿勢だったよ。東アジアに対しては、それとは別の姿勢で臨んだんだ。「冊封体制」って覚えている？

　　たしか、中国が周辺の国々に朝貢を求め、朝貢してきた国には「王」の称号や返礼品などを与えたんじゃなかったっけ。

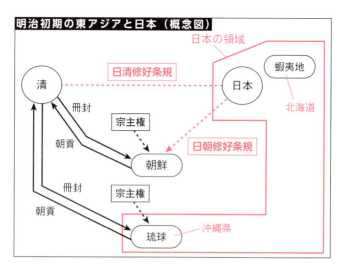

明治初期の東アジアと日本（概念図）

そう、中国皇帝と周辺国王との間に、形式上の君臣（くんしん）関係を設定するものだったね →第1章。そして、当時の清（シン）は、朝鮮（ちょうせん）や琉球（りゅうきゅう）といった朝貢（ちょうこう）国に対する**宗主権（そうしゅけん）**を主張して属国として扱い、介入や干渉の姿勢を強めつつあったんだ。アヘン戦争で負けて以来 →第17章、欧米列強の進出に対するガードを固めたかったんだろう。

でも、当時の日本は、近代国家になることをめざしていた。そうしたら、中国中心の冊封（さくほう）体制に対し、どのように関わったんだろう？

朝鮮に対しては、**日朝修好条規（にっちょうしゅうこうじょうき）**を結んだ。日本に有利な不平等条約だったのに、条文では、朝鮮は「自主ノ邦」「日本国ト平等ノ権ヲ保有」だと書かれている。つまり、建前上では、独立・対等な近代国家どうしでの条約だというわけ。清の属国扱いだった朝鮮が、「自主・平等」の国だということは……。

そうか！　清の朝鮮に対する宗主権を否定しているんだ。そして、内容は日本に有利な不平等条約だから、日本は朝鮮へ政治的・経済的に進出できるね。

一方、江戸時代の琉球は、形式的には清の属国で、実際は薩摩藩の支配下にあったんだけれど、明治政府は**琉球藩**を設置し、のちに琉球藩を**沖縄県**とした。近代国家として領域を明確にするとき、琉球を日本に組み入れたんだ。

これも、清の琉球に対する宗主権を否定しているね。でも、これだけ清の宗主権に手出しをしたら、日本と清は対立しちゃうよ……。もしかして、それが日清戦争につながるのかな。

 近代の日本が対外戦争をくり返す背景の一つが、見えてきたね。

江戸幕府は、中国船の来航を直轄地の長崎で管理し、明・清とは貿易のみをおこなう関係を築いていました→第14章。明治政府は、1871年、清との間に対等条約である日清修好条規を結びましたが、そのころに、台湾で琉球漂流民が殺害される事件が発生しました。明治政府は、琉球を日本の領域に組み入れるにあたり、この事件を利用しました。「琉球民＝日本国民」とみなし、その殺害の責任を清に負わせようとしたのです。

そして、この事件に対する清国への抗議が聞き入れられないと、明治政府は実力による報復として、1874年に西郷従道を中心として台湾出兵を断行しました。この出兵を強硬に進めたのが大久保利通で、出兵に反対した木戸孝允は政府を辞めました。これは、近代日本最初の海外出兵でした。

イギリスの調停で、清国は日本の出兵を正当な行動だと認め、事実上の賠償金を日本へ支払いました。しかし、これは明治政府にとっては「琉球民＝日本国民」が清に認められたことを意味しますので、こののちに明治政府は琉球処分で琉球を日本の領域に組み入れました。

③ 朝鮮との関係

江戸幕府は、対馬の宗氏を介して朝鮮と正式国交を結び、将軍代替わりなどに通信使を迎えてきました→第14章。しかし、廃藩置県で対馬藩はなくなったので、明治政府は改めて朝鮮に国交樹立を求めました。しかし、当時の朝鮮は鎖国政策を強化しており、交渉は不調でした。そうしたなか、軍事力を用いてでも朝鮮を開国させるという征韓論が政府のなかで唱えられました（近代化を進める明治政府に対する士族の不満を、海外へそらすという目的もありました）。これは、岩倉使節団が派遣されていた間の留守政府が画策したもので、西郷隆盛を使節として朝鮮へ派遣する計画でした。しかし、帰国した岩倉使節団のメンバーは「内治優先（国内政治の安定を優先）」を唱えて征韓派と対立し、最終的に征韓は中止となりました。こうして、敗れた征韓派の西郷隆盛・板垣退助・後藤象二郎・江藤新平らは政府を辞めました。これを明治六年の政変（1873）と呼びます。

しかし、明治政府は朝鮮の開国をあきらめたのではありません。その2年後、明治政府は朝鮮へ軍艦を派遣して挑発行為をおこなわせ、それに対する朝鮮からの攻撃を口実に江華島を占領し、軍事力を用いて開国を迫りました。この**江華島事件**を契機として、翌1876年、日本は朝鮮と**日朝修好条規**を結び、朝鮮を開国させました。その内容は、清の朝鮮に対する**宗主権**を朝鮮に否定させ、釜山のほかに仁川・元山を開港させ、日本の領事裁判権を朝鮮に承認させるだけでなく、日本は関税免除の特権も得ることになりました。朝鮮側に不利な内容の、不平等条約だったのです。

④ 琉球帰属問題

　江戸時代（近世）の琉球王国は、明・清への朝貢をおこない形式上は中国の属国でありながら、薩摩藩の支配を受け→第14章、日本と中国に両属していました。清は琉球に対する宗主権を主張していましたが、明治政府は琉球を近代国家の領域に組み入れようとしました。日本は1871年に清と日清修好条規を結ぶと、琉球が日本と清のどちらに帰属するのか、という問題が発生しました。日本政府は琉球を併合する方針を固め、1872年、政府は**琉球藩**を設置して琉球を政府の直轄下に置き、最後の琉球国王**尚泰**を藩王としました（廃藩置県のあとに登場した藩です）。そして、前年に起きた琉球漂流民殺害事件への報復として、1874年に**台湾出兵**を断行し、日本は清国から事実上の賠償金を獲得しました。こうして、清国からのお墨付きを得たと解釈した日本は、1879年、軍事力を用いて琉球藩の廃止と**沖縄県**の設置を強行しました（尚泰を東京に移して琉球王府を廃止）。こうした**琉球処分**に対して清は反発し、前アメリカ大統領グラントが日清両国を調停しましたが不調に終わり、最終的には日清戦争（1894～95）により琉球帰属問題は決着を見ました。

　その後の日本政府は沖縄統治を徹底するため、琉球の旧来の支配階層と妥協し、琉球王国時代の支配のしくみなどをそのまま残したので（旧慣温存策）、沖縄の近代化は遅れました。たとえば、琉球王国以来の租税である**人頭税**が継続したりしたため、これを廃止する運動が沖縄で発生しました。また、**謝花昇**による参政権獲得運動も展開されましたが、沖縄において衆議院議員選挙がおこなわれたのは、本土の1890年から大きく遅れた1912年（大正元年）のことでした。

⑤ 蝦夷地

　江戸時代の蝦夷地では、松前藩がアイヌとの交易独占権を認められていました→第14章。明治政府は、蝦夷地をロシアの進出に対する防波堤として重要視し、

明治の初めに蝦夷地を**北海道**と改称して**開拓使**を設置しました。そして、**アメリカ**式の大農場経営方式を採用し、開拓と北方防衛を担わせる**屯田兵**の制度も用いて開発を進めました（これは特権を失った士族に対する士族授産の一環でもありました）。さらに、**札幌農学校**を設立し、アメリカから**クラーク**を招きました（"Boys, be ambitious!" で有名ですね）。彼の教育は、のちにキリスト者となった内村鑑三らに影響を与えました。その後開拓使は廃止され（その直前の1881年に開拓使官有物払下げ事件が発生しています→第21章）、北海道庁が設置されました。

　北海道の開発は、アイヌの生活圏を侵害しました。さらに、政府が「日本人への同化」を基調に日本語教育や農業奨励を推進したことで、アイヌの伝統的な文化や生活が失われていきました。こうした状況は、1899年に**北海道旧土人保護法**が制定されてから、さらに拍車がかかりました（平成の時代になって、アイヌ民族の自立と人権保護をうたったアイヌ文化振興法〈アイヌ新法〉が制定されました）。

⑥ 国境の画定

　日本が近代国家になるにあたり、国境を定めて領域を画定することが必要でした。

　北方では、ロシアとの間で国境が画定しました。日本全権の榎本武揚のもとで（彼は五稜郭の戦いで負けた旧幕臣です）、**樺太・千島交換条約**が結ばれました（1875）。幕末に結ばれた**日露和親条約**からの変化に注目しましょう。国境を定めずに両国人雑居だった**樺太**がロシア領となり（日本は北海道の開発で手一杯だったので、樺太をロシアに譲ったのです）、ロシア領だった得撫島から先の千島列島が日本領となりました（日露和親条約で日本領だった国後島・択捉島を含め、すべての**千島列島**が日本領となりました）。

　南方では、**小笠原諸島**の領有をアメリカ・イギリスに通告し、最終的

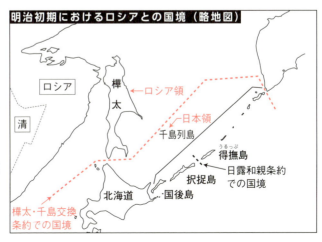

明治初期におけるロシアとの国境（略地図）

ロシア

樺太

清

←ロシア領

←日本領

千島列島

北海道

択捉島

国後島

得撫島

日露和親条約での国境

樺太・千島交換条約での国境

に東京府に編入しました。

　明治初期の外交に関する年表を見て、出来事がどのようにつながっているのかを確認しながら、全体のイメージをつかみましょう。

年表

【対欧米関係】	【対中国関係】	【対朝鮮関係】
1871 岩倉使節団	1871 日清修好条規 　　　台湾で琉球民殺害事件	
	1872 琉球藩	
1873 岩倉使節団の帰国		1873 征韓論（留守政府） 　　　征韓論争…征韓は中止
	1874 台湾出兵	
1875 樺太・千島交換条約		1875 江華島事件 1876 日朝修好条規
	1879 沖縄県	

ポイント 明治初期の外交

◆欧米との関係：**条約改正**…**岩倉使節団**、**寺島宗則**

◆清との関係：**日清修好条規**（対等）　**台湾出兵**（琉球民殺害事件の報復）

◆朝鮮との関係：**征韓論**→中止　**江華島事件**→**日朝修好条規**（不平等）

◆琉球の帰属：**琉球藩**を設置→**沖縄県**を設置（**琉球処分**）→清と対立

◆蝦夷地：**開拓使**を設置、**屯田兵**の制度→北海道開発はアイヌを圧迫

◆国境の画定：**樺太・千島交換条約**（樺太はロシア、千島は日本）

【1】（2018年度　本試験）

　土地制度にかかわる次の図・写真Ⅰ～Ⅳについて述べた文として正しいものを、以下の①～④のうちから一つ選べ。

Ⅰ　東大寺領糞置荘開田図^{（くそ おき）}

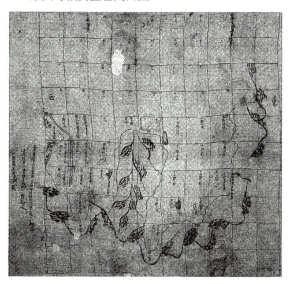

Ⅱ　伯耆国東郷荘の下地中分図

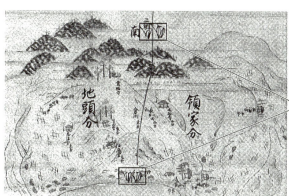

執権・連署の花押（サイン）

近代・現代

Ⅳ

Ⅲ　検地仕法

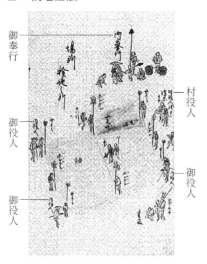

御奉行

村役人

御役人

御役人

御役人

Ⅳ　地　券

①　Ⅰでは、条坊制にもとづく土地区画のための線が引かれている。

②　Ⅱでは、荘園領主同士が和解し、幕府の関与のもと下地中分が成立した。

③　Ⅲでは、奉行が役人や村役人らを監督し、検地を行っている。

④　Ⅳでは、土地所有者・土地面積・収穫高などがそれぞれ記されている。

古代・中世・近世の復習もかねて、この問題を取り上げました。**土地制度史は受験生が苦手にしやすい分野なので**、理解できているか確認しましょう。あわせて、選択肢にある内容を絵図から読み取る練習をしてみましょう。

① 　Ⅰは、古代における初期荘園の事例です。図からは、縦と横の線が読み取れるので、「土地区画のための線が引かれている」は正しいです。しかし、それは条里制のことなので、「条坊制にもとづく」は誤りです。

② 　Ⅱは、中世における下地中分の事例です。図からは、「地頭分」「領家分」が読み取れ、地頭と荘園領主との間で和解したことがわかるので、「荘園領主同士が和解」は誤りです。ちなみに、図の「執権・連署の花押（サイン）」から、「幕府の関与のもと」は正しいことがわかります。

③ 　Ⅲは、近世における検地の事例です。図からは、「御奉行」「御役人」「村役人」が読み取れるので、「奉行が役人や村役人らを監督」は正しいです。

④ 　Ⅳは、近代における地租改正の事例です。図からは、「地券」の横に土地面積や土地所有者に加えて地価が書かれているのが読み取れるので、「収穫高」が「記されている」は誤りです。明治政府は、地価を定めて土地所有者に地券を発行し、地租改正条例を発して地価の３％にあたる地租を納めさせました。収穫高（土地の米生産量である石高）を基準とする江戸時代の年貢から変化したのです。

⇒したがって、③が正解です。

　③

年代	政　治	
1870年代	第20章 1明治維新　　　　(1)……… ③中央集権体制 ④近代軍制 ⑤身分制改革 ⑥財政の確立 　　　　　　(2)	**1 自由民権運動** ①**明治六年の政変**（1873） 　征韓派の辞職(西郷・板垣・後藤・江藤) ②**士族反乱** 　佐賀の乱（江藤）・西南戦争（西郷） ③**士族民権** 　民撰議院設立建白書(板垣・後藤・江藤) 　政社の結成（立志社・愛国社） 　→大阪会議…漸次立憲政体樹立の詔 　→讒謗律・新聞紙条例 ④**豪農民権** 　立志社建白 　→地方三新法（府県会規則など） 　国会期成同盟→集会条例 ⑤**明治十四年の政変**（1881） 　開拓使官有物払下げ事件 　→国会開設の勅諭 　政党の結成・私擬憲法の作成 ⑥**激化事件** 　福島事件・秩父事件　大阪事件 ⑦**大同団結** 　三大事件建白運動→保安条例
1880年代 内閣 伊藤① 黒田	**2 立憲体制の形成** ①**制度の整備** 　伊藤博文の渡欧 　→シュタインらに学ぶ 　華族令 　〔第1次伊藤博文内閣〕 　内閣制度（1885） 　〔黒田〕枢密院 ②**憲法・諸法典** 　大日本帝国憲法（1889） 　衆議院議員選挙法 　〔山県①〕民法→民法典論争	
1890年代 山県① 松方① 伊藤②	**3 初期議会** ①**第1議会** 　政府と民党の対立（予算） 　民党「政費節減・民力休養」 ②**第2・第3議会** 　〔松方①〕品川内相の選挙干渉 ③**第4〜第6議会** 　〔伊藤②〕和衷協同の詔書 　条約改正をめぐる対立	(3)………

　第21章は、明治時代前期・中期（1870年代～90年代前半）の政治史を中心に扱います。

(1)　第20章で学んだ明治政府の諸改革と並行して、明治六年の政変をきっかけに民権運動が始まり、士族や豪農が参加して民権運動が高まりました。そして、明治十四年の政変ののちに激化事件、大同団結（だいどうだんけつ）、とめまぐるしく状況が変化していきました。民権運動が展開する順番に気をつけて見ていきましょう。

(2)　伊藤博文（いとうひろぶみ）を中心とする明治政府は、明治十四年の政変を起点として、憲法と近代的諸制度をととのえていきました。こうして立憲体制が確立し、日本は名実ともに近代国家となったのです。

(3)　自由民権運動で活躍していた政党は、帝国議会が開かれると、今度は選挙で当選したメンバーを帝国議会の場に送り込むことで、政府と対決するようになりました。どの内閣のとき、どのような対立が見られたのか、これも順番に気をつけて見ていきましょう。

近代・現代

Ⅳ

1 自由民権運動 （1870年代～80年代）

　自由民権運動は、「超」がつく重要テーマです。しかし、登場する出来事や人物の数も多いので、受験生がマスターするのに意外と手間取ります。「なぜこの時期に、このような形で運動が盛んになるのか」を理解しながら、じっくり学んでいきましょう。

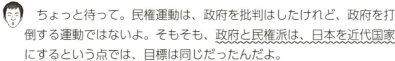

　自由民権運動というと、反政府運動だよね。藩閥（はんばつ）政府（せいふ）を打倒だ！

　ちょっと待って。民権運動は、政府を批判はしたけれど、政府を打倒する運動ではないよ。そもそも、政府と民権派は、日本を近代国家にするという点では、目標は同じだったんだよ。

　エッ、そうなの？　路線は違っていても向かう方向は一緒だったのか。そしたら、憲法を作ることが同じ目標だったのかな？

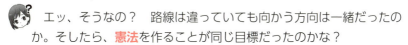

　近代国家であることの根拠は憲法にあるし、日本が欧米にならって近代国家になろうとしているのだから、当然そうなるよね。そして、近代国家は、国民が国家の運営に参加するのが基本だから……。

そうか！ **議会**を開くんだね。しかも、選挙で自分たちの代表を議会に送り込めば、国民も国家の運営に参加できるね。

 つまり、**公選制**にもとづく議会制度だ。自由民権運動は、国民が政治に参加できる権利を実現するものとして、公選制にもとづく議会の開設を要求した。それに加え、日本が近代国家になるための憲法の制定も政府に要求した。それだけではなく、国民としての自覚を人々へ訴えて、支持を広げようとする面もあったんだ。

 こうして、国民としての意識が広まることで、本当の意味で日本が近代国家になっていくんだね。自由民権運動は、そういった意味を持つんだ。

① 明治六年の政変

　まず、**明治六年の政変**（**征韓論政変**）から確認しましょう →第20章。岩倉使節団が1871年に派遣されたのち、留守政府の参議の西郷隆盛（薩摩）・板垣退助（土佐）・後藤象二郎（土佐）・江藤新平（肥前）らが**征韓論**を唱えました。しかし、1873年に帰国した岩倉使節団メンバーの大久保利通（薩摩）・木戸孝允（長州）・伊藤博文（長州）らが「内治優先」を唱えて、征韓に反対しました。そして、征韓論争は内治優先派が勝利して征韓は中止となり、敗北した征韓派の参議は政府を辞めました。

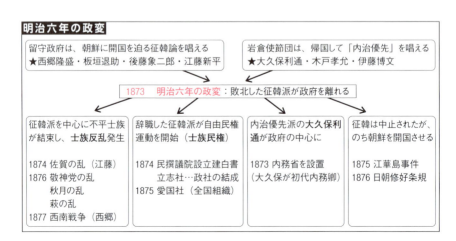

この政変の結果、1874年に西郷を除く板垣・後藤・江藤らが**民撰議院設立****建白書**を提出して自由民権運動が始まったのですが、明治六年の政変は、士族反乱・経済政策・日朝関係といったさまざまな出来事につながっていく点にも注意しましょう。

② 士族反乱（1870年代）

　明治政府のさまざまな政策は、江戸時代に支配階層であった武士の身分的特権を失わせていくというものでした。特権を奪われて不満をためた士族のなかには、武力で明治政府へ抵抗する者もいました。

　自由民権運動だけでなく、士族反乱も、1873年の明治六年の政変がきっかけとなって始まりました。政府を辞職した征韓派のもとに、不平士族が結集したからです。1874年の民撰議院設立建白書の提出に参加した**江藤新平**は、その直後に佐賀で起きた佐賀の乱で、政府に反乱を起こしました。

　1876年、帯刀を禁じる**廃刀令**に加え、**秩禄処分**が断行されると→第20章、身分的特権をすべて失った士族の不満が爆発しました。この年発生した、熊本県の**敬神党（神風連）の乱**、福岡県の**秋月の乱**、山口県の**萩の乱**（もと政府の参議だった前原一誠が中心）は、発生した場所で区別しましょう。

　最後の士族反乱が、1877年に鹿児島で起きた西南戦争です。明治六年の政変で辞職して以来地元に帰っていた**西郷隆盛**が中心となり、九州の不平士族も加わった大規模な反乱でしたが、政府は徴兵軍を用いて鎮圧しました。

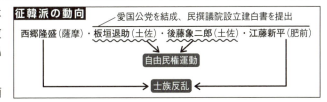

　士族反乱は西南日本に集中していました。新政府樹立に貢献した薩摩・長州・肥前などでは、特権を失うことへの不満はいっそう大きかったのでしょう。

③ 士族民権

年表

【士族反乱】	【民権運動】	【政府の動き】
1873 明治六年の政変（西郷・板垣・後藤・江藤らの辞職）		
1874 佐賀の乱（江藤）	1874 民撰議院設立建白書 （板垣・後藤・江藤） 立志社　※地方政社	1873 内務省を設置 （大久保利通内務卿）
	1875 愛国社 →愛国社の解体	1875 △大阪会議 （大久保・板垣・木戸） ○漸次立憲政体樹立の詔 （元老院・大審院・地方官 会議） ×讒謗律・新聞紙条例
1876 敬神党の乱 　　　秋月の乱 　　　萩の乱		（1876 廃刀令・秩禄処分）
1877 西南戦争（西郷）		（○：妥協　×：弾圧　△：懐柔）

　自由民権運動は、民権運動の動きと、それに対する政府の対応とを分けると、全体の流れが見えてきます。運動に参加した人々の特徴によって、政治的な主張をするときの方法が決まります。一方、政府は、妥協（○：アメを与える）・弾圧（×：ムチをふるう）・懐柔（△：抱き込んで味方につける）といった、さまざまな方法で民権運動をおさえ込もうとします。民権運動の方法が政府の弾圧の方法につながる、ということを意識しましょう。

⑴　身分的特権を失った士族が、政府を批判する言論活動をおこなった

　1873年の明治六年の政変で政府を辞めた征韓派のうち、西郷隆盛を除く板垣退助・後藤象二郎・江藤新平らは1874年に愛国公党を結成し、**民撰議院設立建白書**を政府へ提出しました。少数の政府官僚のみによる政治を「**有司専制**」であると批判し、五箇条の誓文にあった公議世論の尊重**→第20章**を根拠に、国会の即時開設を要求しました。この文書は、イギリス人ブラックが経営する新聞『日新真事誌』に掲載され、国会を開くべきだという世論を高めることになりました。

　この時期は、板垣退助が民権運動を主導しました。彼は郷里の**高知**へ帰ると、**片岡健吉**らとともに**立志社**を結成しました。以後、士族を中心

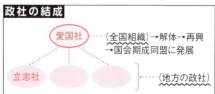

政社の結成

愛国社 ‥‥（全国組織）→解体→再興
　　　　　　→国会期成同盟に発展

立志社　　　　　　　　　　}‥‥（地方の政社）

に、各地でこのような**政社**が結成され、新聞・雑誌を発行して言論活動を盛んにおこないました。士族は、江戸時代には武士として政治家・役人としての役割を果たし、藩学（藩校）で高度な教育を受けていましたから、政治的主張をともなう言論活動ができるのですね。そして、各地の政社をまとめる全国組織として、板垣は**大阪**で**愛国社**を結成しました。

(2) 政府は、立憲政体を作る方針を示す一方、言論活動を弾圧した

当時、政府の中心は**大久保利通**でした。彼は、1873年の明治六年の政変で政府を辞めて民権運動を進めていた**板垣退助**と、1874年の台湾出兵に反対して政府を辞めていた→第20章**木戸孝允**の二人を、政府に復帰させようと画策しました。こうして開かれた1875年の**大阪会議**で、板垣退助は提案を認められたことで政府へ復帰し（のち再び辞職して民権運動に戻ります）、愛国社は解体しました。政府の懐柔策によって、民権運動は骨抜きになったのです。

そして、政府は**漸次立憲政体樹立の詔**を発して、時間をかけて徐々に憲法を制定し議会を設立していく方針を示し、新しい政府組織として、立法機関の**元老院**、司法機関の**大審院**、（のち最高裁判所）、府知事・県令を東京に召集した**地方官会議**を設置しました。公選制にもとづく議会はすぐには実現しませんでしたが、政府は民権運動の主張を一部取り入れる妥協もしました。

さらに、政府は**讒謗律**を発して政府への批判を禁止し、**新聞紙条例**で政府を攻撃する出版物を発禁としました。言論活動をおこなう士族民権に対し、言論を取り締まる法令で弾圧を加えたのです。

のち、敬神党（神風連）の乱・秋月の乱・萩の乱といった士族反乱や地租改正反対一揆が発生し、西南戦争も起きて、国内は騒然としました。

④ 豪農民権

1870年代末以降、民権運動は大きく盛り上がりました。士族がいっそう参加するようになったことに加え、豪農（地主）や商工業者も参加するようになり、広がっていったからです。

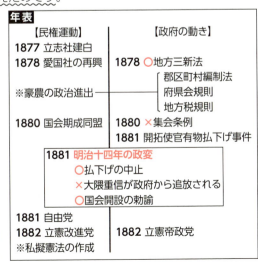

年表

【民権運動】	【政府の動き】
1877 立志社建白	
1878 愛国社の再興	1878 ○地方三新法
	┌ 郡区町村編制法
	├ 府県会規則
※豪農の政治進出	└ 地方税規則
1880 国会期成同盟	1880 ×集会条例
	1881 開拓使官有物払下げ事件
	1881 明治十四年の政変
	○払下げの中止
	×大隈重信が政府から追放される
	○国会開設の勅諭
1881 自由党	
1882 立憲改進党	1882 立憲帝政党
※私擬憲法の作成	

このころ、豪農（地主）も公選制の議会を開いて欲しいと願うようになったのは、なぜなんだろう。

中江兆民の思想については近代文化で説明するけれど→第25章、「人は誰でも生まれながらにして人権が与えられている」とする**天賦人権思想**が広まれば、国の政治に参加するための議会制度を望むんじゃないかな。そして、豪農（地主）は、納税者としての権利を主張するという面も強かったんだよ。

そうか、豪農（地主）はたくさん土地を持っているから、地租を多く払うんだった。税金を取られたくないから、**地租軽減**を要求するよね。

そういった要求や主張を政府に突きつける場として、議会が求められた。それに加えて、当時の豪農（地主）が経済的に成長していたことも大きいよ。当時、国立銀行券が不換紙幣となって**インフレ**が生じていたことは学んだね→第20章。そうすると、現物納で得ていた小作料が高い値段で売れるから、お金の収入が増える。一方、地租の負担は定額だから、手元にたくさんのお金が残り、豊かになったんだ。

生活にゆとりが出て、政治運動に参加することもできたんだね。

(1) 成長した豪農（地主）が民権運動に参加し、地方での集会活動を広げた

　1877年の西南戦争で不平士族の反乱は終了し、士族は言論や集会活動による政府批判に集中するようになりました。また、同年に片岡健吉らが政府へ提出した**立志社建白**の要求に、国会開設や条約改正と並んで地租軽減が含まれていたことから、豪農（地主）が民権運動に参加するきっかけができました。こうして、各地で交流会・学習会・演説会といった集会活動が盛んになると、1878年には解体されていた**愛国社が再興**されました。

(2) 政府は、地方の実情に配慮したが、国会開設要求はさらに高まった

　こういった民権運動の広がりに対し、政府は士族反乱・農民一揆がおさまったあとの1878年、地方行政制度を再編成するため**地方三新法**を制定しました（廃藩置県の直後に設定されていた画一的な大区・小区を廃止して江戸時代の郡・町・村を復活させた**郡区町村編制法**、地方議会である府県会（府議会・県会）を公選制に統一した**府県会規則**、地方税の使い道を府県会で審議するよう

にした**地方税規則**）。こうして、地方議会は即時開設となり、しかも公選制なので、選挙で当選し議員となった豪農（地主）らが地方行政に関与しました。政府としては、地方行政に関して各地域の実情を反映する制度にしたことで、民権運動に妥協したのですが、このことは「民撰議院の地方議会が開かれたので、次は民撰議院の国会を開け！」といった形で民権運動を刺激しました。

(3) 国会開設要求の高まりに対し、政府は集会活動を規制して弾圧した

　政社の全国組織である愛国社は、1880年に**国会期成同盟**に発展し、国会開設を政府へ要求する署名活動を広げました。しかし、政府は署名の受け取りを拒否したうえ、**集会条例**を発して政治集会や結社を地方警察に規制させました。豪農民権は、各地で集会活動をくり広げるものだったので、それに合わせて地方警察が弾圧を加えられるようにしたのです。

⑤ 明治十四年の政変

　1881年の**明治十四年の政変**は、民権運動の新たな展開の起点となる、大きなターニングポイントでした。

(1) 政府内での対立が生じるなか、官有物払下げ事件で政府が非難された

　1878年に大久保利通が不平士族に暗殺されたのち、当時の政府には強力な指導者がいませんでした。そして、肥前の**大隈重信**は、今すぐ国会を開設すべきだと主張して民権運動に同調するようになりましたが、長州の**伊藤博文**らは、少しずつ立憲政体を整備していこうとするこれまでの政府方針を保とうとしました。こうして、政府内部で国会開設の時期をめぐる対立が生じていました。

　こうしたなか、北海道の開拓使長官の黒田清隆から政商の五代友厚へ、開拓使が所有する施設を安く払い下げるという計画が露見しました（同じ薩摩出身者どうしの癒着です）。この**開拓使官有物払下げ事件**で、民権派は政府を激しく非難しました。

(2) 政府は大隈重信を罷免するとともに、1890年に国会を開くことを公約した

　結局、政府は開拓使官有物の払下げを中止し、政府を攻撃する民権派に妥協しました。しかし、こういった世論と大隈重信が関係していると見て、政府は**大隈重信を罷免**しました。民権派にとっては、自分たちと同じ意見を持った大隈が政府から離れるのは痛手です。そして、大隈重信や肥前出身の官僚が政府を追われたことで、政府は薩長中心の藩閥政府となりました。

この政変で民権派が得た最大の成果は、政府が**国会開設の勅諭**を発布したこ

とです。1890年（明治23）の国会開設を公約したことで、政府は9年後までに憲法の制定と議会の開設を実現しなくてはなりません。そして、民権派は将来の選挙にそなえる必要があります。**板垣退助**を中心に立志社や愛国社の流れをくむグループが集結し、フランス流の共和制を主張して自由主義を強く打ち出した**自由党**が結成されました。これに対し、**大隈重信**を中心に、イギリス流の議院内閣制を主張する**立憲改進党**が結成されました。一方、政府は福地源一郎を中心に、政府を支持する**立憲帝政党**を結成させました。

　民権派が主張する、国民の権利を重視した立憲政治のあり方を具体的に表現するものとして、**私擬憲法**が作られました。交詢社の「私擬憲法案」（改進党系）や、立志社の「日本憲法見込案」（自由党系）があり、土佐の**植木枝盛**の「**東洋大日本国国憲按**」は、国民の**抵抗権・革命権**を規定した急進的な内容でした。また、東京多摩の農民有志グループが開いた学習会の成果をもとに千葉卓三郎がまとめた「**五日市憲法草案**」は、民権運動の広がりを示しています。

　しかし、国会開設の公約によって目標を達成した民権派の上層部は保守化し、デフレ不況下で経済的余裕を失った豪農は民権運動から離脱していきました。

⑥ 激化事件

1880年代前半、士族を中心とする自由党の急進派や、デフレ不況によって没落した貧農が、直接的な行動で政府を攻撃する**激化事件**が発生しました。反乱や一揆の要素を含んでいたため、政府は警察や軍隊を用いて弾圧しました。

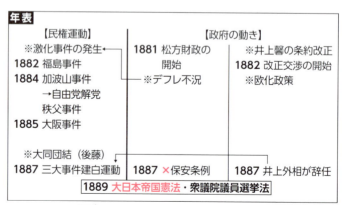

年表

【民権運動】		【政府の動き】
※激化事件の発生	1881 松方財政の開始	※井上馨の条約改正
1882 福島事件		1882 改正交渉の開始
1884 加波山事件	※デフレ不況	※欧化政策
→自由党解党		
秩父事件		
1885 大阪事件		
※大同団結（後藤）		
1887 三大事件建白運動	1887 ×保安条例	1887 井上外相が辞任
1889 大日本帝国憲法・衆議院議員選挙法		

デフレ不況って、何のこと？

 さっき豪農民権のところで説明したように、当時はインフレによって豪農（地主）が成長していたよね。ところが、物価が上がるインフレは、政府にとっては使うお金が増えることにつながるんだ。

 政府が官営模範工場を経営するのにも、余計なお金がかかるってことなのかな。政府の財政は、悪くなっちゃうね。

 そういうこと。だから、政府にとっては物価が下がるデフレのほうがいいんだ。そこで、財政政策の中心だった大隈重信が明治十四年の政変で追放されると、薩摩の**松方正義**が大蔵卿（大蔵省の長官）となって**デフレ政策**を推進した。でも、デフレになると、農民にとっては作った農作物を安くでしか売れないから……。

 収入が減って困るね。そうか、デフレは農村に不況をもたらすし、それで没落する農民も多かったんだね。

 松方財政は近代経済史で学ぶから→第23章、お楽しみに！

　1882年、**福島事件**が発生しました。福島県令の**三島通庸**が県民に土木工事を強制するなどの厳しい政治をおこなったことに対して、不況で苦しんでいた農民が抵抗し、農民を助けた自由党の**河野広中**らが検挙された事件です。
　1884年の**加波山事件**は、自由党員を含む民権派が三島通庸の暗殺に失敗したのち、茨城県の加波山で蜂起した事件で、その直後に自由党は解党しました。
　同年の**秩父事件**は、埼玉県秩父地方の農民が困民党を組織し、多くの民衆も加わって高利貸などを襲った事件で、政府は軍隊を動員して鎮圧しました。ののち、大隈重信が立憲改進党を脱党して民権運動から離れました。
　1885年の**大阪事件**は、もと自由党員の大井憲太郎らが（女性の民権運動家である景山英子も参加）、朝鮮の保守的な政府を打倒して改革派の政権を樹立する計画を立て、渡航する前に検挙された事件です。この事件の背景となった、1884年に朝鮮で起きた甲申事変は、日朝関係史で学びます→第22章。

⑦ 大同団結

　「**大同団結**」とは、共通の目的のために、小さな意見の違いにこだわらず一つにまとまる、という意味です。1880年代後半、いよいよ国会開設が迫って

きたので、旧自由党と立憲改進党が再結集して民権運動を盛り上げたのです。この運動は旧自由党の星亨が提唱し、のち**後藤象二郎**が運動をリードしました。

　そのころ、〔**第1次伊藤博文内閣**〕のもとで、**井上馨**外務大臣が条約改正交渉をおこなっていました→第22章。しかし、彼が進めた極端な**欧化政策**には批判が多く、1887年に井上が外務大臣を辞職して改正交渉が失敗に終わると、民権派は「地租軽減」「言論・集会の自由」「**外交失策の挽回**（＝対等条約の締結）」という三大要求を掲げて**三大事件建白運動**を展開しました。これは、民権派が全国から東京に集まって、政府機関へ陳情するという運動だったので、政府は**保安条例**を発し、民権派を東京から追放して弾圧しました（皇居から3里以上離れた場所に3年間追放）。

　しかし、民権派の活動は地方で続き、1889年の**大日本帝国憲法**発布・**衆議院議員選挙法**公布によって、憲法と公選制の議会を要求していた自由民権運動の目標は、ひとまず達成されました。

ポイント　自由民権運動

◆士族民権：言論活動

　明治六年の政変（1873）…征韓派の辞職（西郷・板垣・後藤・江藤）

　民撰議院設立建白書→立志社（高知）→**愛国社**（大阪、全国組織）

　※**大阪会議**、漸次立憲政体樹立の**詔**（元老院・大審院・地方官会議）

　※**讒謗律・新聞紙条例**…言論活動を規制

　（士族反乱…**佐賀の乱**（江藤新平）・**西南戦争**（西郷隆盛））

◆豪農民権：地方で集会活動

　立志社建白→愛国社の再興→**国会期成同盟**

　※**集会条例**…集会活動を規制

　（開拓使官有物払下げ事件）

　明治十四年の政変（1881）…大隈重信の罷免、**国会開設の勅諭**

　自由党・立憲改進党の結成、**私擬憲法**の作成

◆激化事件

　福島事件→加波山事件（→自由党解党）→**秩父事件→大阪事件**

◆大同団結

　三大事件建白運動（井上外交→「外交失策の挽回」）…東京に出向き陳情

　※**保安条例**…民権派を東京から追放

2 立憲体制の形成（1880年代）

　ここで、**明治十四年の政変**（1881）の時点まで戻ります。自由民権運動の展開と並行して、憲法にもとづく近代的な国家体制が成立していきました。これを主導したのは、大隈重信を追放し、政府の中心となった**伊藤博文**でした。

　伊藤博文は、**大日本帝国憲法**を作った人だよね。**ドイツ流**の憲法を定めた、と聞いたことがあるけれど、どんな特徴があるのかな。

　今の日本国憲法に定められている国民主権と違って、**天皇主権**だったね。そして、天皇と政府が強い権限を持っていて、公選制の議会である**衆議院**の権限がそれほど強くなかったんだ。

　明治政府が天皇中心だったから、憲法もそういう形にしたのかな。

　それもあるし、自由党や立憲改進党が、自由主義的で国民の権利を重視するフランス流やイギリス流の立憲政治をめざしたことも大きい。それに、民権派が作った私擬憲法は、公開の場で内容を議論して定めるという、民定憲法のあり方を実現したものだ。政府としては、これらの動きに対抗しなきゃね。

　だから、伊藤博文はコッソリ憲法を作ったのか。でも、憲法と議会を作っただけでは、近代国家としてはまだ不十分な気がするよ。

　そこで、伊藤博文は、政府の各省をたばねて行政をリードする**内閣**や、天皇からの意見聴取にこたえる**枢密院**も作った。議会も、衆議院のほかに、特権階級の代表や政府

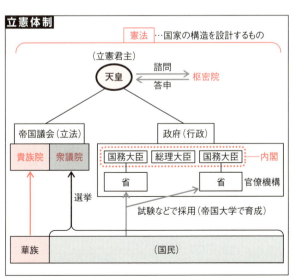

立憲体制

憲法 …国家の構造を設計するもの

（立憲君主）
天皇
　諮問 →　枢密院
　← 答申

帝国議会（立法）
貴族院　衆議院

政府（行政）
国務大臣　総理大臣　国務大臣　──内閣
省　　　　　　　　　省　官僚機構

選挙

試験などで採用（帝国大学で育成）

華族　　　（国民）

が選んだ議員からなる**貴族院**が置かれたよ。

 特権階級って、**華族**のことかな →第20章。貴族院議員は、国民の選挙で選ばれないんだね。民主的な議会のほうがいいなぁ。

 国民の選挙で選ばれた議員からなる衆議院は、民意を直接反映するから、もし国民の判断が誤った場合、衆議院も誤った判断をする可能性がある。そのとき、常に国家や政府の立場に立つ議会がもう一つあれば、立法府のなかでチェックが働くよ。

 それが二院制の意味なんだね。伊藤博文は、議会だけじゃなく、憲法にもとづく総合的な政治制度を、欧米から取り入れたんだ。

 これらを**立憲体制**と呼ぶよ。重要ポイント、しっかり学ぼう！

① 制度の整備

明治十四年の政変（1881）のときに国会開設の勅諭を発して、1890年の国会開設を宣言した政府は、君主権の強い**ドイツ流**憲法を参考に、天皇が定める形式の**欽定憲法**を制定する方針を決めました。

(1) 伊藤博文は渡欧して立憲体制の構想を作り、帰国後に国家機構を整備した

伊藤博文は憲法調査のためヨーロッパに渡り、ベルリン大学の**グナイスト**や、ウィーン大学の**シュタイン**に学びましたが、特にシュタインから多大な影響を受けました。伊藤は、憲法や議会制度のことだけでなく、政府の行政システムを整備することや、憲法のなかに君主を位置づけることなど、**立憲体制**の全体像を学んだのです。これで、民権派への対抗はバッチリですね。自信を得た伊藤博文は、帰国すると、

年表

【民権運動】	【政府の動き】
1881 明治十四年の政変 （国会開設の勅諭）	
1881 自由党	※欽定憲法の方針
1882 立憲改進党	1882 伊藤博文の渡欧（～83）
	※グナイストとシュタインに学ぶ
※激化事件の発生	
1882 福島事件	
1884 加波山事件	1884 華族令
→自由党解党	
秩父事件	
1885 大阪事件	1885 内閣制度〔伊藤①〕
	※憲法草案の作成
※大同団結（後藤）	
1887 三大事件建白運動	
	1888 枢密院〔黒田〕
1889 大日本帝国憲法・衆議院議員選挙法	

立憲体制の整備を一気に進めました。

1884年、**華族令**を公布して公・侯・伯・子・男の五つの爵位を規定し、公家・大名に加えて国家に功績のあった者（政府の薩長藩閥勢力など）も華族に追加し、以後その範囲を広げていきました。こうして、将来**貴族院**を設置するときの基盤を作りました。

1885年、**太政官制を廃止**して**内閣制度**を創設し、伊藤博文が初代首相となり、薩長藩閥内閣が成立しました〔**第1次伊藤博文内閣　1885～88**〕。太政官制における大臣は、太政官の太政大臣・左大臣・右大臣でしたが、各省との一体感に欠ける面もありました。内閣制度においては、各省の長官として**国務大臣**を置き、**総理大臣**を中心に国務大臣が内閣を構成することで、各省の連携が増し、行政府の強化につながりました。国務大臣は天皇に直接責任を負い、天皇が任命する総理大臣のもとで行政を担当しました。

ただし、**宮内大臣**（宮内省長官で皇室事務を担当）や、**内大臣**（天皇のそばで公務を支える）は内閣の外に置かれました。つまり、天皇の公務や皇室の私事と、政府・内閣とを分離する**宮中・府中の区別**が明確でした。

さらに、官僚の候補を養成する高等教育機関として**帝国大学**を設置し〔→第25章〕、官僚を試験によって採用する制度を整備して、各省を支える官僚を供給するシステムを作りました。

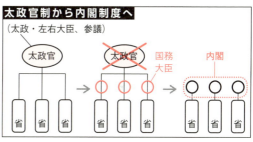

太政官制から内閣制度へ

（太政・左右大臣、参議）

太政官　太政官　国務大臣　内閣

省　省　省　省　省　省　省　省

(2)　**憲法草案が起草され、大日本帝国憲法が発布されて、立憲国家が成立した**

こうして、近代国家の制度整備を進めたうえで、憲法草案の起草が始まりました。伊藤博文に、**井上毅・伊東巳代治・金子堅太郎**が加わり、ドイツ人顧問**ロエスレル**の助言を得ながら秘密作業で進められました。

1888年、完成した憲法草案は、新たに設置された**枢密院**で審議されました。枢密院は、のち天皇の諮問を受けて国家の重要事項（緊急勅令や条約など）を審議する機関となりました。伊藤博文が枢密院議長となったので、薩摩の**黒田清隆**が首相となりました〔**黒田清隆内閣　1888～89**〕。

1889年2月11日（2月11日は、初代天皇の神武天皇が即位した日とされる**紀元節**〔→第25章〕）、**大日本帝国憲法**が発布されました。内容が国民に知らされることなく作成され、天皇の名で発布された**欽定憲法**でした。外国人教師のドイツ人**ベルツ**（医学）の日記には、憲法発布を前にした東京の状況について

「滑稽なことには、誰も憲法の内容をご存じないのだ。」と記されています。

(3) 憲法にあわせ、地方制度の整備も進められた

憲法の発布と前後して、**山県有朋**内務大臣とドイツ人顧問**モッセ**が中心となって新たな地方制度が整備されました。1878年の地方三新法（郡区町村編制法・府県会規則・地方税規則）からどのように変化したか、注目しましょう。1888年の**市制・町村制**では、人口2万5000人以上の町を、新設された「市」という郡と同レベルの行政区分にしました。一方、1890年の**府県制・郡制**によって、府県会の議員は市会議員・郡会議員の投票による間接選挙となり、県民が直接選挙で選べなくなりました。地方自治は少し後退し、中央集権的な地方制度になったのです（県知事は政府が決定して天皇が任命）。

② 憲法・諸法典

大日本帝国憲法（明治憲法）の特徴については、日本国憲法との違いも意識しながら理解していきましょう。

(1) 天皇主権のもとで三権が分立し、各機関が天皇を補佐する全体構造だった

明治憲法では、日本は「万世一系」の天皇が統治し、天皇は「神聖」で不可侵の存在だと規定される一方、天皇は「元首」であり、憲法に従って統治権を行使する立憲君主として位置づけられました。そして、三権分立の体制が作られ、司法権については裁判所が天皇を補佐し、行政権については内閣（国務大臣）が天皇を補佐し、立法権については帝国議会が天皇を補佐するという形で天皇の統治権が行使されました。このように、国家の諸機関が天皇を補佐するのが明治憲法体制であり、日本国憲法とくらべると形式的な三権分立でした。

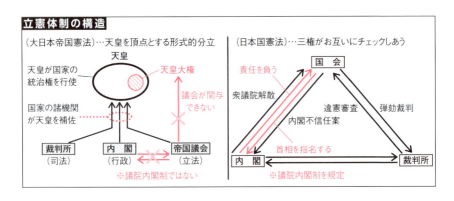

立憲体制の構造

⑵ 天皇大権が定められ、特に軍に関する権限は独立性が高いとされた

天皇大権とは、統治権のうち天皇に属する権限として憲法に規定されたもので、帝国議会が定める法律に代わる**緊急勅令**を発令する権限、陸海軍の作戦・指揮をおこなう**統帥権**、陸海軍が常備する兵額を決定する**編制権**、条約の締結や宣戦・講和をおこなう権限などがありました。

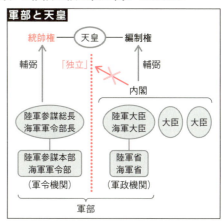

軍部と天皇

天皇大権は、帝国議会が関与することができませんでした。つまり、選挙で議員が選ばれる衆議院が関与できず、国民のチェックが効きにくいのです。天皇大権は国務大臣が天皇を輔弼する（＝助ける）形で行使されるのですが、統帥権は帝国議会だけでなく内閣（国務大臣）も関与できないので、「統帥権の独立」と呼ばれました。統帥権は、軍令機関の長である陸軍参謀総長・海軍軍令部長が輔弼し、軍政機関の長である陸海軍大臣（内閣）は関与できません。ちなみに、陸海軍大臣（内閣）は、編制権を輔弼します。

⑶ 内閣の国務大臣が天皇に責任を負い、帝国議会への責任は明確でなかった

実は、明治憲法には内閣の規定がなく、それぞれの国務大臣が天皇を「輔弼」する（＝助ける）形で天皇の行政権を行使するという、**単独輔弼制**がとられていました。つまり、それぞれの国務大臣が天皇に対して責任を負ったのです。

現在の日本国憲法は、国会が首相を指名し、内閣が連帯して国会に対して責任を負うという、**議院内閣制**です。しかし、明治憲法体制での内閣は、帝国議会に対する責任は不明確でした。宮中・府中の区別も確認しておきましょう。

⑷ 帝国議会は予算案や法律案を審議したが、衆議院の権限には制約があった

　帝国議会は、予算や法律に対する「協賛」（＝承認・同意）の形で天皇の立法権を行使しました。**衆議院・貴族院**の二院制で、衆議院に予算先議権がありますが（予算については

> **帝国議会**
> 衆議院…有権者の選挙による公選議員（最初は定数300名）
> 貴族院…華族議員（世襲や互選）・勅選議員（天皇が任命）・多額納税者議員

衆議院が先に審議して議決をとる）、衆議院・貴族院の権限は対等でした。衆議院が法案を可決しても、貴族院が否決すれば廃案になってしまいますから、衆議院の権限は貴族院に制約される場合がありました。

　また、内閣の帝国議会に対する責任は不明確だったので、選挙により民意を反映した衆議院の意向に左右されず、政府（内閣や官僚機構）が行政を強力に進めるという側面がありました。政府の力が強い体制だったのです。

⑸ 国民は「臣民」とされ、国民の権利保障は不十分だった

　国民は、天皇の「臣民」とされました。明治憲法には兵役の義務や納税の義務が規定され、言論・集会・結社の自由といった「臣民」の権利は、法律の範囲内という制限がありました。現在の日本国憲法が規定している、基本的人権はありませんでした。

⑹ 近代的法典の整備も進められたが、民法は内容に関する論争が発生した

　すでに、明治憲法制定の前から刑法などの法典は公布・施行されていましたが、明治憲法が成立したタイミングで諸法典が編纂され、皇室典範も作成されました（これは公布されませんでした）。

> **年表**
> 1880 刑法…ボアソナード起草
> 1889 大日本帝国憲法
> 　　　皇室典範…天皇や皇族に関する法典
> 1890 刑事訴訟法・民事訴訟法
> 　　　民法…民法典論争→施行延期→新民法
> 　　　商法…ロエスレル起草→施行延期→新商法

しかし、フランス人顧問の**ボアソナード**が起草した民法は、個人の権利を重視した内容だったので、学者の穂積八束が論文「民法出デ、忠孝亡ブ」で、日本の伝統的な道徳が破壊されるなどと批判し、ボアソナード民法に対する賛成・反対の**民法典論争**が起こりました。結局、民法は施行が延期となり、ドイツ流に改正された新しい民法は、強大な**戸主権**や長子相続制度などを規定した、伝統的な家制度を残したものとなりました。

　こうしたトラブルはあったものの、憲法と諸法典が完成して近代的な法治国家となったことで、条約改正交渉を前進させる条件がととのいました→第22章。欧米列強は、安心して日本を対等な国とみることができるからですね。

◆制度の整備：明治十四年の政変（1881）から本格化
　伊藤博文は**グナイスト**（ベルリン大）・**シュタイン**（ウィーン大）に学ぶ
　華族令…華族身分を規定、貴族院の基盤に
　内閣制度（1885）…〔第1次伊藤博文内閣〕、太政官制を廃止
　憲法草案の起草…伊藤・**井上毅・伊東巳代治・金子堅太郎**
　枢密院…天皇の諮問機関、憲法草案を審議
　大日本帝国憲法（1889）…〔**黒田清隆内閣**〕、欽定憲法
◆明治憲法体制
　　天皇は憲法に従い統治権を行使、**天皇大権**（**緊急勅令**発令権、**統帥権**）
　　国民は「**臣民**」、権利は法律の範囲内に限定
　　帝国議会は**衆議院**（公選制）・**貴族院**、両院は対等、予算や法律を審議
　　内閣はそれぞれの**国務大臣**が天皇を**輔弼**
　民法（**ボアソナード**、フランス）→**民法典論争**→新民法（強い**戸主権**）

3 初期議会 （1890年代前半）

　大日本帝国憲法と同時に衆議院議員選挙法が公布され、選挙によって国民が国家の運営に参画できるようになりました。帝国議会の衆議院が予算案や法案を審議するとき、衆議院議員は投票してくれた有権者の考えにもとづいて行動するからです。

　しかし、国民の全員に選挙権が与えられたのではありません。納税資格による制限選挙でした。選挙人（有権者）は、**直接国税**（地租・所得税）**15円以上**を納める、満**25歳以上**の**男性**で、衆議院議員は人口の約1％の代表に過ぎませんでした。

　とはいえ、民権派が結成した政党である民党（**立憲自由党・立憲改進党**）のメンバーは選挙に立候補し、当選した議員は民意や世論を味方につけて、衆議院に乗り込んできました。こうして初期議会（1890〜94）が始まりました。議会は、会期（開会から閉会まで）に通し番号をつけて「第○○議会」と呼びます。第1

初期議会

● 〔第1次山県有朋内閣〕
　〈第1回総選挙〉（1890）
　第1議会
● 〔第1次松方正義内閣〕
　第2議会　　　　　　　　予算を
　〈第2回総選挙〉（1892）　めぐる対立
　第3議会
● 〔第2次伊藤博文内閣〕
　第4議会
　第5議会
　〈第3回総選挙〉（1894）　条約改正を
　第6議会　　　　　　　　めぐる対立

議会から第４議会までは予算がテーマで、第５・第６議会は条約改正がテーマでした。〔第２次伊藤博文内閣〕の途中でテーマが変化したことに注目しましょう。

 いよいよ議会政治の開始だ。国の予算や法律をバンバン作るぞ！

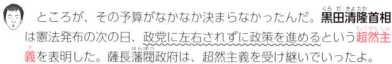 ところが、その予算がなかなか決まらなかったんだ。**黒田清隆首相**は憲法発布の次の日、政党に左右されずに政策を進めるという**超然主義**を表明した。薩長藩閥政府は、超然主義を受け継いでいったよ。

それって、政府が政党にケンカを売っている感じだね。そういわれた政党は、「政府に協力などするもんか！」と反発するよなぁ。どうやって政府に対抗したのかな。

明治憲法では、帝国議会で予算が成立しなければ、政府は前の年度の予算を施行することになっている。つま

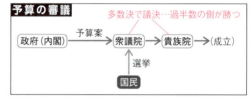

り、政府が新しい予算を作るには、帝国議会の承認が必要になる。当時の政府は、日本の防衛や対外戦争を見すえて、毎年のように**軍備拡張**をおこなう予算を求めていたんだ。前の年度の予算を施行するのは、避けたいよね。

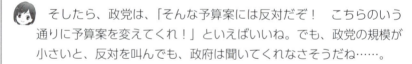 そしたら、政党は、「そんな予算案には反対だぞ！ こちらのいう通りに予算案を変えてくれ！」といえばいいね。でも、政党の規模が小さいと、反対を叫んでも、政府は聞いてくれなさそうだね……。

帝国議会では、最終的に多数決で議決をとるから、過半数が賛成だったら可決されるし、過半数が反対だったら否決される。だから、政党は過半数をとれれば自分たちの意見が通るので、それをめざして多数派を形成していくんだ。議席の数が、政党の力になるんだよ。政府が示した予算案や法案に対して、多数派の政党が同意を拒む姿勢を示すことで、政党は政治的な影響力を増していったんだ。

 民権派が結成した民党は、多数派を作ることができたのかな。

① 第1議会（1890〜91）

　首相は、黒田清隆から山県有朋に代わり〔第1次山県有朋内閣　1889〜91〕、**第1回衆議院議員総選挙**がおこなわれました。結果は、もと民権派の**民党**（政府に反対する野党）が過半数を獲得し（定数300のうち立憲自由党は130議席、立憲改進党は41議席、合計171議席）、**吏党**（政府寄りの与党）は過半数に達しませんでした。反対派が過半数ですから、政府が提出した予算案は成立しない可能性が高いですね。

　第1議会では、山県首相が「**主権線**（＝国境）」に加えて「**利益線**（＝朝鮮）」の防衛を主張し、政府は軍事費を増やした予算を要求しました。山県は、もし朝鮮が列強の影響下に置かれると日本の独立も危なくなる、したがって日本だけでなく朝鮮も防衛するだけの軍事力が必要だ、と考えたのです。当時、ロシアがシ

ベリア鉄道の建設を発表しており→第22章、ロシアの東アジア進出と**南下政策**は、日本にとって脅威でした。

　これに対し、民党は「**政費節減**（行政費の節約）・**民力休養**（地租の軽減）」を掲げて軍拡予算に反対しました。軍備拡張そのものに反対ではなかったものの、政府に対抗するために、無駄な政費を削って減税を実現せよ、と主張したのです。立憲自由党は豪農（地主）が支持基盤の中心だったので、豪農（地主）による「地租の軽減」の主張を代弁したわけです。

　このままいけば、予算は成立しません。そこで、政府は立憲自由党の一部（土佐派）を賛成に回らせました。これによって反対派は過半数を割ったので、予算は成立しました。

② 第2・第3議会（1891〜92）

　首相は、山県有朋から**松方正義**に代わりました〔第1次松方正義内閣　1891〜92〕。そして、第2議会が開かれると、今度は政府に切り崩されないぞ！とばかり、政府の軍拡予算案に対して民党は大幅な削減を要求しました。海軍

大臣樺山資紀による政府擁護の蛮勇演説もあって議会が紛糾し、松方首相は衆議院を解散しました。

第2回総選挙では、**品川弥二郎**内務大臣の指揮下で民党の選挙活動を妨害する**選挙干渉**がくり広げられましたが、民党が優勢を保ちました。

そして開かれた第3議会では、民党は選挙干渉の件で政府を攻撃し、軍拡予算を否決すると、第1次松方内閣は総辞職に追い込まれました。

③ 第4〜第6議会 (1892〜94)

こうした民党の攻勢に対し、政府は再び**伊藤博文**を首相にして、薩長藩閥勢力を中心とする内閣が成立しました [**第2次伊藤博文内閣　1892〜96**]。

第4議会が開かれると、伊藤首相は明治天皇を切り札として用いることにしました。天皇が軍艦建造の費用を提供することで、議会にも協力を求めた**建艦詔勅**（和衷協同の詔書）により、軍拡予算が成立しました。

第5議会からは、それまでの政府と民党との対立は大きく転換しました。**自由党**（立憲自由党が改称）が、政府に協力して政治責任を分担することを自覚し始めたのです。そして、伊藤首相も、衆議院の第一党である自由党と協力して、議会運営をスムーズにしようと考えました。当時、陸奥宗光外務大臣による条約改正交渉が進められ、外国人の**内地雑居**→第19章を許可する条件で領事裁判権を撤廃するという条約改正が達成されようとしていました。自由党は [**第2次伊藤博文内閣**] と連携し、条約改正案に賛成しました。

ところが、自由党が伊藤首相に接近したことに反発した立憲改進党は、もともとは吏党だった国民協会などに接近し、列強に対する強硬な姿勢で条約改正に臨むべきだとして**対外硬派連合**を結成しました。そして、欧米資本が日本を浸食する危険がある内地雑居に反対し、「**現行条約励行**」（通商条約の規定通り、外国人に開港場居留地への居住を続けさせる）を唱えました。立憲改進党は都市商工業者が支持基盤の中心だったので、都市商工業者による「内地雑居に反対」の主張を代弁したわけです。

この対外硬派連合が衆議院で多数派を占めたため、伊藤首相は解散総選挙に打って出ました。しかし、第3回総選挙後も対外硬派が優勢でした。

議会勢力の変遷

		軍拡予算		条約改正	
（民党）	（立憲）自由党	反対	→	賛成	※伊藤内閣に接近
	立憲改進党	反対	→	反対	対外硬派連合
（吏党）	国民協会など	賛成	→	反対	

第6議会が開かれても、条約改正をめぐる対立が続きましたが、日清戦争の直前になって、対外硬派連合も政府支持に転換しました。

こうして、1894年、**条約改正**が達成され→第22章、その直後に**日清戦争**が勃発しました→第22章。

ポイント　初期議会

◆衆議院議員選挙法（1889）：**直接国税15円以上、満25歳以上の男性**
　第1回総選挙（1890）：**民党**（**立憲自由党・立憲改進党**）が過半数
◆軍拡予算をめぐる対立
〔**第1次山県有朋内閣**〕
　第1議会…政府「**主権線・利益線**（朝鮮）」、民党「**政費節減・民力休養**」
〔**第1次松方正義内閣**〕
　第2議会…解散・総選挙　**品川弥二郎**内務大臣の**選挙干渉**→第3議会
〔**第2次伊藤博文内閣**〕
　第4議会…**建艦詔勅**で予算が成立
◆条約改正をめぐる対立
　第5・第6議会…自由党は陸奥宗光外相の条約改正に賛成
　　　　　　　　立憲改進党などは**対外硬派連合**を結成して反対

【1】 (2017年度　追試験)

　自由民権家の植木枝盛が記した次の史料に関して述べた下の文X・Yについて、その正誤の組合せとして正しいものを、下の①～④のうちから一つ選べ。

史料

第五十九条　日本人民ハ何等ノ教授ヲナシ、何等ノ学ヲナスモ自由トス

第七十二条　政府恣ニ国憲ニ背キ、擅ニ人民ノ自由権利ヲ残害^(注1)
　　　　　シ建国ノ旨趣ヲ妨クルトキハ、日本国民ハ之ヲ覆滅^(注2)シテ、新政
　　　　　府ヲ建設スル事ヲ得

（「日本国国憲按」）

（注1）　残害：ここでは侵害すること。

（注2）　覆滅：ここでは政府を滅ぼすこと。

　X　第59条では、人民は教育・学問の自由を有するとしている。

　Y　第72条では、人民は革命権を有するとしている。

①	X	正	Y	正	②	X	正	Y	誤
③	X	誤	Y	正	④	X	誤	Y	誤

解説　未見史料の読解問題です。ただし、植木枝盛の私擬憲法『東洋大日本国国憲按』に関する知識も用いることで、より正確に正誤を判断することができます。**あくまでも日本史の入試問題ですから、「覚えていなくても史料を読めば大丈夫」などと考えずに、知識を定着させていきましょう。**

　X　史料では「日本人民」が「教授」や「学」をおこなうことが「自由」だとあり、選択肢の「教育・学問の自由を有する」と合っています。

　Y　史料では「日本国民」が「覆滅（＝政府を滅ぼす）シテ、新政府ヲ建設」する権利が書かれており、選択肢の「革命権を有する」と合っています。ちなみに、植木枝盛『東洋大日本国国憲按』が国民の抵抗権・革命権を定めたものであることは、センター試験でくり返し出題されています。

　⇒したがって、①（X　正　　Y　正）が正解です。

解答　①

【2】 （2003年度　本試験）

　第1回総選挙について、次の図と表を参考にして、選挙の様子を述べた文Ⅰ〜Ⅳについて、正しいものの組合せを、下の①〜④のうちから一つ選べ。

（『続ビゴー日本素描集』）

総　人　口	39,902,000人 (注1)
有 権 者 数	450,852人 (注2)
投 票 者 数	423,400人

（『日本近現代史辞典』により作成）
(注1)　1890年1月1日現在の人口。千人未満は切捨て。
(注2)　1890年7月1日現在（総選挙当日）の有権者数。

Ⅰ　人物aは、「直接国税10円以上を納入する者」という、選挙権資格を満たしている。
Ⅱ　人物bは、投票の立会いをする警察官である。
Ⅲ　この時の有権者は総人口の1.1%にすぎなかった。
Ⅳ　この時の投票率は60%に満たなかった。

①　Ⅰ・Ⅲ　　②　Ⅰ・Ⅳ　　③　Ⅱ・Ⅲ　　④　Ⅱ・Ⅳ

解説　絵図の読み取り、表の数値の計算、知識の利用といったさまざまな作業を組み合わせて、解いていきましょう。

Ⅰ　絵を見ると、「人物a」は投票しているので、選挙権を持っています。ただ、その資格は、「1890年、第1回総選挙」のときには「直接国税10円以上」ではなく15円以上なので、誤りです。
Ⅱ　絵を見ると、「人物b」は「投票の立会いをする警察官」に見えますね。これを誤りとする材料がないので、正しいと判断しましょう。
Ⅲ　「有権者数」を「総人口」で割ります。「450,852人」÷「39,902,000人」＝0.011…となるので、「総人口の1.1%」は正しいです。
Ⅳ　「投票者数」を「有権者数」で割ります。「423,400人」÷「450,852人」＝0.939…となるので、「投票率は60%に満たなかった」は誤りです。
⇒したがって、③（Ⅱ・Ⅲ）が正解です。

解答　　③

年代	内閣	政治	東アジア外交	欧米外交
1870年代			(1)･･････	**1 条約改正** ①岩倉具視 ②寺島宗則
1880年代	伊藤① 黒田	(2)･･････	**2 日清戦争** ①朝鮮への進出 　壬午軍乱・甲申事変 　天津条約	③井上馨 　欧化政策 　（鹿鳴館外交） 　外国人判事の問題 　ノルマントン号事件 ④大隈重信 　外国人判事の問題
1890年代	山県① 松方①	(3)	②日清戦争 　甲午農民戦争 　日清戦争(1894〜95) 　→下関条約 　三国干渉	⑤青木周蔵 　イギリスが好意的に 　大津事件 ⑥陸奥宗光 　内地雑居の問題 　日英通商航海条約 　治外法権を撤廃
1890年代	伊藤②	**3 日清戦後の議会政治** ①政府と政党の協力 　〔伊藤②〕自由党が協力 　〔松方②〕進歩党が協力 　〔伊藤③〕憲政党が対抗		
1890年代	松方② 伊藤③ 大隈①	②第1次大隈重信内閣 　初の政党内閣（憲政党）	**4 日露戦争と韓国併合** ①ロシアとの対立 　韓国（親露政権） 　ロシアが満州進出 　（旅順・大連を租借）	
1890年代	山県②	③第2次山県有朋内閣 　政党の進出をおさえる 　軍部大臣現役武官制	北清事変 　→ロシアの満州占領	
1900年代	伊藤④	④立憲政友会の結成 　〔伊藤④〕政友会が与党	日英同盟協約 ②日露戦争 　日露戦争(1904〜05) 　→ポーツマス条約	
1900年代	桂① 西園寺①	⑤桂園時代 　山県・伊藤は元老に 　〔桂①〕 　桂太郎（陸軍・長州閥） 　〔西園寺①〕 　西園寺公望（政友会） 　〔桂②〕	③満州進出と国際関係 　関東州・南満州鉄道 ④韓国併合 　日韓協約(1〜3次)	
1910年代	桂②		韓国併合条約 　（朝鮮総督府）	⑦小村寿太郎 　関税自主権を回復

第22章のテーマ

　第22章は、明治時代の外交史を中心に、明治時代後半（1890年代後半〜1900年代）の政治史も扱います。

(1)　明治時代の全体を通して、不平等条約の改正は日本の外交の重要なテーマでした。明治時代初期から日清戦争のときまで連続する改正交渉と、条約改正が達成された2つのタイミングに注目しましょう。

(2)　朝鮮（ちょうせん）をめぐって日本と清が対立し、日清（にっしん）戦争が起こりました。そして、韓国・満州をめぐる日露戦争をきっかけとして、日本は韓国併合に向かっていきました。日朝（日韓）関係史を、日清戦争・日露（にちろ）戦争を軸に見ていきましょう。

(3)　日清戦争のあと、それまで政府と対決していた政党は、政府と結びつくケースが増えていきました。そして、初めての政党内閣が出現しました。議会政治の展開を追っていきましょう。

Ⅳ 近代・現代

1　条約改正 （1870年代〜1910年代）

　日本が近代国家になるためには、幕末に結んだ不平等条約の改正が重要でした →第19章。政府は、特に通商条約の内容に関わる、**領事裁判権の撤廃**（りょうじさいばんけん）**（法権の回復）**と**関税自主権の回復**（かんぜいじしゅけん）**（税権の回復）**をめざしました。

不平等条約

和親条約〜片務的な最恵国待遇を承認

通商条約〜 { **領事裁判権の承認**（治外法権）
関税自主権の欠如（協定関税制）

　欧米列強と対等になれば条約が改正できると思うんだけれど、たんに富国強兵（ふこくきょうへい）で経済力と軍事力をつけるだけでは不十分だったのかな。

　欧米からすれば、裁判や社会生活や商業活動が欧米と同じルールでおこなわれないと、安心して日本とつき合えないよね。

　そうか、憲法や法典が欧米と同じになることが、大事なんだね。

　1889年に**大日本帝国憲法**が発布され、近代的法典（刑法・民法・商法など）も完成していったことは、すでに見たね →第21章。

　ということは、近代的法典がなかった1870年代は条約改正交渉が失敗したけれど、1880年代に改正の条件がととのっていき、立憲体制が完成した1890年代には改正に成功、といった流れなのかな。

復習はバッチリできているね。でも、交渉はスンナリとはいかなかったんだよ。そもそも、不平等条約は、日本が不利で欧米が有利だから不平等なんだよね。それを対等条約にするということは？

日本は今までの不利さがなくなるから、有利になる。だけど、欧米は今までの有利さを失うから、不利になるね。

そしたら、欧米は、不利になった分の見返りが欲しくなるよね。これが、改正にあたって、日本が欧米に与える**付帯条件**なんだ。

でも、結局は、欧米の望む付帯条件を与えるということは、日本が損するわけだから、反発が起きないかな？

実は、日本国内での反発がいろんな形で表れて、交渉に影響するんだ。

近代史では、国内政治と外交が深く関係しているんだね。

それぞれの交渉担当者のやり方と、改正に関わる付帯条件（欧米に与える見返り）に注目し、交渉の経過を追っていきましょう。あわせて、国内政治との関係や、交渉相手である外国の姿勢をおさえることが大切です。

① 岩倉具視（右大臣・特命全権大使　1872）

まず、1870年代から。**廃藩置県**（1871）で政府による国内統一が達成されたのち、岩倉具視を中心とする**岩倉使節団**（1871〜73）が改正交渉に臨みました。しかし、最初に訪れた**アメリカ**での交渉は準備不足からいきなり失敗し、欧米の事情や制度の視察に専念して、使節団はアメリカからヨーロッパへ渡りました。そして、帰国後の征韓論争を経て**明治六年の政変**（1873）が起こり、自由民権運動が始まったことは、すでに学びましたね→第21章。

② 寺島宗則（外務卿　1878）

治外法権（領事裁判権の承認）は、司法権を外国に侵害され、国家の独立が保てていない状態です。したがって、一刻も早くこの状態を解消することが独立国家にとって必要なので、岩倉使節団では法権の回復を主眼としていました。しかし、当時の政府は**殖産興業政策**→第20章を進めるために関税収入を増やすことを考え、外務卿の寺島宗則は、税権の回復（関税自主権の回復）を主眼としました。**アメリカ**は賛成しましたが、**イギリス**などが反対し、最恵国待遇

を理由にアメリカが撤回したことで、交渉は失敗に終わりました。

③ 井上馨（外務卿→外務大臣〔第1次伊藤内閣〕 1882〜87）

1880年代、改正交渉は本格化しました。外務卿（**内閣制度**からは〔第1次伊藤内閣〕の外務大臣）の**井上馨**は、主眼を**法権の回復**（領事裁判権の撤廃）に戻し、税権の一部回復（関税率の引上げ）もめざしました。その際、外国人の裁判に対する**外国人判事の任用**、外国人が開港場居留地の外に住むことを許可する**内地雑居**、欧米と同じ法典の整備、以上3点を付帯条件としました。

交渉の方法は独特で、東京で開かれる会議に列国の代表者を集めて改正案を検討するという、**一括交渉**の方式でした。それと並行して、交渉を有利に進めるために、西洋の風俗・慣習・生活様式を取り入れる**欧化政策**を推進し、その一環として**鹿鳴館**を建てて舞踏会を開きました。

しかし、政府顧問のフランス人**ボアソナード**は、外国人判事任用の条件は司法権が侵害されたままであると批判し、極端な欧化主義に対する反発の広まりは、**国家主義**が生まれる契機となりました →第25章。

> **欧化主義への反発** 1880年代末〜
> ● **徳富蘇峰の平民的欧化主義**
> 政府の欧化を「貴族的欧化」だと批判
> ● **三宅雪嶺の国粋保存主義**
> 欧化への懐疑と伝統文化の保存を主張

さらに、領事裁判権の問題点を日本国民が認識することになった**ノルマントン号事件**が発生しました。**イギリス**船が沈没したときに日本人乗客が見殺しにされた事件に対し、治外法権のために日本はイギリス人船長の罪を問うことができなかったのです。政府を批判する世論が高まるなか、交渉が行き詰まってしまった井上馨は外務大臣を辞めました（1887）。

当時、自由民権運動は**大同団結**が唱えられていましたが、井上の外相辞任をきっかけに、民権派は「外交失策の挽回（＝対等条約の締結）」を含む三大要求を掲げて**三大事件建白運動**を展開しました →第21章。

④ 大隈重信（外務大臣〔第1次伊藤内閣→黒田内閣〕 1888〜89）

大隈重信は肥前出身の藩閥政治家でしたが、**明治十四年の政変**（1881）で政府を追われ →第21章、**立憲改進党**を結成して自由民権運動に参加しました。しかし、激化事件が相次ぐなかで立憲改進党を脱党しました。そして、井上馨の外相辞任後、伊藤博文に頼まれて政府へ戻り、外務大臣となったのです。

大隈は井上と異なり、一括交渉の方式を採用せず、条約改正に好意的な国から順番に交渉していくという**国別（個別）交渉**の方式をとりました（外交交渉には水面下の根回しも大事です）。改正内容は井上と同じでしたが、外国人判

事の任用については大審院に限定する、といった修正を加えました。

　改正にはアメリカなどが賛成したものの、またもや**イギリス**が反対しました。そして、新聞『ロンドン＝タイムズ』で改正案が報道されると、すでに**大日本帝国憲法**（1889）が発布されていたこともあり、外国人判事の任用は憲法違反だとの批判も高まりました。そして、国家主義団体の**玄洋社**による爆弾テロで大隈が負傷すると、大隈外相を含む〔黒田内閣〕が総辞職しました。

⑤ 青木周蔵（外務大臣〔第1次山県内閣→第1次松方内閣〕 1891）

　1890年代に入り、改正交渉はヤマ場を迎えました。国内では、**初期議会**が始まりました→第21章。〔第1次山県内閣・第1次松方内閣〕の外務大臣青木周蔵は、引き続き法権の回復を主眼としましたが、付帯条件のうち、外国人判事の任用が削除されました。憲法と近代的法典を備えた法治国家体制が確立したので、外国人判事がいなくても日本の司法は欧米に信頼されます。そして、これまで批判を浴びてきた外国人判事問題がなくなれば、国内での反対も起きにくくなります。

　加えて、国際環境も大きく変わりました。それまで一貫して改正に反対し続けていた**イギリス**が、日本に好意的になりました。当時、**ロシア**はシベリア鉄道を着工するなど東アジアでの南下政策を進めており、アヘン戦争以来中国市場を確保してきたイギリスはこれを警戒したのです。そこでイギリスは、同じくロシアの南下政策を警戒する日本に接近し（山県有朋首相の「**利益線**（＝朝鮮）」防衛の主張を確認しましょう→第21章）、日本が求める条約改正に応じる姿勢を見せ始めました。

　しかし、青木周蔵は大津事件の責任をとって外務大臣を辞職し、条約改正は失敗に終わりました。

> **大津事件**（1891）
> ①ロシア皇太子が来日、滋賀県で津田三蔵巡査に傷つけられる
> ②ロシアとの関係悪化を防ぎたい政府は、津田を死刑にする圧力をかける
> ③大審院長児島惟謙のもと、裁判所は刑法の規定通りに無期徒刑の判決を出す
> ※児島は「司法権の独立」を守った

⑥ 陸奥宗光（外務大臣〔第2次伊藤内閣〕 1894）

　〔第2次伊藤内閣〕の外務大臣陸奥宗光は、法権の回復を主眼とし、もと外務大臣の青木周蔵が駐英公使となってイギリスで交渉を続けました。

　国内政治は、第5・第6議会のころでした→第21章。このとき、自由党は条約改正に賛成しましたが、**対外硬派連合**（立憲改進党や国民協会など）は付帯条件の**内地雑居**に反対し、「現行条約励行」を主張しました。

　しかし、**日清戦争**の開戦を目の前にして、対外硬派連合も政府を支持しまし

た。そして、**日英通商航海条約**（1894）が調印され、各国とも同じ内容の条約を結んでいきました。内容は、**領事裁判権の撤廃**（法権の回復）・関税率の引き上げ（税権の一部回復）・最恵国待遇の相互承認の3点で、同時に居留地が廃止されました（内地雑居）。そして、日本は日清戦争に突入したのです。

⑦ 小村寿太郎（外務大臣〔第2次桂内閣〕 1911）

改正条約は、調印の5年後の1899年に発効し、有効期間は12年間でした。そして、期限が切れるタイミングで、〔第2次桂内閣〕の外務大臣**小村寿太郎**が**日米通商航海条約の改正**（1911）に成功し（今度はアメリカが最初に応じました）、**関税自主権の回復**が実現しました。幕末から50年以上がたち、明治時代末期になって、ようやく条約の面で欧米と対等になったのです。

交渉の経過以外の項目を以下にまとめました。項目ごとに、変化を追っていきましょう。

条約改正の一覧

担当者	職名	主眼	方法	付帯条件（外国の要求）	国内政治との関連	外国の姿勢
岩倉具視 1872	右大臣				廃藩置県 →**岩倉使節団の派遣**	アメリカが反対
寺島宗則 1878	外務卿	税権				アメリカが賛成 イギリスが反対
井上馨 1882〜87	外務卿→ 大臣 伊藤①	法権	一括交渉 ※鹿鳴館外交	外国人判事　内地雑居	井上外相辞任 →**三大事件建白運動** ※欧化へ反発→国家主義	
大隈重信 1888〜89	外務大臣 伊藤① 黒田		国別交渉	外国人判事は 大審院のみ		
青木周蔵 1891	外務大臣 山県① 松方①			（外国人判事 を削除）	**大津事件**→青木外相辞任 ※大審院長の児島惟謙が 司法権独立を守る	イギリスが賛成 ※ロシアの南下 を警戒
陸奥宗光 1894	外務大臣 伊藤②	達成	青木駐英公使 の現地交渉	内地雑居	第5・第6議会 **対外硬派**が内地雑居反対	
小村寿太郎 1911	外務大臣 桂②	税権 達成				

ポイント **条約改正**

◆1870年代
　岩倉具視…**岩倉使節団**→アメリカでの交渉が失敗、欧米の視察に専念
　寺島宗則…**税権の回復**が主眼→イギリスの反対で失敗
◆1880年代
　井上馨 …**欧化主義**（**鹿鳴館**外交）への批判、**外国人判事任用**が問題化
　→**ノルマントン号事件**発生、外相辞任後に民権派の**三大事件建白運動**
　大隈重信…**大審院のみ**外国人判事任用→爆弾テロで負傷
◆1890年代
　青木周蔵…**イギリス**接近（**ロシア**南下を警戒）→**大津事件**で外相辞任
　陸奥宗光…**対外硬派連合**の反対→**日英通商航海条約**（1894）※法権
◆1910年代
　小村寿太郎…**日米通商航海条約の改正**（1911）※税権

2 日清戦争

　日清戦争（1894〜95）は、近代で初めての本格的な対外戦争でした。列強の東アジア進出に対抗するため、軍備拡張による軍事力増強を進めた日本は、日清戦争を通して東アジアへの影響力を拡大していきました。
　1870年代の東アジア情勢を確認しましょう。日本は朝鮮と**日朝修好条規**（1876）を結び →第20章 、清の朝鮮に対する**宗主権**を朝鮮に否認させるとともに、日本の領事裁判権や関税免除を認めさせました。そして、朝鮮をめぐる日本と清との対立が深まり、これが背景となって日清戦争に至るのです。

　当時の朝鮮は、どんな状況だったの？

　国王高宗の父である**大院君**が失脚したあと、皇后の**閔妃**と外戚の**閔氏一族**が政治を主導していた。そして、日本にならって近代化を進めたい改革派は、閔妃政権と協力し、宗主国である清との伝統的な関係を保ちたい保守派は、大院君に接近した。

日朝の内政 波線は政権

大院君
（王父）

閔氏
（外戚）

対立

高宗 ―― 閔妃
（国王）　（皇后）

政権の
中心

　日本は、改革派を支援したいよね。一方、清は朝鮮の宗主国だから、

> どんな感じで朝鮮に介入していくのかな。

① 朝鮮への進出（1880年代）

　1880年代の日朝関係のポイントは、朝鮮国内での政治的な対立からクーデタが2回発生し、そこに日本と清が介入したことです。

(1)　改革派（親日）の閔妃政権に対し、保守派（親清）がクーデタを起こした

　国王高宗の皇后**閔妃**と外戚の**閔氏一族**は、改革派（親日）とともに近代化を進めました。これに反発した保守派（親清）が王父**大院君**と結び、軍の近代化に不満を持っていた旧軍隊兵士とともに、閔妃政権を倒そうとしました（**壬午軍乱**　1882）。

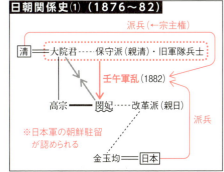

日朝関係史① （1876～82）

　このとき、清はどう反応したか。親清派が実行したクーデタに味方しそうなものですが、実は軍隊を派遣してクーデタを鎮圧し、朝貢国であった朝鮮に対する**宗主権**を発動したのです。この軍乱の結果、日本は日本軍の駐留権を朝鮮に承認させました。

(2)　保守化した閔妃政権に対し、改革派（親日）がクーデタを起こした

　そののち、清の軍隊の強さを実感した閔妃・閔氏一族の政権は、改革派から保守派に転換して清に接近しました（事大党政権）。これに対し、孤立した改革派（親日）の**金玉均**ら**独立党**が、日本の援助を受けて事大党政権を倒し、親日政権を立てようとしました（**甲申事変**　1884）。

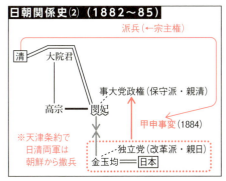

日朝関係史② （1882～85）

　このときも清は宗主権を根拠に朝鮮へ介入し、軍隊を派遣してクーデタを鎮圧しました。日本と清との関係が悪化したので、伊藤博文と李鴻章との間で**天津条約**が結ばれ（1885）、日清両国が朝鮮から撤兵し、朝鮮への派兵時は日清がお互いに事前通告することが決まりました。

(3) 甲申事変ののち、日本のアジアに対する見方が変化し、国権論が高まった

こうした朝鮮の情勢に対し、日本ではさまざまな反応が表れました。福沢諭吉は、新聞『時事新報』の社説で「脱亜論」を発表しました（1885）。もともと改革派の独立党を支援していた福沢ですが、甲申事変を機に、「アジア全体が近代化して欧米列強に対抗するべきだ」とい

近代軍制（明治時代）
(1) 徴兵告諭（1872）・徴兵令（1873） 　　国民皆兵（免役規定あり、のち廃止）
(2) 軍人勅諭（1882） 　　軍人に対し、天皇への服従を強調
(3) 鎮台を師団に（1888） 　　対外戦争向けの編制（約1万人の単位）
(4) 大日本帝国憲法（1889） 　　「臣民」の兵役の義務を規定

う考え方をやめ、「日本はアジアを脱して、欧米列強と同じ姿勢でアジアと接するべきだ（＝アジア分割）」と唱えたのです。また、甲申事変を機に、民権派の大井憲太郎らが朝鮮の保守化した政権を打倒することを計画したのが、自由民権運動の**激化事件**が多発するなかで起きた**大阪事件**（1885）だったのです→第21章。こうして、国権（日本の外国に対する権利）を重視する考え方が広がっていきました。

また、政府は軍事制度を整備し、軍事費を増やしました。**松方財政**（1881〜）では、緊縮により政府歳出が削減されましたが、それは「軍事費を除く緊縮」、つまり軍事費を削減しない形での緊縮だったのです→第23章。

② 日清戦争（1890年代）

日清戦争の直前には、日本人商人による米・大豆の買い占めに対し、朝鮮が米・大豆の対日輸出を禁止する**防穀令**を発し、日本が抗議して賠償を求めた事件が発生しました（**防穀令事件**）。

そして、朝鮮で起きた大規模な農民反乱である**甲午農民戦争**（東学の乱 1894）が、日清戦争の直接の原因となりました。朝鮮の要請によって清が出兵し、天津条約による事前通告を受けて日本も出兵しました。〔第2次伊藤内閣〕は派兵を決定して衆議院を解散すると、**対外硬派連合**も政府支持に転換し→第21章、**日英通商航海条約**（1894）が結ばれて法権の回復が実現しました。ロシアの南下政策を警戒したイギリス

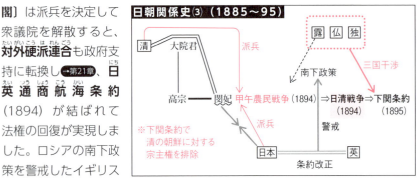

日朝関係史③（1885〜95）

と条約改正を達成できたことで、朝鮮をうかがうロシアの干渉を防ぐことができます。そして、日清戦争（1894～95）が始まりました。近代的な軍備をととのえた日本軍は清国軍を圧倒して勝利し、日本全権の伊藤博文首相・陸奥宗光外相、清全権の李鴻章との間で下関条約（1895）が結ばれました。

(1) 清は、朝鮮の独立を認めた

清の朝鮮に対する宗主権は排除されました。宗主国の立場を失った清に代わり、日本が朝鮮進出を強化できることになりました。

(2) 日本は、清から割譲された植民地を得た

清は、遼東半島・台湾・澎湖諸島を日本に割譲し、日本はこれらを植民地として獲得することになりました。さらに、清は新たに重慶などの4港を開港しました。台湾に関しては、統治機構として台湾総督府が置かれ、海軍の樺山資紀が初代総督となりました。植民地となった台湾から日本へは、食料品の米・砂糖がもたらされました（製糖業が進出）。

しかし、遼東半島への進出を狙っていたロシアがフランス・ドイツを誘い、「遼東半島は清に返還しろ！」と日本へ外交圧力をかけ、日本は屈しました（三国干渉　1895）。国民は「臥薪嘗胆」（復讐のため辛さに耐えて苦労すること）を合言葉にしてロシアへの敵対心を強め、政府はより一層の軍備拡張につとめました。

(3) 日本は、清から巨額の賠償金を得た

清は、賠償金として2億両（約3億1000万円）を日本に支払うことになりました。日本は、この大半を軍事費に回すとともに、一部を準備金として用いて金本位制を確立しました→第23章。

> ### 日清戦争の持つ意味
>
> 勝った日本は、東アジアの強国となり、さらに軍備拡張を進めて、大陸侵略へ向かっていくことになりました。一方、負けた清は、列強による中国分割にさらされていくことになりました。
>
> 経済面では、中国・朝鮮市場への輸出拡大による軽工業中心の産業革命や、賠償金をもとにした金本位制の確立など、資本主義の成長をもたらしました。
>
> 文化面では、三国干渉での反露感情から国家主義が台頭し、国民世論や思潮におけるナショナリズムの高まりが、日本の対外進出を推進する原動力の一つとなりました。

3 日清戦後の議会政治（1890年代後半〜1910年代前半）

　日清戦争後の政治は、政府と政党との対立から、政府と政党の協力に変化しました。そのなかで、大隈重信を首相とする**初めての政党内閣**が誕生したのです。そして、政府内部で山県有朋の反・政党路線と伊藤博文の親・政党路線とが対立し（どちらも長州出身の藩閥政治家です）、さらに山県の路線を桂太郎が受け継ぎ、伊藤の路線を西園寺公望が受け継ぐ**桂園時代**が展開しました。

① 政府と政党の協力（1895〜98）

　日清戦争前から続いた〔第2次伊藤博文内閣〕は、日清戦争が終わると**自由党**と協力しました。**板垣退助を内務大臣**として迎え、自由党は軍備拡張予算を承認しました。

　次の〔第2次松方正義内閣〕は、立憲改進党を中心に結成された**進歩党**（「改進党」改め「進歩党」）と協力しました。**大隈重信を外務大臣**として迎え（「松隈内閣」と呼ばれます）、進歩党も軍備拡張予算を承認しました。また、貨幣法を制定して金本位制を確立しました→第23章。

　しかし、〔第3次伊藤博文内閣〕が**地租増徴案**を議会に提出すると、自由党・進歩党は否決しました。対ロシア戦を想定した軍備拡張を進めるためとはいえ、増税にはまだ抵抗感が強かったのです。そして、自由党・進歩党が合同で**憲政党**を結成して議会で多数を占め、政府に対抗しました。これでは予算案も法律案も通りませんので、伊藤博文は政権を投げ出し、憲政党に政権をゆずりました。こうして、初の政党内閣が誕生したのです。

② 第1次大隈重信内閣 (1898)

 政党内閣って、どういうメリットがあるのかな？

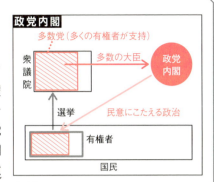

政党内閣

多数党（多くの有権者が支持）

衆議院

選挙

有権者

国民

多数の大臣 → 政党内閣

民意にこたえる政治

衆議院で多くの議席を持っている政党は、選挙で多くの有権者の支持を受けたわけだね。そして、大臣のほとんどを多数党のメンバーで構成した政党内閣を作ると、多くの有権者の民意を政治に反映させることができるんだ。

つまり、政党内閣は、選挙で投票してくれた人たちの期待にこたえる政治をやるんだね。最近は、選挙のときの公約に違反する政治をやっちゃったりするけど、有権者が内閣をちゃんと監視しなくちゃね。

でも、図を見ると、国民に占める有権者の割合が少ないね。民意を反映するといっても、限られた人々の意見でしかないね。

たしか、選挙権があるのは納税額の多い男性だけだったし、女性には選挙権がなかったはず→第21章。選挙権の制限をなくしたほうが、もっと多くの国民の意見が政治に反映されると思うなぁ。

だからこそ、**普通選挙**を実現しようという動きが、のちになって盛んになるんだよ。

日清戦争と日露戦争の間にあたる1898年、〔第1次大隈重信内閣〕が誕生しました。陸軍大臣・海軍大臣を除いたすべての大臣が憲政党の出身者で占められる、初の政党内閣でした。大隈重信が総理大臣と外務大臣を兼任し、板垣退助が内務大臣となったので、「隈板内閣」と呼ばれました。

しかし、尾崎行雄が「もし日本で共和政治がおこなわれたら……」と発言して問題となり、文部大臣を辞職した**共和演説事件**をきっかけに、後任人事をめぐって憲政党の内部で対立が激しくなりました。そして、憲政党は自由党系の**憲政党**（「憲政党」の名前をそのまま強引に使用）と、進歩党系の**憲政本党**（「憲政党」の名前を取られたので「本当の本党」とPR？）とに分裂し、内閣は総

辞職しました。

③ 第2次山県有朋内閣

　そこで、長州出身で陸軍・官僚・貴族院を基盤とする**山県有朋**が首相となり、〔第2次山県有朋内閣〕が成立しました。

　政党政治を好ましく思っていなかった山県首相ですが、最初は政党と妥協し、**憲政党**と提携して**地租増徴**を実現しました（地租率を**2.5%**から**3.3%**へ）。ロシアが旅順・大連を租借するなどの満州進出を強めたため、これまで地租増徴に反対してきた旧自由党系の憲政党も、軍備拡張に必要な増税を認めたのです。

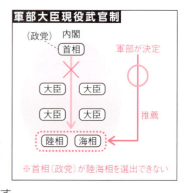

軍部大臣現役武官制

（政党）　内閣

首相

軍部が決定

大臣　　大臣

大臣　　大臣

推薦

陸相　海相

※首相（政党）が陸海相を選出できない

　それ以降の山県首相は、政党の勢力拡大を防ごうとしました。**文官任用令を改正**し、高級官僚の任用資格を定めて、政党員の官僚機構への進出を防ぎました。さらに、**軍部大臣現役武官制**（1900）を定め、陸軍大臣・海軍大臣は現役の大将・中将しか就任できないようにしました。現役の軍人をどの役職に就けるかは軍部が決定するので、首相（内閣）が陸海軍大臣を選出することができず、軍部が陸海軍大臣を決定して推薦することになったのです。政党内閣の場合をイメージすれば、政党（内閣）が陸海軍大臣を選出できない。結果的に、政党の軍部への影響力をおさえることになりますね。

　また、**治安警察法**を制定し（1900）、労働組合期成会が結成されるなど盛んになりつつあった労働運動の規制を強化しました（→第23章）。

④ 立憲政友会の結成

　一方、山県と同じ長州出身の藩閥政治家である**伊藤博文**は、みずから政党を組織して国民の政治参加を拡大し、立憲国家を発展させることを考えていました。〔第2次山県有朋内閣〕の**選挙法改正**で有権者の納税資格を直接国税15円以上から**10円以上**へ引き下げ、人口の約1%から約2%に選挙権が拡大されたのは、伊藤の意向の反映でした。そして、伊藤のビジョンに賛同した憲政党は解党し、伊藤派の官僚とともに**立憲政友会**の結成に参加しました（1900）。こうして、**伊藤博文**を総裁とする、政権担当能力のある保守的な有力政党が誕生しました。

　その後、立憲政友会を与党とする〔第4次伊藤博文内閣〕が成立しましたが、貴族院の抵抗が強く、数カ月で総辞職しました。

⑤ 桂園時代 (1901〜13)

　明治時代末期の1900年代から1910年代初めにかけては、山県の路線を受け継いだ**桂太郎**と、伊藤博文の路線を受け継いだ**西園寺公望**が交互に内閣を組織したので、**桂園時代**と呼ばれます。桂太郎は長州出身の陸軍大将で、軍部・官僚・貴族院を基盤としていました。一方、西園寺公望は公家出身で、立憲政友会の総裁でした。そして、伊藤・山県らは天皇の最高顧問である**元老**とな

議会政治の展開（明治時代）

(1)1890年代前半（初期議会）
　　政府と政党との対立…予算、条約改正
(2)1890年代後半（日清戦争後の議会）
　　政府と政党の協力→政党内閣〔大隈①〕
(3)1890年代末〜1900年代初頭
　　政府内部での対立 ┤ 山県有朋（反・政党）
　　　　　　　　　　　└ 伊藤博文（親・政党）
　　※伊藤は立憲政友会を結成
(4)1900年代〜1910年代初頭（桂園時代）
　　┤ 山県→桂太郎(陸軍・官僚・貴族院)
　　└ 伊藤→西園寺公望(立憲政友会の総裁)
　　※山県・伊藤は元老となる

り、首相の推薦に関わる形で内閣に影響力を及ぼしました。

　〔第1次桂太郎内閣〕は、日英同盟協約を結び（1902）、日露戦争を実行しました（1904〜05）。日露戦争については、このあとで学びます。

　〔第1次西園寺公望内閣〕は、鉄道国有法を制定し、日本社会党を公認しました→第23章。

　また、内閣は関与しませんでしたが、軍部は帝国国防方針を作成し、日露戦争後における新しい軍隊編制のあり方を構想しました。

　〔第2次桂太郎内閣〕は重要です。日露戦争に勝利して目標を見失った国民のなかに、国家・地方よりも個人の幸福を重視する風潮が広がっていたことを受け、勤労や節約などの道徳を強化する**戊申詔書**が発されました。また、日露戦争のための増税が相次いで不況が広がるなか、農村組織の強化により地方財政の改善をはかる**地方改良運動**が、内務省の主導で進められました。

　また、関税自主権の回復（1911）についてはすでに学びましたが、これから学ぶ**韓国併合**（1910）や、大逆事件（1910）・工場法の制定（1911）も→第23章、この内閣のときでした。

近代史の学習では、必ず**内閣の順番**を覚えましょう。こういった場合、語呂合わせや替え歌（？）

明治時代の内閣 頭文字の順番は「いくやまいまい、おやいかさかさ」
（１ 政党内閣　２ 閣内協力　３ 超然内閣）

③伊藤博文①	③黒田清隆	③山県有朋①	③松方正義①	③伊藤博文②	③松方正義②	③伊藤博文③	①大隈重信①	③山県有朋④	②伊藤博文④	②桂太郎①	②西園寺公望①	③桂太郎②	②西園寺公望②
長州	薩摩	長州	薩摩	長州	薩摩	長州	（憲政党）	長州	(立憲政友会)	長州	(立憲政友会)	長州	(立憲政友会)

が役に立つ場合が多いのですが、内閣の順番に関しては、頭文字を並べた「いくやまいまい、おやいかさかさ」を念仏のように何度もくり返し唱えて覚えるほうが早いです。

政党の名称は、似ているものがあるため、覚えにくいようです。図を何度も描いて、政党の名称がどのように変化していくのかを覚えて

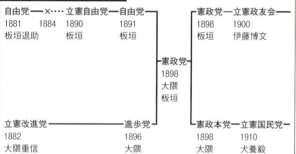

政党の変遷（明治時代）

```
自由党 ——×···· 立憲自由党 —— 自由党 ———┐              憲政党 —— 立憲政友会
1881      1884      1890       1891   │              1898      1900
板垣退助     板垣       板垣            │              板垣      伊藤博文
                                   憲政党
                                   1898
                                   大隈
                                   板垣
立憲改進党 ————————————— 進歩党 ———┘              憲政本党 —— 立憲国民党
1882                      1896                     1898       1910
大隈重信                    大隈                      大隈       犬養毅
```

いくと、各場面での政党名が記憶に残りやすくなります。

ポイント　日清戦後の議会政治

◆政府と政党の協力：〔**伊藤②**〕と自由党、〔**松方②**〕と進歩党
◆**政党内閣**成立：**憲政党**結成で〔**伊藤③**〕崩壊、〔**大隈①**〕は**憲政党**内閣
◆政党抑圧策：〔**山県②**〕は**文官任用令改正・軍部大臣現役武官制**（1900）
◆政党政治の発展：**立憲政友会**結成（伊藤＋憲政党）→〔**伊藤④**〕
◆**桂園時代**：山県・伊藤は**元老**に、〔**桂①**〕・〔**西園寺①**〕・〔**桂②**〕

4 日露戦争と韓国併合 （1890年代〜1910年代）

　日露戦争（1904〜05）は、近代で初めての列強との戦争でした。そして、日本は日露戦争を通して、さらに東アジア進出を強めていきました。それが、**韓国併合**による**朝鮮**の植民地化と、**満州**（中国東北部）への進出です。

　日清戦争で清に勝ったから、日本はもっと朝鮮へ進出できるね。

　ところが、三国干渉でロシアの圧力に日本が屈すると、それを見た朝鮮は、清に代わってロシアに接近し、親露政権の**韓国**が成立した。

　日本は韓国に進出するため、ロシアと向き合うしかないのか。

　それと、中国東北部の**満州**は、ロシアにとって南下政策のターゲットだった。満州の南端にある遼東半島の**旅順・大連**という都市を、一定期間の植民地にしたんだ。このことを、**租借**と呼ぶよ。

　エッ、三国干渉で日本が清へ返した場所を、ロシアが取っちゃったの？　そしたら、満州をめぐってロシアと向き合うことになるのか。

　最終的に、日本は日露戦争に勝った。**ポーツマス条約**で、韓国と満州に関して何が決められたか、注目だよ。

---

① ロシアとの対立 （1890年代〜1900年代初め）

　では、日清戦争後の時点に戻り、東アジアでの日露関係を見ていきましょう。

(1)　朝鮮はロシアに接近し、親露政権の韓国が成立した

　朝鮮では、皇后閔妃と閔氏一族の政権がロシアに接近すると、日本公使の指示のもとで日本の兵士らによる**閔妃殺害事件**が発生しました。しかし、国王高宗はロシアの保護のもとで親露政権を樹立し、のち高宗は皇帝として即位して、国号を**大韓帝国**（**韓国**）としました（1897）。ロシアが韓国への影響力を強めていくなか、日本は韓国進出のため、はじめはロシアと協調していました。

(2)　日清戦争ののちに列強の中国分割が進み、ロシアは満州へ進出した

　列強は、清の日本への賠償金を肩代わりする見返りとして、**租借地**（一定期間、植民地とする）や勢力範囲（経済的な権利を独占する）などの利権を清へ要求しました。こうして、日清戦争後に**列強の中国分割**が進みました。

そのなかで、ロシアは満州への進出を強化しました。清の領土内に東清鉄道を作る権利を得て、建設中のシベリア鉄道とつなぎ、さらに遼東半島の先端部にある旅順・大連の租借権を清から得ました（1898）。こうした情勢をうけて、日本国内では〔第2次山県内閣〕のもと、憲政党も軍備拡張を見こした地租増徴に賛成しました。

一方、太平洋方面に勢力を広げたアメリカは、ジョン＝ヘイ国務長官が中国の「門戸開放・機会均等」（すべての国に自由な市場として開放される）を宣言しました。

列強の中国分割	租借地と勢力範囲
●ロシア 　遼東半島の**旅順・大連**を25年間租借 　中国東北部の満州を勢力範囲に
●ドイツ 　山東半島の膠州湾を99年間租借 　中国北部の山東省を勢力範囲に
●イギリス 　香港近くの九龍半島を99年間租借 　山東半島の威海衛を25年間租借 　中国中部の長江流域を勢力範囲に
●フランス 　広州湾を99年間租借 　中国南部の広州を勢力範囲に
●日本 　福建省（台湾対岸）の不割譲を約束させる
●アメリカ 　ジョン＝ヘイ国務長官の「門戸開放」宣言

(3) 北清事変を機にロシアは満州支配を強めた

列強の中国分割に対し、清国内で不満が高まり、「扶清滅洋」を唱える結社を中心に民衆が蜂起する**義和団事件**が発生しました。

そして、武装勢力が北京の列国公使館を包囲すると、清国政府はこれを鎮圧するどころか、逆に列強に対して宣戦布告しました。こうして起きた**北清事変**（1900）に対し、列強は日本・ロシアを中心に共同出兵して鎮圧しました（当時は〔第2次山県内閣〕で、1900年は軍部大臣現役武官制が定められた年です）。

そして、戦後に結ばれた**北京議定書**で、列強は賠償金と北京公使館への守備兵駐留権を獲得しました（このとき北京に置かれた日本軍が、のちに中国軍と衝突して盧溝橋事件が発生し、日中戦争が始まることになります →第27章）。

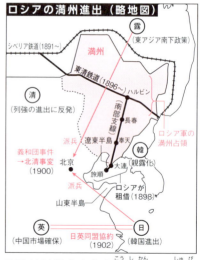

ロシアの満州進出（略地図）

⑷　**日本とイギリスの東アジアにおける利害が一致し、日英同盟が結ばれた**

　日本にとっては、このとき<u>ロシアが満州を軍事占領し、北清事変が終わったのちも占領を継続した</u>ことが、大きな問題となりました。**東清鉄道南部支線**の建設や、旅順の軍事基地化も進められていくと、満州と隣り合う韓国における日本の権益が脅かされることになります。

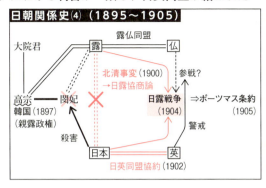

日朝関係史⑷（1895〜1905）

　このとき、日本政府の内部では、ロシアの満州支配と日本の韓国における利権をお互いに認め合う「満韓交換」の方針でロシアと交渉すべきだという**日露協商論**を、**伊藤博文・井上馨**が唱えていました。しかし、ロシアの満州占領が長引くなか、イギリスと軍事同盟を結んで満州からロシアを排除すべきだという**対露強硬論**を、**山県有朋・桂太郎首相・小村寿太郎外相**が唱え、こちらが優勢になっていきました。

　清に多くの利権を持つイギリスは、ロシアの満州進出が軍事面にも及ぶと、これを軍事力で防ぐ必要が出てきました。とはいえ、当時のイギリスは南アフリカ植民地を拡大する戦争をおこなっており、東アジアでの軍事行動は日本に任せたい。イギリスにとっても、日本と軍事同盟を結ぶ理由ができました。

　こうして、〔**第1次桂太郎内閣**〕のもとで**日英同盟協約**（1902）が結ばれました。当時、ロシアとフランスは露仏同盟を結んでいたので、フランスもロシアに誘われて参戦する可能性がありました。しかし、その場合、イギリスは日本に味方して参戦するので、

日英同盟
⑴日英の韓国・清国利益を互いに保護 　※条約の適用範囲は東アジア
⑵戦争における、他の一国の厳正中立 　（日露戦争でイギリスは介入しない）
⑶第三国の参戦時における協同戦闘義務 　（もしロシアに味方する勢力が現れた 　ら、イギリスは日本に味方して参戦）

ロシアは圧倒的な海軍力を持つイギリスを敵に回すことになります。イギリスがフランス参戦を警戒し牽制する状態が生じたので、日本はロシアとの開戦を見すえて交渉を続けました。

⑸　**日本国内では非戦論も見られたが、世論の多くは主戦論に傾いていった**

　当時の国内世論は、こうした状況をどのようにとらえていたのか。国家主義団体の対露同志会（近衛篤麿ら）や、七博士意見書を政府に提出した帝大教授

の戸水寛人などが日露開戦の世論をあおり、当時発行部数の多かった黒岩涙香の新聞『万朝報』が非戦論から主戦論へ転じたことも、世論へ影響を与えました。そして、同紙の記者として非戦論を主張していた幸徳秋水・堺利彦・内村鑑三が『万朝報』を退社すると、**幸徳秋水・堺利彦**は社会全体の平等をめざす社会主義の立場から反戦論を唱え、**平民社**を結成して『**平民新聞**』を発行し（1903）、**内村鑑三**はキリスト教的な人道主義の立場からの反戦論を唱えました。また、与謝野晶子は、反戦詩「君死にたまふこと勿れ（旅順口包囲軍の中にある弟を歎きて）」を雑誌『明星』に発表しました。このように、戦争に異を唱える動きもありましたが、国民の多くは開戦支持になっていきました。

② 日露戦争（1900年代）

〔第1次桂太郎内閣〕のもとで **日露戦争**（1904～05）が始まりました。日本は清国（満州）の旅順や奉天で勝利し、**日本海海戦**では圧勝しました。しかし、外債・内債（政府の国外・国内からの借金）や増税で調達した戦費はあまりにも多額で、日本は国力の限界に達していました。そして、アメリカの

ポーツマス条約と韓国・満州（略地図）

セオドア＝ローズヴェルト大統領が講和を仲介し、日本全権の**小村寿太郎**外相、ロシア全権の**ウィッテ**との間で**ポーツマス条約**が結ばれました（1905）。

⑴ **ロシアは、日本の韓国に対する指導・監督権を認めた**

　日本が**韓国**において、政治・軍事・経済面での利益を得ることを、ロシアは承認しました。ロシアが韓国から退いたことで、日本が韓国を**保護国**（主権の一部を失った国）としていくことになりました。

⑵ **ロシアが清から獲得していた満州権益の一部が、日本へ譲られた**

　ロシアが清から得ていた**満州権益**のうち、**旅順・大連**の租借権と、**東清鉄道南部支線**の**長春・旅順**間の経営権などが、ロシアから日本へ譲られました。今

後の日本は、ポーツマス条約で獲得したこの満州権益を維持・拡大していく道を歩むことになります。

(3) 日本は、ロシアから割譲された植民地を得た

樺太は、樺太・千島交換条約→第20章以来ロシア領でしたが、ロシアは樺太の**北緯50度以南**の部分を日本に割譲し、日本はこれを植民地としました。また、沿海州・カムチャツカでの漁業権も得ました。

(4) 日本は、ロシアから賠償金を得られず、国民の不満が高まった

増税と戦闘による死傷で国民の犠牲は大きかったものの、**賠償金なし**という講和の内容に国民の不満が高まり、講和に反対する国民大会の民衆が暴徒化して**日比谷焼打ち事件**が発生しました（1905）。このとき、首都東京が混乱に陥ったことから、政府は**戒厳令**を出して軍隊にも治安維持をおこなわせました。この後、〔**第1次桂内閣**〕は総辞職しました。

─◀ 日露戦争の持つ意味 ▶─

日本の国際的地位はさらに上昇し、欧米列強と並ぶ「一等国」となりました。アジアの日本が欧米のロシアに勝ったことは、列強の支配下に置かれていたアジアの民族主義を刺激し、独立運動への気運を高めました（しかし、日本国民はアジアの民族に対する優越感を強め、日本は列強の一員としてアジアを抑圧する側に回るのですが）。

戦後にイギリスとロシアの植民地・権益をめぐる対立が解消され、イギリスの新しいライバルはドイツになりました。そしてイギリス・ドイツの植民地・権益をめぐる対立が、**第一次世界大戦**の背景となりました。

日本の経済は、産業革命がさらに進行し、軽工業は満州・朝鮮市場への輸出などを拡大し、軍備拡張から**重工業**の成長が始まりました。一方、国民の負担増や国家財政の悪化によって、戦後の日本は不況に苦しみました。

文化面では、明治維新以来の国家目標が達成されたことで、目標を見失った国民の中に個人主義が芽生えました（その対策として発されたのが〔**第2次桂内閣**〕の戊申詔書です）。

③ 満州進出と国際関係（1900年代〜1910年代）

日露戦争ののち、日本はポーツマス条約で獲得した満州権益の経営に乗り出しました。**関東都督府**が旅順に設置され（1906）、**関東州**（遼東半島南端の

（旅順・大連）の統治をおこないました。のちの大正時代、関東都督府は行政部門の**関東庁**と軍事部門の**関東軍**（旅順・大連と満鉄沿線の守備を担当）とに分立します。また1906年には、半官半民（政府と民間が経営する）の**南満州鉄道株式会社**（**満鉄**）が大連に設立され（初代総裁は後藤新平）、東清鉄道の長春・旅順間の経営に加え、鉄道沿線の鉱山などの経営もおこないました。

(1)　日本の満州進出などが背景となって、日米関係が悪化した

　日本が南満州の権益を独占すると、満州の「門戸開放」を要求するアメリカと対立しました。そもそも、アメリカは満州へ進出したかったからこそ、満州からロシアを排除するために戦う日本を支援したのです（アメリカは日本に多額の戦費を貸したり、ポーツマス会議を仲介したりしていましたね）。しかし、桂首相と鉄道企業家ハリマンとの間で決定した鉄道の共同経営案が破棄され、日本が満鉄の経営を独占して以降、アメリカで日本への批判が高まりました。これに加え、移民問題も発生しました。アメリカの日本人移民はアメリカ社会に溶け込まず、アメリカ人労働者の就労機会を奪ったため、カリフォルニア州を中心に**日本人移民排斥運動**が高まりました。

(2)　日本は満州をめぐってロシアに接近し、日露関係は良好となった

　一方、日本とロシアは、戦前は敵対関係、戦後は良好な関係、という変化がありました。ロシアは日本に敗北して東アジアでの南下政策をあきらめ、現在持っている北満州の権益維持を希望し、日本はロシアから得た南満州の権益維持を希望しました。すると、日本とロシアは、満州と蒙古（モンゴル）の権益を分割しつつアメリカの満州進出を排除する、という点で利害が一致しました。そして、日本はロシアと**日露協約**（第1～4次）を結んでいきました（1907～16）。しかし、のちの**ロシア革命**によるロシア帝国の消滅とソヴィエト政権の樹立で（1917）、日露の協調関係はなくなりました→第24章。

④ **韓国併合**（1900年代～1910年代）

　日清戦争・日露戦争を経て、日本は朝鮮（韓国）を植民地化しました。ポーツマス条約で日本の韓国に対する指導・監督権が認められ、それと並行して、日本は3次にわたる**日韓協約**を結び、最終的に**韓国併合**に至りました。

　日露戦争が終わると、日本は韓国を植民地にしたんだね。

　正しくいうと、戦争が「終わると」「植民地にした」のではなく、

戦争が「始まると」「保護国化を進め、最終的に植民地にした」んだよ。

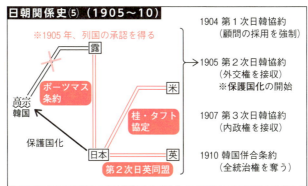

日朝関係史⑤（1905〜10）

※1905年、列国の承認を得る

ポーツマス条約

高宗 韓国

保護国化

露

日本

米

桂・タフト協定

英

第2次日英同盟

1904 第1次日韓協約
（顧問の採用を強制）

→ 1905 第2次日韓協約
（外交権を接収）
※保護国化の開始

1907 第3次日韓協約
（内政権を接収）

1910 韓国併合条約
（全統治権を奪う）

　エッ、ポーツマス条約を結ぶ前から植民地化への道が始まっていたんだ。プロセス大事！ところで、**保護国**って、どういう国のこと？

　保護国とは、主権の一部、たとえば外交権などを失った国のことだ。相手国と保護国とがあって、相手国は、保護国の主権の一部を代わりに行使することで、保護国への支配を強める。ただ、お互いに独立しているから、植民地とはいえないね。

　つまり、日本は、まず韓国を保護国にして、「保護してやるぞ！」という名目で韓国の外交を代わりにやるようになった、ってことかな？

　そういうこと。それが、**第2次日韓協約**の内容だ。

　とうことは、その前に第1次日韓協約があるんだね。

　そうやって、プロセスの特徴に気づいていけるといいね。そして、韓国の保護国化は、欧米列強から承認されていた。帝国主義による植民地・権益の獲得が公然とおこなわれていた時代だからね。

　植民地支配される人々のことを考えると、なんだか複雑だね。

⑴　日露戦争の開戦直後から、韓国を軍事拠点化して韓国進出を拡大した

　まず1904年、日露戦争が開戦すると、日本は韓国に上陸して首都の漢城を制圧し、**日韓議定書**を結んで韓国での日本軍の軍事行動の自由や必要地点の占領・収用を要求しました。さらに、<u>第1次日韓協約</u>を結び、<u>日本政府が推薦する**財務顧問**と**外交顧問**を韓国政府に置かせて、内政干渉</u>を始めました。

(2) 日露戦争の終結後、列国の承認のもとで、韓国を保護国とした

　1905年、日本はアメリカと**桂・タフト協定**を結び、イギリスと**第2次日英同盟**を結び、ロシアと**ポーツマス条約**を結びました。その結果、アメリカ・イギリス・ロシアは、日本が韓国を保護国とすることを承認しました。

韓国の保護国化 列国の承認（1905）
●アメリカ：**桂・タフト協定** 　日本の韓国保護権と、アメリカのフィリピン統治権を、相互に承認 ●イギリス：**第2次日英同盟** 　日本の韓国保護権をイギリスが承認 　適用範囲を清・韓国からインドへ拡大 ●ロシア：**ポーツマス条約** 　日本の韓国での優越権をロシアが承認

　その直後に**第2次日韓協約**（韓国保護条約）が結ばれ、日本は韓国の**外交権**を接収し、韓国の外交を日本の外務省がおこなうことになりました。漢城（かんじょう）に外交を統括する**統監府**を設置し、**伊藤博文**が初代統監となりました。

(3) 日本は韓国国民の抵抗を武力でおさえ、最終的に韓国を植民地化した

　1907年、皇帝高宗（こうそう）がオランダのハーグで開催された第2回万国平和会議に密使（みっし）を派遣し、韓国の独立回復を訴えましたが、列強は受け入れませんでした。この**ハーグ密使事件**の報復として、日本は皇帝高宗を退位させました。そして、**第3次日韓協約**が結ばれ、日本は韓国の**内政権**を接収しました。続いて韓国軍を解散させると、元兵士たちも参加して**義兵運動**（ぎへいうんどう）による抵抗が激化しましたが（1907～09）、日本は軍隊を用いて鎮圧しました。

　1909年になると、日本政府は韓国併合の方針を決定し、かつて反対していた伊藤博文も韓国併合（かんこくへいごう）に同意しました。こうしたなか、前統監となっていた伊藤博文は、満州のハルビン駅頭で韓国の民族運動家**安重根**（あんじゅうこん）に暗殺されました。

　そして、1910年、〔第2次桂内閣〕のもとで**韓国併合条約**が結ばれ、韓国の**全統治権**（ちょうせん）が日本に譲渡され、日本は韓国を朝鮮と改めて植民地化しました。1392年以来の朝鮮（韓国）が、ここに滅亡したのです。漢城から名称を変更した京城（けいじょう）に**朝鮮総督府**（ちょうせんそうとくふ）を設置し、**寺内正毅**（てらうちまさたけ）陸軍大臣が初代総督となりました。

(4) 朝鮮に対する植民地支配は、武断政治が展開した

　朝鮮総督は現役軍人が就き、憲兵（けんぺい）（軍の内部で警察活動をおこなう部隊）が朝鮮の一般人に対する治安維持活動をおこない（**憲兵警察制度**）、行政の末端まで軍が掌握していました。これを**武断政治**と呼びます（江戸時代初期〈17世紀前半〉の幕政も武断政治と呼ばれていましたね→第15章）。

　朝鮮総督府は、韓国併合の直後から**土地調査事業**を進めましたが（地租改正（ちそかいせい）と同じです）、所有権が明確でないことを理由に朝鮮の農民から土地を接収するケースが多く、朝鮮で資源管理・殖産振興を担当する国策会社の**東洋拓殖会**（とうようたくしょくがい）

社が土地の払下げを受けました。こうして生活の基盤を奪われた朝鮮の人々のなかには、日本へ移住する者も後を絶ちませんでした。

ポイント 日露戦争と韓国併合

◆1890年代の朝鮮
三国干渉後、親露化→閔妃殺害事件→親露政権の大韓帝国が成立（1897）

◆1890年代～1900年代の清（満州）
ロシアの満州進出…東清鉄道の建設、旅順・大連の租借（1898）
清の列強への抵抗…義和団事件→北清事変（1900）→北京議定書
※ロシアの満州占領→日露協商論から強硬論へ→日英同盟協約（1902）

◆1900年代～10年代の韓国（朝鮮）
日露戦争開戦（1904）→日韓議定書→第1次日韓協約（1904、顧問採用）
ポーツマス条約（1905）…韓国指導権・南満州権益・南樺太を獲得
→満州支配…関東都督府、南満州鉄道　日米対立・日露接近（日露協約）
→韓国保護国化…第2次日韓協約（1905、外交権）、統監府
第3次日韓協約（1907、内政権）、軍隊解散→義兵運動
韓国併合…韓国併合条約（1910、全統治権）、植民地化（朝鮮総督府）

Ⅳ

近代・現代

チェック問題にトライ！

【1】 (1992 年度　本試験)

次の絵は、ジョルジュ・ビゴーが1899年（明治32年）に描いた風刺絵（葉書）である。

(a)　　　　　　　　(b)　　　　　　　(c)　　(d)

問　この絵は、この時期の東アジアをめぐる国際関係を描いたものであるが、この絵にかかわる説明として正しいものを、次の①～④のうちから一つ選べ。

①　この絵が描かれたとき、すでに(b)と(c)との間には、(a)に対する攻守同盟が結ばれていた。

②　この絵が描かれたとき、すでに(b)は(a)に対する戦争開始を決定していた。

③　(a)は、さきに三国干渉のメンバーに加わり、(b)に遼東半島の返還を要求した。

④　(c)は、翌年（1900年）に清国で起きた反乱の鎮圧を理由に、満州を占領した。

解説　**近代・現代では、基本的な出来事の西暦年代をヒントに、その時期に起きた出来事を想起していく実力が問われます**。絵画資料の読み取りを練習する前提として、まず基本的な出来事の暗記をしっかりやっていくことが大切です。

　「1899年（明治32年）」から、まず日清戦争（1894〜95）の直後だと判断します。そのころの日本をめぐる国際関係については、ロシアが東アジアで南下政策を展開したことや（朝鮮半島で親露政権の韓国が成立、ロシアが旅順・大連を租借するなど満州へ進出）、ロシアを警戒したイギリスが日本へ接近していた（日清戦争の直前に日本との条約改正に応じた）ことなどを想起します。そうすれば、(a)はロシア、(b)は日本、(c)はイギリスを表現していると推定できます（(d)は問われていないので判断しなくて構いません）。

① 北清事変（1900）→ロシア軍の満州占領→日英同盟（1902）→日露戦争（1904〜05）、という1900年代の流れを想起すれば、まだ1890年代のこの絵の時点で「(b)（日本）と(c)（イギリス）との間」に「(a)（ロシア）に対する攻守同盟」は結ばれていないと判断できます。

② ①と同様に、「すでに(b)（日本）は(a)（ロシア）に対する戦争開始を決定していた」のではありません。

③ 日清戦争（1894〜95）→下関条約（1895）→三国干渉（1895）、という1890年代の流れを想起すれば、(a)（ロシア）が「三国干渉のメンバーに加わり」、下関条約に関して(b)（日本）に「遼東半島の返還を要求した」ことは、正しいと判断できます。

④ 「翌年（1900年）に清国で起きた反乱」は北清事変のことで、その「鎮圧を理由に、満州を占領した」のは、「(c)（イギリス）」ではなくロシアです。

⇒したがって、③が正解です。

解答　③

IV

近代・現代

第23章 資本主義の形成

年代	内閣	経済	社会
1870年代	(1)……	**1 松方財政と寄生地主制** ①**大隈財政** 不換紙幣の発行→インフレーション→財政難	
1880年代		②**松方財政** 明治十四年の政変（1881）→松方財政 不換紙幣整理・正貨蓄積→デフレーション 日本銀行→銀本位制の確立	③**寄生地主制の形成** 中小自作農の没落 →小作農に（労働者） 地主の土地集積 →寄生地主に（資本家）
	伊藤①	**2 近代産業の形成** ①**紡績業**　②**製糸業** ③**1880年代の経済** 企業勃興 日本鉄道会社・大阪紡績会社・日本郵船会社	**3 社会運動の発生** ①**社会問題** 劣悪な労働条件 →ストライキ
	黒田		
1890年代	山県①	④**1890年代の経済** 紡績業　機械紡績 　　　　綿糸の生産が輸入を上回る(1890) 　　　　綿糸の輸出が輸入を上回る(1897) 製糸業　器械製糸（座繰製糸を上回る） 重工業　官営八幡製鉄所(1897)　造船奨励法 鉄道業　民営鉄道の発展 海運業　航海奨励法 金融　　貨幣法（1897）（金本位制）	足尾銅山鉱毒事件 （田中正造の追及） ②**労働組合の結成** 労働組合期成会(1897)
	松方①		
	伊藤②		
	松方②		
	伊藤③		
	大隈①		
	山県②		治安警察法
1900年代	伊藤④	⑤**1900年代の経済** 綿織物　綿布の輸出が輸入を上回る(1909) 製糸業　生糸輸出が世界第1位に（1909） 重工業　日本製鋼所　三菱長崎造船所 鉄道業　鉄道国有法〔西園寺①〕 財閥　　持株会社(三井合名会社)・コンツェルン	③**社会主義運動の発生** 社会民主党 平民社（日露非戦論） 日本社会党
	桂①		
	西園寺①		
1910年代	桂②	(2)　　　　　(3)……	大逆事件 →幸徳秋水ら死刑 工場法

454

第23章は、明治時代中期・後期の経済史と社会史を扱います。

(1) 1880年代は、松方財政の時代です。銀本位制が確立し、貨幣・金融の制度がととのいました。寄生地主のなかから資本家が登場し、小作農のなかから労働者が登場して、資本主義の基盤もととのいました。

(2) 1890年代から1900年代にかけては、軽工業を中心とする産業革命の時代です。機械制生産が拡大し、製糸業・紡績業は輸出を伸ばしていきました。鉄道業・海運業や、製鉄業・造船業なども発展しました。

(3) しかし、工業の発展は、同時にさまざまな社会問題を生み、労働者による労働運動や、社会主義運動が展開しました。政府は、これらの動きを弾圧しました。

1 松方財政と寄生地主制 （1880年代）

明治時代の流れは複雑なので、ここでちょっとブレイクタイム、《総合年表》**IV近代・現代**を確認しましょう。第20章は明治初期（1860年代〜70年代）の政治史・外交史・経済史、第21章は明治前期・中期（1870年代〜90年代前半）の政治史、第22章は明治時代（1870年代〜1910年代）の外交史が中心でした。この第23章では、明治時代（1870年代〜1910年代）の経済史・社会史を学びます。

まず、1881年から始まった松方財政を見ていきましょう、日本の**資本主義**を確立させた、明治政府のもっとも重要な経済政策でした。

突然だけど、キミたちがラーメン屋さんを開くとしたら何が必要？

まず屋台から始めるぞ！　誰かお金を貸してくれるかな。そして、会社を作って全国チェーン展開！　社員やアルバイトを雇って……。

それが、**資本**と**労働力**だよ。これから学ぶ**松方財政**は、この資本と労働力を日本のなかに作り出していったんだ。

あとタレやスープ、ラーメンの麺が必要だね。醤油がいいかな、豚骨かなぁ。ちぢれ麺がいいかな、ストレート麺かなぁ……。

それが、**原料**だよ。工業生産には、この原料が必要だよね。

屋台をどこに置こうかな。サハラ砂漠の真ん中じゃ売れないしな……。そうか、お腹が空いた人がたくさんいる場所なら売れまくる！

 それが、**市場**だ。さすがに、サハラ砂漠はラーメンの市場にはならないかも（笑）。製品の需要が多く生まれている場所が必要だよね。では、日本史に戻って、第22章で学んできたことを確認しよう。

 エッ、**日清戦争**と**日露戦争**が、ラーメン屋さんと関係あるの？　そうか、戦争で得た**植民地**や**権益**が、原料や市場と関わっていそうだね。

 資本主義には、原料の供給地や製品の市場が必要だ→第19章。そして、日清戦争と日露戦争を通して、明治時代の日本は**中国（満州）市場**や**朝鮮市場**を獲得していったんだ。

 資本主義と対外関係が関連するのが、近代という時代なんだね。

① 大隈財政（1870年代）

松方財政の前提となる、1870年代から始めます。財政の中心だった肥前出身の**大隈重信**が、殖産興業のための積極財政を推し進めたことに加え、**西南戦争**（1877）の戦費を調達するため、政府が紙幣を発行したので、同じ金額の正貨（金・銀）と交換できない**不換紙幣**が大量に流通しました→第20章。すると、世の中にたくさん出回った紙幣は価値が下がり、それによって物価が上がりました。これを**インフレーション（インフレ）**と呼びます。では、どのような影響がもたらされたのでしょうか。

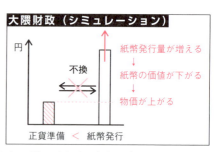

(1) インフレのもとで、地主は成長し、政府の財政は悪化した

地主は、小作農に土地を貸し、**小作料**（土地のレンタル料）を**現物**（米など）で徴収していました。当時、インフレのおかげで小作料は高い値段で売れるので、地主の収入は増えました。一方、地主が払う地租の金額は一定ですから、地租の負担は実質的に減った状態になりました（しかも地租改正反対一揆の結果、1877年に地租率が3％から2.5％に下がっています→第20章）。こうして、1870年代に地主は成長し、自由民権運動に参加しました（**豪農民権**→第21章）。

政府は、インフレのもとで歳出（政府が使うお金）が増えました。一方、当時の歳入（政府が得るお金）は地租が中心で、その地租の金額は一定ですから、政府の歳入は実質的に減った状態になりました。こうして、1870年代に政府の財政は悪化しました。

また、インフレで輸出が伸び悩み（日本製品の値段が高いと外国は買ってくれません）、輸入が増えて（安い外国製品が入ってきます）、**輸入超過**（貿易赤字）が続きました。これは、日本の経済にとってよい状況とはいえません。

(2) 大隈財政のもとで、政府は1880年代に入って財政整理を始めた

これ以上の財政悪化を防ぐため、政府は歳出を減らす必要がありました。そこで、経営状態が悪かった官営事業を民間へ払い下げるため、**工場払下げ概則**を定めますが（1880）、払い下げる際の条件が厳しく、払下げは進みませんでした。また、内務省・工部省の殖産興業部門を、新しく設置した**農商務省**に担当させることにしました（1881）。

② 松方財政 （1880年代）

大隈が**明治十四年の政変**（1881）で追放されると →第21章、薩摩出身の**松方正義**が大蔵卿となり（1885年以降は大蔵大臣）、大隈に引き続き財政整理を進め、近代的な貨幣・金融制度の整備もおこないました。

松方の政策は、物価が下がる**デフレーション**（**デフレ**）をめざすものだったため、**デフレ政策**と呼ばれます。

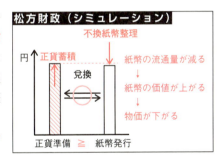

松方財政（シミュレーション）

不換紙幣整理

正貨蓄積

兌換

紙幣の流通量が減る
↓
紙幣の価値が上がる
↓
物価が下がる

正貨準備 ≧ 紙幣発行

(1) 不換紙幣の整理と、緊縮財政によって、デフレとなった

松方は、**酒税**などの間接税で**増税**を実施し、歳入を増やそうとしました（地租は増やしていません）。同時に、**緊縮財政**を実施し、歳出を減らそうとしました（当時の朝鮮では壬午軍乱・甲申事変が発生し →第22章、清との対立から軍事費は減らせなかったので、「軍事費を除く緊縮」です）。

政府が国民から税金をたくさん取ったうえで、緊縮によって使わずに余った分の紙幣を処分すれば（＝**不換紙幣の整理**）、世の中に出回る紙幣が減りますから、紙幣の価値が上がり、それによって物価が下がります。

そもそも、政府はたくさんのお金を使って物を買う存在です。したがって、

緊縮財政によって政府がお金を使わず（物を買わず）、世の中の物が売れずに余れば、物価が下がります。「総需要の減少」により物価が下落したのです。

こうして**デフレ**が生じると、政府の歳出は減り、財政は好転しました。

⑵　政府は、正貨蓄積を進め、銀兌換の制度を確立した

貨幣の価値を正貨（金・銀）で保障する兌換制度は、貨幣の価値を安定させるだけでなく、日本の通貨と外国の通貨とを交換するときの**為替相場も安定**させる機能を持っていました。これは、貿易を盛んにするためにも必要なものです。しかし、**国立銀行条例**では（1872）、民間人が各地に設立した**国立銀行**に**正貨兌換**（紙幣を同じ金額の正貨と交換する）をおこなわせようとしましたが、のちの**国立銀行条例の改正**によって（1876）、国立銀行が**不換紙幣**を発行するようになり、兌換制度は確立しませんでした→第20章。そこで政府は、政策と直結する**中央銀行**に正貨兌換をおこなわせる制度に改めることにしました。

政府は、中央銀行・唯一の発券銀行として、ほかの銀行に通貨を供給する役割をもった、日本銀行（1882）を設立しました。そして、**国立銀行条例の再改正**で、国立銀行の紙幣発行をストップさせました。のち、国立銀行は通常の預金業務などをおこなう**普通銀行**に転換していきました。

これらと並行して、政府は増税と緊縮財政で余った政治資金のうち、紙幣の処分に使わなかった分を用いて正貨（**銀**）を買い入れました（＝正貨蓄積）。そして、不換紙幣の整理が進んで紙幣の価値が上がり、紙幣が同じ金額の銀と交換できるようになった時点で、日本銀行が**銀兌換券**を発行しました（1885）。こうして、銀本位制が確立し、近代的な貨幣・金融の制度がととのいました。

兌換制度が確立して為替相場が安定し、デフレで輸出品の価格が下がったこともあって、輸出が増えて、**輸出超過**（貿易黒字）の傾向が出てきました。政府は**横浜正金銀行**を特殊銀行（特別法で設置が許可された銀行）に転換させて、貿易のための金融機関としました。

⑶　官営事業の払い下げが進み、政商が成長した

官営事業の払下げも、政府財政の整理に必要でした。これは、政府が所有する工場などを民間へ売却することで、政府歳出の削減と同時に、民間産業資本の育成にもつながるものでした。実は、**工場払下げ概則の廃止**（1884）によって、厳しい条件がなくなり、かえって払い

官営事業の払下げ
●鉱山業
高島炭鉱（→三菱）
三池炭鉱（→三井）
佐渡金山・生野銀山（→三菱）
院内銀山・阿仁銅山（→古河）
●造船業
長崎造船所（→三菱）
兵庫造船所（→川崎）
●繊維業
富岡製糸場（→三井）

下げが増加しました。**三井・三菱**などの**政商**（政府と関係の深い事業者）は、このとき払下げを受けた鉱山や工場などを基盤に、のちに**財閥**となる基礎をととのえました。

③ 寄生地主制の形成

松方財政の影響は、とても重要です。デフレは、深刻な不況（**デフレ不況**）を農村に広げていきました。日本の社会が、大きく変化していったのです。

(1) 中小自作農が土地を売却して小作農に転落し、賃金労働者を輩出した

デフレにより、米価や繭価も下がると、米や繭を作って売る農民は、収入が減りました。ところが、払う地租の金額

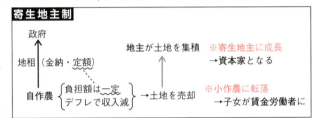

寄生地主制

政府

↑

地租（金納・定額）　　　　　地主が土地を集積　※**寄生地主**に成長

↑　　　　　→資本家となる

自作農 { 負担額は一定 　→土地を売却　※**小作農**に転落

デフレで収入減 }　　　　　　　→子女が賃金労働者に

は一定ですから、地租の負担は実質的に増えた状態になりました（それに増税も加わります）。こうして、中小規模の**自作農**（土地を持つ農民）が困窮し、地租の負担から逃れるために土地を売って**小作農**（土地を持たずに借りる農民）に転落する者が増えました。小作農の子女（むすことむすめ）は、家計を助ける出稼ぎに出て、資本主義を支える**賃金労働者**となりました。

また、こうした貧農の増加が、自由民権運動のなかで**激化事件**が発生する原因となりました→第21章。

(2) 地主は土地を集積して寄生地主に成長し、資本家となった

一方、地主（豪農）は、中小の自作農たちが手放した土地を集積し（購入、あるいは質流しで入手）、**寄生地主**に成長する者も現れました。ちなみに、「寄生地主」とは、土地に寄生している、という意味です。広大な土地を所有した結果、それを貸して徴収する地代（土地のレンタル料のことで、小作料などを含む）の収入だけで生計を立てられる者を指します（農民が寄生地主となった場合、結果的に農業をやらなくなります）。そして、寄生地主は、工場の経営や株式への投資をおこない、資本主義をリードする**資本家**となりました。

こうして、松方財政をきっかけに形成されていった**寄生地主制**は、日本における資本主義成立の条件を生み出したのです。

ポイント　松方財政と寄生地主制

◆**大隈財政**（1870年代）　**インフレ**→政府は財政難に、地主が成長
◆**松方財政**（1880年代）　**デフレ**→政府の財政は好転、農村は不況に

　┌ デフレ政策…**増税・緊縮財政**による**不換紙幣の整理**
　└ 兌換制度…**正貨蓄積**、**日本銀行**の設立、**銀兌換券**の発行→**銀本位制**確立

◆**寄生地主制**　自作農が土地を売却して**小作農**となる→子女が賃金労働者に
　　　　　　　地主が土地を集積して**寄生地主**となる→資本家に

2　近代産業の形成（1880年代後半～1910年代前半）

　明治時代中期・後期の日本に、**機械制**による大量生産の様式が定着していきました。**産業革命**の時代がやってきたのです。明治時代の産業をリードしたのは、**軽工業**、特に**繊維産業**（紡績業・製糸業・綿織物業）でした。

　紡績業も、製糸業も、同じように発展したのかな？

　両者の違いを意識するといいよ。**紡績業**は、主に原料の**綿花**を用いて**綿糸**を作り、**製糸業**は、原料の**繭**を用いて**生糸**を作るんだったね**→第19章**。そして、綿花は**インド産**をはじめとして輸入に頼っていたけれど、繭は**国産**だ。日本で養蚕業が発達したからね。

　あれ？　江戸時代では、綿花は商品作物だったよね**→第15章**。明治時代になると、日本では綿花を栽培しなくなっていったのかな。

　幕末に開港して以来、世界と自由貿易をするようになったから、外国産の綿花が安ければ輸入が増えるんだよ。
　あと、綿糸と生糸とでは、売る場所が違う。綿糸は**中国・朝鮮**が主な輸出先で、生糸は**アメリカ**が主な輸出先なんだ。

　もしかして、値段の違いが輸出先の違いにつながるのかな？　イメージとして、綿糸で作られたTシャツや靴下は日用品で、絹織物やシルクのブラウス・ドレス・ネクタイは高級品だ。

　その発想でいいよ。綿糸は、19世紀後半において経済レベルが低かったアジア・アフリカが市場になるだろうし、生糸は、経済レベル

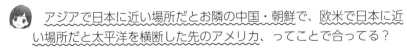

が高かった欧米列強が市場になるだろう、と推定できれば OK だ。

　アジアで日本に近い場所だとお隣の中国・朝鮮で、欧米で日本に近い場所だと太平洋を横断した先のアメリカ、ってことで合ってる？

　バッチリ！　こうやって、産業と貿易の関係を理解できるといいね。

IV

近代・現代

① 紡績業

　最初に、綿糸を作る紡績業を分析していきます。⑴歴史的経緯、⑵技術発展、⑶労働条件、⑷貿易との関連、の４点を考えます。

⑴　幕末の開港で綿産業が衰退したので、その回復がはかられた

　開港によって、イギリスの良質な綿製品が大量に輸入され、国内の綿産業は打撃を受けました →第19章 。したがって、明治政府としては、幕末に衰えた国内の綿産業を回復させ、綿製品の国産化を進める（綿製品を輸入しなくて済むようにする）ことが、殖産興業での課題となりました。しかし、政府が主導した紡績業は、なかなか発展しません。こうしたなか、綿織物業で、日本の手織機（布を織る道具）に「飛び杼」という欧米の技術が導入され、織物を織るスピードが上がり、農村を中心に綿織物の生産が回復しました。すると、原料の綿糸が足りなくなったので、綿糸の輸入が増加するとともに、国内での綿糸生産が刺激され、紡績業が発展する条件がととのいました。

⑵　紡績業の技術発展では、手紡・ガラ紡に代わり、機械紡績が広がった

　紡績業の技術は、在来の手紡（糸車などを使って生産）に加え、臥雲辰致が発明して第1回内国勧業博覧会（1877）で入賞したガラ紡が普及しました。のち、動力として蒸気

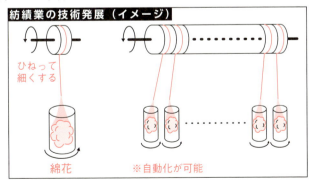

紡績業の技術発展（イメージ）

ひねって細くする

綿花

※自動化が可能

機関を用いた輸入機械（イギリス製・アメリカ製）による紡績が発展すると、手紡・ガラ紡は衰えていきました。
　綿糸の原料となる綿花は、木綿の実で、たくさんの短い繊維がカタマリにな

っています。これを少しずつ引っぱり出しながらひねると、細い糸ができていきます（ティッシュペーパーを細い糸状にするやり方をイメージしましょう）。そして、このひねるという回転運動は、道具でも可能です。

　図は、ガラ紡のしくみです。筒のなかに綿花（めんか）を入れ、筒を回転させながら綿花を車輪で引っぱり上げることで、綿糸（めんし）ができていく様子を示しています。この筒と車輪をたくさん同時に回転させれば、たくさんの綿糸ができていきます。そして、形は違いますが、機械紡績でも原理は同じです。加工する作業が自動化されているので、使われる道具は「**機械**」と呼ぶのです。

(3)　紡績業の労働条件は、昼夜2交代制となった

　紡績業は機械化が進むので、機械の都合が優先される労働条件になります。機械は、故障しない限りはいくらでも動かし続けられる点がメリットです。しかし、労働者が機械の動作に24時間つき添うわけにはいきません。したがって、昼の労働者と夜の労働者が交代で機械の動作を補助する、**昼夜2交代制**になるのです。

(4)　紡績業は、輸出が輸入を上回る輸出産業となったが、輸入超過を生んだ

　原料の綿花は、中国・アメリカに加え、安価な**インド**産のものが大量に輸入されました。そして、紡績機械は、**イギリス**・アメリカから輸入されました。

　綿糸は、価格が安い日用品なのでアジアに輸出され、**中国・朝鮮**（ちょうせん）が紡績業の製品市場となりました。

　日清（にっしん）戦争（1894〜95）のころから綿糸の輸出が伸び、紡績業は輸入を上回る輸出産業へ成長しました。しかし、製品の綿糸を輸出しても、原料の綿花や機械を大量に輸入したため、紡績業の成長は、明治時代後期以降の日本の貿易に **輸入超過**（貿易赤字）をもたらす原因の一つとなりました。

②　製糸業

　次に、**生糸**（きいと）を作る**製糸業**（せいしぎょう）を分析していきます。

(1)　幕末の開港で製糸業が成長したので、さらなる発展がめざされた

　開港によって、生糸が大量に輸出され（輸出額の8割前後を占めて第1位でした）、マニュファクチュア生産が広がりました。したがって、明治政府としては、幕末以来成長した製糸業に欧米の技術も導入して、輸出産業としてさらに発展させることが、殖産興業での目標となりました。そして、**富岡製糸場**（とみおかせいしじょう）に**フランス**の技術が導入され →第20章、工女たちが技術を習得してそれを各地に伝

え（伝習工女）、製糸工場が設立されていきました。

(2) 製糸業の技術発展では、座繰製糸に加え、器械製糸が広がった

製糸業の技術は、在来の**座繰製糸**（家内で、簡単な道具で個別に糸を生産）に加え、欧米の技術を参考にして日本の技術に改良を加えた**器械製糸**（工場で、いっせいに多くの糸を生産）も発展していきました。

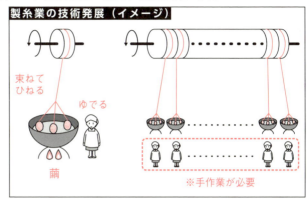

製糸業の技術発展（イメージ）

束ねてひねる

ゆでる

繭

※手作業が必要

生糸の原料となる**繭**は、カイコの幼虫が吐き出した、1本の長い繊維からできています。お湯でゆでてほぐし、細い繊維をいくつも束ねて、ひねっていくと、糸ができていきます。この「ゆでてほぐして束ねる」という作業は、道具でおこなうのは難しいです。図は、製糸の作業です。1本の軸でたくさんの車輪を同時に回転させて、生糸を大量に生産したとしても、それぞれの鍋での作業は自動化できずに人間が手で作業をおこなうので、使われる道具は「**器械**」と呼ぶのです。

(3) 製糸業の労働条件は、低賃金・長時間労働となった

製糸業は手工業なので、人間の都合が優先される労働条件になります。大量に生産するためには、たくさんの労働者を雇う必要があるので、労働者1人あたりの賃金を下げ、できるだけ長い時間働かせる、**低賃金・長時間労働**（多いときには1日18時間に及ぶことも！）になるのです。

(4) 原料や器械が国産の製糸業は、外貨獲得産業となった

原料の繭は、国内における養蚕業の発達を背景に**国産**で、日本の技術をベースにした製糸器械も**国産**でした。

生糸は、価格が高い高級品なので欧米列強に輸出され、**アメリカ**が製糸業の製品市場となりました。

原料の繭も器械も国産なので、これらを輸入して外国へ**外貨**（外国の通貨）を支払うことはありません。だから、生糸を輸出して外国から得た外貨が、そ

のまま日本に残ります。幕末以来の輸出産業である製糸業は**外貨獲得産業**として、重要な役割を果たしました。明治時代の日本は重工業の発達が遅れており、軍備拡張のためには機械（兵器を含む）・鉄類などの重工業製品を輸入しなくてはなりません。製糸女工の低賃金・長時間労働によって日本が獲得した外貨は、紡績業の原料綿花や紡績機械の輸入だけでなく、こうした軍需物資（機械・鉄類）の輸入にも用いられ、日本の富国強兵を支えたのです。

③ 1880年代の経済

ここからは、10年ごとに経済状況を見ていきましょう。

まず、1880年代の全体的な状況から。松方財政のもとでデフレ不況が広がっていましたが、松方財政で貨幣・金融制度が整備されたことに加え、デフレによって**輸出超過**となると、日本経済はやや落ち着きを見せました。松方財政のもとで土地を集積して成長した寄生地主や、多額の金禄公債証書を持っている華族が（→第20章）、新しい事業への投資を積極的におこない、1880年代後半になると**企業勃興**（**会社設立ブーム**）が起こりました。

しかし、こういった熱も、いつかは冷めます。会社設立が急増し、そのためにお金を貸す銀行の資金が不足して、1890年には**1890年恐慌**が発生し、経済成長はいったん落ち着くこととなりました。

⑴ 紡績業の発達は、大阪紡績会社がモデルケースとなった

渋沢栄一により、民間の**大阪紡績会社**が開業しました（1883）。動力に**蒸気機関**を用いた1万錘規模の**イギリス**製機械を導入し、**輸入綿花**を原料に、電灯を使用した**昼夜2交代制**でフル操業し、綿糸の大量生産に成功しました。これがモデルケースとなり、大阪やその周辺の都市部に大工場の設立が急増すると、**機械紡績**が従来の**手紡**や**ガラ紡**を圧倒していきました。

⑵ 運輸業では、日本鉄道会社や日本郵船会社が登場した

サービス業である運輸業のうち、**鉄道業**は産業革命を支える陸上の物資輸送や人々の移動を担当し、**海運業**は海外貿易の発展に貢献しました。

民間の鉄道会社として、金禄公債を用いた華族の出資により**日本鉄道会社**が開業し（1881）、のちに上野・青森間が開通しました。これがモデルケースとなり、民営鉄道の会社設立が急増すると、民営鉄道（民鉄）の営業キロ数が官営鉄道（官鉄）の営業キロ数を上回りました（**東海道線**の東京・神戸間が開通するなど、官営鉄道も伸びました）。

海運業は**三菱**が独占していましたが、競争相手の共同運輸会社（政府・三井

系）と合併し、**日本郵船会社**が設立されました（1885）。

④ 1890年代の経済

　1890年代の産業革命と関係が深いのは、**日清戦争**（1894〜95）です。東アジア市場を獲得し、賠償金を用いて政府が戦後経営を推進したことで、<u>軽工業を中心にさまざまな産業が発展していきました</u>。しかし、過剰生産などによって1900年には**資本主義恐慌**が発生しました。

(1) 軽工業では、紡績業が輸出産業となり、製糸業も発展した

　紡績業では、<u>1890年に綿糸の生産量が輸入量</u>を超え、輸入品の国産化に成功しました。さらに、日本郵船会社の**ボンベイ航路**（神戸・現ムンバイ間）が開設されると、安価な**インド**産の綿花が大量に輸入されました。そして、政府も免税（綿糸輸出税の撤廃・綿花輸入税の撤

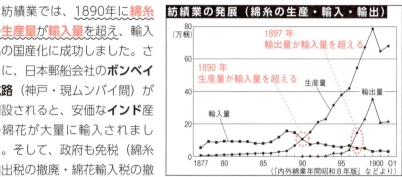

紡績業の発展（綿糸の生産・輸入・輸出）

1897年 輸出量が輸入量を超える

1890年 生産量が輸入量を超える

生産量

輸出量

輸入量

1877　80　　85　　90　　95　　1900　01

（『内外綿業年間昭和8年版』などより）

廃）によって輸出促進とコストダウンをはかり、日清戦争を機に**中国・朝鮮**での綿糸販売が拡大すると、<u>1897年に綿の輸出量が輸入量</u>を超え、紡績業が輸出産業として成長しました。

　製糸業では、養蚕業が発達した<u>長野県・山梨県などの農村部で小工場の設立が急増しました</u>。そして、**アメリカ**など欧米向けの生糸輸出が増加し、<u>日清戦争後には**器械製糸**の生産量が**座繰製糸**の生産量を上回りました</u>。

(2) 重工業では、政府が軍備拡張を進めるなかで、製鉄業がおこった

　日清戦争のあとも政府は軍備拡張を進めました。そして、重工業の資材となる鉄鋼の国産化をはかり、福岡県に**官営八幡製鉄所**を設立しました（1897操業開始は1901）。鉄鉱石は、清の**大冶鉄山**で産出されたものを輸入し、石炭は製鉄所の背後にある**筑豊炭田**から供給されたものを使用しました。

　また、政府は**造船奨励法**を制定し（1896）、造船業に補助金を交付するなどして民間造船業の発達をはかりました。

(3) 運輸業では、政府の保護が加えられた

　日本郵船会社は、ボンベイ航路（綿花を輸入）ののち、欧州航路・北米航路

（生糸を輸出）などの遠洋航路を開きました。政府は、**航海奨励法**を制定し（1896）、海運業に補助金を交付するなどして、貿易や輸送を保護しました。

⑷ 金本位制が確立し、貨幣制度・金融制度が整備された

　松方財政のところで述べた、為替相場の安定について、もう少しくわしく説明します。

　図①のシミュレーションは、日本もアメリカも金本位制で、紙幣が同じ金額の正貨（金）と交換される状態（＝兌換）を示しています。仮に、日本で x 円の金が1グラムで、アメリカで y ＄の金が1グラムだとしましょう。金本位制では「同じ量の金は、同じ価値を持つ」とみなすので、同じ金

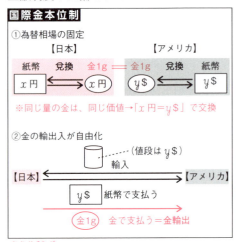

国際金本位制

①為替相場の固定

【日本】　　　　　　　　　　【アメリカ】

紙幣　　兌換　　金1g ＝ 金1g　　兌換　　紙幣

x 円 ←→ x 円　　　　　y ＄ ←→ y ＄

※同じ量の金は、同じ価値→「x 円＝y ＄」で交換

②金の輸出入が自由化

（値段は y ＄）

【日本】 ←――――――― 輸入 ――――――― 【アメリカ】

y ＄　紙幣で払う

―――――――――――→

金1g　金で支払う＝金輸出

本位制を採用する国どうしの間で、**為替相場を固定**するのです。この場合は、日本の通貨とアメリカの通貨は、同じ重さの金を基準として、常に「x 円 ＝ y ＄」の相場で交換されるようになります。

　図②は、貿易のときに用いられる金本位制の機能を示しています。品物を輸入して外国へ代金を支払うとき、外国の通貨で支払うだけでなく、金を使って支払うことも可能になります（＝**金輸出**）。この場合は、「y ＄＝金1g」なので、y ＄の品物を輸入するときに、y ＄の紙幣で支払ってもよいし、1gの金で支払ってもよいのです。逆も同じで、品物を輸出して外国から代金を受け取るとき、日本の通貨（円）で受け取るだけでなく、金で受け取ってもよいのです。このように、金の輸出入を自由にすることが、国際的な金本位制のルールです。金本位制を始める（為替を固定する）ことを「金輸出解禁」、金本位制をやめる（為替を固定しなくなる）ことを「金輸出禁止」と呼びます→第26章。

　では、銀本位制から金本位制へのプロセスを見ていきます。1880年代半ば、政府は松方財政のもとで銀本位制を確立しました。しかし、欧米諸国は金本位制を採用しており、産業革命をさらに推進するためにも、貨幣・金融システムを欧米と同じものにする必要が出てきました。そこで、1890年代後半、日清戦争の賠償金を用いて正貨蓄積（金）を進め、〔**第2次松方内閣**〕が**貨幣法**を制定して**金本位制を確立**しました（1897）。国内では、紙幣と金の兌換が保証されました。そして、外国との間では、「100円＝約50ドル」の為替相場で

固定して金の輸出入を自由化したことで、貿易が安定しました。さらに、日本の通貨が国際的な信用を得たことで、外国資本を日本へ導入しやすくなりました（日露<ruby>戦<rt>にちろ</rt></ruby>争ではアメリカ・イギリスが外債を購入して戦費を貸してくれました →第22章）。

　さらに、金融制度も整備されました。特別法で設置を認可された**特殊銀行**としては、貿易金融をおこなう**横<ruby>浜<rt>はま</rt></ruby><ruby>正<rt>しょう</rt></ruby><ruby>金<rt>きん</rt></ruby>銀行**が松方財政のときに登場していましたが、日清戦争後は農工業に融資をおこなう<ruby>日<rt>に</rt></ruby>**<ruby>本<rt>ほん</rt></ruby><ruby>勧<rt>かん</rt></ruby><ruby>業<rt>ぎょう</rt></ruby>銀行**や、植民地経営の金融をおこなう台湾銀行なども設立されました。

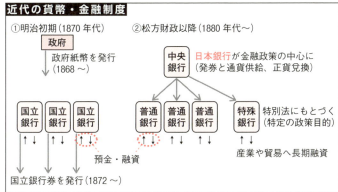

近代の貨幣・金融制度

①明治初期（1870年代）　②松方財政以降（1880年代〜）

政府 → 政府紙幣を発行（1868〜）

中央銀行　日本銀行が金融政策の中心に（発券と通貨供給、正貨兌換）

国立銀行　国立銀行　国立銀行　普通銀行　普通銀行　普通銀行　特殊銀行　特別法にもとづく（特定の政策目的）

預金・融資

国立銀行券を発行（1872〜）

産業や貿易へ長期融資

⑤ 1900年代の経済

　1900年代の産業革命と関係が深いのは、やはり**日露戦争**（1904〜05）でしょう。軽工業の産業革命が達成され、重工業が成長していきました。しかし、原料や機械・鉄類の輸入が増えて貿易赤字がさらに拡大し、賠償金が得られなかったことから政府による戦後経営は困難で、1907年ごろから<ruby>恐<rt>きょう</rt></ruby><ruby>慌<rt>こう</rt></ruby>の状態となりました（1915年から始まる大戦景気まで、しばらく我慢！ →第24章）。

（1）軽工業では、綿織物業が成長し、製糸業もさらに伸張した

　<ruby>綿<rt>めん</rt></ruby><ruby>織<rt>おり</rt></ruby><ruby>物<rt>もの</rt></ruby><ruby>業<rt>ぎょう</rt></ruby>では、日清戦争後に**<ruby>豊<rt>とよ</rt></ruby><ruby>田<rt>だ</rt></ruby><ruby>佐<rt>さ</rt></ruby><ruby>吉<rt>きち</rt></ruby>**らによって**国産<ruby>力<rt>りき</rt></ruby><ruby>織<rt>しょっ</rt></ruby><ruby>機<rt>き</rt></ruby>**が発明され、農村での<ruby>手<rt>て</rt></ruby><ruby>織<rt>おり</rt></ruby><ruby>機<rt>ばた</rt></ruby>による家内工業は、国産力織機を採用した農村内小工場での生産に転換していきました。そして、<ruby>綿<rt>めん</rt></ruby><ruby>糸<rt>し</rt></ruby>を生産する<ruby>紡<rt>ぼう</rt></ruby><ruby>績<rt>せき</rt></ruby>会社が、**輸入力織機**を導入して綿布（綿織物）の生産もおこなうようになりました。さらに、日露戦争で得た<ruby>満<rt>まん</rt></ruby><ruby>州<rt>しゅう</rt></ruby>市場への綿製品輸出が増えていき、1909年に綿布の輸出額が輸入額を超え、<ruby>綿<rt>めん</rt></ruby><ruby>織<rt>おり</rt></ruby><ruby>物<rt>もの</rt></ruby><ruby>業<rt>ぎょう</rt></ruby>も<ruby>紡<rt>ぼう</rt></ruby><ruby>績<rt>せき</rt></ruby><ruby>業<rt>ぎょう</rt></ruby>に約10年遅れて輸出産業に成長しました。

製糸業では、**アメリカ**向け輸出がさらに増加し、1909年に生糸の輸出量は中国を抜いて世界第1位になりました。

(2) 重工業では、民間の鉄鋼業・機械工業も成長し始めた

鉄鋼業・機械工業では、日露戦争の後に官営八幡製鉄所が経営を拡張するとともに、兵器を製作する民間の製鋼会社として北海道の室蘭に**日本製鋼所**が設立され、工作機械では池貝鉄工所がアメリカ式旋盤の製作に成功しました。

造船業では、官営事業の払下げを受けた**三菱長崎造船所**などが活躍しますが、造船業の本格的な成長は大戦景気以降となります→第24章。

(3) 運輸業では、鉄道業で国家による大規模な買収がおこなわれた

鉄道業では、民営鉄道（民鉄）が伸び、全国の幹線も建設しました。しかし、日露戦争後の〔第1次西園寺内閣〕のもとで鉄道国有法（1906）が公布され、全国の民鉄のうち幹線部分を政府が買収しました。朝鮮・満州への軍事行動にともなう輸送を想定し、鉄道網の統一的な管理が求められたからでした。

(4) 政商から財閥が成長し、明治時代末期から独占企業体となっていった

近代史における大企業というと、財閥を思い浮かべますよね。その始まりは、三井・

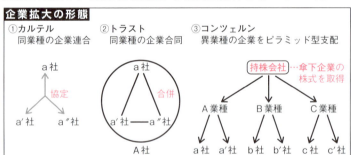

三菱・古河などの**政商**です。これらは官営鉱山（炭鉱・銅山など）の払下げを受け、鉱工業を基盤に発展していきました。そして、さまざまな業種（異なる産業部門）の**傘下企業**を抱えて**多角経営**を展開していき、明治時代末期からは、持株会社が傘下企業の株式を所有して支配していく、コンツェルン形態をととのえていきました。四大財閥といえば三井・三菱・住友・安田で、三井合名会社が最初の持株会社です（1909）。

（右段縦書き）近代・現代

近代・現代

植民地・権益との関係、貿易、農業について

植民地や権益は食料・原料・資源の供給地や工業製品の市場として重要でした。大正期以降に都市人口が増加すると、朝鮮・台湾から米の移入が増えました。

貿易では、1890年代後半から1910年代前半にかけて**輸入超過**（貿易赤字）でした。産業革命の進展で製品（生糸・綿糸・綿布）の輸出は増えたものの、原料（綿花・鉄鉱石）・鉄類・機械の輸入も増えたためです。

農業は立ち遅れていました。**米作**中心の零細経営で、商品作物（綿花など）の栽培は衰える一方、桑の栽培と**養蚕**（繭を生産）が広まりました。

植民地・権益との経済的関係

●台湾：下関条約（1895）、**米・砂糖**移入
●満州：ポーツマス条約（1905）、**大豆粕**輸入、**綿布**輸出
●朝鮮：韓国併合条約（1910）、**米**移入、**綿布**移出

産業革命と貿易との関係

●紡績業：綿花や機械を輸入→綿産業全体では輸入超過
●製糸業：繭も器械も国産→外貨を獲得、最大の輸出産業
●重工業：発達が不十分→機械・鉄類の輸入が増加

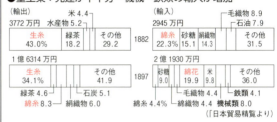

（輸出）
3772万円　水産物5.2　米4.4
1882：生糸43.0%　緑茶18.2　その他29.2

（輸入）
2945万円　毛織物8.9　石油7.9
1882：綿糸22.3%　砂糖15.1　絹織物14.3　その他31.5

（輸出）
1億6314万円
1897：生糸34.1%　その他41.9　緑茶4.6　石炭5.1　綿糸8.3　絹織物6.0

（輸入）
2億1930万円
1897：砂糖9.0　綿花19.9　米9.8　その他36.0　毛織物4.4　鉄類4.1　綿糸4.4%　綿織物4.4　**機械類8.0**
（「日本貿易精覧」より）

ポイント　近代産業の形成

◆**紡績業**：手紡・ガラ紡→**機械紡績**（輸入・蒸気機関）
　原料は**輸入綿花**、**中国・朝鮮**へ綿糸を輸出
　綿糸の生産が輸入を超える（1890）、輸出が輸入を超える（1897）

◆**製糸業**：座繰製糸→**器械製糸**（国産）
　原料は**国産の繭**、**アメリカ**へ生糸を輸出
　器械が座繰を上回る（日清戦争後）、輸出が世界第1位に（1909）

◆**綿織物業**：**国産力織機**（豊田佐吉）、輸入力織機
　綿布の輸出が輸入を超える（1909）

◆**製鉄業**：**官営八幡製鉄所**（1901に操業）、日本製鋼所

◆**鉄道業**：**鉄道国有法**〔第1次西園寺内閣〕

◆**貨幣制度**：貨幣法→**金本位制の確立**（1897）

◆**財閥**：**持株会社**を頂点とする**コンツェルン**形態

3 社会運動の発生 （1880年代〜1910年代）

　産業革命の時代は、苦しい労働の時代でもありました。近代の資本主義を支えた労働者の状況に注目し、**社会運動**（**労働運動・社会主義運動**）の展開を見ていきます。運動団体のメンバーが複数の団体に関わっていたら注意します。

 明治時代は、政治も外交も経済も近代化した、素晴らしい時代だ！

 物事には「光と影」があるよ。国家としては経済が発展したかもしれないけれど、この国に生きる人々の生活はどうだったのかな。

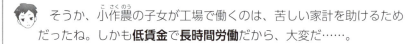 そうか、小作農の子女が工場で働くのは、苦しい家計を助けるためだったね。しかも**低賃金**で**長時間労働**だから、大変だ……。

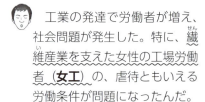 工業の発達で労働者が増え、社会問題が発生した。特に、繊維産業を支えた女性の工場労働者（**女工**）の、虐待ともいえる労働条件が問題になったんだ。

労働者の実態
●**横山源之助**『**日本之下層社会**』(1899) 　…産業革命期の貧困層の状況調査 ●**農商務省**『**職工事情**』(1903) 　…政府による工場労働者の実態調査 ●**細井和喜蔵**『**女工哀史**』(1925) 　…第一次大戦後の紡績女工の状況

 彼女たちは抵抗したのかな？

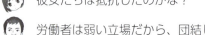 労働者は弱い立場だから、団結して労働を拒否する**ストライキ**を起こした。産業革命が始まると、女工ストが製糸工場などで発生したよ。そして、労働者が**労働組合**を作り、経営者の圧力に対抗したんだ。

 経営者は金もうけ優先だから、労働者の主張を聞き入れないかも。

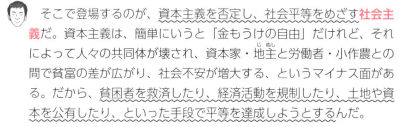 そこで登場するのが、資本主義を否定し、社会平等をめざす**社会主義**だ。資本主義は、簡単にいうと「金もうけの自由」だけれど、それによって人々の共同体が壊され、資本家・地主と労働者・小作農との間で貧富の差が広がり、社会不安が増大する、というマイナス面がある。だから、貧困者を救済したり、経済活動を規制したり、土地や資本を公有したり、といった手段で平等を達成しようとするんだ。

 でも、資本家や地主は、「金もうけの自由」によって資本や土地を自分のものにしたんだから、社会主義には反対するんじゃないかな。

 そういうこと。そして、資本家・地主によって支えられている政府

は、社会主義を危険なものとみなし、その運動を規制するんだよ。

 労働者の苦しみは、なくならなかったんだね。

① 社会問題

まず、明治時代に発生した、労働問題と公害問題を見ていきましょう。

(1) 産業革命が展開するのと同時に、労働争議も発生した

企業勃興から産業革命の時期（1880年代後半〜90年代）、早くも製糸女工や紡績女工による**労働争議**が発生しました。労働者が**ストライキ**を起こし、待遇の改善を資本家（経営者）へ要求したのです。またこの時期、三菱高島炭鉱での坑夫虐待の実態を、三宅雪嶺の雑誌『日本人』 →第25章 が告発しました。

(2) 公害問題の原点ともいえる、足尾銅山鉱毒事件が発生した

足尾銅山鉱毒事件とは、**古河**（古河市兵衛）が経営する**栃木県足尾銅山**が廃水を垂れ流し、鉱毒によって**渡良瀬川**の流域の農業に被害を与えた事件です。衆議院議員の**田中正造**が議会で追及しましたが、外貨を獲得する輸出産業であった産銅業を守りたい政府は、鉱毒対策に及び腰でした。田中は議員を辞職し、天皇へ直訴しようとしましたが、果たせませんでした（1901）。その後も、田中は地域住民とともに、政府に抗議し続けました。

② 労働組合の結成

日清戦争後の1890年代後半になると、単発のストライキだけではなく、日常的な労働運動の組織化をはかるため、労働組合を結成する動きが出てきました。アメリカで労働運動を学んだ**高野房太郎**が、**片山潜**とともに**労働組合期成会**（1897）を結成し、労働運動を指導しました。そして、鉄工組合・日本鉄道矯正会など、男性労働者の組織化が進みました。

しかし、〔第2次山県内閣〕は**治安警察法**（1900）を制定し、こういった労働運動を規制しました →第22章。

③ 社会主義運動の発生

日本での社会主義運動は、労働運動が展開するなかで、労働者を保護するための社会主義理論を実践する目的で始まりました。

(1) 社会主義政党が結成されたが、政府によって禁止された

　日清戦争後には社会主義研究会が作られ、1900年代になると、最初の社会主義政党として**社会民主党**（1901）が**安部磯雄・片山潜・幸徳秋水・木下尚江**らによって結成されました（片山潜は労働組合期成会で登場し、幸徳秋水はこれからの社会主義運動のすべてに関わります）。しかし、治安警察法によって即日禁止となりました。

　次に、**平民社**（1903）が**幸徳秋水・堺利彦**らによって結成され、『**平民新聞**』を発行して日露戦争に反対しました →第22章。

　日露戦争後、最初の合法的な社会主義政党として**日本社会党**（1906）が結成され、〔**第1次西園寺内閣**〕が公認しました。しかし翌年禁止されました。

(2) 社会主義は政府によって弾圧され、社会主義者の活動は抑圧された

　こうしたなか、**大逆事件**（1910）が発生しました。管野スガらの社会主義者による天皇暗殺計画をきっかけとして、〔**第2次桂内閣**〕は全国の社会主義者を逮捕したのです。翌年、**幸徳秋水**らが死刑となりました（幸徳秋水は暗殺計画に関与していませんでした）。こののち、社会主義者は表立って活動ができなくなる「冬の時代」となりました。そして、東京府の警視庁に政治犯・思想犯を取り締まる**特別高等課**（**特高**）が設置されました。

(3) 政府は労働者を保護する政策をおこなった

　〔**第2次桂内閣**〕は社会主義運動を徹底的に弾圧したのですが、1910年代になると、労働者を保護する社会政策もおこない（労働者から徴発する日本軍兵士の弱体化を防ぐ意図がありました）、労働者に対する事業主の義務を定めた**工場法**を制定しました（1911）。しかし、労働者の保護は、1人あたりの労働時間短縮や賃金上昇

工場法（1911年制定、1916年施行）
●労働者を保護する規定
・12歳未満の雇用を禁止
・女性や年少者は就労時間が12時間以内
・女性や年少者は深夜労働を禁止
●不十分な内容、例外規定あり
・従業員15人以上の工場にのみ適用
・製糸業に14時間労働を許可
（←長時間労働の産業であるため）
・紡績業に期限付きで深夜業を許可
（←昼夜2交代制の産業であるため）

などのコストアップにつながるため、輸出産業である繊維産業の業界から反対が多く、施行は5年後の1916年となりました。

明治時代の経済史は、タテ・ヨコのつながりを意識しながら、10年ごとの動向を確認していきましょう。

年表

※「1897年」に注目！

	軽工業	運輸業・重工業	貨幣・金融	社会運動
1880年代	1883 大阪紡績会社	1881 日本鉄道会社 1885 日本郵船会社	1881 松方財政開始 1882 日本銀行 1885 銀本位制確立	※ストライキの発生
1890年代	1890 綿糸 生産>輸入			
	1894〜95 日清戦争			
	※器械製糸>座繰製糸 1897 綿糸 輸出>輸入	1897 八幡製鉄所	1897 金本位制確立	1897 労働組合期成会
1900年代		1901 (操業開始)		●治安警察法 (1900) 1901 社会民主党 1903 平民社
	1904〜05 日露戦争			
	1909 綿布 輸出>輸入 1909 生糸 輸出第1位	1906 鉄道国有法		1906 日本社会党
1910年代				●大逆事件 (1910) ●工場法 (1911)

IV

近代・現代

ポイント　社会運動の発生

◆労働者の実態：**横山源之助**『**日本之下層社会**』、農商務省『**職工事情**』

◆公害問題：**足尾銅山鉱毒事件**…**田中正造**の活動、天皇への直訴を試みる

◆労働組合：**労働組合期成会**（1897）…**高野房太郎・片山潜**

　※政府の対応…**治安警察法**（1900、〔**山県②**〕）

◆社会主義運動：**社会民主党**（1901）…**安部磯雄・片山潜・幸徳秋水**

　　　　平民社…**幸徳秋水・堺利彦**

　　　　日本社会党（1906）…公認された〔**西園寺①**〕

　※政府の対応…**大逆事件**（1910、〔**桂②**〕）で**幸徳秋水**らを死刑に

◆労働者の保護：**工場法**（1911、施行は1916）

【1】（1995年度　追試験）

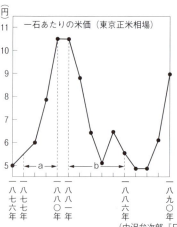

（円）
11
10
9
8
7
6
5

一石あたりの米価（東京正米相場）

←a→　←　b　→

一八七六年　一八七七年　一八八〇年　一八八一年　一八八六年　一八九〇年

（中沢弁次郎『日本米価変動史』により作成）

　上のグラフに関連して述べた文として正しいものを、次の①〜④のうちから一つ選べ。

①　aの時期の自由民権運動の主要な参加者は、米価高に苦しむ労働者であった。

②　aの時期、米価は上昇したが地租も増えたので、農民の負担は変わらなかった。

③　bの時期の低米価の結果、多くの豪農も自由民権運動に参加しはじめるようになった。

④　bの時期の低米価は、地租の実質的負担を増加させたので、没落する農民が多くなった。

解説　**社会情勢と政治動向の関連を理解して時代の全体像をつかむ**ことは、大切です。本問は、松方財政と自由民権運動の関連を問うています。

①　1870年代後半の自由民権運動は、「米価高に苦しむ労働者」ではなく、現物の小作料の売却収入が増えて成長した豪農が参加しました。

②　「米価」が「上昇」すると、農家が米を売って得る収入は増えますが、「地租も増え」れば納税額も増えますから、「農民の負担は変わら」ないという理屈は正しいです。しかし、地租改正反対一揆を受けて1877年に地租率が３％から2.5％になっているので、「地租も増えた」が誤りです。

③　1880年代前半の自由民権運動は激化事件で、1881年以降の松方デフレで没落した貧農などが関わりました。「豪農も〜参加しはじめる」が誤りです。

④　「低米価」では、農家が米を売って得る収入は減りますが、地租の納税額は一定なので、「地租の実質的負担を増加させた」は理屈として正しいです。「没落する農民が多くなった」も、歴史的事実として正しいです。

⇒したがって、④が正解です。

解答　④

【2】（1993年度　本試験）

　横山源之助の『日本之下層社会』は、日清戦争後に刊行された社会問題のルポルタージュであり、そこでは都市・農村の「下層社会」の実態が広く取り上げられている。下に掲げた同書の目次には一か所誤りを加えてあり、当時の「下層社会」のありようを示したものとしては**適当でないもの**がある。その番号を次の①〜⑤のうちから一つ選べ。

```
日本之下層社会　　　　目　次

①　第一編　東京貧民の状態
②　第二編　阪神地方の朝鮮人職工
③　第三編　手工業の現状
④　第四編　機械工場の労働者
⑤　第五編　小作人生活事情
```

解説　選択肢が「当時の『下層社会』のありよう」という条件にあてはまるかを考えます。「日清戦争後に刊行」（＝1890年代後半）がヒントです。①の「東京貧民」、③の「手工業」（製糸業や絹織物業）、④の「機械工場」（機械による紡績業）、⑤の「小作人」（松方財政以降に増加）はこの時期の「下層社会」にあてはまりますが、②の「朝鮮人職工」は、韓国併合（1910）ののち、土地調査事業で土地を奪われるなどした朝鮮の人々が日本へ渡ってきて以降に増加した、と推定できます。1890年代のことだとは考えにくいです。

　⇒したがって、②が正解です。

解答　②

第一次世界大戦

年代	内閣	政治	外交	社会・経済
1910年代	西園寺②	**1 護憲運動と政党勢力の拡大** ①**第一次護憲運動** 〔西園寺②〕 陸軍2個師団増設問題 〔桂③〕 第一次護憲運動（1912） 〔山本①〕 軍部大臣現役武官制改正 ジーメンス事件 〔大隈②〕 第一次世界大戦に参戦 ②**本格的政党内閣の誕生** 〔寺内〕 米騒動（1918） 〔原〕 本格的政党内閣 大学令　選挙権の拡大	（1） （2） **2 第一次世界大戦と国際協調** ①**第一次世界大戦の勃発** 二十一カ条の要求 石井・ランシング協定 ロシア革命 →シベリア出兵 ②**パリ講和会議** ヴェルサイユ条約 三・一運動　五・四運動 国際連盟	**3 大戦景気** ①**大戦景気** 海運業の躍進 重工業の発展 軽工業の輸出増 化学工業の勃興 輸出超過へ 金本位制の停止 ②**戦後恐慌** 輸出不振 工場の操業短縮
	桂③			
	山本①			
	大隈②			
	寺内			
	原			
1920年代	高橋	③**非政党内閣の継続** 〔加藤（友）〕 〔山本②〕 関東大震災からの復興 虎の門事件 〔清浦〕 第二次護憲運動（1924） ④**「憲政の常道」** 〔加藤（高）①〕 治安維持法（1925） 普通選挙法（1925） ※政党内閣の慣行が続く	③**ワシントン会議** 四カ国条約　九カ国条約 ワシントン海軍軍縮条約 ※ワシントン体制の成立 →協調外交の展開 日ソ基本条約	（3）
	加藤(友)			
	山本②			
	清浦			
	加藤(高)①			

4 大正デモクラシー

①**デモクラシー思潮**　民本主義　天皇機関説
②**社会運動の発展**　労働運動　農民運動　社会主義運動　女性解放運動　部落解放運動

　第24章は、大正時代の政治・外交・社会・経済を総合的に扱います。

(1)　大正時代は、政党政治が発展した時代でした。国内の社会状況や、対外的な影響も含め、政党が勢力を伸ばして政権を担当していくようになった過程を見ていきましょう。

(2)　第一次世界大戦は、日本の国際的地位のあり方に大きな影響を与えました。参戦してからの経緯と、戦後のパリ講和会議・ワシントン会議における日本の行動に、注目しましょう。

(3)　第一次世界大戦は、日本の経済・社会を大きく変えました。大戦景気によって日本は本格的な工業国となり、自由主義・社会主義の潮流が外国から流入したことで社会運動が盛んになりました。

Ⅳ

近代・現代

1 **護憲運動と政党勢力の拡大**（1910年代〜20年代）

　ここから**大正時代**（1912〜26）に入ります。まず政治史から。国民の支持を背景に政党が勢力を伸ばし、藩閥が後退していくと、**本格的政党内閣**である〔**原敬内閣**〕の成立を経て、〔**第 1 次加藤高明内閣**〕以降は政党内閣が継続する「**憲政の常道**」という状況が生まれました。

　内閣の性格を、**政党内閣**（衆議院多数党の党首が首相となり、党員が大臣の大半を占める）、**閣内協力**（衆議院多数党の党員が大臣の一部を構成する）、**非政党内閣**（超然内閣など、衆議院多数党の党員が大臣にならない）、以上三つに分けて、政党政治が確立していく過程を見ていきます。

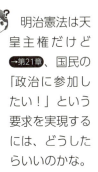
明治憲法は天皇主権だけど→第21章、国民の「政治に参加したい！」という要求を実現するには、どうしたらいいのかな。

憲法学者の

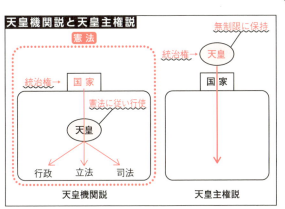

天皇機関説と天皇主権説

憲法

統治権→ 国家

憲法に従い行使

天皇

行政　立法　司法

天皇機関説

無制限に保持

統治権→ 天皇

国家

天皇主権説

美濃部達吉が唱えた天皇機関説では、国家が統治権を持っていて、天皇は憲法にしたがって統治権を使うとした。天皇は、国家の最高機関というわけだ。もう一つ、天皇は制限なしに統治権を持つとした天皇主権説があったけど、一般的には天皇機関説が正しいと解釈されたんだ。

 蒸気「機関」車みたいだけど、違うんだね（笑）。天皇は憲法にしばられて、むやみやたらに権力を使えない、という感じだね。

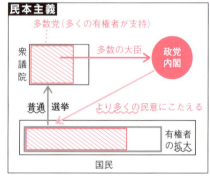

民本主義

多数党（多くの有権者が支持）

衆議院 / 多数の大臣 → 政党内閣

普通選挙 / より多くの民意にこたえる

有権者の拡大

国民

そして、政治学者の吉野作造が唱えた民本主義では、政治の目標は人民の幸福を実現することで、そのためには政党内閣と普通選挙が必要だ、と主張したんだ。「民本」は、民衆本位という意味だよ。図では有権者の範囲を実際より広くとっているけど、第22章の図とくらべて、普通選挙によって有権者が拡大し、より多くの国民のための政治になるイメージはつかめるかな→第22章。

こういった考えが人々の間に広まって、「政治に参加したい！」という要求が大きくなれば、政党内閣も普通選挙も実現しそうだね。

① 第一次護憲運動（1910年代前半）

まず、大正時代の始まりから。第一次護憲運動をきっかけにして政党の力が伸びていきました。

また、第一次世界大戦が勃発すると、日本はこれに積極的に関与し、それとともに、日本は大戦景気という空前の好景気を迎えました。

年表

〔西園寺②〕	1912	陸軍2個師団増設問題
〔桂③〕	1912	第一次護憲運動
	1913	大正政変
〔山本①〕	1913	軍部大臣現役武官制改正
	1914	ジーメンス事件
〔大隈②〕	1914	第一次世界大戦に参戦
	1915	二十一カ条の要求

(1) 政友会基盤の第2次西園寺内閣は、2個師団増設の拒否が原因で崩壊した時は桂園時代→第22章、立憲政友会の総裁西園寺公望が再び首相となり、〔第

２次西園寺公望内閣〕では立憲政友会が閣内協力しました。この内閣のときに明治天皇が亡くなり（1912）、明治45年から大正元年へ移行しました。

　当時、**韓国併合**で朝鮮を植民地化していたので→第22章、**陸軍**は朝鮮に駐留する**２個師団増設**（師団は約１万人の部隊）を要求しました。しかし、当時は日露戦争後の不況で財政難だったので→第23章、内閣は拒否しました。

　これに反発した陸軍大臣の上原勇作は辞任し、陸軍は内閣に対して「師団を増やさないと、次の陸軍大臣を推薦してやらないぞ！」というプレッシャーをかけました。軍部大臣現役武官制により、陸海軍大臣は軍部のみが決定することになっていました→第22章。したがって、陸軍大臣が欠員となり、内閣は倒れてしまったのです。

(2)　超然内閣として出発した第３次桂内閣は、第一次護憲運動で崩壊した

　元老の山県有朋の系列（陸軍閥・長州閥）である**桂太郎**が３度目の首相となり、〔**第３次桂太郎内閣**〕は官僚・軍部の支持を受けた**超然内閣**として発足しました。そして、政党勢力との対抗姿勢を強めたため、議会のなかから内閣打倒をめざす**第一次護憲運動**が発生し（1912）、都市民衆・商工業者を巻き込んだ全国的な国民運動に発展していきました。この運動を主導した政治家は、**立憲政友会**の**尾崎行雄**と**立憲国民党**（元憲政本党）の党首**犬養毅**の二人。そして、「**閥族打破・憲政擁護**」（藩閥の打倒・世論尊重の政治実現）がスローガンとして掲げられました。

　実は、桂は山県有朋の影響から離れて政党政治へ移行することを望んでおり、桂を支持する官僚に立憲国民党の一部を加えた与党の形成を画策しました（これはのちに**立憲同志会**として成立します）。しかし、時すでに遅し。内閣打倒を叫ぶ民衆の議会包囲が続くなか、内閣は総辞職しました（**大正政変**）。

(3)　第１次山本内閣は、政党勢力に配慮したが、ジーメンス事件で崩壊した

　次に首相となった**山本権兵衛**は**海軍**出身で薩摩閥の人物でしたが、〔**第１次山本権兵衛内閣**〕には**立憲政友会**が与党となって閣内協力しました。この内閣のトピックは、２点あります。まず、**軍部大臣現役武官制を改正**し、陸海軍大臣を現役軍人に限定する規定を外しました。制度上は内閣（政党内閣を含む）も陸海軍大臣を決めることが可能になったことで、軍部が陸海軍大臣を決めないことによって内閣を崩壊に追い込む、ということができなくなりました。さらに、**文官任用令を再改正**し、政党員が高級官僚になれるルートを設けました。こうして、〔**第２次山県有朋内閣**〕のときに政党の影響力をおさえるために定められた制度は→第22章、〔**第１次山本内閣**〕のときに政党の勢力拡大に配慮す

るよう改められたのです。

しかし、海軍の高官が兵器会社から賄賂をもらったことが発覚したジーメンス（シーメンス）事件（1914）で、国民の批判が高まり、内閣総辞職しました。

(4) 第2次大隈内閣は、加藤高明外相のもと、第一次世界大戦に参戦した

民権運動以来の経歴で国民に人気があった**大隈重信**が、再び首相となりました。〔第2次大隈重信内閣〕は、桂太郎の新党構想をベースに成立した**立憲同志会**が閣内協力しました。そして、立憲同志会の**加藤高明**総裁が**外務大臣**となり、外交を積極的に主導しました。**第一次世界大戦**が勃発すると（1914）、日本は連合国として参戦し、中国政府に**二十一カ条の要求**（1915）を突きつけて、その大部分を承認させました。

一方国内では、総選挙で与党の立憲同志会が圧勝し、大戦景気で財政状況が好転したこともあって、議会では立憲同志会の同意によって陸軍の2個師団増設予算が成立しました。こうして、軍部の望む軍備拡張は、政党勢力によって実現したのです。

② 本格的政党内閣の誕生（1910年代後半〜20年代初頭）

米騒動による民衆運動の高まりを受け、**本格的政党内閣**が誕生しました。

そして、**第一次世界大戦が終結**し、日本は国際社会のなかで重要な位置を占めるようになりました。しかし、**戦後恐慌**が発生し、その後の日本経済は景気がよくない状態が続きました。

年表 （赤字の内閣は政党内閣）	
〔寺内〕	1917 石井・ランシング協定
	1918 シベリア出兵の開始
	米騒動
〔原〕	1918 大学令
	1919 選挙法改正
	（直接国税額3円以上）
	パリ講和会議
〔高橋〕	1921 ワシントン会議（〜1922）

(1) 超然内閣として出発した寺内内閣は、米騒動で倒れた

大隈のあとは、元老の山県有朋の系列（陸軍閥・長州閥）で初代朝鮮総督の**寺内正毅**が首相となりました。〔寺内正毅内閣〕は**超然内閣**でしたが、のち立憲政友会などとの協力も進めました。まず、外交面に注目しましょう。中国政府に**西原借款**を与え、日本の中国進出を有利にしようとしました（借款とは、政府どうしでお金の貸し借りをすること）。そして、アメリカと**石井・ランシング協定**（1917）を結び、日本の中国権益に関して日米間で調整がおこなわれました。さらに、労働者の蜂起がきっかけで発生したロシア革命によって、初の社会主義政権である**ソヴィエト政権**が成立すると、**シベリア出兵**で介入し始めました（1918）。

しかし、大戦景気のもとで都市化が進み、米の消費量が増えて米価が上がっていたところに、シベリア出兵による軍用米需要を見越した米の買い占めが重なり、米価が暴騰しました。こうしたなか、**富山県**で始まった米の安売りを要求する騒動は、漁村の女性の行動が新聞で報道されたことから全国に波及し、**米騒動**（1918）に発展しました。政府は軍隊も出動させてこれを鎮圧しましたが、内閣の責任を追求する世論の批判は大きく、内閣は総辞職しました。

(2) 原内閣は立憲政友会与党の本格的政党内閣だったが、普通選挙は拒否した

政治参加を求める世論を前に、元老の山県有朋らも政党内閣を認め、**立憲政友会**総裁の**原敬**が首相となって〔原敬内閣〕が成立しました。首相が多数党の党首であり、しかも衆議院に議席を持っているので、**本格的政党内閣**と呼ばれます（原は衆議院議員選挙に立候補して当選しています）。また、華族でも藩閥出身でもないことから、原は「**平民宰相**」とも呼ばれました。

〔原内閣〕は、立憲政友会が公約として掲げていた**積極政策**を実行しました。**大学令**を公布し（1918）、帝国大学以外の私立大学・公立大学・単科大学を認可しました。さらに、地方の官有鉄道の拡張や、海軍軍備の拡張を進めて、農村や軍部の支持を得ました。

外交面では、**第一次世界大戦の終結**（1918）が原内閣の時期だと覚えましょう。日本は**パリ講和会議**（1919）に参加し、**ヴェルサイユ条約**に調印しました。また、朝鮮で起きた**三・一独立運動**（1919）を弾圧しました。

さて、原敬は、普通選挙に対してどのようなスタンスで臨んだのでしょうか。当時、普通選挙運動が盛り上がりましたが、〔原内閣〕は普通選挙を導入しませんでした。ただし、**選挙法改正**で有権者の納税資格を直接国税額10円以上から**3円以上**へ引き下げ、人口の約2％から約5％に選挙権を拡大し、1選挙区で定員1名の**小選挙区制**を導入する、といった改革はおこないました。実は、小選挙区制は与党に有利で、直後の総選挙では立憲政友会が圧勝しました。

選挙法の改正					
公布年 〔内閣〕	実施年 〔内閣〕	選挙権を持つ人			
		直接国税額	性別・年齢	総数	人口比
1889 〔黒田〕	1890 〔山県①〕	15円以上	男 満25歳以上	45万人	1.1%
1900 〔山県②〕	1902 〔桂①〕	10円以上	〃	98万人	2.2%
1919 〔原〕	1920 〔原〕	3円以上	〃	306万人	5.5%
1925 〔加藤(高)①〕	1928 〔田中(義)〕	制限なし	〃	1240万人	20.8%
1945 〔幣原〕	1946 〔幣原〕	〃	男女 満20歳以上	3688万人	50.4%

当時はロシア革命の直後で、納税額による選挙権の制限を一気に撤廃するのは、格差をなくそうとする社会主義的な考えにつながり、社会秩序を保つうえで適当ではない、と原敬は考えたのです。

そして、第一次世界大戦が終わると好景気も終わって**戦後恐慌**（1920～）となり、積極政策が行き詰まるなか、原は東京駅頭で暗殺されました。

(3)　高橋内閣は立憲政友会与党の政党内閣を受け継いだが、短命に終わった

原敬のあとに立憲政友会の総裁となった**高橋是清**が首相となり、〔**高橋是清内閣**〕は原内閣の大臣が留任して政党内閣が続きましたが、立憲政友会の内部対立があり、内閣は短命に終わりました。

しかし、ワシントン会議（1921～22）に参加し、四カ国条約・九カ国条約・ワシントン海軍軍縮条約に調印して、ワシントン体制に対応する**協調外交**の基礎を築きました。

③　非政党内閣の継続

そののち非政党内閣が3代続くと、政党勢力が結束して第二次護憲運動を展開し、**普通選挙**の実現を公約に掲げ国民の支持を得て、総選挙に勝利することで政党内閣を復活させました。

年表		
〔加藤（友）〕	1922	シベリアから撤兵
〔山本②〕	1923	関東大震災からの復興
		虎の門事件
〔清浦〕	1924	第二次護憲運動

(1)　加藤友三郎内閣は、ワシントン会議で決まった海軍軍縮を実行した

高橋内閣ののち、海軍大臣だった**加藤友三郎**が首相となりました。〔**加藤友三郎内閣**〕には立憲政友会が協力しましたが閣内には入らず、**非政党内閣**でした。加藤友三郎はワシントン会議の日本全権だったことから、ワシントン会議で決定した**海軍軍縮**を進め、**シベリアからの撤兵**を完了しました（1922）。

(2)　第2次山本内閣は関東大震災からの復興を進めたが、虎の門事件で倒れた

加藤友三郎が病死した直後、関東大震災が発生しました（1923）。その後、海軍出身の**山本権兵衛**が再び首相となり、〔**第2次山本権兵衛内閣**〕が**非政党内閣**として成立しました。東京・神奈川を中心に震災による被害は大きく、死者は10万人以上に及びました。政府は、軍に首都の治安を維持させるため、**戒厳令**を発しました。日本経済は大きな打撃を受け、**震災恐慌**が発生しました。

この震災に関連して、「朝鮮人が暴動を起こした」などといった根拠のない噂を信じた市民により、朝鮮人や中国人が殺傷される事件が発生しました。ま

た、**無政府主義者**の**大杉栄**と**伊藤野枝**が、憲兵の甘粕正彦に殺される**甘粕事件**も発生しました（無政府主義とは社会主義の一種で、権力そのものを否定して小規模なコミュニティを重視する考え）。

　山本は震災復興に尽力しますが、無政府主義者の難波大助が、大正天皇の摂政である裕仁親王（のちの昭和天皇）を狙撃する**虎の門事件**が発生すると(1923)、責任をとって内閣総辞職しました。

山本権兵衛内閣
●第1次山本内閣→**ジーメンス事件**（海軍の汚職事件）で総辞職
●第2次山本内閣→**虎の門事件**（摂政裕仁親王への狙撃事件）で総辞職

⑶　清浦内閣のとき、護憲三派による第二次護憲運動が発生した

　清浦奎吾が**貴族院**の勢力を基盤に、**超然内閣**の〔清浦奎吾内閣〕を組織しました。元老の**西園寺公望**らは、将来の総選挙による政党政治の復活を見越して、政党と距離を置く清浦を首相に

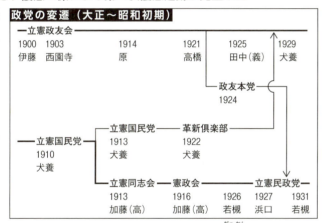

政党の変遷（大正〜昭和初期）

```
 ─立憲政友会
 1900  1903          1914       1921      1925      1929
 伊藤  西園寺         原         高橋      田中(義)  犬養
                                  └─政友本党──┘
                                      1924

            立憲国民党──革新倶楽部
            1913        1922
            犬養        犬養
 ─立憲国民党
 1910
 犬養
            立憲同志会──憲政会──────立憲民政党─
            1913       1916   1926   1927   1931
            加藤(高)   加藤(高) 若槻   浜口   若槻
```

推薦したのです。それに対し、政党勢力は一刻も早い政権の奪還をめざし、清浦内閣の打倒をめざす**第二次護憲運動**を開始しました。**憲政会**（もと立憲同志会）・**立憲政友会**・**革新倶楽部**（元立憲国民党）の3党が協力した**護憲三派**が主導し、「**普選断行**」（普通選挙の実施）などを選挙の公約として掲げました。

　ところが、普選実施などの方針転換に批判的な勢力が立憲政友会から脱党し、**政友本党**を結成して清浦内閣の与党となりました。政友本党は、次の内閣での政党勢力の中心となるより、今の内閣での政権担当を優先したのです。

　清浦は、解散・総選挙で決着をつけました。野党の護憲三派か、与党の政友本党か。結果は、護憲三派の圧勝。清浦内閣は、総辞職しました。

④「憲政の常道」

　元老の**西園寺公望**は政党政治に理解があり（元立憲政友会総裁）、7代にわたって多数党の党首を首相に推薦し続けました。こうして、「**憲政の常道**」と

呼ばれる政党内閣が継続する慣
行が生まれ、政党政治は発展し
ていきました。**立憲政友会**と、
憲政会（のち**立憲民政党**）が、
交代で与党となっていく、二大
政党制の時代がやってきたので
す。

年表 <small>(赤字の内閣は政党内閣)</small>	
[加藤(高)①] **1925** 治安維持法 普通選挙法	
[加藤(高)②]	
[若槻①] ※昭和時代	「憲政の常道」
[田中(義)]	
[浜口]	
[若槻②]	
[犬養] **1932** 五・一五事件	

(1) 護憲三派が与党の第1次加藤高明内閣は、普通選挙を実現した

　護憲三派のうち、憲政会が最も多い議席を獲得したので、**憲政会**総裁の**加藤
高明**が首相となり、**護憲三派**が与党の〔**第1次加藤高明内閣**〕が成立しました。
政党内閣の復活です。そして、公約どおり普通選挙制を実現しました。**普通選
挙法**を制定し（1925）、**満25歳以上**の**男性全員**に選挙権を与えました（人口
の約5％から約20％に選挙権を拡大）。一方、女性参政権は、戦後に実現します。

　同時に、共産主義を取り締まる方針も打ち出しました。**治安維持法**を制定し
（1925）、国体の変革や私有財産制度の否認（天皇制の打倒や資本主義の否定）
を目的とする結社の組織者・加入者を処罰することにしました。当時、**幣原喜
重郎**外務大臣が協調外交を受け継ぎ、日本は**ソヴィエト連邦**との間で**日ソ基本
条約**を結んでいました。普通選挙による労働者階層の政治的影響力の拡大をお
さえるとともに、日ソ国交樹立による共産主義の海外からの流入を防ぐこと
が、治安維持法制定の意図でした（共産主義とは社会主義の一種で、革命によ
る労働者政権の樹立と、財産の共有による平等社会をめざす考え）。

　また、**宇垣一成**陸軍大臣のもとで**陸軍軍縮**がおこなわれ、師団を削減すると
ともに、軍装備の近代化がはかられました（失業した将校を学校に配属し、学
校での軍事教練が義務化されました）。

(2) 憲政会が与党の第2次加藤高明内閣以降、政党内閣は犬養内閣まで続いた

　〔**第2次加藤高明内閣**〕では護憲三派の連立が解消され、**憲政会**が与党の**政
党内閣**でしたが、**加藤高明**首相が病死して総辞職となりました。

　その後は、**憲政会**の〔**第1次若槻礼次郎内閣**〕、**立憲政友会**の〔**田中義一内
閣**〕、**立憲民政党**（元憲政会）の〔**浜口雄幸内閣**〕と〔**第2次若槻礼次郎内閣**〕、
立憲政友会の〔**犬養毅内閣**〕と、大正時代後期から昭和時代初期までの間、衆
議院の多数党の党首が内閣を組織していきました。こういった状況を、「**憲政
の常道**」と呼びます（1924〜32）。

　大正から昭和初期の政治では、内閣の性格と、与党をつかむことが大切です。

大正・昭和初期の内閣 桂太郎③から、頭文字の順番は「かやおてはたかやき、かかわたハワイ」

（① 政党内閣 ② 閣内協力 ③ 非政党内閣）

- ② 西園寺公望② （立憲政友会）
- ③ 桂太郎③ ※第一次護憲運動
- ② 山本権兵衛① （立憲政友会）
- ② 大隈重信② （立憲同志会）
- ③ 寺内正毅 ※米騒動
- ① 原敬 （立憲政友会）
- ① 高橋是清 （立憲政友会）
- ③ 加藤友三郎
- ③ 山本権兵衛② ※第二次護憲運動
- ③ 清浦奎吾
- ① 加藤高明① （護憲三派）
- ① 加藤高明① （憲政会）
- ① 若槻礼次郎① （憲政会）
- ① 田中義一 （立憲政友会）
- ① 浜口雄幸 （立憲民政党）
- ① 若槻礼次郎② （立憲民政党）
- ① 犬養毅 （立憲政友会）

ポイント　護憲運動と政党勢力の拡大

〔第2次西園寺内閣〕：**2個師団増設問題**
〔第3次桂内閣〕：**第一次護憲運動**（1912）
〔第1次山本内閣〕：**軍部大臣現役武官制の改正**／**ジーメンス事件**
〔第2次大隈内閣〕：**第一次世界大戦**に参戦→**二十一カ条の要求**（1915）
〔寺内内閣〕：**シベリア出兵**→**米騒動**（1918）
〔原内閣〕：政党内閣（**立憲政友会**）／**大学令**／選挙資格拡大（直接国税額**3円**以上）
〔高橋内閣〕：政党内閣（立憲政友会）：ワシントン会議に参加
〔加藤友三郎内閣〕：海軍軍縮、シベリア撤兵
〔第2次山本内閣〕：関東大震災への対処／**虎の門事件**
〔清浦内閣〕：**第二次護憲運動**（1924）
〔第1次加藤高明内閣〕：政党内閣（**護憲三派**）／**普通選挙法**・**治安維持法**
→以後、〔**犬養内閣**〕（立憲政友会）まで「**憲政の常道**」

2　第一次世界大戦と国際協調（1910年代〜20年代）

　次は、大正時代の外交史です。日本は**第一次世界大戦**（1914〜18）に参戦し、大陸への進出を強め、中国での権益を拡大していきました。そして、戦勝国として**パリ講和会議**（1919）に参加し、国際的地位を高めました。ただし、**ワシントン会議**（1921〜22）では、これ以上の権益の拡大はできなくなり、その後はアメリカ・イギリス中心の国際秩序に協力する**協調外交**を展開しました。

なぜ、第一次世界大戦が起きたんだろう？

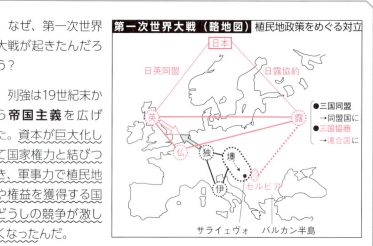

第一次世界大戦（略地図） 植民地政策をめぐる対立

日本
日英同盟　　日露協約
英
露
仏　独　墺
伊　セルビア
サライェヴォ　バルカン半島

●三国同盟
→同盟国に
●三国協商
→連合国に

列強は19世紀末から**帝国主義**を広げた。資本が巨大化して国家権力と結びつき、軍事力で植民地や権益を獲得する国どうしの競争が激しくなったんだ。

 第一次世界大戦が起きる前は、どんな状況だったのかな？

ざっくりいうと、世界進出を強めた**ドイツ**と、従来世界秩序の中心だった**イギリス**との対立を軸に、**ドイツ・オーストリア・イタリア**（独・墺・伊）の**三国同盟**と、**イギリス・ロシア・フランス**（英・露・仏）の**三国協商**が対立した。地図でおおまかな位置がわかれば○K。そして、第一次世界大戦が始まると、三国同盟は同盟国となり（ただしイタリアは連合国へ）、三国協商は連合国となるんだ。

そうすると、日本は日英同盟があるから、イギリスのいる連合国側になるし、イギリスのライバルであるドイツと戦うんだね。

そういうこと。そして、大戦の始まりは、**サライェヴォ事件**だ。オーストリアがバルカン半島への領土拡大を強めると、セルビアが危機感を持った。そして、オーストリア領となったサライェヴォで、セルビア人の民族主義者が、オーストリア帝位継承者を殺害したんだ。

オーストリアは怒って、セルビアと戦争を始めちゃうよね。

そこに、セルビアと親しいロシアが参戦して、オーストリアと三国同盟を結んでいたドイツが参戦して……さて、どうなっていくかな？

ヨーロッパ中を巻き込む全面戦争になってしまった！

① 第一次世界大戦の勃発

第一次世界大戦（1914～18）は、欧米列強どうしの帝国主義的な競争から生じた戦争で、国家の持つ軍事力だけでなく、一国の政治・経済を戦争に振り向け、国民のすべてをさまざまな形で動員する**総力戦**でした。

⑴ ドイツに宣戦し、中国に二十一カ条の要求を突きつけて大陸進出を強化した

ここで、当時の中国の状況を見ましょう。革命家の**孫文**が東京で中国同盟会を設立するなど、清朝を打倒する動きが盛んになるなか、**辛亥革命**が中国全土に広がり、アジア初の共和国（君主がいない国家）である**中華民国**が成

> **年表**
> **1905** 孫文、東京で中国同盟会を設立
> **1911 辛亥革命**…清朝打倒の武装蜂起
> **1912 中華民国**の建国…清朝の滅亡
> 　⑴革命指導者の**孫文**が臨時大総統に
> 　⑵軍閥の**袁世凱**が大総統となり独裁化
> 　→北京の軍閥政府は、革命勢力を弾圧

立しました（1912）。しかし清が滅亡したのち、軍閥（地域を支配する軍事集団）の**袁世凱**が北京政府の中心となって独裁を強めていました。

第一次世界大戦の話に戻ります。〔第2次大隈内閣〕の**加藤高明外相**は、日英同盟を口実に連合国として参戦し、ドイツが東アジアに持つ権益を獲得して日本の国際的地位を高める、という野心的な考えを主張しました。

日本はドイツに宣戦布告すると（1914）、中国の山東半島の**青島**を占領し、**山東省**の**ドイツ権益**を接収しました（これは日清戦争後にドイツが得ていた権益です→第22章）。あわせて、赤道以北のドイツ領**南洋諸島**（マリアナ諸島やマーシャル諸島などの中部太平洋）も占領しました。

そして、加藤高明外相は中華民国の**袁世凱**政権へ、**二十一カ条の要求**（1915）を突きつけました。主な内容は、**山東省**の**ドイツ**権益を日本が継承し、**旅順・大連**の租借の期限と**南満州鉄道**の経営の期限を**99年間**延長する、というものでした。つ

> **二十一カ条の要求（1915）**
> ⑴山東省のドイツ権益を継承
> ⑵南満州・東部内蒙古の権益拡大
> 　（旅順・大連の租借期限と南満州鉄道の経営期限を、それぞれ99年間延長）
> ⑶漢冶萍公司（製鉄会社）の日中共同経営
> ⑷中国沿岸部を他国に割譲しない
> ⑸中国政府に日本人顧問を採用
> 　※⑴～⑷を承認させる（⑸は撤回）

まり、第一次世界大戦に関わる山東省権益を獲得するだけでなく、日露戦争後のポーツマス条約でロシアから譲られた→第22章南満州権益を強化する要求もおこなったのです。

日本は中華民国政府に最後通牒を発し、要求の大部分を承認させましたが、中国国民は反発し、要求を受け入れた日を**国恥記念日**として記憶することになりました。そして、第一次世界大戦に乗じた日本の中国進出と権益拡大は、列

強の反感を買ってしまったので、今後はそれを解消する必要が出てきました。

　次の〔寺内内閣〕は、中国に対する軍事的進出を改め、袁世凱の後継者である軍閥の**段祺瑞**政権に**西原借款**を与えて、中国権益の確保をはかりました。

(2)　第一次世界大戦中、石井・ランシング協定を結び、シベリア出兵を実行した

　1917年、第一次世界大戦に大きな動きがありました。**アメリカ**が**連合国**として参戦したのです。日露戦争後から、南満州権益をめぐって日米は対立していました→第22章。そして、二十一カ条の要求によって、アメリカの日本に対する警戒はさらに強まっていました。しかし、日本とアメリカが同じ連合国になると、こうした対立をいったん先送りにする必要があります。そこで、〔寺内内閣〕のもとで**石井・ランシング協定**（1917）が結ばれました。まず、日米で、アメリカが主張していた中国の領土保全・**門戸開放・機会均等**を確認しました（これは**ジョン＝ヘイ**の門戸開放宣言以来、アメリカの基本方針でした→第22章）。そして、アメリカは、日本の中国における特殊利益を認めました。ただし、この協定は、日米それぞれの立場を確認しただけに終わりました。

　1917年には、もう一つ、世界を揺るがす大きな出来事がありました。労働者・兵士による**ロシア革命**で帝政ロシアが崩壊し、**ソヴィエト政権**が誕生したのです。翌年には、ドイツ・オーストリアと講和を結んで大戦から離脱しました。革命による社会主義国家の出現に対し、連合国

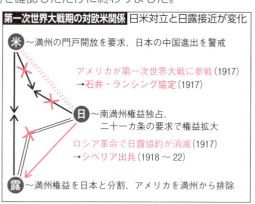

第一次世界大戦期の対欧米関係 日米対立と日露接近が変化

米 〜満州の門戸開放を要求、日本の中国進出を警戒

アメリカが第一次世界大戦に参戦（1917）
→石井・ランシング協定（1917）

日 〜南満州権益独占、
　二十一カ条の要求で権益拡大

ロシア革命で日露協約が消滅（1917）
→シベリア出兵（1918〜22）

露 〜満州権益を日本と分割、アメリカを満州から排除

（イギリス・フランス・アメリカ）は武力で干渉することを決定しました。日本は、これまでロシアと結んできた**日露協約**が消滅し→第22章、南満州権益の安全を確保する必要もあって、この干渉戦争に参加することを決定しました。これが**シベリア出兵**（1918〜22）で、米騒動の発生と〔寺内内閣〕の崩壊につながりました。日本軍は、東シベリア・北満州（旧ロシア権益）を占領しましたが、連合国は第一次世界大戦終了後にシベリアから撤退したにも関わらず、日本は出兵を継続したので、「日本は、領土を拡張したいだけじゃないか？」と疑われることになりました。こののち、日本はワシントン会議で**シベリア撤兵**を宣言し、〔**加藤友三郎内閣**〕のもとで撤兵を完了しました。

② パリ講和会議

第一次世界大戦は**連合国**の勝利に終わり、**ドイツ**・オーストリアを中心とする同盟国は敗北しました。連合国は「五大国」（米・英・日・仏・伊）となって**パリ講和会議**（1919）をリードし、**ヴェルサイユ条約**（1919）によってヨーロッパの新しい国際秩序が形成されました（**ヴェルサイユ体制**）。

日本からは、立憲政友会が与党の〔**原内閣**〕が会議に参加し、日本全権として元老の**西園寺公望**（元首相で、立憲政友会の元総裁）を送りました。

日本の大陸進出（略地図）

- シベリア鉄道
- シベリア出兵（1918〜22）
- （満州）
- 東清鉄道
- 長春
- 二十一カ条の要求（1915）
- 期限の延長（99 カ年ずつ）
- ドイツから継承
- 南満州鉄道
- 奉天
- ヴェルサイユ条約で承認（1919）
- 中華民国袁世凱政権
- 北京
- 大連
- 旅順
- ワシントン会議で中国へ返還（1922）
- 山東半島
- ドイツの勢力範囲
- 膠州湾（青島）
- ※山東省のドイツ権益

⑴ ヴェルサイユ条約で、日本は山東省の権益と南洋諸島の委任統治権を得た

ヴェルサイユ条約は、敗戦国ドイツの処分（植民地の剝奪と領土の縮小、軍備の制限、巨額の賠償金）とともに、勝利した日本の利益も定められました。まず、中国**山東省**の旧ドイツ権益を継承することになり、二十一カ条の要求の内容が国際的に承認されました。さらに、赤道以北の旧ドイツ領**南洋諸島**の**委任統治権**を獲得しました（委任統治とは、国際連盟からの委任によって一国が統治する形式）。このとき日本が会議に提示した人種差別撤廃案は、列国の反対で条約案には入りませんでした。

⑵ 東アジアでは、日本の植民地支配や権益獲得に反発する運動が高まった

さて、東アジアの動きはどうだったでしょうか。「それぞれの民族は、みずからの国家と政治体制を決定できる」という**民族自決**の世界的潮流は、東アジアにも影響を与え、**朝鮮**では日本からの独立をめざす**三・一独立運動**（1919）が拡大していきました。朝鮮総督府はこれを武力を用いて弾圧しましたが、そののちに植民地朝鮮に対する統治を武断政治 →第22章 から**文化政治**へ転換し、憲兵警察制度の廃止などをおこないました。

さらに、大戦終結の直前に連合国として参戦し、パリ講和会議には戦勝国として参加していた**中国**では、日本の山東省権益の継承に対する反発が強まり、

山東省の中国への返還などを求める**五・四運動**（1919）が展開しました。

(3) 国際平和を維持する機関として、国際連盟が設立された

　アメリカ大統領**ウィルソン**の提唱にもとづく国際平和機関として**国際連盟**が設立され（1920）、スイスの**ジュネーブ**に本部が置かれました。日本は連合国（第一次世界大戦の戦勝国）だったこともあり、イギリス・フランス・イタリアとともに**常任理事国**となります。アメリカは議会の反対で参加しませんでした。ドイツやソ連は、のちに国際連盟に参加しました。

③ ワシントン会議

　パリ講和会議ののち、**ワシントン会議**（1921～22）がアメリカ主導で開かれました。会議が開かれたときは、立憲政友会を与党とする〔**高橋内閣**〕で、日本全権は海軍大臣の**加藤友三郎**でした。そして、この会議によって成立したアジア・太平洋の国際秩序を**ワシントン体制**と呼びます。アメリカ・イギリスを中心に、列国の協調と軍縮によって平和を維持していこうとするもので、1920年代の日本は、これに積極的に応じる**協調外交**を展開していきました。

(1) 四カ国条約・九カ国条約・ワシントン海軍軍縮条約が結ばれた

　ワシントン会議（1921～22）では、軍縮問題と中国・太平洋問題が協議されました。アメリカは、米・英・日の建艦競争を終わらせて財政負担を軽くするとともに、第一次世界大戦後のアジア・太平洋地域の新しい秩序を築き、日本の中国・太平洋方面への進出をおさえようとしたのです。

　まず、米・英・日・仏の間で**四カ国条約**が結ばれ、**太平洋**地域における勢力の現状維持と紛争の平和的解決が定められました。日本とイギリスの権益をお互いに保障し合う軍事同盟は意味がなくなり、**日英同盟が廃棄**されました。こうして、日本は太平洋に新しい権益を獲得することができなくなったのです。

　次に、米・英・日・仏・伊の五大国に、中国およびベルギー・オランダ・ポルトガルを加えて**九カ国条約**が結ばれ、**中国**の領土と主権の尊重や、中国における経済上の**門戸開放・機会均等**が定められました。アメリカの対中国方針を日本とアメリカで確認した協定は意味がなくなり、**石井・ランシング協定が廃棄**されました。こうして、日本の中国に対する政治的・軍事的な進出は抑制されることになったのです。また、会議の場で、日本と中国との間で交渉がおこなわれ、**山東省の旧ドイツ権益**を中国へ返還することが決定しました。

　いよいよ、ワシントン会議のメインテーマ、海軍軍縮です。米・英・日・仏・伊の間で**ワシントン海軍軍縮条約**が結ばれ、艦隊の中心となる戦艦などの

490

主力艦を10年間は建造禁止とし、その保有比率を、米・英・日・仏・伊で5：5：3：1.67：1.67と定めました。日本の保有量は、対アメリカで6割、対イギリスでも6割となり、日本は兵力の面でアメリカやイギリスに勝利することは実質的に不可能となりました。

　日本が海軍軍縮に応じたのは、経済的な事情もありました。1920年以降、日本経済は第一次世界大戦中とはうってかわり、**戦後恐慌**に陥っていました。政府の財政が悪化したため、これ以上の軍備拡張は難しくなり、建艦競争を終わらせようとするアメリカの意向を受け入れたのです。

⑵　**1920年代の日本は、ワシントン体制を受け入れる協調外交を展開した**

　ワシントン会議に参加した〔高橋内閣〕に続き、〔加藤友三郎内閣〕が海軍軍縮とシベリア撤兵を実行して、**協調外交**の基礎が築かれました。

　そして、**護憲三派**の〔第1次加藤高明内閣〕と**憲政会**の〔第2次加藤高明内閣〕〔第1次若槻内閣〕では**幣原喜重郎**外務大臣が協調外交を継承しました（**幣原外交**）。のちの昭和初期、**立憲民政党**の〔浜口内閣〕〔第2次若槻内閣〕でも幣原外交が展開されました。幣原外交の特徴は、アメリカ・イギリスと協調して武力行使を避けた点と、中国に対しては**内政不干渉**を原則として、政治的・軍事的進出をおこなわない点にありました。実は、内政不干渉はアメリカや中国などの反発を避ける意図があり、それによって南満州権益を確保しつつ中国市場を拡大するといった、**既得権益の維持**をはかったのです。

　経済的な面から見ると、憲政会・立憲民政党は緊縮財政の方針をとっていたので、軍備拡張による対外進出は難しく、そのためこれらを与党とする内閣において外務大臣をつとめた幣原は、経済的な面での進出を充実させたのです。

ポイント　第一次世界大戦と国際協調

◆**第一次世界大戦**（1914～18）
　〔**大隈**②〕日英同盟を口実、**ドイツに宣戦**
　　　　　二十一カ条の要求（1915）（**加藤高明外相、袁世凱**政権）
　　　　　…**山東省**のドイツ権益を継承、**南満州権益**の期限を延長
　〔**寺内**〕**石井・ランシング協定**（1917）…日米で中国利害を調整
　　　　　ロシア革命（1917）、ソヴィエト政権→**シベリア出兵**
◆**パリ講和会議**（1919）：〔**原内閣**〕
　ヴェルサイユ条約…**山東省**権益を継承、ドイツ領**南洋諸島**の委任統治権
　朝鮮で**三・一独立運動**、中国で**五・四運動**（1919）／**国際連盟**（1920）

◆**ワシントン会議**（1921〜22）：〔**高橋内閣**〕

　　四カ国条約（太平洋）→**日英同盟廃棄**

　　九カ国条約（中国）→**石井・ランシング協定廃棄**　※山東省を返還

　　ワシントン海軍軍縮条約…**主力艦**の保有制限

◆**協調外交**：ワシントン体制を受け入れる（**幣原喜重郎**外相）

3 大戦景気

　次は、大正時代前期・中期の経済史を見ていきましょう。日露戦争（1904
〜05）ののち、日本経済は不況が続いていました→第23章。

　第一次世界大戦の勃発（1914）は、この不況を吹き飛ばし、日本経済は一
転、**大戦景気**（1915〜19）と呼ばれる好景気となりました。この時期は、
〔**大隈②**〕〔**寺内**〕〔**原**〕の各内閣にあてはまります。

　しかし、第一次世界大戦が終わり（1918）、ヴェルサイユ条約が結ばれる
と（1919）、日本経済はまた一転、**戦後恐慌**（1920〜）と呼ばれる不景気と
なりました。この時期は、〔**原**〕〔**高橋**〕〔**加藤（友）**〕の各内閣にあてはまります。

 なぜ、第一次世界大戦によって日本の景気がよくなったのかな？

 この戦争は、国力のすべてを最大限に動員する**総力戦**だった。参戦
したヨーロッパ諸国は、工業生産をすべて戦争に向ける。原料を大量
に輸入し、生産した軍需品は戦場へ運び、足りなければ輸入する。

 そうしたら、物を運ぶ力が決め手になるんじゃないかな。そうか、
そのための船がたくさんいる！

 よく気がついたね。第一次世界大戦が始まると、軍艦だけでなく民
間の船も物資輸送に動員されるし、貿易も盛んになる。そうすると、
日本の海運会社に「船を貸して欲しい！」といった依頼が舞い込んで
くる。サービス業である**海運業**がもうかるんだよ。

 そうすると、船をたくさん造る必要があるね。**造船業**が盛んになり
そう。そして、船を造るには鉄がいるから、**鉄鋼業**も盛んになるのか。

 こうして重工業が本格的に発展したのが、大戦景気の特徴の一つだ。

 明治時代から発展してきた軽工業は、どうなったのかな。

近代の最初で学んだけれど、列強はアジアに植民地・権益を獲得して製品市場にしたよね →第19章 。さて、第一次世界大戦が始まると、ヨーロッパはアジアの製品市場向けに物を作る余裕があるかな？

ヨーロッパは軍需品の生産が最優先だから、アジアへの輸出どころじゃないね。そうしたら、そのスキに、日本がアジア市場を独占できそう。アジアに売れるのは綿製品だから、**綿織物業**がもっと伸びるね。

「第一次世界大戦は総力戦である」という特徴から、いろいろな点に気づけたね。それ以外にも、さまざまな業種が成長した。工業生産額が農業生産額を上回るなど、工業化が進んだのが大戦景気なんだ。

日本が工業国になると、社会全体も大きく変わりそうだね。

① 大戦景気 （1910年代後半）

大戦景気（1915〜19）が生じたしくみを、背景とともに理解しましょう。

(1) 世界的な船舶不足から、海運業が盛んとなり、造船業・鉄鋼業も発達した

第一次世界大戦は総**力戦**だったので、物資輸送が増え、世界的な船舶不足になって日本の**海運業**が活況を迎えました。さらに、日本の海運業向けを中心に船舶を生産する**造船業**が発達しました。こうして、海運業・造船業で急速に成長した業者が現れ、将棋の駒の「歩」が「金」に成る

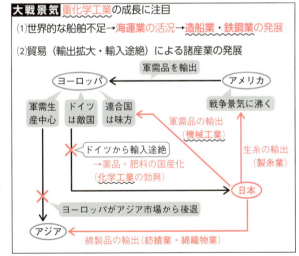

ことにたとえて「**船成金**」と呼ばれました。さらに、船舶の原料である鋼材の需要が増え、**鉄鋼業**も発達しました（八幡製鉄所の拡張、満州で満鉄が経営する鞍山製鉄所の設立など）。

(2)　輸出の拡大で綿産業や製糸業が発達し、輸入の途絶で化学工業が発達した

　総力戦によってヨーロッパの工業が軍需生産優先となり、ヨーロッパ製品の
アジア市場への流入が減ると、これに代わって日本製品がアジア市場を独占し
ました。アジアへの綿織物の輸出が拡大して綿織物業がいっそう成長し、紡績
業では紡績会社が中国に工場を設立する動きが拡大しました（在華紡）。そし
て、アメリカがヨーロッパへ軍需品を大量に輸出し、アメリカが戦争景気に沸
くと、アメリカへの生糸の輸出が拡大して製糸業がいっそう成長しました。

　重化学工業では、造船業・鉄鋼業の発達に加え、敵国となったドイツからの
輸入が途絶したことにより、肥料・薬品・染料が国産化されて化学工業がおこ
りました。また、連合国（イギリス・フランス・ロシア）の軍需によって軍需
品が輸出され、機械工業が発達しました。

　その他、水力発電による電力事業の展開が見られ、福島県の猪苗代発電所と
東京との間の長距離送電が始まりました。また、工場用動力では電力が蒸気力
を上回りました（明治時代は蒸気機関の時代でしたね）。

(3)　貿易は輸出超過となり、日本は債務国から債権国となった

　輸出が大幅に伸びたため、貿易収支は黒字（輸出超過）となりました（1915
～18）。また、海運業のサービス輸出が増えたため、サービス収支も黒字（海
外からの受取が海外への支払を上回る）になりました。さらに、日本は債務国
（外国からの資本の借り入れが多い）から債権国（外国への資本の貸し出しが
多い）へ転換しました。

　昭和初期の経済を学ぶときにも触れますが→第26章、第一次世界大戦の期間に
日本は金輸出禁止（金本位制の停止）をおこないました（1917）。それから
約10年以上、日本は為替相場が不安定な状態となりました。

(4)　工業化が進展し、都市への人口集中などの社会変化がもたらされた

　工業化によって、1910年代後半の大戦景気中に、工業生産額が農業生産額
を上回りました。工場労働者が増え、特に重化学工業に従事する男性労働者が
急増しました（明治時代は繊維産業に従事する女工が中心）。そして、企業や
工場が設立された都市部に人口が集中し、都市化が進行しました。

　しかし、労働賃金は上がったものの、好景気による物価上昇（インフレ）の
幅はそれより大きく、労働者の賃金は実質的に低下したため、人々の生活は苦
しいものでした。

② 戦後恐慌（1920年代前半）

　第一次世界大戦が終わると、ヨーロッパは復興し、さらにアジア市場へ復帰していきました。すると、日本製品は海外で売れなくなってしまい、貿易収支は赤字（**輸入超過**）となりました。生産過剰が生じ、株価が暴落して、**戦後恐慌**（1920）が発生しました。綿糸・生糸の相場は暴落し、企業の倒産や工場の操業短縮により失業者が増加し、成金の没落も相次ぎました。

　こののち、関東大震災の発生による**震災恐慌**（1923）、銀行の休業が相次いだ**金融恐慌**（1927）と、1920年代の日本経済は反復恐慌（恐慌が連続する）の状況になりました→第26章。

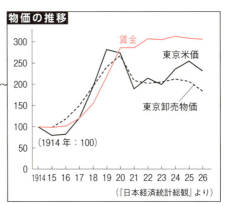

物価の推移

（1914年：100）
賃金
東京米価
東京卸売物価
『日本経済統計総観』より）

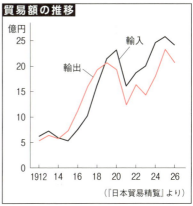

貿易額の推移

億円
輸入
輸出
（『日本貿易精覧』より）

ポイント　大戦景気

◆**大戦景気**（1915〜19）：輸出の拡大、工業化の進展
　世界的な船舶不足…**海運業**の成長「**船成金**」→**造船業・鉄鋼業**の発展
　アジア市場を独占…綿製品の輸出で**綿織物業**の発展、紡績業では**在華紡**も
　アメリカが戦争景気に…生糸の輸出で**製糸業**の発展
　ドイツから輸入途絶…薬品・肥料の国産化で**化学工業**の勃興
　電力事業の成長…**水力発電**、工業原動力が蒸気力から電力に
　貿易の面では**輸出超過**、日本は**債務国**から**債権国**に
◆**戦後恐慌**（1920）：輸出の縮小、反復恐慌の始まり
　ヨーロッパが復興、アジアへ復帰→**輸入超過**、生産過剰、株価暴落

4 大正デモクラシー (1910年代〜20年代)

　大戦景気をきっかけに全国的に**都市化**が進むと、生活水準の向上や教育の普及によって、都市を中心に大衆の自由拡大要求や政治参加要求が高まりました。一方で、住宅不足や物価高騰などの社会問題も発生することで、都市はさまざまな社会運動の舞台となり、農村へも影響を与えていきました。こうした風潮を「**大正デモクラシー**」と呼びます。

① デモクラシー思潮

　政治学者**吉野作造**の**民本主義**は、明治憲法のもとでの民衆本位の政治を目標とし、そのための手段として**普通選挙制**と**政党内閣制**を実現すべきだ、という主張です。吉野は"democracy"の訳語として、国民主権を意味する「民主主義」ではなく(「民主」では天皇主権の明治憲法に違反してしまいます)、民衆本位の政治を意味する「民本主義」を採用したのです。そして、吉野の主宰や指導によって、知識人団体の**黎明会**や学生団体の**東大新人会**が作られました。

　憲法学者**美濃部達吉**の**天皇機関説**は、近代国家における統治権は法人としての国家が保持し、天皇は国家の最高機関として、**憲法の規定に従い**統治権を行使する、という学説です。美濃部は、統治権は神聖不可侵の天皇が無制限に保持する、という**天皇主権説**を唱えた**上杉慎吉**と論争し、そののち天皇機関説は憲法解釈の主流学説として、明治憲法体制を支えるものとなっていきました。

　そのほか、雑誌『**東洋経済新報**』で活躍したジャーナリストの**石橋湛山**は、日本が植民地・権益を放棄することで平和的な経済発展がもたらされるという、リベラル(自由主義的)な「**小日本主義**」を主張しました。石橋は、戦後、自由民主党を与党とする内閣で総理大臣をつとめます **→第29章**。

② 社会運動の発展

　1910年代から1920年代にかけて、第一次世界大戦後の世界的な自由主義的風潮が日本にも影響を与え、さまざまな社会階層を基盤とする**社会運動**が発展しました。

⑴　工業化による労働者の増加を背景に、労働運動が高揚した

　大正初めに**鈴木文治**が結成した**友愛会**は(1912)、労働者が資本家と協調する労資協調主義の労働団体でした。大戦景気で労働者が増加すると**労働運動**が盛んになり、戦後恐慌で労働者の解雇が拡大すると運動はさらに高まって、大規模なストライキが実行されました。友愛会は、のちに**日本労働総同盟**へと

発展し（1921）、労働者が資本家と対決する階級闘争主義のもとで各地のストライキを指導しました。また、このころに第1回メーデー（5月1日におこなわれる労働者の祭典）も開催されました（1920）。

(2) 小作農が地主に対して小作争議を起こした

戦後恐慌で綿糸・生糸の価格が暴落し、繭の価格なども下がると農村は打撃を受けました。こうしたなか、小作農が寄生地主に対し、小作料の引き下げなどを求める小作争議が発生しました。賀川豊彦・杉山元治郎は日本農民組合を結成し（1922）、各地の小作争議を指導しました。

(3) ロシア革命の影響を受けて、社会主義運動が復活した

社会主義運動は、明治時代末期の大逆事件以来「冬の時代」でしたが→第23章、ロシア革命の影響で運動が復活しました。資本主義を否定する勢力が幅広く結集して日本社会主義同盟が結成されましたが（1920）、翌年禁止されました。その後、堺利彦・山川均は、コミンテルン（国際共産党）の日本支部として日本共産党を結成しました（1922）。これは、革命による共産主義の実現をめざす非合法結社でした（「党」とありますが、議会政党ではありません）。堺利彦は、日露戦争に対する反戦論を唱えて『平民新聞』を発刊した、平民社のところでも出てきましたね→第22章。

(4) 社会的に差別された女性の地位向上をめざす、女性解放運動が広がった

明治末期、平塚らいてうが文学団体の青鞜社を設立し（1911）、雑誌『青鞜』を発刊しました。創刊号の巻頭には、平塚が書いた「元始、女性は実に太陽であった。真正の人であった。今、女性は月である。……私共は隠されてしまった我が太陽を今や取り戻さねばならぬ。」という有名なフレーズがあります。これは、女性解放運動の始まりを告げる宣言でした。

のちに、市川房枝・平塚らいてうが政治団体の新婦人協会を結成し（1920）、女性の政治的権利を獲得する運動を展開しました。その結果、女性の政治運動を禁じていた治安警察法第5条の改正が実現し（1922）、女性も演説会に参加できるようになりました。

さらに、市川房枝が婦人参政権獲得期成同盟会を結成し（1924）、女性参政権を要求しましたが、普通選挙法では男性普通選挙が実現しただけであり、女性参政権は戦後になって実現しました→第28章。

また、女性の社会主義団体である赤瀾会も、山川菊栄・伊藤野枝によって結成されました（1921）。伊藤は、関東大震災の直後、大杉栄とともに甘粕事

件で殺害されました。

（5）　**被差別部落に対する社会的差別の撤廃をめざす、部落解放運動が起きた**

　江戸時代の被差別身分である「かわた・非人」の呼称は、明治政府の身分解放令（1871）によって廃止されました→第20章。しかし、社会的差別が続いたため、政府の政策に頼らず自主的に差別を撤廃するよう働きかけていく**部落解放運動**が起こり、**全国水平社**が結成されました（1922）。

ポイント　大正デモクラシー

◆デモクラシー思潮：**吉野作造**の**民本主義**、**美濃部達吉**の**天皇機関説**
◆社会運動の高まり
　労働運動…**友愛会**（**鈴木文治**）→**日本労働総同盟**／第1回**メーデー**
　農民運動…**日本農民組合**（**賀川豊彦・杉山元治郎**）が小作争議を指導
　社会主義運動…**日本共産党**（**堺利彦・山川均**）
　女性解放運動…**青鞜社**（**平塚らいてう**）、**新婦人協会**（**市川房枝**・平塚）
　部落解放運動…**全国水平社**

【1】（1996 年度　本試験）

次の史料は、第一次世界大戦中の輸出超過期に起こったある事件に対する『東洋経済新報』記者、石橋湛山（のちの首相）の論評である。

> 今は世界を挙げての大戦乱の場合である。かくの如（ごと）き場合に、政府の第一に尽すべき任務は、国民生活上の必須品および経済的発展に欠いてはならぬ物資の供給を不足なからしむることである。
>
> しかるに我が政府は、輸入の杜絶（とぜつ）ないし不便は、少も意とせざるのみか、かえって自然の保護として祝福し、交戦国を始め海外諸国から我が物資に対する需要の限りなきを見て、天佑（てんゆう）なりと打ち喜び、百方輸出を奨励した。その結果は、申すまでもなく□□□□。

問　この史料の文意を考え空欄□□□□に入るべき文章を、次の①〜④のうちから一つ選べ。
① 物資の供給が大過剰に陥り、各種の物価は暴騰した。
② 物資の供給が大不足に陥り、各種の物価は暴落した。
③ 物資の供給が大過剰に陥り、各種の物価は暴落した。
④ 物資の供給が大不足に陥り、各種の物価は暴騰した。

解説　**史料の文脈から、空欄に最もふさわしい文章を選ぶ問題です。** 読解力とともに、経済のしくみを理解しているかどうかが問われます。

第1段落は、【第一次世界大戦中なので、政府の大切な任務は、国民生活の必需品や経済発展に必要な物資を不足なく供給することだ】と述べています。

しかし、第2段落で、【政府は、輸入が減っていることを気にかけないどころか喜ばしいと考え、交戦国を含めた諸外国からの需要が高まったことに喜んで、輸出を奨励した】と述べています。

第1段落で日本国内における物資供給の重要性を説き、第2段落で輸入の減少と輸出の増加という現実を述べています。起きることは、日本国内における物資の供給不足です。そして、モノが足りなくなれば、物価は上がります。こうしたインフレが、「ある事件」、つまり米騒動（こめそうどう）の原因の一つとなったのです。

⇒したがって、④（物資の供給が不足、各種の物価は暴騰（ぼうとう））が正解です。

解答　④

年代	文化	時期と特徴
1870年代	**1 文明開化** ①**思想** 　啓蒙思想（明六社・天賦人権思想） ②**教育** 　近代教育制度（学制・教育令） ③**宗教** 　神道・キリスト教・仏教 ④**生活** 　太陽暦　文明開化の風潮（煉瓦造・ガス灯）	1870年代（明治初期） 富国強兵・殖産興業 →政府主導で文化摂取 →欧米の近代文化導入
1880年代・1890年代・1900年代	**2 明治の文化** ①**思想** 　国権論・国家主義の台頭 ②**教育** 　学校令（初等教育の義務化・帝国大学）　教育勅語 ③**学問** 　外国人教師　人文・社会科学　自然科学 ④**出版・文学** 　新聞・雑誌 　戯作文学　政治小説　写実主義　ロマン主義　自然主義 ⑤**芸術** 　演劇（新派劇・新劇） 　美術（西洋画・日本画・彫刻）洋風建築 ⑥**生活**	1880年代〜1900年代 （明治時代） 近代化の進行 →欧米文化が広く浸透 国家主義的風潮 →伝統文化の再興
1910年代・1920年代・1930年代	**3 大正〜昭和初期の文化** ①**教育** 　高等教育の拡充（大学令） ②**思想・学問** 　マルクス主義　国家主義 ③**出版・文学** 　『キング』　円本　白樺派　プロレタリア文学 ④**芸術** 　演劇（新劇の発展）　美術（西洋画・日本画） ⑤**生活** 　洋風化（文化住宅）　映画　ラジオ放送	1910年代〜1930年代 （大正〜昭和初期） 大戦景気以降の都市化 →都市中間層が担い手 教育の普及 →大衆文化・市民文化

(1)

(2)

　明治維新を経て立憲体制を築き、近代国家の形をととのえていった日本では、近代的な文化を欧米から取り入れ、あるいは伝統的な文化を復興し、といった「開化と復古」を含み込んだ **近代文化** が生まれ、さらに資本主義が確立して経済活動が盛んになると、人々の生活を豊かにする文化が広がっていきました。

　近代史は登場する出来事が増えるので、文化も10年ごとのまとまりで考え、それぞれの時期における政治や社会の状況と関連させながら理解しましょう。

IV

近代・現代

1 文明開化 （明治初期、1870年代）

1870年代の、文明開化は、**明治政府の成立**のころの文化だね →第20章。

富国強兵や殖産興業と、トップダウンでの近代化が進んだ時期だ。

当時の人々は、「近代とは何か」ということを理解していたの？

　それを理解するには、**西洋の近代思想**を取り入れる必要があるよね。そして、近代国家を支える国民が必要だから、**近代的な教育制度**を採用する。さらに、政府が主導して**文明開化の風潮**も生じるけれど、まだ日本の一部にしか見られない現象だったんだよ。

　近代的な文化は、一気に日本へ入ってきたわけじゃないんだね。

① 思　想

　開国をきっかけに、欧米の学問・技術の摂取はいっそう盛んになり、幕府も蕃書調所 →第19章 を改組した**開成所**で洋学の研究や教育をおこないました。

　明治初期、欧米を見習った近代化を広げたのが、明治初期の1873（明治6）年に設立された**明六社**です。機関誌『**明六雑誌**』を発刊し、演説会を開いて、自由主義や個人主義といった**啓蒙思想**を広げるのに大きな役割を果たしました。メンバーの中心は**森有礼**（のち初代文部大臣）です。**福沢諭吉**と**中村正直**の著作を特に区別しましょう。福沢は、「天は人の上に人を造らず、人の下に人を造らず」という一節が有名な『**学問のすゝめ**』や、欧米の実情を紹介した『**西洋事情**』を著しました。中村は、『**西国立志編**』『**自由之理**』でイギリス流の功利主義（幸福を追求する考え）などを紹介しました。また、**西周**・**津田真道**・**加藤弘之**も明六社に参加しました（ただし、加藤は、のち国家主義思想に転じます）。

　フランス流の**天賦人権思想**は、人は誰でも生まれながらにして人間としての権利（自然権）を持つ、とする考え方で、自由民権運動を理論の面で支えました。土佐出身の**中江兆民**は、岩倉使節団で**フランス**へ留学した経験を持ち →第20章、ルソーの思想を『**民約訳解**』で紹介しました。同じく土佐出身の**植木枝盛**は民権思想を説き、私擬憲法「東洋大日本国国憲按」を作成しました →第21章。

文明開化(1) 〈思想〉（★は人名）

- ●**明六社**…啓蒙団体、『**明六雑誌**』を発刊
  - ★**森有礼**…明六社を主宰
  - ★**福沢諭吉** 『**学問のすゝめ**』（個人の独立を説く）
    - 『**西洋事情**』（欧米の実情を紹介）
    - 『**文明論之概略**』（西洋文明の摂取）
  - ★**中村正直** 『**西国立志編**』（個人主義）
    - 『**自由之理**』（功利主義）
  - ★**加藤弘之** 『**人権新説**』（天賦人権論を否定）
  - ★**西周**・**津田真道**…元開成所の教授
- ●**天賦人権思想**
  - ★**中江兆民** 『**民約訳解**』（『社会契約論』の翻訳）
  - ★**植木枝盛** 『**民権自由論**』

② 教　育

　明治政府は、近代国家の構成員である国民を育成するため、**文部省**を設置し（1871）、欧米の公教育制度を導入していきました。

　まず、政府は**学制**を公布し（1872）、身分・性別に関係なく等しく学ばせる**国民皆学**

文明開化(2) 〈教育〉

- ●近代的教育制度の形成
  - (1)**文部省**を設置（1871）
  - (2)**学制**（1872）…フランス流→画一的な学区制
    - ※**学制反対一揆**の発生
  - (3)**教育令**（1879）…アメリカ流→町村の自由裁量
  - (4)**教育令改正**（1880）…中央集権化が進む
- ●官立の各種学校の設立
  - **師範学校・女子師範学校**…教員を養成
  - **東京大学**（1877）…高等教育、学術研究

の方針を掲げました。フランス式の画一的な学区制を採用し、初等教育機関である**小学校**を広げようとしました。しかし、小学校の設置は地域の負担となり、各地で**学制反対一揆**が発生しました。

　その後、政府は**教育令**を公布し（1879）、アメリカ式の自由主義的な制度を採用し、小学校の設立を町村の自由裁量に任せました。しかし、翌年の**教育令改正**によって、中央集権と政府の監督が強化されました。

　また、学校教員を養成する**師範学校**・女子師範学校や、工部省の管轄で産業教育をおこなう**工部大学校**など、官立の専門教育学校も設置されました。そして、旧幕府以来の学校を統合した**東京大学**（1877）が高等教育機関の中心となり、外国人教師（御雇い外国人）を招いて学問を日本へ導入しました。

　近代教育のあり方について、江戸時代の**藩学（藩校）**や**寺子屋**などと比較し、対象や目的の違いを考えてみましょう→第18章。

③ 宗　教

　宗教については、神道・キリスト教・仏教の三つに分けて見ていきます。

(1)　明治新政府は、神道国教化には失敗したが、神道を国民教化の手段とした

　王政復古の大号令で成立した明治政府は→第19章、天皇の権威を広めるため、祭祀と政治を一体とする**祭政一致**を表明し、**神道**を天皇と結びつけて**国教**にしようとしました。

　まず、**神仏分離令**で、奈良時代の天平文化以来続いてきた神仏習合を禁止し→第7章、続いて**大教宣布の詔**を発したものの、結局は神

> **文明開化③〈宗教〉**
> ●神道・仏教
> 　(1)**神仏分離令**（1868）…神仏習合を禁止
> 　　※**廃仏毀釈**の広まり…仏教界に打撃
> 　(2)**大教宣布の詔**（1870）…神道国教化（→失敗）
> ●キリスト教
> 　(1)**五榜の掲示**（1868）…江戸幕府の禁教を継承
> 　　※浦上で潜伏キリシタンを弾圧する事件が発生
> 　(2)キリスト教禁止の高札を廃止（1873）

道の国教化は実現できませんでした（近代国家には信教の自由があります）。

　しかし、政府は全国の神社を管理し、**国家神道**を天皇崇拝など国民教化のために利用しました。また、祝祭日として**紀元節**（初代神武天皇が即位したとされる日、2/11）・**天長節**（明治天皇の誕生日、11/3）を制定しました。

(2)　キリスト教は、はじめ禁じられ、のち黙認された

　幕末、開港場横浜には外国人宣教師が来日し、医療や教育活動のかたわら和英辞書を編纂したアメリカ人**ヘボン**など、欧米の文化を日本へ伝える者もいました。

明治政府は**五榜の掲示**でキリスト教を禁じるなど →第20章、江戸幕府の禁教政策を受け継ぎました。そして、神道国教化を進めるなか、長崎の浦上（大浦天主堂）で潜伏キリシタンが信仰を告白すると、これを弾圧しました。しかし、こうした迫害は列強からの抗議をまねき、政府はキリシタン禁止の高札を廃止し、キリスト教を黙認することになりました。

(3) 仏教は、神道と分離したことで、攻撃を受けた

江戸幕府の滅亡で、寺社奉行や本山・末寺の制による寺院制度は消滅し、寺請制度による宗教統制もなくなりました →第14章。そして、明治新政府が**神仏分離令**を発すると、神道の側に立つ国学者や神官を中心に、仏教勢力を攻撃する**廃仏毀釈**が広がり、各地で寺院の破壊や仏像の流出などが発生しました。

④ 生　活

文明開化の風潮で、一番影響を与えたのは、暦の変化です。明治政府は、月の満ち欠けをもとにした**太陰太陽暦**を廃し、太陽の公転をもとにした**太陽暦**を採用しました（旧暦の1872〈明治5〉年12月を、新暦の1873〈明治6〉年1月とした）。さらに、1日24時間制や七曜制（日曜日を休日とする）を採用したため、日常生活のリズムが江戸時代までと大きく変わることになりました。

欧米風の衣食住も、東京など大都市の一部に広まりました。**洋服**は、役人・軍人から民間へ拡大していき、ちょんまげを切った「**ざんぎり頭**」が文明開化の象徴となりました。外食として**牛鍋**が流行しました。銀座通りなどには**煉瓦造**の建物が建ち、夜には**ガス灯**がともり、**人力車**（道路上を人が引く車）や**鉄道馬車**（レール上を馬に引かせる車）が走りました。

ポイント ▶ 文明開化

思想：**明六社**（**森有礼**が中心）、『**明六雑誌**』を発刊
　　　　福沢諭吉『**西洋事情**』『**学問のすゝめ**』　**中村正直**『**自由之理**』
　　　　天賦人権思想…**中江兆民**『**民約訳解**』
教育：**学制**（1872）…**国民皆学**、フランスを参考　※**学制反対一揆**
　　　　教育令（1879）…自由主義的（のち中央集権化）
宗教：**神仏分離令**→**廃仏毀釈**　**大教宣布の詔**…神道国教化は失敗
　　　　紀元節（神武天皇の即位）・**天長節**（明治天皇の生誕）
　　　　五榜の掲示でキリスト教禁止→のち黙認
生活：**太陽暦**（1873）　**ざんぎり頭**、**牛鍋**、**煉瓦造・ガス灯**、**人力車**

2 明治の文化（1880年代〜1900年代）

次に来る**明治の文化**は、**1880年代から1900年代**の文化か。この時期には、立憲体制が形成されたり、日清戦争・日露戦争に勝利したり、条約改正が達成されたりして、日本が近代国家となっていった時代だね。自分でいうのもなんだけど、復習はバッチリ！

そういったなかで、人々に、近代国家の国民としての意識が広がっていく時代でもあるから、ナショナリズムが高まった。すると、伝統文化を評価する動きが見られたりもしたんだ。**国家主義**と呼ぶよ。

1870年代の文明開化の時期は、欧米の文化を取り入れてばかりだったから、その反動もあるのかな。1880年代の井上馨の条約改正交渉というと、極端な欧化主義だったし。うん、私も復習はバッチリ！

それと、明治初期は、政府がトップダウンで欧米の文化を取り入れようとしたけれど、明治中期ごろになると、人々がみずから欧米の文化を身につけ、あるいは改良していくようになった。そして、交通・通信の発達もあって、そういった文化は日本全体に広がったんだよ。

古いものと新しいものを含んだ、国民の文化が作られたんだね。

① 思　想

1880年代から1890年代にかけて高まった**国家主義**と、1900年代に起こった国家主義に対する疑問、さらに宗教界の動向について見ていきます。

(1) 欧化主義への反発から起こった国家主義は、日清戦争を機に高まった

1880年代は、国家主義が起こった時期です。朝鮮で**壬午軍乱・甲申事変**が発生し→第22章、日本と清が対立すると、日本の独立と国家の権利拡張を重視する**国権論**が台頭しました。自由民権運動の**大阪事件**や、**福沢諭吉**が新聞『時事新報』で発表した「**脱亜論**」を確認しましょう→第22章。

さらに、**井上馨**の条約改正交渉が進むと→第22章、1880年代後半には**欧化主義への反発**が生まれました。**徳富蘇峰**は、政府が進める欧化は貴族的欧化であると批判し、平民（地方有力者）の生活向上や自由拡大で欧化を進めるべきだとする**平民的欧化主義（平民主義）**を唱えました（**民友社**を設立、雑誌『**国民**

之友』を発刊）。これに対し、三宅雪嶺は、欧米に対抗して国家が独立することを重視し、日本人の国民性や日本の伝統的美意識を尊重すべきだとする**国粋保存主義（国粋主義）**を唱えました（**政教社**を設立、雑誌『日本人』を発刊）。陸羯南は、三宅と同じ立場で**国民主義**を唱え、新聞『日本』を発刊しました。

明治の文化① 〈思想〉（★は人名）
●国家主義
○平民的欧化主義：★徳富蘇峰
民友社、雑誌『国民之友』（1887）、『国民新聞』
※日清戦争を機に、国家主義へ転換
○国粋保存主義：★三宅雪嶺
政教社、雑誌『日本人』（1888）
○国民主義：★陸羯南
新聞『日本』（1889）
○日本主義：★高山樗牛
雑誌『太陽』（1895）
●国家主義への疑問に対する対応
戊申詔書（1908）：〔第2次桂太郎内閣〕

　1890年代になると、日清戦争の勝利で国民のナショナリズムが高まり、三国干渉でロシアへの対抗意識も生まれました →第22章 。こうした風潮のなか、徳富蘇峰は対外膨張論を主張して国家主義に転じました。そして、高山樗牛は日本の大陸進出を賛美し、雑誌『太陽』で、日本の伝統を重視する**日本主義**を唱えました。

（ちなみに…徳富蘇峰は「平民的欧化・民友社・国民之友」なので「ミン・ミン・ミン・ミン」、「高山樗牛・太陽」は「た・た」の音で始まります）

⑵　日露戦争のころ、社会主義とともに、国家主義への疑問が広がった

　1900年代は、産業革命の進展と労働運動の高まりを受けて、**社会主義**運動が発生した時期でした →第23章 。

　日露戦争に勝利した日本は欧米と対等な「一等国」となり、国家の目標は達成されましたが、国民の生活は増税と不況で苦しいものでした。都市では個人主義・虚無主義が広がり（志望大学に合格したあとの五月病のようなもの？）、農村では地方社会の利益を重視する考え方が広がっていきました。こうした国家主義への疑問に対し、〔第2次桂太郎内閣〕は**戊申詔書**を発して（1908）、国家を支える勤勉・節約などの国民道徳を強化しました →第22章 。

⑶　宗教では、欧米伝来のキリスト教と伝統的な神道・仏教とが競合した

　明治時代、キリスト教は外国人教師の影響で青年知識人の一部に広がり、近代思想を伝える活動を展開しました。**札幌農学校** →第20章 でアメリカ人**クラーク**の影響を受けた**内村鑑三**や**新渡戸稲造**、熊本洋学校でジェーンズの影響を受けた**海老名弾正**を知っておきましょう。また、キリスト教会は人道主義の立場から廃娼運動（公娼制度の廃止を要求）などを展開しました。

　仏教では、政府の神仏分離令を受け、**島地黙雷**が完全な神仏分離を進めるこ

とで仏教界の復興と革新をはかりました。また、幕末のころに発生した**天理教**（中山みき）・**黒住教**（黒住宗忠）・**金光教**（川手文治郎）などの民間神道は →第18章、**教派神道**として政府に公認されました。

② 教　育

　近代的な教育制度は、明治時代の中期・後期にととのえられていきました。初等教育（小学校）と高等教育（大学）のあり方を中心に見ていきましょう。

(1)　明治憲法体制の確立とともに、それに適合する教育制度の整備が進んだ

　1880年代、**立憲体制の形成**とともに →第21章、国家主義的な教育制度も整備されていきました。

　初代文部大臣**森有礼**のもとで、政府は**学校令**を公布しました（1886）。これは、小学校令・帝国大学令などの総称で、国家主義的な学校制度を体系化したものでした。初等教育では、小学校に原則4

明治の文化②〈教育〉（★は人名）
●近代的教育制度の確立
　(1)**学校令**（1886）…森有礼文相、国家主義的制度
　(2)**教育勅語**（1890）…忠君愛国を強調
　　※**内村鑑三不敬事件**の発生
　(3)教科書が検定制から**国定制**へ（1903）
　(4)義務教育を**4年**から**6年**へ拡張（1907）
　　※明治末期、義務教育の就学率は90％以上に
●私立学校の設立
　慶應義塾（1868→慶應義塾大学）…★**福沢諭吉**
　同志社英学校（1875→同志社大学）…★**新島襄**
　東京専門学校（1882→早稲田大学）…★**大隈重信**
　女子英学塾（1900→津田塾大学）…★**津田梅子**

年間の**義務教育**が明確になりました。高等教育では、東京大学を**帝国大学**に改組して、官僚養成機関・学術研究拠点としての機能を持たせました。のち、東京帝国大学に加え、京都帝国大学など官立の帝国大学が、昭和初期にかけて植民地を含む各地に創設されていきました。

　さらに、大日本帝国憲法が制定された直後に**教育勅語**（教育に関する勅語）が発布され（1890）、天皇を中心とする明治憲法体制を支える教育理念として、**忠君愛国**が強調されました（儒教道徳と国家主義による、天皇や国家への奉仕）。教育勅語は各学校に下されて奉読されるなか、**内村鑑三不敬事件**が起きました（1891）。第一高等中学校の教員でキリスト教徒の内村鑑三が、教育勅語への拝礼を拒否したことを理由に、辞職させられたのです。

(2)　明治末期に至り、近代的な教育は国民の間に広く普及した

　その後、高等女学校令で（1899）、男子の中学校と並ぶ高等女学校に法的な根拠がととのい、良妻賢母をめざす教育がおこなわれました。

　小学校の教科書は、それまでの**検定制**に代わり、文部省が作成した**国定教科**

書のみの使用になりました（1903）。国家による教育統制が強まったのです。

その一方、**義務教育**は、明治末期にその年限が**4年間から6年間**に延長され（1907）、広く国民の間に普及していきました。明治初めの就学率は、男子が約40%、女子が約20%でしたが（男子が女子よりも高かった）、のち男子・女子ともに就学率が伸び、明治末期には男女ともに90%以上となりました。

(3) 特徴的な民間の私立学校が創設された

明治初期から、さまざまな**私立学校**が創設されました。ただし、大学としての認可を得られず、専門学校の扱いでした（大正時代の**大学令**で、私立大学として認可されていく →第24章）。**福沢諭吉**の**慶應義塾**、**新島襄**の**同志社英学校**、**大隈重信**の**東京専門学校**、**津田梅子**の**女子英学塾**を知っておきましょう。

③ 学 問

欧米の近代的な学問研究は、はじめは富国強兵・殖産興業を進める目的で、外国人教師に学ぶ形でおこなわれました。のち、日本人学者オリジナルの専門研究も登場しました。

外国人教師は、出身国にも注目しましょう。立憲体制の形成では、ドイツ人**ロエスレル**と**モッセ**や、フランス人**ボアソナード**が登場しました →第21章。また、大日本帝国憲法が発布されたときの様子は、ドイツ人医学者**ベルツ**の日記に書かれました →第21章。大森貝塚を発見し、縄文時代の考古学

明治の文化③ 〈学問〉（★は人名）
●外国人教師
★ロエスレル（独）…憲法草案へ助言
★モッセ（独）…地方制度を整備
★ボアソナード（仏）…民法を起草（→民法典論争）
★クラーク（米）…札幌農学校
★ベルツ（独）…医学・『ベルツの日記』
★モース（米）…動物学・大森貝塚を発見
★フェノロサ（米）…哲学・日本古美術の発見
★フォンタネージ（伊）…西洋画
★ラグーザ（伊）…彫刻
★コンドル（英）…建築
●人文・社会科学
★田口卯吉…『日本開化小史』（文明史論）
★久米邦武…論文「神道は祭天の古俗」
●自然科学
★北里柴三郎（医学）…ペスト菌発見　伝染病研究所
★志賀潔（医学）…赤痢菌発見
★高峰譲吉（薬学）…タカジアスターゼ・アドレナリン
★鈴木梅太郎（薬学）…オリザニンの抽出
★長岡半太郎（物理学）…原子構造の研究
★大森房吉（地震学）…大森式地震計の発明

研究に貢献したアメリカ人**モース**は、動物学者です →第1章。アメリカ人**フェノロサ**、イタリア人**フォンタネージ・ラグーザ**、イギリス人**コンドル**は、美術史で登場します。

人文・社会科学は歴史学・文学・経済学・法律学など文系の学問で、**田口卯**

吉が『日本開化小史』で文明史を論じる一方、帝国大学教授の**久米邦武**は、論文「神道は祭天の古俗」の内容が、伝統を重視する神道家から非難され、帝大を辞職しました。

自然科学は理系の学問で、医学では**北里柴三郎**（ペスト菌の発見・**伝染病研究所**の設立）と**志賀潔**（赤痢菌の発見）、薬学では**高峰譲吉**（タカジアスターゼ創製・アドレナリン抽出）と**鈴木梅太郎**（オリザニン（ビタミンB_1）の抽出）、物理学では**長岡半太郎**（原子構造の研究）、地震学では**大森房吉**（地震計の発明）を知っておきましょう。

④ 出版・文学

近代文化の大きな特徴の一つは、江戸時代以上に出版が盛んになったことです。明治初期、本木昌造が活字生産の技術を導入して**活版印刷技術**が発達したことが、その背景にありました。これが、ジャーナリズムの発達を促し、文学を広く流布させることにつながりました。

(1) 新聞・雑誌が次々と発刊されて、ジャーナリズムが発達した

新聞は、民権派の政治評論から始まった**大新聞**と、娯楽面が中心の**小新聞**があり、初の日刊新聞は『**横浜毎日新聞**』（1870）です。

雑誌は、明治後期に**総合雑誌**が登場し、政治・経済・社会・文化の評論が盛んにおこなわれました。『**中央公論**』はその代表例で、のち大正デモクラシー

明治の文化④〈出版〉（★は人名）

●新聞
『**横浜毎日新聞**』…日本初の日刊新聞
『時事新報』…★福沢諭吉「脱亜論」を掲載
『日本』…★陸羯南　国民主義
『国民新聞』…★徳富蘇峰　政府の御用新聞
『万朝報』…日露戦争の非戦論から主戦論へ転換
『平民新聞』…★幸徳秋水・堺利彦（平民社）　日露非戦論

●雑誌
『明六雑誌』（1874〜75）…明六社
『国民之友』（1887）…民友社　★徳富蘇峰
『日本人』（1888）…政教社　★三宅雪嶺
『太陽』（1895）…★高山樗牛
『**東洋経済新報**』（1895）…★石橋湛山が記者で活躍
『**中央公論**』（1899）…総合雑誌　デモクラシー論壇
『青鞜』（1911）…★平塚らいてう（青鞜社）　文学雑誌

をリードする存在の一つとなっていきました（吉野作造の民本主義が掲載されたのも『中央公論』です→第24章）。

(2) 文学は、それぞれの時代状況を反映して、文学理論（ジャンル）が展開した

1870年代（明治初期）は、江戸文学（読本・滑稽本）の系統にある**戯作文学**が人気で、**仮名垣魯文**が牛鍋など文明開化の風潮を描きました。

1880年代、自由民権運動が高揚すると、民権運動の宣伝を目的とする政治小説が登場し、矢野龍溪らの民権運動家がこれを執筆しました。

1880年代の井上外交における欧化政策は反発を生みましたが、文学には欧化の影響が及びました。写実主義は、西洋の文芸理論をもとに、人間の心理や世相を客観的に描写しようとするもので、坪内逍遙が評論『小説神髄』のなかで提唱しました。これに応じて、二葉亭四迷は日常語を用いる言文一致体を実践した

明治の文化(5)〈文学〉（★は人名）
●戯作文学：★仮名垣魯文『安愚楽鍋』
●政治小説：★矢野龍溪『経国美談』
●写実主義：★坪内逍遙『小説神髄』(評論)
★二葉亭四迷『浮雲』…言文一致体
★尾崎紅葉『金色夜叉』
●理想主義：★幸田露伴『五重塔』
●ロマン主義：※雑誌『文学界』…★北村透谷
★森鷗外『舞姫』
★樋口一葉『たけくらべ』
★与謝野晶子『みだれ髪』(歌集)
★正岡子規…俳句の革新運動
●自然主義：★国木田独歩『武蔵野』
★島崎藤村『破戒』
★田山花袋『蒲団』『田舎教師』
●反自然主義：★夏目漱石『吾輩は猫である』
『坊っちゃん』
●社会主義的：★石川啄木『一握の砂』(歌集)
『時代閉塞の現状』(評論)

小説として、『浮雲』を発表しました。写実主義の影響は、硯友社を結成して大衆的な作品を書いた尾崎紅葉や、東洋的な理想を追求した幸田露伴にも及びました。こうして、江戸文学の伝統を継承する戯作文学・政治小説に対し、写実主義は、近代文学の基礎を築くという意味を持ち、こののちは、さまざまな文芸理論を欧米から取り入れて近代文学が発展していきます。

1890年代（日清戦争の前後）には、人間の自由な精神と感情表現を重視するロマン主義文学が盛んになりました。その中心となったのは北村透谷の雑誌『文学界』です。また、森鷗外らが登場しますが、女性の活躍に注目しましょう。樋口一葉は小説『たけくらべ』で女性の悲哀や思春期の少年少女を描き、与謝野晶子は情熱的な短歌をよみました（与謝野は日露戦争に際して、反戦詩「君死にたまふこと勿れ」を雑誌『明星』に発表しました→第22章）。一方、写生にもとづく俳句の革新運動を、正岡子規が提唱しました。

1900年代（日露戦争の前後）には、社会の暗い現実をありのままに描く自然主義文学が、国木田独歩・島崎藤村・田山花袋を中心に盛んとなりました。

明治末期には、自然主義に対し、国家・社会と個人の内面との対立を描き、近代化の未熟さを表明した夏目漱石が登場しました。また、石川啄木は社会主義思想をベースに生活苦をうたった詩歌を発表し、国家を批判しました。

⑤ 芸　術

　芸術にも、欧米の近代的なものの導入・摂取と、日本の伝統的なものの復興・革新という二つの側面が見られました。

⑴　演劇は、日本の伝統劇と、欧米から導入した近代劇があった

　歌舞伎では、江戸時代以来の伝統を改良・発展させる動きが起こりました。幕末に登場した作者の**河竹黙阿弥**は〔→第18章〕、明治初期に文明開化の新しい風俗を取り入れた作品を発表しました（**散切物**）。そして、明治中期にはすぐれた俳優が活躍し、名前の頭文字を取って「**団菊左時代**」と呼ばれました。

　新派劇とは伝統を改良した劇のことで、自由民権運動を盛り上げる**壮士芝居**から発展し、日清戦争のころから戦争劇・家族悲劇などを上演して人気を得ました。**川上音二郎**は、壮士芝居のなかで**オッペケペー節**（政治・時事を風刺する演歌）を歌い、新派劇の創始に関わりました。

　新劇とは歌舞伎・新派劇に対する近代劇のことで、日露戦争後に出現し、シェークスピアやイプセンなどの海外の脚本を翻訳して上演しました。**坪内逍遙**・**島村抱月**の**文芸協会**と、**小山内薫**の**自由劇場**が、その代表です。

⑵　音楽では、西洋音楽が軍隊や学校に取り入れられた

　西洋音楽は、まず軍楽隊に導入され、**伊沢修二**の努力で小学校教育に西洋風の**唱歌**が採用されました。専門教育では、1880年代に**東京音楽学校**が設立され、「荒城の月」を作曲した**滝廉太郎**らが輩出しました。

⑶　美術では、西洋の絵画・彫刻がもたらされ、日本画の復興も見られた

　西洋画は、明治初期、政府主導による文明開化のもとで発展しました。政府は**工部美術学校**を設立し、イタリア人**フォンタネージ**の指導で西洋美術教育をおこないました。そして、**高橋由一**が日本近代の洋画を開拓しました。

　政府が伝統美術を重視するようになると、西洋画は一時衰退しましたが、**浅井忠**が初の洋画団体である**明治美術会**を結成し、フランスに留学して印象派を学んだ**黒田清輝**が帰国すると、西洋画は再び盛んになりました。黒田は洋画団体の**白馬会**を結成して外光派（明るい画風）の中心となり、**青木繁**らも参加しました。

　日本画は、1880年代、井上外交における欧化主義への反発から、伝統美術を復興する気運が高まるなかで、新たな発展が見られました。アメリカ人**フェノロサ**は日本の伝統美術の保存と復興を唱え、東洋文化の優秀性を主張する**岡**

倉天心とともに、東京美術学校（1887）の設立に力を尽くしました。東京美術学校では、日本美術の教育がおこなわれました（のち西洋画科も設置）。こうした政府の保護姿勢により、狩野芳崖らが活躍し、日本画団体の日本美術院も岡倉天心らにより結成されました。

彫刻では、イタリア人ラグーザが工部美術学校で指導し、西洋の彫塑（ブロンズなどの原型となる塑像を形作っていく）が導入されました。仏像彫刻を受け継いだ、伝統的な木彫の高村光雲と、フランスに留学してロダンに師事した、西洋流の彫塑の荻原守衛が有名です。

明治の文化⑥〈芸術〉（★は人名）
●西洋画
★高橋由一「鮭」
★浅井忠「収穫」
★黒田清輝「湖畔」「読書」
★青木繁「海の幸」
●日本画
★狩野芳崖「悲母観音」
●彫刻
★高村光雲「老猿」
★荻原守衛「女」
●建築
★コンドル（英）…ニコライ堂
★辰野金吾…日本銀行本店
（大正時代に東京駅を設計）
★片山東熊…旧東宮御所（赤坂離宮）

明治末期には、国家が主導して日本美術と西洋美術の共存・統合をはかり、文部省が文部省美術展覧会（文展）を開催するようになりました（1907）。

⑷　建築では、近代的な建築技術・様式が導入された

明治初期の建築では、小学校校舎として建てられた開智学校（現・長野県松本市）に見られるように、伝統的な技術と西洋の様式が融合したものが登場しました（擬洋風建築）。

本格的な西洋建築は、イギリス人コンドルによってもたらされました。コンドルは教会聖堂のニコライ堂を設計するかたわら、辰野金吾や片山東熊を教えました。そして、辰野や片山によって造られた本格的な洋風建築が、都市の景観を変えていきました。辰野は、大正時代に東京駅を設計します。

⑥ 生 活

明治中期・後期になると、近代的な生活様式が人々の間に広がっていきました。官庁・会社・学校では、西洋風の様式（時刻に合わせて行動するパターンなど）で過ごしました。

1880年代には、大都市の中心街では電灯がともり、都市の中心部には電力を用いた路面電車が走るようになりました。

それに対して、地方農村部の家庭では石油ランプがともり、農作業の都合から太陽暦と旧暦（太陰太陽暦）の両方を使用していました。

> **ポイント** ▶ **明治の文化**
>
> 思想：**徳富蘇峰**…**平民的欧化主義**、民友社、『**国民之友**』→のち国家主義
> 　　　**三宅雪嶺**…**国粋保存主義**、政教社、『**日本人**』
> 　　　**陸羯南**…国民主義、新聞『**日本**』／**高山樗牛**…日本主義、『**太陽**』
> 　　　※国家主義への疑念に対し、〔**第2次桂内閣**〕は**戊申詔書**で対応
>
> 教育：**学校令**（1886）…国家主義的制度　小学校の**義務教育**　帝国大学
> 　　　**教育勅語**（1890）…忠君愛国を強調　→内村鑑三不敬事件
> 　　　教科書**国定制**（1903）／義務教育が**4年**から**6年**へ（1907）
> 　　　私立学校…**慶應義塾・同志社英学校・東京専門学校・女子英学塾**
>
> 学問：**北里柴三郎**…ペスト菌・**伝染病研究所**／**志賀潔**…赤痢菌
>
> 出版：『**横浜毎日新聞**』…最初の日刊紙／『**中央公論**』…総合雑誌
>
> 文学：**写実主義**（坪内逍遙『**小説神髄**』、**二葉亭四迷**）
> 　　　**ロマン主義**（**北村透谷**『**文学界**』〈雑誌〉）／**自然主義**（**田山花袋**）
>
> 演劇：**新派劇**…**川上音二郎**／**新劇**…文芸協会・自由劇場（**小山内薫**）
>
> 美術：西洋画…**浅井忠・黒田清輝**／彫刻…**荻原守衛**／建築…**コンドル**
> 　　　日本画…**東京美術学校**（フェノロサ・**岡倉天心**）

3 大正〜昭和初期の文化 （1910年代〜1930年代）

　近世文化も大変だったけれど、近代文化も量が多くて大変だ！　ようやく**大正〜昭和初期の文化**まで来た〜。**1910年代から1930年代**というと、第一次世界大戦が文化にも影響を与えそうだね。

　大戦景気による工業化で、都市化が進展したよね →第24章。東京・大阪だけでなく地方都市でも、工場労働者だけでなく、企業に勤めて事務系の仕事をする**俸給生活者**（サラリーマン）が増える。それに、女性の社会進出も進んで、和文タイプライターを打つタイピスト、電話交換手、バス車掌などの**職業婦人**も増える。都市に住んで生活水準を向上させた人々が担い手となる、**大衆文化**が生まれたんだ。

　そうしたら、文化の情報を手に入れて、生活を楽しみたいな。スマホやネットはないけれど、……あれ？　テレビはあったのかな？

テレビの登場は戦後だよ。でも、大正時代の末期に**ラジオ放送**が始まった。それに、**映画**が人気を集めた。新聞・雑誌の発行部数が伸びた。こういった**マス＝メディア**の発達が、大衆文化の柱の一つだったんだよ。ところで、なぜマス＝メディアの発達が可能だったのかな？

文字を読める人々や文化を理解できる人々が増えたからかなぁ。そうか、明治時代に**義務教育が普及**していったし、大正時代には大学に進学する人も増えたから、みんなマス＝メディアを利用できたんだね。

そして、地方でも中等学校（中学校・高等女学校）への進学が増えてくると、都市の文化は農村へも広がっていったんだよ。

文化が、広く国民のものとなっていったんだね。

① 教　育

大正時代、〔原敬内閣〕は**大学令**（1918）を発し、私立大学・公立大学を認可しました→第24章。これは、大戦景気を支える理系の技術者や文系の事務職を養成するという、産業界からの要望にこたえたものでした（工業が発達すると高い技術が必要ですし、輸出が拡大すると外国とのコミュニケーションが必要ですね）。

また、明治時代以来の画一的な教育に対し、子どもの自発性を尊重して個性を引き出す**自由教育運動**が盛んになりました。

② 思想・学問

社会科学では、労働者階級の解放と平等の実現をめざす**マルクス主義**の影響が拡大し、経済学者の河上肇が書いた『**貧乏物語**』は反響を呼び、昭和初期にはマルクス主義経済学者たちが日本の社会構造を分析した『**日本資本主義発達史講座**』が刊行されました。しかし、こういった社会主義研究には制限が多く、大正時代、経済学者の森戸

大正〜昭和初期の文化①〈学問〉（★は人名）
- ●社会科学
  - ★河上肇…マルクス主義　『貧乏物語』
  - ・『日本資本主義発達史講座』（マルクス主義）
  - ★北一輝…国家主義　『日本改造法案大綱』
- ●人文科学
  - ★西田幾多郎…哲学　『善の研究』
  - ★津田左右吉…歴史学　『神代史の研究』
  - ★柳田国男…民俗学
- ●自然科学
  - ★本多光太郎…金属学　ＫＳ磁石鋼の発明
  - ★野口英世…医学　黄熱病の研究
  - ・理化学研究所…民間の研究機関（のち財閥に）

辰男は無政府主義者に関する研究を理由に処分されました。一方、国家主義思想では、**北一輝**が『**日本改造法案大綱**』を著し、軍隊のクーデタによって天皇を中核とする国家へ改造することを唱えました。これは、のち右翼のバイブルとなり、陸軍の青年将校にも影響を与えて**二・二六事件**（1936）の原因の一つとなります→第26章。

　人文科学では、哲学の**西田幾多郎**（西洋哲学と東洋思想を融合、『**善の研究**』）、歴史学の**津田左右吉**（『古事記』『日本書紀』の科学的研究）、**民俗学**の**柳田国男**（「常民」の生活史や民間伝承を調査）を知っておきましょう。津田左右吉の日本古代史に関する著作は、太平洋戦争開戦の直前、不敬とされ発禁処分になります→第27章。

　自然科学では、金属学の**本多光太郎**（ＫＳ磁石鋼を発明）、医学の**野口英世**（黄熱病の研究、アフリカで客死）を知っておきましょう。また、民間で物理・化学の応用研究をおこなう機関として設立された**理化学研究所**は、のちコンツェルンを結成して新興財閥となりました→第26章。

③ 出版・文学

　新聞・雑誌の発行部数は、どんどん伸びていきました。新聞では、毎日100万部以上を発行する『大阪朝日新聞』『東京朝日新聞』などが現れ、総合雑誌では『中央公論』に加えて『**改造**』も発刊されました。大衆娯楽雑誌の『**キング**』は毎月100万部を売り上げ、児童文学雑誌の『**赤い鳥**』（**鈴木三重吉**）は児童の自由詩や童話・童謡を掲載しました。さらに、昭和初期には1冊1円で売ることをうたった**円本**（『現代日本文学全集』など）や岩波文庫が登場して、活字文化が大衆化しました。

　文学では、雑誌『白樺』を拠点とした、人道主義（ヒューマニズム）や理想主義的な作風の**白樺派**（**武者小路実篤・志賀直哉・有島武郎**）、芸術至上主義で感覚的な美を追究する**耽美派**（**谷崎潤一郎・永井荷風**）、理知主義で鋭く現実をとらえる**新思潮派**（**芥川龍之介・菊池寛**）を区別しましょう。また、『白樺』創刊に参加した**柳宗悦**は民芸運動の先駆者で、朝鮮の芸術に理解を示しました。

大正〜昭和初期の文化② 〈文学〉 (★は人名)	
●白樺派：	★武者小路実篤『その妹』
	★志賀直哉『暗夜行路』
	★有島武郎『或る女』『カインの末裔』
●耽美派：	★谷崎潤一郎『痴人の愛』
	★永井荷風『腕くらべ』
●新思潮派：	★芥川龍之介『羅生門』『河童』
	★菊池寛『父帰る』『恩讐の彼方に』
●大衆小説：	★中里介山『大菩薩峠』
●プロレタリア文学：	★小林多喜二『蟹工船』
	★徳永直『太陽のない街』
●新感覚派：	★横光利一『日輪』『機械』
	★川端康成『伊豆の踊子』『雪国』

　大衆文化を特徴づけるのは、新聞・雑誌に連載された、歴史小説・推理小

説・空想科学小説などの**大衆小説**で、**中里介山**の時代小説『**大菩薩峠**』をはじめ、娯楽路線で人気を得ました。

　大正時代後半に労働運動・社会主義運動が高まると →第24章、雑誌『**種蒔く人**』やそれを継承する『**文芸戦線**』、あるいは雑誌『**戦旗**』を舞台に、労働者階級（プロレタリア）の過酷な生活と階級闘争を描く**プロレタリア文学運動**が盛んになりました。『戦旗』には、**小林多喜二**の『**蟹工船**』（北洋漁船の船員の闘い）や、**徳永直**の『**太陽のない街**』（みずからが体験した共同印刷争議）が掲載されました。

　昭和初期には、人間の感覚に根ざした表現を重視する**新感覚派**（**横光利一・川端康成**）が登場しました。川端は、のちに**ノーベル文学賞**を受賞します →第30章。

④ 芸　術

　新劇では、坪内逍遙とともに文芸協会を主宰していた**島村抱月**が、女優の松井須磨子と**芸術座**を結成しました。また、自由劇場を主宰していた**小山内薫**が、土方与志とともに**築地小劇場**を結成しました。築地に建設された劇場で

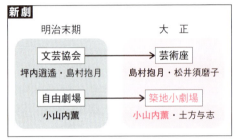

は、プロレタリア劇も上演されるなど、新劇運動の拠点となりました。
（島村抱月は「文芸協会→芸術座」で「げい・げい」、小山内薫は「自由劇場→築地小劇場」で「げき・げき」です）

　音楽では、洋楽の普及がめざましく、**山田耕筰**は交響曲の作曲家やオーケストラの指揮者として活躍し、三浦環は国際的なオペラ歌手（ソプラノ）として活躍し、プッチーニ『蝶々夫人』を演じて有名となりました。

大正～昭和初期の文化③

〈芸術〉（★は人名）
●西洋画
　★梅原龍三郎「紫禁城」
　★安井曽太郎「金蓉」
　★岸田劉生「麗子微笑」
●日本画
　★横山大観「生々流転」

　絵画では、政府主催の文展から独立した西洋画の在野団体として**二科会**が創設され、**梅原龍三郎・安井曽太郎**が活躍しました（ほか、岸田劉生の春陽会など）。さらに、日本画団体の日本美術院が**横山大観**らによって再興され、**院展**（日本美術院展覧会）が開催されました。そのほか、少年少女雑誌の挿し絵に大衆的な美人画を描いた竹久夢二も登場しました。

⑤ 生　活

　大正時代に都市化が進み、都市民の生活を豊かにする文化が登場しました。

　まず、都市化の実態から見ていきましょう。大都市の中心部には、**鉄筋コンクリート造**のビルディング（オフィスビル）が出現しました。さまざまな商品を売る**デパート**（百貨店）が発達し、私鉄は発着駅にターミナルデパートを経営しました。東京・大阪では**地下鉄**も開通しました（最初は上野・浅草間）。

　都市民の間で、生活の洋風化が進みました。洋服を着る人々が増え、盛り場には洋装の**モボ**（モダンボーイ）・**モガ**（モダンガール）が出現しました。郊外電車の沿線には、和洋折衷の文化住宅が建てられて都市中間層が居住し、一般家庭にも**電灯**が普及しました。デパートのレストランでは、**トンカツ**や**カレーライス**など、ご飯に合うよう工夫された洋食が提供されました。

　娯楽も増えました。映画は、最初は**無声映画**で**活動写真**とも呼ばれ、劇場で弁士が解説するものでしたが、昭和初期になると、音声入りの**トーキー**が出現しました。興業では、阪神急行電鉄社長の小林一三が設立した**宝塚少女歌劇団**が注目されます。ラジオ放送が東京・大阪・名古屋で開始され（1925）、**日本放送協会**（ＮＨＫ）も設立されました。ラジオは、全国中等学校優勝野球大会（のち高校野球）や東京六大学野球の実況が人気を呼びました。

ポイント　大正〜昭和初期の文化

教育：大学令（1918〔原内閣〕）…私立大学を認可

学問：**マルクス主義**…河上肇『**貧乏物語**』
　　　哲学…**西田幾多郎**／歴史学…**津田左右吉**／民俗学…**柳田国男**

出版：大衆雑誌『キング』／**円本**…1冊1円をうたう

文学：白樺派・**耽美派**・新思潮派／大衆小説…**中里介山**『**大菩薩峠**』
　　　プロレタリア文学…**小林多喜二**『**蟹工船**』・徳永直『**太陽のない街**』

演劇：新劇…**芸術座**・**築地小劇場**（**小山内薫**）／美術：**二科会**

生活：**鉄筋コンクリート造**、**デパート**、**モボ・モガ**、文化住宅
　　　映画…**無声映画**から**トーキー**へ／**宝塚少女歌劇団**／ラジオ放送開始

【1】（2012年度　追試験　※日本史Ａ）

　次の文章は、「近代日本における洋装」というテーマで調査発表をすることになった、史央理さんと由華梨さんとの会話である。この文章を読み、下の問いに答えよ。

（前略）

由華梨：　男性に比べると、女性の洋装化は遅れたみたい。日本髪は洋服と釣り合いがとれないのに、女性の断髪が禁止されていた時期もあったんだって。

史央理：　へぇ、そうなんだ。男性には散髪が奨励されて、文明開化の象徴とされたのとは対照的だね。日本髪を結ったまま生活するって、すごく大変そう。

由華梨：　そこで女性にも束髪という髪型を広める運動が起きたんだ。束髪は日本髪と比べて手軽で自由に結えて、洋装でも和装でも使える便利さから、あっというまに広まったんだって。日露戦争で日本軍が旅順を占領した頃に流行した「二百三高地」など、世相を反映した束髪もあったよ。

史央理：　和服よりも、洋服のほうが運動性にもすぐれているよね。女性が社会で広く活動できるようになるには、服装や髪型にも工夫が必要だったのね。

問　下線部に関連して、1885年に設立された「婦人束髪会」の趣旨を記した次の史料を読み、下の文Ｘ・Ｙの正誤の組合せとして正しいものを、下の①〜④のうちから一つ選べ。図はこの史料が掲載された出版物である。

史料

　従前の慣習たる島田髷・丸髷（注1）などの如きは、種々況々の雑品を毛の中へ挟むが故に（中略）衛生上に害を醸すこと僅かならず。よつて現に此束髪会を設け、従前の弊害を脱せんとするの工夫なり。（中略）是乃ち文明進歩人智発達の期にかなふが故に、其便利と経済と衛生上などを思ふ為なり。然りと雖も、いまだ旧習を踏むの徒は此束髪会に変ぜし婦人を見て、お転婆あるいは刎上りなどと風潮（注2）すれど、そは

訣て信とするに至ず。是一時風俗の遷するを羨みて云者なれば、是等の人に欺かれて止り給ふこと勿れ。

（注1）　島田髷・丸髷：日本髪の代表的な髪型。

（注2）　風潮：言いふらすこと。吹聴。

図　『大日本婦人束髪図解』

X　この史料は、髷を結う従来の習慣を文明進歩の時代にかなうとしている。

Y　この史料は、束髪を結う女性を批判する人がいることを指摘している。

①　X　正　　Y　正　　　②　X　正　　Y　誤
③　X　誤　　Y　正　　　④　X　誤　　Y　誤

解説　**会話文を読んで要旨をとらえ、図を見てイメージをつかんだうえで、史料を読み取っていく**問題です。【近代日本において女性の洋装化は男性よりも遅れたが、旧来の日本髪を改めて束髪を広げる運動が起きると、便利な束髪は広まり、女性の社会進出に寄与した】という会話と、さまざまな髪型を可能とする自由な束髪が描かれた図をふまえ、史料を読んでいきます。

X　「髷を結う従来の習慣」について、史料は「島田髷・丸髷（日本髪の髪型）」を「衛生上に害を醸す」「従前の弊害」などと否定的にとらえていますので、「文明進歩の時代にかなう」は誤りです。逆に、史料では「束髪会を設け、従前の弊害を脱せんとするの工夫」が「文明進歩人智発達の期にかなふ」と述べられています。

Y　「束髪を結う女性を批判する人がいることを指摘」について、史料に「いまだ旧習を踏むの徒」が「お転婆あるいは刎上りなどと風潮す（＝言いふらす）」とあるので、正しいです。

⇒したがって、③（X　誤　　Y　正）が正解です。

解答

第26章 政党内閣の時代と満州事変

年代	内閣	政治・外交	対アジア外交	経済
1920年代	原	(1)		**2 恐慌の連続と昭和初期の財政**
	高橋			**①震災恐慌**
	加藤(友)			〔山本②〕
	山本②	**1 中国情勢の変化と昭和初期の外交**		支払猶予令
	清浦			震災手形の発生
	加藤(高)①	**①幣原外交**		日本銀行の特別融資
	加藤(高)②	〔加藤(高)①〕〜護憲三派		
	若槻①	〔加藤(高)②〕〜憲政会		**②金融恐慌**
		〔若槻①〕〜憲政会	**②中国統一の進展**	〔若槻①〕〜憲政会
		対中国：内政不干渉	国民党が北伐を開始	震災手形処理
		既得権益は維持(満州)	(軍閥政権を打倒)	→取付け騒ぎ
			→幣原外交への批判	台湾銀行救済に失敗
	田中(義)	**③田中外交**	**④山東出兵**	〔田中(義)〕〜政友会
		〔田中(義)〕〜立憲政友会	北伐へ干渉	支払猶予令
		対欧米：協調(不戦条約)	張作霖爆殺事件	日本銀行の非常貸出
		対中国：強硬方針	(関東軍)	
		⑤田中内閣の反共政策		
		第1回普通選挙		
		→三・一五事件		
		→治安維持法改正		
1930年代	浜口	**⑥幣原外交の復活**		**③井上財政(デフレ)**
		ロンドン海軍軍縮条約		〔浜口・若槻②〕
		→統帥権干犯問題		金輸出解禁(1930)
				→為替安定をはかる
	若槻②	**3 満州事変と軍部の台頭**		緊縮財政
		②ファシズム化	**①満州事変**	産業合理化
		軍部・右翼の台頭	柳条湖事件（1931）	世界恐慌下で輸出減
		十月事件	→関東軍の戦線拡大	→昭和恐慌の発生
	犬養	血盟団事件	リットン調査団	**④高橋財政(インフレ)**
		五・一五事件（1932）	第1次上海事変	〔犬養・斎藤・岡田〕
		→政党内閣が終わる	「満州国」建国	金輸出再禁止(1931)
		滝川事件	日満議定書	→円安で輸出増
	斎藤	(滝川幸辰)	国際連盟脱退通告	→ソーシャル・ダンピング
		天皇機関説問題		管理通貨制度
		(美濃部達吉)	ワシントン体制離脱	→予算の増加(軍需)
	岡田	二・二六事件（1936）		→重化学工業が成長
		(3)		(2)

第 26 章 の テ ー マ

　第26章は、昭和初期の外交、大正後期～昭和初期の経済、昭和初期の政治を扱います。

(1)　1920年代後半から1930年代初めまでの外交史では、幣原外相による幣原外交と、田中外相による田中外交が展開します。両者の共通点と相違点を理解するとともに、内閣との関連をつかみましょう。

(2)　1920年代の経済史では、戦後恐慌・震災恐慌・金融恐慌と、景気の悪い状況が続きます。そして、1930年代初めには、井上蔵相の井上財政のもとで昭和恐慌が発生します。恐慌がなぜ発生したのかを考え、さらに井上財政とそれに続く高橋財政との違いを理解しましょう。

(3)　1930年代の外交史では、満州事変と「満州国」建国、日本の国際連盟脱退という重要な動きがありました。政治史では、軍部・右翼によるクーデタやテロが発生し、学問・思想の弾圧とともにファシズム化が進みました。内閣ごとに、その過程を追っていきましょう。

1 中国情勢の変化と昭和初期の外交 （1920年代後半～1930年代初め）

　昭和時代（1926～89）の初期に入ります。政治史では「**憲政の常道**」を中心とする時期です→第24章。外交の流れと経済のしくみを理解し、内閣ごとの政治・外交・経済の展開をつかみましょう。その際、内閣の与党によって外交・経済政策が変化する点に注目します。

① 幣原外交

大正末期・昭和初期の内閣

（赤字は政党内閣、カッコ内は与党）

加藤高明 ①	加藤高明 ②	若槻礼次郎 ①	田中義一	浜口雄幸	若槻礼次郎 ②	犬養毅	斎藤実	岡田啓介
（護憲三派）	（憲政会）	（憲政会）	（立憲政友会）	（立憲民政党）	（立憲民政党）	（立憲政友会）	海軍	海軍

　まず、外交史から。1920年代の日本では、ワシントン体制を積極的に受け入れる**協調外交**が展開されました。これを1920年代なかばから受け継いだのが**幣原喜重郎**外務大臣です（**幣原外交**）。彼は、憲政会が中心の**護憲三派**を与党とする〔**第1次加藤高明内閣**〕（**日ソ基本条約**→第24章）、**憲政会**を与党とする〔**第2次加藤高明内閣**〕、**憲政会**を与党とする〔**第1次若槻礼次郎内閣**〕において外相をつとめ、欧米に対しては**協調**（アメリカ・イギリスと歩調を合わせる）、中国に対しては**内政不干渉**（政治的・軍事的な介入をおこなわない）、と

いう方針で外交にあたりました。ただし、中国への内政不干渉には、満州など
における日本の経済的な既得権益は維持するという狙いがありました。
　〔第1次若槻内閣〕のとき、大正天皇が亡くなり（1926）、大正15年から昭
和元年へ移行しました（虎の門事件に関係した摂政裕仁親王が即位→第24章）。

② 中国統一の進展

 当時の中国は、どんな状況だったの？

 復習から入ろう。清は滅びたけれど、中華民国では、軍閥が各地を
バラバラに支配し、北京政府の実権をめぐって争っていたんだ。

 〔第2次大隈内閣〕による二十一カ条の要求のときの袁世凱も、
〔寺内内閣〕が与えた西原借款のときの段祺瑞も、軍閥だよね→第24章。

 復習はバッチリだね。一方、革命運動を主導してきた孫文は、国民
党を率いて中国南部に勢力を拡大した。軍閥が主導する北京政府を解
消し、中華民国が中国国民の国家としてまとまることを望んだんだ。

 でも、「まとまりたい！」という中国国民の願いがないと、かけ声
だけじゃ空回りするんじゃないかな。

 その願いは、第一次世界大戦後の五・四運動で見られたよ→第24章。
日本は〔原内閣〕のころだね。二十一カ条の要求の撤回と山東省の返
還を求めたのは、愛国心が芽生えたからじゃないかな。「中国は自分
たちのものだ！　日本や列強のものじゃない！」ということだ。

 外国からの圧力をはね返して、国がまとまる感じだね。

 孫文は、軍閥に対抗するため、社会主義革命をめざす共産党と協力
して第1次国共合作を結成した。ただ、その直後に亡くなったよ。

 中国の歴史が大きく動くね。日本はどのように対応したのかな。

　孫文が亡くなったあとの国民党では、蔣介石が台頭し、国民革命軍（国民党
の軍隊）を率いて、北京の軍閥政権を打倒する北伐を開始しました（1926）。
軍事力による中国統一が始まったのです。蔣介石は広州から出発して南京を占
領し、国民政府を樹立しました。ところが、共産党と敵対し（国共分裂）、そ

の後は国民革命軍が単独で北伐を続けました。

　当時は〔第1次若槻礼次郎内閣〕で、外相は対中国内政不干渉の方針の**幣原喜重郎**だったので、北伐には介入しませんでした。しかし、北伐が満州まで及ぶと危険だと考えた軍部・枢密院・野党の立憲政友会が、幣原外交を「軟弱外交だ！」と非難しました。枢密院は、内閣に金融恐慌の処理を失敗させ、総辞職に追い込みました。これにより、幣原外交も終わりました。

③ 田中外交

　次の〔**田中義一内閣**〕は**立憲政友会**が与党で、**田中義一**が外務大臣を兼任しました（**田中外交**）。田中外交は、欧米に対しては**協調**関係を維持する方針で、この点は幣原外交と共通でした。日本は**ジュネーブ軍縮会議**に参加し、アメリカ・イギリス・日本で海軍軍縮を協議しましたが不調に終わり、条約は結ばれませんでした。また、戦争の違法化を進める国際的な潮流を背景に、国際紛争解決の手段としての戦争を放棄する**パリ不戦条約**（1928）に調印しました。

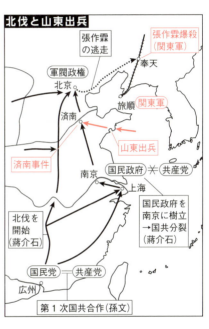

北伐と山東出兵

④ 山東出兵

　しかし、田中外交は幣原外交と異なり、中国に対しては**強硬方針**で臨み、日本の中国における権益を守るために積極的な介入をおこないました。

(1) 田中義一内閣は、中国に対する強硬外交方針のもと、山東出兵を断行した

　田中首相は、中国関係の外交官や軍人などを集めた**東方会議**を開き、中国における権益を実力で守る強硬方針を決定しました。それと並行して、**山東出兵**を断行しました（1927〜28）。中国における日本人居留民の保護を名目に、蔣介石が進める北伐に干渉したのです。このとき、日本軍が国民政府軍と衝突する**済南事件**も起きました。

(2) **関東軍は、満州軍閥の張作霖を爆殺する事件を起こした**

　当時の北京政府の中心は満州軍閥の**張作霖**で、日本は満州権益を守るために張作霖と手を結んでいました。ところが、北伐の国民革命軍は強力で、各地の軍閥は次々と敗北し、張作霖も北京を脱出して本拠地の満州へ逃げていきました。これに対し、**関東軍**は→第22章、河本大作らを中心に、弱体化した張作霖の排除と満州全域の直接支配をたくらみ、本拠地の**奉天**に戻った張作霖を列車ごと爆殺する**張作霖爆殺事件**を起こしました（日本では満州某重大事件として報道され、真相は国民に知らされませんでした）。このとき、田中首相は事件の処理の甘さで昭和天皇の信任を失い、総辞職しました。

　一方、張作霖の子の**張学良**は国民政府に合流し、蔣介石による北伐は完了しました。国民政府によって、満州も含めた中国統一が達成されたのです。関東軍が狙った満州全域の支配はできず、のちの**満州事変**につながります。

⑤ 田中内閣の反共政策

　〔**田中義一内閣**〕の政治では、共産主義を弾圧する反共政策に注目します。〔**第1次加藤高明内閣**〕の政策との関連を意識しましょう→第24章。

第1次加藤高明内閣と田中義一内閣
●〔第1次加藤高明内閣〕 　普通選挙法・治安維持法（1925）
●〔田中義一内閣〕 　第1回普通選挙・治安維持法の改正（1928）

　〔**田中義一内閣**〕の反共政策の背景となったのは、**第1回普通選挙**（1928）の実施でした。当時、社会主義勢力のなかに、議会での立法で労働者・農民の立場を守ろうとする**無産政党**が登場し、労働組合・農民組合を基盤に**労働農民党**などが結成されました。そして、第1回普通選挙のとき、無産政党から合計8名が当選しました。しかし、非合法の共産党が労働農民党を指導するなど、公然と活動したことに危機感を持った内閣は、**三・一五事件**で共産党員を検挙し、労働農民党を解散させました（翌年の四・一六事件でも共産党を弾圧）。

　そして、内閣は**治安維持法の改正**（1928）をおこない、最高刑に**死刑**を導入し、また協力者も処罰可能としました。さらに、大逆事件の直後に東京警視庁に置かれていた**特別高等課**（**特高**）を→第23章、全国の警察に設置しました。

　こうして、共産党の影響が強い政党や労働組合は活動が難しくなり、無産政党では、穏健な社会民衆党などを経て**社会大衆党**が結成されました（1932）。

⑥ 幣原外交の復活

　次の〔**浜口雄幸内閣**〕の与党は**立憲民政党**（元憲政会）に代わり、**幣原喜重郎**が再び外務大臣となりました。

(1) 浜口内閣はロンドン海軍軍縮条約を結んだが、統帥権干犯問題が発生した

　欧米との協調外交では、海軍軍縮を協議する**ロンドン会議**に参加し、全権として**若槻礼次郎**（元首相で、元憲政会の総裁）を送りました。そして、米・英・日・仏・伊で**ロンドン海軍軍縮条約**（1930）が結ばれ、主力艦よりも小規模な**補助艦**の保有量について、日本は対米・対英で約7割としました。

　しかし、この軍縮に反対する海軍軍令部や、野党の立憲政友会、民間右翼は、**統帥権干犯**を主張して内閣を攻撃しました。天皇大権である統帥権（軍の作戦・指揮権）と編制権（兵力量の決定権）は、本来別々の権限ですが→第21章、海軍軍令部は、編制権は統帥権に付属するという解釈をおこないました。つまり、政府が編制権を行使して兵力量を決定するときには、統帥権を行使する海軍軍令部の同意が必要であり、政府が海軍軍令部の同意を得ずに兵力量を決定したのは、海軍軍令部が行使する統帥権を侵害したことになる、このような理屈でした。内閣は、枢密院の承認を獲得して条約の批准に成功しましたが、浜口首相は東京駅で右翼に狙撃され、翌年に内閣総辞職しました。

(2) 第2次若槻内閣のときに満州事変が勃発し、幣原外交は破綻した

　そして、**立憲民政党**が与党のまま、〔**第2次若槻礼次郎内閣**〕が成立しました。このとき、満州で**柳条湖事件**（1931）をきっかけに**満州事変**が勃発し、関東軍が満州（中国の東北部）を侵略していきました。これは九カ国条約に違反する可能性があり→第24章、内閣は不拡大方針を表明しました。しかし、軍事行動は抑えられず、内閣は総辞職しました。こうして、満州事変の勃発によって、協調外交を方針とする幣原外交は終わりを告げたのです。

　与党の変化に注目して、内閣と外交政策との関連を追っていきましょう。

昭和初期の外交

●幣原外交	※欧米に対して協調	※中国に対して内政不干渉
〔加藤（高）①〕護憲三派 〔加藤（高）②〕憲政会 〔若槻①〕　　　憲政会	1925 日ソ基本条約	1926 北伐の開始 →〔若槻①内閣〕は不介入方針
●田中外交	※欧米に対して協調	※中国に対して強硬方針
〔田中（義）〕立憲政友会	1928 パリ不戦条約	1927 山東出兵（～1928） 1928 張作霖爆殺事件
●幣原外交	※欧米に対して協調	※中国に対して内政不干渉
〔浜口〕　立憲民政党 〔若槻②〕立憲民政党	1930 ロンドン海軍軍縮条約	1931 柳条湖事件（満州事変） →〔若槻②内閣〕は不拡大方針

2 恐慌の連続と昭和初期の財政

　次に、経済史を見ます。1920年代は、第一次世界大戦後に**戦後恐慌**（1920）となって以来→第24章、関東大震災による**震災恐慌**（1923）、銀行の経営危機が拡大した**金融恐慌**（1927）、と景気の悪い状況が続きました。

　そして、二人の大蔵大臣、**井上準之助**蔵相と**高橋是清**蔵相が登場します。**井上財政**がどのように**昭和恐慌**（1930～）をもたらしたのか、**高橋財政**がどのように日本経済を恐慌から脱出させたのか、そのしくみを理解しましょう。

① 震災恐慌（1923）

　関東大震災により、**震災恐慌**（1923）が発生しました。こうした非常事態では、被災した企業【図のA社】が**決済**（代金の支払いによる取引の完了）の期日を守るのは難しくなります【図①②③】。

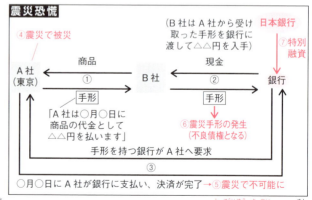

そこで、〔**第2次山本内閣**〕は期間1カ月の**モラトリアム**（**支払猶予令**）を緊急勅令で発令し、決済の期日を先送りさせました。

　しかし、銀行が持っていた手形（一定の期日に一定の金額の支払いを約束し

た証書）のなかには、不良債権（期日に代金が支払われず決済が不能となった手形）となるものがありました。こうした**震災手形**の発生に対し【図④⑤⑥】、政府は**日本銀行**に指示し、**特別融資**をおこなわせました【図⑦】。日本銀行は、震災手形を持っていた銀行にお金を貸したのです。しかし、これは一時しのぎです。銀行は、手形を振り出した企業から支払いを受けて決済を完了し、特別融資を受けた分を日本銀行に返さなくてはなりません。しかし、まだ企業の経営は回復せず、決済が終わっていない震災手形が世の中に残っていたのです。

② 金融恐慌

　銀行が震災手形を持っていると、「今の銀行にはお金がない」というイメージを広めます。企業が銀行からお金を借りにくいし、銀行の預金者も安心できない。こうした金融不安のなかで発生したのが、**金融恐慌**（1927）です。

(1) 第1次若槻内閣が震災手形の処理を進めようとして、取付け騒ぎが発生した

　昭和時代に入り、**憲政会**が与党の〔**第1次若槻内閣**〕は、**震災手形の処理**（手形の決済）を進めました。しかし、議会でその法案を審議しているとき、**片岡直温**大蔵大臣が「ある銀行が破綻した…」と失言すると（実際は破綻していなかったのです）、その話が世の中へ広まり、預金を引き出すために預金者が銀行へ殺到する**取付け騒ぎ**が拡大し、銀行の休業が相次ぎました（1927）。

(2) 危機に陥った台湾銀行を、第1次若槻内閣は救済できなかった

　金融恐慌は、まだまだ続きます。第一次世界大戦で急成長した商社の**鈴木商店**が経営危機となり、鈴木商店に大量にお金を貸していた**台湾銀行**が不良債権を抱えていました。植民地台湾の中央銀行である台湾銀行がつぶれる事態は避けたいので、政府は日本銀行からの融資で台湾銀行を救済しようとしました。当時、帝国議会が閉会中で法律が作れないため、天皇大権にあたる**緊急勅令**を用いたのですが、天皇の諮問機関である**枢密院**は〔→第21章〕、緊急勅令を認めませんでした。台湾銀行の救済に失敗した内閣は、総辞職しました。

　当時、中国での北伐の進行に対して、**幣原外交**は内政不干渉方針で臨んでいました。枢密院はこの外交に反発し、北伐の放置を続ける〔**第1次若槻内閣**〕に対し、台湾銀行の救済を失敗させて圧力をかけたのです。

(3) 田中義一内閣は、モラトリアムと日銀の非常貸出で金融恐慌をしずめた

　次の〔**田中義一内閣**〕は、元立憲政友会総裁の**高橋是清**を大蔵大臣に迎え、与党**立憲政友会**の方針である**積極財政**で、銀行の危機を救おうとしました。ま

ず、緊急勅令で３週間の**モラトリアム**（**支払猶予令**）を発令し、銀行の預金者へ預金を払い戻すことを一時停止させて、取付け騒ぎをおさめました。そして、**日本銀行**に**非常貸出**をおこなわせました。日本銀行が紙幣を大量に発行して、銀行へ供給すれば、金融機関に対する世の中の不安も解消されます。さらに、台湾銀行を救済するための特別融資を認める法案が、議会で成立しました。こうして、金融恐慌はおさまりました。

⑷　金融恐慌の結果、大銀行へ預金が集中した

　金融恐慌のなかで休業に追い込まれたのは、中小銀行が中心でした。そして、恐慌ののち、財閥系を中心とする**五大銀行**（三井・三菱・住友・安田・第一）に預金が集中し、中小銀行の整理・統合が進みました。また、財閥が系列の銀行を通して多くの企業にお金を貸して、産業を支配する傾向も強まりました。
　そして、「憲政の常道」のなかで、政党と財閥との結びつきも深まりました。三井と結んだのは立憲政友会で、三菱と結んだのは憲政会・立憲民政党です。

③ 井上財政（デフレ）

　　1920年代は、とにかく景気が悪かったんだね。震災恐慌は自然災害が原因だから仕方ないとして、経済界がもっと頑張らないと！

　　輸出が伸びなかったことが大きいよ。明治時代後期の1897年から、日本は金本位制をとっていて、為替相場は安定していた→第23章。しかし、第一次世界大戦中の1917年に、日本は金本位制を停止する**金輸出禁止**を実行し、為替相場が不安定になった→第24章。そして、第一次世界大戦後に欧米諸国は金本位制に復帰するんだけれど、日本は復帰しないままズルズルきてしまった。日本の為替相場が動揺と下落をくり返すと、貿易も不安定になってしまうんだ。

　　あれ？　為替相場の下落って、円安だよね。日本製品が安く輸出できるんだから、輸出は伸びるはずだけど……。

　　ところが、円安の傾向でも、輸出が伸びなかった。これまでの政府による恐慌対策に、その原因があるよ。

　　日本銀行がお札をたくさん刷り、困っている銀行にお金を貸したんだったね。そうか、紙幣の価値が下がって**インフレ**になる。日本製品が高くなって、外国に売れないね。それに、日本銀行からお金がやっ

てくるとわかれば、銀行と関わる企業は経営努力をしなさそうだ。

 第一次世界大戦の時期に産業が発達したけれど、日本銀行による融資が続いたことで、恐慌のときに採算がとれなくて倒産するはずの企業が生き残ってしまった。こうした、外国に売れる、安くて質のよいものが作れない状態を、**国際競争力の不足**というよ。こうして、**輸入超過**（貿易赤字）の状態が続いたんだ。

 そしたら、物価を下げて、国際競争力を強くすれば、輸出が伸びて、日本の景気はよくなるんじゃないかな。

 それが、井上財政がめざした政策なんだ。では、見ていこう。

田中義一首相は張作霖爆殺事件が原因となって辞任し、〔浜口雄幸内閣〕が成立しました。そして、大蔵大臣に迎えられた井上準之助が、**井上財政**を進めていきました。

(1) 井上蔵相は、緊縮財政によって物価を引き下げ、産業合理化を進めた

その柱の一つは、デフレ政策です。与党の**立憲民政党**（元憲政会）の方針である緊縮財政を実行し、国民に消費の節約を奨励しました。そうすると、世の中の品物が売れずに余ります。つまり、総需要が減少するので、それによって物価が下がれば、輸出が増えていくはずです。

そして、物価が下がれば、生産性の低い企業は売り上げが減って苦しくなりますから、リストラやコスト削減を進めます。なかには倒産してしまう企業もあるでしょうが、安くて質のよい商品を作って収益が出る企業だけが生き残ればよいのです。こうした産業合理化が進めば、輸出が増えていくはずです。

このように、井上財政は、産業界のあり方を改善し、**国際競争力を強化**して輸出を拡大することを狙ったのです。

ちなみに、緊縮財政のもとでは、軍事費も抑える必要があります。したがって、〔浜口内閣〕は海軍軍縮をめざすロンドン会議に参加し、**ロンドン海軍軍縮条約**に調印しました。緊縮イコール軍縮、と理解しましょう。

(2) 金本位制に復帰して、為替相場を安定させ、貿易を盛んにしようとした

もう一つの柱は、金本位制へ復帰する**金輸出解禁**（**金解禁**）です。これにより、同じ金本位制を採用する欧米諸国との間で為替相場が安定すれば、貿易が促進されます→第23章。そのうえで、国際競争力を強化し、安くて質のよい品物

が輸出されれば、輸出の増加による景気の回復が期待できます。

　ところが、井上蔵相は、当時の為替相場である新平価（100円＝約46〜47ドル）ではなく、かつて金本位制を採用していた期間（1897〜1917）の為替相場である旧平価（100円＝約50ドル）で、金本位制に復帰することを決めました。100円で約46〜47ドルしか手に入れ

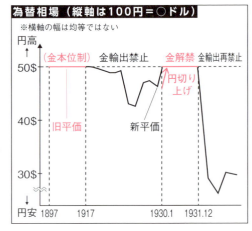

為替相場（縦軸は100円＝○ドル）

※横軸の幅は均等ではない

円高

（金本位制）　金輸出禁止　　金解禁　金輸出再禁止

50$

円切り上げ

旧平価

新平価

40$

30$

円安　1897　　1917　　　　　　　1930.1　1931.12

られない状態から、100円で約50ドルも手に入れられる状態に変われば、円の価値が上がっていますね。この**円切り上げ**（円高）によって輸出品の価格は上がるため、輸出を伸ばそうとすれば、さらに産業合理化を進める必要があります。井上蔵相は、円の国際的信用を高めるため、旧平価での金解禁を選択したのですが、国民にとっては厳しい政策でした。

(3)　世界恐慌が発生するなかで金解禁をおこなった結果、輸出が激減した

　そのころ、世界経済は危機的な状況でした。1929年10月に起きたアメリカでの株価暴落がきっかけとなって世界恐慌が発生しており、世界的な不況のなかで1930年１月、井上蔵相は予定どおり金輸出解禁を断行しました。井上は、不況は一時的なものだとして、アメリカの経済力の強さを過信したのです。

　さて、結果はどうなったのか。まず、世界恐慌の影響で、外国は日本の品物を買ってくれなくなりました。これに、旧平価での金輸出解禁による円切り上げ（円高）で、余計に日本の輸出が減りました。すると、輸入が輸出を上回って輸入超過（貿易赤字）となります。金本位制では、輸入品の代金を相手側の通貨で払っても正貨（金）で払ってもよい、というルールでしたが（➡第23章）、輸入超過のときには金で払うことになるので、**正貨**（金）が日本から大量に**流出**していきました。

　そして、デフレによる不況に産業合理化が重なると、工場の操業短縮や企業の倒産によって**労働者の失業**や賃下げが増え、**労働争議**の件数が増加しました。こうして、昭和恐慌が発生したのです（1930）。政府は、重要産業統制法（1931）を制定してカルテルを奨励し、いっそうの産業合理化を推進しました（カルテルは同じ分野の企業どうしでの協定➡第23章）。

(4) 昭和恐慌の影響は農村におよび、農業恐慌が広がった

　昭和恐慌は、農村を窮乏化させていきました。**米価が下落**したことに加え、世界恐慌の影響でアメリカへの生糸の輸出が激減すると、原料が不要となって**繭の価格も暴落**し、農業収入が激減しました。また、失業者が農村に帰ってきて農村人口が増加したものの、不況で職業に就けない状態が広がりました。

　こうして、昭和恐慌のもとで**農業恐慌**が深刻化すると、学校へ弁当を持って行くことができない（あるいは十分な食事がとれない）<u>欠食児童</u>が増えたり、借金を抱えた農家では<u>女性の身売り</u>がおこなわれたり、といった社会問題が広がり、**小作争議**も激化しました。そして、<u>恐慌をもたらした政党内閣への不満</u><u>が広っていきました。</u>

(5) 第2次若槻内閣のときに満州事変が勃発し、井上財政は実施困難になった

　井上準之助は、**立憲民政党**を与党とする〔**第2次若槻礼次郎内閣**〕でも大蔵大臣となりました。しかし、**満州事変**が勃発すると（1931.9）、軍事費を増やす必要から緊縮財政は困難となりました。さらに、世界恐慌に苦しんだイギリスが金本位制を停止し、日本も将来的な金本位制の停止が見込まれました。

　こうしたなか、財閥は、金本位制を停止したときに円安ドル高になることを想定し、今のうちに安いドルをたくさん買っておく**ドル買い**を進めました。恐慌で国民が苦しいときに「カネでカネを買う」ような金もうけをおこなったことで、財閥に対する批判が高まりました。

④ 高橋財政（インフレ）

　1930年代には、もっと景気が悪くなった！　「日本の品物が安くなって輸出が増えれば景気がよくなる」という井上財政の理屈は正しくても、世界恐慌で輸出が減っちゃった。現実はキビシイ……。

　輸出を伸ばす方法は、ほかにもある。もうキミは気づいているよ。

　円安になれば、輸出が伸びるね。そうか、旧平価で金解禁したら、円高になって輸出が伸びなかったから、金本位制をやめちゃおう！

　まぁ、円安にするために金本位制をやめるのではないんだけれど、<u>金本位制をやめたら、結果的に円安になり、輸出が伸びたんだよ</u>。それが、これから見ていく<u>高橋財政</u>の柱の一つだ。それと、輸出以外にも、景気をよくする方法があるよ。すでに日本は戦争を始めているね。

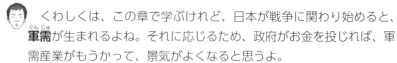

満州事変という名前が出てきたね。これから勉強するんでしょう？

くわしくは、この章で学ぶけれど、日本が戦争に関わり始めると、軍需が生まれるよね。それに応じるため、政府がお金を投じれば、軍需産業がもうかって、景気がよくなると思うよ。

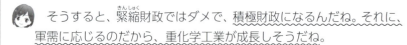

そうすると、緊縮財政ではダメで、積極財政になるんだね。それに、軍需に応じるのだから、重化学工業が成長しそうだね。

それも、高橋財政の重要な柱になるんだよ。では、見ていこう。

若槻礼次郎首相は、満州事変の拡大を止めようとして失敗し、辞任しました。そして、与党は立憲政友会に移り、〔犬養毅内閣〕が成立しました。元政友会総裁の高橋是清が再び大蔵大臣となり、次の〔斎藤実内閣〕〔岡田啓介内閣〕のもとでも蔵相を続け、積極財政での景気回復をはかりました。

(1) 高橋蔵相が金輸出再禁止を断行すると、円安になり輸出が増加した

高橋蔵相は、就任した直後に金輸出再禁止を断行し（1931.12）、日本は国際的な金本位制から離脱しました。一刻も早く、正貨（金）流出を止める必要があったからです。これにより為替相場が固定されなくなった結果、為替相場は一気に下がって円安になりました（為替相場のグラフを確認しましょう）。日本の品物が安く輸出できますから、輸出が急増し、特に綿織物の輸出はイギリスを抜いて世界第1位となりました。

しかし、欧米諸国は日本に対して「ソーシャル・ダンピング」（国ぐるみでの不当な安売り）だと非難する一方、イギリスなどはブロック経済（高い関税をかける保護貿易政策）で日本製品の流入に対抗しました。

(2) 管理通貨制度へ移行し、軍需に応じた積極財政で重化学工業が発達した

高橋蔵相は、金輸出再禁止と同時に、円を金と兌換することを停止しました。日本は国内でも金本位制から離脱し、管理通貨制度（政府が不換紙幣の発行高を管理する）へ移行しました。さらに、赤字国債を発行し、それを日本銀行に引き受けさせて（日本銀行が政府へお金を貸す形になる）、予算を増やす財政膨張をおこないました（〔犬養内閣〕与党の立憲政友会は積極財政によるインフレ政策の方針で、高橋蔵相はその後の内閣でも積極財政を続けました）。

当時、満州事変（1931～33）が起きていたため、軍事費を中心に予算を増大させました。すると、軍需品の生産が伸びますので、機械・金属・化学とい

った**重化学工業**が発達し（1930年代後半の日本では、重化学工業生産が軽工業生産を上回ることになります）、官営八幡製鉄所と民間の製鉄所が合同した日本製鉄会社も設立されました。また、このころに成長をとげたのが**新興財閥**で、重化学工業部門を基盤に、軍部と協力して大陸進出を進めました。鮎川義介の**日産**（日本産業）は満州の重化学工業を独占し、野口遵の**日窒**（日本窒素）は朝鮮に化学コンビナートを建設しました。理研は理化学研究所を母体に財閥となりました。一方、こうした重化学工業化によって、石油・鉄類・機械などの輸入をアメリカに頼る割合が増えていきました（そのアメリカと、のちに戦争することになるのですが）。

(3) 高橋財政は日本を恐慌から脱出させたが、二・二六事件で終了した

円安を利用した綿製品などの輸出増大と、軍需に応じた財政膨張による重化学工業の発達で、日本経済は恐慌から脱出しました。しかし、農業恐慌となっていた農村に対しては、自助努力をおこなわせる農山漁村経済更生運動を進めたものの、農村の景気回復は立ちおくれました。

そして、高橋蔵相が軍事費を抑え始めると軍部は反発し、〔岡田内閣〕のときの**二・二六事件**（1936）で高橋蔵相は暗殺され、高橋財政は終わりました。

井上財政と高橋財政をくらべて、しくみや方向性の違いを理解しましょう。

井上財政と高橋財政

井上財政：〔浜口・若槻②〕	高橋財政：〔犬養・斎藤・岡田〕
井上準之助蔵相の**デフレ政策**	**高橋是清**蔵相の**インフレ政策**
金輸出解禁（1930）…金本位制復帰 →為替相場の安定（旧平価は円切り上げ）	金輸出再禁止（1931）…金本位制離脱 →為替相場の下落（**円安**に）
緊縮財政によるデフレと**産業合理化** 　…輸出増による景気回復をめざす →**世界恐慌**（1929）で輸出減　　　※**昭和恐慌** →デフレと合理化で失業増加 **生糸**の対米輸出減で繭価暴落　　※農業恐慌	**管理通貨制度**…軍需対応の**積極財政** →**重化学工業**の発達 　（**日産**は満州へ、**日窒**は朝鮮へ） 円安を利用した輸出増（**綿製品**など） → 「**ソーシャル・ダンピング**」非難

③ 満州事変と軍部の台頭（1930年代前半）

① 満州事変

　大正から昭和にかけての経済史を一気に見たけど、1930年代の重化学工業の発達をもたらした**満州事変**が、なんで起きたか気になる。

　時間を、1920年代の終わりごろに戻そう。当時の中国の状況は？

　蒋介石が北伐を進めて、国民政府による統一が達成されたね。中国の人々に「自分たちの国家が誕生した！」という自覚が生まれると、満州の一部が日本のものになっているのは納得がいかない感じだね。

　実は、北伐が完了したのち、列強や日本に奪われていた権益を取り戻す**国権回収運動**が、中国で進んでいた。ナショナリズムによる民族運動の高まりだ。日本は、これをどのように受け止めたと思う？

　幣原喜重郎外相の協調外交だったら、ある程度は中国の権利を認めそうだね。でも、危機感を持って、軍事力を使ってでも満州権益を守りたいと思う勢力もいるんじゃないかな。

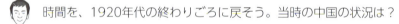

　満州は、日本にとって重要な資源供給地であり重要な市場だったか

らね。そして、**関東軍**は石原莞爾らを中心に満州の軍事占領計画を立てて、軍事侵略によって権益を確保・強化しようとしたんだよ。これが、満州事変（1931〜33）なんだ。

 満州権益って、日露戦争後のポーツマス条約で獲得したんだよね →第22章。もう一度、満州をめぐる日本の歩みを確認しておくよ！

(1) 関東軍が柳条湖事件を起こして、満州事変が勃発した

関東軍は、**奉天**（かつて関東軍が張作霖爆殺事件を起こした場所）の郊外で、南満州鉄道の線路を爆破する**柳条湖事件**（1931.9）を起こしました。そして、これを中国側の策略だとして、自衛を口実に軍事行動を開始し、満州全土を占領していきました。当時の内閣は**立憲民政党**が与党の〔**第2次若槻内閣**〕で、幣原外相の協調外交のもと、内閣は満州事変に対する**不拡大方針**をとりました。しかし世論やマスコミは軍の行動を支持し、事態を収拾できなかった内閣は総辞職しました。

満州…東三省（奉天省・吉林省・黒龍江省）
→「満州国」は、東三省＋熱河省・興安省

代わって、**立憲政友会**が与党の〔**犬養毅内閣**〕が成立しました。関東軍はさらに戦線を拡大し、これに加えて中国本土で日本軍が中国軍と衝突する**第1次上海事変**も発生しました。

(2) 関東軍は占領地に満州国を建国し、日本は日満議定書でこれを承認した

国際連盟の動きに注目しましょう。このとき国際連盟は、国民政府（蔣介石）からの訴えにもとづき**リットン調査団**を派遣していました。日本は「自衛のための軍事行動である」と主張したのに対し、中国は「日本軍による一方的な侵略である」と主張したため、どちらの言い分が正しいか調査したのです。

ところが、この調査が終わらないうちに、関東軍は、清王朝の最後の皇帝だった溥儀を執政として、**満州国**の建国を宣言させました。〔犬養毅内閣〕は、満州国を承認しないまま**五・一五事件**（1932）で倒れ、海軍の**斎藤実**を首相とする〔斎藤実内閣〕は、**日満議定書**を結んで満州国を正式に承認しました。満州国は、日本の軍人・官僚が実権を握る、事実上の植民地でした（のちに満

州国は帝政に移行し、溥儀は皇帝となりました）。

(3) 日本軍撤兵を求める国際連盟に対し、反発した日本は国連脱退を通告した

　そのあとで、**リットン報告書**が国際連盟に提出されました。その内容は、日本軍の行動を否定し、満州国の存在を否定するというものでした。これにもとづいて国際連盟の臨時総会が開かれ、日本軍の撤兵を求める（ただし日本の満州権益は認める）対日勧告案が可決されました。すると、これに反対した全権の**松岡洋右**らが総会から退場し、その直後に〔斎藤内閣〕のもとで日本は**国際連盟脱退**を通告しました（1933、発効は1935）。そして、**塘沽停戦協定**（1933）で満州事変は終結し、国民政府は満州国の存在を事実上黙認しました。

　さらに、海軍の**岡田啓介**を首相とする〔岡田内閣〕のとき、日本はワシントン海軍軍縮条約の廃棄を通告しました。ワシントン体制から離脱した日本は、大規模な軍備拡張とともに、戦時体制をととのえていきました。

　その後の満州国では、昭和恐慌の被害を受けた農村からの移住政策が進められ、のちに日中戦争が始まると満蒙開拓青少年義勇軍も組織されました。

② ファシズム化

　「**ファシズム**（全体主義）」とは、個人の自由や権利よりも全体の利益を優先させる考え方です。満州事変・国際連盟脱退という外交史の動きと同じ時期に、国内では学問・思想の統制によるファシズム化が進み、自由に物がいえない、あるいは異論を許さない、そういった雰囲気が強まっていきました。

　こうしたファシズム化の背景には、現状に危機感をいだいて政党内閣を攻撃した、**軍部の将校**（指揮官）や**右翼**の動きがありました。彼らは、中国での国権回収運動に対して「満蒙の危機」を叫び、ロンドン海軍軍縮会議を進める幣原外交や、昭和恐慌をもたらす一因となった井上財政を批判しました。そして、元老・重臣（元首相）・財閥・政党といった勢力を打倒して軍中心の国家体制にしようという**国家改造**を唱え、テロやクーデタを起こしたのです。

(1) 軍部・右翼が政党内閣を攻撃し、五・一五事件で政党内閣は終わった

　満州事変の勃発と前後して、〔浜口内閣〕のときの**三月事件**や、〔第2次若槻内閣〕のときの**十月事件**といった、陸軍の結社である桜会と右翼によるクーデタ未遂事件が発生しました（1931）。これらは、**立憲民政党**が与党の政党内閣を打倒し、軍部内閣を樹立しようとするものでした。

　さらに、**立憲政友会**を与党とする〔犬養内閣〕のとき、井上日召が率いる血盟団が**血盟団事件**を起こし（1932）、前大蔵大臣の**井上準之助**と三井財閥幹

部の団琢磨が暗殺されました。昭和恐慌をもたらした政党内閣への不満や、そのなかで金もうけに走る財閥への不満が、右翼のテロを生んだのです。

　そして、**海軍**の青年将校らが首相の**犬養毅**を殺害する**五・一五事件**（1932.5）が発生し、内閣は総辞職しました。こうした政党内閣に対する攻撃を見て、元老の西園寺公望は次の首相に政党の党首を推薦しませんでした。五・一五事件によって、「憲政の常道」と呼ばれた政党内閣の慣行は終わったのです。

(2)　学問・思想に対する弾圧が強まっていった

　国家による共産主義者への弾圧が強まるなか（プロレタリア作家の小林多喜二　→第25章 が特高に捕らえられて殺害される事件も起きました）、共産主義思想を放棄する**転向**が相次ぎました。さらに、社会主義を掲げる無産政党は、天皇のもとでの平等社会の実現や、国家による資本主義の制限といった、国家社会主義に転じました。このころ結成された**社会大衆党**もしだいに国家社会主義の傾向を強め、のちに軍に接近して戦時体制に協力しました。

　さて、五・一五事件で〔犬養内閣〕が倒れたあと成立した、**海軍**の斎藤実を首相とする〔**斎藤実内閣**〕は、政党員（立憲政友会・立憲民政党）・官僚・貴族院議員が大臣となったことから「**挙国一致内閣**」と呼ばれます。この内閣のとき、京都帝国大学教授滝川幸辰の自由主義的な刑法の学説に対し、右翼から「共産主義的だ！」と非難する声が上がり、事態をおさめたい文部省が京大に圧力をかけて滝川が休職処分となった、**滝川事件**が起きました。

　それに続く、**海軍**の岡田啓介を首相とする〔**岡田啓介内閣**〕では、陸軍省が『国防の本義と其強化の提唱』というパンフレットを作り、陸軍による政治介入を宣言して問題化しました。さらに、**天皇機関説問題**が発生しました。**美濃部達吉**の憲法学説は、憲法解釈として正統な学説とされてきましたが　→第24章、貴族院で「美濃部の学説は日本の国体に反する！」という非難が上がり、軍部・右翼による美濃部への攻撃が激しくなると、政府は美濃部の著作を発禁処分とし、美濃部は貴族院議員の辞職に追い込まれました。そして、内閣は**国体明徴声明**を発し、天皇制が日本の国体であるとして、天皇機関説を否定しました。こうして、政治の力によって学問の自由が奪われ、さらに政党政治の理論的根拠が失われることになったのです。

(3)　陸軍の青年将校による二・二六事件が発生した

　軍部・右翼による国家改造運動は、最終的に**二・二六事件**（1936.2）をもたらし、これによって〔**岡田啓介内閣**〕は総辞職することになります。その原

因は、当時陸軍のなかで起こっていた派閥争いでした。**統制派**は、財閥や官僚など既存の勢力と結んで軍の影響力を拡大し、総力戦体制をめざしました。一方、**皇道派**は、重臣や政党などの支配層を武力で排除し、天皇親政をめざしました（皇道派には右翼の**北一輝**→第25章が影響を与えています）。

この**陸軍皇道派**の青年将校が二・二六事件を起こし、1000人以上の部隊を率いて首相官邸や警視庁などを占拠して、**高橋是清**蔵相や**斎藤実**内大臣らを殺害しました。そして、戒厳令が発動され、昭和天皇の指示で彼らは「反乱軍」として鎮圧されました（青年将校や北一輝らは処刑されます）。

その結果、陸軍の内部では皇道派に代わって統制派が主導権を確立し、その後の陸軍は、あからさまな政治介入を強めることになりました。

与党の変化に注目して、内閣と経済政策との関連を追ってきましょう。

大正後期～昭和初期の政治・経済 (赤字は、政党内閣)

内閣と与党	政治	経済	
〔山本②〕		1923 震災恐慌→震災手形発生	
〔清浦〕			
〔加藤(高)①〕 護憲三派	1925 普通選挙法／治安維持法		
〔加藤(高)②〕 憲政会			
〔若槻①〕 憲政会		1927 金融恐慌 台湾銀行救済に失敗	
〔田中(義)〕 立憲政友会	1928 普選①→治安維持法改正	1927 支払猶予令・日銀非常貸出	
〔浜口〕 立憲民政党	1930 ロンドン海軍軍縮条約 →統帥権干犯問題 1931 三月事件	1930 金輸出解禁 昭和恐慌 1931 重要産業統制法	井上財政
〔若槻②〕 立憲民政党	1931 柳条湖事件→満州事変勃発 十月事件		
〔犬養〕 立憲政友会	1932 血盟団事件／五・一五事件	1931 金輸出再禁止	高橋財政
〔斎藤〕	1933 国際連盟脱退を通告 滝川事件		
〔岡田〕	1935 天皇機関説問題 1936 二・二六事件		

ポイント **満州事変と軍部の台頭**

◆事変の背景：**国権回収運動**→関東軍（石原莞爾ら）の満州占領計画

◆経過：〔**若槻②**〕**柳条湖事件**（1931）→内閣の不拡大方針

〔**犬養**〕第1次上海事変→**リットン調査団**→「**満州国**」建国

〔**斎藤**〕**日満議定書**→リットン報告書→国際連盟臨時総会

　　　　→**国際連盟脱退**を通告→塘沽停戦協定

◆ファシズム：三月事件〔浜口〕・**十月事件**〔若槻②〕…軍部クーデタ未遂

血盟団事件〔犬養〕…三井の団琢磨、**井上準之助**前蔵相殺害

五・一五事件（1932）…海軍青年将校が**犬養毅首相**を殺害

滝川事件〔斎藤〕…**滝川幸辰**が京大を休職処分に

天皇機関説問題〔岡田〕…**美濃部達吉**の学説が問題化

　　　　→**国体明徴声明**…天皇機関説を否定

二・二六事件（1936）…陸軍皇道派、**高橋是清**蔵相ら殺害

IV

近代・現代

【1】 （1994年度　本試験）

> 官報　法律　第一
>
> 朕（中略）治安維持法ヲ裁可シ、茲ニ之ヲ公布セシム。
>
> 御名御璽（注）
>
> ⓐ 摂政名
>
> 大正十四年四月二十二日
> 内閣総理大臣　子爵　加藤　高明
> 内務大臣　ⓑ若槻禮次郎
> 司法大臣　小川　平吉
>
> 法律第四十六號
> ⓒ治安維持法
> 第一条　國體ヲ變革シ又ハ私有財産制度ヲ否認スルコトヲ目的トシテ結社ヲ組織シ又ハ情ヲ知リテ之ニ加入シタル者ハⓓ十年以下ノ懲役又ハ禁固ニ處ス
> 前項ノ未遂罪ハ之ヲ罰ス
>
> （一九二五年四月二十二日発行）

（注）　御名御璽とは、天皇の署名と印のこと。

問　『官報』は、法令の公布を一つの目的として発行される政府の機関紙である。図の『官報』中の傍線部ⓐ〜ⓓについて述べた文として正しいものを、次の①〜④のうちから一つ選べ。

① 傍線部ⓐの摂政は、後に天皇になった。

② 傍線部ⓑの人物は、後に立憲政友会を基盤とする内閣を組織した。

③ 傍線部ⓒの治安維持法の公布に先立って、治安警察法は廃止された。

④ 傍線部ⓓに示された最高刑は、この法律の廃止まで変わらなかった。

解説　大正時代から昭和時代初期にかけての政治史が、総合的に問われています。**個々の知識を結びつけて覚えているかどうか、確認しましょう。**

① 図に「大正十四年」とあるので、大正天皇の「摂政」を考えます。裕仁親王は（虎の門事件で登場）、のち昭和天皇として即位しました。

② 第1次「若槻礼次郎」内閣は憲政会が与党、第2次「若槻礼次郎」内閣は立憲民政党が与党ですから、「立憲政友会を基盤とする」は誤りです。

③ 「治安警察法」（第2次山県内閣が制定）は労働運動の抑圧、「治安維持法」は共産主義団体の取り締まり、と目的が異なるので、このときに「治安警察法」は廃止されず、ともに戦後の民主化政策で廃止されました。

④ 「十年以下ノ懲役又ハ禁固」という「最高刑」の規定は、3年後の1928年、田中義一内閣によって死刑に変更されました。したがって、「この法律の廃止まで変わらなかった」は誤りです。

⇒したがって、①が正解です。

【2】（1993 年度　本試験）

　元来、養蚕農家は一体に田の作り方が少なくて、中位のものでも、取れる米は大体自分たちで食べるだけしかない。そこで養蚕農家の過半数はどうかというと、自分の食べるだけの米も十分取れないので、繭を売った金で米を買うという算段になっている。ところがこのごろの借金の重圧だ。繭の暴落だ。何十貫かの繭を持って行っても、その代金は、借金と差し引かれて一文も残らない。ひどいのはマイナスになる。

〔猪俣津南雄『踏査報告　窮乏の農村』1934 年（昭和 9 年）刊〕

問　史料に示された経済不況が始まった後で、日本がとった道について述べた文として正しいものを、次の①～④のうちから一つ選べ。
　①　シベリアに出兵し、その占領・支配を企てた。
　②　柳条湖事件を発端として、中国への侵略を拡大していった。
　③　朝鮮の内政改革に干渉し、影響力の拡大を図った。
　④　中国に二十一か条の要求をつきつけ、権益の拡大を企てた。

解説　史料の「借金の重圧」「繭の暴落」と、出典にある「1934 年（昭和 9 年）」から、昭和恐慌（1930～）のもとでの農業恐慌を想起しましょう。
①　「シベリアに出兵」したのは第一次世界大戦中で（1918）、これを決定したのは寺内内閣です。
②　「柳条湖事件を発端として、中国への侵略を拡大していった」のは満州事変です（これが 1931 年であることは覚えておきたい）。昭和恐慌の影響が拡大するなか、満州権益の維持・強化をはかる関東軍が柳条湖事件を起こし、満州を軍事占領していった、という流れになります。
③　「朝鮮の内政改革に干渉し、影響力の拡大を図った」のは、日本が朝鮮の独立党と関わりを持った、1880 年代の壬午軍乱・甲申事変に関する内容です。
④　「中国に二十一か条の要求をつきつけ」たのは、第一次世界大戦中の第 2 次大隈重信内閣のときです（1915）。
⇒したがって、②が正解です。

解答　②

年代	内閣	政治・社会	対アジア外交	対欧米外交
1930年代	斎藤	**1 日中戦争と総動員体制**	③**中国情勢の変化** 　国共内戦 　華北分離工作	
	岡田			
	広田	①**軍部の政治進出** 　軍部大臣現役武官制の復活 　国策の基準(北進・南進)	西安事件 　→国共内戦の停止	②**三国防共協定** 　独伊の全体主義化 　日独防共協定
	林			
	近衛①	⑤**戦時統制の強化** 　国民精神総動員運動 　国家総動員法 　国民徴用令	④**日中戦争** 　盧溝橋事件→日中戦争 　南京占領 　近衛声明(1～3次) 　蔣介石は重慶で抗戦	日独伊三国防共協定
	(1)			
	平沼	**2 第二次世界大戦と翼賛体制**	①**第二次世界大戦と三国同盟** 　ノモンハン事件 　(北進策の挫折)	日米通商航海条約廃棄の通告 　独ソ不可侵条約 　第二次世界大戦
	阿部			
1940年代	米内	②**翼賛体制の成立** 　新体制運動(近衛文麿) 　大政翼賛会(隣組など) 　大日本産業報国会 　国民学校令	北部仏印進駐(南進)	日独伊三国同盟 　日ソ中立条約
	(2)			
	近衛②			
	近衛③	**3 太平洋戦争と敗戦**	①**太平洋戦争の展開** 　関東軍特種演習(北進) 　南部仏印進駐(南進) 　真珠湾攻撃・マレー半島上陸 　→太平洋戦争の開戦 　ミッドウェー海戦 　大東亜会議 　サイパン島陥落 　※「皇民化」政策	独ソ戦争 　アメリカの対日石油禁輸 　ハル=ノート 　→日米交渉の決裂 　カイロ会談 　ヤルタ会談
	東条	②**戦時下の国民生活** 　翼賛選挙 　※供出制 　　配給制・切符制 　学徒出陣 　学童疎開		
	小磯			
	鈴木(貫) (3)	③**敗戦** 　ポツダム宣言受諾→敗戦	沖縄戦 　原爆投下・ソ連の参戦	ポツダム会談

第 27 章 の テ ー マ

第27章は、日中戦争と太平洋戦争の時期における、政治・外交を中心に扱います。

(1) 軍部の政治介入が進み、準戦時体制を構築した日本は、1930年代後半には日中戦争に突入し、社会・経済に対する戦時統制を強めました。また、全体主義化を進めるドイツ・イタリアとの提携が進みました。

(2) 第二次世界大戦が勃発すると、日本はドイツとの関係を強化して軍事同盟を結ぶ一方、日中戦争のもとで戦時体制を完成していきました。

(3) 日本は南方進出を強化してアメリカと対立し、1940年代前半には太平洋戦争の開戦にいたりました。戦争によって国民生活は破壊され、戦局も悪化の一途をたどり、最後は連合国に無条件降伏して、日中戦争・太平洋戦争は終わりました。

IV

近代・現代

1 日中戦争と総動員体制（1930年代後半）

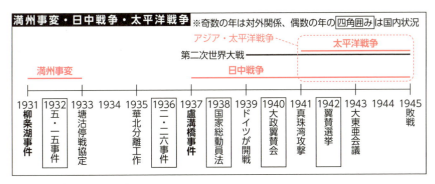

昭和戦前期から戦中期の、日本が**日中戦争・太平洋戦争**という二つの大きな戦争と関わった時期に入ります。満州事変・日中戦争・太平洋戦争の全体像を、図で確認しましょう。1931～33年の満州事変は**柳条湖事件**から始まり、1937～45年の日中戦争は**盧溝橋事件**から始まりました。そして、1941年からの日本は、日中戦争と太平洋戦争（太平洋戦争は**第二次世界大戦**の一部）を同時に戦っていることがわかります。1941年以降に日本が戦った戦争（日中戦争プラス太平洋戦争）を、まとめて**アジア・太平洋戦争**と呼ぶこともあります。

まず、1937年から始まった日中戦争について、その前提となる国内状況や、開戦後の経緯について、見ていきましょう。

① 軍部の政治進出

二・二六事件（1936）を機に〔岡田啓介内閣〕が総辞職すると →第26章、外交官出身の**広田弘毅**を

軍部大臣現役武官制	
1900 制定〔第2次山県有朋内閣〕	…陸海相は現役軍人のみに
1913 改正〔第1次山本権兵衛内閣〕	…現役規定を削除
1936 復活〔広田弘毅内閣〕	…再び陸海相を現役軍人のみに

首相として〔広田弘毅内閣〕が成立しました。陸軍の政治的発言力が強まるなか、内閣は**軍部大臣現役武官制を復活**させたため（1936）、軍部による内閣への介入が再び可能となりました。制度の変遷を確認しましょう →第22章、第24章。

また、〔岡田内閣〕のときに廃棄を通告したワシントン海軍軍縮条約が →第26章、この〔広田内閣〕のときに失効したので、大規模な軍備拡張計画にもとづき予算が大幅に拡大され、国防を中心とする戦時体制が作られていきました。

また、対外進出方針として「**国策の基準**」が決定されました。ここで示された、ソ連に対抗する**北進論**と、東南アジア・太平洋へ進出する**南進論**は、のちに日中戦争のなかで実行に移され、太平洋戦争へとつながっていきました。

② 三国防共協定

 ところで、1930年代の欧米は、どのような状況だったかな？

 いきなり世界史の質問！　たしか、**世界恐慌**が広がっていて……。

 アメリカの恐慌は深刻で、日本にも影響を与えたけれど →第26章、**ドイツ**も大変だったんだ。第一次世界大戦の敗戦国だから、賠償金の負担が大きくて、経済がうまくいっていなかったんだ。

 そこに世界恐慌がやってきたら、ドイツ国民の生活は壊れちゃう。

 そして、国民の不満を背景に、「ユダヤ人排斥！　共産主義は敵だ！」などの過激な主張と宣伝のうまさで支持された政党があるよ。

 それなら知ってる、ナチ党！　いよいよ独裁者**ヒトラー**が登場か。

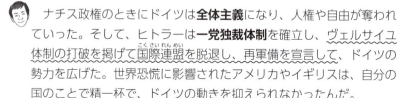 ナチス政権のときにドイツは**全体主義**になり、人権や自由が奪われていった。そして、ヒトラーは**一党独裁体制**を確立し、ヴェルサイユ体制の打破を掲げて国際連盟を脱退し、再軍備を宣言して、ドイツの勢力を広げた。世界恐慌に影響されたアメリカやイギリスは、自分の国のことで精一杯で、ドイツの動きを抑えられなかったんだ。

そういえば、日本も**国際連盟を脱退**したし、**ワシントン海軍軍縮条約を廃棄**したから、ドイツと似たような動きだね。ヴェルサイユ体制とワシントン体制は、こうやって崩れていったんだね。

 その日本とドイツが、手を結んだとしたら……。

 なんだか、第二次世界大戦や太平洋戦争の影が見えてきた！

〔広田弘毅内閣〕の対ヨーロッパ外交は重要です。日本はドイツと**日独防共協定**を結び（1936）、ソ連

1930年代の世界情勢
・自由主義陣営…アメリカ・イギリス・フランスが中心
・全体主義陣営（枢軸）…ドイツ・イタリアが中心
・社会主義陣営…ソ連が中心

に対抗して社会主義・共産主義の拡大を抑止することを互いに約束しました（のちの〔第1次近衛文麿内閣〕のとき、イタリアも含めた**日独伊三国防共協定**を締結）。当時のヨーロッパでは、ドイツやイタリアで一党独裁による全体主義化（ファシズム化）が進んでいましたが、日本はこの全体主義陣営との関係を深めていくことになったのです。

③ 中国情勢の変化

　日中戦争の説明に入る前に、ちょっと復習。当時の中国情勢を確認します。蔣介石が率いる**国民政府**は、軍閥連合政権を打倒する北伐（1926〜28）を完了したのち→第26章、国内統一のレベルをさらに上げるために**共産党**との**国共内戦**を進めたのに対し、満州事変（1931〜33）への軍事的な対応には消極的でした（国際連盟に訴えて解決をはかった→第26章）。そして、満州事変が終結すると、満州国を黙認しました。

　これを見た関東軍は、満州国の南にある華北地域を国民政府の支配から切り離して日本の影響下に置くため、親日政権を中国人に作らせる**華北分離工作**を進めました（1935〜37）。満州事変のあとも、日本は中国侵略を進めたのです。

　ところが、日本への抵抗を唱える声が中国で高まったにも関わらず、国民政府の蔣介石は共産党との戦いばかりに熱中している。かつて父の張作霖を関東軍に殺され→第26章、国民政府に合流して日本への対抗姿勢を強めていた、満州軍閥の張学良は、こうした蔣介石の姿勢に不満でした。

　そして、**西安事件**（1936）が発生しました（西安は、かつて唐の都長安が置かれた場所で、遣唐使もここを訪れた→第4章）。共産党との戦いで西安にいた**張学良**が、視察のために西安を訪れた**蔣介石**を監禁し、国共内戦を停止して日本に抵抗することを要求したのです。ようやく考えを変えた蔣介石は、共産

党への攻撃を中止し、抗日を決意しました。

④ 日中戦争

　日中戦争（1937〜45）は、日本にとっては想定外の長期戦となりました。そして、開戦を機に、政治制度や社会構造が大きく変わっていきました。日中戦争の経過を追うだけでなく、政治・社会を幅広く見ていくことが大切です。

(1) 北京で日中両軍が衝突する盧溝橋事件が勃発し、日中戦争が始まった

　当時の日本国内では、陸軍の〔林銑十郎内閣〕を経て、貴族院議長の**近衛文麿**を首相とする〔第1次近衛文麿内閣〕が成立していました（近衛文麿は摂関家の一つである近衛家の出身）。そして、**北京**郊外で日中両軍が衝突する**盧溝橋事件**（1937.7）が勃発しました（この日本軍は、北清事変（1900）のあとの北京議定書で設置が認められた駐留軍→第22章）。そして、内閣は軍部の圧力に流されるまま兵力を増やし、戦火は中国南部へ拡大、**第2次上海事変**も勃発しました。こう

日中戦争の展開

して**日中戦争**が始まると、国民政府と共産党による**第2次国共合作**が成立し、**抗日民族統一戦線**が形成されました。日本政府はこの戦いを「支那事変」と呼び、宣戦布告もないまま泥沼の長期戦へとなだれ込んでいったのです。そして、日本は国民政府の首都**南京を占領**しましたが（1937.12）、このとき日本軍が多数の中国人一般住民や捕虜を殺害する**南京事件**を起こしました。

　南京占領にも関わらず、戦争は終わりませんでした。蔣介石は南京を脱出し、1938年末には内陸部の**重慶**に国民政府を移して抗戦を続けました。そして、日本の行動を従来の国際秩序に対する挑戦と受け止めたアメリカ・イギリスは、仏印（フランス領インドシナ）やビルマなど東南アジア方面からの**援蔣ル**

ートを通じて、重慶国民政府への物資援助をおこないました。

(2) 近衛声明が発表されたが、親日政権を通した和平工作は失敗した

1938年になると、〔第1次近衛内閣〕は近衛声明を発表し、中国各地に親日政権を作って和平を達成する方針にチェンジしました。第1次近衛声明（1938.1）では「国民政府を対手とせず」と表明し、蒋介石の国民政府との和平交渉を日本側から閉ざしました。そして、第2次近衛声明（1938.11）では、「戦争の目的は、日本・満州・中国の連帯と東亜新秩序の建設にある」として、東アジアに日本中心の国際秩序を作るという戦争目的を（今さらですが）表明しました。こうしたなか、国民政府の要人で親日派の汪兆銘は重慶を脱出し、日本の保護のもとで南京に新国民政府を樹立しました（1940〔米内光政内閣〕）。しかし、この親日政権は中国国民への影響力を及ぼせないほど弱体で、親日政権を通した和平工作は、うまくいきませんでした。

⑤ 戦時統制の強化

日中戦争が始まると、政府は日本の社会や経済を戦争に適応するように変えていきました。戦時統制が強化されたのです。思想の面から統制が強化され、さらに国民の経済活動も統制を強めて、総動員体制が作られていきました。

(1) 日中戦争の開戦後から、思想の面での国家統制が強まった

すでに日中戦争直前、文部省は『国体の本義』を作成し、神話をもとにした国体の尊厳と天皇の神格性（天皇は「現御神」）を説き、国民精神を高めようとしました。

日中戦争が始まると、自由主義や社会主義への弾圧が強まりました。矢内原忠雄は政府の植民地政策を批判していましたが、開戦直後に書いた論文が反戦思想だと攻撃を受け、東京帝国大学を辞職しました（1937）。人民戦線事件では、反ファシズム団体である人民戦線の結成を計画したとして、日本無産党の指導者や、マルクス主義→第25章の経済学者である大内兵衛らが治安維持法違

1930年代以降の思想弾圧

● 満州事変後
滝川事件〔斎藤〕…刑法学者の滝川幸辰が京都帝大を辞職
天皇機関説問題〔岡田〕…美濃部達吉の学説が貴族院で問題化
→国体明徴声明〔岡田〕…政府は天皇機関説を否定

● 日中戦争の開戦後
矢内原忠雄（経済学者）が植民地政策批判、東京帝大を辞職
人民戦線事件…日本無産党員や学者の大内兵衛らを検挙
河合栄治郎（経済学者）の『ファシズム批判』が発禁に
津田左右吉（歴史学者）の『神代史の研究』が発禁に

IV

近代・現代

反で検挙されました（1937〜38）。共産党員や共産主義者でなくても治安維持法が適用されたのです。河合栄治郎は自由主義経済学者でしたが、『ファシズム批判』が発禁処分となり（1938）、東京帝国大学を休職しました。津田左右吉による日本古代史の実証的研究が皇室への不敬にあたるとして、『神代史の研究』が発禁処分となり（1940）、津田は早稲田大学を辞職しました。これらの出来事を、満州事変後の思想弾圧と比べておきましょう→第26章。

また、この時期の文化では、日中戦争の従軍経験をもとにした戦争文学として、火野葦平『麦と兵隊』や石川達三『生きてゐる兵隊』が登場しましたが、『生きてゐる兵隊』は内容が問題視されて発禁処分になりました（1938）。

⑵ 人や物を戦争に動員するための法令が作られ、国民生活も統制された

日中戦争が始まると、政府は国民に戦争協力を促しました。〔第1次近衛内閣〕は「挙国一致」などのスローガンを掲げた国民精神総動員運動を推進し（1937〜）、国民に節約・貯蓄を奨励しました。さらに、職場ごとに産業報国会を結成させ（1938）、労働者が資本家とともに生産に協力するよう求めました。

政府は軍事費をさらに増大させるとともに、経済統制を強めました。〔第1次近衛内閣〕は、物資動員計画を立てる内閣直属の機関として企画院を設置しました（1937）。そのうえ国家総動員法（1938）を制定

軍事費の推移

『昭和財政史』より

したことで、政府は議会の承認なしに、勅令を発して戦争に必要な労働力や物資を統制できる権限を持ちました。議会が立法権の一部を政府へ譲ったことになり、議会の審議が形骸化しました。こうして、国家総動員法の制定は議会制度にとって重要なターニングポイントとなったのです。そして、国家総動員法にもとづく勅令として、国民を軍需産業へ動員する国民徴用令や（1939〔平沼騏一郎内閣〕）、公定価格を定めて値上げ・値下げを禁止する価格等統制令が出されました（1939〔阿部信行内閣〕）。

一方、軍需が優先されたために民需（民間需要）は制限され、生活物資が不足しました。「ぜいたくは敵だ」のスローガンが掲げられ、砂糖・マッチなど

の日用品は、あらかじめ配布された切符を添えて買う**切符制**がとられ、米は買える量を一定に制限する**配給制**となりました。また、農村では生産者から米を強制的に買い上げる**供出制**がおこなわれました。こうして、生活物資の統制は極端に強まったのです。

年表

〔広田〕　1936 軍部大臣現役武官制復活
　　　　　　　　「国策の基準」
　　　　　　　　日独防共協定
〔林〕
〔近衛①〕 1937 盧溝橋事件→日中戦争
　　　　　　　　企画院
　　　　　　　　国民精神総動員運動
　　　　　　　　南京占領
　　　　　　1938 第1次近衛声明
　　　　　　　　国家総動員法
　　　　　　　　産業報国会
　　　　　　　　第2次近衛声明

Ⅳ

近代・現代

ポイント▶ 日中戦争と総動員体制

◆軍部の進出：〔広田〕**軍部大臣現役武官制の復活**／**日独防共協定**

◆**日中戦争**：**国共内戦**→**西安事件**で内戦停止

　　〔近衛①〕**盧溝橋事件**（北京　1937）→**第2次上海事変**

　　→**第2次国共合作**→**南京占領**→国民政府は**重慶**

　　近衛声明（1938）…「**国民政府を対手とせず**」「**東亜新秩序**」

◆思想統制：**矢内原忠雄**…植民地政策を批判、東京帝大を辞職

　　　　　　河合栄治郎…『ファシズム批判』発禁

　　　　　　人民戦線事件…日本無産党員や**大内兵衛**らを検挙

　　　　　　津田左右吉…歴史学者、『神代史の研究』発禁

◆戦争文学：**火野葦平**『麦と兵隊』　**石川達三**『生きてゐる兵隊』は発禁

◆総動員体制：**国民精神総動員運動**（1937～）…「**挙国一致**」など

　　　　　　企画院（1937）…**物資動員計画**を立てる

　　　　　　国家総動員法（1938〔近衛①〕）…**勅令**で物資などを動員

　　　　　　→**国民徴用令**・**価格等統制令**など

　　　　　　切符制（日用品）・**配給制**（米）や**供出制**（米）の実施

---

2 第二次世界大戦と翼賛体制（1930年代末～40年代初め）

　日中戦争が続くなか、世界では**第二次世界大戦**が勃発しました。はじめは、ヨーロッパでの戦争には介入しない方針だった日本も、ドイツが優勢になると、ドイツとの関係をさらに深める気運が高まってきました。こうして日本はドイツ・イタリアと軍事同盟を結ぶとともに、国内ではすべての国民を全体主

義のもとに組織する**翼賛体制**を確立しました。

① 第二次世界大戦と三国同盟

とうとう、日本は太平洋戦争に向かうのか。日中戦争が終わっていないのに、なぜアメリカやイギリスとの戦争を始めたんだろう？

むしろ、行き詰まった日中戦争を打開するためにやったことが太平洋戦争を生んでしまった、と考えたらいいんじゃないかな。〔**広田内閣**〕の「**国策の基準**」を覚えている？

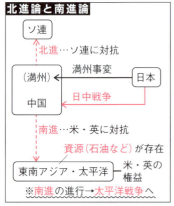

北進論と南進論

ソ連

北進…ソ連に対抗

満州事変

（満州）←───→日本

中国　日中戦争

南進…米・英に対抗

資源（石油など）が存在

東南アジア・太平洋　米・英の権益

※南進の進行→太平洋戦争へ

満州国を作ったし、これからの対外進出をどうするか考えて、北進論と南進論を出したよね。でも、方針を示しただけだったような……。

それを実行する時が来たんだよ。ただ、**北進**は失敗したので、**南進**に向かっていった。東南アジアには石油や金属やゴムなどの資源がたくさんあるから、これらを獲得して日中戦争を続けようとしたんだ。

でも、東南アジアや太平洋には、アメリカやイギリスの植民地や権益があるから、南進すると、アメリカが怒っちゃうよ。

仲間を増やして、アメリカに対抗すればいいんじゃないかな。

もしかして……**日独伊三国同盟**？　ここでヒトラーと手を結んだ！

そう。日本は、第二次世界大戦を有利に進めていたドイツやイタリアと軍事同盟を結んだ。東南アジアには、ドイツに負けたフランスなどの植民地があったから、そこを狙うことができたんだ。そして、南進でアメリカとの対立を深めて、戦争になってしまったんだ。

ドイツとの関係もからんで、日中戦争が太平洋戦争につながっていったんだね。

(1) ソ連と軍事衝突したノモンハン事件は失敗し、北進策は挫折した

　日中戦争が続くなか、日本は満州国と隣り合うソ連の動きを警戒し、国境をめぐってソ連と軍事衝突しました。北進策の実行です。〔第1次近衛文麿内閣〕のとき、満州国とソ連との国境付近で張鼓峰事件が起きました。そして、司法官僚出身の**平沼騏一郎**を首相として成立した〔平沼騏一郎内閣〕のとき、今度は満州国とモンゴル（社会主義の親ソ国）との国境付近で**ノモンハン事件**が起きました（1939）。しかし、日本はソ連・モンゴルに惨敗しました。北進策は挫折し、北守南進策（北方を守り、南方へ進出する）へ転換しました。

(2) アメリカが対日経済封鎖に向かい、独ソ不可侵条約で平沼内閣は倒れた

　第2次近衛声明で日本が表明した「東亜新秩序の建設」は、ワシントン体制（アジア・太平洋の国際秩序）を主導してきたアメリカを刺激し、アメリカは**日米通商航海条約の廃棄**を日本へ通告しました（1939）。これにより、その後の日米間の貿易は自由貿易

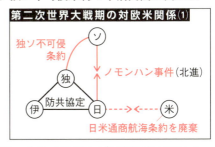

ではなくなるので、アメリカ政府が貿易へ介入することが可能になりました。こうして、アメリカは日本に対する経済封鎖を強めていくことになったのです。1930年代の日本の産業は重化学工業化が進み、アメリカへの物資依存が大きくなっていたので→第26章、経済封鎖は日本への圧力として有効でした。

　さて、ノモンハン事件でソ連と戦っていた〔平沼内閣〕にとって、驚く情報がヨーロッパから飛び込んできました。**独ソ不可侵条約**の締結です（1939）。ドイツは日本・イタリアとの防共協定でソ連と対抗していたはずなのに、ソ連との間で戦争をしないという条約を結んだ、という事態の変化に対応できず、「欧州の情勢は複雑怪奇」と表明して内閣は総辞職しました。

　一方、ソ連と不可侵条約を結び、イギリス・フランスと対抗できる力を得たドイツは、その直後に第二次世界大戦を起こすことになるのです。

(3) 第二次世界大戦が始まったが、はじめは不介入の方針だった

　陸軍の〔阿部信行内閣〕が成立したのち、ドイツがポーランドへ侵攻し、イギリス・フランスがドイツへ宣戦布告して、**第二次世界大戦**が勃発しました（1939）。内閣は、ヨーロッパでの世界大戦には介入せず、中国での戦いに専念する方針でした。海軍の〔米内光政内閣〕も、世界大戦には不介入の方針を続けました（この内閣のとき、立憲民政党の**斎藤隆夫**が議会で反軍演説をおこ

ない、軍部の圧力で議員を除名されました）。

　しかし、1940年になるとドイツが連戦連勝し、これを見た陸軍は「強いドイツと軍事同盟を結び、ドイツに負けたフランス・オランダの植民地を支配すれば、日中戦争を打開できる！」といった**南進論**を主張しました。

　当時、元首相の**近衛文麿**は、ドイツやイタリアをまねた、強力な政治組織による一国一党体制をめざす**新体制運動**を進めていました。陸軍はこれを支持し、軍部大臣現役武官制を利用して〔米内内閣〕を総辞職に追い込みました（陸軍大臣の単独辞任という、〔第2次西園寺内閣〕の崩壊と同じパターン→第24章）。

(4)　第2次近衛内閣は世界大戦への積極介入を進め、日独伊三国同盟を結んだ

　再び近衛文麿が首相となり、**松岡洋右**が外相となって〔第2次近衛文麿内閣〕が成立すると、これまでの大戦不介入の方針を変更し、ドイツ・イタリアに加えソ連とも提携して**南進策**を強化しました（松岡洋右は、かつて国際連盟脱退のときの日本全権→第26章）。日本は、ドイツに降伏したフランスと交渉し、フランス領インドシナ北部へ軍を進める**北部仏印進駐**を実行しました（1940.9）。

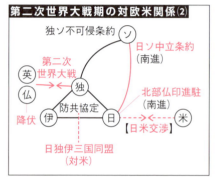

第二次世界大戦期の対欧米関係(2)

これによって南進の拠点を確保し、援蒋ルートを断ち切って日中戦争を打開しようとしました。ほぼ同時に、アメリカを仮想敵国とする**日独伊三国同盟**（1940.9）を結び、南進で想定されるアメリカからの対日圧力を防ごうとしました。翌年には**日ソ中立条約**（1941.4）をソ連と結んで、南進強化のために北方の安全を固めるとともに、独ソ不可侵条約・日独伊三国同盟と合わせてアメリカを牽制しました。

　しかし、経済封鎖によって、すでにガソリンや鉄類といった重要物資がアメリカから日本に輸出されなくなっており、アメリカとの全面戦争を避けたい日本は、ハル国務長官を通じた**日米交渉**を始めました（1941.4〜）。

② 翼賛体制の成立

　〔第2次近衛文麿内閣〕の国内政治に移ります。新体制運動の結果、社会大衆党・立憲政友会・立憲民政党といった今までの政党はすべて解散し、**大政翼賛会**（1940）が結成されました。ところが、これは当初めざした政党組織にはならず、官製の上意下達機関（上からの命令を下へ伝えていく）に変質しました。下部組織として都市には**町内会**、農村には**部落会**が置かれ、これらの末端

に隣組が組織されました（回覧板での情報伝達などを通じて人々を家ごとに動員）。つまり、大政翼賛会の結成によって、すべての国民を全体主義的に組織して戦争に協力させる体制が確立するとともに、結果として日本から政党組織が消滅してしまったのです。

さらに産業報国会の全国組織である大日本産業報国会が結成され（1940）、すべての労働組合は解散し、労働者も全体主義的に組織されました。

教育の面では、小学校を国民学校と改称し（1941）、軍国主義的な教育を推進しました。また、日中戦争が始まったころから、植民地の朝鮮・台湾では皇民化政策によって日本語教育の徹底や神社参拝の強制が進められ、朝鮮では日本風の姓名を名乗る創氏改名も強制されていきました。

翼賛体制

大政翼賛会

総裁（首相）
支部長（道府県知事）
支部長（市町村長）

大日本産業報国会などの諸組織

（都市）　　　　（農村）
町内会　　　　部落会

隣組 … 隣組　隣組 … 隣組

年表

〔平沼〕	1939	ノモンハン事件
		日米通商航海条約廃棄通告
		独ソ不可侵条約
〔阿部〕	1939	第二次世界大戦が勃発
〔米内〕	1940	近衛が新体制運動を提唱
〔近衛②〕	1940	北部仏印進駐
		日独伊三国同盟
		大政翼賛会
		大日本産業報国会
	1941	国民学校令
		日ソ中立条約

ポイント　第二次世界大戦と翼賛体制

◆第二次世界大戦と日本
〔平沼〕ノモンハン事件／日米通商航海条約廃棄通告／独ソ不可侵条約
〔阿部〕第二次世界大戦勃発（1939）
〔米内〕ドイツの勝利で南進論台頭　近衛文麿の新体制運動
〔近衛②〕南進の実行
→北部仏印進駐・日独伊三国同盟（1940）、日ソ中立条約（1941）
◆翼賛体制：〔近衛②〕
大政翼賛会（1940）…既成政党の解散
→官製の上意下達機関に（町内会・部落会・隣組）
大日本産業報国会（1940）…労働組合解散／国民学校…軍国主義教育
皇民化政策（朝鮮・台湾）…朝鮮で創氏改名

3 太平洋戦争と敗戦（1940年代前半）

　日米交渉は失敗に終わり、日本はアメリカ・イギリスに宣戦布告して**太平洋戦争**を開始しました。最初は占領地域を拡大したものの、のちに敗退を重ねました。国民生活は戦争に巻き込まれて破壊されていき、最後は連合国が提示した**ポツダム宣言**を受諾して、敗戦に至りました。

① 太平洋戦争の展開

(1) 独ソ戦争が始まると、日本は北進論を復活させて関特演をおこなった

　第二次世界大戦の情勢は、ドイツの動きによって大きく変化しました。突如、ドイツが独ソ不可侵条約を破ってソ連に侵攻し、**独ソ戦争**が始まったのです（1941.6）。日本は、南進策に加えて**北進策**も進めることにしました。もし独ソ戦争がドイツ優位となった場合には、日ソ中

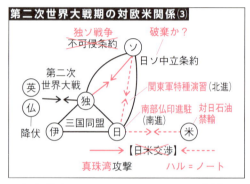

第二次世界大戦期の対欧米関係③

立条約を破棄してソ連へ侵攻することを想定したのです。こうして、満州国とソ連の国境付近に大軍を集結させ、**関東軍特種演習**（関特演）がおこなわれましたが（1941.7）、ソ連へは侵攻せず、演習は途中で中止となりました。

(2) 第3次近衛内閣の南部仏印進駐で、アメリカとの対立は決定的となった

　〔第2次近衛文麿内閣〕から松岡洋右外相を外し、〔第3次近衛内閣〕が成立すると、これまでの南進策を維持して**南部仏印進駐**を実行しました（1941.7）。

北進策・南進策の実行
1940 北部仏印進駐 〔近衛②〕…南進
1941 関東軍特種演習…北進（のち撤回）
1941 南部仏印進駐 〔近衛③〕…南進

その直後、アメリカは日本の在米資産を凍結し、**石油の対日輸出を禁止**して、日本に対抗しました。これでは日本の戦争継続は困難です（こうした対日経済封鎖を、軍部は「ＡＢＣＤ包囲陣」（米・英・中・蘭）と呼んで国民にその脅威を訴えました）。9月には天皇・政府・軍部による御前会議で「帝国国策遂行要領」を決定し、10月を期限としてアメリカとの交渉を続けつつ、アメリカとの戦争準備をおこなうことにしましたが、結局日米交渉は不調のままで、内閣は総辞職しました。

(3) 東条内閣はハル=ノートで日米交渉を断念し、太平洋戦争を開始した

ここで、陸軍大臣だった**東条英機**が首相となり、〔東条英機内閣〕が成立しました（東条は陸軍大臣・内務大臣も兼任）。しかし、日米交渉のなかで11月の終わりにアメリカが示した**ハル=ノート**は、「中国・仏印からの全面撤退、三国同盟の破棄、満州国・汪兆銘政権の否認」といった、満州事変以前の状態に戻すことを要求する、日本にとって厳しい内容でした。御前会議で開戦が最終決定され、陸軍の**マレー半島**上陸（イギリス領）と海軍の**ハワイ真珠湾**攻撃によって（1941.12）、**太平洋戦争**を開始しました（この時点から、日中戦争・太平洋

日中戦争から太平洋戦争へ

ソ連
モンゴル
関東軍特種演習
ノモンハン
満州国
奉天
張鼓峰
盧溝橋
北京
大連 旅順
朝鮮
中華民国
塘沽
日本
西安
漢口 南京
上海
重慶
国民政府
（蔣介石）
新国民政府
（汪兆銘）
援蒋ルート
北部仏印進駐
台湾
仏印
南部仏印進駐

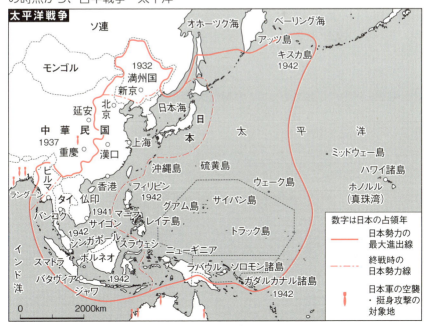

太平洋戦争

ソ連
モンゴル
オホーツク海
ベーリング海
アッツ島
キスカ島
1942
1932
満州国
新京
延安
北京
日本海
日本
中華民国
1937
上海
漢口
重慶
太　平　洋
ミッドウェー島
ビルマ
ラングーン
香港
フィリピン
1942
沖縄島
硫黄島
ウェーク島
ハワイ諸島
ホノルル
（真珠湾）
タイ 仏印
1941 マニラ
サイゴン
レイテ島
グアム島
サイパン島
バンコク
シンガポール
1942
スラウェシ
トラック島
インド洋
スマトラ
ボルネオ
ニューギニア
ラバウル ソロモン諸島
バタヴィア
1942
ガダルカナル諸島
1942
ジャワ

0　　2000km

数字は日本の占領年

―――　日本勢力の最大進出線

―・―・―　終戦時の日本勢力線

日本軍の空襲・挺身攻撃の対象地

戦争をまとめて**アジア・太平洋戦争**と呼ぶこともあります）。

　日本は「欧米の植民地支配からアジアを解放し、**大東亜共栄圏**を建設する」ことを掲げてアジア・太平洋各地を占領していきましたが、現地で資源や物資を収奪し（石油・金属・米など）、軍政をおこなってアジア諸民族を抑圧するのが、占領政策の実態でした。

⑷　**ミッドウェー海戦の敗北から戦局は悪化し、サイパン島が陥落した**

　日本軍は開戦からアジア・太平洋地域を占領しましたが、**ミッドウェー海戦**で敗北すると（1942）、さっそくアメリカ軍の反転攻勢が始まり、ガダルカナル島から撤退して以降（1943）、太平洋地域から後退していきました。

　こうしたなか、日本は、汪兆銘政権や満州国、さらに占領地の代表者を東京に集めて**大東亜会議**を開き、「大東亜共栄圏」の結束を誇示しました。しかし、アメリカ軍が**サイパン島を占領**すると、〔東条内閣〕は総辞職しました。そして、サイパン島にアメリカ軍基地が作られたことで、爆撃機による**本土空襲**が激しくなったのです。

② 戦時下の国民生活

⑴　**翼賛選挙がおこなわれると、議会の機能はさらに低下した**

　太平洋戦争開戦の直後、〔東条内閣〕は**翼賛選挙**を実施しました（1942）。政府が援助した**推薦候補**が8割以上の議席を占め、非推薦候補はわずかでした。そして、議員のほとんどが翼賛政治会に参加し、議会は政府の決定を承認するだけの機関になりました。

⑵　**農業労働力の不足もあって、食糧危機が深刻化した**

　国民生活は、これまで以上に苦しくなりました。配給も米以外の小麦粉やイモといった代用品になったり、配給では足りずに高価な**闇取引**に頼ったりしました。戦場への召集や工場への動員が強化されたことで、農村の労働力が不足し、食糧不足が生じたのです。こうしたなか、政府は**食糧管理法**を定めて（1942）、生産・流通・配給を統制しました。

⑶　**植民地や占領地を含めて動員が強化され、空襲の激化で疎開も進んだ**

　兵力・労働力の不足を補うため、中学以上の学生・生徒や、**女子挺身隊**に組織された未婚女性を、軍需工場に動員しました（**勤労動員**）。また、1943年以降、徴兵の年齢に達した文科系学生（大学・高等学校など）を、在学中に召集して戦場に送りました（**学徒出陣**）。

植民地や占領地でも動員が激しくなりました。朝鮮や台湾では**徴兵制が施行**され、従軍慰安婦は朝鮮・中国・フィリピンなどから集められました。また、朝鮮人や占領地域の中国人を日本本土へ連れていき、鉱山や港湾などで働かせました（**強制連行**）。

1944年以降、**本土空襲**が激しくなると、国民学校の児童が地方へ集団で疎開する**学童疎開**がおこなわれました。また、工業都市が破壊されると、工場は都市から地方へ移転していきました。

③ 敗 戦

(1) 沖縄戦では、地上戦がおこなわれ、県民が多数犠牲となった

陸軍の〔**小磯国昭内閣**〕のときに**東京大空襲**が発生し（1945.3）、焼夷弾による東京下町への無差別爆撃で、死者が約10万人にのぼりました。そして、アメリカ軍が**沖縄本島へ上陸**すると（1945.4）、内閣は総辞職しました。

代わって、海軍出身で侍従長もつとめた**鈴木貫太郎**が〔**鈴木貫太郎内閣**〕を組織しました。**沖縄戦**（1945.4〜45.6）では、男子学徒は**鉄血勤皇隊**として戦いに参加し、女子学徒は**ひめゆり隊**などとして看護に従事するなど、地上戦のなかで県民が直接戦闘に巻き込まれ、多くの犠牲が出ました。死者は軍人約9万人・民間人約9万人（うち沖縄県出身者は12万人以上）にもなりました。

そして、ドイツが降伏すると（1945.5）、連合国と戦っているのは日本だけとなりました。

(2) 連合国は戦後処理会談を開き、ポツダム宣言で無条件降伏を日本に迫った

連合国による戦後処理会談	
カイロ会談（1943.11）	F＝ローズヴェルト（米）・チャーチル（英）・蔣介石（中）
カイロ宣言…**満州**や**台湾・澎湖諸島**を中国へ返還、旧ドイツ領南洋諸島の委任統治領を剥奪、**朝鮮の独立**	
ヤルタ会談（1945.2）	F＝ローズヴェルト（米）・チャーチル（英）・スターリン（ソ）
ドイツ降伏の直前に、ドイツの戦後処理を協議 **ヤルタ協定**…ドイツ降伏後の**ソ連の対日参戦**、**南樺太**のソ連への返還と**千島列島**のソ連への譲渡	
ポツダム会談（1945.7）	トルーマン（米）・チャーチル（アトリー）（英）・スターリン（ソ）
ドイツ降伏の直後に、ヨーロッパの戦後処理を協議 **ポツダム宣言**（米・英・中）…**無条件降伏**、日本の非軍事化と民主化、カイロ宣言にもとづく領土の制限	

日本やドイツ・イタリアと戦っていた**連合国**は、アメリカ・イギリスを中心

に、第二次世界大戦の戦後処理を協議しました。実は、すでに1943年には、エジプトのカイロでアメリカ・イギリス・中国による会談が開かれ、**カイロ宣言**が出されていました（1943.11）。戦後日本の領土について、**満州**や**台湾・澎湖諸島**の中国への返還や、旧ドイツ領南洋諸島委任統治領の剥奪や、**朝鮮の独立**などが定められました。日清戦争・日露戦争・第一次世界大戦で得た植民地や権益を確認しましょう→第22章、第24章。これらの多くは、のちのサンフランシスコ平和条約の内容と関連します→第29章。

　1945年になると、ソ連のヤルタでアメリカ・イギリス・ソ連による会談が開かれ、**ヤルタ協定**が出されました（1945.2）。実は、秘密協定で、**ソ連の対日参戦**や、その見返りとして**南樺太・千島列島**のソ連領有が約束されました。日露戦争で得た植民地を確認しましょう→第22章。これも、サンフランシスコ平和条約の内容と関連します→第29章。

　さらに、ドイツのポツダムでアメリカ・イギリス・ソ連による会談が開かれました。その際、アメリカは日本に関する**ポツダム宣言**を提案してイギリスと合意し、日本と戦っているアメリカ・イギリス・中国の名で発表しました（1945.7）。**日本の無条件降伏**を勧告するとともに、戦後日本の占領方針として、**軍国主義の排除**と**民主化**が示され、これはGHQによる占領政策に受け継がれました→第28章。

(3)　広島・長崎への原爆投下後、ポツダム宣言を受諾した日本は敗戦を迎えた

　そして、8月6日、アメリカは開発したばかりの**原子爆弾（原爆）**を**広島**に投下し、死者は20万人以上となりました（**原爆ドーム**は、核兵器の惨禍を伝える文化遺産として**世界遺産**に登録→第30章）。8月8日には、ヤルタ協定にしたがって**ソ連が対日宣戦布告**し、満州・朝鮮に侵攻しました（戦後、満蒙開拓移民のなかから中国残留孤児が生じ、ソ連の捕虜となった兵士のシベリア抑留も起きた）。8月9日、アメリカが今度は**長崎**に原子爆弾を投下し、死者は7万人以上となりました。

　最終的に、8月14日の御前会議でポツダム宣言の受諾が決定され、連合

年表		
[近衛③]	1941	南部仏印進駐
[東条]	1941	ハル＝ノート
		真珠湾攻撃→太平洋戦争
	1942	翼賛選挙
		ミッドウェー海戦
	1943	学徒出陣
		大東亜会議
		カイロ宣言
	1944	サイパン島陥落
[小磯]	1944	学童疎開
	1945	ヤルタ協定
		東京大空襲
[鈴木(貫)]	1945	沖縄戦
		ポツダム宣言
		広島に原爆投下（8.6）
		ソ連の対日参戦
		長崎に原爆投下（8.9）
		ポツダム宣言を受諾

国に通告されました。こうして、日本は**無条件降伏**したのです。8月15日、昭和天皇のラジオ放送が全国に流れ、〔**鈴木貫太郎内閣**〕は総辞職しました。

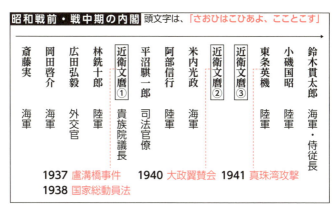

この章は、内閣がめまぐるしく変わります。3度にわたる近衛内閣を中心に、日中戦争・太平洋戦争と内閣との結びつきを覚えていきましょう。

IV　近代・現代

ポイント　太平洋戦争と敗戦

◆太平洋戦争：〔近衛②〕**独ソ戦争**→**関東軍特種演習**（1941）…**北進復活**

〔近衛③〕**南部仏印進駐**（1941）…**南進継続**

→アメリカは**対日石油禁輸**　「**ＡＢＣＤ包囲陣**」

〔東条〕**ハル＝ノート**→**真珠湾**攻撃（1941）※**太平洋戦争**

ミッドウェー海戦（1942）

大東亜会議（1943）「**大東亜共栄圏**」を誇示

サイパン島陥落（1944）→**本土空襲**

◆国民生活：**翼賛選挙**（1942〔東条〕）…政府の**推薦候補**が多数当選

勤労動員…**女子挺身隊**（未婚女性）や学生・生徒など

学徒出陣（1943～）／**学童疎開**（1944～）

植民地での**徴兵制施行**、占領地などからの**強制連行**

◆敗戦：**カイロ宣言**（1943）…戦後日本の領土を規定（**朝鮮の独立**など）

ヤルタ協定（1945）…**ソ連の対日参戦**など

沖縄戦（1945）…**鉄血勤皇隊**（男子）・**ひめゆり隊**（女子）

ポツダム宣言（1945）…**無条件降伏、非軍事化・民主化**の方針

広島に原爆（8.6）→**ソ連の対日参戦**（8.8）→**長崎に原爆**（8.9）

ポツダム宣言を受諾（8.14）→日本の敗戦

チェック問題にトライ！

【1】（2003年度　本試験）

次のⅠ～Ⅳは、新聞の見出しを年代順に配列したものである。

Ⅰ　支那軍満鉄を爆破し奉天の日支両軍激戦中　我軍遂に奉天城攻撃開始
（『大阪毎日新聞』）

Ⅱ　片言隻句を捉へて反逆者とは何事　美濃部博士諄々と憲法を説き貴
族院で一身上の弁明　　　　　　　　　　　　　　　　（『東京朝日新聞』）

Ⅲ　近衛総裁烈々の気魄　けふ大政翼賛会発会式　　　（『読売新聞』）

Ⅳ　西太平洋に戦闘開始　布哇米艦隊航空兵力を痛爆　（『朝日新聞』）

問　次の新聞の見出しが掲載された時期として正しいものを、下の①～④
のうちから一つ選べ。

平沼内閣総辞職　独ソ条約の責任痛感　　　　　　　（『東京朝日新聞』）

①　ⅠとⅡの間　　②　ⅡとⅢの間
③　ⅢとⅣの間　　④　Ⅳのあと

解説　**史料文中のキーワードから時期を推定しましょう**。内閣の順番を知っ
ていると、判断がしやすいです（「さおひはこひあよ、こことこす」）。
設問の史料は、独ソ不可侵条約の締結による平沼内閣の総辞職です。その直後、
ドイツが第二次世界大戦に突入しました（1939）。

Ⅰ　「満鉄を爆破」「奉天の～激戦中」は、関東軍が南満州鉄道を爆破した柳
条湖事件による満州事変の勃発（1931）です（第2次若槻内閣）。

Ⅱ　「美濃部博士～憲法を説き貴族院で一身上の弁明」は、美濃部達吉の学
説が問題化した天皇機関説問題です（岡田内閣）。

Ⅲ　「近衛総裁～大政翼賛会発会式」は、新体制運動が結実した大政翼賛会
の成立（1940）です（第2次近衛内閣）。

Ⅳ　「布哇米艦隊航空兵力を痛爆」は、ハワイ真珠湾攻撃による太平洋戦争
の開戦（1941）です（東条内閣）。

⇒したがって、②（ⅡとⅢの間）が正解です。

解答　②

　日中戦争以後の日本軍の作戦行動にかかわる都市について述べた次の文X・Yと、その都市の所在地を示した下の地図上の位置a〜dとの組合せとして正しいものを、下の①〜④のうちから一つ選べ。

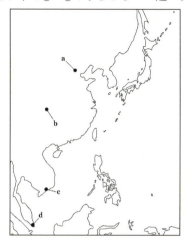

X　中国の国民政府が首都を移したこの都市には、日本軍により繰り返し爆撃が行われた。

Y　イギリスの植民地であったこの都市とその周辺地域では、反日活動の疑いをかけられた中国系住民（華僑・華人）が、日本軍により殺害された。

①　X−a　　　Y−c　　　②　X−a　　　Y−d
③　X−b　　　Y−c　　　④　X−b　　　Y−d

解説　　近代の対外戦争は、戦闘がおこなわれた場所を、地図上の位置とともに把握しておきましょう。

X　「中国の国民政府が首都を移した」から、南京占領後に首都が移された、bの重慶です（aは北京）。日中戦争における、日本軍の重慶爆撃です。

Y　「イギリスの植民地」から、マレー半島のdと判断すればＯＫですが、インドシナ半島のcがフランスの植民地なので、消去法で解くことも可能です。太平洋戦争における、日本軍のシンガポール華僑虐殺事件です。

⇒したがって、④（X−b　　　Y−d）が正解です。

解答　④

年代	内閣	政治	外交	社会・経済
1940年代	東久邇宮	**1 戦後の民主化政策** **①占領の開始** 　降伏文書調印 　人権指令		
	幣原	五大改革指令 　天皇の人間宣言 　公職追放令 　東京裁判 **④政党政治の復活** 〔幣原喜重郎〕 　男女同権の総選挙		**2 冷戦の拡大と占領政策の転換** **③経済再建から経済自立へ** 　国民生活の困窮 　インフレ 　金融緊急措置令 　　　　　　〔幣原〕
	吉田①	〔第1次吉田茂〕 　日本自由党 　日本国憲法の公布 　衆・参の総選挙	**③日本国憲法の制定** 　憲法改正要求〔幣原〕 　マッカーサー草案 　日本国憲法〔吉田①〕 ┌国民主権 │平和主義 └基本的人権の尊重 　民法・刑法の改正	傾斜生産方式 　　　　　　〔吉田①〕
	片山	〔片山哲〕〜社会党 　社会・民主・国民協同		
	芦田	〔芦田均〕〜民主党 　社会・民主・国民協同 　昭和電工事件	**①冷戦の構造** 　米ソの対立 ┌「西側」…資本主義 └「東側」…社会主義	※占領政策の転換 　経済安定九原則
	吉田②	〔第2次吉田茂〕 　民主自由党	**②東アジアでの冷戦**	〔吉田②〕 　ドッジ゠ライン 　単一為替レート
	吉田③	※保守政権の継続	北朝鮮・韓国の建国 　中華人民共和国 →国民政府は台湾へ	シャウプ税制 　下山・三鷹・松川事件

① ② ③

年代	政治
1940年代	**1 戦後の民主化政策** **②五大改革指令と民主化** ●婦人参政権の付与　→選挙法改正（女性参政権） ●労働組合の結成奨励　→労働組合法など ●教育制度の自由主義化　→教育基本法・学校教育法 ●秘密警察などの廃止　→治安維持法などを廃止 ●経済機構の民主化→財閥解体（持株会社整理委員会など）※財閥解体は不徹底 　　　　　　　　　→農地改革（自作農創設特別措置法など）※寄生地主制の解体

第28章のテーマ

　第28章は、現代の始まりとなる戦後史のうち、1940年代後半の政治・社会・経済・外交を総合的に扱います。

(1) 敗戦ののち、GHQによる、非軍事化・民主化を基本方針とする占領政策が始まりました。そして、大日本帝国憲法は日本国憲法に改められ、民主主義国家日本が誕生しました。さらに、議会政治も復活しました。

(2) 戦後の民主化政策の中心は、五大改革指令にもとづくさまざまな改革でした。5つの指令が、どのような政策に反映されていくのかを理解しましょう。

(3) 第二次世界大戦後の世界では、アメリカとソ連が対立する冷戦が展開し、それが東アジアへ及んだことで、戦後の日本にも大きな影響が及びました。合わせて、日本経済の復興の道筋を、政策の変化に注意しながら追っていきましょう。

1 戦後の民主化政策 （1940年代後半）

　ここから**現代**に移り、**戦後史**が始まります。日中戦争・太平洋戦争の敗戦を機に、**連合国**による占領が始まりましたが、実質的にはアメリカ軍の単独占領で、1945年から1952年まで約７年間続きました。初期の占領政策は、**GHQ**（**連合国軍最高司令官総司令部**）の最高司令官**マッカーサー**が主導しました。

① 占領の開始

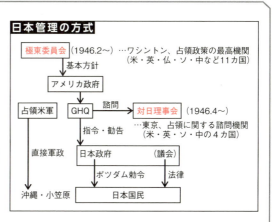

マッカーサーが占領政策をすべて決めて、日本国民を支配したんだね。

たしかに彼の権限は強かったけれど、日本の**非軍事化・民主化**をめざす占領政策の根拠は、**ポツダム宣言**の「軍国主義

日本管理の方式

極東委員会 (1946.2〜) …ワシントン、占領政策の最高機関（米・英・仏・ソ・中など11カ国）
↓ 基本方針
アメリカ政府
↓
占領米軍　GHQ　諮問　対日理事会 (1946.4〜)
　　　　　　　　　　　…東京、占領に関する諮問機関（米・英・ソ・中の４カ国）
↓ 指令・勧告
直接軍政　日本政府　（議会）
　　　　　ポツダム勅令　法律
沖縄・小笠原　日本国民

の排除」「戦争犯罪人の処罰、民主主義的傾向の強化、自由と人権の尊重」といった内容にあったんだ→第27章。それに、ポツダム宣言を受諾した日本は、これらを実行する義務があった。

GHQも日本も、ポツダム宣言にしたがって政策を進めたわけか。

そう。そして、敗戦後も日本政府はそのまま残り、GHQは日本政府の機構を利用する間接統治の方式を採用したから、日本国民が直接マッカーサーに支配されたわけじゃないよ。それに、最高決定機関の極東委員会や、GHQ諮問機関の対日理事会の関与もあった。

そういえば、沖縄が気になる。沖縄戦→第27章でアメリカ軍に占領されたあと、どうなったんだろう。

戦後もそのままアメリカ軍が支配して、直接軍政がおこなわれたんだ。小笠原も、同じような状況だったよ。

沖縄と小笠原はGHQによる間接統治から外れ、日本本土とは別の扱いになったのか。その後の歴史も、違う道を歩んだんだろうなぁ。

のちにサンフランシスコ講和で日本が独立したあとも→第29章、沖縄と小笠原はアメリカの施政権のもとに置かれ続けたんだ。

(1) GHQが軍国主義の排除を主導し、公職追放や東京裁判がおこなわれた

軍国主義の排除は、どのように進んだのでしょうか。ポツダム宣言を受諾した直後に〔鈴木貫太郎内閣〕は総辞職し、皇族の〔東久邇宮稔彦内閣〕が成立しました。この内閣は、降伏文書に調印し（この1945年9月2日が、第二次世界大戦が正式に終結した日です）、陸軍・海軍の武装解除を進めました。一方、GHQは戦争責任の追及を開始し、「平和に対する罪」を犯したとして、政府・軍部の戦争指導者たちをA級戦犯容疑者として逮捕していきました。

〔東久邇宮内閣〕は、GHQが治安維持法・特別高等警察（特高）の廃止や政治犯の釈放を求めた人権指令（1945.10）に対応できずに総辞職し、代わって〔幣原喜重郎内閣〕が成立しました。幣原喜重郎は、元外務大臣で協調外交を進めた人物でしたね→第26章。さっそく、マッカーサーは幣原首相に対し、五大改革と憲法の自由主義化を指示しました（1945.10）（これらはあとで学びましょう）。そして、GHQが軍国主義者の公職追放を指令すると（1946.1）、政界・財界・官界・言論界の指導者が戦争に深く関わったことの

責任を問われて職を追われ、特に翼賛選挙の推薦議員が全員失格となったことで→第27章、政界は混乱しました。

　さて、逮捕されたＡ級戦犯容疑者は、どんな運命をたどったのか。極東国際軍事裁判所が設置され、東京裁判が開かれました（1946〜48）。そして、起訴された容疑者は全員有罪となり、元首相の東条英機・広田弘毅らが死刑となりました。一方、従来の戦争犯罪（捕虜・住民の虐待などの行為）を犯したＢ・Ｃ級戦犯容疑者は、アジア各地に開かれた裁判所で裁かれました。

⑵　戦後の天皇の地位は、ＧＨＱや昭和天皇の動きによって定まった

　天皇の地位をめぐる、興味深い動きがありました。当時、昭和天皇の戦争責任を追及する世論が国内・国外に存在していましたが、ＧＨＱは昭和天皇を戦犯容疑者に指定しませんでした。神格化された天皇への畏敬の念が国民のなかに残っていたため、ＧＨＱは天皇制の廃止による国内の混乱を避け、むしろ昭和天皇を占領支配に利用しようとしたのです。とはいえ、戦前の天皇制のままではなく、ＧＨＱは政府と神道・神社との関わりを禁じる**神道指令**を発して（1945.12）、天皇崇拝の基盤である国家神道→第25章を解体しました。さらに、昭和天皇が「**人間宣言**」と呼ばれる声明を発表し（1946.1）、「現御神」としての神格性→第27章をみずから否定して、民主化の方針に同調する姿勢を示しました。こうして、天皇の新しい地位や役割が定まっていったのです。

②　五大改革指令と民主化

　では、戦後史の最重要ポイント、**五大改革指令**（1945.10）にもとづく民主化政策を、具体的に見ていきましょう。五大改革指令とは、**婦人参政権の付与**（女性の解放）、**労働組合の結成奨励**、**教育制度の自由主義化**、**秘密警察などの廃止**（圧制的諸制度の撤廃）、**経済機構の民主化**、の５点です。

⑴　女性参政権が認められ、衆議院に女性議員が誕生した

　婦人参政権の付与については、〔幣原内閣〕のもとで**衆議院議員選挙法が改正**され（1945.12）、**満20歳以上の男女**が選挙権を持つことになりました（選挙権の変遷を確認しましょう→第24章）。そして、**戦後初の総選挙**では（1946.4）、大日本帝国憲法のもとでの帝国議会の衆議院に、初の**女性議員**39名が誕生しました。男女同権を定めた日本国憲法が公布・施行される前に、**女性参政権**が認められた点に、注意しましょう。

⑵　**労働組合法・労働関係調整法・労働基準法が制定された**

　労働組合の結成奨励については、労働者の権利を確立するため、労働三法が制定されました。**労働組合法**（1945）で労働者の団結権・団体交渉権・争議権（ストライキ権）が保障され、**労働関係調整法**（1946）で労働争議の予防と解決の方法が定められ、**労働基準法**（1947）で労働条件の最低基準が１日８時間労働と定められました（工場法→第23章は廃止）。さらに、労働省も設置されました。労働者の社会的地位が安定すると購買力が向上し、国内市場が形成されて、海外市場の植民地を獲得する侵略戦争は不要になります。

⑶　**教育基本法・学校教育法が制定され、民主主義的な教育制度となった**

　教育制度の自由主義化については、ＧＨＱが国家主義的な教育の廃止と軍国主義的な教員の追放を指示し、戦前の国定教科書の不適当な部分が「**墨ぬり**」されました。さらに、戦前の道徳や皇国史観などが否定されて**修身・日本歴史・地理**の授業が一時禁止されました（のち、新学制にもとづき**社会科**を新設）。そして、アメリカ教育使節団が来日し、民主主義教育の促進を勧告すると、**教育基本法**（1947）で日本国憲法の精神にもとづく**民主主義教育の理念**が示され、教育の機会均等・男女共学・**義務教育９年**が定められました。あわせて**学校教育法**（1947）で機会均等を実現する**新学制**として、６・３・３・４の単線型学校制度が定められました。さらに、**教育委員会法**（1948）で教育行政の地方分権をはかるための**教育委員会**を都道府県と市町村に設置することとされ、教育委員は地域住民の選挙による**公選制**とされました（のち〔**鳩山一郎内閣**〕で、教育委員は自治体首長の指名による**任命制**に変更（1956））。

　また、天皇中心の明治憲法体制を支えてきた教育勅語は、国会決議により排除・失効が確認されました（1948）。

⑷　**治安維持法や特高など、人々の権利を抑圧する法律や制度が廃止された**

　秘密警察などの廃止（圧制的諸制度の撤廃）については、五大改革指令の直後に治安維持法・治安警察法・特別高等警察が廃止され（1945.10）、さらに共産主義者などの政治犯を釈放しました。〔**東久邇宮内閣**〕が実行できなかった人権指令を、〔**幣原内閣**〕が実行した形になりました。

　ただし、言論の自由は制限され、「**プレス＝コード**」によってＧＨＱへの批判は許されず、マスコミは事前の検閲制になりました。

⑸　**持株会社整理委員会などによって財閥は解体されたが、不徹底に終わった**

　経済機構の民主化では、**財閥解体**が進められました。財閥→第23章、戦時中

には陸海軍と結んで大陸進出や南方進出に協力し、軍国主義を助長した側面がありました。財閥解体は、独占を排して自由な企業活動が可能になることを意味していますが、GHQは日本が二度と戦争に訴えることのないよう日本の工業生産力を抑え、経済を弱体化させることを狙ったのです。

まず、GHQが15財閥の資産凍結を指令したのち（1945.11）、**持株会社整理委員会**が発足し（1946）、持株会社が保有していた株式を譲渡されて一般に売却

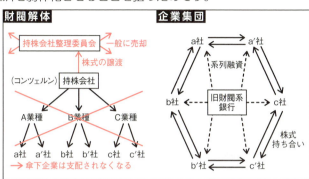

しました。こうして、株式所有による傘下企業への支配がなくなり、持株会社を頂点とする**コンツェルン**形態が解体しました。

そして、企業の拡大・巨大化が起きないよう、**独占禁止法**（1947）で持株会社・カルテル（企業連合）・トラスト（企業合同）を禁止し →第23章 、**公正取引委員会**を設置して監視させました。

さらに、**過度経済力集中排除法**（1947）を制定し、それぞれの業界を支配する巨大企業を分割することにして、325社を分割指定しました。ただし、銀行は分割の対象外でした。

これらの結果、どうなったのか。アメリカによる占領政策の転換で、解体は不徹底に終わりました。企業分割は11社だけにとどまり、独占禁止法も緩和されました。日本経済の弱体化は、冷戦のもとでソ連との対決姿勢を強めたアメリカにとって、望ましくなかったからです。

そして、高度経済成長期には、解体されなかった旧財閥系の銀行を中心に、系列企業への融資を通じて**企業集団**が形成されました →第30章 。

⑹　自作農創設特別措置法などにより、寄生地主制は解体された

もう一つ、経済機構の民主化として**農地改革**が進められました。寄生地主制 →第23章 のもとで小作農が貧困だったことが国内市場の狭さを生み、海外市場獲得のための侵略戦争をもたらしました。そこでGHQは、地主の土地を開放して小作農に取得させ、自作農を創出することを狙ったのです。自分の耕地を持った農家は生産意欲を向上させて豊かになり、食料増産にもつながります。

農地改革は、2度にわたっておこなわれました。〔**幣原内閣**〕が実施した**第1**

次農地改革では（1946）、所有する土地に住んでいない**不在地主**については、小作農などに貸している**小作地**がすべて開放の対象となりました。不在地主は、小作地をすべて失うのです。そして、所有する土地に住んでいる**在村地主**については、小作地のうち**5町歩**

農地改革

	第1次	第2次
不在地主の小作地	小作地保有を認めず（＝小作地はすべて開放）	小作地保有を認めず（＝小作地はすべて開放）
在村地主の小作地	小作地保有限度は5町歩 5町歩までは地主保有継続 6町歩／小作農へ開放 2町歩（小作農へ開放されず）	小作地保有限度は1町歩（北海道では4町歩） 1町歩までは地主保有継続 6町歩／小作農へ開放 2町歩／小作農へ開放
土地譲渡	地主・小作農での協議	国家が買収、小作農へ売却

（1町歩は約1万m^2）を超えた部分を開放しました。小作地のうち5町歩までの部分は、在村地主が持ち続けるのです。そして、土地の譲渡は、地主と小作農との間での協議でおこなわれました。

　図を見ると（6町歩・2町歩の小作地を所有する在村地主のシミュレーション）、在村地主から小作農へ開放される土地はとても狭いことがわかります。こうした、不在地主には厳しくても在村地主には甘い規定や、当事者どうしによる不徹底な土地の譲渡では、改革が不十分だとGHQは判断しました。

　そこで、〔第1次吉田茂内閣〕が制定した**自作農創設特別措置法**などにもとづき、**第2次農地改革**が実施されました（1947〜50）。不在地主の全小作地の開放は変わりませんが、在村地主については**1町歩**（北海道では4町歩）を超えた部分の小作地を開放の対象としました。土地の譲渡は、国家が地主から強制買収し、小作農へ売却することにしました（タダでの没収・無償供与ではありません）。

　再び図を見ると、在村地主から小作農へ開放される土地が広くなり、多くの小作農が土地を取得できるようになりました。しかも土地の譲渡に国家が介入するので、改革は徹底されました。このほか、各市町村に設置された**農地委員会**を通じて実行されたことや、残った小作地の**小作料**が現物納から**金納**になったことを知っておきましょう。

　これらの結果、どうなったのか。小作地が全農地の約5割から約1割に減少し、小作農が激減する一方、地主の経済力や社会的地位が失われ、**寄生地主制**

は解体されました。しかし、大量に創出された自作農の多くは、耕地面積が狭い零細農家で、農業協同組合（農協）が各地に設立されて農業経営を支援しました。また、山林は開放の対象から外れたため、山林地主は残りました。

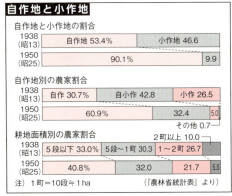

自作地と小作地

自作地と小作地の割合

1938 (昭13)	自作地 53.4%	小作地 46.6
1950 (昭25)	90.1%	9.9

自作地別の農家割合

1938 (昭13)	自作 30.7%	自小作 42.8	小作 26.5
1950 (昭25)	60.9%	32.4	5.0

その他 0.7

耕地面積別の農家割合

2町以上 10.0

1938 (昭13)	5段以下 33.0%	5段～1町 30.3	1～2町 26.7	
1950 (昭25)	40.8%	32.0	21.7	5.5

注）1町=10段≒1ha　　（『農林省統計表』より）

③ 日本国憲法の制定

　五大改革指令と並び、**日本国憲法**の制定も民主化政策として重要でした。制定のプロセスを追っていくとともに、日本国憲法の内容の特徴を理解しましょう（高等学校日本史Bというよりは、中学校公民の復習になります）。

(1)　日本政府の改正案は拒否され、民主的なマッカーサー草案が提示された

　まず、〔**幣原内閣**〕の関与から。五大改革指令と同時に、マッカーサーは憲法の自由主義化を幣原首相に指示しました（1945.10）。日本政府は、憲法問題調査委員会を設置し（委員長は松本烝治）、作成した改正案をマッカーサーへ提出しました（1946.2）。ところが、天皇の統治権や不可侵性を維持するといった、明治憲法の原則のままだったため、GHQはこれを拒否しました。

　しかし、日本政府に改正案の修正は求めず、マッカーサーはGHQに改正案の作成を指示しました（1946.2）。当時、発足の直前だった極東委員会が、国際世論を根拠に天皇制の廃止を求めてくる可能性があり、マッカーサーにとっては憲法改正を急いで進める必要があったのです。そして、わずか2週間足らずで、GHQは**マッカーサー草案**を提示しました。草案作成の際には、民間の憲法研究会が作成した、主権在民制と立憲君主制を含む「憲法草案要綱」も参照されました。こうして、マッカーサー草案は国民主権・天皇制の維持・平和主義を含む内容となったのです。

　マッカーサー草案は英文だったので、日本政府が和訳・修正し、政府原案として公表しました。そして、新選挙法のもとで初の総選挙がおこなわれたのち（衆議院に女性議員39名が誕生）、第一党となった**日本自由党**を与党とする〔**第1次吉田内閣**〕のもとで、明治憲法改正の手続きにもとづき政府原案の修正がおこなわれました（天皇の発議、帝国議会〈衆議院・貴族院〉における審議）。そして、1946年11月3日に公布され（明治天皇誕生日の**天長節**）、1947年5月3日に施行されました（現在の憲法記念日）。

⑵　**日本国憲法は、国民主権・平和主義・基本的人権の尊重を三大原則とした**

　日本国憲法の特色といえば、まずなんといっても国民主権（**主権在民**）でしょう。そして、**天皇**は「日本国民統合の**象徴**」（第1条）として政治権力を持たない存在となりました。これらのことは、近代国家の大原則である三権分立の特徴にも表れていました→第21章。明治憲法においては天皇を頂点とする形式的な三権分立の構造だったのに対し、日本国憲法においては司法・立法・行政の三権が相互に牽制する構造となりました。そして、国民主権であるからこそ、直接選挙にもとづく立法府の**国会**（衆議院・参議院）は「国権の最高機関」（第41条）として、三権のうち突出した形になっています。また、明治憲法では貴族院・衆議院が対等でしたが、日本国憲法では衆議院の優越が定められました（法律・予算・条約批准などにおいて、一定日数以内に参議院で議決しない場合は衆議院の議決が国会の議決となる、など）。

　次に、平和主義です。**戦争放棄**（第9条の第1項）と、そのための戦力不保持（第9条の第2項）が定められました。日本が二度と戦争を起こさないように、歯止めをかけたのです。

　さらに、基本的人権の尊重です。日本国憲法は、基本的人権を、「侵すことのできない永久の権利」（第11条）として国民に保障したのです。

⑶　**新憲法にもとづき、民法・刑法改正をはじめ、民主的諸制度が整備された**

　日本国憲法の理念にもとづく諸法典の改正も進められました。**民法の改正**では（1947）、男女同権にもとづき、新しい家族制度が定められ、旧民法にあった**戸主権が廃止**されました→第21章。**刑法の改正**では（1947）、法の下の平等にもとづき、大逆罪・不敬罪（天皇・皇室への罪）や姦通罪（夫のある妻とその相手の男性の罪）が廃止されました。

　これまで中央集権的な地方制度・警察制度の柱となっていたのは、内務省でした→第20章。しかし、地方公共団体を規定した地方自治法が制定され（1947）、首長（都道府県知事・市町村長）は住民の直接選挙による**公選制**となり、リコール制・条例制定権なども定められました。また、警察の地方分権化を規定した**警察法**が制定され（1947）、人口5000人以上の市町村が独自に持つ**自治体警察**と、国家地方警察の二本立ての制度となりました。これらにより役割を終えた**内務省**は、ＧＨＱの指示で解体されました。

④ 政党政治の復活

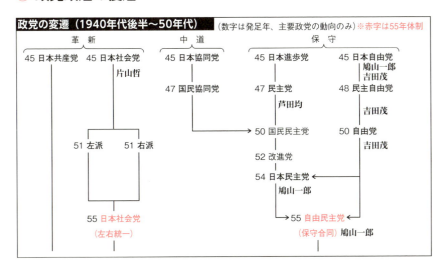

政党の変遷（1940年代後半〜50年代）（数字は発足年、主要政党の動向のみ）※赤字は55年体制

ここまでの流れを、内閣を軸にまとめましょう。まず、政党の名称の確認から。大政翼賛会は解散し→第27章、戦前の政党が復活しました（1945）。自由主義・資本主義を唱える**保守**勢力として、元立憲政友会系の**日本自由党**（鳩山一郎総裁）や、元立憲民政党系の**日本進歩党**が結成されました。そして、社会主義を唱える**革新**勢力として、元無産政党系の**日本社会党**（**片山哲**書記長）が結成され、合法政党となった**日本共産党**が活動を再開しました。また、中道勢力として**日本協同党**が結成されました。

●〔東久邇宮稔彦内閣〕

降伏文書に調印しました。のち、人権指令を実行できず総辞職しました。

●〔幣原喜重郎内閣〕

五大改革指令を受けて民主化政策を進め、憲法改正を開始し、衆議院議員選挙法の改正で**女性参政権**を実現しました。戦後初の総選挙では**日本自由党**が第一党となりましたが、総裁の鳩山一郎が公職追放となり、外務大臣だった**吉田茂**が党の新総裁となりました。

●〔第1次吉田茂内閣〕

日本自由党を与党の中心とする、戦後初の政党内閣です。民主化政策をさらに進め、**日本国憲法**を公布しました。そして、貴族院が廃止されて公選制の**参議院**が新設され、新憲法にもとづく最初の衆・参同日選挙が行われました（1947.4）。ところが、**日本社会党**が第一党になったため、総辞職しました。

● 〔片山哲内閣〕

　与党は日本社会党・民主党・国民協同党の連立で、日本社会党の片山哲が首相となりましたが、保守・中道との連立で社会主義政策実施が困難でした。

● 〔芦田均内閣〕

　日本社会党・民主党・国民協同党の連立は維持され、民主党の芦田均が首相となりました。しかし、復興金融金庫の融資をめぐる汚職事件である昭和電工事件（1948）が発生し、それが原因となって総辞職しました。

● 〔第2次吉田茂内閣〕

　野党だった民主自由党（元日本自由党）が、少数与党となりました。しかし、総選挙で民主自由党が単独過半数を獲得し（1949）、政権は安定しました。そして、〔第3次吉田茂内閣〕で民主自由党が自由党となり、サンフランシスコ講和（1951）を実現しました→第29章。さらに、〔第4次吉田茂内閣〕〔第5次吉田茂内閣〕と長期政権が続きました。

年表 （赤字の内閣は政党内閣）

〔東久邇〕	1945	降伏文書に調印
		人権指令→総辞職
〔幣原〕	1945	**五大改革指令**
		選挙法改正（**女性参政権**）
		労働組合法
	1946	天皇の人間宣言
		公職追放令
		金融緊急措置令
		戦後初の総選挙（**女性議員**）
〔吉田①〕	1946	持株会社整理委員会
		自作農創設特別措置法
		日本国憲法の公布
		傾斜生産方式
	1947	二・一ゼネスト中止
		教育基本法
		独占禁止法
		新憲法初の総選挙（衆・参）
		日本国憲法の施行
〔片山〕	1947	労働省設置
		改正民法の公布
		過度経済力集中排除法
〔芦田〕	1948	**昭和電工事件**
		教育委員会法（公選制）
		政令201号
〔吉田②〕	1948	国家公務員法の改正

　戦後の内閣の順番については、頭文字を2文字ずつ取って、「**ひが・しで・よし・かた・あし・よし・よし・よし・よし**」と把握するといいと思います。「東で、良し！片足、良し良し良し良し！」とまぁ、少々くだらないですが（笑）。

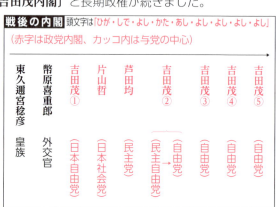

戦後の内閣 頭文字は「ひが・しで・よし・かた・あし・よし・よし・よし・よし」
（赤字は政党内閣、カッコ内は与党の中心）

東久邇宮稔彦	幣原喜重郎	吉田茂①	片山哲	芦田均	吉田茂②	吉田茂③	吉田茂④	吉田茂⑤
皇族	外交官	（日本自由党）	（日本社会党）	（民主党）	（民主自由党）→（自由党）	（自由党）	（自由党）	（自由党）

◆**連合国軍最高司令官総司令部**による**間接統治**（沖縄は**直接軍政**）

◆軍国主義排除：**A級戦犯**逮捕→**極東国際軍事裁判所**で**東京裁判／公職追放**

◆天皇の地位：**神道指令**（国家神道を解体）、昭和天皇の「**人間宣言**」

◆**五大改革指令**：マッカーサーから**幣原喜重郎**首相へ（1945.10）

満20歳以上の男女に選挙権（1945）→戦後初の総選挙で**女性議員**（1946）

労働組合法（1945）・**労働関係調整法**（1946）・**労働基準法**（1947）

教育基本法（義務教育9年）・**学校教育法**　教育委員の**公選制**（→任命制）

財閥解体…**持株会社整理委員会**→**独占禁止法**→**過度経済力集中排除法**

　　　　　　→占領政策の転換により解体は不徹底

農地改革…第1次は不徹底、第2次は**自作農創設特別措置法**

　　　　　　→小作地・小作農の激減…**寄生地主制の解体**

◆**日本国憲法**：**マッカーサー草案**→政府原案を審議→1946年11月3日公布

　　　　　国民主権・平和主義・基本的人権の尊重

　　　　民法改正…**戸主権**廃止／**地方自治法**…首長公選／**内務省解体**

◆政党政治：〔**吉田**①〕（**日本自由党**、**日本国憲法**）

　　　→〔**片山**〕（**日本社会党**）→〔**芦田**〕（**民主党**、**昭和電工事件**）

　　　→〔**吉田**②〜⑤〕（**民主自由党**→**自由党**）

2 冷戦の拡大と占領政策の転換

　第二次世界大戦が終わった直後、国際連盟に代わる新しい国際平和維持機関として**国際連合**が設立され、アメリカのニューヨークに本部が置かれました（1945.10）。連合国51カ国が参加して発足した点からわかるように、戦勝国による協調体制がその本質でした（国際連合の "United Nations" は「連合国」という意味です）。そして、**安全保障理事会**を構成する米・英・仏・ソ・中（国民政府）の常任理事国は拒否権を持ち、経済制裁や軍事行動もできる強力な権限で世界大戦の再発を防ぎ、国際紛争を解決することになりました。

　一方、大戦後の世界では、**アメリカ**中心の「**西側**」（資本主義・自由主義陣営、西ヨーロッパなど）と、**ソ連**中心の「**東側**」（社会主義陣営、東ヨーロッパなど）の二大陣営が形成され、政治・経済・イデオロギー（理念）の面で争うようになりました。この情勢は**核兵器**の保有をともない、戦争は起きなくても軍事的な緊張が続く、という意味で「冷たい戦争（**冷戦**）」と呼ばれました。

① 冷戦の構造

東西両陣営の形成

「西側」（資本主義陣営）	「東側」（社会主義陣営）
1945 アメリカが原子爆弾開発→広島・長崎投下	
1947 トルーマン゠ドクトリン（アメリカ大統領） …共産主義に対する「封じ込め」を宣言	**1947** コミンフォルム …ソ連・欧州の共産党情報局
1947 マーシャル゠プラン（アメリカ国務長官） …ヨーロッパの経済復興を援助する計画	
1949 北大西洋条約機構（NATO） …アメリカと西ヨーロッパの集団安全保障	**1949** ソ連が原子爆弾開発 →米ソの核兵器開発競争が激化 **1955** ワルシャワ条約機構 …ソ連と東欧の集団安全保障

 自分が生まれたときには、ソ連はもうなかったから、冷戦といわれてもピンとこない。先生は、バッチリ冷戦を経験しているでしょ？

 ……（年齢がバレるので「自分の青春時代は冷戦のまっただ中」なんていえない）。ま、それはともかく、第二次世界大戦の**独ソ戦争**から話を始めよう→第27章。このとき**東ヨーロッパ諸国**は、ドイツ側で戦ったり、ドイツに占領されたりしたんだけれど、劣勢だったソ連がドイツに反撃していく過程で、今度はソ連に占領されていったんだ。

 東ヨーロッパはドイツとソ連にはさまれているから、最初はドイツの影響下で、のちにソ連の影響下に置かれた、というイメージかな？

 それでOK。そして、第二次世界大戦後に東ヨーロッパ諸国で親ソ政権が成立し、社会主義化を進め、「東側」が形成されたというわけ。

 アメリカは、イギリスやフランスなどの**西ヨーロッパ諸国**と関係が深かったし、ソ連が東ヨーロッパを取り込む動きは警戒するよね。

 そして、大国となったアメリカは、経済援助や軍事協力などを通して西ヨーロッパとの関係をいっそう強めた。これが「西側」が形成された事情だ。こういった冷戦を象徴するのは、「東側」の**東ドイツ**と「西側」の**西ドイツ**とに分かれて独立した東西ドイツだ→第30章。

 現在の世界にも核兵器があるけど、そのころはどうだったのかな。

 まずアメリカが**原子爆弾**を開発して広島・長崎に投下し→第27章、次

にソ連が原爆を開発した。もっと威力の強い**水素爆弾**も開発されて、核兵器の開発競争が激しくなった。核実験も盛んで、アメリカの水爆実験で被爆したのが第五福龍丸だよ →第29章 。

 アメリカとソ連が、強い経済力と軍事力で影響を拡大したんだね。

② 東アジアでの冷戦

ヨーロッパを中心に激化した冷戦は、東アジアに波及しました。日本を取りまく国際環境は、どのように変化していったのでしょうか。

(1) これまで日本が獲得してきた植民地・権益は、敗戦で消滅した

「大日本帝国」の領土は、敗戦で大きく変わりました。

ソ連は1945年のヤルタ協定にもとづき対日参戦したのち →第27章 、満州・朝鮮に侵攻し、南樺太・千島列島を占領しました。「満州国」は崩壊し、満州はソ連軍が占領して、のち中国へ返還されました。朝鮮は、1943年のカイロ宣言では日本から独立すると定められていましたが →第27章 、北部がソ連軍に占領され、南部はアメリカ軍に占領されました。一方、ポツダム宣言を受諾した日本は、台湾を中国へ返還しました。

(2) 朝鮮は北朝鮮・韓国に分断独立し、中国では中華人民共和国が建国された

アメリカ軍とソ連軍によって南北に分割占領された朝鮮は、のち冷戦が激化したため、統一されませんでした。そして、アメリカ軍が占領していた朝鮮南部に**大韓民国**（韓国、李承晩大統領）が建国され（1948）、ソ連軍が占領していた朝鮮北部に**朝鮮民主主義人民共和国**（北朝鮮、金日成首相）が建国されました（1948）。こうして、冷戦の構造は、朝鮮の分断独立という形で東アジアに及んだのです。

日中戦争に勝利した中国では、日本軍が撤退したのち、これまで抗日民族統一戦線を結成していた第2次国共合作が崩壊し →第27章 、国民党と共産党の内戦が再燃しま

戦後の東アジア （赤矢印はソ連の対日参戦（1945））

□ は社会主義国

ソ連
モンゴル
（満州）
朝鮮民主主義
人民共和国（1948）
（1949）
中華人民共和国
国共内戦で
共産党が勝利
大韓民国
（1948）
中華民国（1949）
国民政府が
台湾に移る

した。蔣介石が率いる国民政府（国民党政権）は国内統治に失敗する一方、農村に支持を広げた共産党が台頭し、内戦に勝利した共産党が北京で**中華人民共和国**（毛沢東主席）の建国を宣言しました（1949）。内戦に敗北した蔣介石は**台湾**へ逃れ、国民党による**中華民国政府**（蔣介石総統）を存続させました（1949）。中華人民共和国は「東側」の一員となり、多くの国々に承認されたのに対し、アメリカは台湾の中華民国政府を中国の正式代表としたため（国際連合の常任理事国である中国は、台湾の中華民国政府）、中国政府の地位にも冷戦の構造が持ち込まれたのです。

③ 経済再建から経済自立へ

　日本も冷戦と深く関わることになりました。冷戦の激化によって、アメリカの日本占領政策が変化したからです。1940年代後半の日本の社会や経済に、当時の世界情勢はどのような影響を与えたのでしょうか。

(1) 敗戦直後の経済と生活は危機的状況で、激しいインフレーションが生じた

　戦争は、日本経済と国民生活に大きなダメージを与えました。本土空襲で工業都市は壊滅し、船舶が破壊されて原料輸入は途絶、敗戦を機に軍需工場は閉鎖されて、工業生産力が激減しました。また、海外の植民地・権益や占領地・戦場から人々が帰国しましたが、こうした軍人の**復員**や民間人の**引揚げ**は、人口の急増による食糧不足を生みました。配給の**遅配・欠配**が続くなか、都市の人々は農村への**買出し**や**闇市**での闇買いをおこなって、皆が生き残るのに必死でした。アメリカが日本へ提供したガリオア資金（占領地行政救済資金）を用いた、緊急の食糧輸入もおこなわれました。

　こうした物資不足に加え、戦争の事後処理のために通貨の発行量を増やしたことで貨幣価値が下がり、激しい**インフレーション**が生じました。この物価上昇を抑えることが、敗戦直後の経済政策の目標となったのです。

(2) 金融緊急措置令や傾斜生産方式では、物価上昇は抑えられなかった

　そこで、〔幣原内閣〕は**金融緊急措置令**を発令しました（1946）。銀行預金の引出しを禁じる**預金封鎖**と、旧円の流通を禁じて強制預金させる**新円切替**をおこない、さらに銀行からの新円引出しの上限金額を設定して**引出しを制限**しました。通貨の流通量を減らし、貨幣価値を上げることで、物価を下げようとしたのです。しかし、インフレを抑制する効果は一時的でした。

　次の〔第1次吉田内閣〕は、**経済安定本部**を設置して経済復興計画を進め（のちの経済企画庁 →第30章）、〔第1次吉田・片山・芦田内閣〕のときに**傾斜生産方**

式が実行されて、重要産業である石炭業・鉄鋼業
へ資金や資材を集中させました（大学入試の「受
験科目による傾斜配点」をイメージするとよいか
もしれません）。生産力を回復し、製品の供給を
増やすことで、物価を下げようとしたのです。し
かし、新設された**復興金融金庫**から産業への融資
が増えると、通貨の流通量が増えて貨幣価値が下
がり、かえって物価が上昇しました（復金インフレ）。

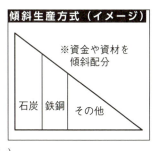

傾斜生産方式（イメージ）

※資金や資材を
　傾斜配分

石炭　鉄鋼　その他

(3)　敗戦後の生活困難により労働運動が高揚したが、のち抑制されていった

　人々の生活が苦しいなかで、労働者の権利を主張する労働運動が盛り上がり
ました。1945年に労働組合法が制定されると、1946年にはメーデーが復活
し、飯米を要求する**食糧メーデー**も開催されました。そして、労働組合の全国
組織として、右派の日本労働組合総同盟（**総同盟**）と、左派の全日本産業別労
働組合会議（**産別会議**）が結成されました（産別会議は共産党が指導）。また、
労働組合が自主的に業務を管理・運営する、生産管理闘争もおこなわれまし
た。1947年には、国鉄労働組合などを中心に官公庁労働者がまとまり、「吉
田内閣打倒」などを掲げた全国一斉・無制限のゼネラル＝ストライキ（**二・一
ゼネスト**）を計画しましたが、ＧＨＱの指令で実行前日に中止されました。
　1948年になると、アメリカの**日本占領政策の転換**は、はっきりと表れてき
ました。冷戦の拡大による東アジアの社会主義化が進むなか（北朝鮮の建国、
国共内戦で中国共産党が優位に）、社会主義陣営との対決姿勢を強めていたア
メリカは、日本の労働運動を抑制しました。労働者が実力行使で政権を奪取す
る社会主義革命が起こることを、恐れたのです。ＧＨＱの指令を受けた〔芦田
内閣〕は、公務員の争議権を否認した**政令201号**を発し（1948）、のちに国
家公務員法も改正されて、公務員の争議権否認が明記されました。

(4)　経済安定九原則にもとづくドッジ＝ラインで、物価上昇はようやくおさまった

　日本占領政策の転換は、経済にも影響を与えました。アメリカは、戦争防止
のために日本経済を弱体化させるよりも、むしろ日本経済の復興と自立を促
し、「西側」の一員（アメリカの友好国）として、東アジアにおける社会主義
勢力の拡大に対抗させようとしたのです。
　1948年になると、アメリカのロイヤル陸軍長官が、日本を東アジアにおけ
る「反共の防壁（＝共産主義の拡大を防ぐ拠点）」にするべきだと演説しまし
た。そして、ＧＨＱは〔第2次吉田内閣〕に対して**経済安定九原則**の実行を指

Ⅳ

近代・現代

令しました（1948）。これには予算の均衡、徴税の強化、賃金の安定、物価の統制などが含まれ、**総需要の減少**という共通点があることに注目しましょう（政府も国民もお金を使って物を買わなくなる）。物が売れなければ物価が下がってデフレになるので、インフレを抑えられます。そして、デフレで安い物が外国に売れると輸出が増え、これにより日本経済の自立を達成する、という狙いがありました。

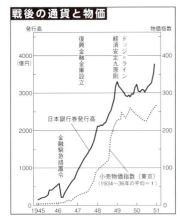

戦後の通貨と物価

発行高　　　　　　　　　　　　　　　物価指数

小売物価指数（東京）
（1934～36年の平均＝1）

日本銀行券発行高

金融緊急措置令

復興金融金庫設立

経済安定九原則

ドッジ＝ライン

1945　46　47　48　49　50　51

まず、銀行家の**ドッジ**が来日し、その指示のもとで〔第3次吉田内閣〕が**ドッジ＝ライン**を実施し（1949）、赤字がゼロになるように政府歳出を減らす**超均衡予算**を作成しました（こうした緊縮財政は、松方財政→第23章や井上財政→第26章でもおこなわれていましたね）。さらに、貿易品目ごとに異なっていた為替相場（複数為替レート）をやめ、すべての貿易品に一つの為替相場を適用する**単一為替レート**を採用し、そこに**1ドル＝360円**の固定相場を導入することで、輸出の安定をはかりました。

また、大学教授の**シャウプ**らが来日し、その勧告にもとづく**シャウプ税制改革**では**直接税（所得税）**中心主義が採用されました。

こうして、経済安定九原則が実施されるとデフレが生じ、これまで金融緊急措置令や傾斜生産方式では抑えられなかったインフレは、ようやく収束したのです。

(5)　デフレ不況で労働運動が高揚したが、国鉄の謀略事件を機に抑圧された

しかし、超均衡予算による政府歳出の削減は、官公庁の人員整理（公務員のリストラ）につながり、デフレによる収益の減少は、企業の人員整理につながりました。これらに、デフレによる中小企業の倒産も重なって失業者が激増すると、労働運動が激化しました。

しかし、**下山事件・三鷹事件・松川事件**といった国鉄の怪事件が相次ぎ（1949）、こ

国鉄の怪事件（1949）

下山事件…国鉄総裁の下山定則が、常磐線の綾瀬駅付近で怪死

三鷹事件…中央線三鷹駅構内で、無人電車が暴走

松川事件…東北線の松川駅付近での、列車転覆事故

れらが国鉄労働組合や、それを指導した共産党の仕業であるという疑いがかけられて、労働運動は打撃を受けました。

冷戦の拡大と占領政策の転換

◆**国際連合**：国際連盟に代わる　**安全保障理事会**(常任理事国は米英仏ソ中)

◆**冷戦**の激化：「**西側**」…**アメリカ**・西ヨーロッパ中心の資本主義陣営

　　　　　　　「**東側**」…**ソ連**・東ヨーロッパ中心の社会主義陣営

◆東アジア冷戦：朝鮮の分断…**大韓民国・朝鮮民主主義人民共和国**(1948)

　　　　　　中国の内戦…**共産党**による**中華人民共和国**建国（1949）

　　　　　　国民党は台湾で**中華民国政府**を維持

◆戦後の生活：**復員・引揚げ**→人口増加で食糧不足／**インフレーション**

◆インフレ抑制：**金融緊急措置令**（1946）…**預金封鎖・新円切替**

　　　　　　傾斜生産方式…石炭・鉄鋼に集中配分、**復興金融金庫**

◆労働運動：**総同盟・産別会議**　**二・一ゼネスト**計画は中止（1947）

　　　　　　占領政策の転換→**政令201号**…公務員の争議権否認

◆**経済安定九原則**：予算の均衡・徴税の強化など→総需要の減少で**デフレ**に

　　　　ドッジ＝ライン…赤字のない**超均衡予算**

　　　　　　　　　　単一為替レート（1ドル360円）

　　　　シャウプ税制改革…**直接税**中心主義

　　　　労働運動激化→**下山事件・三鷹事件・松川事件**

【1】（1999 年度　追試験）

　次の史料は、第二次世界大戦後の占領期のある時点における、アメリカの日本に対する政策方針を示したものである。

　民主主義的基礎の上に組織せられたる労働、産業および農業における組織の発展はこれを奨励支持すべし。所得ならびに生産および商業手段の所有権を、広範囲に分配することを得しむる政策はこれを支持すべし。

　日本国国民の平和的傾向を強化し、かつ経済活動を軍事的目的のために支配しまたは指導することを困難ならしむると認めらるる経済活動、経済組織および指導の各形態はこれを支持すべし。

　右目的のため、最高司令官は左の政策をとるべし。

（イ）　将来の日本国の経済活動をもっぱら平和的目的に向けて指導せざる者は、これを経済界の重要なる地位にとどめ、またはかかる地位に選任することを禁止すること。

（ロ）　日本国の商工業の大部分を支配し来たりたる産業上および金融上の大コンビネーションの解体計画を支持すべきこと。

（『日本占領及び管理重要文書集』）

問　占領期に行われた次の諸施策ア〜エのなかで、上記の史料に表れている方針を直接反映しているものの組合せを、次の①〜⑥のうちから一つ選べ。

　ア　公職追放　　　　　　イ　ドッジ = ライン
　ウ　レッド = パージ　　　エ　労働組合法の制定

　①　ア・ウ　　　　②　ア・エ　　　　③　イ・ウ
　④　ア・イ・ウ　　⑤　ア・イ・エ　　⑥　イ・ウ・エ

解説 **史料の内容と選択肢の内容との関連性を判断する問題です**。選択肢は歴史用語なので、用語の意味を正しくつかめているかが問われます。

　史料の1行目にある「民主主義的基礎(みんしゅしゅぎてきぎそ)」や、4・5行目にある「軍事的目的～困難ならしむる」から、民主化・非軍事化という方針が読み取れます。そこから、この史料は占領(せんりょう)初期の1945年ごろの方針を示していると推定しましょう。そうすれば、イ（1949年のドッジ＝ライン）や、ウ（1950年のレッド＝パージ）は、時期も内容も外れることが判断できます。これらは、占領政策が転換したあとの、日本経済の自立化や「東側」への対抗（共産主義の排除）といった目的で実施された施策です。

　そして、史料の1行目にある「労働～組織の発展はこれを奨励支持すべし」から、エ（労働組合法の制定）があてはまり、史料の8～10行目にある「平和的目的に向けて指導せざる者は～かかる地位に選任することを禁止」から、ア（公職追放）があてはまると判断しましょう。

　ちなみに、史料の11・12行目にある「日本国の商工業の大部分を支配し来たりたる産業上および金融上の大コンビネーションの解体計画」から、財閥解(ざいばつ)体を思い出せば、それがこの史料の時期を特定する根拠にもなりますね。

　⇒したがって、②（ア・エ）が正解です。

解答　②

近代・現代

年代	内閣	政治	外交
1950年代	吉田③④⑤	**1 サンフランシスコ講和と独立** 警察予備隊の設置→再軍備開始 レッド＝パージ 公職追放の解除 破壊活動防止法　保安隊・自衛隊 米軍基地反対闘争　原水爆禁止運動	**①朝鮮戦争と日本の独立** 　朝鮮戦争の勃発→単独講和へ 　サンフランシスコ平和条約〔吉田③〕 　日米安全保障条約→米軍の駐留 **②日米安保体制と「逆コース」** 　ＭＳＡ協定 　第五福龍丸事件
	鳩山(一)	**2 55年体制の成立** **①吉田長期政権の崩壊** 　〔第5次吉田茂内閣〕（自由党） **②55年体制** 　〔鳩山一郎内閣〕（日本民主党） 　鳩山首相が改憲・再軍備を掲げる 　社会党が3分の1の議席を確保 　自由民主党の結成（保守合同） 　〔石橋湛山内閣〕（自由民主党）	(2)　(1)　(3) **③ソ連との国交回復** 　日ソ共同宣言〔鳩山(一)〕 　→国際連合へ加盟
	石橋		
1960年代	岸	**3 保守長期政権と戦後の外交** 〔岸信介内閣〕 安保改定への反対→60年安保闘争	**①安保条約の改定** 日米相互協力及び安全保障条約〔岸〕
	池田	**②経済政策優先への転換** 〔池田勇人内閣〕 国民所得倍増計画 東京オリンピック	
	佐藤	〔佐藤栄作内閣〕	**③ベトナム戦争と日米関係の強化** 　日韓基本条約〔佐藤〕 　小笠原返還協定 　沖縄返還協定〔佐藤〕→米軍基地の存続
1970年代	田中(角)	〔田中角栄内閣〕 日本列島改造政策→地価高騰 第1次石油ショック→「狂乱物価」	**④中国との国交正常化** 　日中共同声明〔田中(角)〕 　→台湾と断交
	三木	〔三木武夫内閣〕 ロッキード事件	第1回先進国首脳会議〔三木〕
	福田(赳)	〔福田赳夫内閣〕	日中平和友好条約〔福田(赳)〕

第29章は、1950年代から1970年代にかけての外交史を中心に、それと関連する国内政治も扱います。

(1) 朝鮮戦争は、日本現代史のなかで、大きなターニングポイントとなりました。サンフランシスコ平和条約で独立した日本は「西側」の一員となり、日米安全保障条約で軍事面での日米協力が強まりました。

(2) 自由民主党が単独与党となって政権を握る政治のあり方を、55年体制と呼びます。これがどのように形作られていったのか、当時の憲法をめぐる政治状況とも関連させて理解しましょう。

(3) 自由民主党を与党とする保守政権が、サンフランシスコ講和会議で処理しきれなかった外交上の課題を解決していくプロセスを、内閣と条約の名称とを結びつけながらつかみましょう。

IV

近代・現代

1 サンフランシスコ講和と独立 (1950年代前半)

　ＧＨＱによる占領下にあった日本は、**朝鮮戦争**（1950〜53）をきっかけに、独立に向けて大きく舵を切ることになりました。朝鮮戦争がアメリカの日本に対する姿勢にどのような影響を与えたのか、そして、そのことが1950年代の日本の歩みをどのようなものに変えていったのか、見ていきましょう。

① 朝鮮戦争と日本の独立

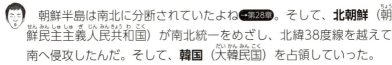

なんで朝鮮戦争が起こったんだろう？

朝鮮半島は南北に分断されていたよね→第28章。そして、**北朝鮮**（朝鮮民主主義人民共和国）が南北統一をめざし、北緯38度線を越えて南へ侵攻したんだ。そして、**韓国**（大韓民国）を占領していった。

たしか、北朝鮮は社会主義陣営の「東側」で、韓国は資本主義陣営の「西側」だったよね。**冷戦**で対立する国どうしの戦争だから、ソ連やアメリカが介入するんじゃないかな。

その通り。国際連合の安全保障理事会が北朝鮮への武力制裁を決定し、それに応じて**アメリカ**を中心とする国連軍が介入し、韓国軍を支援して北朝鮮軍を押し返した。ところが、国連軍は北緯38度線を越

えて中華人民共和国・北朝鮮の国境付近まで追撃したんだ。

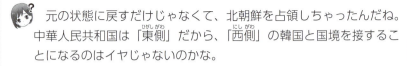 元の状態に戻すだけじゃなくて、北朝鮮を占領しちゃったんだね。中華人民共和国は「東側（ひがしがわ）」だから、「西側（にしがわ）」の韓国と国境を接することになるのはイヤじゃないのかな。

だから、**中華人民共和国**は人民義勇軍（じんみんぎゆうぐん）を参戦させたんだ。ソ連も北朝鮮を支援した。そして、北朝鮮軍は北緯38度線まで戦線を戻した。のち、板門店（パンムンジョム）（はんもんてん）で会議が開かれ、1953年に休戦協定が調印されたよ。

冷戦が「熱戦」になっちゃった感じだね。朝鮮半島に近い日本にも、大きな影響があっただろうなぁ。

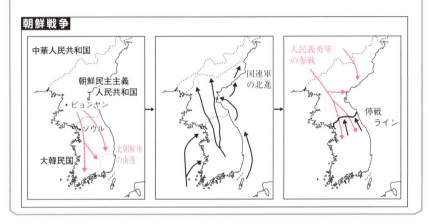

朝鮮戦争

中華人民共和国

朝鮮民主主義
人民共和国

・ピョンヤン

ソウル

大韓民国

北朝鮮軍
の南進

国連軍
の北進

人民義勇軍
の参戦

停戦
ライン

（1）　朝鮮戦争をきっかけに警察予備隊が作られ、レッド゠パージが始まった

　朝鮮戦争が始まると（1950）、ＧＨＱは〔第３次吉田茂（しげる）内閣〕に対し、朝鮮戦争への対応を迫りました。

　すでに、冷戦（れいせん）が激化するなかで占領政策の転換が進み、労働運動とそれを指導する共産党が抑圧されていましたが（下山（しもやま）事件・三鷹（みたか）事件・松川（まつかわ）事件への関与が疑われた国鉄労働組合・共産党は打撃を受けた→第28章）、1950年にはＧＨＱが共産党幹部の公職追放（こうしょくついほう）を指令し、朝鮮戦争が始まると、共産党員や共産党支持者までもがマスコミ・企業・官公庁から追放される**レッド゠パージ**が進められました。アメリカの意向を受け、日本は国内の共産主義を排除しようとしたのです。

　そして、ＧＨＱの指令で**警察予備隊**（けいさつよびたい）（1950）が創設されました。日本を占領していたアメリカ軍が朝鮮半島に出撃したので、その軍事的な空白を日本が埋めて国内治安体制を補う、という目的がありました。こうして、日本は朝鮮

戦争をきっかけに再軍備を開始し、のちに自衛隊が発足する流れが作られていきました。また、**公職追放の解除**が進められ→第28章、戦前の議会政治家が政界へ復帰するとともに、旧軍人が警察予備隊に採用されました。

さらに、GHQの支援のもと、反共産主義の労働組合である日本労働組合総評議会（**総評**）が結成されました。

一方、**特需景気**と呼ばれる好景気が生まれ→第30章、日本経済はドッジ＝ラインによるデフレ不況を克服しました。

(2) 西側とだけ講和を結ぶ単独講和が進められる一方、全面講和論も生じた

占領という形でアメリカ軍が日本にいたからこそ、アメリカは朝鮮戦争にすばやく介入できました。アメリカは東アジア国際戦略における日本の重要性を認識し、アメリカ軍が日本に駐留し続けるため、一刻も早く講和を結んで日本を独立させ、西側陣営へ編入することを画策したのです。

さて、日本国内の世論は、講和のあり方をめぐって分裂しました。〔第3次吉田茂内閣〕は、アメリカ中心の「西側」（資本主義陣営）とのみ講和を結ぶ**単独講和**を進めました。吉田首相は、アメリカ軍の駐留を受け入れれば日本の軍備負担が少なくなり、経済の復興に集中できると考えたのです。これに対し、ソ連などの「東側」（社会主義陣営）を含むすべての交戦国と講和すべきだという**全面講和論**を日本社会党・日本共産党や労働組合が支持し、東京大学総長の南原繁らが全面講和論を展開しました。ただし、講和をめぐって日本社会党が**左派**（全面講和論を主張）と**右派**（単独講和論を主張）とに分裂しました。

(3) サンフランシスコ講和会議では、「東側」との国交正常化は見送られた

敗戦から6年たって、ようやく講和の道が開かれました。吉田首相みずからが全権の一人となり、**サンフランシスコ講和会議**（1951）に参加しました。会議には52カ国が参加しましたが、日中戦争の交戦国であった中国、つまり**中華人民共和国・中華民国（台湾）**は最初から会議に招待されず、インドやビル

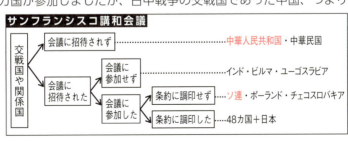

マ（ミャンマー）などは会議に招待されましたが参加を拒否しました（のち日本は「西側」の中華民国（台湾）と**日華平和条約**を結び（1952）、インドや

ビルマとも個別に平和条約を結んだ）。そして、48カ国と日本が**サンフランシ**
スコ平和条約に調印し（1951.9　発効は1952.4）、日本は独立を達成しました。ただし、**ソ連**や一部の東欧諸国は会議に参加しましたが条約への調印を拒否しました。

　また、敗戦国の日本にとっては、賠償問題が重要でした。しかし、サンフランシスコ平和条約では日本の賠償義務を規定したものの、それは役務（サービス）を提供する形でおこなうとされ、巨額の賠償金の支払いなどは課せられませんでした。そして、多くの条約調印国は、日本への賠償請求権を放棄しました。とはいえ、かつて太平洋戦争で日本軍が占領した東南アジア4カ国に関しては、日本との間で賠償協定が結ばれることになりました。

(4)　平和条約で、日本の北方・南方の領土にさまざまな限定が加えられた

　サンフランシスコ平和条約では、領土に関する規定が重要です。

　まず、日本は**朝鮮**の独立を承認し、**台湾・澎湖諸島**（かつて日清戦争で獲得）を放棄しました。さらに、**南樺太**（かつて日露戦争で獲得）・**千島列島**を放棄しました。これらの規定に、カイロ宣言・ヤルタ協定の内容が含まれていることを確認しましょう⇒第27章。

　ここで問題になるのは、千島列島の扱いです。千島列島は、日本が戦争などで獲得した植民地とは異なり、日露和親条約⇒第19章や樺太・千島交換条約⇒第20章で日本の領土となった土地です。ポツダム宣言の受諾は⇒第27章、植民地の放棄による領土の限定を受け入れるということですから、千島列島の放棄は、植民地ではない日本の領土が一方的に奪われることを意味します。のち、日本政府は、国後島・択捉島・歯舞群島・色丹島を「平和条約で放棄した千島列島には含まれない、日本固有の領土」、つまり「**北方領土**」として領有権を主張しました。

　また、太平洋戦争でアメリカ軍が占領し、敗戦後もアメリカ軍による軍政がおこなわれていた**南西諸島**（沖縄）・**小笠原諸島**は⇒第28章、アメリカによる**信託統治**領になるよう、アメリカが国際連合へ

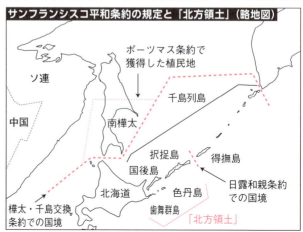

サンフランシスコ平和条約の規定と「北方領土」（略地図）

ソ連

中国

ポーツマス条約で獲得した植民地

千島列島

南樺太

択捉島

得撫島

国後島

日露和親条約での国境

北海道

色丹島

歯舞群島

樺太・千島交換条約での国境

「北方領土」

提案することが決められました（信託統治とは、国際連合の依頼により統治することが）。しかし、実際にはアメリカはこの提案をおこなわず、沖縄はアメリカの施政権下に置かれ続けました。サンフランシスコ平和条約によって日本が独立を達成しても、沖縄は日本へ戻ってこなかったのです。奄美諸島については、日本が独立した直後の1953年に日本へ返還されました。

(5) 平和条約とともに日米安全保障条約が結ばれ、日米の軍事協力が進んだ

　サンフランシスコ平和条約には、もう一つ、重要な取り決めがありました。それは、日本の独立後に占領軍は撤退するが、外国軍の駐留は「協定」で認められる、というものです。この「協定」こそが、サンフランシスコ平和条約と同じ日に調印された、アメリカ軍の日本駐留を定めた**日米安全保障条約**（**安保条約**）（1951）なのです。

　安保条約は、日本が一方的に負う義務が多いという、片務的な内容でした。まず、アメリカは日本のどこにでもアメリカ軍の配備を要求できる権利を持ちました。そして、アメリカ軍の駐留は日本の安全に加えて「極東の平和と安全」も保つためだとされ、日本の「内乱及び騒じょう」にもアメリカ軍が出動できるとしました（アメリカによる内政干渉の可能性がある）。何よりも、アメリカ軍は日本の防衛に「寄与するために使用することができる」として、アメリカが日本を防衛する義務を規定しなかったのです。さらに、条約の期限を明記していませんでした（条約の継続や破棄の判断をおこなう機会がない）。

　安保条約にもとづき、細目を規定した**日米行政協定**が結ばれました（1952）。日本はアメリカ軍に基地（施設・区域）を提供し、アメリカ軍の駐留費用を分担し、さらに在日アメリカ軍の実質的な治外法権を認めました（アメリカ軍人の犯罪はアメリカ軍の裁判権が優先される、など）。これが、のちの日米地位協定に継承され、現在も続く在日アメリカ軍基地の問題につながるのです。

② 日米安保体制と「逆コース」

　1952年に独立を回復すると、日本では平和条約や安保条約に対応した国内体制の整備が進められました。冷戦が展開するなかで、アメリカは日本にさまざまな要求をおこない、〔第3～5次吉田茂内閣〕はその要求に応じ続けたのです。なかには非軍事化・民主化に逆行する（戦前に戻ったような状態になる）ものもあり、こういった政治のあり方は、当時「**逆コース**」と呼ばれました。

⑴ 治安体制の強化がはかられ、破壊活動防止法が制定された

　平和条約が発効して独立を回復した直後のメーデー（5月1日の労働者の祭典）で、デモ隊が皇居前広場に突入して警官隊と衝突した**メーデー事件**（血のメーデー事件）が発生しました。これがきっかけとなり、暴力主義的な政治活動をおこなう団体の規制・解散を定めた**破壊活動防止法**（破防法）が制定されました（1952）。さらに、警察法の改正で自治体警察が廃止され（→第28章）、警察庁が指揮する都道府県警察に一本化されて中央集権化が進みました。こうした治安体制の強化により、労働運動や社会運動は抑圧されました。

　また、教育統制も強化され、教育二法で学校教員の政治活動が規制され、のち〔鳩山一郎内閣〕のもとで**教育委員**が地域住民による**公選制から**自治体首長による**任命制へ**と変更されました（1956）。

⑵ 防衛体制が強化され、警察予備隊は保安隊に、さらに自衛隊になった

　日米安全保障条約は、軍事面での日米接近をもたらしました。アメリカの日本に対する再軍備要求はさらに強まり、警察予備隊が組織変更されて**保安隊**（1952）が発足しました。さらに、アメリカの軍事的・経済的な援助と引きかえに、日本が防衛力を増強する義務を負うという**MSA協定**が結ばれると（1954）、保安隊が組織変更されて**自衛隊**（1954）が発足し、**防衛庁**が設置されました。自衛隊は文民統制の形をとっています（最高指揮権は首相が持ち、防衛庁長官は武官からは選ばれない）。

⑶ アメリカ軍基地への反対闘争や、原水爆禁止運動が高まった

　こうした「逆コース」政策に対し、「護憲・平和」を唱える革新勢力（左派社会党・右派社会党・共産党・総評など）は批判を強めました。安保条約によってアメリカ軍基地が整備・拡張された1950年代には、地域住民と革新勢力が協力し、石川県の**内灘事件**や東京都の**砂川事件**などの基地反対闘争がくり広げられました。

　さらに、太平洋地域でおこなわれたアメリカの水爆実験で（→第28章）、マグロ漁船の**第五福竜丸**が被爆するという事件が発生すると（1954）、**原水爆禁止運動**が全国へ広がりました。そして、第1回原水爆禁止世界大会が**広島**で開催されました（1955）。その一方で、原子力の「平和利用」がうたわれて原子力基本法が制定され、茨城県東海村に原子力研究所が設立されると、1960年代には**原子力発電所**が稼働し始めました。

> **ポイント** ━ サンフランシスコ講和と独立

◆**朝鮮戦争**（1950〜53）：北朝鮮（**中華人民共和国**）vs 韓国（**アメリカ**）
　→**警察予備隊**（1950）／**レッド＝パージ**／**公職追放の解除**
◆講和：〔第3次吉田内閣〕は**全面講和論**を抑え、単独講和を進める
　サンフランシスコ講和会議（1951）
　　中華人民共和国・**中華民国**は招待されず　**ソ連**は調印せず
　サンフランシスコ平和条約（1951）…日本の独立、領土の限定
　　朝鮮の独立を承認、台湾・澎湖諸島を放棄、南樺太・**千島列島**を放棄
　　南西諸島（沖縄）・**小笠原諸島**はアメリカの信託統治下に
　日米安全保障条約（1951）…米軍駐留、日本の防衛義務なし
◆「逆コース」：治安体制・防衛体制の強化とそれへの反発
　メーデー事件→**破壊活動防止法**／自治体警察の廃止／教育委員の**任命制**
　警察予備隊→**保安隊**（1952）→**自衛隊**（1954）
　米軍基地反対闘争（石川県**内灘事件**・東京都**砂川事件**）
　第五福龍丸事件→広島で第1回原水爆禁止世界大会（1955）

IV　近代・現代

2　55年体制の成立

55年体制とは、1955年から1993年まで続いた、戦後の日本政治の基本的な枠組みのことで、**自由民主党**を単独与党とする保守政権が継続した政治状況のことを指します。それが、どのように形成されたのかを見ていきましょう。

① 吉田長期政権の崩壊

吉田茂を首相とする**自由党**内閣が長期化し、政界では吉田の強権的な政治運営に対する反発が強まり、国民の批判も増していきました。そして、〔第5次吉田茂内閣〕のときに、造船業界と自由党幹部が関係する**造船疑獄事件**が発生しました（1954）。公職追放の解除で、元日本自由党の党首だった**鳩山**

年表

〔吉田③④⑤〕	1950	朝鮮戦争開始→警察予備隊
		レッド＝パージ
	1951	サンフランシスコ平和条約
		日米安全保障条約
	1952	日本の独立→保安隊
		破壊活動防止法
	1954	ＭＳＡ協定→自衛隊
〔鳩山一郎〕	1955	総選挙で社会党が3分の1超え
		自由民主党　※55年体制
	1956	日ソ共同宣言→国際連合加盟
〔石橋〕		

一郎がすでに政界に復帰していましたが→第28章、鳩山は吉田との対抗姿勢を強め、鳩山のもとに反吉田勢力が結集して自由党から脱党しました。そして、元日本進歩党・民主党系の政党に合流して、**日本民主党**が結成されました→第28章。政権運営が困難となって内閣は総辞職し、保守勢力のなかで与党が交代して、日本民主党を与党とする〔**鳩山一郎内閣**〕が成立しました（1954）。

② 55年体制

鳩山首相は、「自主憲法制定（**改憲**）・再軍備」の方針を掲げました。これは、日本国憲法がGHQ案をもとにしていることを口実に→第28章、「日本人の手で新しい憲法を作る（憲法を改正する）」という主張でした。これに対し、**左派社会党**と**右派社会党**は「憲法

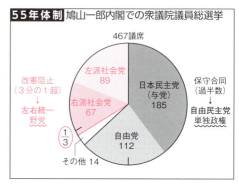

55年体制 鳩山一郎内閣での衆議院議員総選挙

467議席

左派社会党 89
右派社会党 67
改憲阻止（3分の1超）
左右統一野党
1/3
日本民主党（与党）185
保守合同（過半数）
自由民主党単独政権
自由党 112
その他 14

改正反対（**護憲**）・再軍備反対（平和）」を唱えて鳩山首相と対立し、国民の支持を広げていきました。

そして、衆議院の解散総選挙がおこなわれると（1955）、議席を伸ばした左右社会党は、**改憲の阻止**に必要な**3分の1の議席**を確保しました。憲法改正の発議には、衆議院・参議院の両院で議員の3分の2以上の賛成が必要ですから、この時点で反対が3分の1以上となり、改正発議はできなくなったのです。

一方、少数与党だった**日本民主党**も議席を伸ばしましたが、過半数には達しませんでした。社会党の勢力拡大に危機感を持った保守勢力は、日本民主党と**自由党**との**保守合同**を進め、過半数の議席数をおさえて優位となりました。

その後、日本社会党は**左右統一**を果たし、日本民主党と自由党は合流して**自由民主党**を結成しました（1955）。鳩山一郎は初めての自由民主党総裁となり→第28章、〔**鳩山一郎内閣**〕の与党は日本民主党から自由民主党に変わりました。

こうして、保守の自由民主党が過半数を確保して単独与党となり、革新の日本社会党を中心とする野党が3分の1を維持して対抗する、**55年体制**が成立したのです。この政治状況は、次の〔**石橋湛山内閣**〕にも受け継がれ（**石橋湛山**は、かつて雑誌『東洋経済新報』で活躍→第24章）、1993年に〔**宮沢喜一内閣**〕が総辞職するまで続きました→第30章。

③ ソ連との国交回復

〔**鳩山一郎内閣**〕は、サンフランシスコ講和会議において実現できなかった、

ソ連との戦争状態終結と国交正常化をめざしました。その背景となる、当時の世界情勢から見ていきましょう。

(1) 1950年代の世界は、冷戦が緩み、アジア・アフリカの影響力が強まった

1950年代は、アメリカ・ソ連による核兵器の開発競争が高まるなか →第28章、冷戦による東西対立が緩和される「**雪どけ**」が進みました。1953年、朝鮮戦争の休戦協定が結ばれ、また冷戦構造を作り上げたソ連の指導者スターリンが死去しました。その後、米・英・仏・ソによるジュネーブ四巨頭会談やソ連による「東西の平和共存」表明など、ソ連の歩み寄りが見られました。

第二次世界大戦後にアジア・アフリカ諸国の独立が進むと、東西両陣営のどちらとも距離を置く「**第三勢力**」が国際社会のなかで影響力を持ち始めました。中国・インドを中心に新興独立国が参加した**アジア＝アフリカ会議**（1955）がインドネシアの**バンドン**で開かれ、反植民地主義・民族主権・平和共存などの「平和十原則」が採択されました。

(2) 鳩山一郎内閣は、日ソ共同宣言に調印し、国際連合への加盟を実現した

〔鳩山一郎内閣〕は、これまでアメリカ一辺倒だった吉田外交のあり方を批判し、「自主外交」の方針を掲げてソ連との関係改善をめざしました。「雪どけ」の広がりによる冷戦の緩和もあって、**日ソ共同宣言**（1956）が調印され、日ソ間の戦争状態が終了して国交が回復しました。そして、ソ連が日本の国際連合加盟を支持したため、日本は**国際連合への加盟**を実現しました（1956）。

ただし、共同宣言の規定では日ソ間で平和条約を結んだ後に**歯舞群島・色丹島**が引き渡されるとされ、平和条約を締結しないかぎりはソ連（現在のロシア）との間で「北方領土」問題は解決しないことになったのです。

> **ポイント　55年体制の成立**
>
> ◆〔第5次吉田茂内閣〕の崩壊と〔鳩山一郎内閣〕（**日本民主党**）の成立
> 　社会党（左派・右派）は**3分の1の議席**を確保し**改憲を阻止**→**左右統一**
> 　**日本民主党**と**自由党**が合流し**自由民主党**（1955）※単独与党（**55年体制**）
> ◆ソ連との国交回復：〔鳩山（一）〕の**日ソ共同宣言**（1956）→**国際連合加盟**

3 保守長期政権と戦後の外交（1950年代後半～70年代）

1950年代後半からは、**自由民主党**が単独与党となる内閣が続きました（55

年体制）。そして、重要な条約が諸外国との間で結ばれていきました。内閣の移りかわりと、アメリカの動向の変化に注目し、戦後外交史の重要ポイントをおさえていきましょう。

1950年代～70年代の内閣 カッコ内は与党

吉田茂③④⑤（自由党）	鳩山一郎（日本民主党→自由民主党）	石橋湛山（自由民主党）	岸信介（自由民主党）	池田勇人（自由民主党）	佐藤栄作（自由民主党）	田中角栄（自由民主党）	三木武夫（自由民主党）	福田赳夫（自由民主党）

55年体制

① 安保条約の改定

まず、〔**岸信介内閣**〕から見ていきましょう。**岸信介**首相は、「日米新時代」を唱え、アメリカと対等な立場になるために日米安全保障条約の改定をめざし、**日米相互協力及び安全保障条約**（**新安保条約**）（1960）に調印しました。

⑴ 岸信介内閣は安保条約を改定し、アメリカとの軍事的な協力関係を深めた

旧安保条約との違いに注目しましょう。岸首相の狙いは、安保条約を「片務的から双務的に」することであり、アメリカの日本防衛義務が明記されました。さらに、日本側も条約運用のイニシアチブを持つため、在日アメリカ軍の軍事行動に対する日米の**事前協議**を導入し、条約の期間を**10年間**と定めて10年後の条約廃棄を可能にしました（10年後に廃棄の通告がなければ**自動延長**になります）。また、旧安保条約の日米行政協定を受け継いだ日米地位協定も結ばれました。こうして、軍事面での日米協力関係が強化されたのです。

しかし、新安保条約には、日本や在日アメリカ軍基地への攻撃に対する日米の**共同行動**も規定されました。

日米安全保障条約「極東」・日本の安全のために米軍駐留を認める

●旧安保条約（1951）	●新安保条約（1960）
アメリカの日本防衛義務なし 在日米軍が日本の内乱鎮圧に出動 条約の期限は明記されていない	アメリカの日本防衛義務を明記 （内乱鎮圧に関する条項を削除） 条約の期限は10年、以後は自動延長 在日米軍の活動に対する事前協議 攻撃に対する日米の共同行動

アメリカの軍事戦略に日本が巻き込まれる可能性があることから、革新勢力（社会党・共産党や労働組合）や市民団体・学生団体が結集して**安保改定阻止国民会議**を組織し、安保改定に反対しました。

⑵ 新安保条約を批准する過程で、60年安保闘争の気運が高まった

安保条約の改定に反対する**60年安保闘争**（**安保闘争**）が激化した原因は、革新勢力と全面的に対決する、岸首相の強引な政治手法にありました。

近代的な条約は、【全権による調印→国会での批准→条約の発効】というプロセスを経て効力を持つのですが、新安保条約を批准するとき、政府・与党は警官隊を国会に導入して反対議員を排除するといった非民主的な手法を使い、**衆議院で強行採決**しました。これにより、「安保改定反対」を掲げていた運動は、「民主主義擁護・岸内閣打倒」を掲げた運動へと転じ、国会を包囲するデモが高揚しました。結局、参議院では審議されず、新安保条約は30日後に**自然成立**しました（衆議院の優越により、参議院で審議・採決しなくても、30日後には衆議院の議決が国会の議決になります）。そして、日本国内を騒然とさせたことで与党内でも批判が高まり、内閣は総辞職しました。

② 経済政策優先への転換

　〔池田勇人内閣〕が成立すると、池田勇人首相は「寛容と忍耐」をスローガンに、60年安保闘争に見られた革新勢力との対決を避けようとしました。そして、経済政策に重点を移し、**高度経済成長**を促進していきました。

年表		
〔岸〕	1960	日米相互協力及び安全保障条約
		60年安保闘争
〔池田〕	1960	国民所得倍増計画
	1961	農業基本法
	1964	東海道新幹線・東京オリンピック
〔佐藤〕	1965	日韓基本条約
	1968	小笠原の返還
	1971	沖縄返還協定

(1)　池田勇人内閣は経済政策を重視し、国民所得倍増計画を打ち出した

　〔池田内閣〕の経済政策では、まず「10年間で国民総生産（ＧＮＰ）と1人あたり国民所得を2倍にする」という**国民所得倍増計画**（1960）を発表しました。また、立ち遅れている農業と工業・サービス業との格差を是正するため、農家の自立経営を促進する**農業基本法**（1961）を制定しました→第30章。さらに、**東海道新幹線**（1964）が東京・新大阪間に開通し、**東京オリンピック**（1964）も開催されました→第30章。

　貿易・金融では、開放経済体制への移行をはかりました→第30章。さまざまな分野で自由化を進め、世界のなかで自由競争に乗り出すことになったのです。具体的には、**ＧＡＴＴ11条国への移行**（1963）による貿易の自由化に加え、**ＩＭＦ8条国への移行**（1964）による為替の自由化や、**ＯＥＣＤへの加盟**（1964）による資本の自由化を進めました。そのほか、社会主義国である中華人民共和国との間で、ＬＴ貿易と呼ばれる準政府間貿易も始めました。

(2)　1960年代には、野党の多党化という政治状況が見られた

　1960年代以降、**野党の多党化**が進みました。社会党の右派は、安保改定を

めぐる路線の対立で社会党を脱して民主社会党（のち民社党）を結成しました。また、創価学会を基盤に公明党が結成され、共産党が議席を伸ばしました。

③ ベトナム戦争と日米関係の強化

　インドシナ半島のベトナムで発生した**ベトナム戦争**に対し、アメリカが軍事的に介入すると（1965〜73）、1960年代の日本の歩みに大きな影響が及びました。この時期の世界情勢も含め、ベトナム戦争の状況と関連する日本の外交史を見ていきましょう。

(1)　1960年代の世界は、中ソ対立が表面化し、ベトナム戦争が本格化した

　1960年代になると、それまで続いていたアメリカ・ソ連を中心とする核兵器開発競争（原爆から水爆へ、さらに大陸間弾道ミサイルへ）に歯止めがかかりました。核実験が制限され、さらに核兵器の他国への供与などを禁止した核兵器拡散防止条約が結ばれました（1968）。

　また、「東側」（社会主義陣営）のなかに亀裂が走りました。**中ソ対立**です。社会主義の路線や冷戦のあり方をめぐって、中華人民共和国がソ連との敵対関係を強めていき、中・ソ間での国境紛争も発生しました。

　一方、独立を果たしたアジア・アフリカ諸国が国際連合へ加盟していくと、これらの国々が国際社会のなかで存在感を増していきました。

 ベトナムと日本との関係は、ちょっとイメージしにくいけれど……。

 ベトナムは、フランス領インドシナ（仏印）の一部だった場所だよ。

 日中戦争が続くなかで、日本軍が北部仏印進駐や南部仏印進駐を実行し、太平洋戦争に至る、という流れだったね→第27章。

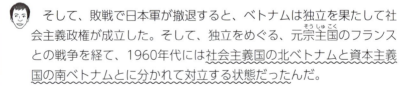 そして、敗戦で日本軍が撤退すると、ベトナムは独立を果たして社会主義政権が成立した。そして、独立をめぐる、元宗主国のフランスとの戦争を経て、1960年代には社会主義国の北ベトナムと資本主義国の南ベトナムとに分かれて対立する状態だったんだ。

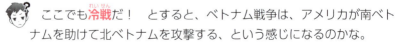 ここでも**冷戦**だ！　とすると、ベトナム戦争は、アメリカが南ベトナムを助けて北ベトナムを攻撃する、という感じになるのかな。

 それでOK。アメリカは以前から南ベトナム政府を支えていたけれ

ど、南ベトナムは反政府組織（南ベトナム解放民族戦線）との内戦が
激化して動揺していた。

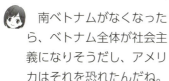 南ベトナムがなくなった
ら、ベトナム全体が社会主
義になりそうだし、アメリ
カはそれを恐れたんだね。

だから、1965年、アメリ
カは北ベトナムへの爆撃
（北爆）を開始し、全面戦
争に発展したんだ。

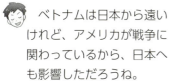 ベトナムは日本から遠い
けれど、アメリカが戦争に
関わっているから、日本へ
も影響しただろうね。

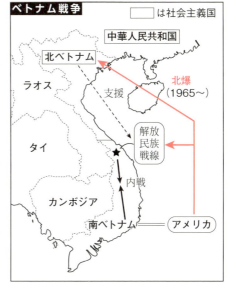

ベトナム戦争　　□は社会主義国

中華人民共和国

北ベトナム

北爆
（1965～）

ラオス

支援

タイ

解放
民族
戦線

内戦

カンボジア

南ベトナム　＝＝＝アメリカ

(2) **ベトナム戦争は日韓の国交正常化交渉を促進し、日韓基本条約が結ばれた**

韓国との国交樹立を実現したのは、〔佐藤栄作内閣〕です。実は、サンフラ
ンシスコ平和条約（1951）で日本が「朝鮮の独立」を承認した時点では、国交
樹立ができませんでした。交戦国でない韓国・北朝鮮は講和会議に招かれなか
ったからです。そして、日本の独立後、アメリカの影響下で「西側」の韓国と
のみ交渉を進めたものの、植民地支配の事後処理や漁業権などが問題化し、国
交樹立に至りませんでした。

　ところが、アメリカの**北爆開始**によって（1965）、事態は急展開しました。
社会主義国の北ベトナムと戦うため、アメリカはアジアの反共（資本主義・自
由主義）陣営の結束強化をはかっており、日韓両国に交渉を促進するよう働き
かけたのです。こうして、**日韓基本条約**（1965）が調印されました。条約では、
1910年以前に「大日本帝国と大韓帝国との間で結ばれたすべての条約及び協
定は、もはや無効である」として →第22章、植民地支配が完全に終わったことを
確認しました。そして、日本は韓国政府を「朝鮮にある唯一の合法的な政府」
と認めました。このことで、北朝鮮とは国交が不正常な状態が現在も続いてい
ます。

国内では、ベトナム特需の影響も加わって、1960年代後半に**いざなぎ景気**と呼ばれる好景気が生まれました →第30章。

(3)　ベトナム戦争は日米の沖縄返還交渉を促進し、沖縄返還協定が結ばれた

　沖縄返還を実現したのも、〔**佐藤栄作内閣**〕です。太平洋戦争の沖縄戦（1945）でアメリカ軍が占領して以来、沖縄は常にアメリカ軍の影響下にありました。敗戦後の沖縄は、アメリカの直接軍政のもとに置かれました →第28章。サンフランシスコ平和条約が発効（1952）した後も、アメリカの施政権下に置かれ続け、アメリカ軍基地が住民の生活圏に存在する状態は続きました。

　1960年代に高まった、住民が主体となって沖縄返還などを求める**祖国復帰運動**は、アメリカの**北爆開始**によって（1965）、いっそう高揚しました。沖縄がアメリカ軍の出撃基地となり、アメリカ軍による基地用地の強制接収が進んだり、アメリカ兵の犯罪が増加したことで、基地に反対する闘争も加わったからです。こうなると、アメリカはベトナム戦争を継続する（つまり沖縄のアメリカ軍基地を使い続ける）ためにも、沖縄返還に応じることで住民感情をやわらげる必要が出てきました。

　日本政府にとっての懸念は、沖縄のアメリカ軍基地に持ち込まれていた核兵器の存在でした。このまま沖縄返還になると、日本国内に核兵器が存在してしまうことになりますから、世論に配慮して**非核三原則**「持たず・作らず・持ち込ませず」を表明し、アメリカ政府との交渉にあたりました。

　そして、まず**小笠原諸島が返還**され（1968）、次に**沖縄返還協定**（1971）が調印されて、**沖縄の日本復帰**が実現しました（1972）。しかし、協定には新安保条約の沖縄への適用が規定され、沖縄のアメリカ軍基地はその後も使用されることになりました（現在も日本にあるアメリカ軍専用施設の約75%が沖縄に集中）。

④ 中国との国交正常化

　1970年代には、アメリカが国際戦略を転換し、「東側」の中華人民共和国との関係を改善する**米中接近**に踏み出しました。そして、このことが1970年代の日本の歩みに大きな影響を与えました。

(1)　ニクソン米大統領が訪中し、中華人民共和国との敵対関係を終了した

　なぜ米中接近が可能となったのでしょうか。また、なぜアメリカは中華人民共和国に接近したのでしょうか。

まず、全体状況として、1960年代から続く**中ソ対立**がありました。中華人民共和国がソ連を離れてアメリカに接近する条件が生まれていたのです。

1970年代に入ると、国際連合の総会決議で中華人民共和国が国連代表権を獲得し、中華民国（台湾）が国際連合から追放されました。国際社会は中華人民共和国を正式な中国だと認めるようになり、中華人民共和国は国連安全保障理事会の常任理事国として、世界の大国の一つとなったのです。

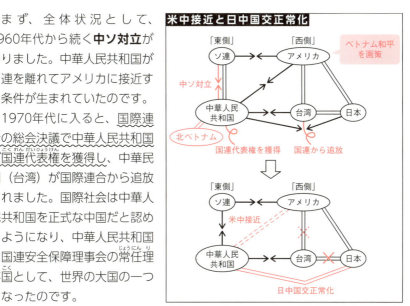

米中接近と日中国交正常化

「東側」 「西側」
ソ連 → アメリカ
ベトナム和平を画策
中ソ対立
中華人民共和国 → 台湾 → 日本
北ベトナム
国連代表権を獲得　国連から追放

「東側」 「西側」
ソ連 → アメリカ
米中接近
中華人民共和国 → 台湾 × 日本
日中国交正常化

一方、ベトナム戦争が泥沼化したアメリカは、北ベトナムを支援していた中華人民共和国に接近することで、中華人民共和国を介して北ベトナムとの和平を引き出そうとしました（のちベトナム和平協定でアメリカはベトナムから撤退し、最終的に北ベトナムがベトナムを統一）。

機は熟しました。アメリカの**ニクソン大統領が訪中**し（1972）、これまでの中華人民共和国との敵対関係を終了しました（米中の国交正常化は1979年）。そして、アメリカに合わせて中華人民共和国に対する敵視政策をおこなってきた〔**佐藤栄作内閣**〕は、ここで総辞職しました。

(2) 田中角栄内閣は、日中共同声明で国交正常化を達成した

日中国交正常化を実現したのは、〔**田中角栄内閣**〕です。田中首相が訪中して周恩来首相と会談し、**日中共同声明**（1972）が調印されました。日本が侵略戦争の「責任を痛感し、深く反省」し、日中両国が戦争の終結を確認しました。そして、日本は

年表

〔田中角栄〕	1972	日中共同声明
	1973	第1次石油ショック
〔三木〕	1975	第1回サミット
	1976	ロッキード事件
〔福田赳夫〕	1978	日中平和友好条約

「中華人民共和国政府が中国の唯一の合法政府」であり、「台湾が中華人民共和国の領土の不可分の一部」だと認めました。これにより、中華民国（台湾）との国交を断絶し、日華平和条約は破棄されました（しかし日本と台湾との経済関係は深化していきました）。

IV

近代・現代

〔田中角栄内閣〕の国内政策を見ましょう。日本列島改造は、太平洋ベルト →第30章 に集中していた産業を地方へ分散させて高速交通網で相互に接続するというものですが、公共事業の拡大によって地価が高騰しました。また、第4次中東戦争によって原油価格が高騰して第1次石油ショック（1973）が発生すると →第30章 、中東からの石油輸入に依存していた日本ではエネルギー・石油化学製品の価格高騰が発生し、他の物価も暴騰して「狂乱物価」となりました（トイレットペーパー買占め騒動も発生しました）。

(3) 三木武夫内閣を経て、福田赳夫内閣で日中平和友好条約が結ばれた

〔三木武夫内閣〕では、第1次石油ショックで生じた世界的な不況に対し、経済問題を中心に協議する第1回先進国首脳会議（サミット） →第30章 が開かれました（1975）。また、田中角栄前首相が、アメリカ航空機会社の売り込みをめぐる汚職で逮捕されるロッキード事件が発生しました（1976）。〔福田赳夫内閣〕では、日中平和友好条約（1978）が調印され、日本は中華人民共和国と正式に国交を樹立しました。日中共同声明の、中ソ対立を背景とする覇権条項（中華人民共和国がソ連を牽制）は、平和友好条約にも入れられました。

ポイント 保守長期政権と戦後の外交

◆〔岸信介〕：安保条約の改定
　日米相互協力及び安全保障条約（1960）→60年安保闘争
◆〔池田勇人〕：「寛容と忍耐」、高度経済成長を推進
　国民所得倍増計画（1960）／東京オリンピック・東海道新幹線（1964）
　開放経済体制…ＩＭＦ8条国へ移行・ＯＥＣＤに加盟（1964）
◆〔佐藤栄作〕：ベトナム戦争へのアメリカ介入（1965〜73）に対応
　日韓基本条約（1965）…韓国と国交樹立
　小笠原返還（1968）／沖縄返還協定（1971）→米軍基地存続
◆〔田中角栄〕：「日本列島改造」
　日中共同声明（1972）…中華人民共和国と国交正常化→台湾と断交
　地価が高騰、第1次石油ショックにより原油価格が高騰→「狂乱物価」
◆〔三木武夫〕
　第1回先進国首脳会議（1975）／ロッキード事件…田中角栄逮捕
◆〔福田赳夫〕
　日中平和友好条約（1978）

【1】（1993年度　本試験・改題）

次のテレビ番組表と番組解説に関する下の問いに答えよ

6	0 N 天 ◇17 テレビ体操 30 減反0（宮城県）◇天
7	0 N 天 ◇20 鯛と自然遊歩道（新潟県・粟島） 35 スタジオ102
8	12 天 ◇15 藍より青く 30 N 天 ◇45 こんにちは奥さん「男の横顔」
9	40 野菜の切り方、ゆで方
10	0 N ◇05 特別番組「沖縄復帰」（多元中継）円・ドル交換すすむ、沖縄復帰式典ほか
11	30 減反0（宮城県）囲

現地の表情を追う

★スタジオ102

今日月曜日から四日間、沖縄返還関連番組のひとつとして、復帰直後の沖縄の表情を生中継で放送する。

【月曜日】「今日、祖国復帰」屋良朝苗氏に感想を聞く

【火曜日】「ドル生活から円生活へ」沖縄県民の声を収録

【水曜日】「軍事基地縮小への願い」嘉手納基地周辺から中継

【木曜日】「緑と水と太陽と…」名護市羽地内海から中継

（『朝日新聞』による。）

このテレビ番組が放映された日について述べた文として正しいものを、次の①〜④のうちから一つ選べ。

① ポツダム宣言の受諾によって、それまでアメリカ軍の占領下にあった沖縄の施政権が日本に返還された1945年8月15日である。

② サンフランシスコで調印された「日本国との平和条約」の発効によって、沖縄の施政権が日本に返還された1952年4月28日である。

③ 改定された「日米安全保障条約」の発効によって、沖縄の施政権が日本に返還された1960年6月23日である。

④ 「琉球諸島及び大東諸島に関する日米協定」に基づいて、沖縄の施政権が日本に返還された1972年5月15日である。

解説　本問は知識で解けますが、**資料を読み取る問題として共通テスト対策に生かすこともできます**。たとえば、番組表の「減反0」から減反政策を思い出し→第30章、これが1970年代の資料だと判断します（①②③は時期が異なるから誤り）。また、番組解説の「ドル生活から円生活へ」から、アメリカの施政権下に置かれた沖縄での人々の生活を考えてみるのもよいですね。

⇒したがって、④が正解です。

解答　④

IV

近代・現代

年代	内閣	政治	外交	社会・経済
1950年代	吉田③④⑤ 鳩山(一) 石橋		(1)	**1 高度経済成長と国民生活** ①**特需景気**　※朝鮮戦争(1950) ②**高度経済成長** 　神武景気　岩戸景気 　※技術革新・エネルギー革命 　東京オリンピック〔池田〕 　いざなぎ景気
1960年代	岸			
	池田			③**国民生活の変化** 　消費革命(三種の神器・3C) ④**公害問題** 　四大公害訴訟(水俣病など) 　公害対策基本法〔佐藤〕 　環境庁〔佐藤〕
	佐藤			
1970年代		(2)		**2 ドルショック・石油ショック** ①**ドルショック** 　金・ドル交換停止〔佐藤〕 　変動相場制〔田中〕 ②**石油ショック** 　第1次〔田中〕→「狂乱物価」 　第2次→安定成長へ
	田中(角)			
	三木 福田(赳) 大平			
1980年代	鈴木(善)	**3 現代の情勢** ③**保守長期政権の解体** 　分割民営化〔中曽根〕 　消費税の導入〔竹下〕	①**冷戦の終結** 　東欧の民主化 　冷戦の終結宣言	②**経済大国日本** 　輸出増大→貿易摩擦 　プラザ合意→円高の進行 　内需拡大策→「バブル経済」 　株と土地の「バブル」崩壊 　→平成不況
	中曽根 竹下 宇野			
1990年代	海部 宮沢 細川	55年体制の崩壊〔宮沢〕 非自民連立内閣〔細川〕	東西ドイツ統一 湾岸戦争 ソ連の解体	

年代	文化	時期と特徴
1940年代～	**4 戦後の文化** ①**学問・文化** 　ノーベル賞(湯川秀樹)　文化財保護法　世界遺産 ②**文学・芸能・メディア** 　文学　映画　漫画(手塚治虫)　テレビ放送	1940年代後半～(戦後期) 敗戦でアメリカ文化の流入 消費社会を背景に大衆化 (3)

第30章は、1950年代以降の経済を中心に、1980年代以降の政治・外交や戦後の文化も扱います。

(1) 1950年代前半の特需景気と、1950年代後半から1970年代にかけての高度経済成長について、その背景や国民生活のあり方にも注目します。そして、1970年代のドルショックと石油ショックについて、これらが日本へ与えた影響を中心に見ていきます。

(2) 1980年代以降の政治・外交・社会・経済について、55年体制の動揺と崩壊、冷戦の終結、経済大国化、という大きな動きをつかみ、現代史をどの時点まで学ぶのか考えていきましょう。

(3) 戦後の文化について、以前のセンター試験で出題が見られたトピックを中心にまとめました。これで、日本史の全体学習は、終了です！

IV

近代・現代

1 高度経済成長と国民生活 （1950年代〜70年代初め）

1940年代後半の経済は、敗戦直後の物不足と通貨増発により発生した激しい**インフレ**から始まり、金融緊急措置令や傾斜生産方式を経て→第28章、経済安定九原則にもとづくドッジ＝ライン（超均衡予算など）でインフレは収まったものの→第28章、**デフレ**不況が拡大しました。

しかし、1950年代に入ると景気は急速に回復し、1970年代初めにかけて好景気が続く、**高度経済成長**の時代を迎えました。

では、この時期の経済成長とその要因や、国民生活の変化について、見ていきましょう。

経済復興と高度経済成長
特需景気 （1950〜53）
神武景気 （1955〜57）
岩戸景気 （1958〜61）
オリンピック景気 （1963〜64）
いざなぎ景気 （1966〜70）

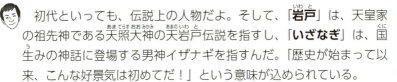

 「**神武**」という名前は、初代の神武天皇から来ているの？　たしか、神武が即位した日が紀元節だったよね→第25章。

初代といっても、伝説上の人物だよ。そして、「**岩戸**」は、天皇家の祖先神である天照大神の天岩戸伝説を指すし、「**いざなぎ**」は、国生みの神話に登場する男神イザナギを指すんだ。「歴史が始まって以来、こんな好景気は初めてだ！」という意味が込められている。

なんだか、時期がどんどんさかのぼっているのが、面白いね。

当時は戦前・戦中の日本を経験している人々が多いから、歴史の始まりを建国神話で表すのがイメージしやすかったのかもしれないよ。

「**特需**」と「**オリンピック**」もあるし、順番をしっかり覚えなきゃ！

① 特需景気

(1) 朝鮮戦争における米軍の需要で特需景気が生まれ、日本経済は回復した

　まず、特需景気（1950〜53）から。**朝鮮戦争**が勃発すると（1950）、これに出動した**アメリカ軍**が日本で軍需品の調達や機械・自動車の修理をおこないました。こうした「特殊需要」に応じた日本に対し、対価として大量に支払われたドルが、日本経済発展のきっかけとなったのです。さらに、第二次世界大戦後の世界的な好景気のなかで、アメリカへの輸出が増大したこともあって、繊維・金属の生産が増え、鉱工業生産が戦前の水準に回復しました。そのほか、政府が出資した会社による水力発電所の建設や、政府資金を投入した計画造船が進められました（造船量は1956年に世界第1位になります）。

(2) 日本が独立すると、アメリカ中心の国際的な経済システムに組み込まれた

　さらに、サンフランシスコ平和条約の発効で独立が達成されると（1952）、日本は経済の面でも「西側」（資本主義陣営）の一員になりました。1952年には、外国為替安定や貿易促進のための融資をおこなう**IMF**（国際通貨基金）と、戦災復興や経済建設のための融資をおこなう**IBRD**（世界銀行）に加盟しました。世界銀行の融資はインフラ整備などに使われ、日本も東海道新幹線をつくるときに融資を受けています。さらに、1955年には**GATT**（関税と貿易に関する一般協定）にも加盟しました。

② 高度経済成長

(1) 神武景気・岩戸景気・オリンピック景気・いざなぎ景気と好景気が続いた

　特需景気が一段落したあと、神武景気（1955〜57）が生まれました。年平均の経済成長率が10％を超える、高度経済成長の時代が始まったのです。経済企画庁が1956年に出した『**経済白書**』では「**もはや戦後ではない**」という言葉が登場しました。敗戦のどん底からの回復をめざす国民の欲求や、朝鮮特需といった、急速な経済成長を促す好条件はなくなったので（＝戦後は終わった）、これからは近代化による自立的な経済成長をめざさなくてはならない、

という厳しい決意が
込められています。

次に、**岩戸景気**
(1958〜61) が生
まれました。この時
期には、〔**池田勇人
内閣**〕による**国民所
得倍増計画** (1960)

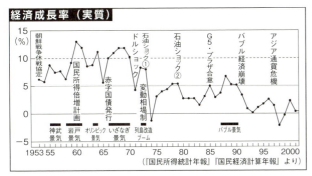

経済成長率（実質）

（『国民所得統計年報』『国民経済計算年報』より）

が発表されたこともあって、経済成長が加速していきました→第29章。

さらに、**オリンピック景気** (1963〜64) が生まれました。**東京オリンピック** (1964) に関連する諸事業で経済が成長したのです。オリンピックに間に合わせる形で、東京・新大阪間に**東海道新幹線** (1964) が開通しました。

オリンピック景気の反動で不況がやってきたのち（不況対策として〔**佐藤栄作内閣**〕が戦後初の<u>赤字国債</u>を発行）、**いざなぎ景気** (1966〜70) と呼ばれる長期の好景気が生まれました。<u>重化学工業製品の輸出が増えて貿易黒字が拡大し</u>、**GNP**（**国民総生産**）が資本主義世界でアメリカに次ぐ**世界第2位**となりました (1968)。また、この時期に大阪で開かれた**日本万国博覧会** (1970) は、経済成長をとげた日本を世界にアピールするものとなりました。

(2) **高度成長の背景には、エネルギー革命や技術革新・設備投資などがあった**

なぜ高度経済成長がもたらされたのか。さまざまな要因があります。

一つ目は、外国技術の導入と改良による**技術革新**と、生産拡大をめざした民間企業の積極的な**設備投資**です。これにより、鉄鋼、家電などの機械、自動車、プラスチックや合成繊維などの**石油化学**といった重化学工業が発達しました。政府も沿岸部の埋め立てなどの社会資本整備を進め、**太平洋ベルト地帯**に臨海型の製鉄所や石油化学**コンビナート**が建設されました。

二つ目は、**石炭から石油へ**と主要エネルギーを転換する**エネルギー革命**です。<u>中東</u>（西アジア・北アフリカ）で油田の開発が進み、安価な原油を大量に輸入できたのです。ただ、このことが石炭産業の衰退をもたらし、労働者の大量解雇に反対する**三井三池炭鉱争議** (1960) が起きました（同じ1960年には、日米安保条約の改定に反対する安保闘争も起きました→第29章）。

三つ目は、国内需要の拡大です。**終身雇用**や**年功序列賃金**といった「日本型経営」の広まりによって、サラリーマンや労働者の収入や地位が安定しました。さらに、日本労働組合総評議会（**総評**）の指導のもとでおこなわれる**春闘**（毎

年春に一斉に賃上げを求める労働運動）が、賃金を上昇させていきました。こうして国民の所得水準が上がって豊かになり、購買力が伸びていけば、工業製品は日本国内でどんどん売れていきます。

四つ目は、ドッジ＝ライン以来続いた、**1ドル＝360円**の**固定相場**です→第28章。為替相場の安定は、貿易の安定をもたらします。また、高度経済成長期に日本経済の実力が伸びれば伸びるほど、それとくらべて固定されたままの為替相場は割安となっていったのです（1ドル＝360円という数字は変わらないのに円安の状態になっていく）。これが輸出拡大につながりました。

(3) 経済成長が進んだ日本は、開放経済体制へ移行していった

「開放経済体制」とは、経済的な保護政策をやめて自由化を進めることを指します。日本は先進国となってきたので、国際自由経済体制の一員となることが求められたのです。〔池田勇人内閣〕のもとで、GATT11条国へ移行して貿易を自由化したのに続き、**IMF8条国へ移行**して為替取引を自由化し、**OECD**（経済協力開発機構）**に加盟**して資本を自由化しました（1964）。

こうした自由化、特にOECDへの加盟は、外国資本の流入による競争の拡大をもたらすので、これに対抗する必要が生じました。そこで、かつて過度経済力集中排除法によって分割されていた企業が合併するなど、企業の大型化が進みました。さらに、旧財閥系などの銀行を中心に、三井・三菱・住友・第一勧銀・富士・三和といった**企業集団**が形成されていきました→第28章。

③ 国民生活の変化

戦後の民主化政策が、高度経済成長をもたらした側面もあるよ。

五大改革指令の復習だね。**労働組合法**などで労働者の権利が保障されたことは大きいよなぁ。それに、**農地改革**で小作農が土地を得て**自作農**になったら→第28章、小作料の負担がなくなるし、農家の収入が増えそう。国民が豊かになってモノを買えば、経済発展だ！

もう一つ、**財閥解体**が高度経済成長につながった面は？

う～ん、バラバラになった企業がライバルと活発に競争しそうだけれど……。それが、**技術革新**につながるのかな？

それもあるけれど、財閥解体が不徹底に終わったことが重要だよ。
過度経済力集中排除法で→第28章、銀行は分割されたかな？

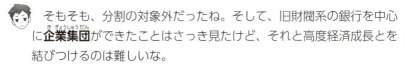

そもそも、分割の対象外だったね。そして、旧財閥系の銀行を中心に**企業集団**（きぎょうしゅうだん）ができたことはさっき見たけど、それと高度経済成長とを結びつけるのは難しいな。

企業が設備投資したいときに、何が必要かな？

資金かな……。そうか、企業集団は、銀行が系列企業へ融資して結びついたから、系列に加われば、**設備投資**の資金が手に入りやすいね。

バッチリだ！　キミたちの成長が、先生はうれしいよ！

(1)　大衆消費社会が到来し、「三種の神器」「３Ｃ」が人々に普及した

国民の消費生活は豊かになりました。「欲しい！　買いたい！」という意欲が高まり、**消費革命**と呼ばれる耐久消費財の普及が見られました。1960年代には「三種の神器（さんしゅのじんぎ）」と呼ばれた**電気冷蔵庫**（でんきれいぞうこ）・**電気洗濯機**（でんきせんたくき）・**白黒テレビ**（しろくろ）が普及し（消費者が所有したい物を、天皇が持つ宝物になぞらえた）、

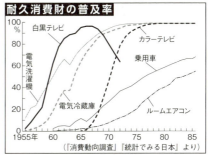

耐久消費財の普及率

（『消費動向調査』『統計でみる日本』より）

1970年代にかけて「３Ｃ」（新三種の神器）と呼ばれた**自家用車**（じかようしゃ）（car）・**クーラー・カラーテレビ**が普及しました。マス＝メディアの広告が、こうした購買欲に刺激を与えました。

そして、マス＝メディアの影響は、国民の生活様式を画一化させることにもつながりました。高度経済成長期には、国民の８〜９割が「自分は社会の中層にいる」という**中流意識**（ちゅうりゅういしき）を持つようになりました。

自動車は、1960年代後半からアメリカへの輸出が伸びましたが、国内でも普及していき、「マイカー（自家用車）」時代がやってきました。こうした**モータリゼーション**を示すのが、**名神高速道路**（めいしん）や**東名高速道路**（とうめい）の開通です。

(2)　農業は立ち遅れ、農村での過疎化や都市での過密化が進んだ

産業構造は高度化し、第１次産業（農業）の衰退と、第２次産業（工業）・第３次産業（サービス業）の成長が見られました。そして、農業と工業・サービス業との間で所得格差が拡大していきました。こうした格差を是正するため、〔池田勇人内閣（いけだはやと）〕は**農業基本法**（のうぎょうきほんほう）（1961）を制定しました。機械化・多角化による農家の自立経営促進と所得増大をめざしたのですが、日本の国土は平

野が狭いために耕地となる場所が少なく、機械化は広い耕地における大規模経営につながらずに省力化だけが進みました。時間のゆとりができれば出稼ぎが増えますから、農業外収入が農業収入を上回る**第2種兼業農家**が増える結果となりました（「父ちゃん」が出稼ぎに出て、残った「母ちゃん・爺ちゃん・婆ちゃん」が「三ちゃん農業」をおこなう）。さらに、豊かさは食生活の多様化をもたらし、小麦の消費や副食の消費が増えて、主食である米が余るようになりました。政府は、米の作付け制限やほかの農作物への転作などの**減反政策**（1970〜）を進めました。

　産業構造の高度化は、農村から都市への人口移動を促し、農村の人口が減少して**過疎化**が進行する一方、都市は人口が増加して**過密化**が進行しました。大都市の中心部では住宅事情が悪化し、交通渋滞や通勤ラッシュが激化し、公共施設が不足するなどの都市問題が発生しました。これに対処するため、大都市の近郊に大規模な**団地**をともなう**ニュータウン**（大阪の千里ニュータウンや東京の多摩ニュータウンなど）が建設されました。都市の住民は、夫婦とその未婚の子女で構成される**核家族**が多く、1世帯あたりの家族構成員の数は減っていきました。

④ 公害問題

　物事には、光と影が存在します。高度経済成長は、住民の生活環

四大公害
水俣病…熊本県水俣湾岸、有機水銀中毒（工場廃水）
新潟水俣病…新潟県阿賀野川流域、有機水銀中毒（工場廃水）
イタイイタイ病…富山県神通川流域、カドミウム中毒（鉱毒）
四日市ぜんそく…三重県四日市市、硫黄酸化物（石油コンビナート煤煙）

境を悪化させる**公害問題**も発生させました。1960年代後半、**水俣病**（熊本県）・**新潟水俣病**（新潟県）・**イタイイタイ病**（富山県）・**四日市ぜんそく**（三重県）の被害をめぐる**四大公害訴訟**が起こされ、これらはすべて、訴えた被害者側が勝訴しました。

　こうしたなか、政府も公害問題への対処を迫られました。**[佐藤栄作内閣]**のもとで、公害の規制と防止をはかる**公害対策基本法**（1967）が制定され、環境保全行政を担う**環境庁**（1971）が設置されました。

　そして、公害対策は、当時の地方自治体のあり方にも影響を与えました。社会党・共産党に推薦された人物が首長となる**革新自治体**は、地域住民の暮らしを守る公害規制や福祉政策を掲げました。**美濃部亮吉**が東京都知事に当選した1967年は、公害対策基本法制定の年でもあります。

◆高度成長：**技術革新・設備投資、エネルギー革命**（**石炭→石油**）
　特需景気：朝鮮戦争で米軍の需要＋アメリカ好景気で対米輸出増
　神武景気：『**経済白書**』の「**もはや戦後ではない**」（1956）
　岩戸景気：〔**池田内閣**〕**国民所得倍増計画**（1960）
　オリンピック景気：東京オリンピック・東海道新幹線（1964）
　いざなぎ景気：ＧＮＰ世界第２位（1968）・**日本万国博覧会**（1970）
◆**開放経済体制：**〔**池田内閣**〕**ＩＭＦ８条国へ移行**（為替の自由化）（1964）
　　　　　　　　　　　　　ＯＥＣＤへ加盟（資本の自由化）（1964）
◆**消費革命：**「**三種の神器**」…電気冷蔵庫・電気洗濯機・白黒テレビ
　　　　「**３Ｃ**」…自家用車・クーラー・カラーテレビ
◆**農業の変化：**〔**池田内閣**〕**農業基本法**（1961）→**第２種兼業農家**の増加
◆**公害：水俣病・新潟水俣病・イタイイタイ病・四日市ぜんそく**
　　　〔**佐藤内閣**〕**公害対策基本法**（1967）・**環境庁**（1971）

Ⅳ

近代・現代

② ドルショック・石油ショック（1970年代）

　1970年代に入ると、高度経済成長は終わりを告げました。経済に関する二つの「ショック」が世界に広がり、その影響を日本も受けたからです。それが、1971年の**ドルショック**（ドル危機）と、1973年の（第１次）**石油ショック**（石油危機）です。どのような背景でどのように起こったのか見ていきましょう。

① ドルショック

(1)　ドルを基軸通貨とする通貨システムに日本も参入、固定相場が維持された

　第二次世界大戦後の国際的な通貨・金融システムを、ブレトン＝ウッズ体制（ＩＭＦ体制）と呼びます。まず、アメリカが世界中の金の大半を保有していることを背景に、ドルと金との

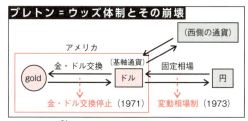

ブレトン＝ウッズ体制とその崩壊

交換比率を固定して、兌換を保証します（**金・ドル交換**）。そして、ドルと西側諸国の通貨（日本の円など）とを**固定相場**で結びます。こうした金ドル本位制（金本位制の一種で、金で価値が保証されたドルを基軸通貨とする）によっ

て、アメリカを中心とする西側諸国は、お互いに固定相場のなかで円滑な貿易をおこなうことができました。日本は、1949年のドッジ＝ラインで**単一為替レート**を実施したとき →第28章 、このブレトン＝ウッズ体制に参入しました。

(2) アメリカが金・ドル交換停止を発表し、そののち変動相場制へ移行した

　さて、それから約20年後、1960年代後半のアメリカでは、ベトナム戦争のための軍事支出や、西側諸国への経済援助、復興した日本やヨーロッパからの輸入などによって国際収支が悪化し、ドルが海外へ流出しました。そして、各国は獲得したドルをアメリカで金と兌換したため、大量の金がアメリカから流出しました。金の準備が減れば、金・ドル交換の維持が困難となります。

　こうしたなか、アメリカの**ニクソン大統領**は**金・ドル交換停止**を含む新経済政策を発表し、**ドルショック**（1971）と呼ばれる衝撃が世界に広がりました。１ドル＝360円という割安で輸出に有利な為替レートは、崩れたのです。そして、スミソニアン協定で各国通貨のレート調整をおこない、日本の円については**１ドル＝308円**で固定相場制が維持されました。その結果、円切り上げ（ドル切り下げ）、つまり円高となり、輸出に不利な状況となりました（日本では〔佐藤栄作内閣〕）。

　この1971年には、ニクソン大統領の訪中（東側陣営である中華人民共和国への訪問）→第29章 も発表されました。これと、金・ドル交換停止の発表の２つを合わせて、**ニクソン＝ショック**と呼びます。

　最終的に、スミソニアン協定で定められた為替レートが現実の通貨価値と一致しなくなったため、固定相場制から**変動相場制**へ移行しました（1973）。これ以降、日本の経済の実勢にあわせて円高の傾向が強まっていきました。

② 石油ショック

(1) 第４次中東戦争を契機に原油価格が高騰し、第１次石油ショックが起きた

　第二次世界大戦後の中東では、パレスチナに移住したユダヤ人が建国したイスラエルと、この地を追い出されたパレスチナ人を支援するアラブ諸国との間で、激しい対立があり（**パレスチナ問題**）、すでに３度の戦争が起きていました。そして、1973年に**第４次中東戦争**が勃発すると、アラブの産油国で結成されたＯＡＰＥＣ（アラブ石油輸出国機構）が、イスラエルを支援する欧米や日本に対して原油の輸出制限をおこない、４倍にまで価格を引き上げました。

　これによって発生した**第１次石油ショック**（1973）は、原油のほとんどを輸入に頼っていた日本経済を直撃しました。エネルギー資源や石油化学工業の原料の価格高騰につながり、〔田中角栄内閣〕の列島改造政策による地価高騰

と相まって→第29章、「狂乱物価」と呼ばれる激しいインフレが発生しました。そして、1974年の国民総生産は前年を下回り、経済成長率は戦後初の**マイナス成長**となりました。

　石油ショックは、ドルショック以来の世界経済の混乱をさらに助長しました。こうした経済問題への対応を協議するため、パリで初の**先進国首脳会議**（**サミット**）が開かれました（1975　日本では［**三木武夫内閣**］）。

⑵　**2度の石油ショックを経て、日本経済は高度成長から安定成長に向かった**

　1970年代の終わりに、イランでイスラーム復興と反欧米を掲げた革命が勃発すると（**イラン革命**）、革命の混乱によるイランの原油輸出停止に、アラブ産油価格引き上げも加わり、再び原油価格が高騰し、**第2次石油ショック**が発生しました（1979）。こうして、<u>国内需要の高さに支えられてきた高度経済成長の時代が終わり、日本経済は安定成長へ向かっていきました</u>。

　すでに、第1次石油ショック以来、企業は省エネルギーによる石油消費量の抑制や人件費の削減などの**減量経営**を進めていました。さらに、「重厚長大」産業から「軽薄短小」産業（ハイテク産業）への転換が進むなど、産業構造のさらなる高度化が見られました。パーソナルコンピューターや産業ロボットといったＭＥ（マイクロ＝エレクトロニクス）技術を導入した、事務所や工場のＯＡ（オフィス＝オートメーション）化も進みました。

ポイント　ドルショック・石油ショック

◆**ドルショック**：ニクソン米大統領の**金・ドル交換停止**発表（1971）
　　　　　　　　→1ドル360円から**1ドル308円**へ（円切上げ）
　　　　　　　　のち、固定相場制から**変動相場制**へ（1973）
◆**石油ショック**：**第4次中東戦争**→**第1次石油ショック**（1973）
　　　　　　　　→狂乱物価→戦後初の**マイナス成長**（1974）
　　　　　　　　イラン革命→**第2次石油ショック**（1979）※減量経営

❸ 現代の情勢（1980年代～2010年代）

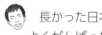

長かった日本史の歩みも、いよいよゴールが見えてきた。ここまで、よくがんばったね。

やっぱり、大学入試で戦後史がどの時期まで出題されるのかが、とても気になるよ。あとどれぐらい勉強すればいいのかな？

センター試験日本史Bでは、1990年代までの出題があったから、共通テストでもそこまで学習し、念のため21世紀もながめておこう。

まさか、今年起きた出来事が出題されたりしないよね？

中学入試・高校入試の社会科ではないから、それは考えにくいかな。共通テストでは、時事問題の出題は考えなくて大丈夫だよ。

そしたら、センター試験で出たところだけ勉強しておこうっと！

割り切りがいいね。でも、せっかくの機会だし、<u>今の日本に生きる一人の人間として知っておく必要があるのは何か？</u> ということを考えながら、戦後史をどこまで勉強するかを考えてみてはどうかな。

現在の日本につながっていく面を意識しながら現代史を勉強しよう、ってことだね。

もっといえば、<u>日本史という科目の枠組みを超え、高等学校の地歴公民科で学んだこととの関連性を意識する</u>といいよ。実は、第30章では、世界史・地理や政治経済の内容も勉強しているんだよ。

私は今の日本に生き、そして今の世界に生きているから、そういった自分の立ち位置とのつながりで、現代史をとらえるといいんだね。

現代史だけじゃないよ。「**歴史は、現在と過去との間の尽きることを知らぬ対話である**」という言葉がある。日本史のすべてが、今を生きるキミたちにつながっているんだよ。

そういったことを意識しながら、また最初のところから復習して、日本史をマスターしていくよ！

① 冷戦の終結

まず、世界情勢から。アメリカとソ連の対立を中心とする冷戦の時代から、唯一の大国アメリカが国際秩序を主導する時代へと変化していきました。

(1) 1980年代は米ソ対立が激化したのち緩和され、「冷戦の終結」が宣言された

1980年代前半は、冷戦が再び激化しました（新冷戦）。ソ連がアフガニスタンへ侵攻して（1979）、社会主義の親ソ政権を反政府組織から守ろうとしたのに対し、アメリカを中心に西側諸国が反発し、モスクワオリンピックを西側諸国（日本も含みます）がボイコットする事態も起きました（1980）。そして、アメリカのレーガン大統領がソ連への強硬姿勢をとり、再び東西両陣営が緊張を高めました。

しかし、1980年代後半になると、ソ連の指導者としてゴルバチョフが登場し、社会主義を維持したうえで民主的な改革を進めました（チェルノブイリ原子力発電所事故はこのころの出来事です（1986））。外交面では核兵器を含めた軍縮と対米協調を進め、アフガニスタンから撤退しました。

そして、米ソ首脳のマルタ島での会談において、「**冷戦の終結**」宣言が出されました（1989）。

(2) 東欧諸国で社会主義政権が倒れて民主化が進むなか、ソ連が解体された

ソ連の改革は東ヨーロッパ諸国にも影響を与え、社会主義政権の崩壊と民主化が進行しました（東欧革命）。その象徴的な事例が、東西に分断されていたドイツです。ベルリンも東ベルリン（東ドイツ領）と西ベルリン（西ドイツ領）に分断され、その境に「ベルリンの壁」が建設されていましたが、市民の力によって「**ベルリンの壁」が崩壊**したのです（1989）。のち、東ドイツ国民の西ドイツへの出国が相次ぐなか、**東西ドイツの統一**が達成されました（1990）。

そして、東欧の民主化に刺激を受けたソ連邦内の共和国が、次々と連邦からの離脱を宣言し、最終的に**ソ連邦は解体**されました（1991）。こうして、1990年代初めには、冷戦の時代は完全に終わったのです。

(3) 地域紛争が各地で起きるなか、アメリカ主導の国際秩序が作られていった

その後、宗教・民族の対立による内戦が各地で勃発し、唯一の大国となったアメリカがこれに介入する動きが強まりました。イラン革命を契機とするイラン＝イラク戦争（1980～88）を終えたイラクは、国力回復をはかって隣国のクウェートへ侵攻しました（1990）。これに対し、アメリカ中心の「多国籍軍」

が国連決議のもとで武力制裁を加えました。この湾岸戦争（1991）に、日本は多額の資金供与をおこないましたが、その後の日本は「国際貢献」の名目でアメリカの世界戦略への協力をいっそう求められるようになりました。

② 経済大国日本

　次に、経済状況です。1980年代の日本は、世界のGNPに対して占める割合が約10％に達し、「経済大国」となりました。そして、アジアNIES（韓国・シンガポール・台湾・香港などの新興工業経済地域群）やＡＳＥＡＮ（東南アジア諸国連合）と合わせたアジア経済圏が発展していきました。

　1980年代前半の貿易摩擦、1980年代後半の「バブル経済」の発生、1990年代の「バブル経済」の崩壊と平成不況、という展開を見ていきましょう。

⑴　貿易黒字が増えて貿易摩擦が起こり、プラザ合意ののちに円高が進んだ

　2度の石油ショックと減量経営の拡大で国内需要が期待できなくなると、日本の産業は輸出に活路を見いだしました。1980年代前半は、自動車・電気機械・半導体（電子部品の材料）などを中心に輸出を伸ばし、日本の貿易黒字が大きく拡大しました。しかし、このことは欧米との間に貿易摩擦を生み、特に膨大な対日貿易赤字を抱えたアメリカは、日本に対して批判的となりました。

　そのため、米・日・独（西ドイツ）・仏・英の５カ国でＧ５（５カ国蔵相・中央銀行総裁会議）が開かれ、為替市場へ協調介入してドル高を是正することが合意されました。ドル安・円高に誘導して、日本の輸出を抑えようとしたのです。このプラザ合意（1985）ののち、円高が急激に進行しました。

　そして、日本の輸入を増やすため、農産物の輸入自由化が進みました。アメリカとの交渉で牛肉・オレンジの自由化が実施され、ＧＡＴＴの多国間交渉であるウルグアイ゠ラウンドで、コメ輸入の部分開放も実施されました（1993）。

⑵　円高不況ののち、土地・株の価格が上がり「バブル経済」が発生した

　1980年代後半の経済は、急速な円高の進行によって、輸出不振による円高不況が生じました。企業は海外へ生産拠点を移すといった対策をとり、日本国内では産業の空洞化が進みました。

　輸出による経済発展が難しくなると、政府は国内需要を活性化させる内需拡大策をとりました。金利を下げてお金を借りやすくし、設備投資を促そうとしたのです。ところが、金融機関から貸し出された多額の資金が、株式や土地の投機的な取引へも流れ込みました。「投機」とは、安いときに買い、値上がりしたらすぐに売る、というやり方で利益を得る売買のことで、そのための手段

として株式や土地が用いられました。こうして、株価や地価が暴騰し、1980年代後半には空前の好景気である「**バブル経済**」が生まれました。

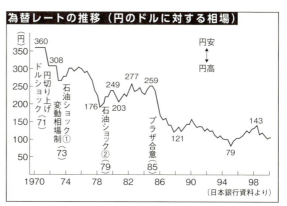

為替レートの推移（円のドルに対する相場）

(縦軸: 円 350, 300, 250, 200, 150, 100, 50)

360
308
ドルショック
円切り上げ（71）
変動相場制（73）
石油ショック①
176
石油ショック②（79）
249
203
277
259
プラザ合意（85）
円安
円高
121
79
143

(横軸: 1970 74 78 82 86 90 94 98)

（日本銀行資料より）

⑶ 「バブル経済」は崩壊し、平成不況となった

　1990年代に入ると、株価の暴落に続いて地価も暴落し、「**バブル経済**」が**崩壊**しました。金融機関は不良債権→第26章や不良資産（値段が下がった株式や土地など）を抱えて経営が悪化し、企業の生産活動も停滞して、**平成不況**となりました。**リストラ**による失業者の増加や消費の冷え込みが見られ、1990年代後半には金融機関の破綻が相次ぎました。

❸ 保守長期政権の解体（1980年代〜2010年代）

　国内政治の動きに戻ります。1980年代も、**自由民主党**（自民党）を与党とする内閣が続きました（55年体制）。しかし、1990年代前半には**55年体制が崩壊**し、政界再編が進みました。こうして、**連立政権**の時代へと移っていったのです。

⑴　**1980年代には、中曽根内閣が民営化を進め、竹下内閣が消費税を導入した**

　〔**大平正芳内閣**〕のあと、〔**鈴木善幸内閣**〕のもとで**臨時行政調査会**（第2次）が置かれ、次の〔**中曽根康弘内閣**〕のときに調査会の答申にもとづく**行財政改革**が本格化しました。財政赤字を抑える取り組みとして**国有企業の民営化**が進められ、**日本電信電話公社**（電電公社）は**NTT**になり、日本専売公社は**JT**になり、**日本国有鉄道**（国鉄）は**JR**7社に分割されました。このほか、貿易摩擦を受けた**プラザ合意**（1985）での円高加速や、**男女雇用機会均等法**の制定もこの内閣のときでした。

　次の〔**竹下登内閣**〕では、シャウプ税制以来の改革として、大型間接税の**消費税**（税率**3%**）がスタートしました（1989）。しかし、贈収賄事件である**リクルート事件**が内閣総辞職の原因となりました。そして、短命に終わった〔**宇野宗佑内閣**〕のあと、〔**海部俊樹内閣**〕のときには、総評（日本労働組合総

IV

近代・現代

評議会）が解散し、労資協調路線の全国的労働組合である**連合**（日本労働組合総連合会）が成立しました（1989）。そして、1990年代に入ると**湾岸戦争**（1991）への対応に迫られ、「多国籍軍」へ資金援助をおこない、戦後のペルシア湾へ海上自衛隊の掃海艇を派遣しました。

　ちなみに、〔**竹下内閣**〕のとき、昭和天皇が亡くなり（1989）、昭和64年から平成元年へ移行しました（昭和64年はわずか7日間）。

⑵　**1990年代は、55年体制が崩壊し、非自民8党派による連立内閣が成立した**
　〔**宮沢喜一内閣**〕のとき、「バブル経済」が崩壊して平成不況が始まりました。また、湾岸戦争後の「国際貢献」の一環として、日本国憲法の範囲で**国連平和維持活動**に参加する**PKO協力法**を制定し（1992）、自衛隊がカンボジアへ派遣されました（初の自衛隊の海外派遣）。

　しかし、政界の汚職事件が相次ぎ、自民党金権政治への批判が強まりました。そして、「政治改革」を主張する議員が自民党を離党し、内閣不信任案の可決を経た衆議院の解散総選挙では、自民党が過半数割れして大敗する一方、自民党・共産党を除く8党派が過半数を制し、**非自民8党派の連立**による〔**細川護熙内閣**〕が発足しました（細川首相は日本新党の党首）（1993）。38年間続いた自民党長期政権は終了し、**55年体制は崩壊**したのです。

　この内閣では、GATTのウルグアイ＝ラウンドで決定されたコメ輸入の部分開放が実施され、政治改革法で衆議院に**小選挙区比例代表並立制**が導入されました。あとをついだ〔**羽田孜内閣**〕は短命に終わりました。

　政権を奪い返したい自民党は、8党派連立から離脱していた社会党と組み、新党さきがけを含めた〔**村山富市内閣**〕を成立させました。55年体制で対立していた自民党と社会党が提携したのです。村山首相は**社会党**委員長で、片山哲首相以来の社会党首班内閣でした→第28章。この内閣のとき、**阪神・淡路大震災**（1995.1.17）や地下鉄サリン事件が発生しました。また、「戦後50年に際しての談

年表	
●1980年代	
〔大平〕	
〔鈴木(善)〕	臨時行政調査会（第2次）
〔中曽根〕	民営化（電電公社・専売公社・国鉄）
〔竹下〕	消費税の導入（3％）
〔宇野〕	
●1990年代	
〔海部〕	湾岸戦争への対応
〔宮沢〕	PKO協力法
〔細川〕	非自民8党派連立　※55年体制の崩壊
	小選挙区比例代表並立制
〔羽田〕	
〔村山〕	自・社・さ連立　阪神・淡路大震災
〔橋本〕	自民党内閣の復活
〔小渕〕	自民党・公明党の連立
●2000年代	
〔森〕	
〔小泉〕	郵政民営化

話」を発表し（1995）、日本の戦争責任を表明しました。

　次の〔橋本龍太郎内閣〕は自民・社会・さきがけの連立で（橋本首相は**自民党**総裁）、のち自民党の単独内閣となりました。この内閣のとき、日米安保共同宣言で冷戦終結後の新しい日米安保体制のあり方が表明されました（1996）。「極東」から「アジア太平洋」まで協力の範囲が拡大したのです。そして、地球温暖化防止京都会議で**京都議定書**が結ばれました。さらに、アイヌの自立と人権保護をうたったアイヌ文化振興法の制定で、北海道旧土人保護法が廃止されました→第20章。一方、消費税5％の開始やアジア通貨危機の影響で（1997）、マイナス成長となって平成不況が深刻化しました。

　次の〔小渕恵三内閣〕は、途中から公明党が与党の自民党に協力するようになり、のちの**自民党・公明党の連立政権**のきっかけを作りました。この内閣のとき、日米安保共同宣言を受けた**新ガイドライン関連法**（ガイドラインとは、日米間で交換された、日米防衛協力のための指針のこと）を制定しました。

(3)　2000年代は、自公政権が続いたのち、政権交代で民主党政権が成立した

　2000年代に入ると、〔森喜朗内閣〕を経て、次の〔小泉純一郎内閣〕は長期政権となり、小さな政府をめざす「聖域なき構造改革」を掲げて規制緩和を進め、**郵政民営化**を実現しました。そして、アメリカでの同時多発テロ（2001.9.11）を契機とするアフガニスタン紛争やイラク戦争では、アメリカの軍事行動に積極的に協力しました。次の〔第1次安倍晋三内閣〕は、教育基本法の改正で「わが国と郷土を愛する」文言を追加し、防衛庁を防衛省に格上げしました。〔福田康夫内閣〕を経て、〔麻生太郎内閣〕は衆議院議員総選挙で自民党が大敗北し、内閣は総辞職しました。

　そして、自民党・公明党の連立政権に代わり、総選挙で圧勝した**民主党**へ政権交代し、民主党・社会民主党・国民新党の連立で〔鳩山由紀夫内閣〕が成立しましたが（2009）、政権は安定しませんでした。次の〔菅直人内閣〕のときには**東日本大震災**（2011.3.11）が発生し、東京電力福島第一原発の事故は、原子力行政やエネルギー政策のあり方が根本的に見直されるきっかけとなりました。〔野田佳彦内閣〕では消費税の増税を決定したのち、衆議院議員総選挙で民主党が敗北して、内閣は総辞職しました。こうして、再び自公連立を与党とする〔第2次安倍晋三内閣〕が成立し（2012）、現在に至ります。

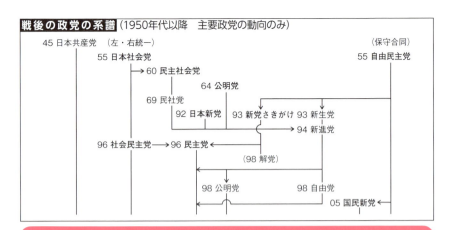

戦後の政党の系譜 (1950年代以降　主要政党の動向のみ)

45 日本共産党　（左・右統一）　　　　　　　　　　　　　　　　　（保守合同）
　　　　55 日本社会党　　　　　　　　　　　　　　　　　　　55 自由民主党
　　　　　　→ 60 民主社会党
　　　　　　　　　　64 公明党
　　　69 民社党　　　　　　　　93 新党さきがけ 93 新生党
　　　　　　92 日本新党　　　　　　　　　→ 94 新進党
96 社会民主党 → 96 民主党
　　　　　　　　　　　（98 解党）
　　　　　　　98 公明党　　　　98 自由党
　　　　　　　　　　　　　　　　　　　　05 国民新党

ポイント　現代の情勢

◆外交：「**冷戦の終結**」宣言（1989）→**ソ連邦の解体**（1991）
　　　　湾岸戦争（1991）…日本は多国籍軍への資金供与
◆経済：1980年代前半…貿易黒字→欧米との**貿易摩擦**→**プラザ合意**(1985)
　　　　1980年代後半…**円高不況**→内需拡大策で「**バブル経済**」発生
　　　　1990年代…「バブル経済」崩壊→**平成不況**
◆政治：1980年代…〔**中曽根内閣**〕**民営化**（電電公社・専売公社・国鉄）
　　　　　　　　　〔**竹下内閣**〕**消費税**導入、**リクルート事件**
　　　　1990年代…〔**宮沢内閣**〕**ＰＫＯ協力法**、**55年体制の崩壊**
　　　　　　　　　〔**細川内閣**〕**非自民８党派連立内閣**
　　　　　　　　　　　　　　　　小選挙区比例代表並立制

---

４ 戦後の文化

　戦後の文化は、1940年代後半から現在に至る時期の文化です。敗戦後の民主化によって文化を自由に受容できるようになり、敗戦直後には、占領軍の影響でアメリカ文化が一気に流入しました。高度経済成長期以降、生活水準の向上を背景に、洋風のライフスタイルや大衆文化が日本の隅々にまで浸透していきました。

① 学問・文化

　人文科学では、考古学の研究が盛んになり、弥生時代の登呂遺跡の発掘調査や、旧石器時代の**岩宿遺跡**の発掘調査がおこなわれました→第1章。社会科学で

は政治学の**丸山真男**、自然科学では物理学の**湯川秀樹**が有名です。湯川秀樹は、中間子理論で日本人初の**ノーベル賞**（物理学）を受賞しました（1949）。

文化行政では、学会の代表機関として**日本学術会議**が置かれました（1949）。そして、法隆寺金堂壁画が焼損したことを契機に→第7章、**文化財保護法**（1950）が制定されました。また、国際連合のユネスコで、遺跡・文化財や自然環境を人類共通の遺産として登録する**世界遺産**の条約が採択され、日本も条約を批准しました（1992）。

教育では、高度経済成長による豊かさや中流意識の広まりの影響で、教育熱が高まり、高校・大学への進学率が上昇して高等教育の大衆化が進むとともに、受験競争が激化しました。また、1960年代末、大学の民主的運営を求める学生運動（学園紛争）が起こりました。

ノーベル賞 ※20世紀のみ掲載
湯川秀樹…物理学賞（1949）
朝永振一郎…物理学賞（1965）
川端康成…文学賞（1968）
江崎玲於奈…物理学賞（1973）
佐藤栄作…平和賞（1974）
福井謙一…化学賞（1981）
利根川進…医学・生理学賞（1987）
大江健三郎…文学賞（1994）

世界遺産 ※指定された順に記載
・法隆寺地域の仏教建造物（奈良）
・姫路城（兵庫）
・古都京都の文化財（京都・滋賀）
・**原爆ドーム**（広島）負の世界遺産
・厳島神社（広島）
・古都奈良の文化財（奈良）
・日光の社寺（栃木）
・琉球王国のグスク及び関連遺産群（沖縄）
・紀伊山地の霊場と参詣道（和歌山・奈良・三重）
・石見銀山遺跡とその文化的景観（島根）
・平泉の文化遺産（岩手）
・富士山（静岡・山梨）
・富岡製糸場と絹産業遺産群（群馬）
・明治日本の産業革命遺産（山口・鹿児島など）
・宗像・沖ノ島（福岡）
・長崎と天草地方の潜伏キリシタン関連遺産（長崎・熊本）
・百舌鳥・古市古墳群（大阪）

② 文学・芸能・メディア

文学では、坂口安吾・**太宰治**（『斜陽』『人間失格』）が戦前の価値観に挑戦する作風を示し、**大岡昇平**（『俘虜記』）・野間宏（『真空地帯』）がみずからの過酷な戦争体験をもとにした小説を著しました。

映画では、**黒澤明**（『羅生門』）や溝口健二が、国際映画祭で受賞するなどの高い評価を受けました。

漫画では、**手塚治虫**の『**鉄腕アトム**』は少年向け漫画雑誌に連載されてテレビアニメも作られ、**長谷川町子**の『**サザエさん**』は新聞に連載されました。

歌謡曲では、並木路子「**リンゴの唄**」が敗戦直後の人々の共感を得て大流行し、**美空ひばり**が歌謡界の女王としてもてはやされました。

メディアでは、日本放送協会（ＮＨＫ）のラジオ放送→第25章に加えて民間ラジオ放送も始まりました（1951）。そして、テレビ放送が始まり（1953）、「三種の神器」「３Ｃ」とともに、人々の生活に欠かせないものとなりました。

ポイント　戦後の文化

学問：湯川秀樹…ノーベル賞（物理学）

文化：法隆寺金堂壁画の焼損（1949）→文化財保護法（1950）

　　　ユネスコの世界遺産（原爆ドームは「負の遺産」）

文学：太宰治・大岡昇平

芸能・メディア：映画…黒澤明　漫画…手塚治虫『鉄腕アトム』

　　　歌謡曲…「リンゴの唄」　テレビ放送の開始（1953）

ここまでお疲れさまでした！
くりかえしが大切なので、最初に
戻って復習していきましょう！

チェック問題にトライ！

【1】 (2010年度 追試験・改題)

　高度経済成長期における東京都・大阪府の風景を写した次のイラストⅠ〜Ⅲについて、古いものから年代順に正しく配列したものを、下の①〜⑥のうちから一つ選べ。

Ⅰ 　Ⅱ 　Ⅲ

① Ⅰ−Ⅱ−Ⅲ　② Ⅰ−Ⅲ−Ⅱ　③ Ⅱ−Ⅰ−Ⅲ
④ Ⅱ−Ⅲ−Ⅰ　⑤ Ⅲ−Ⅰ−Ⅱ　⑥ Ⅲ−Ⅱ−Ⅰ

解説　「高度経済成長期(こうどけいざいせいちょうき)」という時期から、1950年代後半から1970年代初めまでということを意識し、Ⅰ・Ⅱ・Ⅲのイラストが示すものを考えます。

Ⅰ　1970年の日本万国博覧会(にほんばんこくはくらんかい)（大阪府）です。イラストの奥に見える、岡本太郎(おかもとたろう)が制作したシンボルタワーである「太陽の塔(たいようのとう)」がヒントになりますが、少し難しいですね。時期は、(1)1970年代の初めごろ、(2)いざなぎ景気（佐藤栄作(さとうえいさく)内閣）、などを思い出しましょう。

Ⅱ　1964年の東京オリンピック開会式（東京都）です。時期は、(1)1960年代前半、(2)オリンピック景気（池田勇人(いけだはやと)内閣）、などを思い出しましょう。

Ⅲ　1960年の安保(あんぽ)闘争で、国会議事堂を取り囲んだ、岸内閣に対する抗議行動です。時期は、1960年という西暦年代を特定したいです。

⇒したがって、⑥（Ⅲ→Ⅱ→Ⅰ）が正解です。

解答　⑥

第1問

　高校生の明子さん・太郎さん・武史さんは、江戸時代末期から明治時代にかけての勉強をしている。その学習で使った資料を読み、下の問いに答えよ。

（武史さんについては省略）

幕末期の年表

西暦(年)	事　項
1853	ⓐペリー来航
1854	日米和親条約調印
1858	ⓑ日米修好通商条約調印
1860	桜田門外の変
1863	八月十八日の政変
1864	禁門の変
	四国連合艦隊、下関を砲撃
	第一次長州征討（長州戦争）
1866	薩長同盟（薩長連合）
	第二次長州征討（長州戦争）
1867	大政奉還
	王政復古の大号令

問1　下線部ⓐに関連して、明子さんは、このできごとの前後関係を説明するために3枚のカードを作成した。次の **a 〜 d** の文のうち、カード1とカード3に入る文の組合せとして適当なものを、下の①〜④のうちから一つ選べ。

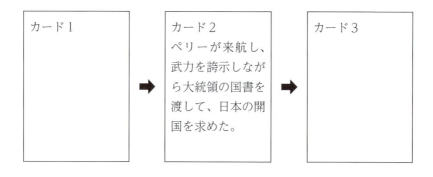

a　アメリカはカリフォルニアまで領土を拡げ、太平洋を横断する貿易船や捕鯨船の安全に関心を持った。

b　アメリカでは国内を二分した戦争が終わって統一が回復され、海外通商に関心が生じた。

c　瓦版や錦絵が多数出回り、民衆の間でもアメリカなど欧米への関心が高まった。

d　新たに開港場が設けられ、アメリカは日本にとって最大の貿易相手国となった。

① 　カード1 − a　　　カード3 − c
② 　カード1 − a　　　カード3 − d
③ 　カード1 − b　　　カード3 − c
④ 　カード1 − b　　　カード3 − d

問2　下線部ⓑに関連して、太郎さんは、条約交渉における幕府の対応について調べた結果、X・Yの二つの異なる評価があることが分かった。X・Yの評価をそれぞれ根拠づける情報をXは a・b、Yは c・d から選ぶ場合、**評価**と**根拠**の組合せとして適当なものを、下の①〜④のうちから一つ選べ。

評価

X　幕府は西洋諸国との外交経験が不足しており、外国の威圧に屈して、外国の利益を優先した条約を結んだ。

Y　幕府は当時の日本の実情をもとに外交交渉を行い、合理的に判断し、主体的に条約を結んだ。

根拠

a　のちに条約を改正することを可能とする条文が盛り込まれていた。

b　日本に税率の決定権がなく、両国が協議して決める協定関税制度を認めた。

c　外国人の居住と商業活動の範囲を制限する居留地を設けた。

d　日米和親条約に引き続き、日本は片務的最恵国待遇を認めた。

① 　X − a　　Y − c　　② 　X − a　　Y − d
③ 　X − b　　Y − c　　④ 　X − b　　Y − d

次の**資料Ⅰ～Ⅳ**は、日清戦争後の日本や日本と諸外国との関係を示している。**資料Ⅰ～Ⅳ**を参考にして、イギリスが利益を得ることになった下関条約の条項を、下の①～④のうちから二つ選べ。

資料Ⅰ 日清戦争の賠償金の使途

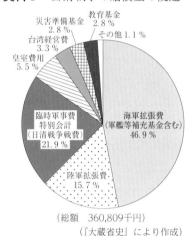

（総額 360,809千円）
（『大蔵省史』により作成）

資料Ⅱ 主な開港場と列強の勢力範囲(1900年前後)

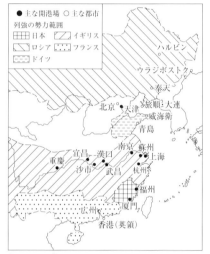

（濱下武志『世界歴史大系 中国5』などにより作成）
（注） アヘン戦争後、清国はイギリス・アメリカ・フランスに片務的な最恵国待遇を認めていた。

資料Ⅲ

日本の主力艦調達先
（日清戦争後～日露戦争）

種別	調達先	隻数
戦艦	イギリス	4隻
巡洋艦	イギリス	4隻
	イタリア	2隻
	フランス	1隻
	ドイツ	1隻

（『日本外交文書』により作成）

資料Ⅳ

清国の対外借款（日清戦争賠償金関係）

成立時期	借款金額	年利	借款引受国
1895年	4億フラン	4.0%	ロシア・フランス
	（英貨換算 1,582万ポンド）		
1896年	1,600万ポンド	5.0%	イギリス・ドイツ
1898年	1,600万ポンド	4.5%	イギリス・ドイツ

（『日本外交文書』などにより作成）

① 清国は朝鮮の独立を認める。
② 遼東半島・台湾・澎湖諸島を日本に割譲する。
③ 日本に賠償金2億両を支払う。
④ 新たに沙市・重慶・蘇州・杭州を開市・開港する。

　近現代史に関するまとめの授業で、時代の転換点を考えてみることになり、Aさん、Bさん、Cさんは、次のような中間発表を行った。それぞれの発表を読み、下の問いに答えよ。

（Aさん・Cさんの発表は省略）

Bさんの発表

　私は、大正から昭和初期にかけての文化の大衆化を大きな転換点と考えました。その理由は、文化の大衆化が、今日の政治思想につながる<u>吉野作造が唱えた民本主義を人々に広め</u>、いわゆる「憲政の常道」を支える基盤を作ったと考えたからです。この時期に　　　　ことを背景にして、新聞や総合雑誌の発行部数の急激な増加、円本の発刊など、マスメディアが発達し、社会運動が広がることに結び付くと考えました。

問1　Bさんの発表の空欄　　　　に入る文として最も適当なものを、次の①〜④のうちから一つ選べ。

① 小学校教育の普及が図られ、就学率が徐々に上昇した
② 啓蒙思想の影響で欧化主義などの傾向が現れた
③ 洋装やカレーライスなどの洋風生活が普及した
④ 中等教育が普及し、高等教育機関が拡充された

問2　Bさんの発表に対して、下線部を転換の理由とすることに疑問が出された。そこでBさんがさらに調べたところ、吉野の理論について、現在の日本国憲法の基本原理と比較すると時代的な限界があることが分かった。その時代的な限界を示す吉野の言葉の要約を、次の①〜④のうちから一つ選べ。

① 民本主義は、国民主権を意味する民主主義とは異なるものである。
② 民本主義は、日本語としては極めて新しい用例である。
③ 民本主義は、政権運用の方針の決定が民衆の意向によるということである。
④ 民本主義は、民衆の利益や幸福を求めるものである。

問 3 Ａさん、Ｂさん、Ｃさんの発表に対して、賛成や反対の意見が出された後、ほかにも転換点はあるのではないかという提案があり、次の①・②があげられた。あなたが転換点として支持する**歴史的事象**を次の①・②から一つ選び、その**理由**を下の③～⑧のうちから一つ選べ。なお、**歴史的事象**と**理由**の組合せとして適当なものは複数あるが、解答は一つでよい。

あげられた**歴史的事象**

① ポツダム宣言の受諾　　② 1945年の衆議院議員選挙法改正

理由

③ この宣言には、経済・社会・文化などに関する国際協力を実現するための機関を創設することが決められていたから。
④ この宣言には、共産主義体制の拡大に対して、日本が資本主義陣営に属すことが決められていたから。
⑤ この宣言には、日本軍の武装解除など、軍国主義を完全に除去することが決められていたから。
⑥ 従来、女性の選挙権は認められてきたが、被選挙権がこの法律で初めて認められるようになったから。
⑦ 初めて女性参政権が認められて選挙権が拡大するとともに、翌年多くの女性議員が誕生したから。
⑧ この法律により、女性が政治集会を主催したり参加したりすることが可能になったから。

第1問

問1　本問はアメリカ史に関する知識が問われていますが、これは**今後登場する「歴史総合」という科目を意識した出題と考えられますので、近代・現代は世界史との関連性を意識して学習していきましょう。**

a　「太平洋を横断する貿易船（＝清（シン）との貿易）や捕鯨船（ほげいせん）」は、ペリー来航の背景となる動きとして正しいです（カード1に入る）。「カリフォルニアまで領土を拡げ」も正しいですが、判断は難しいです。

b　「国内を二分した戦争」は南北戦争のことですが、これがペリー来航よりも後の1860年代である（カード1には入らない）ことの判断は難しいです。ちなみに、開国はアメリカが積極的に関与したにも関わらず、開港したら貿易相手国の中心がイギリスだったのは、この時期のアメリカで南北戦争が起きていたことが理由の一つと考えられます。

c　「瓦版（かわらばん）や錦絵（にしきえ）」「民衆の間でも〜欧米への関心」は判断が難しいです。

d　上述のように、「開港場」における「最大の貿易相手国」は「アメリカ」ではなくイギリスなので、誤りです（カード3には入らない）。

⇒したがって、①（カード1－a　カード3－c）が正解です。

解答　①

問2　**二つの異なる評価と、その評価の根拠となる情報とが、論理的に関連しているかを判断する問題です。根拠a〜dの内容には誤りがないので、評価X・Yをふまえた根拠となっているかどうかを考えましょう。**

X　「幕府は〜外国の利益を優先した条約を結んだ」という視点から考えます。a「条約を改正することを可能とする条文」は日本に有利であるのに対し、b「日本に税率の決定権がなく〜協定関税制度」は外国に有利な不平等規定なので、X－bの組み合わせが正しいです。

Y　「幕府は当時の日本の実情をもとに〜主体的に条約を結んだ」という視点から考えます。c「外国人の居住と商業活動の範囲を制限する居留地」が日本の利益につながるのに対し、d「片務的最恵国待遇（へんむてきさいけいこくたいぐう）を認めた」点は日本に不利な不平等規定なので、Y－cの組み合わせが正しいです。

⇒したがって、③（X－b　　Y－c）が正解です。

解答　③

第2問

問　**複数の資料から、必要な情報を取捨選択できるかが問われています。**選択肢の内容はすべて正しいので、設問の「イギリスが利益を得ることにな

った」という視点から表・グラフ・地図を読み取り、それと関連する選択肢（下関条約の条項）を考えます。「二つ選べ」の要求に注意しましょう。

①② 「清国は朝鮮の独立を認める」条項と「遼東半島・台湾・澎湖諸島を日本に割譲する」条項に関連する内容は、**資料Ⅰ～Ⅳ**には見当たりませんし、「イギリスが利益を得る」ことにもつながりません。

③ **資料Ⅰ**からは、「賠償金の使途」として「海軍拡張費」の割合が多いことが読み取れます。**資料Ⅲ**からは、日本が「イギリス」から調達した「主力艦」の数が多いことが読み取れます。**資料Ⅳ**からは、清が「イギリス」に「対外借款」を引き受けてもらう（賠償金支払いのため清がイギリスから借金する）ことが読み取れます。これらを組み合わせれば、選択肢の「日本に賠償金2億両を支払う」という内容は、イギリスに利益をもたらすと判断できます。

④ 選択肢の「沙市・重慶・蘇州・杭州を開市・開港する」という内容と、**資料Ⅱ**（注）の「清国はイギリス～に片務的な最恵国待遇を認めていた」ことを組み合わせると、これらの開市・開港場はイギリスにも開かれることがわかります。そして、地図を見ると、これらはイギリスの「勢力範囲」に含まれています。イギリスの利益がありそうですね。

⇒したがって、③・④が正解です。

 解答 ③・④

第3問

問1 共通テストにおける文章の空欄補充問題は、単語ではなく短文を選択する形式になることが予想されます。「大正から昭和初期」という時期において、「新聞や総合雑誌の発行部数の急激な増加～マスメディアが発達」したことの背景となる状況を考えます。

① 「小学校教育の普及」は、明治時代のことです。明治初期の学制で初等教育が重視され、明治末期に義務教育の就学率が90％台後半となったことを想起しましょう。

② 「啓蒙思想」「欧化主義」は、明治時代前半のことです。1870年代の文明開化や、1880年代の井上馨の条約改正交渉などを想起しましょう。

③ 「洋装やカレーライスなどの洋風生活」が都市部で広がったことは、大正から昭和初期の生活文化として正しい内容です。しかし、このことを「背景にして～マスメディアが発達」したのではありません。

④ 「高等教育機関が拡充された」ことで「マスメディアが発達」した、という因果関係は成り立ちますし、時期も正しいです。原敬内閣のときの大

学令で私立大学などが認可されたことを、思い出しましょう。

⇒したがって、④が正解です。

解答 ④

問2 **選択肢の内容はすべて正しいので、設問の要求にピタリと合うものを選ぶことになります。**「現在の日本国憲法の基本原理と比較すると時代的な限界があることが分かった」という視点にあてはまるものを見つけます。

① 設問「日本国憲法の基本原理と比較すると時代的な限界がある」と、選択肢「国民主権を意味する民主主義とは異なるものである」とが、同じ論理構造になっています。「民主主義」は「日本国憲法の基本原理」の一つなので、内容も合っています。「時代的な限界」とは、吉野作造も天皇主権という明治憲法の枠組みは否定できなかった、ということを意味します。

②③④ いずれも、吉野作造の民本主義の内容としては正しいですが、設問の要求とマッチングしません。

⇒したがって、①が正解です。

解答 ①

問3 **解答が、前の問題の解答と連動し、しかも正解の組み合わせが複数ある、という形式は、センター試験にはなかったものです。**「**歴史的事象**」はどちらを選んでもOKで、理由との組み合わせが正しければ正解となります。

① 「ポツダム宣言」は、⑤「軍国主義を完全に除去する」ことを含めた、敗戦後の日本占領方針が定められています。③「経済・社会・文化などに関する国際協力を実現するための機関」や、④「日本が資本主義陣営に属す」ることなどは、定められていません（国際連合や冷戦について再確認）。

② 「1945年の衆議院議員選挙法改正」で、⑦「初めて女性参政権が認められて」、「翌年多くの女性議員が誕生」しました。したがって、⑥「従来、女性の選挙権は認められてきた」は誤りです。そして、⑧にある女性の政治集会参加は、新婦人協会の尽力による治安警察法第5条改正により達成されていました。

⇒したがって、①－⑤、または、②－⑦が正解です。

解答 ①・⑤または②・⑦

さくいん

本書の重要語句を中心に集めています。

あ

藍	199
IMF	602
会沢安	340
相対済し令	299
アイヌ	197
IBRD	602
青木昆陽	298,337
青木周蔵	432
赤い鳥	515
赤絵	330
赤蝦夷風説考	305,314
赤松	184
赤松満祐	185
秋田杉	285
商場知行制	274
芥川龍之介	515
悪人正機	220
明智光秀	250
上げ米の制	298
赤穂事件	280
阿衡の紛議	88
麻	286
浅井忠	511
按司	196
アジア＝アフリカ会議	591
アジア・太平洋戦争	543,556
足尾銅山鉱毒事件	471
足利学校	230
足利成氏	206
足利高氏（尊氏）	177,178,179
足利基氏	184
足利義昭	250
足利義教	182,184,187
足利義政	204
足利義満	182,194
足利義持	184
足軽鉄砲隊	250
芦田均	572
阿修羅像	121
飛鳥	47
飛鳥浄御原宮	55
飛鳥浄御原令	56
飛鳥文化	115
預所	105
吾妻鏡	222
校倉造	121
直	37
安達泰盛	170
安土城	250
阿弖流為	84
アニミズム	15
阿仏尼	222
油粕	283
安部磯雄	472

安倍氏	110
阿倍仲麻呂	68
阿倍比羅夫	52
阿部正弘	371
アヘン戦争	316,322,364
甘粕事件	483
天草四郎時貞	272
天草版	329
阿弥陀堂	128
新井白石	281,333
荒事	332
有島武郎	515
有田焼	330
アレッサンドロ＝ヴァリニャーニ	248,329
アロー戦争	365
安重根	450
安政の五カ国条約	366
安政の大獄	373
安全保障理事会	573
安藤氏	197
安藤昌益	340
安東大将軍	31
安藤信正	373
安徳天皇	151
安和の変	92
安保改定阻止国民会議	592
安保闘争	592

い

井伊直弼	372
イエズス会	248
位階	62,63
異学	308,339
生きてゐる兵隊	548
易行	219
生田万	318
池田勇人	593
池田光政	279,333
池田屋事件	375
池大雅	345
池坊専慶	228
意見封事十二箇条	101
異国警固番役	168
異国船打払令	315
いざなぎ景気	603
十六夜日記	222
伊沢修二	511
胆沢城	84
威子	92
石井・ランシング協定	480,488
石川啄木	510
石川達三	548
石田梅岩	340
石田三成	260

石築地	168
石橋湛山	496,590
石原莞爾	535
石包丁	17
石山合戦	250
イスパニア	247
和泉国	64
出雲大社	40
出雲阿国	328
伊勢神宮	40
伊勢神道	221
伊勢物語	129
イタイイタイ病	606
板垣退助	412,438
板付遺跡	16
市川団十郎	332
市川房枝	497
一条兼良	230
一乗谷	207
一台	63
市司	70
一木造	125
一里塚	289
五日市憲法草案	412
一騎打ち戦法	168
一休宗純	227
厳島神社	216
一向宗	227
一国一城令	261
一色	184
乙巳の変	50
一世一元の制	382
一地一作人	253
一遍	220
一遍上人絵伝	224
位田	64
伊藤仁斎	334
伊藤野枝	497
伊藤博文	416
伊東巳代治	417
糸割符制度	271
糸割符仲間	270
稲村三伯	338
稲荷山古墳	32
委任統治権	489
犬追物	165
犬養毅	537
犬上御田鍬	49,67
井上馨	431
井上毅	417
井上財政	526,529
井上準之助	526,529
稲生若水	335
伊能忠敬	314,338
井原西鶴	332
今川貞世（了俊）	182

今川氏……………………207
今川義元…………………250
今様………………………217
鋳物師……………………199
壱与…………………………24
伊予別子銅山……………285
イラン革命………………609
入会地……………………186
入鉄砲に出女……………289
入浜式塩田………………284
色絵………………………336
磐井の乱……………………46
岩倉使節団………………395
岩倉具視…………………430
岩崎弥太郎………………392
鰯…………………………284
石清水八幡宮……………201
岩宿遺跡……………12,616
岩戸景気………601,602,603
磐舟柵………………………52
石見大森銀山……………207
院…………………………146
隠元隆琦…………………335
院司………………………147
印綬…………………………22
院政………………………145
院政期文化………………215
院宣………………………146
院展………………………516
院近臣……………………147
院庁………………………146
院庁下文…………………146
印旛沼の干拓……………305
インフレーション…394,456,576

う
ウィッテ…………………446
ウィリアム＝アダムズ…269
ウィルソン………………490
植木枝盛……………412,502
上杉氏……………………184
上杉慎吉…………………496
上杉憲実……………184,230
上杉治憲…………………323
上田秋成…………………342
ヴェルサイユ条約…481,489
ヴェルサイユ体制………489
宇垣一成…………………484
浮雲………………………510
右京…………………………70
浮世草子…………………332
浮世絵……………………336
宇佐八幡神託事件…………75
氏……………………………37
氏寺………………………116
氏上…………………………37
氏長者………………………92
氏人…………………………37

右大臣………………………63
歌川国芳…………………345
歌川広重…………………345
宇多天皇……………………67
内管領………………170,176
打ちこわし…………300,302
内臣…………………………50
内灘事件…………………588
内村鑑三……………446,506
内村鑑三不敬事件………507
内海船……………………320
駅家…………………………64
厩戸王…………45,47,49,116
梅原龍三郎………………516
浦賀………………………364
盂蘭盆……………………346
得撫島……………………365
運脚…………………………66
運慶………………………223
運上………………290,304
芸亭………………………122

え
映画………………………514
栄華物語…………………217
永享の乱…………………184
栄西………………………220
叡尊………………………221
永仁の徳政令……………170
永平寺……………………220
永楽通宝……………195,202
A級戦犯…………………564
ええじゃないか…………377
ABCD包囲陣……………554
駅制…………………………64
会合衆……………………208
荏胡麻………………199,201
衛士…………………………66
蝦夷ヶ島…………………197
江田船山古墳………………32
越後屋呉服店……………290
江藤新平…………………407
江戸地廻り経済圏………319
江戸城無血開城…………382
江戸の金遣い………291,304
江戸幕府…………………259
択捉島……………………365
NTT……………………613
エネルギー革命…………603
榎本武揚…………………382
海老名弾正………………506
絵踏………………………272
絵巻物……………………216
蝦夷……………………52,70
恵美押勝……………………75
恵美押勝の乱………………75
MSA協定………………588
撰銭………………………202

撰銭令……………………202
エレキテル………………338
円覚寺………………226,220
円覚寺舎利殿……………223
延喜格式……………………86
延喜・天暦の治……………89
延喜の荘園整理令…………89
延喜の治……………………89
延久の荘園整理令…106,146
縁切寺……………………266
援蔣ルート………………546
袁世凱……………………487
円珍………………………124
円筒埴輪……………………33
円仁………………………124
延暦寺………………124,125

お
王……………………………20
奥羽越列藩同盟…………382
応永の外寇…………184,196
応永の乱…………………182
欧化政策…………………414
奥州総奉行………………154
奥州藤原氏……111,148,152
往生伝……………………128
往生要集…………………128
王政復古の大号令…377,381
汪兆銘……………………547
応天門の変…………………88
応仁の乱……………203,204
黄檗宗……………………335
近江大津宮…………………54
近江令………………………54
押領使……………………109
大海人皇子…………………55
大内氏………………182,195
大内兵衛…………………547
大内義弘…………………182
大江匡房…………………106
大岡昇平…………………617
大岡忠相…………………299
大臣…………………………38
大鏡………………………217
大型動物……………………11
大王……………………29,72
大首絵……………………345
大久保利通……………376,395
大隈重信………411,412,456
大蔵永常…………………284
大御所……………………260
大御所時代………………317
大阪会議…………………409
大阪事件……………413,436
大坂城……………………250
大坂夏の陣………………260
大坂の役………………259,260
大坂の銀遣い………291,304

大坂冬の陣 …………………………260
大阪紡績会社 ………………………464
大塩の乱 ……………………………318
大塩平八郎 …………………………318
大新聞 ………………………………509
大杉栄 …………………………483,497
大隅国 ………………………………70
大田南畝 ……………………………343
大津 …………………………………208
大槻玄沢 ……………………………338
大津事件 ……………………………432
オオツノジカ ………………………11
大友皇子 ……………………………55
大伴金村 ……………………………46
太安万侶 ……………………………122
大原幽学 ……………………………340
大番催促 ……………………………155
大神神社 ……………………………39
大連 …………………………………38
大村純忠 ……………………………255
大村益次郎 …………………………385
大目付 ………………………………263
大森貝塚 ……………………………16
大森房吉 ……………………………509
大山崎の油座 ………………………201
大輪田泊 ……………………………151
岡倉天心 ……………………………511
御蔭参り ……………………………346
小笠原 ………………………………564
岡田啓介 ……………………………536
緒方洪庵 ……………………………338
尾形光琳 ……………………………336
隠岐 …………………………………162
沖縄戦 ………………………………557
沖縄返還 ……………………………596
沖縄返還協定 ………………………596
沖ノ島 ………………………………40
荻生徂徠 ……………………………334
荻原重秀 ……………………………281
荻原守衛 ……………………………512
晩稲 …………………………………201
阿国歌舞伎 …………………………328
奥の細道 ……………………………332
桶狭間の戦い ………………………250
刑部親王 ……………………………61
尾崎紅葉 ……………………………510
尾崎行雄 ……………………………479
小山内薫 ………………………511,516
織田信長 ……………………………249
小田原 …………………………206,207
小田原攻め …………………………250
オッペケペー節 ……………………511
御伽草子 ……………………………229
おとな ………………………………186
踊念仏 ………………………………220
小野妹子 ……………………………48
小野道風 ……………………………129
大原女 ………………………………202

御文 …………………………………227
臣 ……………………………………37
御雇い外国人 ………………………391
女形 …………………………………332
オランダ風説書 ……………………272
オリンピック景気 …………………603
卸売市場 ……………………………290
尾張国郡司百姓等解（解文）………103
蔭位の制 ……………………………64
園城寺 ………………………………125
女歌舞伎 ……………………………331
陰陽道 ………………………………130
怨霊 ………………………………84,89

か

改易 ……………………………261,277
外貨獲得産業 ………………………464
海禁政策 ……………………………194
海軍軍縮 ……………………………482
海軍伝習所 …………………………372
快慶 …………………………………223
改憲 …………………………………590
開眼供養 ……………………………74
戒厳令 …………………………447,482
外交権 ………………………………450
開国勧告 ……………………………364
海国兵談 ………………………309,314
開国和親 ……………………………382
海運 …………………………………13
改新の詔 ……………………………51
開成所 ………………………………502
改税約書 ………………………368,376
外戚 ……………………………87,149
改造 …………………………………515
海賊取締令 ……………………195,256
解体新書 ……………………………338
開拓使 ………………………………399
開拓使官有物払下げ事件 …………411
戒壇 …………………………………120
開智学校 ……………………………512
開帳 …………………………………346
貝塚 …………………………………14
貝塚文化 …………………………16,196
懐徳堂 …………………………340,341
海南学派 ……………………………230
海舶互市新例 ………………………282
開発領主 ……………………………104
貝原益軒 ……………………………335
懐風藻 ………………………………123
海北友松 ……………………………328
海保青陵 ……………………………340
戒律 …………………………………120
カイロ宣言 …………………………558
臥雲辰致 ……………………………461
歌学方 ………………………………335
価格等統制令 ………………………548
加賀の一向一揆…………………205,227
賀川豊彦 ……………………………497

蠣崎氏 ………………………………197
嘉吉の土一揆 …………………187,188
嘉吉の変 ………………………185,188
柿本人麻呂 …………………………119
部曲 …………………………………37
核家族 ………………………………606
革新倶楽部 …………………………483
革新自治体 …………………………606
学制 …………………………………502
学制反対一揆 ………………………503
学童疎開 ……………………………557
学徒出陣 ……………………………556
閣内協力 ……………………………477
学問のすゝめ ………………………502
隠れ（潜伏）キリシタン …………272
掛屋 …………………………………290
勘解由使 ……………………………85
囲米の制 ……………………………307
笠懸 …………………………………165
鍛冶 …………………………………199
借上 …………………………………200
加持祈禱 ……………………………124
貸本屋 ………………………………341
臥薪嘗胆 ……………………………437
ガス灯 ………………………………504
和宮 …………………………………373
化政文化 ………………………317,337
化石人骨 ……………………………11
過疎化 ………………………………606
華族 ……………………………386,416
華族令 ………………………………417
片岡健吉 ……………………………408
片岡直温 ……………………………527
片かな ………………………………129
方違 …………………………………130
刀狩令 …………………………251,254
荷田春満 ……………………………339
片山潜 ………………………………471
片山哲 …………………………571,572
月行事 ………………………………209
加徴米 ………………………………162
学館院 ………………………………126
学校教育法 …………………………566
活字印刷術 …………………………248
葛飾北斎 ……………………………345
GATT …………………………593,602
活動写真 ……………………………517
活版印刷技術 ………………………509
桂小五郎 ……………………………376
桂・タフト協定 ……………………450
桂太郎 ………………………………479
桂女 …………………………………202
桂離宮 ………………………………330
加藤景正 ……………………………224
加藤高明 ………………………480,484
加藤友三郎 ……………………482,490
加藤弘之 ……………………………502
過度経済力集中排除法 ……………567

カトリック …………………247
仮名垣魯文 ………………509
仮名草子 …………………331
仮名手本忠臣蔵 …………280
仮名文字 …………………129
蟹工船 ……………………516
金子堅太郎 ………………417
金沢文庫 …………………222
懐良親王 …………………179
狩野永徳 …………………328
狩野探幽 …………………330
狩野派 ……………231,328
狩野芳崖 …………………512
狩野正信 …………………232
狩野元信 …………………232
姓 …………………………37
加波山事件 ………………413
歌舞伎 ……………………328
かぶき踊り ………………328
かぶき者 …………………278
株仲間 ……………290,299
株仲間の解散 ……………321
貨幣鋳造権 ………………261
貨幣法 ……………………466
華北分離工作 ……………545
鎌倉 ………………………152
鎌倉公方 …………………184
鎌倉五山 …………………226
鎌倉時代 …………………218
鎌倉将軍府 ………………177
鎌倉新仏教 ………………218
鎌倉幕府 …………152,154
鎌倉番役 …………………155
鎌倉府 ……………………184
鎌倉文化 …………………218
上方 ………………………331
甕棺墓 ……………………18
鴨長明 ……………………222
賀茂真淵 …………………339
加耶諸国 …………………30
加耶滅亡 …………………45
加羅 ………………………30
カラーテレビ ……………605
柄井川柳 …………………343
唐古・鍵遺跡 ……………19
唐獅子図屏風 ……………328
樺太 ………………399,447
樺太・千島交換条約 ……399
ガラ紡 ……………461,464
唐物 ………………93,127
唐様 ………………………126
刈敷 ………………………199
カレーライス ……………517
枯山水 ……………………231
家禄 ………………………383
河合栄治郎 ………………548
川上音二郎 ………………511
河上肇 ……………………514

河竹黙阿弥 ………………343,511
河内国 ……………………64
西文氏 ……………………38
川端康成 …………………516
河村瑞賢 …………………289
瓦 …………………56,116
漢 …………………………21
観阿弥 ……………………228
冠位十二階 ………………45,47
官位相当制 ………………63
閑院宮家 …………………282
寛永期文化 ………………329
寛永通宝 …………………291
官営鉄道 …………………392
官営模範工場 ……………391
官営八幡製鉄所 …………465
寛永令 ……………………261
勧学院 ……………………126
咸宜園 ……………………341
環境庁 ……………………606
閑吟集 ……………………228
勘合 ………………………195
元興寺 ……………………120
環濠集落 …………………19,39
勘合貿易 …………………195
韓国併合 …………443,448
韓国併合条約 ……………450
漢字 ………………………38
官寺 ………………………118
乾漆像 ……………………121
漢詩文 ……………119,123
甘蔗 ………………………298
甘藷 ………………………298
勘定奉行 …………………263
官省符荘 …………………105
官職 ………………………62,63
『漢書』地理志 …………21
鑑真 ………………68,120
観心寺如意輪観音像 ……125
完新世 ……………………13
鑑真像 ……………………121
寛政異学の禁 ……308,339
寛政の改革 ………………306
寛政の三博士 ……………339
間接統治 …………………564
貫高 ………………………207
貫高制 ……………………253
乾田 ………………………17
官田 ………………………101
官道 ………………………64
関東管領 …………………184
関東軍 ……………448,524,535
関東御分国 ………………156
関東御領 …………………156
関東大震災 ………………482,526
関東庁 ……………………448
関東取締出役 ……………318
観応の擾乱 ………………179

漢委奴国王 ………………22
関白 ………………………88
桓武天皇 …………………83
桓武平氏 …………108,149
官物 ………………………102
管理通貨制度 ……………532
官僚制 ……………………62
咸臨丸 ……………………366
管領 ………………………183
観勒 ………………………117

き

魏 …………………………22
紀伊 ………………………261
紀伊国阿氐河荘 …………166
棄捐令 ……………………307
企画院 ……………………548
企業集団 …………567,604
企業勃興 …………………464
菊池寛 ……………………515
紀元節 ……………………503
紀行文 ……………………222
岸信介 ……………………592
技術革新 …………………603
議定 ………………………377
「魏志」倭人伝 …………22
寄進 ………………………104
寄進地系荘園 ……104,105,147
寄生地主 …………………459
寄生地主制 ………459,568
偽籍 ………………………100
義倉 ………………………307
貴族院 ……………416,420
木曽檜 ……………………285
北一輝 ……………………515
喜多川歌麿 ………………345
北里柴三郎 ………………509
北野大茶会 ………………328
北野天神縁起絵巻 ………224
北畠親房 …………………230
北前船 ……………289,320
北村季吟 …………………335
北村透谷 …………………510
北山文化 …………………183
吉祥天像 …………………121
契丹 ………………………94
切符制 ……………………549
紀伝道 ……………………126
鬼道 ………………………24
義堂周信 …………………226
木戸孝允 …………………382
畿内豪族 …………………72
木下順庵 …………………333
紀貫之 ……………………129
吉備真備 …………………68,74
黄表紙 ……………308,342
義兵運動 …………………450
奇兵隊 ……………………376

君……………………………37
義務教育……………507,508
格………………………………61
逆コース……………………587
九カ国条約…………………490
旧辞……………………………39
九州説………………………23
九州探題……………………182
旧石器時代…………………12
旧石器文化…………………11
牛鍋…………………………504
旧仏教………………………218
己酉約条……………………273
旧里帰農令…………………307
京………………………………56
教育委員会…………………566
教育委員会法………………566
教育基本法…………………566
教育勅語……………………507
教育令………………………503
教育令改正…………………503
教王護国寺…………………125
京家……………………………73
狂歌…………………………343
京学…………………………333
行基…………………………120
教行信証……………………220
狂言…………………………228
京職……………………………64
供出制………………………549
行商人………………………200
強制連行……………………557
協調外交…………482,521
協定関税制…………366,367
京都大番役…………………155
京都議定書…………………615
京都五山……………………226
京都守護職…………………374
京都所司代…………………263
京都西陣……………………201
教派神道……………………507
享保の飢饉…………………300
京枡…………………………252
清浦奎吾……………………483
狂乱物価……………………609
共和演説事件………………439
曲亭(滝沢)馬琴……………343
極東委員会…………………564
極東国際軍事裁判所………565
清原氏………………………110
居留地………………………366
漁労……………………………14
キリシタン大名……………248
キリシタン版……248,329
切捨御免……………………265
キリスト教………247,248
記録所………………………177
記録荘園券契所……………106

義和団事件…………………444
金印……………………………22
金解禁(金輸出解禁)……529,530
金槐和歌集…………………222
金閣…………………225,231
銀閣…………………225,231
近畿説………………………23
緊急勅令…………419,527
禁教令………………………271
金玉均………………………435
金銀比価……………………370
キング………………………515
緊縮財政……………………529
近世文化……………………327
金属器…………………………17
近代的土地制度……………388
近代文化……………………501
銀兌換券……………………458
禁中並公家諸法度…………263
欽定憲法…………416,417
金・ドル交換停止…………608
金納……………388,389
金肥…………………………283
禁秘抄………………………223
金本位制……………………392
銀本位制……………………392
欽明天皇……………………46
禁門の変……………………375
金融恐慌……………………527
金融緊急措置令……………576
勤労動員……………………556
金禄公債証書………………387

く

空海…………………68,125
郡家…………………65,102
空也…………………………128
クーラー……………………605
公営田………………………101
陸羯南………………………506
盟神探湯……………………40
愚管抄………………………222
公卿……………………………63
公暁…………………………161
公家法………………………163
公事…………………106,165
公事方御定書………………299
九十九里浜…………………284
グスク………………………196
薬子の変……………………85
楠木正成……………………177
百済…………………30,116
下り物………………………289
屈葬……………………………15
工藤平助…………305,314
グナイスト…………………416
宮内大臣……………………417
狗奴国………………………24

クニ……………………………19
国一揆………………………205
国絵図………………………261
国木田独歩…………………510
恭仁京…………………………74
国博士………………………50
国造……………………………38
口分田…………………………65
熊沢蕃山……………………333
熊野詣………………………147
組頭…………………266,302
久米邦武……………………509
公文…………………………107
公文所………………………153
クラーク…………399,506
蔵入地………………………251
鞍作鳥………………………117
蔵元…………………………290
蔵物…………………290,387
蔵屋敷………………………290
蔵人頭………………………85
黒澤明………………………617
黒住教………………………507
黒田清隆……………………417
黒田清輝……………………511
郡………………………………65
軍記物………………………217
郡区町村編制法……………410
郡司…………………65,165
軍事……………………………84
軍事貴族……………………108
軍需…………………………532
群集墳…………………………34
群書類従……………………339
軍団…………………66,109
軍閥…………………………522
軍部大臣現役武官制………440
軍役…………………155,262

け

桂庵玄樹……………………230
慶安の触書…………………267
慶安の変……………………278
桂園時代…………438,441
慶應義塾……………………508
慶賀使………………………274
経国集………………………126
経済安定九原則……………577
経済安定本部………………576
経済大国……………………612
経済白書……………………602
警察法………………………570
警察予備隊…………………584
傾斜生産方式………………576
芸術座………………………516
形象埴輪……………………33
敬神党(神風連)の乱………407
計数貨幣……………………291

経世秘策 ……………………340
経世論 …………………334,340
契沖 ……………………335
計帳 …………………51,65
慶長遣欧使節 ……………270
慶長勅版 …………………329
慶長の役 …………………251
啓蒙思想 …………………502
激化事件 …………412,436,459
下戸 ……………………23
下剋上 …………………205
華厳宗 …………………120
戯作文学 …………………509
下司 ……………………105
血縁的結合 …………166,171
欠食児童 …………………531
血税 ……………………385
血税一揆 …………………385
欠配 ……………………576
血盟団事件 ………………536
下人 …………………105,165
検非違使 …………………86
検見法 …………………298
元 ……………………168
護園塾 …………………334
喧嘩両成敗法 ……………207
建艦詔勅 …………………424
乾元大宝 …………………71,90
元寇 ……………………168
元亨釈書 …………………222
元弘の変 …………………177
兼好法師 …………………222
原子爆弾 …………558,574
源氏物語 …………92,129
源氏物語絵巻 ……………216
原子力発電所 ……………588
源信 ……………………128
遣隋使 …………………45,47
原水爆禁止運動 …………588
憲政会 …………………484
憲政党 …………439,440
憲政の常道 …………483,484
憲政本党 …………………439
憲政擁護 …………………479
現世利益 …………………124
減反政策 …………………606
検地帳 …………………253
建長寺 …………………220
建長寺船 …………………194
検定制 …………………507
検田使 …………………105
遣唐使 …………………49,67
元和の大殉教 ……………271
元和令 …………………261
顕如 ……………………250
建仁寺 …………………220
原爆 ……………………558
原爆ドーム ………………558

現物納 …………………389
言文一致体 ………………510
憲兵警察制度 ……………450
源平争乱 …………………153
憲法 ……………………405
玄昉 …………………68,74
減封 ……………………261
憲法十七条 …………45,47
建武以来追加 ……………183
建武式目 …………………179
建武の新政 ………175,177
倹約令 …………………321
硯友社 …………………510
玄洋社 …………………432
減量経営 …………………609
県令 ……………………384
元老 ……………………441
元老院 …………………409
元禄金銀 …………………281
元禄時代 …………………279
元禄文化 …………………331

こ

恋川春町 …………308,342
小石川養生所 ……………299
五・一五事件 ……535,537
講 ……………………227
郷 ……………………105
公案 ……………………220
弘安の役 …………………168
庚寅年籍 …………………56
広益国産考 ………………284
航海奨励法 ………………466
公害対策基本法 …………606
公害問題 …………………606
郷学 …………………279,340
光格天皇 …………………309
江華島事件 ………………398
合巻 ……………………343
合議制 …………………160
公議政体論 ………………377
皇極天皇 …………………50
高句麗 …………30,31,52
孝謙上皇 …………………75
郷校 ……………………340
光孝天皇 …………………88
考古学 …………………20
庚午年籍 …………………54
甲午農民戦争 ……………436
郷司 …………………105,165
豪商 ……………………327
工場制手工業 ……………318
工場法 …………………472
公職追放 …………564,585
好色物 …………………332
庚申講 …………………346
甲申事変 …………………435
更新世 …………………11

荒神谷遺跡 ………………17
公正取引委員会 …………567
興禅護国論 ………………220
公選制 …………406,570
楮 ……………………199
強訴 ……………………187
豪族 ……………………29
豪族居館 …………………39
皇族将軍 …………160,163
小歌 ……………………228
好太王 …………………31
好太王碑 …………………31
公地公民制 …………51,62,65
高地性集落 ………………19
皇道派 …………………538
幸徳秋水 …………446,472
高度経済成長 ……………601
抗日民族統一戦線 ………546
弘仁格式 …………………86
弘仁・貞観文化 …………124
豪農 ……………………301
豪農民権 …………409,456
河野広中 …………………413
高師直 …………………179
公武合体運動 ……………373
興福寺 …………118,120,121
興福寺仏頭 ………………118
講武所 …………………372
工部省 …………………391
洪武通宝 …………………202
光武帝 …………………22
工部美術学校 ……………511
弘文院 …………………126
光明皇后 …………………73
光明皇太后 …………74,122
光明子 …………………73
皇民化政策 ………………553
孝明天皇 …………………372
公明党 …………………615
紺屋 ……………………199
高野山 …………………125
高野詣 …………………148
広葉樹林 …………………13
高麗 ……………………168
広隆寺 …………………117
公領 …………………165,180
五衛府 …………………63
御恩 ……………………154
五街道 …………………287
古学 ……………………334
古河公方 …………………206
五箇条の誓文 ……………382
五力所商人 ………………271
後亀山天皇 ………………182
後漢 ……………………21
『後漢書』東夷伝 …………21
古義学派 …………………334
古義堂 …………………334

五経博士……………………39
古今伝授……………………230
古今和歌集………………89,90
国………………………………65
国王…………………………194
国衙…………………………102
国学…………………………339
国衙領……………………104,105
国際連合…………………573,591
国際連盟…………………490,536
国司…………………………65,177
国史…………………………122
国人…………………………180
国人一揆……………………179
国粋保存主義………………506
国訴………………………303,319
国体の本義…………………547
国体明徴声明………………537
石高……………207,252,253
石高制………………………253
国恥記念日…………………487
国定教科書…………………507
国府…………………………65
国風化………………………127
国風文化……………………127
国文学………………………335
国分寺………………………120
国分寺建立の詔………74,120
国分尼寺……………………120
国民…………………………366
国民皆学……………………502
国民皆兵……………………385
国民学校……………………553
国民主義……………………506
国民主権……………………570
国民所得倍増計画………593,603
国民精神総動員運動………548
国民政府…………………522,545
国民総生産…………………603
国民徴用令…………………548
国民党………………………522
国民之友……………………505
国務大臣……………………417
国免荘………………………105
石盛…………………………253
黒曜石………………………15
極楽浄土……………………128
国立銀行……………………458
国立銀行券…………………394
国立銀行条例……………394,458
国連平和維持活動…………614
五刑…………………………61
御家人………………………154
護憲…………………………590
護憲三派……………………484
五公五民……………………298
護国寺………………………280
護国経典……………………118

小御所会議…………………377
後小松天皇…………………182
後嵯峨上皇…………………163
小作争議…………………497,531
小作地………………………568
小作人………………………301
小作農………………………459
小作料……………………389,456
御三家………………………261
五山・十刹の制……………226
後三条天皇………………106,146
後三年合戦………………110,148
五山文学……………………226
五・四運動………………490,522
古事記………………………122
古事記伝……………………339
五色の賤……………………63
越荷方………………………323
児島惟謙……………………432
コシャマイン………………197
戸主…………………………266
55年体制…………………589,590
戸主権………………………570
呉春…………………………345
後白河院政…………………146
小新聞………………………509
御親兵………………………384
御成敗式目…………………162
戸籍……………51,62,76
小袖…………………………329
五大改革指令……………565,571
五大銀行……………………528
後醍醐天皇…………………177
古代文化……………………115
五大老………………………251
国会…………………………570
国会開設の勅諭……………412
国会期成同盟………………411
国家改造……………………536
骨角器………………………14
国家主義………431,437,505
国家神道……………………503
国家総動員法………………548
国家仏教…………………118,120
国記…………………………47
国教…………………………503
国共内戦……………………545
滑稽本………………………343
国権回収運動………………534
国権論………………………505
古道…………………………339
後藤象二郎………………376,414
詞書…………………………216
後鳥羽上皇………162,164,220
五人組………………………266
近衛声明……………………547
近衛文麿……………………552
小林一茶……………………343

小林多喜二…………………516
五品江戸廻送令……………369
五奉行………………………251
古文辞学派…………………334
古墳時代……………………24,32
古墳文化……………………33
五榜の掲示………………382,504
小牧・長久手の戦い………250
後水尾天皇…………………264
コミンテルン………………497
小村寿太郎………………433,446
米騒動……………………480,481
小物成………………………267
後陽成天皇…………………251
御霊会………………………128
五稜郭………………………382
御料所………………………184
御霊信仰……………………128
コレジオ……………………248
伊治呰麻呂…………………84
ゴローウニン………………315
ゴローウニン事件…………315
権現造………………………330
金光教………………………507
金剛峰寺……………………125
今昔物語集…………………217
誉田御廟山古墳……………34
金地院崇伝…………………261
コンツェルン……………468,567
健児…………………………85
墾田…………………………77
墾田永年私財法………77,78
近藤重蔵……………………314
金銅像……………………117,118
コンドル…………………508,512
コンビナート………………603
昆布…………………………284

さ

座……………………………199
西園寺公望…………………483
西海道………………………64
在華紡………………………494
祭器…………………………17
西行…………………………222
最恵国待遇………………365,367
在郷商人…………………301,369
西郷隆盛……………………407
西国武士団…………………151
西国立志編…………………502
採取…………………………14
祭政一致……………………503
細石器………………………12
在村地主……………………568
西大寺……………………120,221
最澄………………………68,124
在庁官人…………………103,105
斎藤隆夫……………………551

斎藤実‥‥‥‥‥535,537,538
済南事件‥‥‥‥‥‥‥523
財閥‥‥‥‥‥392,459,468
財閥解体‥‥‥‥‥566,604
財務顧問‥‥‥‥‥‥‥449
西面の武士‥‥‥‥‥‥161
堺‥‥‥‥‥‥‥‥208,270
堺商人‥‥‥‥‥‥‥‥195
酒井田柿右衛門‥‥‥‥330
堺利彦‥‥‥‥‥‥446,497
坂下門外の変‥‥‥‥‥373
坂田藤十郎‥‥‥‥‥‥332
嵯峨天皇‥‥‥‥‥85,86
坂上田村麻呂‥‥‥‥‥84
佐賀の乱‥‥‥‥‥‥‥407
坂本‥‥‥‥‥‥‥‥‥208
坂本龍馬‥‥‥‥‥‥‥376
酒屋‥‥‥‥‥184,187,203
酒屋役‥‥‥‥‥‥183,184
防人‥‥‥‥‥‥‥‥‥66
左京‥‥‥‥‥‥‥‥‥70
作人‥‥‥‥‥105,165,186
冊封‥‥‥‥‥‥‥‥‥20
冊封体制‥‥‥‥‥‥20,194
桜田門外の変‥‥‥‥‥373
座繰製糸‥‥‥‥‥‥‥465
鎖国‥‥‥‥‥‥‥195,268
サザエさん‥‥‥‥‥‥617
指出検地‥‥‥‥‥‥‥207
坐禅‥‥‥‥‥‥‥‥‥220
左大臣‥‥‥‥‥‥‥‥63
佐竹義和‥‥‥‥‥‥‥323
沙汰人‥‥‥‥‥‥‥‥186
薩英戦争‥‥‥‥‥‥‥375
雑訴決断所‥‥‥‥‥‥177
薩長同盟‥‥‥‥‥374,376
薩長連合‥‥‥‥‥‥‥376
薩南学派‥‥‥‥‥‥‥230
札幌農学校‥‥‥‥399,506
擦文文化‥‥‥‥‥‥‥197
薩摩藩‥‥‥‥268,273,374
砂糖‥‥‥‥‥‥‥‥‥437
佐藤信淵‥‥‥‥‥‥‥340
サミット‥‥‥‥‥‥‥609
侍‥‥‥‥‥‥‥‥109,164
侍所‥‥‥‥‥‥‥153,183
侍所別当‥‥‥‥‥‥‥161
サライェヴォ事件‥‥‥486
猿楽‥‥‥‥‥‥‥217,227
早良親王‥‥‥‥‥‥‥84
三・一五事件‥‥‥‥‥524
三・一独立運動‥‥‥481,489
三院制‥‥‥‥‥‥‥‥384
山陰道‥‥‥‥‥‥‥‥64
三貨‥‥‥‥‥‥‥‥‥291
傘下企業‥‥‥‥‥‥‥468
三角縁神獣鏡‥‥‥‥‥34
山家集‥‥‥‥‥‥‥‥222

三月事件‥‥‥‥‥‥‥536
三管領‥‥‥‥‥‥‥‥183
参議‥‥‥‥‥‥‥‥‥384
参議院‥‥‥‥‥‥‥‥571
三卿‥‥‥‥‥‥‥‥‥306
産業革命‥‥‥‥364,437,460
三経義疏‥‥‥‥‥‥‥116
産業の空洞化‥‥‥‥‥612
ざんぎり頭‥‥‥‥‥‥504
参勤交代‥‥‥‥‥‥‥262
三関‥‥‥‥‥‥‥‥‥64
三国干渉‥‥‥‥‥‥‥437
三国協商‥‥‥‥‥‥‥486
三国時代‥‥‥‥‥‥‥22
三国同盟‥‥‥‥‥‥‥486
三斎市‥‥‥‥‥‥‥‥200
三山‥‥‥‥‥‥‥‥‥196
3C‥‥‥‥‥‥‥‥‥605
三十三間堂‥‥‥‥‥‥150
三種の神器‥‥‥‥‥‥605
三職‥‥‥‥‥‥‥‥‥377
三世一身法‥‥‥‥‥73,77
三跡‥‥‥‥‥‥‥‥‥129
三草‥‥‥‥‥‥‥‥‥284
三代格式‥‥‥‥‥86,89,124
三都‥‥‥‥‥‥‥‥‥287
山東京伝‥‥‥‥‥308,342
山東出兵‥‥‥‥‥‥‥523
山東省‥‥‥‥‥‥487,489
三内丸山遺跡‥‥‥‥‥16
三筆‥‥‥‥‥‥‥‥85,88
サン=フェリペ号事件‥‥256
三奉行‥‥‥‥‥‥‥‥263
サンフランシスコ講和会議
‥‥‥‥‥‥‥‥‥‥585
サンフランシスコ平和条約
‥‥‥‥‥‥‥‥‥‥586
産別会議‥‥‥‥‥‥‥577
三別抄‥‥‥‥‥‥‥‥168
三浦‥‥‥‥‥‥‥‥‥196
讒謗律‥‥‥‥‥‥‥‥409
三方領知替え‥‥‥‥‥322
三浦の乱‥‥‥‥‥‥‥196
三毛作‥‥‥‥‥‥‥‥201
参与‥‥‥‥‥‥‥‥‥377
山陽道‥‥‥‥‥‥‥‥64

し

GHQ‥‥‥‥‥‥‥‥563
GNP‥‥‥‥‥‥‥‥603
シーボルト‥‥‥‥‥‥315
シーボルト事件‥‥‥‥315
ジーメンス（シーメンス）事件
‥‥‥‥‥‥‥‥‥‥480
JR‥‥‥‥‥‥‥‥‥613
JT‥‥‥‥‥‥‥‥‥613
紫衣事件‥‥‥‥‥‥‥264

慈円‥‥‥‥‥‥‥‥‥222
志賀潔‥‥‥‥‥‥‥‥509
地方知行制‥‥‥‥‥‥262
志賀直哉‥‥‥‥‥‥‥515
志賀島‥‥‥‥‥‥‥‥22
地借‥‥‥‥‥‥‥‥‥268
紫香楽宮‥‥‥‥‥‥‥74
只管打坐‥‥‥‥‥‥‥220
辞官納地‥‥‥‥‥‥‥377
式‥‥‥‥‥‥‥‥‥‥61
式家‥‥‥‥‥‥‥‥‥73
私擬憲法‥‥‥‥‥‥‥412
信貴山縁起絵巻‥‥‥‥216
式亭三馬‥‥‥‥‥‥‥343
職田‥‥‥‥‥‥‥‥‥64
式部省‥‥‥‥‥‥‥‥63
地下請（百姓請）‥‥‥187
地下検断（自検断）‥‥186
四国艦隊下関砲撃事件‥375
色丹島‥‥‥‥‥‥‥‥591
自作農創設特別措置法‥568
地侍‥‥‥‥‥‥‥‥‥186
鹿ヶ谷の陰謀‥‥‥‥‥151
四職‥‥‥‥‥‥‥‥‥184
寺社参詣‥‥‥‥‥‥‥346
寺社奉行‥‥‥‥‥‥‥263
時宗‥‥‥‥‥‥‥‥‥219
慈照寺‥‥‥‥‥‥‥‥231
慈照寺東求堂同仁斎‥‥231
治承・寿永の乱‥‥‥‥153
四条派‥‥‥‥‥‥‥‥345
資人‥‥‥‥‥‥‥‥64,77
私出挙‥‥‥‥‥‥‥‥101
閑谷学校‥‥‥‥‥‥‥279
氏姓制度‥‥‥‥‥‥‥36
市制・町村制‥‥‥‥‥418
支石墓‥‥‥‥‥‥‥‥18
使節遵行権‥‥‥‥‥‥180
事前協議‥‥‥‥‥‥‥592
自然主義‥‥‥‥‥‥‥510
自然真営道‥‥‥‥‥‥340
士族‥‥‥‥‥‥‥‥‥386
士族授産‥‥‥‥‥‥‥387
士族の商法‥‥‥‥‥‥387
氏族仏教‥‥‥‥‥‥‥116
時代物‥‥‥‥‥‥‥‥332
下地中分‥‥‥‥‥‥‥166
自治体警察‥‥‥‥‥‥570
七道‥‥‥‥‥‥‥‥‥64
七分積金‥‥‥‥‥‥‥307
私鋳銭‥‥‥‥‥‥‥‥202
志筑忠雄‥‥‥‥‥‥‥338
執権‥‥‥‥‥‥‥‥‥159
執権政治‥‥‥‥‥‥‥159
十進法‥‥‥‥‥‥‥‥393
湿田‥‥‥‥‥‥‥‥‥17
十返舎一九‥‥‥‥‥‥343
幣原外交‥‥‥‥‥‥‥491

幣原喜重郎……………484
四天王寺……………116
地頭……………153
地頭請……………166
四等官制……………63
持統天皇……………56
私度僧……………77
シドッチ……………335
寺内町……………208
品川弥二郎……………424
品部……………38
士農工商……………265
斯波……………183
芝居小屋……………346
司馬江漢……………345
支払猶予令……………528
師範学校……………503
地曳網……………284
渋川春海……………335
渋沢栄一……………394
職田……………64
治部省……………63
紙幣……………392
シベリア出兵……………480
シベリア撤兵……………488
私貿易……………194
四木……………284
資本主義恐慌……………465
島崎藤村……………510
島地黙雷……………506
島津久光……………374
島原・天草一揆……………272
島原の乱……………272
島村抱月……………516
持明院統……………176
自民党……………615
四民平等……………386
下肥……………201
下田……………365
霜月騒動……………169
下関条約……………437
下山事件……………578
シャウプ……………578
シャウプ税制改革……………578
謝恩使……………274
社会運動……………470
社会科……………566
社会主義運動……………470
社会大衆党……………524
社会党……………614
社会民主党……………472
釈迦三尊像……………117
シャクシャイン……………274
写実主義……………510
車借……………202
沙石集……………222
社倉……………307
謝花昇……………398

三味線……………328
洒落本……………308
朱印状……………270
朱印船貿易……………270
集会条例……………411
十月事件……………536
衆議院……………415
衆議院議員選挙法……………414
自由教育運動……………514
重慶……………546
自由劇場……………511
重工業……………447
修好通商条約……………395
修身……………566
終身雇用……………603
集団戦……………248
集団戦法……………168
自由党……………412
十二単……………130
自由之理……………502
周文……………232
十便十宜図……………345
自由民主党……………590
宗門改め……………264
重要産業統制法……………530
儒学……………329
儒教……………39
宿駅……………287
綜芸種智院……………126
主権……………366
朱元璋……………194
主権線……………423
修験道……………125
守護……………153
守護請……………180
守護代……………184
守護大名……………181
朱子学……………330
主従関係……………154
酒税……………457
シュタイン……………416
首長……………18
ジュネーブ……………490
ジュネーブ軍縮会議……………523
聚楽第……………251
首里……………197
狩猟……………12,14
春闘……………603
順徳上皇……………162
巡礼……………346
書院造……………231
攘夷運動……………370
荘園公領制……………107
荘園領主……………104
唱歌……………511
蒋介石……………522
奨学院……………126
城郭建築……………328

松下村塾……………341
城下町……………165
荘官……………104
貞観格式……………86
蒸気機関……………464
承久の乱……………161
貞享暦……………335
将軍継嗣問題……………372
将軍後見職……………374
貞慶……………221
上皇……………146
成功……………103
相国寺……………226
小国分立……………19
城柵……………70
彰子……………92
小説神髄……………510
小選挙区制……………481
小選挙区比例代表並立制……………614
正倉院……………120
正倉院宝庫……………121
樵談治要……………230
正中の変……………176
象徴……………570
定朝……………128
正長の土一揆……………188
上知令……………323
浄土教……………128
正徳金銀……………282
称徳天皇……………75
正徳の治……………281
浄土宗……………219
浄土信仰……………128
浄土真宗……………219
上人……………216
常任理事国……………490
尚巴志……………196
消費税……………613
商品作物……………201
蕉風（正風）俳諧……………332
正風連歌……………229
昌平坂学問所……………308
障壁画……………328
正法眼蔵……………220
条坊制……………56,70
聖武天皇……………73
定免法……………298
将門記……………217
縄文時代……………13
縄文土器……………14
縄文文化……………13
条約勅許問題……………372
醤油……………286
小右記……………92
条里制……………66
秤量貨幣……………291
性霊集……………126
生類憐みの令……………280

青蓮院流 224
昭和恐慌 530
昭和時代 521
昭和電工事件 572
承和の変 88
初期議会 421
初期荘園 78
職業婦人 513
職原抄 230
殖産興業 391
植民地 364
食糧管理法 556
食料生産 15
食糧メーデー 577
女工 470
庶子 166
所司 184
女子英学塾 508
女子挺身隊 556
諸社禰宜神主法度 264
諸宗寺院法度 264
女性解放運動 497
如拙 232
所得税 578
ジョン=ヘイ 444
白樺派 515
白河院政 146
白河天皇(上皇) 146,147
白河藩 306
新羅 30,68
新羅使 68
白水阿弥陀堂 216
芝蘭堂 338
自力 220
私立学校 508
白黒テレビ 605
志波城 84
晋 24
清 272
新安保条約 592
新円切替 576
新恩給与 155
辛亥革命 487
新ガイドライン関連法 615
心学 340
新学制 566
新貨条例 393
新感覚派 516
神祇官 63
神祇信仰 39
慎機論 316
親魏倭王 24
神宮寺 120
新劇 511
人権指令 564
新興財閥 533
新古今和歌集 222
壬午軍乱 435

真言宗 125
震災恐慌 482
震災手形 527
新思潮派 515
ハワイ真珠湾攻撃 555
新人 11
壬申戸籍 386
壬辰・丁酉倭乱 256
壬申の乱 55
信西 150
新石器時代 14
新選組 375
新体制運動 552
信託統治 586
新田開発 283
伸展葬 18
寝殿造 130
神道 503
神道指令 565
人頭税 66
新皇 109
神皇正統記 230
新派劇 511
親藩 261
新婦人協会 497
神仏習合 120
神仏分離令 503
新聞紙条例 409
新補地頭 162
進歩党 438
新補率法 162
人民戦線事件 547
神武景気 602
親鸞 220
人力車 504
神話 122

す

隋 46
垂加神道 333
出拳 66
推古天皇 45
帥升 22
『隋書』倭国伝 48
水素爆弾 575
水稲耕作 16
水墨画 231
水力発電 494
枢密院 415
須恵器 34
菅野真道 84
菅原道真 67
杉田玄白 338
数寄屋造 330
杉山元治郎 497
助郷役 288
朱雀大路 70
調所広郷 323

鈴木梅太郎 509
鈴木貫太郎 557
鈴木商店 527
鈴木春信 344
鈴木文治 496
鈴木牧之 343
鈴木三重吉 515
崇徳上皇 149
ストライキ 471
砂川事件 588
住友 468
住友家 285
墨ぬり 566
角倉了以 289
住吉如慶 336
相撲 346
受領 102

せ

世阿弥 228
西安事件 545
征夷大将軍 84
正貨 393
正学 308
聖学 334
性学 340
征韓論 397
征韓論政変 406
政教社 506
聖教要録 334
税権の回復 429
生口 22
政治小説 510
政事総裁職 374
政社 408
政商 392
清少納言 129
征西将軍 179
政体書 382
政談 334
正丁 66
青鞜 497
聖堂学問所 308
青銅器 17
青鞜社 497
政党内閣 439
政党内閣制 496
西南戦争 407
聖明王 39
政友本党 483
西洋事情 502
政令201号 577
清和源氏 108
清和天皇 88
セオドア=ローズヴェルト 446
関ヶ原の戦い 259
関所 64
関銭 184

石鏃…………………………14
関孝和…………………………335
石油化学………………………603
石油ショック…………………607
石油ランプ……………………512
赤瀾会…………………………497
絶海中津………………………226
摂家……………………………93
摂関政治………………………87
石器……………………………14
積極政策………………………481
摂家……………………………263
摂家将軍………………………160
雪舟……………………………232
摂政……………………………88
折衷様…………………………223
摂津職…………………………64
摂津国…………………………64
節用集…………………………231
瀬戸焼…………………………201
銭両替…………………………292
セミナリオ……………………248
世話物…………………………332
銭貨……………………………291
選挙干渉………………………424
選挙法改正……………………440
前九年合戦……………………93
戦後恐慌………………………495
戦国期文化……………………225
戦国時代………………………176
全国水平社……………………498
戦国大名………………………205
千石簁…………………………283
宣旨……………………………91
宣旨枡…………………………106
専修……………………………219
禅宗……………………………220
禅宗様…………………………223
専修念仏………………………219
漸次立憲政体樹立の詔………409
先進国首脳会議………………609
戦争放棄………………………570
全体主義………………………544
選択本願念仏集………………220
尖頭器…………………………12
善の研究………………………515
千利休…………………………228
千歯扱…………………………283
前方後円墳……………………30
賤民……………………………63
全面講和論……………………585
扇面古写経……………………216
川柳……………………………343

そ

租………………………………66
宋《六朝》……………………31
宋《北宋》……………………93
ソヴィエト政権………………480
惣掟……………………………186
宋学……………………………223
宗祇……………………………229
総合雑誌………………………509
造作……………………………84
宗氏……………………………196
創氏改名………………………553
壮士芝居………………………511
宗女……………………………24
『宋書』倭国伝………………31
宋銭……………………………151
造船疑獄事件…………………589
造船奨励法……………………465
惣村（惣）……………………185
総動員体制……………………547
曹洞宗…………………………220
総同盟…………………………577
惣百姓一揆……………………303
総評……………………………585
惣無事令………………………251
僧兵……………………………148
草木灰…………………………199
雑徭……………………………66
惣領……………………………166
惣領制…………………………166
総力戦…………………………494
ソーシャル・ダンピング……532
蘇我氏…………………………46
蘇我入鹿……………………49,50
蘇我馬子………………………47
蘇我蝦夷……………………49,50
続縄文文化……………………16
束帯……………………………130
祖国復帰運動…………………596
租借権…………………………444
租借地…………………………443
礎石……………………………56
塑像……………………………121
側用人…………………………280
ソ連……………………………573
尊号一件………………………309
尊王攘夷運動…………………370
尊王攘夷論……………………340
尊王論…………………………339
孫文……………………………487
村法……………………………266

た

ターヘル＝アナトミア………338
大安寺…………………………120
第一次護憲運動………………479
第1次国共合作………………522
第1次上海事変………………535
第一次世界大戦………………447
第1次石油ショック…………598
第1次農地改革………………567
第1次長州征討………………375
第1次日韓協約………………449
大院君…………………………435
大化……………………………51
対外硬派連合…………………424
大学……………………………122
大覚寺統………………………176
大学頭…………………………280
大学別曹………………………126
大学令…………………………481
大学或問………………………333
大化改新………………………49
大官大寺………………………118
大韓帝国………………………443
大韓民国………………………575
大義名分論……………………223
大逆事件………………………472
大教宣布の詔…………………503
太閤検地………………………251
大極殿………………………56,70
大黒屋光太夫…………………314
醍醐天皇………………………89
第五福龍丸……………………588
第3次日韓協約………………450
第三勢力………………………591
大衆小説………………………516
大衆文化………………………513
太政官《律令》………………63
太政官符………………………91
大嘗祭…………………………280
大正時代………………………477
大正政変………………………479
太政大臣………………………63
太政大臣禅師…………………75
大正デモクラシー……………496
大人……………………………23
大審院…………………………409
大政奉還………………………374
大政翼賛会……………………552
大戦景気………………………478
代銭納…………………………200
大仙陵（大山）古墳…………34
大蔵経…………………………196
帯刀……………………………265
大東亜会議……………………556
大東亜共栄圏…………………556
大同団結………………………413
大唐米…………………………199
大徳寺…………………………227
大徳寺大仙院庭園……………231
大納言…………………………63
第二次護憲運動………………483
第2次国共合作………………546
第2次上海事変………………546
第二次世界大戦………………543
第2次石油ショック…………609
第2次長州征討………………376
第2次日英同盟………………450
第2次日韓協約………………450

第2次農地改革……568
対日石油禁輸……554
対日理事会……564
大日本沿海輿地全図……338
大日本産業報国会……553
大日本史……334
大日本帝国憲法……414
台場……372
第百五十三国立銀行……394
代表越訴型一揆……303
大仏造立の詔……74,77
大仏様……223
太平記……230
太平洋戦争……543
太平洋ベルト地帯……603
帯方郡……22
大宝律令……56,57,61
大菩薩峠……516
大犯三カ条……155
台密……124
大名知行制……254
題目……220
大冶鉄山……465
太陽……506
太陽のない街……516
太陽暦……504
第4次中東戦争……608
平清盛……149
平貞盛……109
平忠常の乱……110
平忠盛……149
平将門……109
平正盛……149
平頼綱……170
大陸文化……218
大連……444
大老……372
対露強硬論……445
台湾……437
台湾銀行……527
台湾出兵……398
台湾総督府……437
田植え……17
高島炭鉱……391
多賀城……70
高杉晋作……376
高田屋嘉兵衛……315
高野長英……316
高野房太郎……471
高橋景保……338
高橋是清……482
高橋財政……526
高橋由一……511
高松塚古墳壁画……119
高峰譲吉……509
高向玄理……49
高村光雲……512
高山右近……271

高山樗牛……506
高床倉庫……17
宝塚少女歌劇団……517
兌換制度……393
滝川事件……537
滝川幸辰……537
滝口の武者……109
滝廉太郎……511
田口卯吉……508
たけくらべ……510
田下駄……17
竹田出雲……343
武田勝頼……250
武田氏……207
竹取物語……129
竹内式部……339
竹本義太夫……332
太宰治……617
太宰春台……334
太宰府……64
足高の制……300
但馬生野銀山……207
太政官《明治》……382
太政官札……393
打製石器……12
橘奈良麻呂……74
橘奈良麻呂の変……74
橘逸勢……74
橘諸兄……74
脱亜論……436
辰野金吾……512
竪穴式石室……34
竪穴住居……15
伊達政宗……250
田堵……78
田荘……37
田中外交……523
田中角栄……598
田中義一……523
田中勝介……270
田中正造……471
店借……268
谷崎潤一郎……515
田沼意次……304
田沼意知……306
田沼時代……304
種子島……248
玉虫厨子……117
濃絵……328
為永春水……343
田安家……306
田山花袋……510
他力……219
樽廻船……289
俵物……284
俵屋宗達……330
単一為替レート……578
短歌……510

団菊左時代……511
段祺瑞……488
塘沽停戦協定……536
弾正台……63
男女雇用機会均等法……613
段銭……181
団琢磨……537
団地……606
歎異抄……220
壇の浦の戦い……153
耽美派……515
談林俳諧……331

ち

治安維持法……484
治安警察法……471
治外法権……366
近松門左衛門……332
知行国……147
知行国主……147
知行高……254
知行地……207
蓄銭叙位令……71
筑豊炭田……465
地券……388
知行合一……333
地租改正……387
地租改正条例……388
地租改正反対一揆……389
秩父事件……413
秩禄……386
秩禄奉還の法……386
知藩事……383
地方改良運動……441
地方官会議……409
地方三新法……410
地方自治法……570
地方税規制……411
茶寄合……228
中央銀行……458
中央公論……509
中央集権体制……62
中華人民共和国……576
中華民国……487
中宮寺……117
忠君愛国……507
中小動物……13
中世文化……215
中ソ対立……594
中尊寺金色堂……216
中流意識……605
調……62,66
町……208
長安……70
張学良……545
丁銀……291
超均衡予算……578
重源……223

長江………………………16
朝貢………………………20
朝貢形式…………………195
張作霖……………………524
張作霖爆殺事件…………524
逃散………………………187
町衆………………………208
鳥獣戯画…………………216
長州藩……………………375
長春………………………446
朝鮮………………………196
朝鮮式山城…………………54
超然主義…………………422
朝鮮戦争…………………583
朝鮮総督府………………450
朝鮮通信使………………273
超然内閣…………………480
朝鮮人参…………………298
朝鮮民主主義人民共和国……575
長宗我部元親……………206
朝廷絵師…………………336
朝堂院…………………56,70
町内会……………………552
町名主……………………268
重任………………………103
町人請負新田……………283
町人物……………………332
徴兵告諭…………………385
徴兵制……………………385
町法………………………268
鳥毛立女屏風……………121
直営地……………………165
直営方式…………………101
直接軍政…………………564
直接国税…………………421
直接税……………………578
勅撰………………………126
勅令………………………548
チンギス゠ハン…………168
鎮護国家…………………120
鎮護国家思想………………74
鎮守府………………………70
鎮西探題…………………169
貢租…………………………78
頂相………………………224
青島………………………487
陳和卿……………………223
賃労働者…………………301

つ

追葬…………………………35
追捕使……………………109
築地小劇場………………516
月番交代…………………263
継飛脚……………………288
筑紫国造磐井の乱…………46
佃……………………………165
菟玖波集…………………229

対馬………………………196
対馬藩……………………273
津田梅子…………………508
津田左右吉………………515
土一揆……………………187
土御門上皇………………162
坪内逍遥…………………510
妻問婚………………………76
津料………………………184
鶴屋南北…………………343
徒然草……………………222

て

帝紀…………………………39
定期市……………………199
庭訓往来…………………231
帝国主義…………………486
帝国大学…………………507
定子…………………………92
貞門俳諧…………………331
出開帳……………………346
適塾(適々斎塾)…………338
出島………………………272
手塚治虫…………………617
鉄器…………………………17
鉄筋コンクリート造……517
鉄血勤皇隊………………557
鉄剣…………………………32
鉄鋼業……………………493
鉄資源………………………31
鉄製農具……………………17
手伝普請…………………262
鉄道業……………………464
鉄道国有法………………468
鉄道馬車…………………504
鉄砲………………………247
手紡………………………461
鉄腕アトム………………617
デパート…………………517
デフレーション…………457
デフレ政策………………457
デフレ不況………………459
出目………………………281
寺請証文…………………264
寺請制度…………………264
寺内正毅…………………480
寺子屋……………………341
寺島宗則…………………395
テレビ放送………………618
出羽国………………………70
田楽………………………217
天下の台所………………287
電気洗濯機………………605
天慶の乱…………………109
電気冷蔵庫………………605
転向………………………537
天智天皇……………………54
天守閣……………………328

天寿国繡帳………………117
天正大判…………………251
天正遣欧使節……………248
天津条約…………………435
電信線……………………392
伝染病研究所……………509
天台宗……………………124
天長節……………………503
電灯………………………512
天皇…………………………29
天皇記………………………47
天皇機関説………………478
天皇機関説問題…………537
天皇主権…………………415
天皇主権説………………478
天皇親政…………………177
天皇大権…………………419
田畑永代売買の禁止令…267
田畑勝手作りの禁………267
天平文化…………………119
天賦人権思想……………502
天文法華の乱……………227
転封………………………261
天保の改革………………320
天保の飢饉………………318
天保の薪水給与令………316
伝馬役……………………288
天武天皇……………………55
天明の打ちこわし………306
天明の飢饉………………306
天文学……………………335
天文方……………………280
天理教……………………346
天暦の治……………………89
天龍寺……………………226
天龍寺船…………………194
天領………………………260

と

刀伊の入寇…………………93
問丸………………………200
問屋………………………202
問屋商人…………………290
問屋制家内工業…………286
問屋場……………………287
唐……………………………49
銅…………………………195
東亜新秩序………………547
銅戈…………………………17
東海道………………………64
東海道五十三次…………345
東海道新幹線……………593
東海道線…………………464
統監府……………………450
銅鏡……………………30,34
道鏡…………………………75
東京オリンピック………593
東京音楽学校……………511

東京裁判……………565
東京専門学校………508
東京大学……………503
東京大空襲…………557
東京美術学校………512
道元…………………218
東国支配権…………153
東国武士団…………111
東山道………………64
東寺…………………125
同志社英学校………508
堂島米市場…………290
東洲斎写楽…………345
唐招提寺……………120
東条英機……………555
東清鉄道……………444
東清鉄道南部支線…445
唐人屋敷……………272
統帥権………………419
統帥権干犯…………525
統制派………………538
銅銭…………………195
東大寺………………74
東大寺南大門………223
東大寺南大門金剛力士像…223
東大寺法華堂………121
東大新人会…………496
闘茶…………………228
銅鐸…………………17
銅版画………………345
唐風化政策…………85
東方会議……………523
銅矛…………………17
逃亡…………………77
唐箕…………………283
東密…………………125
東洋経済新報………496
東洋大日本国国憲按…412
東洋拓殖会社………450
道理…………………163
棟梁…………………108
トーキー……………517
富樫政親……………206
土器…………………14
土偶…………………15
徳川家綱……………278
徳川家斉……………306
徳川家康……………259
徳川家慶……………320
徳川綱吉……………279
徳川斉昭……………372
徳川秀忠……………261
徳川光圀……………334
徳川慶福……………372
徳川吉宗……………297
特殊銀行……………467
特需景気……………602
読史余論……………334

徳政…………………187
徳政一揆……………187
徳政相論……………84
独占禁止法…………567
得宗…………………167
得宗専制政治………167
独ソ戦争……………554
独ソ不可侵条約……551
徳富蘇峰……………431
徳永直………………516
特別高等課…………472
十組問屋……………290
独立党………………435
土佐…………………384
土佐日記……………129
土佐派………………232
外様…………………261
外様大名……………371
土佐光起……………336
土佐光信……………232
十三湊………………197
祈年の祭……………39
土倉…………………184
土倉役………………184
足尾銅山……………471
土地税………………102
土地調査事業………450
ドッジ………………578
ドッジ＝ライン……578
隣組…………………553
舎人親王……………122
鳥羽院政……………146
鳥羽・伏見の戦い…382
富岡製糸場…………391
富突…………………346
富永仲基……………340
伴……………………38
伴健岑………………88
伴造…………………38
伴善男………………88
豊臣秀吉……………249
豊臣秀頼……………260
渡来人………………38
虎の門事件…………483
取付け騒ぎ…………527
ドル買い……………531
ドルショック………607
登呂遺跡……………19
トンカツ……………517
曇徴…………………117
屯田兵………………399

内地雑居……………424
内治優先……………397
内務省………………391
ナウマンゾウ………11
永井荷風……………515
中江兆民……………502
中江藤樹……………333
長岡京………………84
長岡半太郎…………509
長崎造船所…………391
長崎高資……………176
長崎貿易……………261
中里介山……………516
長篠合戦……………250
中先代の乱…………178
中山道………………287
中務省………………63
中継貿易……………197
中稲…………………201
中臣鎌足……………50
中大兄皇子…………50,53
仲間…………………290
中村正直……………502
長屋王………………73
長屋王の変…………73
奴国…………………22
奴国王………………38
名護屋………………256
名代・子代の部……37
菜種…………………284
夏目漱石……………510
難波宮………………51
名主…………………266
那覇…………………197
鍋島直正……………323
生麦事件……………375
納屋物………………290
鳴滝塾………………315
南海道………………64
南海路………………289
南学…………………230
南紀派………………372
南京…………………522
南京事件……………546
南京条約……………364
南家…………………73
南進策………………552
南進論………………552
南宋…………………168
南朝…………………178
南都…………………148
南都六宗……………120
南蛮屏風……………328
南蛮文化……………327
南蛮貿易……………248
南部仏印進駐………554
南北朝合体…………182
南北朝時代《中国》…30

南北朝時代《日本》…………178
南北朝文化……………225
南鐐二朱銀……………304
南路……………68

に

新潟水俣病……………606
新島襄……………508
ニ・ーゼネスト……………577
新嘗の祭……………39
二科会……………516
二官……………63
ニクソン＝ショック……………608
ニクソン大統領……………608
二公一民……………253
ニコライ堂……………512
西周……………502
西川如見……………335
西田幾多郎……………515
西陣……………70
西原借款……………480
西廻り航路……………289
二十一カ条の要求……………480
二十四組問屋……………290
26聖人殉教……………256
二条河原落書……………177
二条良基……………229
鰊……………284
似絵……………224
日英通商航海条約……………133
日英同盟……………486
日英同盟協約……………445
日独伊三国同盟……………552
日独伊三国防共協定……………545
日独防共協定……………545
日米安全保障条約……………587
日米行政協定……………587
日米交渉……………552
日米修好通商条約……………366
日米相互協力及び安全保障条約
　……………592
日米通商航海条約の改正……………433
日米和親条約……………365
日満議定書……………535
日明貿易……………194
日蓮……………220
日蓮宗……………220
日露協商論……………445
日露協約……………448
日露戦争……………446
日露和親条約……………365
日華平和条約……………585
日韓議定書……………449
日韓基本条約……………595
日韓協約……………448
日光東照宮……………330
日光道中……………287
日産……………533

日親……………227
日清修好条規……………397
日清戦争……………434
日宋貿易……………151
日ソ基本条約……………484
日ソ共同宣言……………591
日ソ中立条約……………552
新田義貞……………177
日窒……………533
日中共同声明……………597
日中国交正常化……………597
日中戦争……………546
日中平和友好条約……………598
日朝修好条規……………398
日朝貿易……………196
日本放送協会……………517
新渡戸稲造……………506
二・二六事件……………533
二宮尊徳……………340
日本……………55
日本往生極楽記……………128
日本海海戦……………446
日本改造法案大綱……………515
日本学術会議……………617
日本勧業銀行……………467
日本共産党……………497
日本銀行……………458
日本国王……………282
日本国王源道義……………194
日本国憲法……………569
日本国大君……………282
日本国有鉄道……………613
日本三代実録……………89
日本資本主義発達史講座……………514
日本社会主義同盟……………497
日本社会党……………472
日本自由党……………571
日本主義……………506
日本書紀……………122
日本人……………506
日本人移民排斥運動……………448
日本進歩党……………571
日本製鋼所……………468
日本鉄道会社……………464
日本電信電話公社……………613
日本農民組合……………497
日本之下層社会……………470
日本万国博覧会……………603
日本美術院……………512
日本町……………270
日本民主党……………590
日本無産党……………547
日本郵船会社……………465
日本列島改造……………598
日本労働総同盟……………496
二毛作……………199
ニュータウン……………606
女房装束……………130

人形浄瑠璃……………328
人間宣言……………565
人情本……………321
人足寄場……………307
寧波の乱……………195
任命制……………566

ぬ

額田王……………119
淳足柵……………52

ね

年行司……………208
年貢……………104
年貢額……………207
年功序列賃金……………603
年中行事……………91
念仏……………128

の

能……………227
農学……………335
農業基本法……………593
農業恐慌……………531
農業全書……………335
農耕……………15
農書……………284
農村家内工業……………286
農地委員会……………568
農地改革……………567
ノーベル賞……………617
野口英世……………515
野々村仁清……………336
ノモンハン事件……………551
ノルマントン号事件……………431

は

パークス……………376
ハーグ密使事件……………450
俳諧……………331
配給制……………549
俳句……………510
梅松論……………230
裴世清……………48
廃刀令……………387
廃藩置県……………383
廃仏毀釈……………504
破壊活動防止法……………588
博多……………208
博多商人……………195
萩の乱……………407
馬具……………34
白村江の戦い……………49,52
白馬会……………511
幕藩体制……………260
幕府御用絵師……………330
博物学……………335
白鳳文化……………118

幕領……………………260
箱館……………365,366
土師器……………………39
箸墓古墳………………34
橋本左内………………373
馬借……………………188
場所請負制度…………274
長谷川等伯……………328
長谷川町子……………617
支倉常長………………270
秦氏………………………38
畠山……………………183
畠山氏…………………204
旅籠……………………288
旗本……………………261
八月十八日の政変……375
八角墳……………………35
抜歯………………………15
八省………………………63
法度……………………259
バテレン追放令………255
鳩山一郎………………571
花の御所………………182
塙保己一………………339
埴輪………………………33
バブル経済……………612
浜口雄幸………………484
蛤御門の変……………375
林鵞峰…………………334
林子平…………………314
林信篤（鳳岡）…………280
林羅山…………………330
隼人………………………70
原敬……………………481
パリ講和会議…………481
ハリス…………………365
パリ不戦条約…………523
播磨国…………………188
ハル＝ノート…………555
ハルマ和解……………338
パレスチナ問題………608
ハワイ真珠湾…………555
藩………………………261
版画……………………336
藩学（藩校）…………323
半跏思惟像……………117
藩札……………………291
阪神・淡路大震災……614
蛮社の獄………………316
蕃書調所………………372
蛮書和解御用…………315
半済令…………………180
版籍奉還………………383
藩専売制………………319
伴大納言絵巻…………216
班田収授………………62
班田収授法…………51,65
バンドン………………591

藩閥政府………………384

ひ

PKO協力法……………614
比叡山…………………124
稗田阿礼………………122
菱垣廻船………………289
非核三原則……………596
東日本大震災…………615
東市………………………70
東廻り航路……………289
東山文化………………225
引揚げ…………………576
引付……………………164
引付衆…………………164
比企能員………………160
樋口一葉………………510
菱川師宣………………336
聖………………………216
美人画…………………344
ヒスイ……………………15
備中鍬…………………283
ビッドル………………364
人返しの法……………321
一橋派…………………372
一橋慶喜………………372
入帰令…………………254
ヒトラー………………544
火野葦平………………548
日野富子………………204
日比谷焼打ち事件……447
卑弥呼……………………23
姫路城…………………328
ひめゆり隊……………557
百姓代…………………266
百万町歩開墾計画………77
百万塔…………………122
評…………………………52
評定衆…………………162
評定所…………………263
平等院鳳凰堂…………128
平等院鳳凰堂阿弥陀如来像…128
瓢鮎図…………………232
平泉……………………111
平賀源内………………345
平形銅剣…………………17
平がな…………………129
平城……………………328
平田篤胤………………339
平塚らいてう…………497
平戸……………………271
平山城…………………248
広瀬淡窓………………341
広田弘毅………………544
琵琶法師………………222
貧窮問答歌………………76
閔氏一族………………434
閔妃……………………434

閔妃殺害事件…………443
貧乏物語………………514

ふ

武…………………………31
ファシズム……………536
分一銭…………………188
分一徳政令……………188
風景画…………………345
風姿花伝………………228
風刺版画………………345
風信帖…………………126
風神雷神図屛風………330
風俗画…………………328
フェートン号…………315
フェートン号事件……315
フェノロサ……………508
フォンタネージ………508
富嶽三十六景…………345
不換紙幣………………393
富貴寺大堂……………216
復員……………………576
不空羂索観音像………121
福沢諭吉………………502
福島事件………………413
副葬品……………………18
福原京…………………153
武家……………………108
武家諸法度……………261
武家伝奏………………263
武家物…………………332
府県会規則……………410
府県制・郡制…………418
封戸………………………64
富国強兵………………390
不在地主………………568
武士……………………107
富士山の大噴火………281
藤田東湖………………340
藤田幽谷………………340
武士団…………………108
藤原京……………………55
藤原氏……………………71
藤原惺窩………………330
藤原宇合…………………73
藤原緒嗣…………………84
藤原兼家…………………92
藤原兼通…………………92
藤原清衡………………110
藤原薬子…………………85
藤原伊周…………………92
藤原定家………………222
藤原実資…………………92
藤原佐理………………129
藤原純友………………109
藤原隆家………………109
藤原隆信………………224
藤原忠平…………………90

藤原忠通……………149
藤原種継……………84
藤原時平……………89
藤原仲成……………85
藤原仲麻呂……………74
藤原信頼……………150
藤原秀郷……………109
藤原秀衡……………148
藤原広嗣……………74
藤原広嗣の乱……………74
藤原房前……………73
藤原不比等…………61,71,73
藤原冬嗣……………85
藤原麻呂……………73
藤原道長……………92
藤原通憲……………150
藤原武智麻呂……………73
藤原基経……………87
藤原元命……………103
藤原基衡……………148
藤原百川……………75
藤原泰衡……………148
藤原行成……………129
藤原良房……………87
藤原（九条）頼経……………161
藤原頼長……………149
藤原頼通……………93
藤原4兄弟……………73
婦人参政権獲得期成同盟会……497
普選断行……………483
譜代……………261
札差……………290
二葉亭四迷……………510
武断政治……………277
府知事……………384
プチャーチン……………365
普通銀行……………458
普通選挙……………439
普通選挙法……………484
仏教……………39
仏教公伝……………39
服忌令……………280
復興金融金庫……………577
復古神道……………339
物資動員計画……………548
風土記……………123
太占……………40
船成金……………493
不入……………105
不平等条約……………364
フビライ＝ハン……………168
富本銭……………56
踏車……………283
負名……………102
夫役……………106
不輸……………105
部落会……………553
部落解放運動……………498

プラザ合意……………612
フランシスコ＝ザビエル……248
風流……………228
古河……………471
プレス＝コード……………566
浮浪……………77
ブロック経済……………532
プロテスタント……………247
プロレタリア文学……………515
プロレタリア文学運動……………516
文永の役……………167
文学界……………510
文化財保護法……………617
文化住宅……………517
文華秀麗集……………126
文化政治……………489
分割相続……………166
文化の撫恤令……………314
文化・文政時代……………317
文官任用令……………440
墳丘墓……………18
文芸協会……………511
分国法……………207
文政金銀……………317
分地制限令……………267
文治政治……………277
文展……………512
文明開化……………501
文室綿麻呂……………84
文禄・慶長の役……………256
文禄の役……………256

へ

平安京……………84
兵役……………66
平曲……………222
平家納経……………216
平家物語……………222
平氏政権……………150
平治の乱……………150
平城京……………70
平城上皇……………85
平城太上天皇の変……………85
平成不況……………613
米中接近……………596
兵農分離……………254
平民……………386
平民宰相……………481
平民社……………446
平民新聞……………446
平民的欧化主義（平民主義）……505
平和主義……………570
北京……………546
北京議定書……………444
ベトナム戦争……………594
紅花……………284
ヘボン……………503
ペリー……………364

ペリー来航……………363
ベルツ……………417
編制権……………419
変動相場制……………608
編年体……………123

ほ

ボアソナード……………420
保安条例……………414
保安隊……………588
防衛庁……………588
貿易摩擦……………612
法王……………75
法皇……………147
俸給生活者……………513
方形周溝墓……………18
封建制度……………154
法権の回復……………429
保元の乱……………149
奉公……………154
法興寺……………116
方広寺……………254,260
奉公衆……………184
防穀令……………436
防穀令事件……………436
宝治合戦……………164
北条氏康……………206
方丈記……………222
北条貞時……………169
北条実時……………222
北条氏……………159
法成寺……………93
北条早雲……………206
北条高時……………176
北条時房……………162
北条時政……………160
北条時宗……………168
北条時頼……………163
北条政子……………160
北条泰時……………162
北条義時……………161
奉書船……………272
紡績業……………369
奉天……………524
報徳仕法……………340
法然……………219
法隆寺……………116
法隆寺五重塔……………117
法隆寺金堂……………117
法隆寺金堂壁画……………119
宝暦事件……………340
宝暦・天明期の文化……………337
俸禄制……………262
俸禄米……………290
ポーツマス条約……………446
北進策……………554
北清事変……………444
牧畜……………15

北朝……………………179
北爆……………………595
北伐……………………522
北部仏印進駐…………552
北面の武士……………147
北陸道…………………64
北嶺……………………148
北路……………………68
法華経…………………220
保司……………………105
干鰯……………………283
保科正之………………278
戊戌封事………………320
戊戌夢物語……………316
補助艦…………………525
戊申詔書………………506
戊辰戦争………………382
細川……………………183
細川勝元………………204
細川氏…………………195
細川重賢………………323
渤海……………………67
渤海使…………………69
北海道旧土人保護法…399
北家……………………73
法華一揆………………227
法華宗…………………220
法勝寺…………………147
法相宗…………………120
掘立柱…………………116
掘立柱住居……………76
堀田正睦………………372
ポツダム宣言…………554
北方領土………………586
堀越公方………………206
本阿弥光悦……………330
本位貨幣制……………392
盆踊り…………………228
本願寺…………………250
本家……………………105
本山・末寺の制度……264
本地垂迹説……………128
本所……………………105
本所法…………………163
本陣……………………288
本草学…………………335
本多光太郎……………515
本多利明………………340
本朝十二銭……………71
本朝通鑑………………334
本土空襲………………556
本途物成………………267
本能寺の変……………250
翻波式…………………125
本百姓…………………265
本領安堵………………155
本両替…………………291

ま

前島密…………………392
前田綱紀………………279
前野良沢………………338
蒔絵……………………336
枕草子………………92,129
正岡子規………………510
マス＝メディア………514
磨製石器………………14
町火消…………………299
町奉行…………………263
松岡洋右………………536
松尾芭蕉………………332
マッカーサー…………563
マッカーサー草案……569
松方財政………………457
松方正義………………423
松川事件………………578
末期養子の禁緩和……278
松平容保………………374
松平定信………………306
松平慶永………………374
松永久秀………………206
末法思想………………128
松前……………………268
松前氏…………………274
松前藩…………………274
松前奉行………………315
松村月溪………………345
間部詮房………………281
マニュファクチュア…286
間宮林蔵………………315
豆板銀…………………291
繭……………………460,463
マルクス主義…………514
円山応挙………………345
丸山真男………………617
万延小判………………370
満州……………………443
満州国…………………535
満州事変………………534
曼荼羅…………………126
政所……………………153
政所別当………………160
マンモス………………11
万葉仮名………………123
万葉集…………………123
万葉代匠記……………335

み

三池炭鉱………………391
御内人…………………169
三浦泰村………………164
見返り美人図…………336
三行半…………………266
三島通庸………………413
水城……………………54

水野忠邦………………320
水呑……………………265
見世棚…………………200
美空ひばり……………617
三鷹事件………………578
三井……………………468
三井合名会社…………468
三井高利………………290
三井三池炭鉱争議……603
密教……………………124
ミッドウェー海戦……556
三菱……………………392
三菱長崎造船所………468
水戸……………………261
御堂関白記……………91
水戸学…………………340
港町……………………208
南淵請安………………49
水俣病…………………606
南樺太…………………558
南満州鉄道株式会社…448
源実朝…………………160
源高明…………………92
源為義…………………150
源経基…………………109
源満仲…………………109
源義家…………………110
源義経…………………153
源義朝…………………150
源義仲…………………153
源頼家…………………160
源頼朝…………………153
源頼信…………………110
源頼政…………………153
源頼義…………………110
美濃部達吉…………478,496
身分解放令……………386
身分統制令……………254
宮………………………56
屯倉……………………37
三宅雪嶺………………506
宮子……………………73
宮座……………………186
宮崎安貞………………284
宮崎友禅………………336
名………………………101
明恵……………………221
冥加……………………304
明経道…………………122
苗字……………………265
名主……………………105
明星……………………510
明珍……………………224
三好長慶………………206
三善清行………………101
三輪山…………………39
旻………………………49
民営化…………………616

民主自由党 ……………… 572
民主党 …………………… 572
明銭 ……………………… 195
民撰議院設立建白書 …… 407
民俗学 …………………… 515
民族自決 ………………… 489
民党 ……………………… 423
民部省 …………………… 63
民法 ……………………… 420
民法典論争 ……………… 420
民本主義 ………………… 478
民約訳解 ………………… 502
民友社 …………………… 505
民力休養 ………………… 423

む

無学祖元 ………………… 220
無産政党 ………………… 524
武者小路実篤 …………… 515
無住 ……………………… 222
無宿人 …………………… 307
無条件降伏 ……………… 559
無声映画 ………………… 517
無政府主義者 …………… 483
夢窓疎石 ………………… 226
陸奥将軍府 ……………… 177
陸奥宗光 ………………… 432
陸奥話記 ………………… 217
宗像大社 ………………… 40
棟別銭 …………………… 184
宗尊親王 ………………… 163
謀反 ……………………… 61
村請制 …………………… 253
村方三役 ………………… 266
村方騒動 ………………… 302
村上天皇 ………………… 89
紫式部 ………………… 92,129
連 ………………………… 37
村芝居 …………………… 343
村田珠光 ………………… 228
村田清風 ………………… 323
村八分 …………………… 266
村役人 …………………… 302
室生寺 …………………… 125
室生寺五重塔 …………… 125
室生寺金堂 ……………… 125
室町時代 ………………… 175
室町幕府 ………………… 178
室町文化 ………………… 225

め

明治十四年の政変 ……… 411
明治天皇 ………………… 376
明治の文化 ……………… 505
明治美術会 ……………… 511
明治六年の政変 ………… 385
名神高速道路 …………… 605
明徳館 …………………… 323

明徳の乱 ………………… 182
明暦の大火 ……………… 278
明六雑誌 ………………… 502
明六社 …………………… 502
明和事件 ………………… 340
目付 ……………………… 263
メーデー ………………… 497
メーデー事件 …………… 588
目安箱 …………………… 299
免役規定 ………………… 385
綿花 ……………………… 201
綿布 ……………………… 467

も

蒙古襲来 ………………… 168
蒙古襲来絵巻 …………… 224
毛利元就 ………………… 207
モガ ……………………… 517
最上徳内 ………………… 305
木製農具 ………………… 17
目代 ……………………… 103
モース …………………… 16
モータリゼーション …… 605
持株会社 ………………… 468
持株会社整理委員会 …… 567
以仁王 …………………… 153
木簡 …………………… 52,65
モッセ …………………… 418
本居宣長 ………………… 339
物忌 ……………………… 130
物部氏 …………………… 46
物部守屋 ………………… 47
モボ ……………………… 517
木綿 ……………………… 196
桃山文化 ………………… 327
もやい …………………… 266
モラトリアム …………… 528
森有礼 …………………… 502
森鷗外 …………………… 510
モリソン号 ……………… 315
モリソン号事件 ………… 316
護良親王 ………………… 177
門戸開放 ………………… 444
門前町 …………………… 208
問注所 …………………… 153
文部省 …………………… 502
文部省美術展覧会 ……… 512
文武天皇 ………………… 56

や

館 ………………………… 165
八色の姓 ………………… 56
薬師寺 …………………… 118
薬師寺僧形八幡神像 …… 125
薬師寺東塔 ……………… 118
役者絵 …………………… 345
役高 ……………………… 300
安井算哲 ………………… 335

安井曽太郎 ……………… 516
安田 ……………………… 468
矢内原忠雄 ……………… 547
柳沢吉保 ………………… 280
柳田国男 ………………… 515
流鏑馬 …………………… 165
山内豊信 ………………… 377
山鹿素行 ………………… 334
山県有朋 ………………… 385
山県大弐 ………………… 340
山片蟠桃 ………………… 340
山川菊栄 ………………… 497
山川均 …………………… 497
山口 ……………………… 209
山崎闇斎 ………………… 333
山崎宗鑑 ………………… 229
山崎の合戦 ……………… 250
山背大兄王 ……………… 50
山城国 …………………… 64
山城の国一揆 …………… 205
邪馬台国 ………………… 23
邪馬台国連合 …………… 23
山田長政 ………………… 270
大和絵 …………………… 129
ヤマト政権 …………… 29,34
東漢氏 …………………… 38
大和国 …………………… 64
大和本草 ………………… 335
山名 ……………………… 184
山名氏清 ………………… 182
山名氏 …………………… 182
山名持豊（宗全）……… 204
山上憶良 ………………… 76
山本権兵衛 ……………… 479
闇市 ……………………… 576
闇取引 …………………… 556
弥生時代 ………………… 16
弥生土器 ………………… 18
弥生文化 ………………… 16
槍 ………………………… 12
ヤルタ会談 ……………… 557
ヤルタ協定 ……………… 558
野郎歌舞伎 ……………… 332
ヤン＝ヨーステン ……… 269

ゆ

結 ………………………… 266
唯一神道 ………………… 227
由井正雪 ………………… 278
友愛会 …………………… 496
結城合戦 ………………… 184
有司専制 ………………… 408
郵政民営化 ……………… 615
友禅染 …………………… 336
有職故実 ………………… 223
郵便制度 ………………… 392
雄略天皇 ………………… 33
湯川秀樹 ………………… 617

雪どけ……591
遊行……219
湯島聖堂……280
輪租田……77,78
弓矢……14
夢の代……340

よ

庸……62,66
洋学……335
謡曲……228
養蚕業……369
煬帝……48
遙任……102
洋服……504
陽明学……333
養老律令……61
翼賛選挙……556
翼賛体制……550
横穴式石室……35
横浜正金銀行……458
横浜毎日新聞……509
横光利一……516
横山源之助……470
横山大観……516
与謝野晶子……510
与謝蕪村……345
吉崎……227
芳沢あやめ……332
慶滋保胤……128
吉田兼倶……227
吉田茂……571
吉田松陰……341
吉田光由……335
吉野……179
吉野ヶ里遺跡……19
吉野作造……478
寄席……346
寄木造……128
寄場組合……318
四日市ぜんそく……606
世直し一揆……303
読本……342
寄合……186
寄親・寄子制……207
万朝報……446
四大公害訴訟……606
四大財閥……468

ら

来迎図……129
楽市・楽座……207
楽市令……250
ラクスマン……309
洛中洛外図屏風……328
楽浪郡……21
ラジオ放送……514
螺鈿……336

螺鈿紫檀五絃琵琶……122
蘭学……337
蘭学階梯……338
蘭溪道隆……220

り

里……65
利益線……423
理化学研究所……515
リクルート事件……613
李鴻章……437
李舜臣……256
リストラ……613
李成桂……196
里長……65
律……61
立憲改進党……412
立憲国民党……479
立憲政友会……440
立憲帝政党……412
立憲同志会……479
立憲民政党……484
六国史……89
立志社……408
立志社建白……410
律令……120
立正安国論……221
リットン調査団……535
リットン報告書……536
吏党……423
リーフデ号……269
琉球王国……196
琉球処分……398
琉球藩……398
竜骨車……201
柳条湖事件……525
隆達節……329
柳亭種彦……343
令……61
遼……94
龍安寺庭園……231
凌雲集……126
両替商……291
領家……105
令外官……86
令旨……153
領事裁判権……366,367
梁塵秘抄……217
両統迭立……176
遼東半島……437
令義解……86
良民……63
旅順……444
林下……227
林家……333
リンゴの唄……617
臨済宗……220
綸旨……177

臨時雑役……102
琳派……336

る

盧舎那仏……120
留守所……103

れ

冷戦……573
霊廟建築……330
黎明会……496
歴史学……20
レザノフ……314
レッド＝パージ……584
連歌……227
煉瓦造……504
連合国……486,489
連雀商人……202
連署……162
蓮如……227
連立政権……613

ろ

老中……263
老中奉書……272
労働関係調整法……566
労働基準法……566
労働組合……470
労働組合期成会……471
労働組合法……566
労働争議……471
労働農民党……524
牢人……278
ロエスレル……417
禄……64
鹿苑寺……231
六斎市……201
六勝寺……147
六波羅探題……162
六波羅蜜寺空也上人像……224
六分の一衆……182
鹿鳴館……431
盧溝橋事件……546
ロシア革命……448
ロッキード事件……598
ロッシュ……376
ロマン主義……510
ロンドン会議……525
ロンドン海軍軍縮条約……525

わ

倭……20
隈板内閣……439
倭王武の上表文……31,39
和歌……119
若草伽藍……117
若衆歌舞伎……331
ワカタケル大王……32

若槻礼次郎 ……………………484
倭館 ……………………………196
脇本陣 …………………………288
倭寇 ……………………………194
倭国王 …………………………23
和事 ……………………………332
和算 ……………………………335
和人 ……………………………197
和親条約 ………………………395
ワシントン会議 ………………490
ワシントン海軍軍縮条約 ………490
ワシントン体制 ………………490
渡辺崋山 ………………………316
和田義盛 ………………………161
度会家行 ………………………221
渡良瀬川 ………………………471
和同開珎 ………………………71
倭の五王 ………………………31
侘茶 ……………………………227
和様 ……………………………129
湾岸戦争 ………………………614

写真・絵画の所蔵元

イラスト・図版
佐藤百合子
中口美保
たはら　ひとえ

本文デザイン
長谷川有香（ムシカゴグラフィクス）

校正
有限会社あかえんぴつ
株式会社東京出版サービスセンター

DTP
株式会社明昌堂

MEMO

MEMO

MEMO

MEMO

山中裕典（やまなか　ひろのり）
河合塾講師、東進ハイスクール・東進衛星予備校講師。大学・大学院
では日本史学を専攻し、私立中高一貫校の教員として大学受験指導に
力を入れた経歴をもつ。現在、予備校で東京大・京都大・一橋大をは
じめとする国公立大対策を中心に、早大・慶大をはじめとする難関私
大対策なども担当する。特に、論述式問題の対策指導は、圧倒的な支
持を得る。
授業では、オリジナル年表で歴史のタテのつながりとヨコのひろがり
を把握することに加え、図解板書で歴史の構造を描き出して理解を深
める。「歴史の全体像をつかみ、動きをイメージできれば、覚えた知
識が使いこなせるようになる」をモットーに、あらゆる形式・内容の
入試問題を解くときにベースとなる「ゆるぎのない基礎力」が身につ
く授業を展開する。今回の参考書は、その授業スタイルを生かしたも
ので、共通テスト対策にとどまらない、すべての入試対策のコアとな
る参考書として使ってもらいたい、と願っている。

だいがくにゅうがくきょうつう　　　　　　　　　　にほんし　　てんすう　　おもしろ　　　　　　ほん
大学入学共通テスト　日本史Bの点数が面白いほどとれる本

2020年9月18日　初版　第1刷発行

やまなか　ひろのり
著者／山中　裕典

発行者／青柳　昌行

発行／株式会社KADOKAWA
〒102-8177　東京都千代田区富士見2-13-3
電話　0570-002-301（ナビダイヤル）

印刷所／図書印刷株式会社

●お問い合わせ
https://www.kadokawa.co.jp/（「お問い合わせ」へお進みください）
※内容によっては、お答えできない場合があります。
※サポートは日本国内のみとさせていただきます。
※Japanese text only

定価はカバーに表示してあります。